موسوعة الحكم والأمثال
(فُصحى وعامية)

جمع وتحرير: رأفت علام
مكتبة المشرق

صدر في أكتوبر 2018 عن مكتبة المشرق – مصر

Table of Contents

مقدمة فى ذكر أمور ينبغى
أن تعرف أولا

الأمر الأول: قال الميداني في مجمع الأمثال وهو من أعظم الكتب المؤلَّفة فيها: قال المبرد: المثل مأخوذ من المثال، وهو قول سائر يشبَّه به حال الثاني بالأول، والأصل فيه التشبيه.

قال زهير:

كانت مواعيدُ عرقوب لها مثلًا وما مواعيدُها إلّا الأباطيل

وقال ابن السكيت: المثل لفظ يخالف لفظ المضروب له ويوافق معناه معنى ذلك، شبهوه بالمثال الذي يعمل عليه غيره.

وقال بعض العلماء: المثل جملة من القول تشتهر فتنقل عمَّا وردت فيه إلى كل ما يصح قصده بها من غير تغيير يلحقها، والمثل أحد قسمي الاستعارة التمثيلية؛ ولذا تَعَرَّضَ له علماء البيان، قال في المفتاح في مبحث التشبيه: إن التشبيه التمثيلي متى فشا استعمالُه على سبيل الاستعارة لا غير؛ سُمي مثلًا، ولورود الأمثال على سبيل الاستعارة لا تغير. وقال في مبحث الاستعارة: ومن الأمثلة استعارة وصف إحدى صورتين منتَزَعَتين من أمور لوصف الأخرى، مثل أن تجد إنسانًا استُفْتِيَ في مسألة فيَهُمُّ تارة بإطلاق اللسان ليجيب ولا يهم أخرى، فتأخذ صورة تردُّده هذا، فتشبهها بصورة تردد إنسان قام ليذهب في أمر، فتارة يريد الذهاب فيُقدِّم رجلًا وتارة لا يريد فيؤخر أخرى، ثم تدخل صورة المشبه في صورة المشبه به، وما للمبالغة في التشبيه فتكسوها وصف المشبه به من غير تغيير فيه بوجه من الوجوه، على سبيل الاستعارة قائلًا: أراك أيها المفتي تقدم رجلًا وتؤخر أخرى. وهذا نسميه التمثيل على سبيل الاستعارة. ولكون الأمثال كلها تمثيلات على سبيل الاستعارة لا يجد التغيير إليها سبيلًا. ا.هـ.

هذا هو المثل في عُرف أهل البيان. وقد يُطلق المثل على ما هو أعم من ذلك، فيدخل فيه مثل: الرفق يمن، والمرء عدو لما جهل، والحر حر وإن مسه الضُّرُّ، إلى غير ذلك مما اشتمل على حكمة باهرة. ومثل فلان أجود من حاتم وأحلم من الأحنف وأزكى من إياس، إلى غير ذلك مما يشبهها.

وقال في لسان العرب: المثل الشيء الذي يُضرب بشيء مثلًا فيجعل مثله. وفي الصحاح: ما يضرب به من الأمثال. قال الجوهريُّ: ومثل الشيء أيضًا صفته، قال ابن سِيدَه: وقوله عزَّ مِن قائل: مَثَلُ الْجَنَّةِ الَّتِي وُعِدَ الْمُتَّقُونَ، قال الليث: مثلها هو الخبر عنها. وقال أبو إسحاق: معناه صفة الجنة. وردَّ ذلك أبو علي قال: لأن المثل الصفة غير معروف في كلام العرب، إنما معناه التمثيل. قال عمر بن

أبي خليفة: سمعت مقاتلًا صاحب التفسير يسأل أبا عمرو بن العلاء عن قول الله عزَّ وجل: مَثَلُ الْجَنَّةِ ما مثلها؟ فقال: فِيهَا أَنْهَارٌ مِنْ مَاءٍ غَيْرِ آسِنٍ. قال: ما مثلها؟ فسكت أبو عمرو. قال: فسألت يونس عنها، فقال: مثلها صفتها. قال محمد بن سلام: ومثل ذلك قوله: ذَلِكَ مَثَلُهُمْ فِي التَّوْرَاةِ وَمَثَلُهُمْ فِي الْإِنْجِيلِ أي صفتهم. قال أبو منصور: ونحو ذلك روي عن ابن عباس. وأما جواب أبي عمرو لمقاتل حين سأله: ما مَثَلُهَا؟ فقال: أنهار من ماء غير آسن، ثم تكريره السؤال: ما مثلها؟ وسكوت أبي عمرو عنه؛ فإنَّ أبا عمرو أجابه جوابًا مقنعًا. ولما رأى نَبْوَةَ فهم مقاتل سكت عنه لما وقف من غلظ فهمه؛ وذلك أن قوله: مَّثَلُ الْجَنَّةِ تفسير لقوله تعالى: إِنَّ اللهَ يُدْخِلُ الَّذِينَ آمَنُوا وَعَمِلُوا الصَّالِحَاتِ جَنَّاتٍ تَجْرِي مِن تَحْتِهَا الْأَنْهَارُ، وصف تلك الجنات فقال: مثل الجنة التي وصفتها ... وذلك مثل قوله: ذَّلِكَ مَثَلُهُمْ فِي التَّوْرَاةِ ۚ وَمَثَلُهُمْ فِي الْإِنجِيلِ، أي صفة محمد ﷺ وأصحابه في التوراة، ثم أعلمهم أن صفتهم في الإنجيل كزرع، قال أبو منصور: وللنحويين في قوله: مَّثَلُ الْجَنَّةِ الَّتِي وُعِدَ الْمُتَّقُونَ قول آخر قاله محمد بن يزيد الثمالي في كتاب المقتضب، قال: التقدير فيما يُتلى عليكم مثلُ الجنة، ثم فيها وفيها ... قال: ومن قال إن معناه صفة الجنة فقد أخطأ؛ لأن مَثَل لا يوضع في موضع صفة إنما يقال: صفة زيد أنه ظريف وأنه عاقل، ويقال: مثل زيد مثل فلان. إنما المثل مأخوذ من المثال والحذو، والصفة تحلية ونعت. ويقال: تَمَثَّلَ فلان ضرَب مثلًا، وتمثل بالشيء ضربه مثلًا، وفي التنزيل العزيز يَا أَيُّهَا النَّاسُ ضُرِبَ مَثَلٌ فَاسْتَمِعُوا لَهُ، وذلك أنهم عبدوا من دون الله ما لا يسمع ولا يُبصِر وما لم ينزل به حجة، فأعلم الله الجواب مما جعلوه له مثلًا وندًا، فقال: إِنَّ الَّذِينَ تَدْعُونَ مِنْ دُونِ اللهِ لَنْ يَخْلُقُوا ذُبَابًا، يقول: كيف تكون هذه الأصنام أندادًا وأمثالًا لله وهي لا تخلق أضعف شيء ممَّا خلق الله ولو اجتمعوا كلهم له، وإن يسلبهم الذباب الضعيف شيئًا لم يخلِّصوا المسلوب منه، ثم قال: ضَعُفَ الطَّالِبُ وَالْمَطْلُوبُ. وقد يكون المثل بمعنى العِبرة، ومنه قوله عز وجل: فَجَعَلْنَاهُمْ سَلَفًا وَمَثَلًا لِلْآخِرِينَ، فمعنى السلف: أنَّا جعلناهم متقدمين يتعظ بهم الغابرون. ومعنى قوله: ومثلًا؛ أي عِبرة يعتبر بها المتأخرون. ويكون المثل بمعنى الآية، قال الله — عز وجل — في صفة عيسى، على نبينا وعليه الصلاة والسلام: وَجَعَلْنَاهُ مثلًا لِبَنِي إِسْرَائِيلَ؛ أي آية تدل على نُبُوَّتِهِ. وأما قوله عز وجل: وَلَمَّا ضُرِبَ ابْنُ مَرْيَمَ مثلًا إِذَا قَوْمُكَ مِنْهُ يَصِدُّونَ، جاء في التفسير أنَّ كفار قريش خاصمت النبيَّ ﷺ، فلما قيل لهم: إنكم وما تعبدون من دون الله حصب جهنم، قالوا: قد رضينا أن تكون آلهتنا بمنزلة عيسى والملائكة الذين عُبِدُوا من دون الله، فهذا معنى ضرب المثل بعيسى. ا.هـ.

والمراد بضرب المثل هو اعتبار الشيء بغيره وتمثيله به، وهو من ضرب الدراهم، وقد وقع ذلك كثيرًا في كتاب الله تعالى وفي كلام النبيِّ ﷺ؛ لأنه يؤثِّر في القلوب أكثر مما يؤثر وصف الشيء في نفسه، وممَّا وقع منه في كلام النبيِّ ﷺ، ما أخرجه البخاريُّ في صحيحه عن أبي موسى عن النبي ﷺ أنه قال: مَثَلُ الذي يقرأ القرآن كالأُترجَّةَ طعمها طيب وريحها طيب، والذي لا يقرأ القرآنَ كالتمرة طعمها طيب ولا ريحَ لها، ومثل الفاجر الذي يقرأ القرآن كمثل الريحانة ريحها طيب وطعمها مر، ومثل الفاجر الذي لا يقرأ القرآنَ كمثل الحنظلة طعمُها مر ولا ريح لها.

الأمر الثاني: الأمثال تجري على ما جاءت عليه ولا تُغيَّر. قال المرزوقي: من شرط المثل أن لا يُغَيَّرَ عمَّا يقع في الأصل عليه. ألا ترى أن قولهم: أعط القوس باريها، تسكن ياؤه وأن التحريك الأصل؛ لوقوع المثل في الأصل على ذلك؟ وكذلك قولهم: الصيفَ ضيعتِ اللبن؛ لما وقع في الأصل للمؤنث لم يغير من بعدُ وإن ضُرِبَ للمذكر.

وقال التبريزي في تهذيبه: تقول الصيفَ ضيعتِ اللبَن مكسورة التاء إذا خوطب بها المذكر والمؤنث والاثنان والجمع؛ لأن أصل المثل خوطبت به امرأة، وكذا قولهم: أطرِّي فإنك ناعلة، يُضرب للمذكر والمؤنث والاثنين والجمع على لفظ التأنيث.

الأمر الثالث: الأمثال من أَجَلِّ الكلام لما اشتملت عليه من إيجاز اللفظ وإصابة المعنى وحسن التشبيه؛ ولذا عني العلماء بها وشرحوها وبينوا ما تومئ إليه من المقاصد والأغراض، وحَثُّوا على معرفتها والوقوف عليها، وعَدُّوا من لم يُعْنَ بها وإن عني بغيرها ناقصًا في الأدب غير تام الأدوات فيه، ومما يُحْمَلُ على الرغبة فيها أن المشتغل بفن الأدب إذا حفظ جُلَّ المشهور منها وبحث فيه، حصلت له فوائد مهمة، منها الوقوف على كثير من غريب اللغة على وجهٍ لا يبرح من الذهن، ومنها تمرين لسانه على أساليب العرب في كلامهم، حتى إنه ربما تحصل له مَلَكَة في اللغة العربية وإن لم يُعْنَ بمعرفة قواعدها المقررة في الكتب، وهذه الطريقة من أهم الطرق في تحصيل اللغة العربية والناس في غفلة عنها، وقد انتبه إليها بعض أهل المغرب فأقدموا عليها فنجحوا في ذلك في أقرب مدَّة. ومن الغريب أنه يندر أن يوجد أسلوب من أساليب اللغة العربية وليس له مثال في الأمثال، ومنها الوقوف على كثير من الأمور المهمة المتعلقة بعلم الأخلاق وتدبير المنزل وفن السياسة؛ فإن في كثير من الأمثال ما له مدخل في ذلك، بل إنه يندر شيء لم تدخل فيه الأمثال، إلَّا أنَّ هذا لا يظهر إلَّا لمن أقبل عليها وسدَّد النظر إليها.

وهذا أوان الشروع في المقصود.

حرف الألف (فصحى)

إنَّ من البيانِ لسِحْرًا: قاله النبي ﷺ حين وفد عليه عمرو بن الأهتم والزبرقان بن بدر وقيس بن عاصم، فسأل النبي ﷺ عمرو بن الأهتم عن الزبرقان فقال عمرو: مطاع في أدنيه شديد العارضة مانع لما وراء ظهره. فقال الزبرقان: يا رسول الله إنه ليعلم مني أكثر من هذا ولكنه حسدني. فقال عمرو: أما والله إنه لزمر المروءة ضيق العطن أحمق الوالد لئيم الخال، والله يا رسول الله ما كذبت في الأولى، ولقد صدقت في الأخرى، ولكني رجل رضيت فقلتُ أحسن ما علمت، وسخطت فقلت أقبح ما وجدت فقال ﷺ: «إن من البيان لسحرًا.» يُضرب في استحسان المنطق وإيراد الحجة البالغة.

أَلْقِ دَلْوَك في الدِّلاء: يُضرب مثلًا في الحث على الاكتساب وترك التواني في طلب الرزق، وهو من قول أبي الأسود الدؤلي:

وما طلب المعيشة بالتمني ولكن أَلقِ دَلْوَك في الدلاء

تجيء بملئها يومًا ويومًا تجيء بحمأة وقليل ماء

وقال بعضهم: ما أحبُّ أني مكفيٌّ وأنَّ لي ما بين شرق وغرب، قيل: ولِمَ؟ قال: كراهية العجز.

إنَّ غدًا لناظره قريب: أي لمنتظره، يقال: نظرته أي انتظرته.

أَحَشَفًا وسُوءَ كِيلَةَ: قال في الصحاح في ح ش ف: الحَشَفُ أردأ التمر، وفي المثل: أَحشَفًا وسوءَ كيلة.

وقال في ك ي ل: الاسم الكيلة بالكسر، يقال: إنه لحَسَن الكِيلة مثل الجِلسة والرِّكبة، وفي المثل: أَحَشَفًا وسوء كيلة، أي أتجمع أن تعطيني حشفًا وأن تسيء لي الكيل.

إن المُنْبَتَّ لا أرْضًا قطع ولا ظَهْرًا أَبْقَى: المنبت: المنقطع عن أصحابه في السفر، والظهر: الدابة. يُضرب لمن يبالغ في طلب الشيء ويُفرِط فيه حتى إنه ربما يفوته على نفسه.

اتَّسع الخرق على الراقع: معناه: قد زاد الفساد حتى فات التلافي، وهو من قول ابن حمام الأزدي:

كالثوب إن أنهج فيه البِلَى أعيا على ذي الحيلة الصانع

كنا نداريها وقد مزقت فاتَّسع الخرق على الراقع

أَطِرِّي فإنَّكِ ناعِلة: قال في الصحاح في ط ر ر: وأَطَرَّ أي أدلَّ، وفي المثل: أَطِرِّي فإنكِ ناعلة. قال ابن السكيت: أي أدِلِّي، فإن عليك نعلين. يضرب للمذكر والمؤنث والاثنين والجمع على لفظ التأنيث؛

لأن أصل المثل خوطبت به امرأة فجرى على ذلك. وقال أبو عبيد: معناه اركب الأمر الشديد فإنك قويٌّ عليه، قال: وأصله أن رجلًا قال لراعية له كانت ترعى في السهولة وتترك الحزونة: أطرِّي أي خذي طرر الوادي — وهي نواحيه — فإن عليك نعلين. قال: وأحسبه عنى بالنعلين غلظ جلد قدميها. وقال في ن ع ل: ورجل ناعل ذو نعل، وفي المثل أطرِّي فإنك ناعلة.

إنَّ الحديدَ بالحديدِ يُفْلح: الفلح الشقُّ، ومنه الفلَّاح للحراث لأنه يشق الأرض، أي يستعان في الأمر الشديد بما يشاكله.

أَسْمَعُ جَعْجَعَةً ولا أَرَى طِحْنًا: قال في الصحاح: الجعجعة صوت الرحى، وفي المثل: أسمع جعجعة، ولا أرى طِحنًا، والجعجعة أصوات الجِمال إذا اجتمعت. ا.هـ.

والطِّحْن بالكسر: الدقيق، وهو مثل يضرب للجبان يوعد ولا يوقع، وللبخيل يعِد ولا ينجز.

إنَّ المَقدَرَةَ تُذْهِبُ الحفيظة: المقدرة: القدرة، والحفيظة: الغضب، قال أبو عبيد: بلغنا هذا المثل عن رجل عظيم من قريش في سالف الدهر كان يطلب رجلًا بذحل، فلما ظفر به قال: لولا أنَّ المقدرة تذهب الحفيظة لانتقمت منك. ثم تركه.

إنباضٌ بغيرِ توتير: الإنباض مصدر قولك: أنبضت القوس إذا جذبت وترها ثم أرسلته لترن، والتوتير مصدر قولك: وتَر قوسه إذا شدَّ وترها.

وقال في لسان العرب: قال اللحيانيّ: وتَّرها وأوترها شدَّ وترها، وفي المثل: إنباض بغير توتير.

ابن سيده: ومن أمثالهم لا تعجل بالإنباض قبل التوتير، وهذا مثل في استعجال الأمر قبل بلوغ أناه.

أَيُّ الرجالِ المُهَذَّب: أول من قاله النابغة حيث قال:

ولَستَ بمُستَبْقٍ أخًا لا تَلُمُّه على شَعَثٍ أَيُّ الرجال المُهذبُ

أَنْ تَسْمَعَ بالمُعَيدِيِّ خير من أَنْ تراه: قال في الصحاح: قال الكسائي: وفي المثل أن تسمع بالمعيدي خير من أن تراه، وهو تصغير مَعَدِّيٌّ منسوب إلى معدّ، وإنما خُفِّفَتِ الدال استثقالًا للجمع بين التشديدين مع ياء التصغير. يضرب للرجل الذي له صيت وذكر في الناس، فإذا رأيته ازدريت مرآته. وقال ابن السكيت: تسمع بالمعيدي لا أن تراه، قال: وكأنَّ تأويله تأويل أمر كأنه قال: اسمعْ به ولا تره.

إنَّ الرثيئةَ تَفْثأُ الغَضَب: يضرب مثلًا لحسن موقع المعروف وإن كان يسيرًا، وأصله أن رجلًا غضب على قوم فأتاهم للإيقاع بهم، فسقوه رثيئة فسكن غضبه، والرثيئة: اللبن الحامض يُصَبُّ عليه حليب، وتفثأ تُسكن، يقال: فثأت القدر إذا سكنت غليانها بالماء.

حرف الألف (عامية)

«آخُدِ ابْن عَمِّي وَاتْغَطَّى بْكُمِّي» يُضرَب في تفضيل تزوج المرأة بقريبها ولو كان فقيرًا؛ أي: أتزوج بابن عمي ولو كان لا يملك ما أتغطى به. وقالوا أيضًا في تفضيل القريب على الغريب: «نار القريب ولا جنة الغريب»، ويُرْوَى: «نار الأهل»، وسيأتي في حرف النون. وهذا عكس قولهم: «خد من الزرايب ولا تاخد من القرايب.» وقولهم: «الدخان القريب يعمي.» وقولهم: «إن كان لك قريب لا تشاركه ولا تناسبه.»

«آخِرِ الحَيَاة الْمُوتْ» حكمة جرت مجرى الأمثال تقال للتذكير، وقد تُقال إظهارًا لعدم المبالاة بالتهديد. وانظر: «كلها عيشة وآخرها الموت.»

«آخِرْ خِدْمِةْ الغُز عَلْقَةْ» الغز: يريدون بهم التُّرْك الذين كانوا يحكمون مصر. والعلقة: الوجبة من الضرب؛ أي: إنْ خَدَمْتَهم وأخلصْتَ لهم فإنهم يكافئونك في آخر خدمتك بالضرب. ويُرْوَى: «سكتر» بدل علقة، وهي كلمة تُقَال للطرد. يُضرَب لقبح المكافأة على العمل الحسن. وانظر قولهم: «آخر المعروف ينضرب بالكفوف.»

«آخِرْ دَهْ يجِيبْ دَهْ» أي: آخر هذا يجيء بهذا، والمقصود: آخر الإقذاع بالكلام يؤدِّي إلى المضاربة والعراك، وبذلك ينتهي الإشكال وتنجع الشدة في فَضِّ الخِصَام.

«آخِرِ الزَّمْر طِيطْ» يُضْرَب للأمر لا يُنتج نتيجة نافعة كالزَّمر؛ فإن آخره ذلك الصوت الذي يقول: «طيط» ويذهب في الريح. وللأديب الظريف السيد محمد عثمان جلال المُتوفَّى سنة ١٣١٥هـ لما طبع كتابه «العيون اليواقظ» ولم يصادف رواجًا:

راجي المُحال عبيطْ وآخر الزَّمْر طِيطْ

والعلم من غير حظٍّ لا شكَّ جَهلٌ بسيطْ

العبيط عند العامة: الأبله.

«آخِرِ المَعْرُوفْ يِنْضِرِب بِالْكُفُوفْ» يُضرب للمجازاة على الخير بالشر. وهم يقولون: «ضربه كف أو قلم»: إذا لطمه على وجهه.» وانظر قولهم: «آخر خدمة الغُز علقة.»

«آدِي السَّما وآدِي الأَرْضْ» أي: ها هي ذي السماء، وها هي ذي الأرض، لا يمنعك مانع عن البحث فيهما عن بُغْيَتك، فابحث ونَقِّرْ كما تشاء فلست بواجدها لأنها لا توجد. يُضرَب لمن يطلب المستحيل، ويكثر ضربه عند فَقْد الأولاد؛ للتسلية والحث على الصبر.

«آدِي وِشّ الضّيفْ» كناية عمن يرتحل عن قوم ولا ينوي العودة إليهم. يقولون: خرجت، وقلت لهم: آدي وش الضيف؛ أي: هذا وجه الضيف الذي تبغضونه قد ذهب عنكم ولن يعود.

«آدِينِي حَيَّهْ لمَّا أَشوفِ اللِّي جَيَّهْ» أشوف: أرى؛ أي: ها أنا ذي باقية في الحياة حتى أرى التي ستأتي وما ستمتاز به عليَّ كما تقولون. تقوله المرأة تهكمًا إذا عِيبَتْ أو رُمِيَتْ بتقصير في عملها فهُدِّدَت بضرَّة أو بامرأة أخرى تقوم بالعمل.

«آفْتِي مِعْرِفْتِي رَاحْتِي ما اعْرَفْشْ» أي: آفَتِي ادِّعائي المعرفة؛ لأني قد أكلف بما لا أعرفه أو أسأل عنه فأفْتَضَح، فالراحة العظمى في قولي: لا أعرف.

«آمْنُوا عَلَى مْشَنَّةْ مَلْيَانَهْ عِيشْ ولَا تْآمْنُوا عَلَى بيتْ مَلْيَانْ جِيشْ» المِشَنَّة (بكسر ففتح مع تشديد النون): طبق كبير للخبز يُتخذ من العيدان؛ أي: ائتمنوا على طبق مملوء خبزًا من أن يتناهَبَه الناس، ولا تأمنوا على دار مملوءة جندًا من الموت؛ فقد يصيبهم ما يُفنيهم عن آخرهم، ولا تُغني كثرتهم. والمراد: ليس شيء أقربَ من الموت.

«آمْنُوا لِلْبَدَاوِي ولَا تْآمْنُوا لِلدِّبْلَاوِي» البَدَاوي (بفتحتين): يريدون به الذئب؛ لأنه يسكن البادية؛ أي: الخلاء. والدِّبْلاوي يريدون به الإنسان؛ أي: الذي يلبس في إصبعه الدِّبْلة، وهي عندهم الخاتم الذي لا فَصَّ له، والمقصود: مَنْ يتزين بالتختم، كأنهم يقولون: ائمنوا للبدوي الجلف، ولا تأمنوا لهذا الحضريِّ الظريف، وهو مبالغة في عدم وفاء بني آدم وغدرهم. وانظر: «ربِّي قزُّون المال ...» إلخ. و«ما تأمنش لابو راس سودة.»

«آهي لِيلَهْ وِفْرَاقْهَا صُبْحْ» آ: كأنهم يريدون بها التنبيه. والمراد هي ليلة واحدة ستفارقنا في الصباح، فليكن فيها ما يكون؛ فالمدة وجيزة، ولها آخر معروف.

«أَبْرَدْ مِنْ مَيِّةْ طُوبَهْ» لأن ماء شهر طوبة شديد البرد، فإذا قيل: فلان أبرد منه، فقد تناهى في ذلك.

«أَبْرَدْ مِنْ يَخْ» يُضرب للثقيل البارد. واليَخُّ (بفتح أوله وتشديد الخاء) يضربون به المثل في البرودة المعنوية ولا يعرفون ما هو. وهو لفظ فارسي معناه الثلج، وتذكُر معاجمهم أنه المعبَّر عنه في العربية بالجمر.

«الإبْرَةْ اللِّي فِيهَا خِيطِينْ مَا تْخَيَّطْشْ» لأن الإبرة دقيقة لا تُدخل في الثوب إلا خيطًا واحدًا، والمراد الأمر المعلَّق على اثنين لا يتم؛ لأنهما قد يختلفان. وقريب منه قولهم: «المركب اللِّي لها ريسين تغرق.» وسيأتي في الميم.

«أَبْرِيقْ اِنْكَسَرْ وَأَدِي بَزْبُوزُهْ» يُضرب للأمر الواضح الذي لا يحتاج في الكشف عنه إلى عناية، يريدون: لِمَ تسألون عمَّا كُسر وهذا صنبوره أو فمه الباقي دالٌّ على أنه إبريق. وانظر قولهم: «حمار

وادي ديله.»

«الْأَبْرِيقِ الْمَلْيَانْ مَا يْلَقْلَقْشْ» أي: الإبريق المملوء بالماء لا يلقلق، والمراد: لا يُسْمَع صوت الماء فيه، وإنما يسمع صوته إذا كان قليلًا يتحرك بتحرك الإبريق؛ أي: لا يُجعجع بالدعوى إلا قليل البضاعة. وفي معناه قولهم: «البرميل الفارغ يرن.» وسيأتي في حرف الباء الموحدة. وقولهم: «ما يفرقعش إلا الصفيح الفاضي.» وسيأتي في الميم.

«إِبْطِي ولا تِخْطِي» أي: خير لك أن تُبطئ وتصيب من أن تسرع وتُخطئ.

«الأَب عَاشِقْ والأُم غَيْرَانَةْ والبِنْتْ حَيْرَانَةْ» أي: إذا كان الأَب عاشقًا والأم غيرى مشغولة به وبمعشوقته، وبنتهما في الدار حيرى بينهما؛ فهل تكون عاقبة أمرهم إلا البوار؟ يُضرَب في عدم سير الأمور على السَّنَن القويم.

«أَبْقَى سَقَّا وتْرُش عَلَيَّ المَيَّهْ؟!» أبقى بمعنى أكون؛ أي: أكون سقاءً متعودًا على الماء ثم يفزعني رشك إياه عليَّ. والمراد أنك لم تفعل شيئًا فيما حاولت من الإضرار بي.

«أَبْلِيسْ مَا يِخْرِبْشْ بِيتُهْ» الصواب في إبليس (كسر أوله) وهم يفتحونه. يُضرَب للخبيث المتعوِّد على الأذى يصاب بمصيبة يظن أنها القاضية عليه فيفلت منها. ومن أمثال المولَّدين في مجمع الأمثال للميدانيّ: «الشيطان لا يُخرِّب كَرْمَه.»

«اِبْنْ آدَمْ فِي التَّفْكِيرْ والرَّب في التَّدْبِيرْ» أي: بينما المرء يفكر في الأمر النازل به ولا يجد له مخرجًا منه يتولاه الله — عز وجل — بلطفه وتدبيره فيأتيه بالفرج من حيث لا يحتسب. يُضرَب لتهوين المصائب والتذكير بأنه — تعالى — لا ينسى عباده.

«اِبْنِ الحَاكِمِ يَتِيمْ» يريدون بالابن الصنيعة؛ أي: من لم يعتمد على نفسه وكفايته فمصيره الضياع؛ لأن الحاكم مُعَرَّض للعزل، ومتى عُزل أصبح صنيعته الفاقد الكفاية في حكم طفل مات أبوه.

«اِبْنِ الحَرَامْ مَا خَلَّاشْ لابْنِ الحَلَالْ حَاجَهْ» أي: لم يترك الطالح للصالح شيئًا يسعى له، ويريدون بابن الحرام من وُلِد لزَنيَة، ثم توسعوا فأطلقوه على كل شيطان رجيم.

«اِبْنِ الحَرَامْ يِطْلَعْ يَا قَوَّاسْ يَا مَكَّاسْ» يطلع؛ أي: ينشأ ويكون. والقَوَّاس أصله حامل القوس، ولكنهم أطلقوه على فئة يكونون حُرَّاسًا وحُجَّابًا للحكام؛ أي: ابن الزَّنْيَة يصير إما قَوَّاسًا أو مَكَّاسًا و«يا» هنا بمعنى إمَّا عندهم. والمراد: أن أصله الرديء وما كَمُن في نفسه من الشر يحملانه على أن يشتغل بذلك، وكلتا المهنتين رديئة لا يخلو صاحبها من ظلم الناس وإعانة الظَّلَمَة عليهم.

«اِبْنِ الدِّيبْ ما يِتْرَبَّاشْ» أي: ابن الذئب لا يُرَبَّى ولا يُقْتَنَى؛ لأن طباعه تغلِب عليه فيُؤذِي من رَبَّاه وأحسن إليه. والمراد ابنُ مَنْ تَعَوَّد الأذى؛ لأنه في الغالب ينشأ على خصال أبيه. ومما يُرْوَى عن

أعرابيَّة رَبَّت جَرْوَ ذِئْب، فلما كبر قتل شاتها فقالت:

بقرتَ شُوَيْهَتِي وفَجَعْتَ قَلْبِي وأنت لِشَاتِنَا وَلَدٌ رَبِيبُ

غُذِيتَ بِدرِّها ورُبِيتَ فينا فمن أنباكَ أن أباكَ ذيبُ

إذا كان الطباعُ طباعَ سوءٍ فلا أدبٌ يُفيدُ ولا أديبُ

«ابْنِ الرَّيِّسْ تُقْلْ عَلَى المَرْكِبْ وَفَنَا عَلَى الخُبْزَةْ» يريدون بالريس: ربَّان السفينة؛ أي: إن ولده لا فائدة منه؛ لأنه مدل بمكانة أبيه فلا يُعِين الملَّاحين بعمل، فهو زيادة ثِقْل على الأحمال وفناء للمئونة؛ لأنه يأكل منها، فهو في معنى: «ضِغْثٌ على إبَّالة.»

«ابْن السَّايِغْ اِشْتَهَى عَلَى ابُوهْ خَاتِمْ» السَّايِغ: صائغ الحَلْي. يُضرَب لمن يشتهي ما هو مُيَسَّر له. وفي معناه قولهم: «بنت السايغ اشتهت على أبوها مزنقة.» وسيأتي في الباء الموحدة.

«ابْن الكُبَّهْ طِلِعِ القُبَّهْ وابْنِ اسْمَ الله خَدُهْ الله» الكُبَّة: يريدون بها الورم الحادث من الطاعون؛ أي: لا عبرة إلا بالمكتوب والمقدر، فإن الذي تُهْمِلُ الاعتناء به وتعامله بالدُّعاء عليه بالطاعون والموت قد يبقى ويعلو شأنُه، ومن تحافظ عليه وتحوطه باسم الله قد يموت. ومنهم من يرويه: «ولاد الكبه طلعوا ...» إلخ. وذُكِر في الواو، وهو مثل قولهم في مثل آخر: «ابن الهبلةْ يعيش اكْتَرْ.» وسيأتي.

«ابْنِ الهَبْلَهْ يعِيشَ اكْتَرْ» الهَبْلَة (بفتح فسكون) البَلْهَاء، وهي عادة لا تعتني بولدها فينشأ مُهْمَلًا في كل شيء، يريدون: مثله ربما عاش أكثر من الذي اعتُنِيَ به، فهو مثل قولهم في مثل آخر: «ابن الكبة طلع القبة ...» إلخ. وقد تقدَّم.

«ابْنِ الوِز عَوَّامْ» أي: يكون كأبويه في السباحة، يُضرَب لمن يبرع فيما برع فيه آباؤه. وفي معناه عندهم: «بنت الفارة حفارة.» وذكر في الباء الموحدة. ومثله أو قريب منه قول العرب: «ومن يشابه أبه فما ظَلَم.» وفي «الرَّوضتين» عن «العماد الكاتب» أنه قال: «من جملة تسمج المعلمين في القول ما حكاه لنا شيخنا «أبو محمد بن الخشَّاب» قال: وصلتُ إلى تبريز فأحضرني يومًا رئيسُها في داره وأجْلَس ولده ليقرأ بعض ما تلقَّنه عليَّ فقلت: «فرخ البط سابح»، فقال معلمه وكان حاضرًا: نعم، و«جرو الكلب نابح»، فخجلت من خطأ خطابه.»

«ابْنْ يُومِينْ مَا يْعِيشْ تَلَاتَهْ» أي: الآجال محدودة، فمن كُتِبَ له أن يعيش يومين لا يعيش الثالث.

«ابْنَك عَلَى مَا تْرَبِّيهْ» أي: ينشأ على ما عودته، إن خيرًا فخير وإن شرًّا فشر. وبعضهم يزيد فيه: «وحمارك على ما توخِّده.» أي: على ما تعوده. يقول: أخذ على كذا؛ أي: تعوده وأَلِفَه. وبعضهم يرويه بالخطاب للمؤنث فيقول: «ابْنِكْ على ما تْرَبِّيهْ وجُوزِكْ عَلَى مَا تْوَخِّدِيهْ.»

«اِبْنَهْ عَلَى كِتْفَهْ ويْدَوَّرْ عَلِيهْ» أي: يحمل ابنه على كتفه ثم يبحث عنه. يُضرَب في الذهول عن الشيء وهو قريب ممن يبحث عنه. وللشيخ عبد الغني النابلسي من مواليا:

للحُبِّ تطلب وأنتَ الحبُّ يا حائرْ

أَمَا سمعْتَ الذي فيه المثلُ سائرْ

حُبِّي مَعِي وعلى حُبِّي أَنَا دَائِرْ

وفي مجمع الأمثال للميدانيِّ: من أمثال المولَّدين: «ابنه على كتفه وهو يطلبه.»

«أَبُو أَلْفْ حَسَدْ أَبُو مِيَّهْ» أي: من العجيب أن يحسد صاحبُ الألف صاحبَ المائة وما عنده أكثر. ومثله: «أَبُو مِيَّةْ يحسد أبو تْنِيَّه.» وسيأتي. يضربان في المُكْثِر يحسد المقلَّ طمعًا وَشَرَهًا.

«أَبُو بَالِينْ كدَّابْ» انظر: «صاحب بالين كدَّاب» في الصاد المهملة.

«أَبُو الْبَنَاتْ مَرْزُوقْ» أي: من رزقه الله بالإناث رزقه ما ينفق به عليهن. يُضرَب للتَّسْلِيَة.

«أَبُو جُعْرَانْ فِي بِيتُهْ سُلْطَانْ» أبو جُعْران (بضم الجيم وسكون العين المهملة) كنية الجُعَل عندهم. ويُرْوَى: «في نفسه» بدل «في بيته»، والمعنى واحد؛ لأن المراد أن الوضيع مهما يكن محتَقَرًا في نظر غيره فإن له عزة في نفسه وداره يُحِسُّ بها. وانظر في الكاف: «الكلب في بيته سبع.» وقريب منهما قولهم: «كل ديك على مزبلته صيَّاح.»

«أَبُو جُوخَةْ وَأَبُو فَلَّةْ فِي الْقَبْرْ بِيدَّلَّى» الفَلَّة (بفتح الفاء واللام المشددة) نوع غليظ من نسيج الكتان يرتدي به الفقراء؛ أي: إن الموت يساوي بين الغنيِّ والفقير؛ فصاحب الجبة عنده كغيره مصيرهما إلى التراب.

«أَبُوكْ الْبَصَلْ وأُمَّكْ التُّومْ منينْ لَكْ الرِّيحَهْ الطَّيِّبَهْ يَا مْشُومْ» أي: إذا كان هذان أصلَيْك وهما كريها الرائحة فمن أين تطيب رائحتك؟ يُضرَب للوضيع الأصل ينشأ كأبويه في الضِّعة والسَّفالة.

«أَبُوكْ خَلِّفْ لَكْ إِيهْ؟ قَالْ: جِدْيْ وِمَاتْ» أي قيل: ما الذي ورثته من أبيك؟ فقال: جَدْيٌ واحد وقد مات. يُضرَب فيمن يصيب القليل ثم يذهب منه؛ فيكون كمن لم يُصِبْ شيئًا.

«أَبُوكْ مَا خَلِّفْ لَكْ، عَمَّكْ مَا يِدِّيكْ» يِدِّيكْ؛ أي: يعطيك؛ محرف عن يؤدِّي لك. والمعنى: إذا لم يُخَلِّفْ لك أبوك ما تعتمد عليه في عيشك فلا تطمع في نوال عمك. يُضرَب في عدم الاعتماد على صلة الأقارب.

«أَبُوكَ مَا هُو أَبُوكَ، أَخُوكَ مَا هُو أَخُوكَ» يُضرب للجمع الكثير يختلط فيهم الحابل بالنابل حتى لا يعرف المرء أباه ولا أخاه.

«أَبُو مِيَّةْ يِحْسِدْ أَبُو ثْنِيَّهْ» أي: صاحب مائة من الغنم يحسد صاحب شاة واحدة. ومعنى الثِّنِيَّةْ (بكسرتين) عندهم التي أتى عليها سنتان. والعرب تقول: ثَنِيَّة (بفتح فكسر) للشاة في الثالثة. يُضرَب في المُكْثِر يحسد المُقِلَّ طمعًا وشرهًا. ومثله: «أبو ألف حسد أبو مية.» وقد تَقَدَّمَ.

«أَبُويَا وَطَّانِي وِجُوزِي عَلَّانِي» الجُوز: الزوج. يُضرَب للوضيعة الأصل يتزوجها مَنْ يرفع شأنها وينبه ذكْرَها.

«اِلْأَبْيَضْ فِي الْكِلَابْ نِجِسْ» أي: كلهم في النجاسة سواء حتى الأبيض منهم، فلا يَغُرَّنَّك حُسن لونه. ويُرْوَى: «زي الكلاب: الأبيض فيهم نجس.» وقريب منه قول القائل:

وَلَيْسَ فيهم من فَتًى مُطِيعفلَعْنَةُ الله عَلَى الجَميعِ

وقال آخر:

ما ازْدَدْتَ حينَ وليت إلا خسةًكالكلب أنجسَ ما يكونُ إذا اغْتَسَلْ

«أَتَابِيكْ يَا ضِيفْ مَا انْتَشْ صَاحِبْ مَحَل» أتابيك؛ أي: إذا بك، وهو مُحَرَّف عنه، والمعنى: كنا نظنك يا ضيف كصاحب الدار كما كان يقول ويؤكد، فإذا بك لم تزل ضيفًا؛ أي: غريبًا عن الدار وأهلها، وظهر ما كانوا يكذبون به عليك ويتملقونك به. يُضرَب في أن الضيف غريب فلا ينبغي له الاغترار بالترحيب والتأهيل.

«اِتْبَع الْبُومْ يُوَدِّيكْ الْخَرَابْ» لأن المكان الخرب مأواه ومسكنه، فإنْ تبعتَه ذهب بك إليه. وقولهم: يوديك أصله يؤدِّي بك. يُضرَب لمن يقتدي بالمشئوم الفاسد الرأي، وهو مَثَل قديم أورده الراغب الأصفهاني في محاضراته في أمثال عامة زمنه برواية: «من كان دليله البوم كان مأواه الخراب.» وفي معناه قول القائل:

وَمَنْ يَكُنِ الغُرَابُ لَهُ دَليلًايَمُرُّ به على جيفِ الكِلابِ

وانظر قولهم: «اركب الدِّيك وانظر فين يُوَدِّيك.» وسيأتي.

«اِتْبَع الْكَدَّابْ لَحَد بَابِ الدَّارْ» أي: لا تكذبه حتى يكذبَه الواقعُ؛ لأنك إذا كذبته في حديثه جادلك وعجزت عن إقناعه.

ويُرْوَى: «تَبَّكْ ورا الكدَّاب ...» إلخ. وسيأتي في حرف التاء المثناة الفوقية.

ويُرْوَى: «سَدِّق الكذَّاب ...» إلخ؛ أي: صَدِّق. وسيأتي في السين المهملة.

«اِتْحَدِّتْ فِي الْمَجْلِسْ وِاللِّي يِكْرَهَكْ يِبَانْ» أي: إذا كنت في مجلس قوم، وأردت أن تعرف من يُبْغضك منهم تَحَدَّثْ بينهم بحديث يظهر لك من الإقبال والإعراض ما تُكِنُّه قلوبهم من حُبٍّ وبُغْض.

«اِتْعِبْ جِسْمَكْ وَلَا تِتْعِبْ قَلْبَكْ» مَعْنَاهُ ظاهر.

«اِتْعَلِّمْ الْبَيْطَرَهْ فِي حْمِيرِ الْأَكْرَادْ» يُضرب للجاهل الذي لم يتقن عملًا؛ لأن القوم الرُّحَّل كالأكراد ونحوهم لا ينعلون دوابهم؛ فإذا تعلم شخص البيطرية فيها فكأنه لم يتعلم شيئًا.

«اِتْعَلِّم الحِجَامَة فِي رُوسِ الْيَتَامَى» أي: تعلم هذه الصناعة في رءوس الأيتام؛ لأنهم محتاجون لمن يحجمهم بلا أجر، فهو آمن فيهم ممن يعترض عليه إذا أخطأ. يُضرَب لمن يجعل الضعيف وسيلة لنفعه ولو بالإضرار به. وقد نَظَمَه ابن أبي حجلة بقوله، ومن ديوانه نقلتُه:

وذي بُخْل يَرُومُ المدحَ مِنِّي ولا كرم لديه ولا كرامةْ
أُكَارِمُه بدُرٍّ بحور شعري وأغرق منه في بحر اللآمةْ
وكَمْ جرَّبْتُ شعري في أُناسٍ أَحَلُّوا منه ما عرفوا حرامهْ
كأنهمُ اليتامى حيث شعري تَعَلَّمَ في رقابهم الحجامةْ

وعلى هذا فالمثل كان معروفًا حوالي القرن الثامن.

«اِتْعَلِّمْ السِّحْرْ ولا تِعْمِلْ بُوشْ» الشين في الأواخر من علامات النفي عندهم أو تأكيد له، وهي مقتضبة من لفظ «شيء»، فمعنى بوش «به شيء»؛ أي: لا تعمل به شيئًا. والمراد: تعلم السحر ولا تعمل به؛ لأنك ما دمت لا تَضُرُّ به أحدًا فعلمك به نافع لك في اتقاء ضرره ودفعه عنك، وهم يقصدون كل شر لا السحر بخصوصه. وفي كتاب الآداب لجعفر بن شمس الخلافة: «من لم يعرف الشر كان أجدر أن يقع فيه.» وأنشد «لأبي فراس الحمداني»:

عَرَفْتُ الشرَّ لا للشَّر لكنْ لتوقِّيهومن لم يعرفِ الشَّرَّ من النَّاس يَقَعْ فيهِ

«اِتْغَدَّى بُهْ قَبْلْ مَا يِتْعَشَّى بَكْ» أي: افترسه قبل أن يفترسك. وأصله من قول العرب في أمثالها: «تغد بالجُدِّيِّ قبل أن يتعشى بِك.» يُضرَب في أخذ الأمر بالحزم. ومن أمثال المولَّدين الواردة في مجمع الأمثال قولهم في هذا المعنى: «خُذ اللِّصَّ قبل أن يَأخذك.» وأنشد «ابن أبي حجلة» في ديوان الصبابة لبعضهم في نظم هذا المثل:

عتبتَ عليَّ ولا ذنب لي بما الذَّنبُ فيه ولا شك لكْ

وحاذرتَ لومي فبادَرْتَنِي إلى اللّوم من قبل أن أبدركْ

فكُنّا كما قيل فيما مضى خُذ اللِّصَّ من قبل أن يأخذكْ

«اِتْغَرَّبِي واكْدِبِي» أي: إذا أردت أن تكذبي على الناس وتنسبي لنفسك ما ليس فيك، فليكن ذلك في غربتك بين أناس لا يعرفونك؛ فإنك لا تستطيعين ذلك في بلدك وبين من يعرفك. يُضرَب للمفتخر بما ليس فيه أمام من يعرفه.

«اِتْغَنْدَرِي وْقُولِي مقدَّرِي» الغندرة عندهم ترادف فجور المرأة وتبرجها وسلوكها المنهج الرديء؛ أي: إنك تفعلين ذلك فإذا لامك لائم أحلْتِ على القدر وقلت: ليس بيدي، بل هو مقدر عليَّ. يُضرَب لمن يفعل القبيح مرتكنًا على مثل هذا العذر.

«اِتْلَمِّت الْحَبَايِبْ مَا بَقَاشْ حَد غَايِبْ» انظر: «تمت الحبايب ...» إلخ.

«اِتْلَم زَأْرُودْ عَلَى ظَرِيفَهْ» زأرود أو زقرود اسمٌ مُخْتَرَع. وقولهم: اتلم؛ أي: اجتمع شملهما. والمراد: «وَافَقَ شَنٌّ طَبَقَةَ.» وهو من أمثال العرب. وانظر أيضًا: «جوِّزوا زقزوق لظريفة» في حرف الجيم فهو في معناه. وانظر أيضًا: «جوِّزوا مشكاح لريمة ...» إلخ.

«اِتْمَسْكِنْ لَمَّا تِتْمَكِّنْ» أي: أَظْهِر المسكنة والتذلل حتى تتمكن من الأمر وتملك ناصيته، فافعل بعد ذلك ما تريد، فليس من الحزم أن تظهر القوة والعنف والأمر بَعْدُ في يد غيرك.

«اِجْتَمَعَ المَتْعُوسْ عَلَى خَايِبِ الرَّجَا» يُضْرَب للمتشابهين في التعاسة وسوء الحظ يجتمعان.

«أَجْرَبْ وانْفَتَحْ لُهْ مَطْلَبْ» المطلب: المال المدفون. يُضرَب لمن يصيب خيرًا لا يستحقه؛ أي: لا يتوقف الغنى على قيمة الشخص. وبعضهم يرويه «كلب أجرب ...» إلخ.

«أَجْرَبْ وِيْسَلِّمْ بِالْأَحْضَانْ» أي: هو أجرب ويعانق الناس عند السلام عليهم. يُضرَب لمن يأتي بما يُشْمَأَزُّ منه.

«الْأَجْرْ مُوشْ قَدِّ المَشَقَّهْ» قد: يريدون به قَدْر. يُضرَب للأمر لا يوازي نتيجه مشقة عمله أو السعي فيه.

«أُجْرِة الخَيَّاطْ تَحْتْ إِيدُهْ» أي: أجرة خياط الثياب في يده لا يخشى عليها؛ لأن من أعطاه ثوبًا ليخيط له منه ملبوسًا كان كالمرهون عنده له ألا يسلمه إلا بعد نقد الأجرة. يُضرَب للحق المحوط بأسباب تحفظه. ولأبي الفضل أحمد بن محمد السكري المروزي من أرجوزة ترجم فيها أمثالًا فارسية، وأوردها «البهاء العاملي» في الكشكول:

من مثل الفُرس ذوي الأبصارْ الثوب رهن في يد القصارْ

«اِجْرِي ومِد، دَ شِيءْ يِهِد» هو مخاطبة بين اثنين يقول أحدهما: اجْرِ وَأَسْرِع ومُدَّ خطاك، فيقول الآخر: هذا شيء يهد القوى. والمراد: ليس من الصواب أن تكلفني بما لا طاقة لي به.

«اِجْرِي يَا مِشْكَاحْ لِلِّي قَاعِدْ مِرْتَاحْ» المِشْكَاح (بكسر فسكون) يريدون به كثير السعي والحركة؛ أي: اسعَ وانصَبْ يا مَن هذه صفته للذي قعد وارتاح من السعي. يُضرَب لمن يأتيه رزقُه من سعي غيره بلا طلب منه، فهو في معنى: «رُبَّ ساعٍ لِقَاعِدٍ.» وهو من أمثال العرب، يقال: إن أول مَن قاله النَّابغة الذُّبْيَاني، وكان وفد إلى النُّعْمَان بن المنذر وفودٌ من العرب فيهم رجل من بني عبس يُقَال له شقيق فمات عنده، فلما حبا النعمان الوفود بعث إلى أهل شقيق بمثل حباء الوفد، فقال النابغة حين بلغه ذلك: «رُبَّ ساعٍ لقاعدٍ.» وقال للنعمان:

أَبْقَيْتَ للعبسيِّ فضلًا ونعمةً ومحمدةً من باقيات المحامدِ

حِبَاء شقيق فوق أعظم قبرِهِ وما كان يُحْبَى قَبْله قَبْرُ وافدِ

أَتَى أهلَه منه حباءٌ ونعمةٌ وَرُبَّ امرئٍ يَسْعَى لآخَرَ قَاعِدِ

ومن أمثال العرب في هذا المعنى أيضًا: «خيرُ المال عينٌ سَاهرةٌ لِعَيْنٍ نائمة.»

«أَجْوَدْ مِنَ الدَّهَبْ مَنْ يَجُودْ بِالدَّهَبْ» أي: أحسن من الذهب من يجود به، وقد أرادوا التجنيس بين أجود ويجود. ومن أمثال العرب في ذلك قولهم: «إِنَّ خيرًا من الخير فاعلُه.» وأورده ابن عبد ربِّه في العقد الفريد.

«أَحِبَّكْ يَا سُوَارِي زَي زِنْدِي لأْ» الأكثر استعمالهم لفظ «الإسورة» بدل السوار؛ أي: إني أحبك يا سواري، ولكني أحب زندي أكثر منك. ويريدون بـ «لأ» بالهمزة: لا. يُضرَب في أن الحب يتفاوت وأعظمه محبةُ المرء لنفسه. وأورده الأبشيهي في أمثال النساء بالمستطرف برواية: «أحبك يا سواري مثل معصمي.» والمعنى: يختلف بحذف «لا» من آخر المثل.

«اِحْتَاجُوا الْيَهُودِي، قَال: الْيُومْ عِيدِي» يُضْرَب لتعسر الأمور وقيام الموانع. والمعنى: أنهم مستغنون عن اليهود، ولكن لما احتاجوا للاستعانة بأحدهم اعتذر بأنه في عيده؛ أي: لا يشتغل فيه. والمثل قديم في العامية أورده الراغب الأصفهاني في محاضراته في أمثال عوام زمنه برواية: «أحوج ما تكون إلى اليهودي يقول: اليوم السبت.»

«اِحْتَرْتْ يَا بَخْرَا أَبُوسِكْ مِنِينْ» أي: حرت يا بخراء في أي موضع أُقَبِّلُك. يُضرَب للأمر تكتنفه الموانع فلا يُعْرَف من أين يُتَوَصَّل إليه.

«اِحْسِبْ حِسَابِ الْمِرِيسِي وَإِنْ جَاكْ طِيَابْ مِنَ الله» المريسي نسبة للمريس: بلدة جنوبي القطر المصري، وهي بفتح الأول والعامة تكسره، وتريد به الريح الجنوبية؛ لأنها تعطل سير السفن وهي مصعدة. والطياب عندهم بعكسها؛ أي: كن حازمًا في تسيير أمورك واستعد للطوارئ، فإنْ يسَّر الله وسهل فلا يَضُرُّك تَيَقُّظُك.

«اِحْضَرْ أَرْدَبَّكْ يِزِيدْ» الإِرْدَبُّ (بكسر فسكون ففتح مع تشديد الموحدة): مكيال معروف بمصر، والعامة تفتح أوله. يُضرَب للحث على مباشرة المرء أموره بنفسه، فهو كقول القائل:

ما حَكَّ جلدَكَ مِثْلُ ظُفْرِكْ فَتَوَلَّ أَنْتَ جميعَ أَمْرِكْ

وقولهم: «يزيد» مبالغة في الحث على ذلك؛ أي: إنك إذا حضرت كيل إردبك، فإنك لا تأمن عليه من السرقة فقط، بل إنه يزيد بحضورك، فهو كقولهم في مثل آخر: «اللِّي ولِّد معزته جابت اتنين ...» إلخ. وسيأتي في الميم: «ما يهرش لك إلا إيدك.» والعرب تقول في أمثالها: «ما حَكَّ ظهري مِثْلُ يَدِي.» يُضرَب في ترك الاتِّكال على الناس.

«الْأَحْمَقْ يِنْصَحْ فِي الْوَقْتِ الدَّيَّقْ» معناه ظاهر، وهو دليل كافٍ على الحماقة ووضع الشيء في غير موضعه. والدَّيَّق يريدون به: الضَّيِّق.

«إِحْنَا اتْنِينْ وِالتَّالِتْ جَانَا مِنِينْ» أي: نحن اثنان؛ فمن أين جاءنا هذا الثالث؟! يُضرَب للداخل بين شخصين في أمر لا يعنيه.

«إِحْنَا بِنِقْرَا فِي سُورِةْ عَبَسْ» أي: هل نحن نقرأ في سورة عبس؟ يريدون: إننا نخاطبك في شيء معلوم، ونكرره عليك فلا تتنبه لما نقوله ونطلبه منك، كأننا نقرأ عليك سورة، فأنت مستمع لها لا تتكلم أو تَصْرف كلامنا لغير وجهه. يُضرَب لمَن لا يفهم ما يُقال له بعد تطويل الكلام معه.

«اِحْيِينِي النَّهَارْدَهْ وَمِيتْنِي بُكْرَهْ» يُضْرَب لمن لا ينظر لغده ولا يفكر في العواقب؛ أي: إنما لي الساعة التي أنا فيها، فإن كنت تنوي قتلي فليكن غدًا، ودعني ليومي هذا.

«أُخْتُهْ فِي الْخَمَّارَهْ وَعَامِلْ أَمَارَهْ» الخَمَّارَة (بفتح الأول وتشديد الثاني): بائعة الخمر، والعامة تريد بها موضع بيعها؛ أي: الحانة، وعامل؛ أي: جاعل نفسه. والأَمَارة (بفتح الأول) جمع أمير عندهم؛ أي: تكون أخته في هذه السفالة ويظهر هو نفسه بمظهر الكرام الماجدين. يُضرَب للنذل المتعالي.

«الْأَخْد حِلْوْ، وِالْعَطَا مُر» معناه ظاهر. ويريدون به في الغالب الاستدانة واستطابة الأخذ فيها وكراهة الوفاء. وفي معناه قولهم: «عند العطا أحباب، وعند الطلب أعداء.» وسيأتي في العين المهملة.

«أخْرَسْ وَعَامِلْ قاضِي» يُضْرَبُ للعَاجز يَتصَدَّر لِمَا لا يستطيعه من الأعمال؛ لأن الأخرس لا يستطيع سؤال الخصوم.

«أَخَّرْهَا وَرَا، آخِرِ النَّهَارْ تِجِيبَكْ قُدَّامْ» أي: أَرِحْ دابَّتَك في أول السير واجعلها آخر الدواب؛ فإنها تسبق في آخر الأمر؛ لراحتها وتعب ما تقدمها بالعَدْوِ.

«اُخْطُبْ لِبِنْتَكْ قَبْل مَا تُخْطُبْ لابْنَكْ» العادة أن تُخْطَبَ المرأة للرجل لا العكس. والمراد من المثل: اهْتَمَّ باختيار الزوج لبنتك طلبًا لراحتها فهي أولى بعنايتك من ابنك؛ لأن أمر زوجته سيكون بيده، متى شاء طلقها بخلاف البنت.

«إخْلِصِ النِّيَّهْ وبَاتْ فِي البَرِيَّهْ» أي: إذا أخلصت في نيتك فَنَمْ في البرية ولا تَخْشَ شيئًا. يُضرَب في الحث على الإخلاص.

«أَخُوكْ لَا يِحِبَّكْ غَنِي عَنُّهْ ولا تْمُوتْ» أي: إن أخاك لا يود أن يراك أغنى منه كما أنه لا يحب موتك؛ أي: مهما يحبك المرء ويود حياتك فإنه لا يود أن تعلوَ عليه.

«أَخَيَّطْ بِسِلَّايَهْ وَلَا المِعَلِّمَهْ تْقُولْ: هَاتِي كِرَايَهْ» السِّلَّاية: (بكسر الأول): الشوكة من النخل وغيره، وصوابها سُلَّاءَة كـ «رُمَّانَة». والمعلمة (بكسر الأول والصواب ضمه): مَنْ تُعَلِّمُ الخياطة والتطريز خاصة؛ أي: خير لي أن أخيط ثوبي ولو بسُلَّاءة، وأدبِّر أمري بقدر ما أستطيع من أن أنفق فيما لا داعي فيه إلى الإنفاق، والمراد بالمعلمة هنا: من تخيط الثياب للناس. يُضرَب في الحث على الاقتصاد وحسن التدبير.

«اِدَّايِنْ وِازْرَعْ وَلَا تِدَّايِنْ وِتِبْلَعْ» أي: إذا تداينت فليكن دَيْنُك للإنفاق على زرعك؛ لأنه ينتج فتقضيه منه، وأما إذا تداينت لنفقتك وطعامك، ذهب المال ولم تجد ما تُوَفِّي به الدَّيْنَ، وليس هذا من الحزم في شيء.

«اِدَّلْعِي يَا عُوجَهْ فِي السَّنَهْ السُّودَهْ» أي: تدللي يا مُعْوَجَّةَ القامة كما تشائين في السنة السَّوْدَاء التي لم تُبْقِ على المِلاح، فهو في معنى قولهم: «سنة الكُبَّة يدَلَّع الأَمْخَط.» وسيأتي في السين المهملة. وقريب من قولهم: «سنة شوطة الجمال جابوا الأعور قَيِّدَهْ.»

«أَدْعِي عَلَى وَلَدِي وَأَكْرَهْ مَنْ يِقُولْ: أَمِينْ» يُضرَب في الشفقة على الأولاد، وأن الدعاء عليهم باللسان دون القلب.

«اِدِّي ابْنَكْ لِلِّي لُهْ أَوْلَادْ» اِدِّي؛ أي: أَعْطِ، يريدون: إذا وهبت ابنك لأحد أو جعلته في حياطته، فلا تعطه إلا لِمَنْ يكون له أولاد؛ لأنه يعرف شفقة الآباء على أبنائه. والمراد: لا تُوكِلِ الأمرَ إلا للعارف به.

«ادِّي سِرَّكْ لِلّي يْصُونَهْ» ادِّي؛ أي: أَعْطِ. والمعنى: لا تُفْشِ سِرَّك إلا لمن يَصُونُه.

«إدِّي الْعِيشْ لِخَبَّازِينُهْ وَلَوْ يَاكْلُوا نُصُّهْ» ادي بمعنى: أَعْطِ؛ أي: اخْبِزْ خُبْزَك عند من يجيدون الخَبْز، ولو سرقوا نصفه وأكلوه؛ لأن الباقي منه يُنْتَفَع به لجودة خبزه، أما إذا خبزتَه عند أمين جاهل أفسده وضاع عليك كلُّه، وهو قريب من: «أَعْطِ القَوْسَ بَارِيها.» ولكن فيه زيادة في المعنى.

«ادِّينِي رِغِيفْ وِيْكُونْ نِضِيفْ» أي: أعطني رغيفًا، ولكن بشرط أن يكون نظيفًا. يُضرَب لمن يستجدي ويتخير الصدقة فيقترح ويشترط.

«ادِّينِي عُمْرْ وارْمِينِي الْبَحْرْ» أي: إذا كانت السلامة مكتوبة لي ولم يَزَلْ في عمري بقية، فإن إلقائي باليمِّ لا يَضُرُّنِي. يُضرَب لمن ينجو من خطر لا تُظَنُّ النجاة منه. والعرب تقول في أمثالها: «أحرز امرأ أجله» قاله الإمام عليُّ بن أبي طالب — عليه السلام — حين قيل له: أتلقى عدوك حاسرَ الرأس؟ قال الميداني: يُقَال هذا أصدقُ مَثَلٍ ضربته العربُ. ومن الأمثال التي تُرْوَى عنه في هذا المعنى: «نعم المجن أجل مستأخر.»

«ادِّينِي الْيُومْ صُوفْ، وِخُدْ بُكْرَهْ خَرُوفْ» ادينى بمعنى: أعطني، وأصلُه أَدِّ لِي، يريدون: أَعْطِنِي اليوم صوفًا فإني راضٍ به على أن أُعْطِيَكَ غَدًا خروفًا؛ لأني أُفَضِّل العاجلَ على الآجل وإن كان دونه. فهو في معنى المثل الآخر: «بيضة النهارده أحسن من فرخة بكرةْ.» وسيأتي في الباء الموحدة.

«إذَا اشْتَدَّ الْكَرْبْ هَانْ» هو في معنى مطلع المنفرجة لابن النحويِّ:

اشْتَدِّي أَزْمَةُ تَنْفَرِجِي قَدْ آذَنَ لَيْلُكِ بِالبَلَجِ

وأنشد جعفر بن شمس الخلافة في كتاب «الآداب» لإبراهيم بن العبَّاس الصُّوليِّ:

وَلَرُبَّ نَازِلَةٍ يَضِيقُ بها الفَتَى ذَرْعًا وعِنْدَ الله مِنْهَا المَخْرَجُ
ضَاقَتْ فَلَمَّا اسْتَحْكَمَتْ حَلَقَاتُهَا فُرِجَتْ وَكَانَ يَظُنُّهَا لَا تُفْرَجُ

وأنشدَ لآخر:

ضَاقَتْ وَلَوْ لَمْ تَضِقْ لَمَا انْفَرَجَتْ وَالعُسْرُ مِفْتَاحُ كُلِّ مَيْسُورِ

ولآخرَ:

وَأَضْيَقُ الأمرِ أَدْنَاه إلى الفَرَجِ

«إذَا حَضَرَتِ الْمَلَائِكَةْ غَابَتْ الشَّيَاطِينْ» أي: لا يجتمع الصالح والطَّالح.

«إذَا كَانْ فِيه خِيرْ مَا كَانْشْ رَمَاه الطِّيرْ» انظر: «لو كان فيه الخير ...» إلخ في اللام.

«إذا كِتْرِتِ الألْوَانْ، اِعْرَفْ إنَـهَا مِنْ بُيُوتِ الْجِيرَانْ» أي: إذا ظهر شخص بغير ما في طاقته فاعلم أنه معانٌ فيه من غيره، والمراد بالألوان أصناف الطعام.

«أرْبُط الحُمَارْ جَنْب رفِيقُهْ إنْ مَا تعَلِّمْ مِنْ شِهِيقُهْ يِتْعَلِّمْ مِنْ نِهِيقُهْ» أي: إن الطباع تُعدي، ولا بد للصاحب أن يتخلق ببعض أخلاق صاحبه إن لم يكن بها كلِّها. فهو في معنى قول القائل:

وَكُلُّ قَرِينٍ بِالمُقَارَنِ يَقْتَدِي

وانظر قولهم: «إن كان بدَّك تعرف ابنك وتسيسه اعرفه من جليسه.» وسيأتي. وقولهم: «من عاشر السعيد يسعد، ومن عاشر المَتْلُوم يتلم.» وسيأتي في الميم.

«أرْبُطِ الحُمَارْ مَطْرَحْ مَا يِقُولْ لَكْ صَاحْبُهْ» يريدون بالمطرح الموضع؛ أي: اربطه في الموضع الذي يرشدك إليه صاحبه؛ لأنه ربما ضاع أو سُرق فلا يكون اللَّومُ عليك. يُضرَب في عدم التصرف في الشيء إلا برأي صاحبه؛ لأنه أسلمُ للعواقب.

«أرْدَب مَا هُو لَكْ مَا تِحْضَرْ كِيلُهْ؛ تِتْغَبَّرْ دَقْنَكْ وِتِتْعَبْ فِي شِيلُهْ» الإرْدَبُّ (بكسر فسكون ففتح مع تشديد الموحدة): مكيال معروف بمصر (والعامة تفتح أوله)، ويُرْوى: «تتعفَّر» بدل تتغبَّر وهو بمعناه. ورواه الموسوي في «نُزهة الجليس»: «أردب ما لك فيه حصَّة لا تحضر ...» إلخ. وذكره في أمثال نساء العامة، والمعنى: الإردب الذي ليس لك لا تحضر كيْلَهُ؛ فإنك لا تجني منه غير التعب في حمله وتَغْبِير لحيتك بغباره؛ أي: ليس وراء التعرض لما لا يعني إلا ما يسوء. يُضرَب للتحذير من التعرض لما لا يعني. وفي معناه: «من تعرض لما لا يعنيه سمع ما لا يرضيه.» ومن الحكم النبوية: «مِنْ حُسْنِ إسلام المرء تركُه ما لا يَعْنِيه.» قال الميدانيُّ: هذا المثل يُروى عن النبيِّ ﷺ. وقالت العامة أيضًا: «اللِّي ما لك فيه، إيش لك بيه.» وقالت: «اللِّي ما لك فيه، ما تنحشرش فيه.» وسيأتيان. وقريب من هذا المعنى قولُهم: «الشهر اللِّي ما لَكْش فيه ما تعِدِّش أيامه.»

«اِرْشُوا تِشْفُوا» أي: عليكم بالرِّشْوَة تُبَلِّغُكُمْ ما تريدون، والمراد الإخبار بالواقع لا الحث على الرشوة. ومن أمثال العرب: «عُرَاضَةٌ تُوري الزِّنَادَ الكَابِلَ.» والعُرَاضَة: الهَدِيَّةُ. والكائل: الكابي، يُضرَب في تأثير الرشا عند انغلاق المراد، وانظر في الباء الموحدة «البرطيل شيخ كبير.»

«الْأرْضْ تِضْرَبْ وَيَّا اصْحَابْهَا» وَيَّا بمعنى: مع، وأصله من نحو قولهم: راح ويَّاه؛ أي: ذهب وإيَّاه، يريدون معه، والمقصود أن الإنسان في مكانه عزيز فإذا تعارك فيه أعانته أرضه ودافعت عنه؛ أي: فيها من يعينه. وانظر: «اوعى تقاتل مطرح ما تكره.»

«الْأرْضْ مُوشْ شَهَاوِي، دِي ضَرْب عَ الكلاوِي» الكلاوي هي الكُلى؛ أي: ليست الزراعة بالشهوة إلى الزرع فحسب، وإنما زرع الأرض لا يكون إلا بالجهد الجهيد والتعب المشبَّه بالضرب على

الكَلى.

«أرْقُصْ لِلْقِرْدْ فِي دَوْلَتِهْ» ويُرْوَى: «في زمانه»؛ أي: جَارِ الزَّمانَ فيه ما دام مقبلًا عليه، وارقص له؛ لأن الرقص يَسُرُّ القرود، والمراد افعل ما يوافق صاحب الدولة ما دمت مضطرًّا إليه. والمثل قديم، يروى: أن شخصًا دخل على وزير يهنئهُ بالوزارة فصفق ورقص لإظهار سروره، فأمر الوزير بطرده وقال: إنما أراد الإشارة إلى هذا المثل. وقد نظمه «عليُّ بن كثير» من شعراء ريحانة الخفاجي فقال:

صَحِبْتُ الأَنَامَ فَأَلْفَيْتُهُ مْوَكُلٌّ يَمِيلُ إِلَى شَهْوَتِهْ

وَكُلٌّ يُرِيدُ رضا نفْسِهِ ويَجْلِبُ نَارًا إلى برْمَتِهْ

فَللَّه دَرُّ فَتًى عارفٍ يُداري الزَّمَانَ على فِطْنَتِهْ

يُجَازِي الصَّديقَ بِإِحْسَانِهِ وَيُبْقِي العدوَّ إلى قُدْرَتِهْ

ويلبسُ للدَّهْرِ أثوابَهُ ويرقُصُ للقرد في دَوْلَتِهْ

قال الخفاجي: وفي معنى قوله: «ويرقص للقرد ...» إلخ قول الأهوازي:

قُل لِمَنْ لَامَ لَا تَلُمْنِي كُلُّ امْرِئٍ عَالِمٌ بِشَأْنِهْ

لا ذَنْبَ فِيمَا فَعَلْتُ إِنِّ يرَقَصْتُ للقِرْدِ في زَمَانِهْ

مِنْ كَرَمِ النَّفْسِ أَنْ تَرَاهَا تَحْتَمِلُ الذُّلَّ في أوانِهْ

ولأبي تمام:

لا بُدَّ يَا نَفْسُ مِنْ سُجُود في زَمَنِ القِرْدِ لِلْقُرُودِ

انتهى.

قلنا: وأنشد صاحب قطف الأزهار في المعنى لبعضهم:

إذا رأيتَ امرأً وضيعًا قد رَفَع الدَّهْرُ من مَكَانِهْ

فَكُنْ سَمِيعًا له مُطِيعًا مُعَظِّمًا مِنْ عَظِيمِ شَانِهْ

فَقَدْ سَمِعْنَا بِأَنَّ كِسْرَى قَدْ قَال يومًا لِتُرْجُمَانِهْ:

إذا زَمَانُ الأُسُودِ وَلَّى فَارْقُصْ مَعَ القِرْدِ في زَمَانِهْ

ومما يدل على قِدَمِ المثل ما أنشده صاحب لسان العرب في مادة «قرا» عن ثعلب في القيروان بمعنى الجيش:

فَإِنْ تَلَقَّاكَ بِقَيْرُوَانِهْ

أو خِفْتَ بَعْضَ الجورِ من سُلْطَانِهْ

فاسجُدْ لِقِرْدِ السُّوءِ في زَمَانِهْ

وفي كتاب «الآداب» لجعفر بن شمس الخلافة:

اسْجُدْ لِقِرْدِ السوءِ في زَمَانِهِ وَدَارِهِ ما دُمْتَ في سُلْطَانِهِ

«اِرْكَبْ حُمَارْةِ الْعَازِبْ وِحَدِّتْهْ» أي: اركب حمارة الرجل العَزَبِ وَحَدِّثْهُ في أمر زواجه؛ فإنه يرتاح لحديثك ويبلغُك عليها مكانك. والمراد: عَالِجْ كُلَّ شخص بما يوافقه ويميل إليه تَبْلُغْ مقصدَك منه.

«اِرْكَب الدِّيكْ وِانْظُرْ فِينْ يِوَدِّيكْ» وَدَّى معناه: ذهب به وأوصله؛ أي: إذا كان الدِّيك مما يُرْكَبُ وركبته فانظر أين يذهب بك. والمراد أنه لا محالة ذاهب بك إلى خُمِّ الدَّجاج. يُضرَب في أن لكل شخص حالة ألفها وغاية يَسعى إليها، فإذا استرشدت فانظر بمن تسترشد، وتَخَيَّرْ من يهديك إلى سواء السبيل. وانظر قولهم: «اتبع البوم يوديك الخراب.»

«اِرْكَبْ يَا ابُو الرِّيشْ قَالْ: بَسِّ إِنْ فِضِلْ كَدِيشْ» يُضْرَب للتكليف بأمر لا توجد له وسيلة. ولفظ بَس (بفتح الموحدة وتشديد السين المهملة الساكنة) اسم فعل عندهم معناه: كفى، ويأتون بها في مثل هذا التعبير مقرونة بـ «إن» بمعنى: لو أن، كأنهم يريدون: يكفي الكلام فقد أطعت لو أن لي ما أركب؛ فقد ركب الناس ولم يبقوا لي كديشًا؛ أي: برذونًا. وأبو الريش كنية أتوا بها للسجع لا يقصدون بها معينًا.

«اِرْمِيهِ الْبَحْرْ يِطْلَعْ وفي بُقُّهْ سَمَكَهْ» البُقُّ (بضم الموحدة وتشيد القاف) بمعنى: الفم. يُضرَب للحريص المستفيد من كل حالة.

«اِرْمِيهْ فِي السُّطُوحْ وَإِنْ كَانْ لَكْ فِيهْ قِسْمَهْ مَا يْرُوحْ» أي: ما هو لك لا يكون لسواك ولو تهاونت في حفظه؛ لأنه مقسوم لك، والمراد بالسطوح مفرده؛ أي: السطح. وبعضهم يرويه: «ارْمِي جُوزِكْ» بالخطاب للمؤنثة؛ أي: زوجَكِ. وبعضهم يروي: «نصيب» بدل قسمة، يريد النَّصِيب بفتح أوله.

«اِزْرَع ابْنِ آدَمْ يِقْلَعَكْ» ويُرْوَى: «ازرع الزرع تقلعه وازرع ابن آدم يقلعك.» يُضرَب في إنكار بني آدم للجميل ومقابلته بضده. ويرويه بعضهم: «كل شيء تزرعه تقلعه إلا أبو راس سوده تزرعه يقلعك.» وسيأتي في الكاف. ونظم هذا المثل الشيخ حسن البدري الحجازي الأزهري المتوفَّى سنة ١١٣١هـ فقال من قصيدة أوردها له الجبرتي في ترجمته:

لَا شَيْءَ تَزْرَعُهُ إلَّا قَلَعْتَ سِوَى بني آدم مَنْ يَزْرَعْه يَقْلَعْهُ

«**ازْرَعْ كُل يُومْ تَاكُلْ كُل يُومْ**» أي: وَالِ العمل يتوالَ لك الكسب.

«**إسْأَلْ قَبْلْ مَا تْنَاسِبْ يِبَانْ لَكْ الرَّدِي وِالمِنَاسِبْ**» أي: اسأل واستخبر قبل أن تُصاهر، يظهر لك من يناسبك ومن لا يناسبك. يُضرَب في المصاهرة وغيرها من ضروب المعاشرة.

«**إسْأَلْ مِجَرَّبْ وَلَا تِسْأَلْ طَبِيبْ**» يُراد به المبالغة في تفضيل المُجَرِّب على الطبيب. وبعضهم يصحح روايته بقوله: «اسأل مجرب ولا تَنْسَ الطبيب.» والأول هو المسموع من أفواه العامة. ورواه الأبشيهي في المستطرف: «سَلِ المُجَرِّبْ ولا تَنْسَ الطبيب.»

«**أَسْأَلُهْ عَنْ أَبُوهْ يِقُولْ لِي: خَالِي شعيبْ**» يُضْرب للمخلِّط يجيب عن غير المسئول عنه. وقد وجدنا هذا المثل منظومًا في بعض المجاميع في هذين البيتين:

لِيَ صَاحِبٌ لَيْسَ فيه سِوى البلادةِ عيبُ

سألتُه عن أَبيهِ فقالَ: خَالِي شُعَيْبُ

وورد في المستطرف في أمثال النساء برواية: «سألوها عن أبيها قالت: جدي شعيب.» ومن أمثال العرب في ذلك: «قيل للبغل: مَنْ أَبُوكَ؟ قال: الفرسُ خالي.» يُضرب للمخلِّط. وقريب منه قول الشاعر:

وَمَتَى أَدْعُها بِكَأْسٍ مِنَ المَاءِ أَتَتْنِي بِصَحْفَةٍ مِنْ زَبِيبِ

«**إسْأَلِي عَلَى مَا تِفْعَلِي**» على هنا بمعنى: عن، يستعملونها كذلك مع سأل؛ أي: اسألي عَمَّا تفعلين وتشتغلين به، ولا تسألي عما لا يعنيك.

«**إسْتَوِدُّوا تِسْتَحِبُّوا**» أي: الوِدَادُ يَجْلبُ الوداد ويستدعيه، كما قال الشاعر:

تَحَبَّبْ فَإِنَّ الحُبَّ دَاعِيَةُ الحُبِّ وَكَمْ من بعيدِ الدَّارِ مُسْتَوْجِب القُرْبِ

«**إسْمَعْ ظُرَاطُهْ وَلَا تسْمَعْ عِيَاطُهْ**» أي: إذا لم يكن بُدٌّ من تَحَمُّل أذاه فاختر أخف الضررين، واصبر على سماع ظراطه، فإنه أهون عليك من سماعك بكاءه أو صياحه.

«**إسْمَعْ مِنْ هِنَا وسَيِّبْ مِنْ هِنَا**» أي: اسمع بهذه الأذن وأَخْرِجْ ما سمعته من الأخرى. يُضرَب عند الاضطرار إلى سماع ما لا يفيد، أو لحث شخص على اطِّرَاح ما يُقَال وترك المعارضة فيه.

«**إسْمَكْ إيهْ؟ قَالْ: إسْمِي عَنْبَرْ، وصَنْعِتَكْ إيهْ؟ قَالْ: سَرَبَاتِي، قَالُوا: خَسَّرْت الإِسْم بِالصَّنْعَةْ**» السرباتي مقصور عن السراباتي نسبة للسرابات جمع سَراب (بفتح الأول)، وهو عندهم ما اجتمع في

الأحشاش، يطلقون ذلك على الكَنَّاف الذي ينقل ما في الكَنُف؛ أي: ليته لم يشتغل بذلك وله هذا الاسم؛ لأنه أتلفه بصنعته. يُضرَب لمن يجمع بين الحسن والقبيح في صفاته. وانظر أيضًا في حرف السين المهملة: «سرباتي واسمه عنبر.» وانظر في الضاد المعجمة: «ضيع الاسم بالصنعة.» فإن بعضهم يقتصر عليه في إيراد المثل. وهذا المثل قديم في العامية أورده الأبشيهي في المستطرف برواية: «واحد سموه عنبر وصنعته سرباتي، قال: الذي كسبه في الاسم خسره في الصنعة.»

«اِلْإِسْمِ لِطُوبَةْ وِالْفِعْلِ لأَمْشِيرْ» يُضرَب لمن يشتهر بشيء والعمل لغيره؛ لأنه قد تأتي في شهر طوبة — وهو شديد البرد — أيام صحو كأيام أمشير.

«أَسْيَادِي وأَسْيَادْ أَجْدَادِي اِللِّي يْعُولُوا هَمِّي وَهمِّ أَوْلَادِي» أي: الذين يحملون همي وهم أولادي ويواسوننا ويعطفون علينا فهم سادتي وسادة جدودي.

«اِشْتَرَى بِدَرْهِمْ بَلَحْ بَقَى لُهْ فِي الحَيِّ نَخْلْ» أي: اشترى بِدرهم تمرًا فادعى بذلك أن له في الحي نخلًا. يُضرَب لمن يحوز القليل فيتذرَّع به إلى ادِّعاء الكثير.

«اِشْتِرِي الْجَارْ قَبْلِ الدَّارْ» وبعضهم يزيد فيه: «والرفيق قبل الطريق.» والعرب تقول في أمثالها: «الجَارَ ثم الدار.» قال الميداني: «هذا كقولهم: الرفيق قبل الطريق، وكلاهما يُرْوَى عن النبي ﷺ. قال أبو عبيد: كان بعض فقهاء أهل الشام يُحَدِّثُ بهذا الحديث ويقول: معناه إذا أردت شراء دار فَسَلْ عن جوارها قبل شرائها.» وفي أخبار أبي الأسود الدُّوَلِيِّ من كتاب «الأغاني» أنه كان له جار من رهطه فأُولِعَ برمي أبي الأسود بالحجارة كلما أمسى ولمْ يُفِدْ فيه اللَّوْمُ، فباع أبو الأسود داره واشترى دارًا في هُذَيْل، فقيل له: أبعت دارك؟ قال: «لم أبع داري ولكن بعت جاري.» فأرسلها مثلًا. وانظر في الخاء قولهم: «خد الرفيق قبل الطريق.»

«اِشْتِرِي مَا تْبِعْشْ» معناه ظاهر، والمراد: اكْتُم سرَّك وما تريده عن محدِّثك، والتقط من حديثه ما تحتاج إلى الوقوف عليه، فالحزم في ذلك.

«اِشْحَالْ ضَعِيفْكُمْ؟ قَالُوا: قَوِيِّنَا مَاتْ» اشْحَالْ: كلمة منحوتة عندهم من أَيِّ شيء حال؟ أي: ليس الموت بالضعف ولا الحياة بالقوة، وإنما لكل أجل كتاب. وبعضهم يرويه: «اِشحال عَيَّانكم.» أي: مريضكم. وأنشد جعفر بن شمس الخلافة في كتاب الآداب لبعضهم في المعنى:

وصحيحٍ أَضْحَى يَعُودُ سَقِيمًا وهو أَدْنَى للمَوت مِمَّنْ يَعُودُ

«اِشَّرَّفُوا عَنْدِ اللِّي مَا يِعْرَفُوا» أي: إذا أردتم ادِّعَاء الشرف فادَّعُوه أمام من لا يعرفكم يصدِّقْكُم لجهله بكم. ومثله قولهم: «قال: يا أبويا شرفني، قال: لما يموت اللِّي يعرفني.»

«**أشْكِي لِمِينْ وكَلّ النّاسْ مَجَارِيحْ**» أي: لمن أشكو جرحي وكل الناس مجروحون مثلي. والمراد لا يخلو أحد من الهَمِّ في الدنيا. ومن أمثال العرب: «إنْ يَدُمْ أَظَلُّك فقد نَقِبَ خفي.» ومعنى الأظل: ما تحت منسم البعير، يضربه المشكو إليه للشَّاكي؛ أي: أنا منه في مثل ما تشكوه.

«**إشْكِي لِي وَأَنَا ابْكِي لَكْ**» أي: اشكُ لي أُعِنْكَ بِبُكَائِي؛ لأني أشكو مثل ما بك، فكلانا في البلوى سواء.

«**اِشْهَدْ لِي بِكَحْكَةْ أَشْهَدْ لَكْ بِرْغِيفْ**» أي: من أعان شخصًا في شيء حقَّ على الآخر أن يعينه فيما هو أعظم منه. والمراد بالكحكة: الكَعْكَة.

«**إصْبَاحْ الْخِيرْ يَا اعْوَرْ، قَالْ: دَا شَر بَايِتْ**» أي: إذا كان صَبَّحَهُ بذكر عيوبه فهو دليل على تحفزه لمخاصمته ومنازعته، ولا يكون ذلك إلا عن شرٍّ أضمره له من الليل، وهو مثل قديم عند العامة أورده الأبشيهي في المستطرف بروايته: «صباحك يا أعور، قال: دي خناقة بايتة.» وقريب منه قول العرب في أمثالها: «بَكَرَتْ شَبْوَةُ تَزْبَئِر.» وشبوة: اسم للعقرب لا تدخلها الألف واللام. وتزبئر: تنفش. يُضرَب لمن يتشمر للشر. وتقول العرب لما يبدو من أوائل الشر: «بَدَتْ جَنَادِعُه.» والجنادع: دواب كأنها الجنادب.

«**إصْبَاحِ الْخِيرْ يَا جَارِي، إنْتَ فِي دَارَكْ وَأَنَا فِي دَارِي**» أي: فلنكن كذلك نقتصر على السلام ولا نختلط فيتجنب كلانا الآخر بلا خصومة، فذلك أبعد للشقاق وأدعى للراحة؛ أي: لا صداقة ولا عداوة. وقد أورده الأبشيهي في المستطرف بروايته: «صباح الخير يا جاري أنت في دارك وأنا في داري.»

«**أصْبُرْ عَلَى الْجَارْ السُّوءْ يَا يِرْحَلْ يَا تْجِي لُهْ دَاهْيَهْ**» أي: لا تقلق من مثل هذا الجار، بل اصبر على أذاه ولا تُغَيِّرْ دارك؛ فقد يرحل هو عن جوارك، أو تصيبه داهية تُرْدِيه وتريحك منه. ولفظ «يا» هنا يستعملونها بمعنى: إما. وقد قالوا في الخلاص من الحالة المكروهة بالفرج أو بموت الشخص الواقع فيها: «يا يموت العبد يا يعتقه سيده.» وسيأتي في الياء آخر الحروف.

«**أُصْبُرِي يَا ستِيتْ لَمَّا يِخْلَى لِك الْبِيتْ**» ستيت، ويريدون به: سُتَيْتَة، تصغير سِت؛ أي: سيدة، وهو من أعلام النساء عندهم، وجاءوا به هنا مُرَخَّمًا للسجع؛ أي: تربَّصي قليلًا ولا تتعجَّلي حتى يخلو لك الجو فبيضي واصفري كما تشائين. يُضرَب للمتعجل في أمر لم يحن وقته.

«**أَصْحَابِ العرْس مِشْتِهِيِّنِ الْمَرَقْ**» أي: إذا كان أصحاب العرس كذلك يَشْتَهُون المَرَق لفقرهم وعوزهم فماذا يُنْتَظَر من عرسهم؟!

«**أَصْحَابُ الْعُقُول فِي رَاحَةْ**» يُضْرَب للأحمق يجهد نفسه فيما لا يفيد. أما قولهم: «العاقل تعبان.» فسيأتي الكلام عليه في موضعه.

«اِصْرِفْ مَا فِي الْجِيبْ يِئْتِيكْ مَا فِي الْغِيبْ» يُضْرَب للحثّ على الإنفاق؛ أي: أنْفِقْ وَجُدْ والله يُخْلِفه عليك من حيث لا تحتسب. ومعنى الجيب: كيس يصنع في الثياب تحمل فيه النقود وغيرها.

«اِلْأَصْلِ الرَّدِي يِرْدِي عَلَى صَاحْبُهْ» يردي؛ أي: يرجع ويمُتُّ ويظهر، فمن كان رديء الأصل لم تُغْنِ عنه خِلاله الطيبة، بل لا بد للعِرْق أن يمتد يومًا ما ويظهر ما ستر بهذه الخلال.

«أَصْلِ الرَّقْصْ تَحَنْجِيلْ» التحنجيل عندهم: الحَجْل، وهو مُحَرَّف عنه؛ أي: أصل الشيء العظيم من الشيء الحقير، فإذا رأيت إنسانًا أُولِع بالحجل فاعلم أنه سيؤدي به إلى الرقص ويوقعه فيه، فهو قريب من قول بعضهم: «أَوَّلُ النَّارِ مِنْ مُسْتَصْغَرِ الشَّرَرِ.»

«أَصْل الشَّر فِعْلِ الخِيرْ» أي: قد يكون ذلك؛ فقد تُحْسِن إلى شخص فيكون إحسانك إليه سببًا لإساءته لك. وقالوا أيضًا: «خير ما عملنا والشر جانا منين؟» وسيأتي. وانظر قولهم: «خيرٍ تِعْمِلْ شرٍّ تلقى.» ومن أمثال العرب: «عارية أَكْسَبَتْ أَهْلَهَا ذَمًّا.» يُضرَب للرجل يحسن إليه فيذم المحسن.

«اِضْحَكْ وِالضِّحْكْ رِخِيصْ قَبْلِ مَا يِغْلَى ويِبْقَى بتَلَالِيسْ» أي: اغتنم من الزمان ما جاد لك به من الصفو والسرور قبل أن يقلب لك ظهر المِجَنِّ وَيَغْلُو ثمن الضحك فلا تجده ولو بذلت فيه تلاليس من المال. وقد جمعوا فيه بين الصاد والسين في السجع.

«اِضْرَبْ اِبْنَكْ وِاحْسِنْ أَدَبُهْ مَا يْمُوتْ إِلَّا لَمَّا يِفْرَغْ أَجَلُهْ» يُضرَب في الحث على تأديب الأولاد، وفيه الإتيان بالباء مع اللام في السجع، وهو قبيح. وانظر في معناه: «اكسر للعيِّل ضلع ...» إلخ. والمراد ليس من الشفقة عدم تأديب ولدك وتقويمه. ولله در العرب في قولها: «أَشْفِقْ على وَلَدِكَ من إشفاقك عليه.» أورده جعفر بن شمس الخلافة في كتاب «الآداب».

«اِضْرَبِ الأَرْضْ تِطْرَحْ بَطِّيخْ» يُضرَب للأمر بالمستحيل؛ أي: إنك بتكليفك لي عمل الشيء المستحيل كمن يأمر آخر بضرب الأرض لتنبت بطيخًا، وإذا كنت في شك فافعل واضرب ما تشاء.

«اِضْرَبِ البَرِيءْ لَمَّا يِقِر الْمَتْهُومْ» أي: إذا ضربت البريء وشددت عليه، فإن ذلك يُرهب المتهم — أي: صاحب الذنب — فيعترف لك، و«لما» هنا يستعملونها بمعنى: حتى. والظاهر أنهم كانوا يرون هذا الرأي فيما مضى؛ فهو مَبْنِيٌّ على ما كانوا يعتقدونه صوابًا، وهو في معنى:

كَالثَّوْرِ يُضْرَبُ لَمَّا عَافَتِ البَقَر

أو قريب منه، والمثل قديم رواه الميداني في أمثال المولدين بلفظ: «اِضرب البريء حتى يعترف السقيم.»

«**اِضْرَبِ الطاسَهْ تِجِي لَكْ أَلْف لَحَّاسَهْ**» يُضرَب لتهافت الناس على ما فيه مغنم؛ أي: إن قصدت اصطناع معروف ولم تجد من تسديه إليه، انقر على طاس الطعام؛ أي: نبِّه الناس لذلك يجبك ألف منهم. وانظر في الشين المعجمة قولهم: «شخشخ يتلموا عليك.»

«**اِضْرَبِ الطِّينَهْ في الْحِيطَهْ إِنْ مَا لِزْقِتْ عَلِّمِتْ**» أي: لا بد لكل شيء من أثر يتركه فيُعرف به. والمعنى أنك إذا رميت قطعة من الطين على حائط، فإن عملك هذا لا يخفى؛ لأنها إن لم تلتصق فتكون دالة على ذلك، فلا بد من أن تؤثر فيها بعلامة تدل على العمل.

«**اِضْرَبْ عَصَاتَكْ وِاجْرِي وَرَاهَا**» يُضرَب لمن ليس له أهل وعيال يُقْعِدُونَه؛ أي: ليس لك إلا هذه العصا وهي لا تقعدك فاضرب بها الأرض وسر حيث سارت؛ أي: افعل ما تشاء.

«**اِضْرَبِ النَّذْلْ وِاكْفِيه وِبُوسْ رَاسُه يِكَفِّيهْ**» أي: إن النذل إن أهنته بأشد أنواع الإهانات من ضرب أو بطح على وجهه أو غيرها يكفيه منك أن تُقبل رأسه بعد ذلك فيرضى لا لشيء سوى أنه نذل.

«**اُطْبُخِي يَا جَارْيَهْ، كَلِّفْ يَا سِيدْ**» أي: إن الخادمة لا تستطيع الطبخ إلا إن أحضر لها السيد ما يتهيأ به الطعام. والمعنى: لا يكون شيء من لا شيء، أو: بمقدار النفقة يكون الشيء. وقريب منه بعض القرب قولهم: «ما سيل إلا من كيل.» وسيأتي في الميم.

«**اِطْعِمِ الْفُم تِسْتِحِي الْعِينْ**» معناه أنك إذا حبوت إنسانًا حباءً استحيى أن يعارضك فيما تريد ونزل على حكمك ولم يرفع نظره فيك لسابق فضلك عليه. وقد أورد البدريُّ هذا المثل بلفظه في «سحر العيون.»

«**اِطْعِمْ مَطْعُومْ وَلَا تِطْعِمْ مَحْرُومْ**» المراد بالمطعوم من تعوَّدَ رَغَدَ العيش ثم قعد به الزمان، وبالمحروم من تَعَوَّدَ الحرمان من يومه؛ أي: بِرُّكَ غنيًا افتقر وعزيزًا ذلَّ خير من برك فقيرًا نشأ على الفقر وتعوَّدَه.

«**اُطْلُبْ لِجَارَكِ الخِيرْ إِنْ مَا نِلْتْ مِنُّهْ تِكْتِفِي شَرُّهْ**» أي: تَمَنَّ لِجَارِكَ الخير؛ فإنك إن لم تُصب منه اكتفيت به شر طلبه منك.

«**اِعْرَفْ صَاحْبَكْ وِاتْرُكُهْ**» يُضرَب للصاحب يبدو منه سوء النية؛ أي: اعْرِفْهُ وَقِفْ على بَوَاطِنه واكتف بذلك ثم اتركه وشأنه، فذلك أدعى للراحة وأولى من مشاغبته ومخاصمته بلا فائدة.

«**أَعَزِّ الدِّرِّيَّهْ مَمْلُوكْ وِسِرِّيَّهْ**» المملوك: الشخص المملوك إذا كان أبيض اللون، والغالب أن يكون من الجركس، فإن كان من السودان قالوا فيه: عبد. والسرية: يريدون بها الحظية ملك اليمين، والمراد بهما في المثل الذكر والأنثى؛ أي: أحسن الذرية وأعزها أن يكون للشخص ولدان ذكر وأنثى؛ لأن

كثرة الأولاد فيها ما فيها من تعب النفس وكثرة النفقة. ومن أمثال فصحاء المولدين في هذا المعنى: «قلة العيال أحد اليسارين.»

«اِعْزِمْ وِأَكْلِ الْعِيشْ نَصِيبْ» أي: اعزم وأقدم في العمل، وأما الرِّزْق أو النجاح فعلى ما قسم لك وكان من نصيبك، فهو في معنى قول القائل:

عَلَى المَرْءِ أن يَسْعَى ويَبْذُلَ جُهْدَ هُوَلَيْسَ عَلَيْهِ أن يُسَاعِدَهُ الدَّهْرُ

وقول الآخر:

وَعَلَيَّ أن أسعى وليس عَلَيَّ إدراكُ النَّجَاح

«أَعَزِّ الْوِلْدِ وِلْدِ الْوِلْدْ» يُضرَب في عزة الأَحفاد والأسباط عند الجدود.

«اِعْشَقْ غَزَالْ وَإِلَّا فُضَّهَا» أي: وإلا فُضَّ هذه الحالة وارجع عنها. والمراد: إن أقدمت على أمر فليكن على المستحسن المستَحِقِّ للإقدام، وإلا فالإحجام أولى بك، وانظر: «إن عشقت اعشق قمر ...» إلخ.

«أَعْلَى مَا في خِيلَكْ اِرْكَبْ» أي: اظْهَر أمام الناس بحقيقتك ولا تظهر بالضعة وأنت العكس، أو مَتِّع نفسك بأطيب ما وهبك الله من النعم. ويُرْوَى: «أعتى» بدل أعلى، والأكثر الأول. وانظر: «الجيِّدَة في خيلك الْهَدْهَا.»

«أَعْمَشْ وَعَامِلْ صَرَّافْ» عامل؛ أي: جاعل نفسه. والصرَّاف: الصَّيرفي. والأعمش لا يستطيع نقد النقود حتى يشتغل بهذه المهنة. يُضرَب في وضع الشيء في غير موضعه ولمن يشتغل بما لا يستطيعه.

«اِعْمِلْ بِخَمْسَهْ وَحَاسِبِ الْبَطَّالْ» يُضرَب للحثِّ على العمل ولو بالأجر القليل. والخمسة: قطعة صغيرة من الفلوس النحاس كانت بمصر؛ أي: اشتغل بهذا القدر الزهيد ولك أن تناقش وتحاسب الخالي من العمل لأنك أفضل منه وأقدر.

«أَعْمِلْ حَاجْتِي بِإِيدِي وَلَا أَقُولْ لِلْكَلْبْ يَا سِيدِي» السِّيد (بكسر السين وسكون المُثَنَّاة التَّحْتيَّة): السَّيِّد؛ أي: تعبي في قيامي بنفسي فيما أحتاج إليه خيرٌ من الاستعانة باللئيم واضطراري إلى تعظيمه. ويُرْوَى: «بدال ما أقول للعبد يا سيدي أقضي حاجتي بإيدي.» وسيأتي في المُوَحَّدة.

«اِعْمِلِ الطَّيِّبْ وِارْمِيه الْبَحْرْ» هو مُبَالَغَة في الحث على عمل الخير ولو كان ضائعًا عند من صُنِعَ معه. وبعضهم يرويه: «اعْمِلِ الطَّيِّبْ وِارْمِيهْ فِي بَحْر جَارِي إِنْ ضَاعْ عَنْدِ الْعَبْدْ مَا يِضِعْشْ عَنْدِ الْبَارِي.» وهو كقول الحُطَيْئَة:

مَنْ يَفْعَلِ الْخَيْرَ لَا يَعْدَمْ جَوَازِيَهُلَا يَذْهَبُ الْعُرْفُ بَيْنَ اللهِ وَالنَّاسِ

«اِعْمِلْ الْمَعْرُوفْ مَعَ أَهْلُهْ وغِيرْ أَهْلُهْ» يُضرَب للحث على عمل الخير خالصًا لوجهه — تعالى — من غير نظر إلى مُسْتَحِقِّه وغَيْرِ مُسْتَحِقِّه.

«أَعْمَى قَالْ لِأَعْوَرْ: كَاسِ الْعَمَى مُر، قَالْ: نُصّ الْخَبَرْ عَنْدِي» النُّص (بضم أوله) يريدون به النِّصْف. يُضرَب للمشتركين في مصيبة أحدهما أخف بلاءً فيها من الآخر؛ أي: إني شاعر بما تشكو منه؛ لأن نصف خبره عندي.

«أَعْمَى، وَعَامِلْ مِنَجِّمْ» عامل؛ أي: جاعل نفسه. يُضرَب للمشتغل بما لا يستطيعه؛ لأن الأعمى يستحيل عليه التَّنْجِيمُ.

«أَعْمَى وِيْبَرْجِسْ فِي النَّخْلْ» البرجسة عندهم: السباق بالخيل واللعب بها، والأعمى لا يستطيع ذلك، فإذا فعله وسط النخل فقد حاول المُحال. يُضرَب للعاجز عن الشيء يأتيه في أصعب حالاته.

«أَعْمَى وِيِسْرَقْ مِنْ مِفَتَّحْ» المِفَتَّح (بكسر أوله) وبصيغة اسم المفعول مع إرادة الفاعل، وصوابه (ضم أوله وكسر ثالثه)، ومعناه عندهم الذي يُبْصِرُ. يُضرَب للتعجب ممن يحاول ما لا يستطيعه، ولا سيما مع من في قدرته منعه وإحباط عمله.

«أَعْمَى وِيْقُولْ: شُفْتْ بِعِينِي» شفت بمعنى: نظرت ورأيت. يُضرَب لمن يَدَّعِي ما لا يستطيعه.

«أَعْمَى يُجُر أَعْمَى وِيْقُولْ لهُ لِيلَةْ سَعِيدَةْ اِللِّي اجْتَمَعْنَا، ومْكَسَّحْ يُجُر مْكَسَّحْ وِيْقُولْ لُهْ: يَاللّه نِتْفَسَّحْ» أي: أعمى يقود أعمى ويُسَرُّ باجتماعهما، ومُقْعَد يجر مقعدًا ويقول: هيا نتنزه. هو قريب من قولهم: «شبيه الشيء منجذب إليه.»

«الْأَعْوَرْ إِنْ طِلِعِ السَّمَا يِفْسِدْهَا» هو مبالغة في وصف الأعور بالفساد والمكر السيِّئ، وهم يرمونه دائمًا بذلك، بل يرمون به كل ذي عاهة من عَرَج أو كَتَع ونحوهما.

«الْأَعْوَر الْمَمْقُوتْ عَنْد أَهْلُهْ أَحْسَنْ مِنِ الْأَعْمَى عَلَى كُلِّ حَالْ» لأنه مع ما يصيبه من أذى أهله أحسن حالًا من الآخر؛ أي: «بعض الشر أهون من بعض.»

«أَعْوَرْ وِعَامِلْ قَيِّدَهْ» عامل؛ أي: جاعل نفسه. والقَيِّدَة: الرئيس على الزراع وغيرهم. يُضرَب للناقص المتطاول.

«اِفْتَكَرْ بَلَدُهْ وِنِسِي وَلَدُهْ» يُضرَب فيمن يلهيه الاشتغال بشيء عما هو أهم منه وأعلق بالنفس.

«أَفْتَكَرْ لِكْ إِيهْ يَا بَصَلَهْ وِكُلِّ عَضَّهْ بِدِمْعَهْ» أي: ماذا أذكر لك يا بصلة من الطيبات وكل عضة فيك كانت تَدْمَع لها عيني؟! وذلك لأن البصل لَذَّاع حادُّ الرائحة تدمع عينَي من يأكله. يُضرَب للمرء لم

تُعرف له حسنة أو معاملة طيبة يذكر بها.

«اِفْتَكَرْنَا القُط جَهْ يِنُط» يُضرَب للإنسان يُذكر في مجلس فيَحْضُر مصادفة؛ أي: ذكرنا الهِرَّ فإذا به جاء يقفز ويَثِبُ.

ويرويه بعضهم: «جِبْنَا سِيرة القُط جِهْ يِنُط.» أي: ذكرنا سيرته وأخباره. ومن أمثال العرب: «اذكر غائبًا يقترب.» قال الميداني: ويُرْوَى: «أُذْكُرْ غائبًا تره.» قال أبو عبيد: هذا المثل يروى عن عبد الله بن الزبير أنه ذكر المختار يومًا وسأل عنه والمختار يومئذ بمكة قبيل أن يقدم العراق، فبينا هو في ذكره إذ طلع المختار؛ فقال ابن الزبير: «اذكر غائبًا ... المثل.»

«اِفْطَرْ عَلَى رَاسْ حَيَّهْ وَلَا تِفْطَرْ عَلَى فُولَهْ نَيَّهْ» افطر على كذا؛ أي: كله في فطورك، وهو عندهم طعام الصباح، وهو مبالغة في تجنب أكل الفول النَّيئ؛ أي: الذي لم يُطْبَخ، ولا سيما في الصباح؛ لأنهم يبالغون في شدة ضرره.

«أَفْكَحِ الرِّجْلِينْ صَبِي، وِكْبِيرِ الرَّاسْ فَارِسْ» وبعضهم يقدم: «كبير الراس فارس.» والأفكح عندهم: مُعْوَجُّ الساقين متباعدهما في المشي مع إقبال طرفي القدمين، وهو مُحَرَّف عن الأفحج (بتقديم الحاء على الجيم)، وفسر في اللغة بمن تدانى صدور قدميه وتباعد عقباه في مشيته. والعامة تزعم أن مثله قوي، وهم يعبرون عن القويِّ بالصَّبي.

«أَفْلَسْ مِنْ يَهُودِي نَهَارِ السَّبْتْ» لأن اليهود لا يتعاملون بالنقود فيه.

«اِقْبَلْ عُذْرِ اللِّي يجي لَكْ لِحَدِّ بَابِ الدَّارْ» أي: من المروءة وكرم النفس قبول عذر من جاءك معتذرًا وطَرَقَ بابك.

«أَقْرَبْ مِ الْمِعْزَةْ لِلرُّبَاطْ» يُضرَب للقريب المَأْخَذِ المُطِيع.

«أَقْرَعْ بِيَاكُلْ حَلَاوَةْ، قَالْ بِفْلُوسُهْ» أي: لا عجب ولا اعتراض عليه في تطاوله لمساواة سواه متى لم يُكَلِّف أحدًا نفقته. وانظر أيضًا في معناه: «مكسح طلع يتفسح، قال بفلوسه.» وسيأتي في حرف الميم. وانظر أيضًا: «بفلوسك حَنِّي دروسك.»

«الْأَقْرَعْ مَا يِشْكِيشْ مِنْ قُوبَهْ» لأن القراع أشد من القوباء، فإذا شكى فإنما يشكو منه لا مما لا يُذكر بجانبه.

«أَقْرَعْ ودَقْنُهْ طَوِيلَهْ» أي: كأن ما أخذ من رأسه جعل في لحيته. يُضرَب للشيء يتعجب منه لعدم تناسب أجزائه. وبعضهم يزيد في آخره: «قال: قيم ده في ده.» فيكون بمعنى: «قالوا: يا مرة أنت سمينة وعورة ...» إلخ الآتي في القاف.

«أقرَعْ ونَزَهِي» يريدون بالنَّزَهِي الذي يكثر التَنَزُّهَ ويحب أماكن اللهو، ولا يأتي ذلك عادةً إلا الفتيانُ الحسنو الخُلق المُتْرَفُون لا الذين بهم عاهات تشوههم. يُضرَب لمن يضع نفسه في غير موضعها ويَعْمَى عن عيوبه.

«إقْسِمْ لِلْأَعْرَجْ يِغْلِبَكْ» المراد بالقسمة قسمة العمل على العمال ليقوم كل واحد بإنهاء جزء مخصوص إذا أتمه انصرف، وفي ذلك إنجاز للعمل، بخلاف ما إذا عملوا معًا فيه؛ فإنهم يتواكلون. والمراد: إذا بينت للعامل الأعرج قسمه، فإنه يهتم بإنجازه ولا يمنعه عرجه من أن يغلبك أنت الصحيح. يُضرَب لبيان فائدة تقسيم العمل.

«أُقْصُدِ اللِّي يِعْرَفَكْ تُقْضَى حَاجتَكْ» لأن من يَعْرِفُكَ يَهْتَمُّ بأمورك.

«إِقْطَعِ الْعِرْقْ يِسِيحْ دَمُّهْ» أي: إذا كنت تنكر أمرًا خافيًا عنك فاشْتَدَّ في البحث عنه يَظْهَرْ لك، كما أن العرق إذا قُطِعَ سال منه الدم وظهر ما كان خافيًا فيه، وكذلك كل ما يكتمه المرء من خليقة ونحوها، فإنها تظهر عند إحراجه وإيلامه.

«إِقْطَعْ لِسَانْ عَدُوَّكْ بِسَلَامْ عَلِيْكُمْ» أي: كُفَّ شَرَّه وشَرَّ لسانه عنك بالسلام عليه. والمراد لا تُظهر مقاطعته، وَحَيِّهِ إذا لقيته تُغْلِقْ بابًا من أبواب شره، وتقطع سببًا من الأسباب المثيرة لما في نفسه.

«إِقْطَعْ وِدْنِ الْكَلْبْ وِتدَلِّيهَا، إِللِّي عَنْدُهْ خِصْلَهْ مَا يْخَلِّيهَا» والمراد أنك مهما تفعل لتحويل المرء عن خلقه القديم فإنك لا تستطيع ذلك، ومَثَّلُوا لذلك بقطع أذن الكلب وأنه لا يغير من طباعه شيئًا، وأورده الأبشيهي في «المستطرف» برواية: «لو تقطع يده وتدليها من فيه صنعه ما يخليها.»

«أُقْعُدْ فِي عِشَّكْ لَمَّا الدَّبُّورْ يِنِشَّكْ» لما بمعنى: حتى، هنا. والدبور (بفتح الأول وتشديد الموحدة المضمومة): الزنبور. والنش: الطرد، يريدون بهذا المثل النحل. والمراد ابقَ في مكانك أو فيما أنت فيه حتى يخرجك منه ما لا قِبَلَ لك بِدَفْعِه. وأورده الأبشيهي في المستطرف في أمثال النساء برواية: «اقعدي في عشك حتى يجي حد ينشك.» وانظر «خليه في عشه ...» و«خليك في عشك ...» إلخ.

«إِقْلَعْ طَاقِيِّتَكْ وِفَلِّيهَا، كُلُّهْ فَوَتَانْ فِي النَّهَارْ» ويُروى: «والبسها كله تلاهي في النهار.» والمخاطب به الأجير في الزرع. والمراد بالطاقيه الكُمَّة، وهي قَلَنْسُوَة خفيفة تُعمل من البَزِّ معروفة بمصر؛ أي: افعل ما شئت مما يلهيك ما دمت تريد قطع الوقت بلا عمل وترغب في الراحة حتى ينقضي النهار.

«أَقَلْ بَابْ يِحُوشِ الْكِلَابْ» يُضرَب فيما لا يحتاج لعناية وشدة احتراس.

«أَقَلْ بَصَلَهْ تِنَزِّلِ الدَّمْعَهْ» لأن البصل إذا شُمَّ دَمِعَتْ منه العين، سواءٌ في ذلك الصغير منه أم الكبير، وكذلك الخُطُوب والمَصَائب يُؤَثِّرُ صغيرها وكبيرها.

«أقل الرِّجَالْ يِغْنِي النِّسَاءْ» أي: يقوم بشئون زوجته ويغنيها عن السعي على الرزق. يُضرَب في تفضيل تزوج المرأة ولو بالفقير على تعريض نفسها للكدِّ أو الخدمة؛ لأنه يقوم بذلك عنها. انظر أيضًا في معناه «ضل راجل ...» إلخ في حرف الضاد المعجمة.

«أقَلْ زَادْ يوَصَّلْ لِلْبِلَادْ» يُضرَب في تيسير أمر الرحلة وتهوينه على الراحل.

«أقَل عِيشَةْ أحْسَنْ مِنِ الْمُوتْ» يُضرَب لكراهة الناس الموت وتفضيلهم كل عيش عليه ولو كان مُرًّا. ومثله قولهم: «ألف عيشه بكدر ولا نومه تحت الحجر.» وسيأتي ذكره.

«أقَلُّهْ أبْرَكُهْ» أي: البركة في الشيء القليل؛ لأن تدبيره والقيام به أيسر فيُنْتِج بحسن لتدبير ما لا ينتجه الكثير.

«أقَلَّهَا مَوَّالْ ينَزِّهْ صَاحْبُهْ» الموال: المواليا، وهو نوع من الشِّعر المولَّد ينظمونه من البحر البسيط؛ أي: أقل أغنية تُلْهِي وتسر من يغنيها. يُضرَب في أن القليل مع القناعة به يُغني عن الكثير.

«إقْنَعْ بِالْحَاضِرْ عَلَى مَا يِجِي الْغَايِبْ»: «على ما» هنا يراد بها: «إلى أن»، ومعنى المثل ظاهر، وهو قريب من قولهم: «الْعَبْ بِالمقصوص لمَّا يجيك الديواني.»

«أقُولْ لُهْ: أغَا، يِقُولْ: وِلَادُهْ كَامْ؟» يُضرَب لمن لا يفهم ما يُقَال له، فإذا قلت: هذا أغا؛ أي: خصيٌّ قال لك: كم له من الأولاد؟

«أقُولْ لُهْ: طُورْ، يِقُولْ: إحْلِبُهْ» يُضرَب للمتعنِّت الذي يأمر بالمحال، ولمن لا يفهم ما يُقَال له، فإذا قلت له: هذا ثور، قال لك: احلبه لي.

«أكْبَرْ مِنَّكْ بِيُومْ يِعْرَفْ عَنَّكْ بِسَنَهْ» يُضرَب في الاعتداد بكبير السن في الرأي. ومن حِكَم الإمام علي بن أبي طالب — عليه السلام: «رأيُ الشيخ خيرٌ من مشهد الغلام.» ومن أمثال العرب: «زَاحِمْ بعود أوْ دَعْ.» والعَوْد: المُسِنُّ من الإبل؛ أي: لا تستعن إلا بأهل السِّن والتجربة في الأمور.

«أكْتَرْ ل الْهَمِّ عَ الْقَلْبْ» يُضرَب لكثرة الشيء.

«إكْتِمْ سِرَّكْ تِمْلِكْ أمْرَكْ» يُضرَب في الحث في كتمان السر؛ أي: إذا كتمت سرك ملكته وإن أفشيته ملكك. وهو من قول عمر بن الخطاب — رضي الله عنه: «من كتم سره كان الخيار في يده.» ومن أمثال العرب في كتمان السر قولهم: «سرُّك من دَمِك»؛ أي: ربما كان في إضاعة سِرِّك إراقةُ دمك، فكأنه قيل: سرك جزء من دمك. كذا في أمثال الميداني.

«إكْرَهْ وِدَارِي وِحِب ووَارِي» أي: إذا أبغضت شخصًا أَخْفِ بُغْضَك عنه تجنبًا للشر وسترًا لحالك إذا انقلب البغض يومًا محبةً. وإذا أحببت أظهر محبَّتَك لمن تحبُّ فهو أدعى لتأكيدها بينكما، ويريدون

بلفظة «واري»: أظهر المحبة وأرها له. ويرويه بعضهم بالتقديم والتأخير؛ أي: «حب وواري واكره وداري»، وهي الرواية التي رواها الأبشيهي في «المستطرف».

«اِكْسَرْ لِلْعَيِّلْ ضَلْعْ يِطْلَعْ لُه اتْنِينْ» العَيِّل: الصبي، ويِطْلَعْ: يَظْهَرُ، والمراد هنا: يَنْبُت. والمعنى: أَدِّبْ ولدك واضربه ولا تَخْشَ من أن تكسر له ضلعًا، فإنه ينبت له ضلعان بدله، وهو مبالغة. يُضرَب في الحث على تأديب الصبيان. انظر «اضرب ابنك واِحْسِنْ أدبه ...» إلخ.

«اِكْفِي الْقِدْرَهْ عَلَى فُمَّهَا اِلْبِنْتْ تِطْلَعْ لأُمَّهَا» أي: اقلب القدر على فمها. واعلم أن البنت تنشأ على ما عليه أمها من خير أو شر؛ أي: لا تكثر الكلام في ذلك؛ فالأمر كما أعلمتك ولو قلبت الدنيا عاليها سافلها. وبعضهم يرويه: «اكفي الوعايه» أي: الوعاء. وبعضهم يقول: «اكفي الحله» أي: القدر من النحاس، وبعضهم يقول: «اكفي الزبديه»، وبعضهم يروي: «مرجوع البنت» بدل البنت تطلع؛ أي: نهاية أمرها أن تكون كأمها. وبعضهم يقدم «تطلع» على البنت.

«أَكْلِ التَّمَرْ بِالنَّظَرْ» التَّمَرُ مُحَرَّكًا يريدون به التمر (بفتح فسكون)؛ أي: من العادة في أكل التمر أن ينظر فيه الآكل ويتخير أجوده؛ أي: إنما الغُنْمُ بحسن النَّقْد.

«أَكْلِ الْحَق طَبْعْ» أي: طبع جُبِلَت عليه بعض النفوس. وقد قالوا أيضًا: «الدناوه طبع»، وقالوا: «الشحاته طبع.» تُضْرَب في تغلُّب الطباع الدنيئة إذا تأصَّلت في النفس.

«أَكْلِ الشِّعِيرْ وَلَا بِرِّ الْعَوِيلْ» إن كانوا يريدون السجع فالجمع بين الراء واللام عيبٌ؛ أي: أكل الطعام المذموم كالشعير بدل القمح خير من بر تُصيبه من اللئيم الوضيع النفس.

«أَكَلْ فُولُهْ وِرِجِعْ لِأُصُولُهْ» الفول: الباقلاء؛ أي: لمَّا أكل ما كان تَعَوَّدَهُ في حاله الأول رجع لما كان عليه وبدا ما كان يستره الجاه من خسة أصله.

«اِلْأَكْلْ فِي الشَّبْعَانْ خُسَارَهْ» أي: لا ينبغي إعطاء شخص ما يزيد عن استحقاقه وما لا حاجة به إليه.

«اِلْأَكْلْ مكاتْفَهْ وِالنُّومْ بالرَّاحَهْ» أي: المزاحمة بالأكتاف على الطعام مُسْتَطَاعة، ولكنها لا تُسْتَطَاع في النوم لحاجة الإنسان فيه إلى الراحة. يقوله من حضر الطعام مع ضيوف كثيرين واعتذر عن المبيت معهم.

«أَكْلْ وَاحِدْ يِكْفِي عَشْرَه» أي: طعام شخص واحد يكفي عشرة مع القناعة. وفي الحديث الشريف: «طعام الواحد يكفي الاثنين، وطعام الاثنين يكفي الأربعة.» وقالوا أيضًا: «اللقمة الهنية تقضي مية.» وسيأتي في اللام.

«أَكْلِ وْمَرْعَى وِقِلِّةْ صَنْعَه» أي: رُبَّ أخرقَ في رَغَد.

«الأكلانَهْ تِوْلِدْ مِيَّهْ وِتْقولْ يَا قِلِّةِ الدِّرِّيهْ» انظر: «البقه تِوْلد ميه ...» إلخ، في حرف الباء المُوَحَّدة.

«أَكْلِهْ لِيلَهْ قُرَيِّبَهْ مِن الْجُوعْ» أي: الأكلة الواحدة لا تُغْني ولا تُثْمِر؛ فهي قريبة من الجوع؛ فلا معنى للتهافت عليها. يُضرَب للشيء لا يدوم نفعه. وبعضهم يروي فيه: «عشوة ليلة» بدل أكلة.

«أَكْلَهْ وِتْحَسَبِتْ عَلِيكْ كُلْ وِبَحْلَقْ عِنِيكْ» أي: ما دمت شرعت في الأكل فقد حُسِبَت عليك الأكلة شَبَعْتَ أو لم تشبعْ فاستوف ما تريده من الطعام واتركِ الحياءَ وافتح عينيك في وجه من تريد. ومعنى البحلقة عندهم: فَتْحُ العينين والتحديق بهما إظهارًا لعدم الحياء. يُضرَب في الأمر يُقْدِم عليه الشخص ثم يتعفف عنه بعد تورطه فيه هربًا من تحمل المنة، وهو قديم في العامية أورده الأبشيهي في «المستطرف» برواية «عزومة حسبت ...» إلخ. والعزومة عندهم: الدعوة.

«أَكْلَهْ والْوِدَاعْ» أي: هي أكلة واحدة ثم أعقبها الوداع، فإن كنتم مُمتنِّين علينا لم تَمُنُّوا بالشيء الكثير.

«أَكَلُوا الْهِدِيَّهْ وَكَسَرُوا الزِّبْدِيَّهْ» أي: أساءوا الجزاء بكسر الوعاء بعد أكلهم ما فيه. ويُرْوَى: «ياكلوا الهديه ويكسروا الزبديه»؛ أي بصيغة المضارع.

«أَكَمْ لَبَانِي جِهْ وِرَاحْ وِالْكَبْش نَايِمْ فِي الْمَرَاحْ» اللَّبَاني (بفتحتين) يريدون به الصغير من الحملان؛ أي: كم جاء حَمَلٌ وذهب والكبش على حاله رابض في مراحه. يُضرَب للعظيم يظهر الصغير عليه فلا يُؤَثِّرُ ذلك في نفسه ولا قدره.

«اِكْمِن أَبُوكْ جِنْدِي دَايِرْ تِهِز وِسْطَكْ» اكمن؛ أي: أَلِأَنَّ، والجندي (بكسر أوله والصواب ضمه) أحد الجنود. والمراد به: العظيم من الترك؛ لأن الأتراك كانوا حكام القطر المصري، وغالبهم ينتسبون إلى الجندية؛ فأطلقت العامة على كل عظيم وجيه منهم لفظ الجندي وإن لم يكن حاكمًا ولا جنديًا. وهز الوسط كناية عن المرح والاختيال. يُضرَب لمن يتعاظم ويختال على الناس بلا مبرر. وانظر «اكمن أبوك سَنْجَق ...» إلخ.

«اِكْمِن أَبُوكْ سَنْجَقْ دَايِرْ فِي حَل شَعْرَكْ» اكمن يريدون به: أَلِأَنَّ. والسنجق: العلَم، ثم أُطْلِق على أمير اللواء مدة الأمراء الجراكسة بمصر، وكانوا عدة سناجق. وحل الشعر كناية عن خلع العِذَار وإطلاق العنان للنفس، والمعنى: أَلِأَنَّ أباك أمير ذو سطوة أَبَحْتَ لنفسك كل محذور وفعلت ما تشتهي بلا مبالاة؟! يُضرَب للمُقْدِم على أمر اعتمادًا على سبب لا يبرر عمله. وانظر «اكمن أبوك جندي ...» إلخ.

«أُكْنُسْ بِيتَكْ وِرُشُّهْ مَا تِعْرَفْ مِينْ يِخُشُّهْ» أي: اكنس دارك ونظفها ورش الماء بساحتها؛ لأنك لا تعرف من سيدخلها، فلعله يكون ضيفًا جليلًا فليكن مكانك مُهَيَّأً مستعدًا لمن يزوره. يُضرَب في أن من الكياسة الاحتياطَ في مثل ذلك.

«أكِنْنَا يَا بَدْرْ لَا رُحْنَا وَلَا جِينَا» أي: كأننا يا شبيه البدر لم نَرُحْ ولم نَجِئ. يُضرَب للأمر يُبْذَل فيه الجهد بلا ثمرة، والمراد: كأننا لم نصنع شيئًا، وقولهم: «يا بدر» تهكم لخيبة الأمل، وهو في معنى المثل العامي القديم: «حلينا القلوع وأرسينا وأصبحنا على ما أمسينا.» أورده الأبشيهي في «المستطرف» في الأمثال العامة.

«الْعِينْ مَا تْغِتْشْ» مثل عامي؛ أي: العين لا تُغيث، فلا بد من إغلاق الأبواب والاحتراس، ويكمل معناه قولهم: «الباب المردود القضا المستعجل.»

«الْبِسْ تِعْجِبْ اِمْرَاْتَكْ وَلَبِّسْ اِمْرَاْتَكْ تِعْجِبِ النَّاسْ» أي: إن تزينت باللباس أُعجِبَت بك زوجتك فقط، ولكن إذا زَيَّنْتَها هي أُعجِب الناس كلهم بك لعنايتك بها، والمراد أن من المروءة عناية المرء بزوجته وإظهارها للناس في مظهر المُعَزِّ المُكْرَم.

«الْبِسْ خُف واِقْلَعْ خُف لَمَّا يْجِي لَكْ خُف» الخف معروف، ولما هنا بمعنى: حتى؛ أي: حتى تعثر على خف يوافق رجلك، والمراد: لا تَعْجَل ولا تتبرمْ مما لا يوافقك، بل ابحث وبدِّل حتى تظفر بمرغوبك. وقد يُضرَب في استخدام الأشخاص لا يوافقون طباع سيدهم فيتبرمَ من هذه الحالة.

«أَلْحَسْ مِسَنِّي وَابَاتْ مِهَنِّي» وبعضهم يزيد: «ولا كَبَابَكْ اللِّي قَتَلْنِي»، وبعضهم يزيد فيه: «ولا سَمْنَكْ وعَسَلَكْ اللِّي قَتَلْنِي.» ومرادهم بِمْهَنِّي: مُهَنًّى (بضم ففتح مع تشديد النون المفتوحة) بصيغة اسم المفعول؛ أي: إنني أكتفي من الطعام بلحسي حجر الشحذ وأطوي ليلتي وأنا مُهَنًّى، فذلك خير لي من طعام يتبعه مَنٌّ وأذًى. يُضرَب في مدح القناعة.

«الْعَبْ بِالْمَجَرْ لَمَّا يْجِيكْ الْبُنْدُقِي» لما هنا بمعنى: حتى. والمجر والبندقي ديناران من ضرب المجر والبندقية، والثاني أعلى قيمة وأجود ذهبًا من الأول؛ أي: الْعَب والْهُ بالمجر وارْضَ به حتى يأتيك ما هو أجود منه. والمراد: ارْضَ بما قُسِمَ لك ولا تنغص عليك عيشك حتى تأتيك السَّعَة. وانظر: «العب بالمقصوص ...» إلخ. وسيأتي.

«الْعَبْ بِالْمَقْصُوصْ لَمَّا يْجِيكِ الدِّيوَانِي» وفي بعض نواحي الشرقية يقولون: «الدوَّاني» بتشديد الواو. والمراد بالمقصوص الدينار يُقَصُّ منه فينقص، ولَمَّا هنا بمعنى: حتى؛ أي: الْعَب به وارضَ ما دمت لا تجد سواه حتى يأتيك الدينار الديواني الكامل؛ أي: ارض بما قُسِمَ لك حتى تأتيك السعة. وانظر قولهم: «العب بالمجر ...» إلخ. وقولهم: «اقنع بالحاضر على ما يجي الغايب.» (تتمة): المعاملة بالدينار المقصوص وبالقطعة المقصوصة منه جرت بها العادة من زمن قديم في بعض البلاد. ذكر ابن خلكان في ترجمة المبارك بن أحمد المعروف بابن المستوفي الأربلي المُتَوَفَّى سنة ٦٣٧هـ أن المثلوم عبارة عن دينار تُقْطَع منه قطعة صغيرة كانوا يتعاملون بها في العراق ويسمونها القراضة، ويتعاملون أيضًا بالمثلوم، وأن عبد الرحمن بن عيسى البوزجاني الشاعر لمَّا وصل إلى

أربل سير إليه ابن المستوفي مثلومًا على يد شخص اسمه الكمال لينفق منه حتى يجهز له ما يصلح، فتوهم الشاعر أن يكون الكمال قد قَرَضَ القطعة من الدينار، فكتب إليه:

يا أيها المولى الوزيرُ ومَنْ بِهِفي الجود حقًّا تُضْرَب الأمثالُ

أرسلتَ بدر التَّمِّ عند كمالِهِحُسنًا فوَافى العبدَ وهو هلالُ

ما غَالَهُ النُّقْصَانُ إلا أنَّهُبلغ الكمالَ كذلك الآجالُ

فأُعْجِبَ ابن المستوفي بهذا المعنى وحسن الاتِّفاق، وأجاز الشاعر وأحسن إليه.

«أَلْفْ دَقْنْ وَلَا دَقْنِي» الدقن: الذقن، ويريدون بها اللحية؛ أي: ألف لحية لا تساوي لحيتي. يقوله من سِيمَ ضيمًا إظهارًا للعزَّة، وهو من الأمثال العامية القديمة، أورده الأبشيهي بلفظه في «المستطرف» ولكن بالذال المعجمة في الذقن.

«أَلْفِ رْفِيقَهْ وَلَا لْزِيقَهْ» أي: ألف خليلة ولا زوجة تلتصق بك.

«أَلْفْ طَقْطَقْ وَلَا سَلَامُ عَلِيكُمْ» يُضرَب في مدح الإعلام بالحضور والاستئذان قبل الدخول وذم المفاجأة؛ أي: ألف نقرة على الباب على ما فيها من الإقلاق خير من سلام تُفَاجِئ به الناس في دُورِهِمْ وتبغتهم به، وهو قديم في العامية، أورده الأبشيهي في «المستطرف» برواية: «دقدق» بدل «طقطق». وانظر في الميم: «من طقطق للسلام عليكم.» وهو معنى آخر.

«أَلْفْ عِيشَهْ بِكَدَرْ وَلَا نُومَهْ تَحْتِ الْحَجَرْ» أي: ولا نومة في القبر، يريدون الموت. ومثله قولهم: «أقل عيشه أحسن من الموت.» وقد تقدَّم.

«أَلْفْ كَلْبْ يِنْبَحْ مَعَاكْ وَلَا كَلْبْ يِنْبَحْ عَلِيكْ» أي: دَارِ السُّفَهَاءَ واجعلهم لك لا عليك.

«أَلْفْ كُوزْ وَلَا الْغَرَّازَهْ» الكوز يريدون به الثمرة، وهم في العادة يطلقونه على ثمرة الذرة. والغَرَّازة يريدون بها الشجرة؛ لأن أصولها تغرز في الأرض. يُضرَب عند موت الأطفال للتعزية والتسلية؛ أي: لا أسف على ذهاب الثمار ما دام الأصل باقيًا؛ أي: الأم. وانظر في الواو: «ولادي فدايا وأنا مسامير عدايا.»

«اللهْ لَا يِرْجِعْ الْغَلَا وَلَا كَيَّالُهْ» يُضرَب للشيء الذاهب لا يُتَمَنَّى رجوعه هو ومن له علاقة به؛ أي: لو لم يكن غير هذا الكيال فإننا لا نريده فليذهب هو والغلاء لدى حيث ألقت رحلها أُمُّ قَشْعَم.

«اللهْ يِحَيِّي أَصْحَابِ النَّظَرْ الْبَحَتْ يَا لَمُونْ» اللَّمُون (بفتح فضم): الليمون، والمثل يقوله الفقير المتستر عن السؤال ببيع الليمون؛ أي: حَيًّا الله أصحاب النظر الثاقب الذين تكفيهم الإشارة. يُضرَب

في أن التعريض للكريم يُغني عن التصريح. والعرب تقول في أمثالها: «عَرِّضْ للكريم ولا تُبَاحِثْ.» والبحث: الصرف الخالص؛ أي: لا تُبَيِّنْ حاجتك له ولا تُصَرِّحْ؛ فإن التعريض يكفيه.

«الله يِخَلِّيكْ يَا قَفَايَا اِللِّي مَا حَدِّ سَكَّكْ» يُضرَب لمن يعاشر الناس بالحسنى ولا يُعَرِّضْ نفسه للإهانة؛ فيعيش سالمًا من الأذى.

«اِللِّي انْتَ خَايِفْ مِنُّهْ هَلْبَتَّ عَنُّهْ» هلبت يريدون بها: لا بد، وهي مُحَرَّفَة عن هل بد؛ أي: ما تَخْشَ وقوعه فلا بد أن يقع، وذلك من نكد الدنيا، فهو قريب من قول أبي العلاء المعري:

إلى الله أَشْكُو أَنَّنِي كُلَّ ليلةٍإذَا نمتُ لم أعدمْ طَوَارِقَ أَوْهَامِي

فَإن كان شرًّا فَهْو لا بُدَّ واقِعٌوإنْ كان خيرًا فَهْوَ أَضْغَاثُ أَحْلَامِ

وانظر قولهم: «اِللِّي منه هلبت عنه.»

«اِللِّي أَوِّلُهْ شَرْط آخْرُهْ نُورْ» معناه ظاهر، ويُرْوَى: «آخره سلامةْ»، وهو بهذه الرواية قديم، نَظَمَه الشهاب المنصوري في قوله من مقطوع:

ما كَانَ أَوَّلُهُ عَلَىشَرْط فآخِرُهُ سَلَامَةْ

وانظر ما ورد بمعناه من الأمثال العامية في قولهم: «الشرط عند التقاوي ...» إلخ في الشين المعجمة.

«اِللِّي إِيدِي مَا هِي فِي مَرْجُونْتُهْ لَا عَلَى بَالِي مِنُّهْ وَلَا مِنْ جُودْتُهْ» الإيد (بكسر الأول): اليد. والمَرْجُونة (بفتح فسكون فضم): وعاء من خوص مجدول. والمراد من لا تُمَدُّ يدي إلى وعائه؛ أي: من لم أحتج إليه وإلى سؤاله فلست أبالي به وبجوده فلا يفخرَنَّ عليَّ بأنه الجواد الكريم. وقد يُرَاد به: من لم يحبني لا أبالي بجوده. ويرويه بعضهم: «اللِّي ما يدي من مرجونته ما عليَّ منه ولا من جودته.» ومعناه عندهم: من لم يُعْطِ من ماله فلا فضل له على أحد؛ لأنه يجود بمال غيره، فالفضل راجع لصاحب المال. والرواية الأولى أجود، وهي المعروفة، ويظهر أن الثانية مُحَرَّفَة عنها.

«اِللِّي بِدَّكْ تِرْهِنُهْ بِيعُهْ» انظر: «اللِّي بدك تقضيه ...» إلخ.

«اِللِّي بِدَّكْ تِقْضِيهْ اِمْضِيهْ، واِللِّي بِدَّكْ تِرْهِنُهْ بِيعُهْ، واِللِّي بِدَّكْ تِخْدِمُهْ طِيعُهْ» هي نصائح في هذه الأمور. والمراد بلفظ «بدَّك» بودك؛ أي: إذا أردت قضاء أمر فأمضه ولا تتردد واخلُص منه وخلِّص غيرك من ذكره والكلام فيه، وإن أردت أن ترهن ملكا لك فالأَوْلى أن تبيعه وتدبر أمورك بثمنه، فقلما يُوَفَّق الراهن لفك المرهون، وإذا أردت أن تخدم إنسانًا عليك بإطاعته، وإلا فاعدل عن خدمته. وانظر في الباء: «بيعه ولا ترهنه.» وسيأتي في الميم: «مال تودعه بيعه.» وهو معنى آخر.

«اِللّي بِعِيدْ عَنِ الْعِينْ بِعِيدْ عَنِ الْقَلْبْ» يُضرَب لعدم الوفاء ونسيان المرء صاحبه إذا كان بعيدًا عنه لا يراه، فهو لا يذكر إلا من يقع عليه نظره، وتلك خَلَّةٌ غيرُ حَمِيدة. وانظر أيضًا: «الشيخ البعيد مقطوع ندره» في الشين المعجمة، ففيه شيء من معناه، والأول من قول الشاعر:

وَمَنْ غَابَ عَنِ العَيْنِفَقَدْ غَابَ عَنِ الْقَلْبِ

«اِللِّي بِيتُهْ مِنْ قِزَازْ مَا يِرْمِيشْ النَّاسْ بِالْحِجَارَهْ» أي: من كانت داره من زجاج فمن الحكمة أَلَّا يرمى الناس بالحجارة؛ لأنهم يقابلونه بمثلها فتتحطم داره، والمراد أنه ينبغي للضعيف أَلَّا يتعرض لما لا يستطيع دفعه فيسببَ لنفسه الضرر.

«اِللِّي بِيْرُوحْ مَا بْيِرْجَعْشْ» أي: الذي يذهب لا يعود، وهو مبنيٌّ على ما هو قائم في نفوس الناس من الوُلُوعِ بمدح الماضي والحنين إلى ما انقضى من أحوالهم، وإطراء من يموت منهم، وليس المراد مجرد الإخبار بأن الذاهب لا يعود؛ لأنه أمر معلوم بالبديهة، وإنما مرادهم لا يأتي مثله ولا يخلف في فضائله ومزاياه.

«اِللِّي بِيْعَايِرْ مَا عَلَى بَالُوشْ مِنِ اللِّي دَايِرْ» أي: من يلوم على أمر ويراه سبة لنا لا يعرف الحامل لنا عليه ولا يلقى باله إليه، ولو عرفه ما أنكره علينا. ويُضرَب أيضًا في معنى أن من كان هذا دأبه لا يلقي باله لحقيقة الحال، بل يأخذ بالظواهر فقط. هكذا يذهب بعضهم في معنى هذا المثل ويضربه فيه. ويذهب غيره إلى أن المراد بلفظ يعاير من ينظر عيار الدقيق في الطاحون أهو خشن أم ناعم، فهو منصرف لذلك لا يفكر في الدابة التي تدير الطاحون ولا في تعبها، والمعنى: من يقم في أمر باليسير منه لا يشعر بتعب من يقوم بالصعب فيه.

«اِللِّي بِيْقُولْ حُهْ يِسُوقِ الْعُجُولْ الْكُلْ» أي: كلمة تكفي للجميع فلا عناء في الأمر، ولا تهولنَّك الكثرة، ومتى كنت قائلًا هذه الكلمة فهي كافية ولا تَخْشَ أن تُكَلَّف زيادة عن ذلك. وانظر: «قوله حاتسوق الحمير كلهم.»

«اِللِّي تْأكِّلُهْ يِشُوفَكْ يِجُوعْ» أي: من تَعَوَّد منك الطعام إذا رآك دبَّ فيه الجوع. وهو مثل قديم في العامية أورده الأبشيهي في «المستطرف» برواية: «كل من عودته بأكلك كلما نظرك جاع.» وانظر: «اللِّي واخد على أكلك ...» إلخ، وسيأتي.

«اِللِّي تِتْغَيَّرْ مَحَبِّتُهْ يِغَيَّرْ مِخَدِّتُهْ» أي: من تَغَيَّرَتْ محبته لزوجته غَيَّرَ وِسَادته. والمراد فارقها وتَزَوَّج غيرها. والفصحاء يُعَبِّرُونَ عن ذلك بتجديد الفراش.

«اِللِّي تِجْمَعُهْ النَّمْلَهْ فِي سَنَهْ يَاخْدُهْ الْجَمَلْ فِي خُفُّهْ» ويُروَى: «تحوِّشه» بدل تجمعه، وهو في معناه؛ أي: الذي تقتصده وتجمعه.

«اِللِّي تِحْبَل بِاللَّيلْ تِوْلِدْ بِالنَّهَارْ» أي: لا سبيل إلى إخفاء ما لا بد من ظهوره.

«اِللِّي تِحْبَلْ فِي الْفُرْنْ تِوْلِدْ فِي الْجُرْنْ» الجُرْن (بضم فسكون): الجرين؛ أي: البَيْدَر الذي تداس به الغَلَّة. والمراد: لا بد للخافي من الظهور، أو: ما بالغْتَ في إخفائه بالغَتِ الحوادثُ في إظهاره.

«اِللِّي تْحُط رِجْلَكْ مَطْرَحْ رِجْلُهْ مَا تْخَافْشْ مِنُّهْ» المَطْرَح معناه: المكان، فمنِ استطعْتَ أن تضع قَدَمَك مكان قدمه؛ أي: من استطعت أن تساويه لا ترهبْه؛ لأنك تفعل ما يفعله، فلا مزية له عليك تُخضعك له.

«اِللِّي تْخَافْ مِنُّهْ مَا يْجِيشْ أَحْسَنْ مِنُّهْ» أي: ما قدَّرتَ سُوءَ مغبَّته قد تجده بخلاف ما قدرت، وعسى أن تكرهوا شيئًا وهو خير لكم، ولعليٍّ بن الجهم في المعنى:

وَلِكُلِّ حَالٍ مُعَقِّبٌ وَلَرُبَّمَا أَجْلَى لك المكرُوهُ عَمَّا تَحْمَدُ

وقال البحتري:

لَا يَيْأَسُ المَرْءُ أن يُنْجِيَهُمَا يَحْسَبُ النَّاسُ أَنَّه عَطَبُهْ

«اِللِّي تخْرُجْ مِنْ دَارْهَا يِنْقَل مِقْدَارْهَا» أي: التي تتعود كثرة الخروج من دارها يقلُّ مقدارها وقيمتها، بخلاف المُخَدَّرة المصونة التي لا تخرج إلا لداعٍ وسببٍ مقبول.

«اِللِّي تْخَلِّفُهْ الْجُدُودْ تِفْنِيهِ الْقُرُودْ» يُضرَب للثروة يجمعها الآباء والجدود بجدِّهم وكَدِّهم، فيفنيها الأبناءُ المسرفون بتفريطهم وسوء تدبيرهم، وجعلوهم قرودًا؛ لأنهم يخربون ويفسدون ما يصل إليهم كما تفعل القرود.

«اِللِّي تْخُوضُهْ إِنْتَ يِغْرَقْ فِيهْ غِيرَكْ» أي: ما يهون عليك قد يعسر على غيرك.

«اِللِّي تْدَارِيهْ تِغْلَبْ فِيهْ» تغلَب (بفتح اللام) معناه عندهم: تَتْعَب، وأصله تُغْلَب بالبناء للمجهول؛ أي: تُغْلَبُ فيه على أمرك، فاستعملوه للتعب. والغُلْبُ (بضم فسكون) عندهم: التعب، وقد يستعملونه في الغَمِّ والفَاقَة. والمراد: الذي تضطر إلى مداراته وموافقته على ما يريد تتعب معه؛ لأن إرضاءه في كل الأمور مستحيل؛ فقد يعرض ما لا تستطيع مداراته فيه. يُضرَب في أن المداراة عناءٌ ليس بعده عناءٌ.

«اِللِّي تْرَافْقُهْ وَافْقُهْ» أي: من قُدِّر لك أن ترافقه وتصاحبه فعليك موافَقَته وإلا تعبتَ وأتعبتَه.

«اِللِّي تِزْرَعُهْ تِقْلَعُهْ» أي: إنما يَجْنِي الإنسان ما قدمَتْ يداه؛ إنْ خيرًا فخير، وإنْ شرًّا فشر. فهو كالزارع لا يجني إلا نوع ما زرعه. والعرب تقول في أمثالها: «كُلُّ ما تَزْرَعُ تَحْصُدُ.» أورده البهاء العاملي في «الكشكول».

«اللّي تِسْتَهْتَرْ بُهْ يِغْلِبَكْ» استهتر بفلان أو بكذا؛ أي: لم يَكْتَرِثْ لَهُ، والمعنى: الذي لا تكترث له وتستضعفه ربما غلبك إذا قارعته؛ أي: كُنْ على حَذَرٍ من الناس ولا تَحْتَقِرْ كَيْدَ الضَّعيف.

«اللِّي تْسَقَّفْ لُهْ يِجِي يُرْقُصْ» سقف محرف عن صفق؛ أي: من تُصَفِّق له يأتيك راقصًا. والمراد أن الإجابة على حسب السؤال والدعوة.

«اللِّي تِسْكَرْ بُهْ اِفْطَرْ بُهْ» أي: إن الأَوْلَى بك وأنت فقير محتاج لثمن الطعام أن تأكل بثمن ما تسكر به. يُضرَب في الإقدام على أمر غير ضروري والإنفاق فيه مع الاحتياج لما هو ألزم منه.

«اللِّي تْسَوِّدْ مَا تْزَوِّدْ» أصله في شيء يقع من الوعاء فإذا أعيد إليه لَوَّث ما فيه بما علق به من الأرض؛ أي: ما يسود به الشيء بالتلوث لا يعد زيادة فيه إذا ضممته، والضمير في الفعلين راجع لمؤنث يراد به القطعة ونحوها. والمراد ما يسبِّبُ التَّلَفَ لا يعد زيادة بل هو في الحقيقة نقصان.

«اللِّي تْطَبِّلْ لُهْ يُرْقُصْ» أي: الذي تطبل له يرقص، فلا تَلُمْ أحدًا على عدم الرقص وأنت لا تطبل. والمراد: لا تَلُمْ أحدًا على تقصيره في أمر لم تَدْعُه لعمله ولم تُهَيِّئْ له أسبابه.

«اللِّي تُطْبُخُهْ الْعَمْشَهْ لِجُوزْهَا يِتْعَشَّى» أي: ما تطبخه العمشاء لزوجها يأكله على علّاته. والمراد: لكل فُولة لاقطة.

«اللِّي تِطْلَعْ دَقْنُهْ قَبْلْ عَوَارْضُهْ لَا تْمَاشِيهْ وَلَا تْعَارْضُهْ» أي: الذي تنبت لحيته قبل عارضيه لا تماشيه؛ أي: لا تصاحبه، ولا تعارضه. والمراد الكَوْسَج المُسمَّى عندهم «كوسة»؛ لأنهم يصفون كل كوسج بالخبث والحدة، ومن كان كذلك لا تُؤْمَنُ مصاحبته ولا تحسن معارضته؛ فالأولى تجنبه وتجنب الكلام معه. وقد يكون معنى لا تعارضه إذا رأيته مقبلًا، بل تَجَنَّبْ ذلك وحِدْ عن طريقه.

«اللِّي تْعَايِرْنِي بُهْ النَّهَارْدَهْ تقَعْ فِيهْ بُكْرَهْ» أي: ما تعيرني به اليوم لست بآمنٍ من أن تقع في مثله غدًا، فاترك التشفي والمعايبة، واسكت عن الناس يسكتوا عنك إذا وقعت فيما عبتهم به. وفي معناه: «مَنْ عَايِرْ ابْتَلَى ...» إلخ. وذُكِرَ في الميم. وفي كتاب «الآداب» لجعفر بن شمس الخلافة: «لَا تُظْهِرِ الشماتة لأخيك فَيُعَاقِبَكَ الله ويبتليك.»

«اللِّي تِعْرَفْ دِيّتُهْ اِقْتِلُهْ» أي: متى عرفت قيمة الشيء هان عليك الإقدام عليه.

«اللِّي تِعْرَفُه أَحْسَنْ مِنِ اللِّي مَا تِعْرَفُوشْ» أي: من عرفتَه على علّاته خير لك في المصاحبة أو الاستخدام ممن لم تعرفه؛ لأنك قد خبرته وعرفتَ خيرَه وشرَّه، بخلاف من لم تعرفه فربما يَظْهَر لك منه ما لا يُطاق فتندمَ على تفريطك في الآخر.

«اللِّي تِغْطِيهِ الْوِش يِطْلُبْ الْبِطَانَهْ» الوِش (بالكسر وتشديد الشين): الوجه. والمراد به هنا: وجه الثوب؛ أي: ظهارته؛ أي: من أعطيته الظهارة طمع في البطانة، فهو في معنى المثل العربيِّ: «لا

تـُعْطِ العبد الكَرَاع فيطمعَ في الذراع.» يُضرَب لمن يطمع في الزيادة. ويرويه بعضهم «من لقى الوش يدوَّر على البطانه.» أي: من وجد الظهارة لا يكتفي بها، بل يأخذ في البحث عن البطانة.

«اللِّي تِعْمِلْهْ الْمِعْزَةْ فِي القرَضْ يِخَلَّصُه القَرَضْ مِنْ جِلْدَهَا» أي: ما تفعله المِعْزَى في القَرَظ بأكلها منه سيقتصُّ منها فيه بما يفعله في أديمها عند دبغه، فهو في المثل العربي: «كما تَدِينُ تُدَان.» وقد أورد ابن إياس هذا المثل في موضعين من تاريخه بلفظ: «مثل ما تعمل شاة الحمى في القَرَظ يعمل القرظ في جلدها.»

«اللِّي تْعُوفُهْ تْعُوزُهْ» أي: الذي تعافه ولا تريده ربما تحتاج إليه بعد ذلك.

«اللِّي تِغْلِبْ بُهْ اِلْعَبْ بُهْ» أي: الذي قامرت به وصار لك العب به؛ أي: قامِرْ به. والمراد ما صار لك وملكته افعل به ما شئت. وبعضهم يريد به الأمر، أو الطريقة التي غلبت بها الزمها والعب بها.

«اللِّي تُقْرُصُهْ الْحَيَّهْ، مِنْ دِيلْهَا يْخَافْ» الدِّيل: الذَّنَب؛ أي: من قرصته الحيَّة مرة، فإنه يفزع إذا رأى ذنبها مرة أخرى. يُضرَب في أن الوقوع في الشيء يُعَلِّمُ الاحتراس الشديد والفزع منه. وانظر في الميم: «المقروص من التِّعبان يخاف من الحبل.» وفيه مرادفه من أمثال العرب.

«اللِّي تْقُولْ عَلِيهْ مُوسَى تِلْتِقِيهْ فَرْعُونْ» يُضرَب فيمن يُحْسَن الظن به ثم يظهر بالاختبار أنه بالعكس. والمراد التحذير من الاغْتِرَار بالظواهر الخدَّاعة.

«اللِّي تِكْرَهْ وِشُّهْ يِحْوِجَكْ الزَّمَانْ لِقَفَاهْ» الوش (بكسر أوله): الوجه؛ أي: من تُعْرِض عن النظر في وجهه لبغضك إياه قد يضطرك تقلُّبُ الزمان إليه وإلى النظر في قفاه، وهو مُعْرِضٌ عنك، وذلك من نَكَدِ الدُّنْيَا.

«اللِّي تِكْرَهُهْ إِنْتَ يِحِبُّهْ غِيرَكْ» لأن الأذواق والميول تختلف.

«اللِّي تِكْرَهُهْ النَّهَارْدَهْ تُعُوزُهْ بُكْرَهْ» أي: ما تكرهه ولا تريده هذا اليوم ربما تحتاج إليه غدًا فلا تُفَرِّطْ فيه.

«اللِّي تِكْسَرْ بُهْ زَبَادِي هَادِي بُهْ الْفَخَرَانِي» الفخراني عندهم صانع أواني الفخار أو بائعها؛ أي: ما تنفقه ثمنًا لهذه الأواني التي اعتدت تكسيرها أهده إلى صانعها؛ لأن الفائدة عائدة إليه على الحالين، ولكنك في الثاني تريحه من كثرة العمل وتريح نفسك من الاشتغال بالتكسير وتربأ بها عن العبث.

«اللِّي تِمْلِكُهْ الْيَدْ تِزْهَدُهْ النَّفْسْ» معناه ظاهر، وهو كقول الشاعر:

رَأَيْتُ النَّفْسَ تَكْرَهُ مَا لَدَيْهَا وَتَطْلُبُ كُلَّ مُمْتَنِعٍ عَلَيْهَا

وسيأتي في الغين المعجمة: «غالي السوق ولا رخيص البيت.»

«اِللَي تِوْلِدْ فِي مَكَة تِجِيبْ أَخْبَارْهَا الْحُجَّاجْ» يُضرَب في أن ما خَفِيَ لبعده لا بُدَّ من ظهوره متى حان الحِين وتهيأت الأسباب.

«اِللِّي جَرَى لِي كَفَّى، خَلِّي خَلِيِّ الْبَالْ يِتْشَفَّى» أي: الذي وقع لي وأصابني كافٍ لا يقبل المزيد، فدعوا عَدُوِّي خَلِيَّ البال الخالي من المصائب يتشفى كما يريد فهذا وقت تَشَفِّيه.

«اِللِّي جِرِي وِاللِّي مِشِي مَا رَاحْشْ مِنِ الدُّنْيَا بِشِي» أي: من اجتهد في طلب الدنيا ومن لم يجتهد؛ كلاهما لم يذهب منها بشيء عند الموت.

«اِللِّي حَبُّهْ رَبُّهْ جَابْ لُهْ حَبِيبُهْ عَنْدُهْ» أي: من أحبه الله يَسَّرَ له الأمور. وانظر في الميم: «من حبه ربه واختاره ...» إلخ.

«اِللِّي حَسَبْنَاهْ لِقِينَاهْ» أي: الذي قَدَّرْنَا وقوعه وقع ووجدناه على ما ظننا. يُضرَب للأمر تُقَدَّر له عاقبة فَيَصْدُقُ فيها التقديرُ، والغالب ضربه فيما يسيء.

«اِللِّي حَلَقْ، رَاسُهْ بِرْدِتْ» أي: من حلق شعر رأسه زال عنه ما كان يستدعي الحكَّ وارتاح. والمراد: متى زال السببُ زال المُسَبَّبُ.

«اِللِّي حَ يِعْرَفْ نَاسْ مَا يِعْرَفْشِ فُلُوسْ» الفُلُوس (بضمتين): النقود. والمقصود بمعرفة الناس المعرفة التي تلصقه بهم وتجعلهم يعتمدون في أعمالهم، فالعامل أو صاحب الحرفة إذا عرف أناسًا مثرين طيبي المعاملة وتساهل معهم في بدء معرفته بهم ولم يطمح في ربح كبير؛ فإنه يعوِّض ما فاته مضاعفًا بعد ذلك إذا وثقوا به واعتمدوا عليه؛ لأنهم يفضِّلونه على غيره في المعاملة. وقولهم: «ح» مختصر من «رايح»، ويستعملونها بدل سوف أو السين.

«اِللِّي خَلَقْ لِشْدَاقْ مِتْكَفِّلْ بِلَرْزَاقْ» أي: من خَلَقَ الأشداق متى تأكل تكفَّل بأرزاقها. والمراد: من خَلَقَ الخَلْقَ. يُضرَب لعدم الاهتمام بالرِّزْق والاتِّكَال على الخالق — عزَّ وجلَّ.

«اِللِّي رَاجِعْ الدُّنْيَا يِبْكِي عَلِيهَا» انظر: «قالوا للمخوزق: استحي ...» إلخ. في حرف القاف.

«اِللِّي رَبَّى أَخْيَرْ مِنِ اِللِّي اشْتَرَى» لأنه يكون أعرف وأخبر بالذي ربَّاه، وذلك خير من أن يشتري الإنسان ما لم يَخبُره. وهذا المثل هو عكس قولهم: «شراية العبد ولا تربيته.» ولكن لكل واحد منهما مقامٌ يُضرَب فيه.

«اِللِّي زَمَّرْنَاهْ رَاحْ لِلَّهْ» أي: ذهبَ تَعَبُنَا سُدًى. وبعضهم يرويه: «راح اللي زمرناه لله.» والصواب ما هنا.

«اِللِّي سَتَرْهَا فِي الْأَوَّلْ يُسْتُرْهَا فِي التَّانِي» يُضرَب في دوام السِّتر منه — تعالى. ولله درُّ من قال:

إِنَّ رَبًّا كَفَاكَ بِالْأَمْسِ مَا كَانَ سَيَكْفِيكَ فِي غَدٍ مَا يَكُونُ

«**اِللِّي سِلِمْ مِنِ الْمُوتْ اِجَّنِّنْ**» يُضرَب لهول المصيبة وعِظَمِ الأمر؛ أي: من لم يَمُتْ من ذلك جُنَّ.

«**اِللِّي شَافْ شِيءْ يِحْكِي عَليهْ**» أي: إنما يطالَب بالإخبار عن الشيء من رآه، فمن رأى شيئًا فليُخْبِرْ عنه. يُضرَب عند مطالبة شخص بالإخبار عن أمر لم يَرَهُ ولم يعلم عنه شيئًا.

«**اِللِّي شَايِلْ قِرْبَهْ تِنِز عَليهْ**» أي: من يحمل القِربَة فلا بد من أن يقطر ماؤها عليه. ويُروَى: «تنز على ضهره.» أي: على ظهره؛ أي: من تَحَمَّل عبء أمر أصابه رشاشه. وبعضهم يروي: «بتخُر عليه.» أو «تخُر على ضهره.» ويُروَى: «اِللِّي يشيل» بدل شايل. وانظر «اِللِّي شايل قُفَّة مخروقة تخُر على راسه.»

«**اِللِّي شَايِلْ قُفَّهْ مَخْرُوقَهْ تْخُر عَلَى رَاسُهْ**» شايل: حامل. وتخُر: يسيل ما فيها، وهو في معنى: «اِللِّي شال قربه تنز عليه.» وتقدم قبله.

«**اِللِّي صْبَاعُهْ فِي الْمَيَّهْ مُوشْ زَيِّ اِللِّي صْبَاعُهْ فِي النَّارْ**» ويُروَى: «اِللِّي إيده» بدل صباعه في الموضعين. والصُّبَاع (بضم أوله) يطلقونه على الإصبع. والميَّة: الماء، يريدون: الذي إصبعه في الماء ليس كالذي إصبعه في النار؛ أي: إن أحدهما لا يحسُّ بما يحسُّ به الآخر، فهو في معنى قول القائل:

لَا يَعْرِفُ الشَّوقَ إلا من يُكَابِدُهُ ولا الصَّبَابَةَ إلا مَنْ يُعَانِيهَا

«**اِللِّي ضِرِي عَ الْفِضِيحَهْ مَا يِحْرِزُوشْ مِنْهَا**» ضِرِي؛ أي: تعوَّد وتجرَّأ، وهو فصيح إلا أنه من باب رضي. ومعنى ما يحرزوش منها: لا يحذر منها. والمراد هنا: لا يبالي بها. يُضرَب لمن صَفُقَ وجهُه لتعوده الفضيحة فأصبح لا يبالي بها.

«**اِللِّي عَاوِزْ تِحَيَّرُهْ خَيَّرُهْ**» العاوز هنا: المريد للأمر؛ أي: الذي تريد أن توقعه في الحيرة والارتباك خَيِّرْه بَيْنَ شيئين فأكثر ليختار واحدًا لنفسه؛ لأن النفوس طمَّاحة، فإذا تُرِكَ لها الخيار حارت فيما تختار. ومن أمثال العرب في ذلك: «قَتْلُ ما نَفْسٍ مُخَيِّرُها.» و«ما» زائدة.

«**اِللِّي عَطَاكْ يِعْطِينَا يَا بَابَا**» يريدون بالبابا هنا: الشيخ المُسِن من الأتراك. ومعناها في التركية الأب؛ أي: لا تشمخ علينا بغناك أيها الشيخ التركي، فإن الذي أعطاك وأغناك قادرٌ على أن يساوينا بك، وأما الجنس فلا فخر فيه وكلُّنا عبيدُ الله. يُضرَب للمتكبر المفاخر بغناه وجنسه.

«**اِللِّي عَلَى الْبَرِّ عَوَّامْ**» أي: الذي لم ينزل الماء في حُكْم السَّابح الماهر وإن لم يكن به؛ لأنه لا يخشى الغرق ما دام في البَرِّ، أو: من كان في البَرِّ له أن يدَّعي المهارة في السباحة، فلا سبيل إلى تكذيبه ما لم يسبح، فهو على هذا قريب من قول القائل:

وَإِذَا مَا خَلَا الْجَبَانُ بِأَرْضٍ طَلَبَ الطَّعْنَ وَحْدَهُ وَالنِّزَالَا

«اِللِّي عَلَى الْجِبِينْ تَرَاهُ الْعُيُونْ» الأَصَحُ في الجبين (فتح أوله)، وهم يكسرونه كقاعدتهم في أكثر ما جاء على فعيل. والمراد ما كُتِبَ على الجبين؛ أي: الجبهة؛ أي: ما قَدَّره الله على شخص تراه عيناه؛ أي: يقع له. ويُروَى: «المكتوب على الجبين تراه العيون.» وانظر: «المكتوب ما منوش مهروب.»

«اِللِّي عَلَى جْرَابُهْ عَوَّامْ» يريدون بالجراب هنا: الشكوة التي تُنْفخ ويُعَام عليها، وهو في معنى قولهم: «اِللِّي على البر عوام.» وقد نظمه الشيخ محمد النَّجَّار الشهير المُتَوَفَّى سنة ١٣٢٩م في قوله من زجل في شكوى الأيام:

الدهْر مِنْ طَبْعه غدَّارْ لَكِنْ عَلَى الْعَاقِلْ أَكْتَرْ

والسَّعْد يأتي بالأقدارْ والرزق مَقْسُوم ومقَدَّرْ

دور

الدَّهر كم أَخَّر عاقلْ وقدِّم الجاهل قُدَّامْ

وأهل الأدب ياما قاسوا من دي الليالي والأيامْ

في بحر أفكارهم غرقوا واِللِّي على جرابه عَوَّامْ

وابن الرَّاوندي من دا احتارْ وكل ساعة كان يكفرْ

«اِللِّي عَلَى رَاسُهْ بَطْحَهْ يِحَسِّسْ عَلِيهَا» البطحة عندهم الشَّجَّة، ومعناه: إذا خاض الناس في ذكر الشجاع يلمس المشجوج رأسه فيدل على ما يخفيه؛ أي: «كاد المريب أن يقول: خذوني.» وانظر أيضًا في الحاء المهملة: «الحرامي على راسه ريشةْ.»

«اِللِّي عَنْدْ أُمُّهْ مَا يِنْحملْشْ هَمُّهْ» أي: لا يُخْشَى عليه؛ لأنه في مأمن عند أرأف الناس به.

«اِللِّي عَنْدُهْ حِنَّهْ يِحَنِّي دِيلْ حُمَارُهْ» ويُروَى: «ديل جحشه» أي: حماره الصغير؛ أي: مَنْ ملك الحِنَّاء فليخضب بها ذَنَبَ حماره إن شاء. والمراد من قدر على الشيء فليفعل به ما يريد.

«اِللِّي عَنْدُهْ عِيشْ وَبَلُّهْ عَنْدُهْ الفَرَحْ كُلُّهْ» ويُروَى: «الخير كله» أي: من كان عنده خبز جافٌّ يَبُلُّه ويأكله فعنده الخير والسرور. يُضرَب في القناعة باليسير والرضا به متى قام بالأَوَد.

«اِللِّي عَنْدُهْ فَرْخَهْ مَا تْضِيعْ لُهْ قَمْحَهْ» أي: من كانت له دجاجة لا تضيع له حبة بُرٍّ، وذلك لأن الدجاج يلتقط ما يسقط من الحب والفُتَات وينقر عنه، فلا يدعه يذهب سُدًى، ويوفر على صاحبه بذلك بعض مئونته. يُضرَب في هذا المعنى، وقد يراد به الخادم اليقظ الحافظ لمال سيده.

«اِللّي غِيطهْ عَلَى بَابْ دَارُهْ هَنِيَّالَهْ» أي: هنيئًا لمن كانت مزرعته على باب داره يراقبها عن كَثَب ولا يتعب في الانتقال إليها. وانظر قولهم: «بارك الله في المَرَة الغريبة والزرعة القريبة.»

«اِللّي فَاتْ مَاتْ» أي: ما مضى لا يُعاد. وبعضهم يزيد فيه: «واحنا ولاد دي الوقت.» أي: ونحن أولاد هذا الوقت فلندفن ما كان. وبعضهم يزيد فيه: «والقديم رديم واحنا ولاد دي الوقت.» أي: إن القديم رُدِمَ بالتراب وانقضى أمره فلتكُن المؤاخذة على ما يقع الآن. وفي معناه لبعضهم:

وَلَا تَذْكُرُوا مَا مَضَى عَفَا اللهُ عَمَّا سَلَفْ

«اِللّي في إيدَكْ أَقْرَبْ مِنِ اللّي في جِيبكْ» الجيب: ما يصنع في الثوب كالكيس؛ أي: الذي في يدك أقرب إليك من المحمول في ثيابك. يُضرَب للشيء القريب وغيره أقرب منه.

«اِللّي في إِيدُهْ الْقَلَمْ مَا يِكْتِبْش نَفْسُهْ شَقِي» أي: من كان أمره بيده لا يختار الشقاء لنفسه على السعادة. وانظر في الحاء المهملة: «حد يبقى في إيده ...» إلخ.

«اِللّي في بَالْ أُم الْخِيرْ تِحْلَمْ بُهْ بِاللِّيلْ» جمعوا بين الرَّاءِ واللَّام في السجع، وهو عيب؛ أي: من ولعَتْ نفسُه بأمر لا يزال يذكره فإذا نام حلم به. وانظر قولهم: «حلم القطط كله فيران.» وقولهم: «الجعان يحلم بسوق العيش.» والمثل قديم في العامية وأورده الأبشيهي في أمثال النساء بالمستطرف برواية: «الذي في قلب أم حنين.»

«اِللّي فِي الْبزيزَاتْ تِرْضَعُهْ الْوَلِيدَاتْ» البزيزات جمع بزيز تصغير بز (بكسر الأول وتشديد الزاي) يريدون به الثدي. يُضرَب للجود بالموجود. والعرب تقول في أمثالها: «الجُودُ بَذْلُ المَوْجُود.» رواه جعفر بن شمس الخلافة في كتاب «الآداب».

«اِللّي فِي الدِّسْتْ تِطَلَّعُهْ الْمَغْرَفَهْ» أي: الذي في القِدْرِ من الطبيخ تُخرجه المغرفة ولا تُخرج سواه، فهو قريب من: «كل إناء بالذي فيه ينضح.» ويقرب أيضًا من قولهم: «ليس في الإمكان أبدعُ مِمَّا كان.» وأورد الراغب الأصفهاني في محاضراته في أمثال العامة في زمنه برواية: «كل ما في القدر تخرجه المغرفة.» وأصله من قول العرب في أمثالها: «تُخْرِجُ المِقدحةُ ما في قَعْرِ البُرْمَة.»

«اِللّي فِي السَّنْدُوقْ عَ الْعُرُوقْ» السَّندوق (بفتح فسكون) يريدون به الصُّنْدُوق، والعروق هنا المراد بها الجسد؛ أي: ما في صندوقك من الثياب لا بد من ظهوره على جسدك؛ لأنها اتُّخِذَتْ لتُلبس لا لتُخَزَّن. والمراد: سيظهر عليك ما تدعيه ويتبيَّن كذبُك فيه من صدقِك.

«اِللّي في طَعْم سْنَانَكْ بَطَّلُهْ» أي: ما سبق لك أكله ولم يبق إلا توهم طعمه في فمك لا تذكرْه وتطمع فيه؛ فإنه ذهب عنك ولا فائدة من ذكره. يُضرَب للشيء الذاهب، وأنَّ تذكُّره لا يرده.

«اِللّي فِي الْقَلْبْ فِي الْقَلْبْ يَا كْنِيسَهْ» أي: إن سكتنا عنك يا كنيسة ولم نظهر لك البغضاء، فإن ما في القلب لم يزل فيه، والعبرة بما هو كامن لا بما هو ظاهر. ويضربه بعضهم لمن يُظْهر الإسلام ويبطن خلافه، فمعناه عنده: إننا إن تظاهرنا بالدخول في الإسلام، فإن ما في القلب لك يا كنيسة ما زال على حاله لم نتحول عنه. وانظر في القاف: «قالوا: يا كنيسة اسلمي ...» إلخ. ويُروَى: «يا كنيسة الرب اِللّي في القلب في القلب.»

«اِللّي فِينَا فِينَا ولَوْ حَجِّينَا وْجِينَا» هو مما وضعوه على لسان هِرٍّ، حَجَّ فلم يُغير الحجُّ من طباعه في قتل الفيران وأكلها. وانظر أيضًا: «الوش وش حاجج ...» إلخ في حرف الواو. يُضرَب لسيئ الطباع المجبول على الأذى لا يغيره النُّسك.

«اِللّي فِيهْ عِيشَهْ تَاخْدُهْ أُم الْخِيرْ» عيشة (بالإمالة) يريدون بها عائشة؛ أي: إذا تزوج زوجُ عائشة بأمِّ الخير فلن يصيبها منه إلا ما أصاب الأولى بلا زيادة، فلا تطمعن بحال خير مما فيه عائشة. يُضرَب للشخص يطمع في أن ينال من آخر ما لم ينله غيره فيخطئ في ظنه. ومن أمثالهم: «جمع عيشةْ على أم الخير.» وسيأتي في الجيم.

«اِللِّي فِيهْ مَا يْخَلِّيهْ» أي: الخُلُق الذي في المرء لا يتركه، فهو في معنى: «مَنْ شَبَّ على شيء شاب عليه.» وبعضهم يرويه: «اِللِّي فيهشي ما يخليهشي.» أي: الذي فيه شيء. وانظر في التاء: «تسايس خلك ...» إلخ. وانظر: «اقطع ودن الكلب ...» إلخ.

«اِللّي فِيهَا يْكَفِّيهَا» يُضرَب للكفاف من العيش والرضا به.

«اِللِّي قَرَصُهْ التِّعْبَانْ يِخَافْ مِنِ الْحَبْلْ» انظر في الميم «المقروص من التِّعبان ...» إلخ.

«اِللِّي قَيِّدْنِي بِيفْتِلْ لَكْ» أي: سيصيبك ما أصابني فلا تَشْمَتْ بي ولا تظنَّ مَنْ قَيَّدني غافلًا عنك، بل هو مشتغل بفتل الحبل ليقيدك به. يُضرَب في المصائب لا ينجو منها إنسان، فإذا أصابت شخصًا شَمَت به مبغضه كأنه في أمان منها.

«اِللِّي كَتَبْ غَلَبْ» أي: ليس لأحد حيلة فيما كتبه الله وقدَّره، فهو الغالب على أمره.

«اِللّي كِسِبْ قَالْ: الْمِسَاحَةْ صْحِيحَةْ، واِللِّي خُسُرْ قَالْ: جَتْ عَلَى نَاسْ نَاسْ» أي: من ربح يقول: مساحة الأرض صحيحة، والذي خسر يقول: جاءت — أي أصابت — أناسًا دون أناس. والمراد لا عبرةَ بقولهما؛ لأن الرَّابحَ مادحٌ والخاسر قادحٌ.

«اِللّي لا بُد مِنُّهْ لَا غِنَى عَنُّهْ» أي: لا يستغني الإنسان عمَّا لا بدَّ له منه وما هو في حاجة إليه.

«اِللِّي لَكْ مُحَرَّمْ عَلَى غِيرَكْ» انظر «اِللِّي من نصيبك ...» إلخ.

«**اِللّي لَهْ أوِّلْ لَهْ آخِرْ**» أي: الذي له أول لا بد له من آخر. والمراد: لكل شيء نهاية.

«**اِللّي لُهْ ضَهْرْ مَا يِنْضِرِبْش عَلَى بَطْنُهْ**» المتبادر منه أن من كان له ظهر، فإنه يُضرَب عليه لا على بطنه، وليس فيه كبير أمر؛ لأن لكل إنسان ظهرًا، وإنما يريدون بالظهر هنا الرجل الحامي لغيره، يقولون: فلان له ظهر؛ أي: له من يعتمد ويستند عليه. ومثله: «لا يتجرأ أحد على ضربه.» وذكروا البطن لترشيح التورية بالظهر.

«**اِللّي لُهْ عِينِينْ ورَاسْ يِعْمِلْ مَا تِعْمِلُهْ النَّاسْ**» أي: الذي يرى ويعقل يتعلم من نظره لغيره.

«**اِللّي لُهْ قِيرَاطْ فِي الْفَرَسْ يِرْكَبْ**» انظر: «صاحب قيراط في الفرس يركب.»

«**اِللّي لُهْ قِيْرَاطْ في القِبَالَهْ يْدُوسْهَا**» القِبالة (بكسر الأول) في اصطلاح أهل الصعيد: أحد الأجزاء التي تُقَسَّم إليها أرض القرية، وتُسَمَّى في الريف — أي الوجه البحري — بالحوض؛ أي: من ملك قيراطًا في قبالة له أن يدخلها ويمشي فيها لا يمنعه من ذلك ضآلة حقه. وانظر في معناه: «صاحب قيراط في الفرس يركب.»

«**اِللّي لُهْ كَف يَاخْدُهْ اتْنِينْ**» المراد هنا بالكف كف الشريك، وهو نوع من الخبز يعجن بالسمن ويفرَّق صدقة على الأموات في المواسم يجعلونه أصابع طويلة، ثم يضمون كل ثلاثة منها فتشبه الكف في الجملة؛ ولهذا يسمونها بالكف. يُضرَب عند الاستعداد لإيفاء كل ذي حق حقه وزيادة.

«**اِللّي لَهَا طَرْحَهْ تُخُش بْفَرْحَهْ**» الطَّرْحَة (بفتح فسكون) الخمار. سَمَّوْها بذلك لأنها تُطرح؛ أي: تُلْقَى على الرأس. والمتبادر من المثل أن التي تملك طرحة تزين بها رأسها تدخل الدور وهي جزلة بها، ولكنهم لا يريدون ذلك، بل مرادهم: من كان لها طرحة في دار؛ أي: صاحبة طرحة، يعني: من كانت صاحبة الدار من أقاربها اعتزَّت فيها بها وقوبلت بسرور إذا دخلتها، بخلاف قريبة الزوج، فإنها تكون مبغضة من زوجته، فلا تتلقَّاها بذلك السرور. ويوضح معنى هذا المثل قولهم في مثل آخر: «إن كان لك مرةْ خشي وان كان لك راجل اخرجي.» وسيأتي.

«**اِللّي مَاتِتْ عَشِيرْتُهْ يَا حِيرْتُهْ**» قد يُراد بالعشيرة القوم، وقد يُراد بها الزوجة.

«**اِللّي مَا تْرَبِّيهِ الْأَهَالِي تِرَبِّيهِ الْأيَّامْ واللّيَالِي**» معناه ظاهر مُشَاهَد في كل حين، فكم من مُرَفَّهٍ دلله أهله حتى ساءت أخلاقه، فأدَّبَهُ الزمان واضطره لتقويم عِوَجِه. وفي كتاب «الآداب» لجعفر بن شمس الخلافة: «الدهر أفصح المُؤَدِّبين.» وفيه لبعضهم:

مَن لَمْ يُؤَدِّبْهُ والداهُ أَدَّبَهُ اللَّيْلُ والنَّهارُ

«**اِللّي مَا تْسِد بِرِجْلَهَا تِسِد بْقَرْنَهَا**» تسد؛ أي: تقوم بالأمر وتصلح، فكأنها سدت ثُلْمَة مفتوحة؛ أي: لكل شيء نفع، فإن ذات القرن — أي: التي من هذا الصنف — إن لم تقم بما تقوم به ذات الحافر من

الركوب والحمل، فإنها تصلح لشيء آخر.

«اللّي مَا تِشْبَعْ بَرْسِيمْ فِي كْيَاكْ اِدْعُوا عَلِيهَا بِالْهَلَاكْ» ويُروَى: «اللّي ما تربع.» والبرسيم: نبات معروف تأكله المواشي في ربيعها. وكياك (بكسر أوله وتخفيف الياء) يريدون به كيهك، وهو من شهور القبط، وأكل البرسيم فيه يفيد الماشية. يُضرَب في الحث على ذلك. ويُضرَب أيضًا لبيان فائدة الشيء وحسن تأثيره إذا عُمِلَ في أوانه.

«اللّي مَا تِعْرَفْشْ تُرْقُصْ تْقُولْ الْأَرْضْ عُوجَهْ» أي: من لم تحسن الرقص تعتذر باعوجاج الأرض وهي مستوية. يُضرَب لمن لا يحسن العمل فَيَخْتَلِقُ المعاذير.

«اللّي مَا تِقْدَرْ تِوَافْقُهْ نَافْقُهْ» المراد إن اضطررت إلى موافقته، لا مطلقًا. وأظهر منه قولهم: «اللّي ما تقدر عليه فارقه وإلّا بوس إيده.»

«اللّي مَا تِقْدَرْ عَلِيهْ فَارْقُهْ وَإلّا بُوسْ إِيدُهْ» أي: إن كنت مغلوبًا على أمرك مع شخص ليست لك قدرة عليه ففارقه وأرح نفسك، وإلا فاخضع وقَبِّل يده واترك الشكوى ومحاولة ما لا يفيد من مشاكسته.

«اللّي مَا تِمْسِكْ بُوصَةْ تِبْقَى بينِ الصَّبَايَا مَتْعُوسَةْ» جمعوا فيه بين الصاد والسين في السجع، وهو عيب. والبُوصة (بضم الأول): القطعة من عيدان الذرة، ومعنى تبقى: تَصِيرُ وتَكُونُ. يُضرَب للأمر التافه يتوهم الناس الكياسة في عمله والتظاهر به.

«اللّي ما تِوْلِدُهْ فِي الْحَيِّ مَا تِوْجِدُهْ» أي: من لم يكن من أولادك لصلبك لا تجده إذا احتجت إليه في الشدة، وإنما يلبيك ويعينك أولادك. يُضرَب في عدم الاعتماد على الغريب.

«اللّي مَا فَلَحْ البَدْرِي جَا الْمِسْتَأْخرْ يِجْرِي» أي: إذا كان الأول لم يفلح في المشي فما يكون حال حديث الولادة؟ وكيف يحاول الجري؟ يُضرَب للمتشبِّث بأمر لم يفلح في بعضه من هو أقوى منه.

«اللّي مَا فِيهْ خيْرْ تَرْكُهْ أَخْيَرْ» أي: الذي لا خير فيه تركه والإعراض عنه أولى.

«اللّي مَا مَا لَكْ فِيهْ، إِيشْ لَكْ بِيهْ» أي: الأمر الذي لا يعنيك، أي شيء لك به؟! والمراد: تَجَنَّبْه ولا تُدخل نفسك فيه. وفي معناه: «اللّي ما لك فيه ما تتحشرش فيه.» وانظر: «أردب ما هو لك ...» إلخ.

«اللّي مَا لَكْ فِيهْ مَا تِنْحِشِرْشْ فِيهْ» أي: لا تُدخل نفسك فيما لا يعنيك. وقالوا في معناه: «اللّي ما لك فيه، إيش لك بيه.» وانظر: «أردب ما هو لك ...» إلخ.

«اللّي مَا لُهْ خِيرْ فِي أَخَاهْ، اِلْغَرِيبْ مَا يِسْتَرْجَاهْ» جاءوا بلفظ أخاه هنا للازدواج، وإلا فهم يلتزمون فيه الواو في الأحوال الثلاث. ويُروَى: «اللّي ما له خير في أباه، ما يسترجاه.» أي: من لا خير فيه لأبيه أو أخيه لا تَرْجُ خيرًا منه لأحد.

«**اللّي مَا لَوشْ غَرَضْ يِعْجِنْ يُقْعُدْ سِتّ ايَّامْ يِنْخَلْ**» أي: من لم يكن قصده العمل يتهاون ويتلكأ في أسبابه ومقدماته.

«**اللِّي مَا لُوشْ غُلَامْ هُوَّ اغْلَمْ لِنَفْسُهْ**» أي: الذي ليس له غلام يخدمه يصير هو غُلَام نفسه في قضاء حاجاته، بل وأبصر من الخادم بها، والمراد: أن المرء أعرف بحاجاته وقضائها.

«**اللِّي مَا لُوشْ قَدِيمْ مَا لُوشْ جِدِيدْ**» المراد: الذي لا يحافظ على صاحبه القديم ويرعى مودته لا يحافظ على الجديد ولا يرعاه. يُضرَب في عدم حفظ العهد.

«**اللِّي مَا مَعُوشْ مَا يِلْزَمُوشْ**» معناه ظاهر. يُضرَب لمن لا يملك المطلوب وأنه غير ملزم به.

«**اللِّي مَاهُوشْ وَاخِدْ عَ الْبُخُورْ يِنْحِرِقْ دِيلُهْ**» واخد؛ أي: مُتَعَوِّد. يقولون: أخد على كذا؛ أي: تعوده وألفه. والمعنى: من لم يتعود البخور قد يحرق ذيله؛ أي: طرف ثوبه؛ لجهله بما يقتضيه ذلك. يُضرَب فيمن يحاول أمرًا يجهله فيضر بنفسه فيه.

«**اللِّي مَا هُو عَ الْقَلْبْ، هَمُّهْ صَعْبْ**» انظر «اللِّي موش في القلب ...» إلخ.

«**اللِّي مَا هُو في إِيدَكْ يِكِيدَكْ، واللِّي عَنْدِ النَّاسْ بِعِيدْ**» أي: ما في يد غيرك بعيد عنك لا تجني من التطلع إليه إلا الغصص، فاقنع بما عندك تُرِحْ نفسك، وفي رواية: «واللِّي في إيدين الرجال بعيد.» بدل «واللِّي عند الناس بعيد.»

«اِللِّي مَاهُو قَارِطْ رَابِطْ» يُضرَب في الحرص والتكاتف على إنجاز الشيء وعدم الإهمال فيه. والمراد به في الأصل: اللصوص في المزارع، ووصفهم بالبراعة في السرعة واشتغال كل واحد منهم بإنجاز ما شرع فيه، فمن تراه منهم لا يقرط القمح ونحوه وتظن به التهاون، فإنه يكون قد أنجز عمله وربط غُمْره الذي قرطه؛ أي: إنهم جميعهم مشتغلون فهم بين قارط ورابط.

«اِللِّي مَا هُو لَكْ كَمَانْ شُوَيَّهْ يْقَلّْعُوا لَكْ» أي: ما ليس لك لا يدوم وسيلجئك صاحبه إلى خلعه بعد حين. والمراد: ثوب العارية. ويُروَى: «يا محلي طولك في اِللِّي ما هو لك كمان شوية يقلعو لك.» وسيأتي في الياء آخر الحروف. ولفظ «كمان» (بفتح الأول والثاني أيضًا)، وهو هنا بمعنى: «بعد»، والمراد بـ «شوية» هنا: القليل من الزمن. وقالوا عن العارية أيضًا: «توب العيرة ما يدفِّي.» وسيأتي في المُثنَّاة الفوقية. والعرب تقول في أمثالها: «شر المال القلعة.» بسكون اللام وفتحها. والمراد بها: المال الذي لا يثبت مع صاحبه مثل العارية والمستأجر.

«اِللِّي مَا هُو لَكْ يُهُونْ عَلِيكْ» ويُروَى: «اِللِّي من مالك ما يهُون عليك.» والمعنى واحد؛ لأن المراد: الذي لغيرك لا تشفق حين إنفاقه بخلاف مالك. وانظر في الحاء المهملة: «حمار ما هو لك عافيته من حديد.» وفي الميم: «المال اللِّي ما هو لك عضمه من حديد.» وانظر أيضًا «الزعبوط العيرة يبان من لم ديله.» وقولهم: «زي مالك ما يصعب عليك.»

«اِللِّي مَا يَاخُدْنِي كُحْلْ فِي عِينُهْ مَا آخُدُهْ صَرْمَهْ فِي رِجْلِي» الصَّرْمَة (بفتح فسكون) يريدون بها النعل، ولا سيما البالية؛ أي: من لم يُوَقِّرْني لا أُوَقِّره.

«اِللِّي مَا يِبْكِي عَلَيَّ فِي حَيَاتِي يُوَفَّرْ دُمُوعُهْ وَقْتِ الْمَمَاتْ» أي: من لم يبكِ عليَّ في حياتي إشفاقًا مما يؤلمني، فليحبس دموعه عند موتي، فليس فيها غير التظاهر بالوفاء الكاذب.

«اِللِّي مَا يِجِي فِي الْعِلْبَهْ طَرْبِتُهْ طَرْبَهْ» العِلْبة (بكسر فسكون) يريدون بها: الحقة، أو الصندوق الصغير، والطَّرْبة (بفتح فسكون): الفزعة، ولعلها محرَّفة عن الاضطراب؛ أي: ما ليس في صندوقك؛ أي: في يدك، فإن الخوف من فَوْتِه عظيم؛ لأنك لست على ثقة من نواله.

«اِللِّي مَا يْحِبِّنِي فِي خَلَقِي مَا يْحِبِّنِي فِي مَرَقِي» أي: من لم يحبَّني وأنا فقير أَلْبَسُ أخلاقَ الثياب لا يحبني بعد غناي وكثرة مرقي؛ أي: طعامي، بل هو كاذب يجري وراء نفعه، ولو كانت محبته لشخصي لكانت سواءً في الحالتين.

«اِللِّي مَا يْخَافْ مِنَ اللهْ خَافْ مِنُّهْ» معناه ظاهر؛ لأن من لا يخشى الله لا يخشى أحدًا فينبغي الحذر منه.

«اِللَي مَا يُرْبُطْ بِهِيمُهْ يِنْسِرِقْ» أي: من أهمل ربط ماشيته وسيَّبَها تُسْرَق. يُضرَب في الحث على عدم الإهمال في حفظ المال. وقالوا في ذلك: «قَيِّد بهيمَكْ يبقى لك نصه، اُربطه يبقى لك كله.» وقالوا: «عقال البهيم رباطه.» وقالوا: «البهيم السايب متروك عَوَضُه.» وذُكِرَتْ كلها في مواضعها.

«اِللِّي مَا يِرْضَى بِحُكْمِ مُوسَى يِرْضَى بِحُكْمِ فَرْعُونْ» أي: الذي لا يرضى بحكم الحاكم العادل بطرًا وطغيانًا لا بد له من الوقوع في حكم الجائر والرضا به قسرًا واضطرارًا. والصَّواب في «فَرْعُون» «فِرْعَون» (بكسر أوله وسكون ثانيه وفتح ثالثه) على اللغة المشهورة.

«اِللِّي مَا يِرْضَى بِالْخُوخْ يِرْضَى بْشَرَابُهْ» أي: من بطر ولم يقنع بالشيء، فإنه سيضطر إلى الرضا بما هو دونه. وبعضهم يقول: «التوت» بدل الخوخ.

«اِللِّي مَا يُرْقُصْ يِهِز اكْمَامُهْ» أي: من لم يَرْقُص فليساعد الراقصين بِهَزِّ أكمامه. يُضرَب في استحسان مساعدة الشخص لمن يجتمع بهم بحسب الطاقة والاشتراك معهم فيما هم فيه مجاملة وتجنبًا للشذوذ. وقد يريدون به: من لم يستطع شيئًا فعل ما يُقاربه. ويُرادفه في هذا المعنى: «من لم يحسن صهيلًا نهق» رواه جعفر بن شمس الخلافة في كتاب «الآداب».

«اِللِّي مَا يْرُوحْ الْكُومْ وِيتْعَفَّرْ لَمَّا يْرُوحْ الْحَلَّهْ يِتْحَسَّرْ» المراد بالكوم كوم السباخ؛ أي: السماد. والمراد بالحلة بَيْدَر الذرة خاصة، وهو يحتاج إلى سماد كثير في زرعه. والمعنى: من لم يشتغل بنقل السماد من الكوم ويصبر على التعفير فسوف يدركه الندمُ والحسرةُ حينما يرى قلة الحَبِّ في البيدر. يُضرَب في أن نوال الشيء لا يكون إلا بالجدِّ فيه؛ فمن جَدَّ وَجَدَ. وفي كتاب «الآداب» لجعفر بن شمس الخلافة: «مَنْ لم يَحْتَرِفْ لم يَعْتَلِفْ.»

«اِللِّي مَا يِسْتِحِي يِفْعَلْ مَا يِشْتِهِي» فيه الجمع بين الحاء والهاء في السجع، وهو عيب، وهو في معنى الحديث الشريف: «إِذَا لَمْ تَسْتَحِ فَاصْنَعْ مَا شِئْتَ.» ولله دَرُّ القائل:

إِذَا لَمْ تَصُنْ عِرْضًا وَلَمْ تَخْشَ خَالِقًا وَتَسْتَحْيِ مَخْلُوقًا فَمَا شِئْتَ فَاصْنَعِ

وقال آخر:

إِذَا لَمْ تَخْشَ عَاقِبَةَ اللَّيَالِي وَلَمْ تَسْتَحْيِ فَاصْنَعْ مَا تَشَاءُ

فَلَا وَاللهِ مَا فِي الْعَيْشِ خَيْرٌ وَلَا الدُّنْيَا إِذَا ذَهَبَ الْحَيَاءُ

وأنشد السفيري في مجموعة لبعضهم:

حَيَاءُ المرءِ يَزْجُرُهُ فَيَخْشَى فَخَفْ مَنْ لا يكون له حَيَاءُ

فقد قَالَ الرسول بأَنَّ مِمَّا به نطق الكرامُ الأنبياءُ

إذا مَا أنتَ لم تستحْيِ فاصنعْ كمَا تَخْتَارُ وافعلْ مَا تَشَاءُ

وقد ذكروا في تفسير الحديث وُجُوهًا أخرى تخالف هذا المعنى؛ منها: أن المراد إذا كنت تفعل ما لا يُسْتَحَى منه فافعل ما شئت، وهو تفسير الخليفة المأمون على ما في كتاب «بغداد» لطيفور.

«اِللِّي مَا يِسْتَنَّاكْ إِسْتَنَّاهْ» استنى مأخوذ من تَأَنَّي ويريدون به: انتظر؛ أي: من علمت أنه لا ينتظرك إذا تأخرت فانتظره أنت واحضر قبل حضوره؛ لئلَّا يفوتَك ما تطلب.

«اِللِّي مَا يِسْمَعْ يَاكُلْ لَمَّا يِشْبَعْ» الأكل هنا يريدون به نزول الأذى والمكروه؛ أي: من لم يسمع النصح ونحوه يُعرِّضْ نفسه لما يكره. و«لَمَّا» معناها هنا: حتى.

«اِللِّي مَا يْشُوفْ مِن الْغُرْبَالْ وَالَّا اعْمَى» وَالَّا؛ أي: وَإِلَّا، يريدون: من لا يرى من خصاص الغربال فهو أعمى لا يرى شيئًا؛ لأنها لا تحجب النظر. يُضرَب للأمر الواضح المستطاعة رؤيته ينكره بعضهم.

«اِللِّي مَا يِعْرَفْ أَبُوهْ إِبْنْ حَرَامْ» أي: من أنكر أباه واطَّرحه فليس في رشده، والمراد: المبالغة في ذمِّ إهمال الوالدين وعدم البر بهما. ومعنى ابن الحرام عندهم ابن الزنية.

«اِللِّي مَا يِعْرَفْ السَّقْرْ يِشْوِيهْ» السقر: الصقر الجارح المعروف. والمعنى: الذي لا يعرف الصقر يظنه مما يؤكل فيشويه. يُضرَب للجاهل بالشيء يضعه في غير موضعه ويفعل به ما يتلفه ويضيع الفائدة منه.

«اِللِّي مَا يِعْرَفْشْ يُقُولْ: عَدْسْ» أي: من لا يدري يظن الطعام عدسًا، وهو ليس كذلك. يُضْرَبلمن يحكم على الشيء وهو لا يعرف حقيقته فيغترّ بظواهره ويبني حكمه عليها.

«اِللِّي مَا يِعْرَفَكْ يِجْهَلَكْ» المراد من لم يَخْبُرْكَ يَجْهَلْ قدرَك وما أنت عليه فاعذُرْه. وقد نَظَمَه ابن الفحَّام في مطلع زجل يقول فيه:

في بحر عشقك والغرام الغريمْ كم من هلك يا مَنْ حَلَا منهلكْ

وان كان عذولي شبهك بالهلالْ يا بَدْر مَن لا يعرفك يجهلكْ

«اِللِّي مَا يْغَلِّيهَا جِلْدَهَا مَا يْغَلِّيهَا وِلْدَهَا» يغليها: يجعلها غالية؛ أي: يُعزُّها. والجلد معروف، ويريدون به هنا الحسن والجمال. والوِلْد (بكسر فسكون): الولد؛ أي: ليست قيمة المرأة ومعزَّتها عند زوجها بمن تلده من الأولاد، وإنما يُعزها حسنُها وجمالُها في عيون الناس. يضربونه في مقابلة قولهم: «حطت عِجْلَها ومدت رجلها.» أي: وضعت غلامها فنالت مكانتها واطمأنت. وسيأتي في الحاء المهملة.

«اِللِّي مَا يْغِيرْ وَالّا مِنِ الْحِمِيرْ» يُضرَب للبليد الذي لا يدفعه تفوُّق سواه إلى مجاراته، ويقصدون به غالبًا الغَيْرة على الزوجة أو القريبة.

«اِللِّي مَا يِفْضَلْ مِنُّهْ جَعَانْ» يفضل: يبقى؛ أي: من أكل ولم يُبْقِ شيئًا في الوعاء دَلَّ على أنه جائع لم يشبع بعد. يُضرَب في حالة عدم الاكتفاء من الشيء وظهور ما يدلُّ على ذلك.

«اِللِّي مَا يْفِيضْ مِنُّهْ وَالَّا يْعُوزْ» والَّا؛ أي: وإلا؛ أي: من لم يقتصد فيما ينفق ويُبْقِي بعض ماله احتاج. ومعنى فاض عندهم: بقي وزاد عن اللازم.

«اِللِّي مَا يِقْدَرْشْ عَلَى الْحَمْرَهْ وَعَلِيقْهَا يِخْلَى مِنْ طَرِيقْهَا» يريدون بالحمرة: الفرس الحمراء. والعَليق (بفتح فكسر) العلف؛ أي: من لا يستطيع الإنفاق عليها فليتجاوزْ عنها ويتركها لمن يستطيع. وفي رواية: «البقرة» بدل الحمرة. ويُروَى: «اِللِّي ما هو قادر» بدل «اِللِّي ما يقدرش»، والمعنى واحد. والمراد: إذا لم تستطع شيئًا فدعْهُ. ويضربونه في الغالب لمن لا يُحْسِنُ القيام بشئون زوجته لفقره أو لسبب آخر.

«اِللِّي مَا يِقْدَرْ عَلِيهْ الْقَدُومْ يِقْدَرْ عَلِيهِ الْمُنْشَارْ» أي: لكل شيء ما يقوِّمه ويصلحه، فما لا يصلحه الشديد يصلحه ما هو أشد منه.

«اِللِّي مَا يِكْفِيشْ جَمَاعَهْ وَاحِدْ أَحَق بُهْ» أي: ما لا يكفي جماعة فالأولى أن يُخَصَّ به واحد لينتفع به؛ لأنه لو فُرِّق عليهم لأصاب كل فرد ما لا ينفعه.

«اِللِّي مَا يْكُونْ سَعْدُهْ مِنْ جُدُودُهْ يَا لَطْمُهْ عَلَى خُدُودُهْ» وفي رواية: «اِللِّي ما ساعدته جدوده.» أي: من لم تخلِّف له جدوده شيئًا يعيش به غنيًّا، فهيهات أن يغتني، بل إنه يعيش فقيرًا يلطم خدَّيْه. ومرادهم بالسعد هنا الغِنَى. ومثل هذا المثل منافٍ للحثِّ على السعي، ولعل مرادهم به تنبيه الآباء لجمع الثروة لأبنائهم.

«اِللِّي مَا يْمُوتْ مِنِينْ يِفُوتْ» انظر «إن ما كنا نموت ...» إلخ.

«اِللِّي مَا يْمُوتْ الْيُومْ يْمُوتْ بُكْرَهْ» بكره؛ أي: غدًا، والمراد: لا بد من الموت عاجلًا أو آجلًا. يُضرَب للتذكير.

«اِللِّي مَا يْنَامْ فِي جُرْنُهْ يِسْتِلِفْ قُوتُهْ» الجرن: البَيْدَر؛ أي: من لم يلازم بيدره بالليل ويخفره يُسْرَق ويحتاج أن يتسلف قوته من غيره. يُضرَب في الحثِّ على حفظ المال.

«اِللِّي مَا يِنْفَعْ طَبْلَهْ يِنْفَعْ طَارْ» أي: ما لا يصلح أن تَتَّخِذَ منه طبلًا ربما صلح لأن تتخذ منه طارًا، وهو عندهم الدف الذي ينقر عليه. وانظر: «اِللِّي ماينفع للجنة ...» إلخ، وسيأتي في اللام: «لا طار ولا طبلة.» وهو معنى آخر.

«اللّي مَا ينْفَعْ لِلْجَنّة ينْفَعْ لِلنّارْ» أي: ما لا يصلح لهذه يصلح للأخرى. يُضرَب في أن لكل شيء وجهًا يُصرف فيه. وانظر: «اللّي ما ينفع طبلة ...» إلخ.

«اللّي مَا ينْفَعْ يدْفَعْ» أي: من لا تنال منه نفعًا ربما دفع عنك ما تكره، فلا تتعجَّل في مقاطعته. هكذا يرويه بعضهم. ويرويه آخرون: «اللّي ما ينفع ادفع.» والمراد: من يَئِسْتَ من نفعه ادفعْه عنك فلا خير فيه.

«اللّي مَا ينْفَعَكْ رِضَاهْ مَا يْضُرَّكْش غَضَبُهْ» أي: من لم ينَلْكَ منه نفع في حالة رضاه لا يضرُّك غضبه وإعراضه عنك، فإنَّك لم تفقد شيئًا.

«اللّي معَاهْ الْقَمَرْ مَا يْبَالِيشْ بِالنُّجُومْ» أي: من كان مُعْتَزًّا بالرفيع لا يبالي بمن هو دونه.

«اللّي مَعَاهْ الْكعُوبْ يِلْعَبْ» أي: إنما يقدم على الأمر من ملك وسائله. والكعب: عَظْم يلعبون به لعبة معروفة.

«اللّي مِنْ مَالَكْ مَا يْهُونْ عَلِيكْ» أي: ما كان من مالك تُشْفق عليه وتدبره بخلاف ما هو لغيرك، فهو كقولهم: «اللّي ما هو لك يهون عليك.» وانظر في الحاء المهملة: «حمار ما هو لك عافيته من حديد.» وانظر في الميم: «المال اللّي ما هو لك عضمه من حديد.» وفي الزاي: «زي مالك ما يهون عليك.» يُضرَب في حرص المرء وإشفاقه على ما يملك.

«اللّي مِنْ نَصِيبَكْ محَرَّمْ عَلَى غِيرَكْ» أي: ما قسم لك فهو محرَّم على سواك؛ أي: في حكم ذلك؛ لأنه لا يناله. ويُرْوَى: «اللّي لك.» ويُروَى: «اللّي من نصيبك يصيبك.»

«اللّي مِنُّهْ هَلْبَت عَنُّهْ» مِنُّه؛ أي: منه، يريدون لا بد منه. وهلبت أصلها: هل بُد؛ أي: لا بد. والمراد: ما لا بد منه ومن وقوعه لا محيص عنه؛ أي: ما قدر يكون:

مَا لَا يكونُ فلا يكونُ بحيلةٍ أبدًا وَمَا هُوَ كائِنٌ سَيَكُونُ

ويُروَى: «اللّي انت خايف منه هَلْبَت عنه.» وقد تقدم.

«اللّي مُوشْ فِي الْقَلْبْ عنَايْتُهْ صَعْبْ» أي: المُبْغَض الذي ليس له منزلة في القلب تكون العناية به صعبة؛ أي: ثقيلة لا تحتمل. والمراد: لا يُعتَنَى به بل يهمل. ويُروَى: «اللّي ما هو ع القلب همه صعب.» أي: الاهتمام به يصعُب ويثقل، وهو من أمثال العامة القديمة أورده الأبشيهي في «المستطرف» برواية: «شيء ما يجي على القلب عنايته صعب.»

«اللّي نْبَاتْ فِيهْ نِصْبَحْ فِيهْ» يُضرَب للمشغول بالشيء في جميع أوقاته، أو للَّاهج بذكره. وفي معناه: «نموت ونحيَى في فرح يحيَى.» وسيأتي في النون.

«اِللَّي هَوِّنْ عَلَى الصَّيَّادْ يهَوِّنْ عَلَى الْقَلا» أي: الذي هَوَّن على الصياد وسهَّل له صيد السمك يُهَوِّن على القلَّاء ويعينه على قَلْيه. والمراد: إذا يَسَّر الله — تعالى — أول الأمر، فهو القادر على تيسير آخره.

«اِللِّي وَاخْدْ عَلَى أَكْلَكْ سَاعةْ مَا يْشُوفَكْ يِتْلَمَّضْ» أي: من تعود إطعامك إياه، فإنه يتلمظ إذا رآك؛ أي: يشتاق لِمَا عودْتَه ويتهيَّأ له. وقولهم: واخد؛ أي: مُتَعَوِّد وآلِفٌ. يقولون: أخد عليه؛ أي: تعوده وألفه. وانظر: «اِللِّي تِأكِّلُهْ يشوفك يجوع.» وقد تقدم.

«اِللِّي وَاكِلْ لَحْمَهْ نَيَّهْ توجَعُهْ بَطْنُهْ» يريدون: من أكل لحمًا نيئًا غير ناضج؛ أي: من عمل شيئًا يظهر أثره فيه.

«اِللِّي وَرَاه الطَّلْقْ مَا يْنَامْشْ» أي: من كان متوقعًا ما لا بد له من معاناته لا يغمض له جفن، فهو كالحامل المُقْرِب التي حان ولادها لا تستطيع النوم لِمَا تتوقعه من ألم المخاض.

«اِللِّي وَرَاهْ الْمَشْي أَحْسَنْ لُهْ الْجَرْيْ» أي: من كان لا بد له من المشي ليصل إلى غرض يريده فالأولى له أن يجري ليصل بسرعة ولا يضيع وقتًا بالمشي. يُضرَب في الحَثِّ على الإسراع إلى القصد متى كان لازبًا على المرء.

«اِللِّي وِقِعْ يِصَّلَّحْ» أي: ما وقع فَكُسِرَ أو أصابه عيب يُجْبَر ويصلح، وكذلك الخطأ في القول أو العمل يُتَدَارَك بالرجوع والاعتذار وبإصلاح ما يتسبب عنهما. يُضرَب في المعنيين.

«اِللِّي وَلِّدْ مِعْزِتُهْ جَابِتْ اتْنِينْ وَعَاشُوا وِاللِّي مَا وَلِّدْهَاشْ جَابِتْ وَاحِدْ وِمَاتْ» أي: من يحضرُ نِتاج عنزه ويعتني بها، تلد له اثنين يعيشان، بخلاف من لم يحضرها، فإنها تلد واحدًا ويموت، وهو مبالغة في الحثِّ على قيام المرء بأموره والاعتناء بها، فهو كقولهم في المثل الآخر: «اِحضر أردبَّك يزيد.»

«اِللِّي يَاخُدِ الْبِيضَهْ يَاخُدْ الْفَرْخَهْ» أي: من يَسْرِق البيضة يسرِق الدجاجة. والمراد: من اعتاد التجرُّؤَ على الصغير تجرَّأَ على ما هو أكبر منه.

«اِللِّي يَاكُلْ بِالْخَمْسَهْ يِلْطُمْ بِالْعَشَرَهْ» أي: من أكل بأصابع يده الخمس في مأتم حقَّ عليه عند النوح واللَّطم أن يلطم بيديه. وانظر في معناه: «اِللِّي ياكل لقمة يلطم لطمه.»

«اِللِّي يَاكُلْ بَلَاشْ مَا يِشْبَعْشْ» أي: الذي يأكل مجانًا لا يشبع. والمراد: من ينفق من غير ماله لا يقنع، بل يطلب المزيد.

«اِللِّي يَاكُلْ حِلْوِتْهَا يِتْحَمِّلْ مُرِّتْهَا» أي: من ذاق حلو الأمر، فعليه أن يذوق مُرَّهُ أيضًا ولا يتململ منه.

«**اِللّي يَاكُلْ الرِّغِيفْ مَاهُوشْ ضَعِيفْ**» يُضرَب فيمن يَعْتَلّ بالمرض في العمل وهو صحيح يأكل ما يأكله الأصحاء.

«**اِللِّي يَاكُل الضَّرْبْ مُوشْ زَيّ اللّي يْعِدُّهْ**» ياكل هنا مرادهم به: يصاب؛ أي: من يُضرَب يحسُّ بما لا يحس به الذي يعد الضربات، كما قال بعضهم:

لا يَعْرِف الشَّوقَ إلا مَنْ يُكَابِدُ هُولا الصَّبَابَةَ إلا مَنْ يُعَانِيهَا

ومن أمثال الفصحاء من المولَّدين: «هَانَ على النظارة ما يمر بظهر المَجْلُود.»

«**اِللِّي يَاكُلْ الْعَسَلْ يُصْبُرْ لِقَرْصِ النَّحْلْ**» هو في معنى قول المتنبي:

تُرِيدِينَ لُقْيَانَ المَعَالِي رَخِيصَةً ولا بُدَّ دُونَ الشَّهْدِ من إبَرِ النَّحْلِ

«**اِللِّي يَاكُلْ عَلَى دِرْسُهْ يِنْفَعْ نَفْسُهْ**» الدرس عندهم: الضرس؛ أي: إنما ينتفع المرءُ بقيامه لنفسه بما يقومها لا بالاتِّكال في ذلك على غيره.

«**اِللِّي يَاكُلْ عِيشْ النَّاسْ بَارِدْ يِقَمَّرُهْ لِهُمْ**» يقرأ: يقمرو لهم، الهاء غير موجودة. والتقمير مُحَرَّف عن التجمير؛ أي: تسخين الخبز على الجمر؛ أي: من ناله شيء من الناس بسهولة قضى عليه الحال أن يرده لهم بتعب ومشقة.

«**اِللِّي يَاكُلْ عِيشِ النَّصْرَانِي يِضْرَبْ بِسِيفُهْ**» أي: من أصاب من نعم قوم ومعروفهم، انتصر لهم وصال بقوَّتهم.

«**اِللِّي يَاكُل الْفَتَّهْ يِطْلَع الصَّارِي**» أي: من يأكل الثَّرِيد حق عليه أن يقوم بما يُكَلَّف به ويصعد سارية السفينة لينشر القلع أو يطويه؛ أي: من يُنْقَد أَجْرَهُ فليقم بالعمل.

«**اِللِّي يَاكُلْ فُولْ يِمْشِي عَرْضْ وْطُولْ، واِللِّي يَاكُلْ كَبَابْ يِبْقَى وَرَا الْبَابْ**» الفول: الباقلاء. والكباب: نوع من الشواء؛ أي: من يأكل الباقلّاء يكلف بالسير عرضًا وطولًا، ومن يأكل الشواء يظل وراء الباب؛ أي: قاعدًا في الدار. يُضرَب للجور في المعاملة. ويُضرَب أيضًا للسيئ الحظ وحسنه.

«**اِللِّي يَاكُلْ قَدّ الزِّبِيبَهْ لَا بُهْ عَيَا وَلَا نْصِيبَهْ**» العيا: المرض. والنصيبة (بكسر النون): المصيبة؛ أي: من كان يأكل ولو قليلًا فهو صحيح خالٍ من المصائب، فلا تصدقوه في دعواه.

«**اِللِّي يَاكُلْ لُقْمَهْ يُلْطُمْ لَطْمَهْ**» يراد باللطم هنا: ضرب الوجه في المآتم إظهارًا للحزن؛ أي: من أكل لقمة من المأتم حق عليه أن يلطم لطمة. وفي معناه قولهم: «اِللِّي ياكل بالخمسه يلطم بالعشرة.»

«**اِللِّي يَاكْلُهْ السَّبْعْ وِيْطَهَّرُهْ أَحْسَنْ مِنِ اِللِّي يَاكْلُهْ الْكَلْبْ وِيْنَجِّسُهْ**» يُضرَب في الشيء المغصوب الضائع. والمعنى: إذا كان لا مندوحة عن فقده فالكريم أولى به من الخسيس، وهو مأخوذ من قول

الشاعر: «فإن كُنْتُ مأكولًا فكُنْ خيرَ آكل.» وتمامه: «وإلا فأدركني وَلَمَّا أُمَزَّقِ.» وفي معناه قول الآخر:

فَإِنْ أَكُ مَقْتُولًا فَكُنْ أَنْتَ قَاتِلِي فَبَعْضُ مَنَايَا الْقَوْمِ أَكْرَمُ مِنْ بَعْضِ

«اِللِّي يْبَرَّدْ لُقْمَهْ بِيَاكُلْهَا» ويُروَى: «بيلهطها»؛ أي: من يبرد لقمة ويهيئها، فالفائدة عائدة إليه؛ لأنه إنما يفعل ذلك ليأكلها. وانظر في حرف الكاف: «كل واحد يبرِّد لقمة على قد بقه.»

«اِللِّي يْبُصّ لْفُوقْ توْجَعُهْ رَقَبْتُهْ» البَصُّ: النظر؛ أي: من رفع رأسه ونظر إلى ما هو فوقه لا يجني إلا وجع العنق. والمراد: من نظر إلى من هو أعلى منه مقامًا وأحسن حالًا لا يجني إلا تألم نفسه، وهو من أحسن تعابيرهم في التمثيل. وأنشد جعفر بن شمس الخلافة في كتاب «الآداب» لأبي الفتح البستي في المعنى:

مَنْ شَاءَ عَيْشًا رَخِيًّا يَسْتَفِيدُ بِهِ فِي دِينِهِ ثُمَّ فِي دُنْيَاهُ إِقْبَالَا

فَلْيَنْظُرَنَّ إِلَى مَنْ فَوْقَهُ أَدَبًا وَلْيَنْظُرَنَّ إِلَى مَنْ دُونَهُ مَالَا

«اِللِّي يْبُصّ لِي بِعِينْ أَبُصّ لُهْ بِلِتْنِينْ» يعني: بالاثنين؛ يريدون بالعينين. والبَصُّ عندهم يريدون به: النظر؛ أي: من أحبني حبًّا قليلًا ونظر إليَّ بعين واحدة أحبُّه حبًّا جمًّا وأنظر إليه بعينيَّ؛ لأن الحُب داعية الحب، وهو قريب أيضًا من: هَلْ جَزَاءُ الْإِحْسَانِ إِلَّا الْإِحْسَانُ. وقد أجادت علية بنت المهدي في قولها:

تَحَبَّبْ فَإِنَّ الحُبَّ دَاعِيَةُ الْحُبِّ وَكَمْ مِنْ بَعِيدِ الدَّارِ مُسْتَوْجِبُ القُرْبِ

«اِللِّي يِبْكِي عَ الدُّنْيَا يدَوَّرْ عَلِيهَا» العين: تخفيف «عَلَى». و«يدوَّر»: يبحث وينقب؛ أي: إنما يهتم بالبحث عن الدنيا وما فيها من يريدها ويُبْكِيه فواتها. يُضرَب في أن الاهتمام بالشيء هو بحسب الرغبة فيه.

«اِللِّي يْبِيعْ الطُّورْ مَا يِنَقِّيشْ قُرَادُهْ» أي: من فرَّط في شيء لا يعتني به.

«اِللِّي يْتْرُكْ شِيءْ يِعِيشْ بَلَاهْ» انظر: «من ترك شيء عاش بلاه» في الميم.

«اِللِّي يِتِف تَفَّهْ مَا يِلْحَسْهَاشْ» التَّفُّ: التفل. يُضرَب في أن من تكلَّم بكلمة أو وعد بوعد لا ينبغي له الرجوع عمَّا قاله ووعد به.

«اِللِّي يِتْفَكَّرْ يِتْعَكَّرْ» أي: من يتفكر في الأمور يُتْعِب نفسه ويعكِّر صَفَاءَه. وقد أحسن من قاله:

دَعِ المَقَادِيرَ تَجْرِي فِي أَعِنَّتِهَاوَلَا تَبِيتَنَّ إِلَّا خَالِيَ البَالِ

«اِللِّي يِتْنَقى مِنْ بِينَاتِ الْحِجَارَهْ مَا يِغْنِي الْفِقَارَهْ» بينات: يريدون به جمع بَيْن. والفَقَارة بفتح الأول: الفقراء؛ أي: ما جمع من الحَبِّ ونحوه من بين الحجارة لا يغني ولا يشبع لقلته. يُضرَب للشيء الكثير المشقة القليل الفائدة.

«اِللِّي يِتْوَضَّا قَبْل الْوَقْتْ يِغْلِبُهْ» أي: من توضَّأ قبل دخول وقت الصلاة غلب الوقتَ ولم تَفُتْهُ الصلاة فيه. يُضرَب للحازم الذي يستعدُّ لشيء قبل حلول وقته.

«اِللِّي يِتْوِلِدْ فِي الْحَيِّ مَا يْضِعْشْ» أي: من يُولَدُ بين أهله وعشيرته لا يضيع.

«اِللِّي يِجَوِّز اتْنِينْ يَا قَادِرْ يَا فَاجِرْ» «يا» هنا يستعملونها بمعنى: إما، والمعنى: من يقدم على التزوُّج بامرأتين فهو إما أن يكون قادرًا على التوفيق بينهما والإنفاق عليهما، وإما أن يكون فاجرًا، ويريدون به هنا الجريء على إتيان ما ليس في استطاعته القيام به.

«اِللِّي يِجَّوِّزْ أُمِّي أَقُولْ لُهْ يَا عَمِّي» أي: من تزوج بأمي حقيق بأن أدعوه بعمي؛ لأنه في منزلة والدي. وانظر بعده: «اِللِّي يجوز ستي ...» إلخ.

«اِللِّي يِجَّوِّزْ سِتِّي أَقُولْ لُهْ يَا سِيدِي» أي: من تزوج بسيدتي حق عليَّ أن أقول له يا سيدي وأعامله معاملتها؛ لأنه أصبح مساويًا لها في السيادة عليَّ. ويُروَى: «اِللِّي ياخد ستي»، وهو في معنى يتزوج. يُضرَب في عدم الاعتراض على تعظيم شخص لشخص ألجأته الضرورة إلى تعظيمه.

«اِللِّي يِجِي فِي الرِّيشْ بَقْشِيشْ» البقشيش عندهم: الهبة والصلة. والمراد: بالريش هنا الدواجن؛ أي: إذا كانت المصيبة فيما نملك عددناها نعمة موهوبة، وحمدْنا الله على سلامتنا. ويرادفه من الأمثال العربية قولهم: «إن تَسْلَمِ الجلَّة فالنِّيبُ هَدَر.» أي: إذا سلم الجليل من الإبل هانت النِّيب التي لا ينتفع بها، وهي جمع ناب بمعنى: الناقة المسنَّة.

«اِللِّي يْحَاسِبِ الطِّيرْ مَا يِقْنِيهْشْ» المراد من يحسب نفقات مئونته؛ لأن الدواجن كالدجاج والإوز ونحوهما مما يُرَبَّى في الدور لا توازي قيمة ما تأكله، وإنما يهون أمرها في القُرى لأن أغلب قوتها من الكيمان والبيادر وبقايا ما انتثر من الحب في المزارع بعد الحصد. يُضرَب في أن بعض الأمور تستدعي التساهل وعدم التدقيق للحاجة إليها.

«اِللِّي يِحِب شِيءْ يِكَتَّرْ مِنْ ذِكْرُهْ» أي: من أحب شيئًا أكثر من ذكره.

«اِللِّي يِحِبِّ الْكَمُّونْ يِتْمَرَّغْ فِي تْرَابُهْ» أي: من أحب شيئًا هان عليه تحمُّل المشقة والذُّلِّ فيه.

«اِللِّي يْحِب نَفْسُهْ تِكْرَهُه النَّاسْ» وليس في الخلق من لا يحب نفسه، فالمراد: مَنْ يعجب بنفسه ويفضلها، فيكون في معنى العربي: «ثمرةُ العُجْبِ المَقْتُ.» أي: من أُعْجِبَ بنفسه مقته الناس. وفي

كتاب «الآداب» لجعفر بن شمس الخلافة: «مَنْ كَثُرَ رِضاه عَن نَفْسِه كثر السَّاخِطون عَلَيه.» ولله دَرُّ مَنْ قال:

أنت والله مُعْجَبٌوَلَنَا غير مُعْجِبِ

ومن الحِكَم المروية عن الإمام عليّ بن أبي طالب — عليه السلام: «أَوْحَشُ الوَحْشَةِ العُجْبُ.» أي: المعجب بنفسه يمقته الناس وينفرون من صحبته.

«اللِّي يُحْرُسْ مَقَاتْتُهْ يَاكُلْ خِيَارْ» المقاتة: المقثأة؛ أي: مزرعة القثَّاء، والعامة يطلقها على مزرعة القثاء والبطيخ ونحوهما. والخِيار (بكسر الأول): نوع من القِثَّاء. والمعنى: من حرس مقثأته ولم ينم عنها بقيت له وأكل منها. والمغزى ظاهر.

«اللِّي يِحْسِبِ الْحِسَابَاتْ فِي الْهَنَا يْبَاتْ» يقولون: حسب حساب فلان بمعنى: عرف قدره واحترز منه، وحسب حساب الأمور: قَدَّر عواقبها، وهو المراد هنا؛ أي: من يفعل ذلك يَبِتْ آمِنًا مطمئنًّا.

«اللِّي يْخَافْ مِنِ العِرْسَهْ مَا يْرَبِّيشْ كَتَاكِيتْ» أي: من خَشِيَ من ابن عرس لا يَحِقُّ له أن يربي الفراريج. يُضرَب للإقدام على أمر ليس في الطاقة حياطته.

«اللِّي يْخَافْ مِنِ الْعَفْرِيتْ يِطْلَعْ لُهْ» أي: من عظم خوفه من العفريت يَظهر له. يُضرَب لمن يفكر في الأمر المكروه فيقع فيه.

«اللِّي يْخَافْ مِنِ الْعَقْرَبَهْ تِطْلَعْ لُهْ أُمَّ ارْبَعَهْ وَارْبِعِينْ» أم أربعة وأربعين: حشرة مضرة كثيرة الأرجل. ومعنى «تطلع»: تظهر. يُضرَب فيمن يخشى شرًّا ويتقيه فيصابُ بما هو أشد منه. ومعنى «أُم» هنا: صاحبة.

«اللِّي يْخَافْ مِنِ الْقِرْدْ يِرْكَبُهْ» أي: من خاف وجَبُنَ من القرد استضعفه وتجرَّأَ على ركوب كتفيه. يُضرَب في أن إظهار الخوف مجلبةٌ للاستخفاف بالشخص والجراءة عليه.

«اللِّي يِخْرِزْ يِخْرِزْ عَلَى وِرْكُهْ» أي: من أراد الخرز فليكن على وركه لا على أوراك الناس، فهو أولى بتحمُّل غرز الإبر، وهو في معنى: «اللِّي يدق يدق على سدره.» وسيأتي.

«اللِّي يِدْفَعِ الْقِرْشْ يِزَمَّرِ ابْنُهْ» أكثر ما يُضرَب هذا المثل في معنى: من نقد الأجر حق له اجتناء الثمرة. وقد يضربه بعضهم في الاعتزاز بالمال والقدرة به على كل مطلوب. وفي هذا المعنى قولهم: «معاك مال ابنك ينشال، ما معاكشي ابنك يمشي.» وسيأتي في الميم.

«اللِّي يْدُق سِدْرُهْ يِدْفَعِ اللِّي عَلِيهْ» السدر: الصدر؛ أي: من تقدم بين الناس ودق صدره مشيرًا بذلك إلى قدرته حق عليه أن يدفع ما عليه من الدين، أو: كان الأولى به أن يدفع ما عليه قبل دَقِّ صدره

وإظهار قدرته.

«اللِّي يْدُق يِتْعَبْ» الدق هنا يريدون به التدقيق في المؤاخذة. يقولون: «ما تدقش على فلان»؛ أي: لا تُدَقِّقْ فيما يقول أو يفعل وتؤاخذه عليه. يُضرَب في النَّهْيِ عن ذلك لِمَا فيه من العناء والتعب.

«اللِّي يْدُق يْدُق عَلَى سِدْرُهْ» السدر (بكسر أوله): يريدون به الصدر؛ أي: من أراد الدق فعليه بصدره لا صدور الناس. وفي معناه قولهم: «اللِّي يخرز يخرز على وركه.» وقد تقدم.

«اللِّي يِدِّي لَكْ كِتْفُهْ إدِّي لُهْ ضَهْرَكْ» أي: من تحول عنك بعض التحول بغضًا أو احتقارًا تَحَوَّلْ أنت عنه جملة. ومعنى يِدِّي: يعطي. والمراد هنا: من أولاك كتفه أَوْلِهِ ظهرك وأعرض عنه.

«اللِّي يُرْبُطْ فِي رَقَبْتُهْ حَبْلْ أَلْفْ مِنْ يِسْحَبُهْ» أي: من يربط حبلًا في عنقه يجد من يقوده. ويُروَى: «من يجره» بدل «من يسحبه»، وهو في معناه. ويُروَى: «اللِّي يحط» بدل «اللِّي يربط.» يُضرَب لمن يُعرِّض نفسه للإهانة، ولهم في هذا المعنى وفيما هو قريب منه أمثال انظرها فيما أوله: «اللِّي يعمل»، وانظر قولهم: «اللِّي يقدم قفاه ...» إلخ.

«اللِّي يْرُشَّكْ بِالْمَيَّهْ رُشُّهْ بِالدَّم» أي: الذي يرميك بالماء ارمه أنت بالدم. والمراد: من آذاك بالقليل كان جديرًا بأن تقابله بأكثرَ ممَّا فعل، فلا يلومنَّ إلا نفسه.

«اللِّي يْرَقَّعْ مَا يْدَوِّبْشْ تْيَابْ» داب بمعنى: بَلِيَ عندهم؛ أي: من يتعهَّد ثيابه بالترقيع، فإنه لا يُبليها. والمراد: من يحسن تدبير أموره، تستقيم. ويُروَى: «ما يدوبش دايب وراه مرقع»؛ أي: لا يبلى بالٍ ووراءه من يرقعه. وسيأتي في الميم.

«اللِّي يِرْكَب السَّفِينَهْ مَا يِسْلَمْشْ مِنِ الْغَرَقْ» أي: يكون مُعَرَّضًا للغرق. يُضْرَبُ لركوب الأمر يُتَوَقَّع فيه الخطر.

«اللِّي يْرَيَّحَكْ مِ التُّومْ قِلِّةْ أَكْلُهْ» الميم تخفيف «من» الجارَّة. والمعنى: الذي يُرِيحُك من الثوم ويُغْنِيك عن الشكوى من أذى رائحته إقلالك من أكله وبعدك عنه ما استطعت. يُضرَب في استصواب البعد عن الشيء المكروه. ويُروَى: «عدم أكله» بدل «قلة أكله.»

«اللِّي يِزْرَعْ دُرَهْ فِي النَّارُوزْ يِبْقَى قُولحَهْ مِنْ غِيرْ كُوزْ» أي: من يزرع الذرة في النيروز القبطي يزرعه متأخرًا فلا يجودُ ولا ينبت له حبٌّ، وهو مبالغة. والقولحة: هي ما يكون في باطن كوز الذرة وعليها الحَبُّ.

«اللِّي يِزْرَعْ مَا يْخَافْشْ مِنِ الْعَصْفُورْ» أي: من كان في قدرته زرع أرضه ففي قدرته أيضًا طردُ الطير عنها، والمراد: لا يثنيه عن الزرع خوفُه من العصفور وإفسادِه. يُضرَب في أن القادر على أمره الماضي فيه لا يثنيه عنه ما في قدرته دفعه.

«**اِللِّي يْزَمَّرْ مَا يْغَطِّيشْ دَقْنَهْ**» أي: من أقدم على أمر علانية لا ينبغي له أن يستحي ويستر ما هو دونه. ويُروَى: «الزمَّار ما يخبيش دقنه.» وسيأتي في الزَّاي.

«**اِللِّي يِسْتِحِي مِنْ بِنْتْ عَمُّهْ مَا يِجِبْشْ مِنْهَا غُلَامْ**» أي: من حمله الحياء على عدم المطالبة بحقه أو نحو ذلك فعاقبته الخيبةُ. وقد أورده الرَّاغب الأصفهاني في محاضراته في أمثال عامة زمنه برواية: «من استحى من ابنة عمه لم يولد له منها.»

«**اِللِّي يُسْتُرُهْ رَبُّهْ مَا يِفْضَحُوشْ مَخْلُوقْ**» أي: من كُتِبَ له الستر وأحاطه الله بعنايته، فليس في مقدرة مخلوق أن يفضحه.

«**اِللِّي يِشْبَعْ بَعْدْ جُوعَهْ اُدْعُوا لُهْ بِثَبَاتِ الْعَقْلْ**» المراد: ذكر ما يحدثه الغِنَى بعد الفقر من البَطَر والنَّزَق في النفوس.

«**اِللِّي يِصَبَّحْ بُهْ يِبِيعْ أَوْلَادُهْ**» يُضرَب لمَشْئُوم الطلعة؛ أي: من يره في صباحه يحل عليه شؤمه فيبيعُ ما عنده حتى أولاده. وهو مبالغة.

«**اِللِّي يِصَّدَّقْ بُهْ الْعَوِيلْ يِلْحَسُهْ**» أي: ما يتصدق به العويل، وهو الوضيع الساقط الهِمَّةِ العالَةُ على الناس. هو أولى بلحسه؛ أي: به. يُضرَب لمن يظهر بما ليس في طَوْقِه. ويُضرَب أيضًا لعدم التصديق بما يروى عنه في ذلك؛ أي: لو كان عنده ما يتصدق به كما تقولون لَخَصَّ به نفسه؛ لأنه أحوج الناس إليه. ويُروَى: «اِللِّي يفرقه العويل يسِفُّه»، وسيأتي. ويرويه آخرون: «اِللِّي يصدق به العويل يشدَّق به»؛ أي: ليجعله بين أشداقه يتلمظ به؛ أي: هو أولى بأكله.

«**اِللِّي يِضْرَبِ الرِّجَالْ مَا يْعِدِّهُمْشْ**» أي: من كان في مقدوره ملاقاة الرجال ومقاتلتهم، لا يبالي بعددهم ولا تُفْزِعه كثرتهم، فما بال هذا المدَّعي الشجاعة أخذ يسأل عن عدد من سيلاقيهم حين اضطر إلى الملاقاة. يُضرَب للمدعي يَظْهَر كذبُه وقتَ العمل.

«**اِللِّي يْطَاطِي لْهَا تْفُوتْ**» أي: الذي لا يُصادم حوادث الزمان ويُطَأْطِئ لها رأسه تمر عليه وتنقضي. ويرويه بعضهم: «طاطي لها تفوت» بلفظ الأمر، وذكر في حرف الطاء. ويرويه آخرون: «من طاطى لها فاتت.» وهو من قول العرب في أمثالها: «تطَأْطَأْ لَهَا تُخْطِئْكَ.» أي: اخفض رأسك للحادثة تجاوزْك. ومن أمثالهم أيضًا: «دَعِ الشَّرَّ يَعْبُرْ.» يُضرَب في ترك التعرض للشَّر.

«**اِللِّي يِطْلَعْ لِلْبَلَحْ يَا يِنْزِلْ يَا يُقَعْ يِمُوتْ**» أي: الذي يُقْدِمُ على المخاطر ويعرِّض لها نفسه، فأمره بين السلامة والهلاك كالصاعد على النخل؛ فإنه قد ينزل سالمًا وقد يقع فيموت.

«**اِللِّي يِطْلَعْ مِ الرَّاسْ يِوْصَلِ النَّاسْ**» معنى يطلع: يخرج، والميم تخفيف «مِن» الجارَّة. والمراد: الحث على كتمان السر.

«**اِللّي يْعَاشِرْ الْحَكِيمْ يِمُوتْ سَقِيمْ**» هو مبالغة في ذم الإفراط في العمل بالطِّب واتباع الطبيب؛ لأنه قد يؤدِّي إلى عكس المقصود، والإفراط في كل شيء مضر حتى في المفيد. ولعله قريب المعنى من قولهم: «كُتْر الهرش يطلَّع البلا»؛ لأن الهرش في حكم الاستشفاء بحكِّ الجسم، ولأنَّ الإفراط فيه قد يسبب البثور الرديئة العواقب.

«**اِللِّي يْعَاشِرِ الْفَتَى يُصْبُرْ عَلَى مِيطُهْ**» لا يقولون فتى إلا في الأمثال ونحوها. والميط (بالإمالة): يريدون به مطالبه وتكاليفه، وما يعاني منه، ولعله من قول العرب: «أَمْرٌ ذو ميط»؛ أي: شديد، أو من قولهم: «مَيَّاط للعَيَّاب البَطَّال»؛ لأن معاشرة مثله متعبة؛ أي: من يُعَاشِرْ إنسانًا فعليه أن يتحمَّلَ أخلاقه.

«**اِللِّي يِعْجِبُهْ دِي الْكُحْل يِكْتِحِلْ واِللِّي مَا يِعْجِبُهْ يِرْتِحِلْ**» معناه ظاهر، والمراد: هذا ما في الإمكان فمن لم يقنع به فليكفَّ عنه وليتركْه.

«**اِللِّي يِعْرَفِ الشَّحَّاتْ بَابُهْ، يَا طُولْ عَذَابُهْ**» ويُروَى: «اِللِّي يعرف البدوي طريق بابه» والأول أكثر. والمراد بالشحات: الشحاذ؛ أي: السائل. يُضرَب للملحف في الطلب الكثير الإلحاح.

«**اِللِّي يِعْطِيهْ خَالْقُهْ مِينْ يِخَانْقُهْ**» يخانقه: يتشاجر معه؛ أي: من يُعْطِيه خالقه ويخصه بنعمه، مَنْ يستطيع دفع ذلك عنه؟ وهل تفيد مقاتلته عليه؟

«**اِللِّي يْعَفَّرْ تَعَافِيرْ بِتِجِي عَلَى دْمَاغُهْ**» التَّعْفِير: إثارة التراب من الأرض، ولا ريب في أن من يثيره يهبط على رأسه ويصيبه لا محالة. يُضرَب لمثير الفتن والشرور وما يصيبه من عواقبها.

«**اِللِّي يْعُقْدْ عُقْدَه يْحِلَّهَا**» لأن عاقد العقدة أعرف بها وبحلِّها، وهو المطالَب بذلك قبل سواه؛ لأنه المتسبِّب.

«**اِللِّي يِعْمِلْ إِيدُهْ مَغْرَفَهْ يُصْبُرْ عَلَى ضَرْبِ الْحِلَلْ**» يعمل إيده؛ أي: يجعل يده. والحِلَل (بكسر ففتح): جمع حَلَّة (بفتح الحاء واللام المشددة) ويريدون بها القدور من النحاس؛ أي: من يتعرض لأمر فليصبرْ على ما يصيبه منه. وقد نَظَمَهُ بعض العصريِّين في زجل فقال:

من يعملْ إيدَه مغرفةْ يَصبرْ على ضرب الحِلَلْ

ولهم في ذلك أمثال أخرى انظرها فيما أوله: «اِلِّي يعمل»، وانظر أيضًا: «اِللِّي يربط في رقبته حبل ...» إلخ.

«**اِللِّي يِعْمِلْ بُهْ الْجِدْيْ يِعَلَّقْ بُهْ الْحُمَارْ**» ويُروَى: «اِللِّي يعمل به القرد ما يعلقش على الحمار.» ومعنى: «اِللِّي يعمل به» ما يجمع من الأجر على العمل. وقولهم: يعلق من العليق، وهو عندهم

العلف. والمثل موضوع على لسان القرَّاد، ومن عادته أن يكون معه حمار وجدي يدرِّبهما على اللعب. والمراد: الذي أكتسبه من لَعِب الجدي أو القرد أنفقه على علف الحمار ويذهب تعبي سُدًى. يُضرَب للأمر لا يفي الربح منه بما يُنْفق عليه. ويشبهه ما رواه الجبرتي. في ترجمة إفرنج أحمد أوده باشا، وكان من عادتهم أن يكون مركوب صاحب هذا المنصب الحمار، فلما ارتقى إلى الصنجقية ركب الفرس وأنفق ما جمعه من منصبه الأول على مظهر المنصب الثاني؛ فكان يقول: «الذي جمعه الحمار أكله الحصان.»

«اِللِّي يِعْمِلْ جَمَلْ مَا يْبَعْبَعْشْ مِنِ الْعَمَلْ» يعمل جمل معناه: يجعل نفسه جملًا؛ أي: من ظهر بمظهر العظماء ينبغي له ألَّا يشكو من متاعب مظهره. ويروي بعضهم هذا المثل: «لمَّا انتَ عامل جمل بعبعت ليه أمَّال؟!» وسيأتي في اللام.

«اِللِّي يِعْمِلْ جمِيلْ يِتِمُّهْ» لأن من صنع جميلًا ناقصًا كان كمن لم يصنع شيئًا.

«اِللِّي يِعْمِلْ رُوحُهْ حِيطَهْ يُشُخُّوا عَليهِ الْعِيَالْ» أي: من عَرَّض نفسه للإهانة أهانه حتى الصغار، فهو كمن جعل نفسه حائطًا يكون عرضة لبول الصبيان عليه، فهو في معنى: «وَمَنْ لَا يُكَرِمْ نَفْسَهُ لَا يُكَرَم.» وانظر: «اِللِّي يعمل نفسه نخالة تبعتره الفراخ.»

«اِللِّي يِعْمِلْ رَيِّسْ يِجِيبِ الرِّيحْ مِنْ قُرُونُهْ» الريس: ربان السفينة؛ أي: مَنْ تصدَّر للرئاسة حق عليه أن يأتي بالريح من قرونه؛ يريدون: رأسه؛ أي: يحتال بعقله ويتوسل بالوسائل التي تُسَيِّرُ السفينة فيُعطي بذلك الرئاسة حقها.

«اِللِّي يِعْمِلْ ضَهْرُهْ قَنْطَرَهْ يِسْتَحْمِلِ الدُّوسْ» أي: من جعل ظهره قنطرة فعليه أن يتحمل دوس الأرجل. يُضرَب فيمن يُعَرِّض نفسه لأمر ثم يشكو منه، والغالب ضربه فيمن يتعرض للإهانة، ولهم في هذا المعنى أمثال أخرى.

«اِللِّي يِعْمِلْ نَفْسُهُ نُخَالَهْ تِبَعْتَرُهْ الْفِرَاخْ» أي: من يعرِّض نفسه للإهانة وينزلها في غير منزلها من الكرامة فإنه يهان، فلا يَلُومَنَّ إلا نفسه. والمراد بالفراخ: الدجاج؛ لأنها مولعة ببعثرة ما تأكله بأرجلها. وانظر: «اِللِّي يعمل روحه حيطه يشخوا عليه العيال.» ومن أمثال فصحاء المولَّدين: «من طلى نفسه بالنخالة أكلته البقر.» وفي معناه قولهم: «من لم يَصُنْ نفسه ابتذله غيره.» وقولهم: «من لا يكرم نفسه لا يكرم.»

«اِللِّي يِعْمِلُهْ الدِّيبْ يِلِد عَلَى الرَّخَمَهْ» يلد: يَلَذُّ لها وترتاح إليه؛ لأن الذئب يفترس الفريسة فتنال هي من فضلاته، والمرء إنما يلذ للمرء ما يستفيد منه وإن كان في نفسه قبيحًا مضرًّا بغيره.

«اِللّي يِعْمِلُهْ الضّيفْ يِكَلّمْ بُهْ الحِلّي» أي: ما يفعله الضيف يذيعه صاحب الدار. المراد: لا شيء يَخْفَى. وبعضهم يعكس فيقول: «اِللِّي يعمله الحِلّي يِتْحَاكَى به الضيف.»

«اِللّي يِعْمِلُهْ الْفِقِي فِي الْبِنَيَّهْ يِلْتِقِي» الفقي (بكسرتين): الفقيه، ويريدون به: التَّالِي لكتاب الله، وقد أتوا به هنا للسجع. والبنيه (بكسر الأول) عندهم تصغير بنت. والمعنى: ما تفعله الآباء من صالح أو طالح سيلقاه الأبناء؛ أي: يُجَازَى المرء في أبنائه. والمراد: الحث على العمل الصالح.

«اِللّي يْعِيشْ يِشُوفْ كِتِيرْ، قَالْ: واِللّي يِمْشِي يْشُوفْ أَكْتَرْ» المراد: الضارب في الأرض يرى ما لا يراه المُعَمَّرُ القَاعِد. وقد نَظَمَه بعضهم في مطلع زجل فقال:

من بعد ما أحمد واشكر مَنْ أَبْدَع الأشيا وصوَّرْ

واذكر صلاتي ع الهادِي طه الشفيع يوم المَحْشَرْ

أحكي على اللِّي قاسيتُهْ وفي الأزلْ كَانْ لي مقدَّرْ

واللِّي يعيش يا ما بيشوفْ قالِ اللّي يِمْشِي يشوفْ أَكْتَرْ

ونَظَمَه أيضًا صاحبنا محمد أكمل أفندي المُتَوَفَّى سنة ١٣٢١هـ في زجل نظمه لمَّا حل الوباءُ بمصر سنة ١٣٢٠هـ يقول في مطلعه:

إِصْغِي لِقُولِي اعْمِلْ معروفْ دا قُولِي أَحْلَى م السُّكَّرْ

واللِّي يعيش يا ما بِيْشُوفُوا للّي بِيِمْشِي يشُوفْ أَكْتَرْ

«اِللِّي يِغْزِلْ كُل يُومْ مِيَّهْ يِعْمِلْ فِي السَّنَهْ زَعْبُوطْ وِدِفِّيَّهْ» أي: من يغزل كل يوم مائة خيط يصنع منها في السنة هذين الثوبين. والمراد: من داوم على العمل ولو كان تافهًا جنى منه مع الزمن الشيء الكثير.

«اِللِّي يِفْتَحْ بَابْنَا يَاكُلْ لِبَابْنَا» اللِّباب (بكسر أوله وصوابه الضم)، يريدون به: لباب الخبز؛ أي: من بَرَّنَا بالزيارة والسؤال عنا كان حقيقًا بالإكرام. وفي رواية: «من زَق بابنا أكل لبابنا.» وسيأتي في الميم.

«اِللِّي يِفَتِّشْ وَرَا النَّاسْ تِفَتِّشِ النَّاسْ وَرَاهْ» أي: من ولع بالبحث في أمور الناس والتنقيب عن نقائصهم، دعاهم إلى مقابلته بمثل ذلك، ولو كَفَّ كَفُّوا. والعرب تقول في أمثالها: «مَنْ غَرْبَلَ النَّاسَ نَخَلُوهُ.» أي: من فَتَّشَ عن أمور الناس وأصولهم جعلوه نخالة؛ كذا في أمثال الميداني.

«**اِللّي يِفْتِنْ لَكْ يِفْتِنْ عَلِيكْ**» الفتنة يريدون بها الوشاية؛ أي: من ينقل إليك ينقل عنك، فحاذر منه ولا تَرْكَنْ إليه. وفي معناه قول أبي الأسود الدُّؤَلي:

لا تَقْبَلَنَّ نَمِيمَةً بُلِّغْتَهَا وَتَحَفَّظَنَّ مِنَ الَّذِي أَنْبَاكَهَا

إن الَّذِي أَهْدَى إليك نميمةً سينِمُّ عنك بِمِثْلِهَا قَدْ حَاكَهَا

«**اِللّي يِفَرَّقْهْ الْعَوِيلْ بِسِفُّهْ**» العويل عندهم: الساقط الهمة الدنيء الذي يعيش من فضل غيره ويرضى أن يكون عالة على الناس. والمعنى أن ما عند هذا الرجل قليل هو أولى بأكله من أن ينفقه على غيره. يُضرَب لمن يَظْهَرُ بما ليس في طوقه. ويُضرَب أيضًا لعدم التصديق بما يُرْوَى من كرم مثله. وبعضهم يزيد في أول المثل: «شيء اسمه هفة.» والظاهر أنها زيادة لا معنى لها سوى إرادة السجع. وبعضهم يروونه: «عويل قال له كفه: اِللّي تفرقه سفه.» وسيأتي ذكره في حرف العين المهملة. وانظر: «اِللّي يِصَدَّق ...» إلخ. وهو رواية أخرى فيه تقدَّمَتْ.

«**اِللّي يْقَدِّمْ قَفَاهْ لِلسَّكّ يِنْسَك**» أي: من عرَّض نفسه للإهانة يُهَان. وفي معناه قولهم: «لولاك يا لساني ما انسكّيت يا قفايا.» وسيأتي في حرف اللام. وانظر: «اِللّي يربط في رقبته حبل ...» إلخ.

«**اِللّي يْقُولْ: أَبُويَا وِجِدِّي يِوَرِّينَا فِعْلُهْ**» أي: من يفخر بآبائه وأجداده كان عليه أن يُرِيَنَا فعلَه هو ليدل به على أنه ابن هؤلاء الأمجاد، وَإِلَّا فالاقتصار على الفخر بالعَظْمِ الرَّمِيم لا يُفِيد.

«**اِللّي يْقُولْ لِمْرَاتُهْ: يَا عُورَهْ تِلْعَبْ بِهَا النَّاسِ الْكُورَهْ**» أي: من أهان زوجته وعَيَّرَها بعيوبها أهانها الناس واستَخَفُّوا بها.

«**اِللّي يْقُولْ لِمْرَاتُهْ: يَا هَانِمْ يِقَابْلُوهَا عَلَى السَّلَالِمْ**» أي: من يُكْرِم زوجته ويعظمها يعظمها الناس.

«**اِللّي يْقُولْ: مَا اعْرَفْشْ مَا تِتْعَبْشْ مِنُّهْ، وِاِللّي يْقُولْ: مَا اقْدَرْشْ تِتْعَبْ مِنُّهْ**» لأن من قال: لا أعرف جاهل فيمكن تعليمه، وأما الذي يقول: لا أقدر ضعيف لا قوة له، فلا حيلة فيه.

«**اِللّي يْقُولْ نَارْ يِنْحِرِقْ بُقُّهْ**» البُقّ (بضم الأول وتشديد القاف) يريدون به الفم، والمراد: التحذير مما يضر بالبعد عنه وعدم التفوُّه باسمه، وهو من المبالغة. ويقصدون بالمثل النهي عن اللغط والخوض فيما لا تُؤْمَنُ مغبَّته من الكلام.

«**اِللّي يْكَبَّرِ الْحَجَرْ مَا يْصِيبْ**» وذلك لأن الحجر الكبير ثقيل لا يستطاع به إحكام الرمي وإصابة الهدف. يُضرَب في أن الكيد للعدو لا يكون بالتهويل، وإنما يكون بالرأي الدقيق النافذ.

«**اِللّي يْكْدِبْ نَهَارِ الْوَقْفَهْ يِسْوَد وِشُّهْ نَهَارِ الْعِيدْ**» الوِش (بكسر أوله مع تشديد الشين) يريدون به الوجه. والوقفة: وقفة الحُجَّاج بعرفات، وتكون في اليوم الذي قبل يوم عيد الأضحى؛ أي: من يَكْذِب

اليوم يظهر كَذِبُه في غده. والمراد أن الكذب لا بد من ظهوره.

«**اِللِّي يِكْرَهَكْ يُقُولْ: كُلْ مِنْ قُدَّامَكْ**» أي: من يبغضك يقول لك: كل مما يليك ولا يتركك تتخير ما تشاء من الطعام؛ أي: من يبغضك يحاول صرف النفع عنك حتى في هذا.

«**اِللِّي يِكْرَهُهْ رَبِّنَا يِسَلَّطْ عَلِيهْ لِسَانُهْ**» أي: إذا أبغض الله عبدًا ابتلاه بلسانه؛ أي: بذَمِّ الناس فيكثُر بينهم مُبْغِضُوه.

«**اِللِّي يْلَاعِبِ التِّعْبَانْ لَا بُد لُهْ مِنْ قَرْصَهْ**» لأن من طبعه اللدغ. والمراد: من يُعَرِّضْ نفسه للمتعوِّد على الأذى فلا بد من أن يصاب. وانظر: «اِللِّي يلعب بالقطة ...» إلخ. ومن أمثال المولَّدين في مجمع الأمثال للميداني: «الحاوي لا ينجو من الحيات.»

«**اِللِّي يْلَاقِي مِنْ يِطْبُخْ لُهْ لِيهْ يِحْرَقْ صَوَابْعُهْ؟!**» أي: من وجد من يكفيه مئونة الطبخ لماذا يتعرض له، ويعرض أصابعه لما قد يصيبها من الحرق؟ يُضرَب للمَكْفِيِّ المئونة في أمر غير مأمون الضرر يتعرض له بنفسه لحماقته. وهو كقول بعضهم: «إذا رزقك الله مغرفة فلا تحرق يدك» أورده الميداني في أمثال المولَّدين، وقال: يُضرَب لمن كُفِيَ بغيره. وفي المخلاة لبهاء الدين العاملي: «لا تتكلف ما كُفيت.»

«**اِللِّي يِلْزَمْ لِلْبِيتْ يِحْرَمْ عَ الجامِعْ**» أي: ما تحتاج إليه الدار يَحْرُم على المسجد. والمراد: لا صدقة إلا بعد الكفاية. وسيأتي في الحاء المهملة: «حصيرة البيت تحرم ع الجامع.» وقولهم: «الحسنة ما تجوزش إلا بعد كفو البيت.» وانظر في الزاي: «الزيت إن عازه البيت حرام ع الجامع.»

«**اِللِّي يِلْعَبْ بِالْقُطَّهْ مَا يِسْلَمْشْ مِنْ خَرَابِيشْهَا**» أي: من يُلَاعِب الهرَّة لا يأمن من أذى أظفارها، والمراد: من يُعَرِّض نفسه لما يتوقع منه الأذى لا يأمن من أن يصيبه. ويُروَى: «اِللِّي يمسك القطة تخربشه.» وانظر: «اِللِّي يلاعب التعبان لا بد له من قَرْصَة.»

«**اِللِّي يْمِد رِجْلُهْ مَا يْمِدِّشْ إِيدُهْ**» أي: من مَدَّ رجلَه ولم يعبأ بالناس لا يحق له مَدُّ يَدِه لسؤالهم؛ لأنه بذلك ظهر بمظهر المُسْتَغْنِي عنهم فكيف يصح له استجداؤهم بعد ذلك؟! ومن طريف ما يروى في زيارة السلطان عبد العزيز العثماني لمصر سنة ١٢٧٩هـ أنه كان بها رجل مجذوب يُقَال له: علي بك كشكش، ولفظ كشكش تستعمله العامة لدعاء الكلاب لَقَّبه الصبيان به فلزمه. فلما زار السلطان المشهد الحسيني مَرَّ في خان الخليلي على فرس والأمراء مشاة حوله وزَيَّنَ له التجار حوانيتهم، وكان علي بك كشكش جالسًا في حانوت أحدهم، فلما مَرَّ به السلطان مد رجليه قال له بالتركية: «هل أعطيك ثمن القهوة؟» وأفهموا السلطان حالته فأمر له بصلة فأبى أخذها وقال لحاملها: «قُلْ لِسَيِّدِكَ: مَنْ مَدَّ رِجْلَهُ لَا يَمُدُّ يَدَهُ.»

«اِللّي يِمْسِكِ الْقَطهْ تْخَرْبشَهْ» انظر: «اِللّي يلعب بالقطة ...» إلخ.

«اِللّي يِنْزِلِ الْبَحْرِ يِسْتَحْمِلِ الْمُوجْ» أي: من زَجَّ بنفسه في المخاوف فليوطِّنْهَا على تَحَمُّل شدائدها والصبر عليها.

«اِللِّي يِنْشِحِتْ بِالْبُق يِتَّاكِلْ بِإِيهْ؟» البُق (بضم الأول مع تشديد القاف): الفم. وإيه (بالإمالة): أي شيء؟ والمراد أن الهَدِيَّة تُهدى ولا تطلب. وانظر في التاء: «التمر ما يْجِبُوشْ رسايل.»

«اِللِّي يِنْشِرِي مَا يِنْشِهِي» أي: المعروض للبيع لا يُشْتَهَى. والمراد: لا تتعلق النفس به وتتمناه ما دام الحصول عليه ميسرًا، وإنما تتعلق بالممنوع أو المفقود.

«اِللّي يِنْوِي عَلَى حَرْقِ الْأَجْرَانْ يَاخْدُهْ رَبِّنَا فِي الْفِرِيكْ» الأجران جمع جُرْن (بضم فسكون)، وهو البيدر يداس فيه القت. والفِرِيك (بكسرتين، وصوابه بفتح فكسر): القمح بلغ أن يُفْرَك، وهو زمن يكون بعده الحصد؛ أي: مَنْ نَوَى إحراق بيادر القمح يميته الله قبل الحصد؛ أي: يجازيه على نيته ويكفي الناس شرَّه. يُضرَب للسَّيِّئ النية ينال جزاءه قبل إدراك بغيته.

«اِلْهِي الْكَلْبْ بِعَضْمَهْ» أي: ارمِ له عظمًا، يَلْهُ به عن عَقْرِكَ. يُضرَب للوضيع النفس يسكته القليل التافه ويلهيه.

«أُمِّ الْأَخْرَسْ تِعْرَفْ بِلُغى ابْنَهَا» أي: إن أم الأخرس لتعودها على إشاراته تعرف لغته وتفهم ما يريد. ويُرْوَى: «الخرسة تعرف بلغى ابنها.» وسيأتي في الخاء المعجمة.

«أُمِّ الْأَعْمَى أَخْبَرْ بِرْقَادُهْ» انظر: «يا أم الأعمى رقدي الأعمى ...» إلخ.

«أُم بَرْبُورْ تِجِيبِ الشَّاب الْغَنْدُورْ» البَرْبُور (بفتح فسكون فضم): المخاط السائل من الأنف، والغندور بهذا الضبط المعجَبُ بحسنه، المتأنق في هيئته. ومعنى «تجيب»: تجيء بكذا. والمراد هنا: تلد؛ أي: قد تنجب البَلْهَاء.

«اِلْأُمّ تْعَشِّشْ وِالْأَبّ يْطَفِّشْ» تعشش: تحوط العش. والمراد: تحوط الصِّغار وتحنو عليهم. ومعنى يطفش: يجعلهم يطفشون؛ أي: يُشَرَّدُون. يُضرَب لبيان حنان الأمهات.

«أُم عَبَرْ جَلَّابِةِ الْخَبَرْ» المراد بالعَبَر (بفتحتين): العِبَر (بكسر ففتح)، وإنما فتحوا أوله ليزاوج الخبر. يُضرَب للمرأة القَتَّاتة المُولَعة بالوقوف على أخبار الناس والتحدث بها، القديرة على الوصول إلى الخافي المكتوم منها.

«أُمِّ الْقَعُودْ فِي الْبِيتْ تِعُودْ» القعود: الصغير من البُعْرَان. والمراد بأمه هنا: من كان لها ولد من النِّساء، ومثلها إن غاضبت زوجها وفارقته لا تلبث أن تعود شوقًا لولدها. يُضرَب لكل مفارق تُرْجَى

عودتَه لسبب قاهر.

«**أُمّ قْوِيقْ عَمَلِتْ شَاعْرَهْ فِي السِّنِينِ الْوَاعْرَهْ**» أُم قُويق (بالتصغير): يريدون بها: البومة، وهي لا تُحْسِنُ إلا الصِّياح المعروف في الأماكن الخربة، فمن العجائب أن تَدَّعِي نَظْمَ الشعر في سِنِي الشدائد التي لا يتعرض فيها للكلام إلا الألباء. يُضرَب للعاجز يتعرض للأمر في أصعب حالاته. وقد أورده الأبشيهي في المستطرف في أمثال النساء برواية: «صارت القويقة شاعرة.»

«**إمْتَى طِلِعْت الْقَصْرْ؟ قَالْ: إمْبَارِح الْعَصْرْ**» أي: قيل له: متى صعدت إلى القصر؟ فقال — أو قال لسان حاله: أمس وقت العصر؛ أي: لم يَمْضِ على ذلك غير ليلة واحدة، ومن كان هذا شأنه لا يُعد من المعرقين في المعالي. يُضرَب لحديث العهد بالنعمة. وفي معناه قولهم: «نام وقام لقي روحه قايمقام.» وسيأتي في النون.

«**إمْسِكِ الْبَاطِلْ لَمَّا يْجِيكِ الْحَق**» أي: تمسك به حتى يظهر لك الحق فتتبعه.

«**إمْسِكِ الْحَبْل يِدِلَّكْ عَلَى الْوَتَدْ**» أي: اتبع أثر الشيء أو ما له ارتباط به يدلك عليه ويرشدك إلى مكانه.

«**إمْسِكْ صُبَاعَكْ صَحِيحْ لَا يِدْمِي وَلَا يْصِيحْ**» أي: احفظ إصبعك ولا تُعَرِّضْه لمَا يُتْلِفُه يظل سليمًا لا يصيبه دم ولا قيح.

والمراد: احْفَظْ نَفْسَك أو عِرْضَك أو صيتَك وسمعتك ولا تلوثها بما يشين؛ تَعِشْ بعيدًا عن الدَّنس سليمًا من العيوب.

«**إمْشِي دُغْرِي يِحْتَارْ عَدُوَّكْ فِيكْ**» دُغْري (بضم فسكون) كلمة دخيلة عندهم من التركية، وأصلها طغري. ومعناها: الاستقامة في السير. والمراد هنا: الزم الاستقامة في أمورك تُحَيِّرْ عدوَّك وتسد في وجهه سُبلَ الطعن فيك والنَّيْلِ منك.

«**إمْشِي سَنَهْ وَلَا تْخَطِّي قَنَهْ**» وفي رواية «لِف سنة»، والقنة عندهم ويسمونها بالقناية أيضًا: مُحَرَّفَة عن القناة. والمراد: الجدول الصغير للماء. والمعنى: لا تُجَازِفْ بعبور الأنهر ولو كان النهر قناة صغيرة، بل خير لك أن تسير مقدار سنة على قدميك حتى تصل للمكان الذي تريده من أن تعرض نفسَك لخطر الغرق بركوب الماء ولو كان الوصول منه قريبًا، ومن رواه «لف» يريد دُرْ وطُفْ. وفي معناه: «ظراط البِل ولا تسبيح السمك.» وسيأتي في الظاء. وانظر: «امشي يوم ولا تطلع كوم.»

«**إمْشِي عَلَى عَدُوَّكْ جِعَانْ وَلَا تِمْشِي عَلِيهْ عِرْيَانْ**» أي: لا تُظْهِرْ له حالك فَيَشْمَتَ بك.

«**إمْشِي فِي جَنَازَهْ وَلَا تِمْشِي فِي جَوَازَهْ**» الجواز عندهم: الزواج. والمراد: النهي عن التوسط في الزواج لِمَا يقع على الوسيط من اللَّوم إذا تنافر الزوجان.

«اِمْشِي يُومْ وَلَا تِطْلَعْ كَومْ» الكوم: التَّل؛ أي: إذا اعترضك في طريقك لا تصعد عليه فربما زلت قدمُك وأنت صاعد، واجعل سيرَك في السَّهل المنبسط ولو بَعُدَ الطريقُ. يُضرَب في الحث على عدم المجازفة. وفي معناه: «امْشِي سَنَة ولا تخطي قنة.»

«اِمْلَا إِيدَكْ رَش تِمْلَاهَا قَش» الرشُّ يريدون به الشيء المرشوش، وهو مصدر وصف به. والقَشُّ عندهم العيدان؛ أي: املأ يدك من البزر وأكثِرْ منه تملؤها بعد ذلك من النبات. وانظر في حرف الميم «ما حش إلا من رش.»

«أُمُّهْ عَيَّاشَهْ وِعَامِلْ بَاشَا» الباشا: من ألقاب الرتب العالية. وعامل؛ أي: جاعل نفسه. والمعنى: أُمُّهُ تبيع الخبز لفقرهم، وهو متعاظم. يُضرَب لمن يتظاهر بالعظمة الكاذبة.

«أَمِيرْ وِعَاقِلْ لَا يْهِش وَلَا يْنِش» الهشُّ يريدون به طرد الدجاج ونحوها. والنَّشُّ أكثر ما يستعملونه في طرد الذباب. والمراد: التهكم؛ أي: هو أمير وعاقل رزين لا يتحرك ولا يعمل عملًا. يُضرَب للعديم النَّخْوَة المُسْتَضْعَف.

«إِنْ أَتَاكْ الْمَطَرْ إِدِّي لُهْ ضَهْرَكْ، وَإِنْ أَتَاكْ الْمِرِيسِي ادَّارَى مِنُّهْ» إدي بمعنى: أَعْطِ، وأصله من أدى له كذا يؤديه. والضهر: الظهر. والمِرِيسي (بكسرتين والصواب فتح أوله): الريح الجنوبية نسبة إلى المريسي (بلدة جنوبي القطر المصري) أي: إذا أتاك المطر أَوْلِه ظهرك؛ حتى لا يُصِيبَ وجهَك، وإذا أتاك المريسي تَوَارَ منه جملة. ضُربَ في ذم هذه الريح.

«إِنِ اتْعَانْدُوا الْحَمَّارَةْ بِسَعْدِ الرُّكَّابْ» لأنهم بذلك يتبارَوْنَ في تنقيص الكراء، وهو من حظِّ الراكبين. والمراد بالحمارة: المكارية الذين يكرون حميرًا، والأكثر في رواية هذا المثل: «خناق الحمَّارة يسعد الركاب.» وقد ذُكِرَ في الخاء المعجمة.

«إِنِ اتْفَرَّقِتْ الْحَمْلَةْ انْشَالِتْ» انشال؛ أي: رُفِع وحُمِل، والمعنى ظاهر. وفي معناه قولهم: «فَرَّقْ شِمْلُهْ يِخِف حِمْلُهْ.» وسيأتي في الفاء. وللسري الموصلي:

إِذَا الْعِبْءُ الثَّقِيلُ تَوَزَّعَتْهُ أَكُفُّ الْقَوْمِ هَانَ عَلَى الرِّقَابِ

«إِنِ انْهَدَمْ بِيتْ أَخُوكْ خُدْ مِنُّهْ قَالِبْ» أي: إن هُدِمَ بيت أخيك فَخُذْ منه ولو آجُرَّة. والقالب معناه الآجرة، ويقولون فيه: قالب طوب. والمراد: متى كانت الغنيمة نهبًا مقسمًا فلا تُخْلِ نفسك منها ولو كانت لأقرب الناس إليك؛ لأنها ذاهبة على كل حال. ويرويه بعضهم: «إن خرب بيت أبوك خُدْ لك منه قالب.»

«إِنَ اسْعَدَكْ إِوْعَدَكْ» يريدون بالإيعاد الوعد؛ أي: إن كتب الله لك أن تكون سعيدًا فقد قدَّر ذلك من الأزل، فكأنك موعود به قديمًا. والعامة تقول: فلان موعود بكذا؛ أي: مُقَدَّر له. وانظر في معناه:

«السعد وعد.»

«إنَ اسْمَاكْ غَنَاكْ» أي: إن رزقك الله اسمًا؛ أي: صيتًا وشهرة، فقد يَسَّر لك الغِنَى؛ لأنك تناله بذلك.

«إنْ أَطْعَمْتْ إِشْبِعْ وَإِنْ ضَرَبْتْ إوْجِعْ» المراد: كن عظيمًا في الخير والشر. ومن أمثال العرب في المعنى الثاني: «إِنْ ضَرَبْتَ فَأَوْجِعْ، وَإِنْ زَجَرْتَ فَأَسْمِعْ.»

«إن أعْجَبَكْ مَالَكْ بِيعُهْ» أي: لئلَّا تصيبه بالعين فيتلف. والمراد بالمال: ما يملك من صامت أو ناطق. وفي معناه من أمثال الفصحاء المولَّدين: «بِعِ الحيوان أحسن ما يكون في عينك.»

«إنْ أَقْبَلِتْ نَامْ وِالنُّومْ فِيهَا تْجَارَهْ وِإنْ أَدْبَرِتْ نَامْ وِالْجَرْيْ فِيهَا خْسَارَهْ» نام؛ أي: نم؛ أي: لا يَضُرُّ السكونُ مع الإقبال، ولا يُفِيدُ السَّعي مع الإدبار.

«إنْ تَفِّيتْ لِفُوقْ جَتْ عَلَى وِشِّي وَإِنْ تَفِّيتْ لِتَحْتْ جَتْ عَلَى حِجْرِي» أي: إن تَفَلْتُ إلى فوق عادت التَّفْلَة إلى وجهي، وإن تَفَلْتُ إلى تحت أصابت حُجَزَ ثيابي، فأنا مصاب في الحالتين بما أفعل. يُضرَب للقريب لا يستطيع إساءة أقاربه بمثل إساءتهم إليه؛ لأن ما يصيبهم من أذى أو شين يصيبه، كما قال الشاعر:

قَوْمِي هُمُو قَتَلُوا أُمَيْمَ أَخِيفَإِذَا رَمَيْتُ يُصِيبُنِي سَهمِي

ومثله للمُتَلَمِّس:

وَلَوْ غَيْرُ أَخْوَالِي أرادوا نَقِيصَتِي جَعَلْتُ لَهُمْ فَوْقَ العَرَانين مَيْسَمَا

وَمَا كُنْتُ إلا مثلَ قاطعِ كَفِّهِ بِكَفٍّ له أُخرى فأصبحَ أَجْذَمَا

وقال آخر:

فَإن يكُ قَدْ بَرَدْتُ بِهِمْ غَلِيلِي فَلَمْ أَقْطَعْ بِهِمْ إِلَّا بَنَانِي

وانظر في معناه قولهم: «عيبك يعيبني يا ردِي الفعايل.» وسيأتي في العين المهملة.

«أَنَا أَخْبَرْ بِشَمْسْ بَلَدِي» أي: إن كانت تضر أو تنفع. والمراد: صاحب الدار أدرى بالذي فيها. وانظر في معناه: «كل واحد عارف شمس داره تطلع منين.» وسيأتي في الكاف. وفي كنايات الجرجاني:

«ويقولون: هو أعرف بشمس أرضه. كناية عمن تزداد معرفته بالشيء عن معرفة صاحبه.» انتهى. ونَظَمَه ابن أبي حيلة بقوله ومن ديوانه نقلته:

حلاوةٌ فيه صادِقَةٌ ولكنْ عَذُولي في الملام عليه فسَّرْ

فَدَعْ يا عاذِلي لَوْمِي فَإنِّي بشمسِ بلادِ أرْضِي مِنْكَ أخْبَرْ

«أنَا رَايِحْ مِنْ حَدَاكْ قَالْ: تِرَيَّحْنِي مِنْ فِسَاكْ» حداك مُحَرَّف عن حذائك. والمراد: من عندك. والمعنى: إذا كان عزمُك الرحيل عني هو مَبْلَغ تهديدك لي فبها ونعمت؛ لأنه يريحني من فسائك؛ أي: من أذاك وقبائحك. يُضرَب للمهدِّدِ بأمر تكون فيه المصلحة.

«أنَا غَنِيَّهْ وَاحِبِّ الْهِدِيَّهْ» هو على لسان الطَّمِعَةِ الشَّرِهَة لما في أيدي الناس مع ما هي فيه من السعة. يُضرَب في ذم هذا الطبع.

«أنَا فِيكْ بَدَادِي وِانْتَ بِتِقْطَعْ أوْتَادِي» بدادي؛ أي: بأدادي بإدخال الباء على أدادي. ومعناه أواسيك وأعتني بك كما تفعل الدادة، وهي المربية، وأنت تُجَازِيني بقطع أوتادي وتقويض خيامي. يُضرَب في مُقَابلَة الخير بالشر.

«أنَا كْبِيرْ وِانْتَ كْبِيرْ وِمِينْ يُسُوقِ الْحِمِيرْ؟» أي: ما دام كلانا متعاظمًا عن العمل تعطَّلت مصالحنا. والصواب في هذا المثل: «لما أنا أمير وانت أمير مين يسوق الحمير؟» وسيأتي في اللام.

«أنَا مَا بَارِيدُهْ وِابْنِي يِمِد إيدُهْ» أي: أنا لا أريد هذا الشيء وولدي يمد يده إليه. والمراد: يتظاهر بذلك ويقوله، ثم يسلط ابنه عليه. يُضرَب لمن يتظاهر بِكَفِّ يده عن الشيء ويحوزه بوسيلة أخرى.

«أنَا مَا بَجِيكُمْ وِابْنِي يِجِي يْهَنِّيكُمْ» يُضرَب للمُعْرِض عن قوم فإذا وقع ما يدعوه إلى زيارتهم أرسل من ينوب عنه، فكأن لسان حاله يقول هذا، مُمْتَنًّا عليهم بصلة الود.

«أنَا وْحَبِيبِي رَاضِي وِانْتَ مَالَكْ يَا قَاضِي» أي: إذا كان من يعنيهما الأمر قد تراضيا فيه واتفقا فما شأن هذا الثالث الداخل بينهما بالاعتراض. وهو من قولهم في الأمثال القديمة: «اصطلح الخصمان وأبى القاضي.» أورده ابن شمس الخلافة في كتاب «الآداب». والمثل العامي قديم من أمثال النساء التي أوردها الأبشيهي في «المستطرف» ولكن برواية: «إذا كان زوجي راضي إيش فضول القاضي.»

«أنَا وَخُويَا عَلَى ابْنِ عَمِّي وَانَا وِابْنِ عَمِّي عَلَى الْغَرِيبْ» أي: أخي أقرب إليَّ من ابن عمي فأنا مساعد له عليه، وابن عمي أقرب إليَّ من الغريب فأنا له كذلك. ومثله ما رُوِيَ عن بعض الأعراب وقد سُئِلَ عن ابن العمِّ فقال: «عَدُوُّك وَعَدُوُّ عَدُوِّك.»

«إنْتَ تْرِيدْ وَأنَا أُرِيدْ وِرَبِّنَا يِفْعَلْ مَا يْرِيدْ» أي: ليس الأمر بإرادتي وإرادتك، بل بإرادته — تعالى — فهو الفَعَّال لما يُريد.

«إِنْتَ شِيخْ وَالَّا حَد قالّ لَكْ» يُضرَب في الاستغراب من معرفة المُخَاطَب بأمر لم يخبره به أحد؛ أي: أأنت وليٌّ يعلم الغيب حتى عرفت ما في نفسي، أم أخبرك أحد به؟ ويُروَى: «إنت عارف» بدل «إنت شيخ»، والأول أكثر.

«إِنْتَ غْلِيتْ وِالرُّز رُخُصْ» يُضرَب في عتاب الصديق الهاجر المبتعد عن أصحابه، وليس المراد تخصيص الأرز بالرخص، والمعنى: هل كان ابتعادك عنا؛ لأنك غَلَوْت الآن فَعَلَوْت عن زيارتنا مع أن كل شيء رخص؟

«إِنْتَ نَبِي وَالَّا كَوَالِينِي» الكواليني: بائع الكوالين أو صانعها، وهي عندهم الأقفال. يُضرَب للمتعرض لما ليس من شأنه، الخالط بين عمل وعمل.

«إِنْ جَا الْحَق فِي الْحَق قَتَلُهْ» يُضرَب لمن يُطالب شخصًا بحق وعليه له مثلُ ما يطالبه به؛ أي: لا معنى للمطالبة، وهذا الحق يمحو ذاك.

«إِنْ جَارْ عَلِيكْ جَارَكْ حَوِّلْ بَابْ دَارَكْ» معناه ظاهر؛ أي: افعل ذلك اتِّقاءً لشرِّهِ وهربًا من وجهه، فهو أدعى لراحتك. ويرويه بعضهم: «إن كرهك» بدل «إن جار عليك.» والمثل قديم أورده الأبشيهي في «المستطرف» في أمثال العامة في زمنه بلفظ: «إن أبغضك» بدل «إن جار عليك.»

«إِنْ جَاعُمْ زَنَّمْ وِانْ شِبْعُمْ غَنَّمْ» أي: إن جاعوا صاحوا وأجلبوا، وإن شبعوا أكثروا من الغناء؛ فهم في جَلَبَة على كل حال. يُضرَب للكثيري الجعجعة والصخب في الرضا والغضب الذين لا يرضيهم إلا إقلاق الناس.

«إِنْ جَاكِ الْقِرْدْ رَاقِصْ طَبِّلُّهْ» أي: أَعِنْهُ على عمله، فذلك لا يضيرك، فإن ضلاله عائد عليه، ولو عارضته مع تشبثه به لا تستطيع إرجاعه.

«إِنْ جَاكِ النِّيلْ طُوفَانْ خُدِ ابْنَكْ تَحْتْ رِجْلِيكْ» يُضرَب للمبالغة في محبة المرء نفسه. والمراد: اجعل ولدك تحت قدميك لتعلوَ به فلا يغرقك الماء؛ أي: نفسك مفضلة على كل شيء حتى الولد. ويُروَى: «إن جاك البحر» بدل النيل. ويُرْوَى أيضًا: «إن جاك الهم طوفان حط ولدك تحت رجليك.» أي: اطرحه واهتمَّ بنفسك، وهو في معنى قولهم: «فؤادي ولا أولادي.» وسيأتي في الفاء. وفي معناه ما أنشده ابن الفرات في تاريخه لابن حمدان:

فَدَى نَفْسَه بِابْنٍ عَلَيْهِ كَنَفْسِهِ وفي الشِّدَّةِ الصَّمَّاءِ تَفْنَى الذَّخَائِرُ

وَقَدْ يُقْطَعُ العضوُ النفيسُ لغيْرِهِ وَتُذْخَرُ لِلأَمْرِ الكبيرِ الكبائرُ

«إِنْ جَتْ تِسْحَبْ عَلَى شَعْرَهْ، وِانْ وَلَّتْ تِقْطَعِ السَّلَاسِلْ» أي: إن أقبلت الدنيا يسرت لك العظيم، حتى تقوده إليك بشعرة. وإن ولَّت وأدبرت عسرته وقطعت سلاسلك دونه. وله قصة يروونها عن السُّلطان

حسن بن محمد بن قلاوون أحد ملوك الدولة التركية بمصر خلاصتها أنه لمَّا خُلِعَ من المُلْك هرب مع غلام له، وأوقر بغلًا بوقر من المال علقه على ظهره بسلاسل من ذهب، فلما عبرا النيل تقطعت السلاسل وغرق المال، ثم طَوَّفَ في البلاد ما طوف، وعاد يتحسَّسُ الأُمورَ، فَمَرَّ بذلك المكان الذي كان عبر منه وقَعَدَ يصطاد فعلق الشصُّ بحمل المال وأخرجه من الماء، فنطق بهذا المثل، واستدل بذلك على الإقبال بعد الإدبار، وسعى في طلب ملكه فأعيد إليه. والقصة لا أصل لها في التاريخ. وانظر في معناه: «المولية تقطع السلاسل.»

«إِنْ حَبِّتَكْ حَيَّهْ اطَّوَّقْ بَهَا» أي: إن أَحَبَّتْكَ حية لا تَخْشَ من أذاها وتطوقْ بها مطمئنًّا. يُضرَب في أن المؤذي إذا أحب وأخلص لا يؤذي مَنْ يُحِب. ويذهب بعضهم إلى أن المراد منه: كافئ على المحبة بالمحبة ولو كان المحب مؤذيًا طبعًا.

«إِنْ حَضَرِ الْعِيشْ يِبْقَى الْمِش شَبْرَقَهْ» المِشُّ (بكسر الميم وتشديد الشين المعجمية): الجُبْنُ القديم المخزون، وهو طعام رديء. والشبرقة يريدون به التَّمَتُّع بلذائذ الأطعمة الزائدة عن حاجة الشبع. والمراد: إذا حصل المرء على الخبز؛ أي: على الضروري من طعامه كفاه حتى يعد المش ونحوه زائدًا لا حاجة إليه؛ أي: في حكم ما يُتَفَكَّهُ به. يُضرَب للقناعة بما يقيم الأَوَد.

«إِنْ حَلَقْ جَارَكْ بِلِّ انْتَ» أي: إذا حلق جارك شعره أو لحيته بِلَّ أنت شعرك بالماء استعدادًا لحلقه. يُضرَب في وجوب الاعتبار بالغير والتنبه للنذر. وفي معناه قولهم: «إن شفت المزيِّن بيحلق لحية جارك صَبِّن لحيتك.» وسيأتي.

«إِنْ حِلِي لَكْ زَادَكْ كُلُهْ كُلُّهْ» انظر: «إن طاب لَكْ عيشَكْ كُلُهْ كُلُّهْ.»

«إِنْ خَانِقْتْ جَارَكْ إِبْقِيهْ وِإِنْ غَسَلْتْ تُوبَكْ إِنْقِيهْ» خانقت؛ أي: شاجرت، وأصله من الأخذ بالخناق عند المشاجرة. والمراد: إذا أغضبت جارك لا تبالغ إبقاءً على مودته للجوار. وأما ثوبك فبالغ في إنقائه وتطهيره من الدَّنَس إذا غسلته؛ أي: كن حكيمًا في وَضْعِ الأمورِ مواضِعَها.

«إِنْ خُرُبْ بِيتْ أَبُوكْ خُدْ لَكْ مِنُّهْ قَالِبْ» انظر: «إِنِ انْهَدَمْ بيت أخوك ...» إلخ.

«إِنْ خَسِّ الْمَلِيحْ يِسَاوِي النَّاسْ، وِانْ دِبْلِتِ الْوَرْدَهْ رَوَايِحْهَا فِيهَا» انظر: «إن دبل الورد ريحته فيه.»

«إِنْ خَسَّعِ الْحَجَرْ يِكُونِ الْعِيبْ مِنِ الْقَاعْدَهْ» الخِسِعْ (بكسرتين) يريدون به الرَّخْو الذي لا يحتمل، ثم اشتقوا منه فعلًا فقالوا: خَسَّع. والمراد: إن اختل البنيان فالعيب من قاعدته؛ أي: أُسُّه. وفي معناه: «إن كان في العمود عيب ...» إلخ.

«إِنْ خَفَّ السَّقِيلْ يِبْقَى طاعُونْ» السقيل: الثقيل. يريدون: إذا خفت روحه فغاية أمره أن يصير طاعونًا يصيب الناس، وهو مبالغة في ذمِّه، وهم يُكَنُّون عن الثقيل بالطاعون وبالحمى، فيقولون: فلان طاعون، وفلان حمى؛ أي: ثقيل جدًّا.

«إِنْ خُفْتْ مَا تْقُولْ وِإِنْ قُلْتْ مَا تْخَافْ» أي: إذا كنت تخشى مَغَبَّة قولك فمن الحزم أن تسكت وتدع القول، وأما إذا سبق السيف العذل وقلت، فمن العجز أن تظهر الخوف بعد ذلك.

«إِنْ دِبِلِ الْوَرْدْ رِيحْتُهْ فِيهْ» أي: مهما يَذْبُل الورد تبق رائحته فيه. ويرويه بعضهم: «إن خس المليح يساوي الناس، وإن دبلت الوردة روايحها فيها.» ومعنى خَسَّ عندهم: ضعف وهزل؛ لأن المليح يفوق غيره في الملاحة فإذا هزل لم يَشِنْهُ هُزاله. وغاية ما يصيبه أن يكون في مستوى غيره من الناس. ويُروَى: «تدبل الوردةْ وريحتها فيها.» وسيأتي في المثناة الفوقية.

«إِنْ دَخَلْتْ بَلَدْ تِعْبِدْ عِجْلْ حِش واطْعِمُهْ» أي: لا تتجاهر بالإنكار على قوم أجمعوا على أمر، بل وافقهم فيه وساعدهم عليه، فإنك لا تأمن شرَّهم إن خالفتهم وجبهتهم بالإنكار. وفي معناه قول فتح الله البيلوني من شعراء القرن الحادي عشر:

إِذَا ابْتُلِيتَ بِسُلْطَانٍ يَرَى حَسَنًا عبادةَ العِجْلِ قَدِّمْ نَحْوَهُ العَلَفَا

وفي كتاب «الآداب» لابن شمس الخلافة: «قارِب الناسَ في عقولهم تَسْلَمْ من غَوَائِلِهم.»

«إِنْ دِرِي جُوزِكْ بِغِيبْتِكْ كَمِّلِي يُومِكْ وِلِيلْتِكْ» أي: متى علم زوجك بغيبتك فقد قُضِيَ الأمر فَاسْتَمِرِّي فيما أنت فيه؛ لأن حضورك لا يبرئك عنده. يُضرَب للأمر وضح وظهر ولم يعد التَّسَتُّر يفيد فيه.

«إِنْ رَئِيتْ أَعْوَرْ عَبَرْ اِقْلِبْ حَجَرْ» أي: اقلب وراءه حجرًا حتى لا يعود، وكأنهم يريدون سدَّ عليه الطريق، وذلك لأنهم يرمونه بالخبث والمكر تحكمًا، كما يصفون كل ذي عاهة بالتجبر.

«إِنْ رُحْتْ لِلْمِشَنَّهْ خُدْ عَصَا وَيَّاكْ» المِشَنَّة (بكسر ففتح مع تشديد النون): طبق للخبز كبير يصنع من العيدان. ومعنى وياك: معك؛ أي: لا تَدَع الاحتراس ولو كنت ذاهبًا لطبق الخبز مع قربه منك في دارك وعدم وجود من يقاتلك عليه.

«إِنْ رُخْصِتِ اللَّحْمَهْ رُخْصِتِ الْكُرُوشْ» معناه: إذا رخص سعر الجيد رُخص كذلك سعر الرديء؛ أي: هما متفاوتان على كل حال.

«إِنْ رِدْتْ يِظْهَرْ غِشَّكْ مَا تِغْسِلْشْ وِشَّكْ» الوش: الوجه. والمراد من المثل: أن النظافة تُجَمِّل المنظر.

«إِنْ زَعَقِتِ الْكَرْكِيَّهْ اِرْمِ الْحَب وِعَلَّيّ» الكركي: طائر معروف؛ أي: إن ظهر هذا الطائر وصاح فهو أوانُ زرع الحَبِّ فَارْمِ حبَّك وابذره وعليَّ التبعة. وفي خطط المقريزي: «إن مجيء الكراكي إلى

أرض مصر يكون في شهر «بابة» من الشهور القبطية، وفيه تزرع الحبوب.»

«إِنْ سَبِّ النَّدْلْ في أَهْلُهْ لَا خِيرْ فِيهْ وَلَا في أَهْلُهْ» أي: إن سبَّ النذل أهله لم يأتِ شيئًا فريًّا؛ فإنهم أنذال مثله لا خير فيهم جميعًا.

«إِنْ سَبَقَكْ جَارَكْ بِالْحَرْتْ اِسْبَقُهْ بِالْمُحَايَاهْ» المحاياة عندهم: السقية الأولى يسقاها الزرع؛ أي: إذا سبقك جارك بحرث أرضه وبذرها، فاسبقه أنت بالسقْيِ يكبر زرعك ويصح. والمراد: إذا سبقك بوسيلة فاسبقه أنت بأخرى، وَلَا تَتَوَانَ في أمورك.

«إِنْ سِلِمِ الْمَارِسْ مِنِ الْحَارِسْ فَضْلْ مِنَ الله» المارس: الخط من الزرع. والمعنى: قبل أن نفكر في سلامته من اللصوص ينبغي لنا التفكرُ في سلامته من حارسه، فإنه إن سَلِم منه فذلك فضل من الله. يُضرَب في ضياع الأمانة. وانظر: «حاميها حراميها.» وأنشد ابن قتيبة في «عيون الأخبار» لعبد الله بن همام السلوني:

أَقِلِّي عَلَيَّ اللومَ يا أُمَّ مَالكٍ وَذِمِّي زَمَانًا سَادَ فيه الفَلَاقِسُ

وَسَاعٍ مع السُّلطانِ ليس بناصحٍ ومحترسٍ من مِثْلِهِ، وَهْوَ حَارِسُ

الفلاقس: البخلاء اللئام. وفي مادة «ح ر س» من اللسان: «وفي المثل: «محترس من مثله وهو حارس» يُقَال ذلك للرجل الذي يؤتمن على حفظ شيء لا يؤمن أن يخون فيه.» ومن أمثال العرب في هذا المعنى: «حفظًا من كَالِئِكَ» أي: احفظ نفسك ممن يحفظك. ومن طريف ما رأيته في كتاب «الوزراء والكتاب» للجهشياري أن عمر بن مهران كان يأمر الوكلاء والعمال الذين يعملون معه أن يكتبوا على الرواشم التي يرشمون بها الطعام: «اللهم احفظه ممن يحفظه.» والمراد بالطعام: البُرُّ، والروشم: خشبة مكتوبة بالنقر يختم بها كُدْس البر، وتسميها العامة الآن: «ختم الجرن.»

«إِنْ سَمُّوكْ حَرَامِي شَرْشَرْ مَنْجَلَكْ» الحرامي: اللصُّ؛ أي: إن رموك بالسرقة زورًا وبهتانًا فعليك بشَحْذ مِنْجَلِكَ واغتنام ما عندهم؛ فإنَّ تعففك لا يبرئُكَ ما داموا على هذا الاعتقاد. يُضرَب لمن يُرمى بأمر ليس فيه فتضطره كثرة اللجاجة إلى ركوبه.

«إِنْ شَاءَ الله اِللِّي خَدْهَا يِنْدِبِحْ بَهَا، قَالْ: إِيشْ عَرَّفَكْ إِنَّهَا سِكِّينَةْ؟!» يروون فيه أن لصًّا سرق سكينًا وسمع صاحبها يقول: قد سرق مني شيء، فقال مبرئًا لنفسه: عسى أن يُذْبَحَ بها من سرقها، فدل على أنه السارق. يُضرَب في قبح زلات اللسان، وقد يختصرونه ويقتصرون على قولهم: «إيش عرفك إنها سكينة؟!» وسيأتي ولكن لا يتضح معناه إلا بما هنا.

«**إن شَفْت أعْمَى دِبُّهْ، وَخُدْ عَشَاهْ مِنْ عِبُّهْ؛ مَا نْتَشْ أرْحَمْ مِنْ رَبُّهْ**» الشوف: الرؤية. والدَّبُّ هنا: الضرب. والعِبُّ (بكسر الأول): جيب القميص؛ أي: ما يلي الصدر منه، وكثيرًا ما يحملون فيه بعض الأشياء فيكون لهم كالعيبة، وليس المقصود الحض على الأذى، ولكن بيان ما يعتقدونه في أن ذوي العاهات يستحقونها.

«**إنْ شُفْت المِزَيِّنْ بِيِحْلَقْ لِحْيِةْ جَارَكْ صَبِّنْ لِحْيِتَكْ**» لا يعتبرون باللحية إلا في الأمثال ونحوها. ويقولون في غيرها: دقن. ومعنى شفت: رأيت. والمزين (بكسر أوله والصواب ضمه): يريدون به الحلاق. والمعنى: إن رأيت الحلاق يحلق لحية جارك تهيَّأ أنت لحلق لحيتك واغمرها بالصابون، فقد يقع لك ما وقع له. يُضرَب في وجوب الاعتبار بالغير والتنبه للنذر. وهو كقول القائل:

مَنْ حُلِقَتْ لِحْيَةُ جَارٍ لَهُ فَلْيَصُب الماءَ عَلَى لِحْيَتِهْ

وفي معناه قولهم: «إن حلق جارك بِل أنت.» وقد تقدَّم.

«**إنْ شُفْتْ مِنْ جُوَّهْ بْكِيتْ لَمَّا عْمِيتْ**» جوه أو جوا (بضم الأول): داخل الشيء. والعرب تطلق الجَو (بفتح الأول) على داخل البيت وتقول فيه: الجواني أيضًا. والمراد: لا يَغُرَّنَّك الظاهر، فإنك لو رأيت داخل البيت لبكيت لأهله شفقةً ورحمةً لمَا هم فيه من سوء الحال. وانظر في معناه: «ما يعجبك الباب وتزويقه ...» إلخ.

«**إنْ صُبُرْتُمْ نُلْتُمْ وِأَمْرَ اللهْ نَافِذْ، وِانْ مَا صْبُرْتُمْ قُبُرْتُمْ وِأَمْرَ اللهْ نَافِذْ**» أي: أمرُ الله نافذ على كل حال، فالصبر على ما قدَّره والرضا به أولى.

«**إنْ ضِحِكْ سِنِّي حَيَا مِنِّي، وِانْ ضِحِكْ قَلْبِي عَتَبِي عَلِيهْ**» أي: إن ضحك فمي في مصيبتي، فذلك حياء مني ومجاراة للناس لا سرورًا وانشراحًا، وإنما العتب على القلب؛ لأنه موضع السرور والحزن، ولا عبرة بالظواهر. وانظر في الباء الموحدة: «البُق أهبل.» وفي الضاد المعجمة: «الضحك ع الشفاتير ...» إلخ. وانظر في الواو: «الوش مزين والقلب حزين.»

«**إنْ طَابْ لَكْ طَابْ لَكْ، وِانْ مَا طَابْ لَكْ حَوِّلْ طَبْلَكْ**» يريدون التجنيس بين طاب لك وطبلك؛ أي: إن طاب لك الشيء واستقام لك فبها ونعمت، وعليك أن تلزم حالتك وترضى، وإن لم يطب لك اقرع طبلك لغيره؛ أي: حَوِّل اهتمامك لجهة أخرى.

«**إنْ طَابْ لَكْ عِيشَكْ كُلُهْ كُلُّهْ**» يُضرَب لاغتنام الفرصة تسنح في الشيء. ويُروَى: «إن حِلِي لك زادك.» والأكثر الأول؛ أي: إذا استطبت خبزك كُلْ واغتنم الفرصة فيه، فإنها لا تتاح لك في كل وقت، فهو في معنى قول القائل:

إذَا هَبَّتْ رِيَاحُكَ فَاغْتَنِمْهَا فَإنَّ الْخَافِقَاتِ لَهَا سُكُونُ

وَإِنْ دَرَّتْ نِيَاقُكَ فَاحْتَلِبْهَا فَمَا تَدْرِي الْفَصِيلُ لِمَنْ يَكُونُ

هكذا يَرْوِي البيتين بعضُهم، وأوردهما الراغب في باب «حث الوالي على ادِّخار الإحسان» من محاضراته، فروى البيت الثاني:

وَلَا تَزْهَدْ عَنِ الْإِحْسَانِ فِيهَا فَمَا تَدْرِي السُّكُونُ مَتَى يَكُونُ

ويُرْوَى عَجُزُ البيت الأول: «فَإِنَّ لِكُلِّ خَافِقَةٍ سُكُونُ.» قال الخفاجي في شفاء الغليل: «اِسم إن فيه ضمير شأن مقدر.»

«إِنْ طَارْ قَد مَا طَارْ يِفْضَلْ مِنُّهْ قِنْطَارْ» أي: مهما يذهب منه وينقص، فإن الباقي كثير. يُضرَب للمرأة الجميلة تشيخ وفيها بقية.

«إِنْ طُلْتْ بِرِدْ اِلْحَسْ» أي: إن نالت يدك الطعام البارد الْحَسْهُ ولا تنتظر السخين، فربما فاتك هذا وذاك. يُضرَب لاغتنام ما تَهَيَّأَ على عِلَّاته.

«إِنْ طُلْتَهَا قَطَّعْ إِزَارْهَا، قَالْ: رَكَّكْ عَلَى لَمِّ الشَّمْلْ» انظر: «إن لقيتها قطع إزارها ...» إلخ.

«إِنْ طِلِعْ مِنِ الْخَشَبْ مَاشَهْ يِطْلَعْ مِنِ الْفَلَّاحْ بَاشَا» الماشه: شبه كلبتين تُقْتَبَس بهما النار، وتعمل عادة من الحديد أو النحاس، فإن عملت من الخشب لا تصلح؛ لأنها تحترق؛ أي: لا يصلح الفلاح لأن يكون باشا، كما لا يصلح عمل الماشة من الخشب، وهو من تنديد أهل المدن بالفلاحين، والواقع خلافه. وانظر قولهم: «عمر الفلاح إن فلح» و«الفلاح مهما اترقى ما ترحش منه الدقة.»

«إِنْ عَادِتْ تْعُودْ حُطِّ فِيهَا عُودْ» أي: إن عادت هذه الفعلة منا مرة أخرى اغرز فيها عودًا. يريدون عاقب بما يبدو لك وافعل ما تشاء.

«إِنْ عَاشِتِ الرَّاسْ تِعْرَفْ غَرِيمْهَا مِينْ» المراد: إذا عاش المرء فسوف يعرف غريمه. يُضرَب في المكروه يصيب الشخص ويخفى عليه مسبِّبُه.

«إِنْ عَاشِ الْعُودْ اِلْجِسْمِ يْعُودْ» المراد بالعود: هيكل المرء وجثمانه؛ أي: إن كتب الله له الحياة فلا عبرة بالهزال، فسيعود له جسمه وسمنه إذا برأ من مرضه وخَلُصَ.

«إِنْ عَاشُوا أَكَلُوا الدِّبَّانْ وِانْ مَاتُوا مَا يْلَاقُوشِ الْأَكْفَانْ» أي: في حياتهم لا يجدون من الطعام غير الذباب، وفي موتهم لا يجدون الأكفان. يُضرَب في شرح حال الفقير المُعْدَم في حياته وموته.

«إِنْ عِشِقْتِ اعْشَقْ قَمَرْ وِانْ سَرَقْتِ اِسْرَقْ جَمَلْ» الإتيان بالراء واللام في السجع من العيوب المذكورة في علم القوافي. والمعنى: إذا كنت مرتكبًا ما تُلَام عليه فليكن إقدامك فيه على العظيم الذي يستحق أن تتحمل فيه الملام. وانظر: «اعشق غزال وَالَّا فضها.»

«**إِنْ عَضِّنِي الْكَلْبْ مَا لِيشْ نَابْ أعُضَّهْ، وإنْ سَبِّنِي النَدْلْ مَا لِيشْ لِسَانْ أسِبُّهْ**» معناه ظاهر. والمراد: إني عاجز عن مقابلة السَّفَه بمثله، فليقل السَّفِيهُ ما شاء ولينهش في عِرْضِي كما يشاء.

«**إِنْ عَمَلْتْ خِيرْ مَا تْشَاوِرْ**» حكمة جرت مجرى الأمثال؛ أي: إذا عزمت على عمل الخير فأقدم ولا تستشر أحدًا في عمله.

«**إِنْ عَمَلْتْ خِيرْ النُّومْ أَخْيَرْ**» يُضرَب في الحالة التي يفضل فيها النوم. وقد قالوا أيضًا: «الأيام الزفت فايدتها النوم.» وهو أوضح معنًى.

«**إِنْ عَمَلْ وَلَّا مَا عَمَلْ مَتْعُوسْ وِخَايِبِ الْأَمَلْ**» أي: إن عمل أو لم يعمل فهو في نظرهم مذموم غَيْرُ مَرْضِيٍّ عنه لا يجني من عمله إلا التعاسة وخيبة الأمل. يُضرَب لسيئ الحظ عند قوم لا يقيمون له وزنًا قام بما عليه أو لم يَقُمْ.

«**إِنْ غَابْ مِرْسَالَكْ اِسْتَرْجَاهْ**» المِرْسَال (بكسر أوله): المُرْسَل في أمر؛ أي: الرسول. والمعنى: إذا أبطأ رسولك فارْجُ الخيرَ من إبطائه؛ فقد لا يكون لإتمام المقصود. ولبعض المولَّدين:

وَفِي الْأَمْثَالِ قَدْ قَالُوا حَقِيقًاإِذَا أَبْطَأَ رَسُولُكَ فَارْتَجِيهِ

«**إِنْ فَاتَتَكِ الْوِسِيَّهْ اِتْمَرَّغْ فِي تْرَابْهَا**» الوسية: محرفة من الأوسية، وأصلها من اللغة المصرية القديمة، وتُطلق الآن على دسكرة صاحب المزرعة ومَنْ فيها من المستخدمين، وما فيها من الماشية ونحوها، وكانت بمنزلة الحكومة للزرَّاع. ولا يكاد هذا المَثَل يُضرَب الآن لتغير الأحوال.

«**إِنْ فَاتَكِ الْبَجُورْ اِرْكَبْ صِعِيدِي**» البَجُور (بفتح فضم): من كلام الريف، وهو البابور عند غيرهم. والمراد: قطار البخار المعروف. والصعيدي: يطلقونه على قطار يسافر ليلًا من الريف؛ أي: الوجه البحري ليدرك القطار المسافر في الصباح من القاهرة إلى الصعيد؛ أي: لا يقعدك فوات الأمر في أوائله عن السعي في إدراك أواخره.

«**إِنْ فَاتَكِ الْبَدْرِي شَلَّحْ وِاجْرِي**» أي: إن سبقك من بكَّر بالذهاب فلا تيأسْ، بل شَمِّر ثيابك وأسرعْ، فإنك تدركه. يُضرَب للجدِّ في الأمر.

«**إِنْ فَاتَكْ عَامْ اِتْرَجَّى غِيرُهْ**» يُضرَب لعدم اليأس عند فوات المقصود؛ أي: إن لم يُقْبِل عامك عليك بخيره فلا تيأس وارْجُ الخير في سواه.

«**إِنْ فَاتَكْ لَبَنِ الْكَنْدُوزْ عَلِيكْ بِلَبَنِ الْكُوزْ**» الكندوز (بفتح فسكون): عندهم الأُنْثى من الجاموس التي لم تحمل في سنتها؛ أي: إن فاتك اللبن منها فعليك بلبن كوز الذرة، فإنه يغنيك عنه ويقوم مقامه في غذائك، يقصدون بذلك مدحه. يُضرَب للشيء يقوم مقام الشيء وإن يكن دونه.

«إنْ فاتَكِ الْمِيرِي اتْمَرَّغ فِي تْرَابُهْ» المِيرِي صوابه الأميري، ويريدون به الدولة ومناصبها؛ أي: إذا فاتك الاستخدام في هذه المناصب فلا تفتها أنت ولو بالتمرغ في ترابها، فإن العز فيها لا في سواها، وهو مما قيل في زمن كانوا لا يكبرون به إلا الحكام لسطوتهم واستبدادهم.

«إنْ كَانْ لَكْ دَفَّهْ خُش وِادَّفَّى.»

«إنْ فَعَلْتْ مَا تْقُولْ وِانْ قُلْتْ مَا تِفْعَلْ» أي: ما تظهره خلاف ما تبطنه. يُضرَب في هذا المعنى.

«إنْ قَالْ لَكْ: إلْحَرَامِي عَ الْبَابْ نَامْ وَطَرْطَرْ رِجْلِيكْ» يُضرَب للكذوب لَا يُصَدَّقُ في شيء؛ أي: إن قال لك: إن اللص على بابك فلا تصدقه ونم آمنًا رافعًا قدميك؛ أي: غير مكترث.

«إنْ قَرْقَضِ الْكَلْبْ عَصَاتُهْ لَيْسَ بِالنِّعَمْ يُجُودْ» أي: إن قَرَضَ الكَلب من جوعه عصا هذا البخيل فما هو بمُشْفِقٍ عليه؛ لأن الجود ليس من طبعه، وهم لا يستعملون «ليس» إلا في الأمثال ونحوها. يُضرَب للشديد البُخْل.

«إنْ كَانِ اللِّي بْيِكَلِّمْ مَجْنُونْ يِكُونِ الْمِسْتِمِعْ عَاقِلْ» أي: ينبغي أن يُوزَنَ الكلام بميزان العقل فلا يؤخذ كل ما يُقَال على عواهنه، فإن كان المتكلم مجنونًا فليكن السامع عاقلًا ناقدًا.

«إنْ كَانْ بِدَّكْ تِشُوفِ الدِّنْيَا بَعْد عِينَكْ شُوفْهَا بَعْد غِيرَكْ» بدك يريدون به: بودك؛ أي: إذا أردت أن ترى ما يفعل بعد موتك فانظر إلى ما فعل بعد موت غيرك تعلم.

«إنْ كَانْ بِدَّكْ تُصُونِ الْعِرْضِ وِتْلِمُّهْ جَوِّزِ الْبِنْتْ لِلِّي عِينْهَا مِنُّهْ» فيه الجمع بين الميم والنون في السجع، وهو عيب. ومعنى بِدَّك: بودك؛ أي: زَوِّجْ بنتك بمن أرادته تَصُنْهَا.

«إنْ كَانْ بِدَّكْ تِضْحَكْ عَلَى الاسْمَرْ لَبِّسُهْ أَحْمَرْ» بدك: أصله بودك؛ أي: إن كنت تريد الضحك على أسمر اللون ألبسه ثوبًا أحمر؛ لأنه لا يوافق لونه فيصير به سخرية وهزءًا.

«إنْ كَانْ بِدَّكْ تِعْرَفِ ابْنَكْ وِتْسِيسُهْ إعْرَفُهْ مِنْ جَلِيسُهْ» بدك: يريدون به بودك؛ أي: إن كنتَ تَوَدُّ أن تعرف ما عليه ولدُك فانظر إلى من يجالسُه ويُصاحبه تعرف أخلاقه منه. وانظر في معناه قولهم: «من عاشر السعيد يسعد ومن عاشر المتلوم يتلم.» وسيأتي في الميم. وقولهم: «أُربط الحمار جنب رفيقه ...» إلخ. وقد تقدم. وهو كقول القائل:

عَنِ المَرْءِ لَا تَسْأَلْ وَسَلْ عَنْ قَرِينِه فَكُلُّ قَرِينٍ بِالمُقَارِنِ يَقْتَدِي

وللأقيشر الأسدي:

إنْ كُنْتَ تَبْغِي العلمَ أو أهلَهُ أو شاهدًا يُخْبِرُ عَنْ غَائِبِ

فَاخْتَبِرِ الْأَرْضَ بِأَسْمَائِهَا واعْتَبِرِ الصَّاحِبَ بِالصَّاحِبِ

رواهما له ابن شمس الخلافة في كتاب «الآداب» وروى لآخر: «مَنْ ذَا الذي يخفى عليك إِذَا نَظَرْتَ إلى قَرِينِه؟!»

وفي «المخلاة» لبهاء الدين العاملي: «الأخ مرآة أخيه.» ومن أمثال فصحاء المولَّدين رواها الميداني: «يُظَنُّ بالمَرْءِ مِثْل ما يُظَنُّ بِقَرِينِهِ.» وقال عنه: مثل قولهم:

عَنِ الْمَرْءِ لَا تَسْأَلْ وَأَبْصِرْ قَرِينَهُ

«إِنْ كَانْ بِدَّكْ تِنْكِيهْ اُسْكُتْ وِخَلِّيهْ» تنكيه؛ أي: تغيظه وتغلبه، فإن أردت ذلك بالسفيه فاسكت عنه واتركه ولا تُجِبْهُ، فهو كقول القائل:

إِذَا نَطَقَ السَّفِيهُ فَلَا تُجِبْهُفَخَيْرٌ مِنْ إِجَابَتِهِ السُّكُوتُ

فَإِنْ كَلَّمْتَهُ فَرَّجْتَ عَنْهُ وَإِنْ خَلَّيْتَهُ كَمَدًا يَمُوتُ

«إِنْ كَانْ بَيَاضِي عَ اللِّيفَهْ دِي تَعْنِيفَهْ، وِإِنْ كَانْ بَيَاضِي عَ الصَّابُونْ دَا حَالْ يُطُولْ» الجمع بين الصابون ويطول عيب في السجع؛ أي: إن كان بياض لوني متوقفًا على تنظيف جسمي بالليفة ففيه ما فيه من التعنيف؛ أي: المشقة، وإن كان متوقفًا على الصابون والغسل به فهو شيء يطول بلا نتيجة، وإنما خلقة. يُضْرَب للاشتغال بأمر لا ينتج المقصود.

«إِنْ كَانْ جَارَكْ بَلَا حُك بُهْ جِسْمَكْ» يُضرَب في الحث على مُحَاسَنَة الجار؛ أي: إن كان جارك في رداءته كالمرض فلا تجتنبه وعاشرْه على عِلَّاته.

«إِنْ كَانْ جَارَكْ فِي خِيرْ اِفْرَحْ لُهْ» أي: من المروءة أن تُسَرَّ من ذلك، وقد يزيدون بعده قولهم: «إن ما جاك منه كفاك شره.» فيكون المراد: سر من ذلك؛ لأنك إن لم تصب من خيره كفيت به شر الطلب.

«إِنْ كَانِ الدُّعَا بِيجُوزْ مَا خَلَّى صَبِي وَلَا عَجُوزْ» أي: ليست الأمور موقوفة على دعوات الناس، ولو أن الدعوات كلها مستجابة ما بَقِيَ على الأرض دَيَّار. ويُرْوَى بلفظ «لو» بدل «إن» وهو الأكثر. وانظر: «الدُّعَا زَيِّ الطُّوب ...» إلخ.

«إِنْ كَانِ الرَّاجِلْ بَحْرْ تُكُونِ الْمَرَهْ جِسْرْ» المراد بالبحر: النهر العظيم. وبالجسر: الجُرف يقام بجانبي النهر؛ أي: إن كان الرجل في طغيانه وسوء خلقه كالنهر يُخْشَى منه فلتكن المرأة العاقلة المدبرة كالجسر له تمنع أذاه وتَكْبَحُ جماحه بحسن سياستها، كما يمنع الجسر مياه النهر من الفيضان وإغراق الحقول.

«إِنْ كَانِ الرَّاجِلْ غولْ مَا يَكَلْشِ امْرَاتَهْ» أي: إذا كان الرجل غولًا لا يأكل زوجته. والمراد: مهما يكن فظًّا شريرًا مع الناس لا يضرها.

«إِنْ كَانْ زَرْعَكْ اسْتَوَى بَادِرْ بِحَصْدُهْ» أي: لا تفرط ولا تتهاون فيما تَهَيَّأَ من أمورك.

«إِنْ كَانْ زِيَارْتُهْ خَص لَا جَهْ وَلَا بَص» الخصُّ: الخس، وهو نوع من البقول. والمراد بالزيارة: الزيارة بالهدية. وبص؛ أي: نظر. والمعنى: إن كانت هديته خسًّا فلسنا في حاجة إلى مجيئه ونظره إلينا. يُضرَب في الهدية التافهة.

«إِنْ كَانْ صَاحْبَكْ عَسَلْ مَا تِلْحَسُوشْ كُلُّهْ» المراد: إن آنست لينا وموافقة من صاحبك فلا ترهقه بكثرة المطالب حتى تأتي على ما عنده. يُضرَب لمن يتجاوز الحدود إن رأى لينًا وموافقة. وقد أورده الأبشيهي في المستطرف برواية: «إذا كان صاحبك عسل لا تلحسه كله.»

«إِنْ كَانْ طَبَّاخَكْ جِعِيصْ لَا تِنْمَنْ مِنِ الْقَرَفْ» الجعيص: العظيم. والقرف: التَّقَزُّز؛ أي: مهما يكن طباخُك عظيمًا كبير العناية بنظافة المأكول، فإنك لا تأمن من أن تجد في طعامك ما تتقزز منه نفسك. يُضرَب في أن الخطأ أو السهو ليسا ببعيدين عن أحد وإن اشتُهر بإتقان عمله.

«إِنْ كَانْ فِي إِيدَكْ حِنَّهْ أجْلُطْهَا لأَقْرَبِ النَّاسْ إِلِيكْ» الإيد: اليد، والحنة: الحناء التي تخضب بها الكفوف. والجلط: الكشط، وهو فصيح؛ أي: صل أقاربك حتى بخضاب كفك إذا استطعت كشطه، وهو مبالغة في الحث على بِرِّهِمْ. والمراد: الأقربون أولى بالمعروف.

«إِنْ كَانْ فِي الْعَمُودْ عِيبْ يُكُونْ الأَسَاسْ فِي الْقَاعْدَهْ» أي: إذا اختل العمود وظهر فيه عيب، فإن السبب في قاعدته؛ فإنها لو كانت متينة لَمَا اختل بناؤُه. والمراد بالأساس: أساس العيب، وأصله؛ أي: سببه؛ أي: الشيء تابع لأصله ومشبه له؛ لأنه يرتكز عليه. وانظر: «إن خسَّع الحجر يكون العيب من القاعدة.»

«إِنْ كَانْ فِي وسْطَكْ حِزَامْ حِلُّهْ» أي: إن كان في وسعك فعلُ أمر فافعلْه. ويُروَى: «لباس» بدل حزام، ومعناه عندهم السِّروال لا مطلقُ ما يُلْبَس.

«إِنْ كَانِ الْكِدْبْ حِجَّهْ يُكُونِ الصِّدْقْ أَنْجَى» يُضرَب في التحذير من الكذب والحث على الصدق، وهو من قول العرب في أمثالها: «إِنْ كَذِبٌ نَجَّى فَصِدْقٌ أَخْلَقُ.» أي: إن نَجَّى كذب فصدق أجدر وأولى بالتنجية.

«إِنْ كَانْ لِجَارِي مَا يِهْنَالِي» أي: إذا كان الشيء لجاري؛ أي: لأقرب الناس مني، فإنه لا يهنأ لي وإنما أهنأ بما أملك.

«إِنْ كَانْ لِقَلْعَكْ رِيحْ اَنْفضَهْ» أي: أنت أبصر بمصلحتك وأعرف بأمورك، فإن صادفت ريحًا تُسَيِّرُ سفينتك فانشر قلعك لها وافعل ما فيه مصلحتك.

«إِنْ كَانْ لَكْ حَاجَهْ عَنْدْ كَلْبْ قُولْ لُهْ يَا سِيدْ» السِّيد (بكسر أوله): يريدون به السَّيِّد؛ أي: إن كانت حاجتك عند وضيع فخاطبه بالسيادة وعظِّمْهُ؛ لأنك مضطر لذلك. ويرويه بعضهم: «إن كان لك عند الكلب حاجه ...» إلخ. وفي رواية: «إن كان لك عند العويل حاجة قول له ياعم.»

«إِنْ كَانْ لَكْ عِمَامَهْ طَرِيقِ السَّلَامَهْ.»

«إِنْ كَانْ لَكْ عَنْدِ الْعَوِيلْ حَاجَهْ قُولْ لُهْ يَاعَم» انظر: «إن كان لك حاجة عند كلب قول له يا سيد.»

«إِنْ كَانْ لَكْ قَرِيبْ لَا تْشَارْكُهْ وَلَا تْنَاسْبُهْ» وذلك إبقاءً على مودته؛ لأن المشاركة والمصاهرة لا يُؤْمَنُ فيهما من الخلاف. وفي معناه قولهم: «خد من الزَّرايب ولا تاخد من القرايب.» وقولهم: «الدخان القريب يعمي.» وقالوا في عكسه: «آخد ابن عمي واتغطَّى بكُمِّي.» وقالوا: «نار القريب ولا جنة الغريب.»

«إِنْ كَانْ لِكْ مَرَهْ خُشِّي، وِإِنْ كَانْ لِكْ رَاجِلْ اُخْرُجِي» أي: إذا كان لك في الدار قريبة فادخليها؛ أي: إن كانت صاحبة الدار قريبتك فادخلي، فإنك تجدين الرحب والسعة، وأما إذا كنت قريبة الرجل؛ أي الزوج، فلا تدخلي، بل إذا كنت فيها فبادري بالخروج؛ لأن الزوجة تُبْغِضُ أقارب زوجها ولا تسر بزيارتهم. ويُرْوَى بالخطاب للمذكر والمعنى واحد. وانظر في معناه: «اِللِّي لها طرحةْ تخش بفرحةْ.» وقد تقدم.

«إِنْ كَانْ يِطُولْ شِبْرْ يِقْطَعْ عَشَرَهْ» أي: إن استطاع أن ينال من جسمي شبرًا فليقطع عشرة أشبار، ولكنه عاجز ليس في مقدوره غير التهديد والوعيد والتعلق بالمنال البعيد. يُضرَب لمن يتوعد بالأذى، وهو عاجز عنه.

«إِنْ كَانِتِ الْبِيضَهْ لَهَا وِدْنِينْ يِشِيلُوهَا اتْنِينْ» الودن عندهم (بكسر فسكون): الأذن. يُضرَب في مدح التعاون وكونه أحكمَ للأمور؛ أي: لو كانت البيضة على صغرها وخفة حجمها لها أذنان كأذني الجوالق، لَحَقَّ أن يرفعها اثنان ويتعاونا على حملها. ويرويه بعضهم: «لو كان للبيضة ودنين كان يشيلها اتنين.»

«إِنْ كَانِتِ الْمَيَّهْ تْرُوبْ تِبْقَى الْفَاجْرَهْ تْتُوبْ» أي: إن كان الماء يَصِحُّ أن يروب كاللبن — وهو مستحيل — فإنَّا نصدِّق بتوبة الفاجرة، و«تبقى» معناها: تصير.

«إِنْ كَانِتْ نَدِّتْ كَانِتْ نَدِّتْ مِنِ الْعَصْرْ» التنديه عندهم: أن تمطر السماء رذاذًا. والمعنى: لو كانت أمطرت ليلًا لكانت ظهرت مقدمات ذلك أو علاماته من العصر. يُضرَب في أن لكل أمر مقدمات

وعلاماتٍ يُستَدَلّ منها عليه. وفي رواية: «لو كانت» بدل «إن كانت.»

«إنْ كِبِر ابْنَكْ خَاوِيهْ» أي: آخِ ولدك إذا كبر وعامله معاملة القرين. وقد قالوا في معناه: «مسير الابن ما يبقى جار.» وسيأتي في الميم.

«إنْ كُتُرْ شُغْلَكْ فَرَّقُهْ عَلَى الأَيَّامْ» لأن ما لا تستطيع عمله في يوم تستطيع عمله في أيام إذا فرَّقْتَهُ عليها.

«إنْ كَلْتِ الرُّمَّانْ اِفْرِدْ حِجْرَكْ وِانْ كَلْتِ الْبَطِّيخْ لِمّ هْدُومَكْ» المعنى: انْشُرْ حُجْزَتك؛ أي: طرف ثوبك عند أكل الرمان ولا تَخْشَ منه عليه؛ لأن ما ينفرط منه لا يتلفه، وأما إذا أكلت البطيخ فاخش منه وضمَّ ثوبك؛ لأنه كثير الماء، فإذا أصابه أتلفه. والمراد: لا تَخْشَ من الصالح واخْشَ من الطالح. والهُدوم (بضم الأول): جمع هِدمة بالكسر، ومعناها عندهم: الثوب.

«إنْ كُنْتْ عَ الْبِيرْ اِصْرِفْ بِتَدْبِيرْ» أي: اقتصد ولا تَغْتَرَّ بالسَّعة ولو كنت مستمدًّا من بئر لا يغور ماؤها. ويُروَى: «المَيَّه في البير تحبِّ التدبير.» والمعنى واحد.

«إنْ كُنْتْ فَلَّاحْ وِلِكْ مَقْدَرَهْ عَلِّي عَلَى فَحْلَكْ مِنْ وَرَا» أي: إن كنت فلاحًا مقتدرًا متقنًا لفلاحتك فاجعل أول الجدول في مزرعتك أعلى من آخره ليسهل انحدار الماء فيه. والفَحْل (بفتح فسكون): الجدول في المزرعة، وهو من أمثال الريف.

«إنْ كُنْتْ كَدَّابِ افْتِكِرْ» معناه ظاهر، ولله دَرُّ من قال:

تَكْذِبُ الْكِذْبَةَ عَمْدًا ثُمَّ تَنْسَاهَا قَرِيبَا

كُنْ ذَكُورًا يَا أَبَا يَحْـيَى إِذَا كُنْتَ كَذُوبَا

وقال آخر:

وَمِنْ آفَةِ الْكَذَّابِ نِسْيَانُ كِذْبِهِ وَتَلْقَاهُ ذَا دَهْيٍ إِذَا كَانَ كَاذِبَا

ومن أمثال العرب: «إِنْ كُنْتَ كَذُوبًا فَكُنْ ذَكُورًا.» قال الميداني: يُضرَب للرجُل يكذب، ثم ينسى فيُحدِّث بخلاف ذلك.

«إنْ كُنْتُم اخْوَاتْ اِتْحَاسْبُمْ» أي: تحاسبوا ولو كنتم إخْوَةً، فذلك أدعى لرفع الشقاق بعد ذلك. وفي معناه من أمثال العامة القديمة: «تعاشروا كالإخوان وتعاملوا كالأجانب.» رواه البهاء العاملي في «الكشكول» والأبشيهي في «المستطرف».

«إِنْ كُنْتَمْ سَكَارَى عِدّوا الّجُرَرْ» الجُرَر (بضم ففتح) يريدون بها جمع جَرَّة للوعاء المعروف. يُضرَب عند الاختلاف في شيء وفي اليد عده والاهتداء إلى حقيقته.

«إِنْ كُنْتُمْ نِسِيتُمْ اِللّي جَرَى هَاتُوا الدَّفَاتِرْ تِنْقَرَا» أي: إن كنتم نسيتم ما وقع وتجاهلتموه فانظروا قليلًا في دفاتر الماضي تجدوه فيها. والمراد: إن نسيتم أنتم، فإن غَيْرَكُم لم يَنْسَ.

«إِنْ لِبْسِتْ خِيشَهْ بَرْضَهَا عِيشَهْ» برضه: كلُّهم يستعملونها بمعنى: أيضًا، وبمعنى: لم يَزَلْ. والخيش (بالإمالة): نسيج غليظ تُعْمَل منه الغرائر ومخالي الدواب وغيرها. وعيشة (بالإمالة): عائشة؛ أي: إن لبست الثياب الرديئة بحكم تَقَلُّب الدهر، فإنها لم تزل عائشة التي كنا نعرفها بمجدها وسجاياها لم تُشِنْها هذه الثياب، ولم يُزْرِ بِحَسَبِهَا الفقرُ. انظر في معناه: «إن لبسوا الردية ...» إلخ. وقولهم: «اِلْفَرَسِ الأصلية ما يْعِيبْهَا جْلَالْهَا.»

«إِنْ لِبْسُوا الرِّدِيَّهْ هُمَّا الْعُرُنْبِيَّهْ وِانْ لِبْسُوا الْمَخَالِي هُمَّا الْعَوَالِي» الرِّدِيه (بكسرتين): الرديئة. والمراد: الثياب البالية. والعُرُنبية (بضمتين فسكون): جمع عُرُنْبِي، وهو عندهم العظيم الماجد. والمخالي «جمع مخلة»: وهي المخلاة التي تعلف بها الدواب، وتكون عادة من نسيج دون غليظ لا يصلح للثياب؛ أي: لم تَزْرِ ثيابهم البالية بنفوسهم العالية. وفي معناه قولهم: «إن لبست خيشةْ برضها عيشةْ.» وقولهم: «الفرس الأصيلة ما يعيبها جلالها.» ولابن بسام في المعنى:

فَلَا تَتَهَزَّئِي إِنْ رَثَّ بُرْدٌ وَلَا تَسْتَنْكِرِي دُبْرَ الْقَلُوصِ

فَكَمْ مِنْ مُوسِرٍ لَا خَيْرَ فِيهِ وَكَمْ مِنْ مَاجِدٍ خَلَقِ الْقَمِيصِ

وقال أبو عثمان الخالدي:

يَا هَذِهِ إِنْ رُحْتِ فِيخَلَقٍ فَمَا فِي ذَاكَ عَارُ

هَذِي الْمُدَامُ هِيَ الْحَيَاةُ قَمِيصُهَا خَزَفٌ وَقَارُ

ولإبراهيم بن هرمة:

عَجِبَتْ أُثَيْلَةُ أَنْ رَأَتْنِي مُخْلَقًا ثَكِلَتْكِ أُمُّكِ أَيُّ ذَاكَ يَرُوعُ

قَدْ يُدْرِكُ الشَّرَفَ الْفَتَى وَرِدَاؤُهُ خَلَقٌ وَجَيبُ قَمِيصِهِ مَرْقُوعُ

«إِنْ لَبِّسُوا الْكَلْبِ الْكَشْمِيرْ وَمَشُّوهْ فِي النَّقَّارَهْ مَا يِنْسَاشْ قُولِةْ كِشْكِشْ وَلَا نْيَامُهْ فِي الْخَرَّارَهْ» الكشمير؛ أي: المطرف من صنع بلاد الكشمير، وهو من أجود أنواع المطارف وأغلاها. والنَّقَّارَة: يريدون طبول الموكب. وكشكش: دعاء للكلب. والخرارة: كالبركة للقاذورات؛ أي: مهما يَعْلُ الوضيعُ، فإنه لا يَنْسَى ما كان فيه.

«إنْ لَقَاك الْمِلِيحْ تَمِّنَهْ» يريدون البهيم الجيِّد؛ أي: إذا رأيته فَقَوِّمْهُ بقيمته ولا تخفْ من غلاء ثمنه؛ لأنه أنفع لك من الضعيف الرخيص، فهو في معنى المثل الآخر: «الغالي تمنه فيه.» وسيأتي في الغين المعجمة. وانظر في الميم: «ما يغرك رخصه ترمي نصه.» وانظر: «إن لقيت الغالي ...» إلخ. وانظر أيضًا: «خد المليح واستريح.»

«إنْ لِقِيتِ الْغَالِي فِي السُّوقْ تَمِّنُهْ وِالْبِيعَهْ مَا فِيهَاشْ مَكْسَبْ» ويُروَى: «زوده» بدل تَمِّنه؛ أي: زِدْ في ثَمَنِهِ ولا تُحْجِمْ عن شرائه؛ فهو مطلوب تربح فيه إذا بعته، بخلاف الرخيص الرديء. وفي معناه قولهم: «الغالي تمنه فيه.» وسيأتي في الغين المعجمة. وانظر: «إن لقاك المليح تمنه.» ومن أمثال العرب في هذا المعنى: «إذا اشْتَرَيْتَ فاذْكُرِ السُّوقَ.» يعني إذا اشتريت فاذكر البيع لتجتنب العيوب. وقالوا أيضًا: «اشْتَرِ لنفسِك وللسُّوق.» أي: اشتر ما ينفق عليك إذا بعته.

«إنْ لِقِيتْهَا قَطَّعْ إزَارْهَا، قَالْ: الدُّورَهْ وَالرَّك عَلَى لَمِّ الشَّمْلْ» الدورة من الدوران؛ أي: السعي للبحث. والمراد: إني أدور وأبحث عنها؛ لأن تقطيع إزارها متوقف على اجتماعي بها. ولكن أين هي حتى أفعل بها ذلك؟! يُضرَب لمن يُكَلَّف بأمر ليس في يده ولم يصل إليه بعد. ويُروَى: «إن طلتها قطع إزارها، قال: ركك على لم الشمل.» والمعنى واحد. ومعنى طُلْتَها: أدركتها. والرَّكُّ (بفتح الأول وتشديد الثاني): الشيء يستند عليه.

«إنْ لَقِيتِي بَخْتِكْ فِي حِجْرْ أُخْتِكْ خُدِيهْ وِاجْرِي» البخت: الحظ. والمراد به هنا: الزوج. يقولون: «فلان أول بخت فلانة.» أي: أول زوج تزوجته. والمعنى: لا تُضَيِّعي حظَّكِ من الزواج واختطفي الذي تهيأ لك ولو كان زوج أختك، واحرصي عليه. ومعنى الحِجْر (بكسر فسكون): حجزة الثوب، ثم استعملوه في مكان جلوس الصبي على الرجلين. وبعضهم يروي فيه «حُضْن» بضم فسكون بدل حجر، وهو الألصق بالمعنى؛ أي: خذيه ممن تحتضنه. وبعضهم يقتصر في المثل على قوله: «خدي بختك من حضن أختك.»

«إنْ مَاتْ أَبُوكْ وِانْتَ صْغَيَّرْ عَلِيكْ بِزَرْعِ الْبَاقْ شِعِيرْ» مثل ريفي يُضرَب لبيان جودة الأرض الباق وقوتها، وهي التي زرعت فولًا أو برسيمًا. والمعروف عن الشعير أنه ينبت في الأرض الضعيفة ولا يحتاج نموه إلى عناية، فإذا زرع في الباق جاد جودة لا مثيل لها. والمراد: إذا مات أبوك وأنت صغير فافعل ذلك يقم لك مقام عنايته بك وتكثر غلتك بلا مشقة، ولو أنهم أتوا بلفظ «صَغِير» غير مصغر لكان المثل مسجعًا، ولعله قيل كذلك في البلاد التي لا يصغر أهلها هذا اللفظ كبعض بلاد الشرقية، ثم لمَّا نقله عنهم غيرهم نطقوا به مصغرًا على لغتهم.

«إنْ مَا شَكَا الْعَيَّانْ حَالُهْ بَيِّنَهْ» العيان (بفتح أوله وتشديد ثانيه): المريض؛ أي: إن سكت المريض عن الشكوى فحاله ظاهرة لا تحتاج للكلام. ومن حِكَمِ الإمام علي بن أبي طالب — عليه السلام: «إنَّ

مِنَ السُّكوتِ ما هو أبلغُ مِنَ الجَوابِ.»

«إنْ مَا كَانْش لَكْ أَهْلْ نَاسِبْ» أي: إن لم يكن لك أهل وعشيرة تفزع إليهم فعليك بمصاهرة الطيبين؛ فإنهم يكونون لك أهلًا. وانظر قولهم: «النسب حسب وإن صح يكون أهلية.» وانظر: «النسب أهلية.»

«إنْ مَا كُنَّا نْمُوتْ مِنِينْ نْفُوتْ» فات هنا بمعنى: نَفَذَ. يقولون: «فات المسمار من الخشب.» أي: نفذ إلى الوجه الآخر. ويُروَى: «اِللِّي ما يموت منين يفوت.» والمعنى: ليس لنا طريق إلى الآخرة ننفذ منه ونمر إلا الموت فلا بد لنا من المرور منه، وهو من قول أبي العلاء المعري في لزوم ما لا يلزم:

يَا إِنْسُ كَمْ يَرِدُ الْحَيَاةَ مَعَاشِرُ ويكونُ من تَلَفٍ لَهُمْ إِصْدَارُ

وقد يُفَسِّرُه بعضُهم بمعنى قول الشاعر:

خُلِقْنَا لِلْمَمَاتِ وَلَوْ تُرِكْنَا لَضَاقَ بِنَا الْفَسِيحُ مِنَ الرِّحَابِ

«إنْ نَامْ لَكِ الدَّهْرْ لَا تْنَامْ لُهْ» أي: لا تأمنِ الدَّهر في سكونه.

«إنْ نَطَّرِتْ عَ السِّلَاحْ يَا سَعْدِ الْفَلَّاحْ» نطرت: بمعنى: أمطرت. والسلاح هنا: سكة المحراث؛ أي: حديدته التي تشق الأرض. والمعنى: إذا أمطرت وقت الحرث، فذلك من سَعْدِ الزَّارِع. والمراد: مدحُ المطرِ المُبَكِّر.

«إنْ وِقْعِتِ الْبَقَرَهْ تِكْتَرْ سَكَاكِينْهَا» انظر: «لما تقع البقرة ...» إلخ.

«إنْحَرَقِ الْوِش والْقَفَا، والْعَدُو لِسَّهْ مَا اشْتَفَى» ويُروَى: «بان الوش والقفا، والعدو ما اشتفى.» أي: أحاطت بنا المصائب وكشفت ما كنا نستره بالتجمل ولم يَشْتَفِ بعدُ عدوُّنَا منا. وقولهم: لِسَّه (بكسر اللام وفتح السين المهملة المشددة) أصله «للساعة»؛ أي: إلى الآن. والوِش (بكسر الأول وتشديد الشين المعجمة): الوجه.

«اُنْخُلِي يَا امُّ عَامِرْ» أي: قد وضح الأمر ولم يبقَ سبيل إلى الكتمان وإخفاء الدقيق الذي سرقتِه فانخلي يا زوجتي واعجني. ويوضح معناه قولهم في مثل آخر: «قالوا لحرامي الدقيق: احلف. قال: يا مرة انخلي.» أي: لا داعي للحلف وها أنا ذا آمر زوجتي بنخله. هذا أصل «انخلي يا أم عامر»، ثم توسعوا في معناه فصاروا يضربونه لمن نال حظًّا وتوفيقًا في أموره يدعو إلى التبسُّط والتوسع في المعيشة. ويروي بعضهم مكانه: «والله وانخلي.» وسيأتي في حرف الواو. وقد يخرجه بعضهم مَخْرَجَ التهكم والتندير، كما فعلت الأديبة المغربية — إحدى أديبات الصعيد في العصر الماضي الذي

أدركناه — وكانت نزلت على عربي بالشرقية اسمه عامر ولم تحمد ضيافته، فنظمت المثل في زجل من النوع المعروف في الصعيد بالواو، وتقول فيه:

سأل ضيف في حيهم باتْعن بيت بالفضل عامرْ

قالوا: عربنا مدباتْقلت: انخلي يا أم عامرْ

والمدبات عندهم: جمع مدب، وهو الرجل الفخور المتمدح بما ليس فيه.

«اِنْصَحْ صَاحْبَكْ مِنِ الصُّبْحِ لِلضُّهْرْ، وِانْ مَا انْتَصَحْشِ بَقِيِّةِ النَّهَارْ ضِلُّهْ» أي: انصح صاحبك من الصباح إلى الظهر، فإن رأيته لا ينتصح بعدُ أضلله؛ لأنه غير جدير بالنصح بل حقيق بالإضلال. وقريب منه قول العرب: «أعط أخاك تمرة، فإن أبى فجمرة.»

«أَنْضَفْ مِنِ الصِّينِي بَعْدْ غَسِيلُهْ» لأن الخزف الصيني أملس الظاهر لا يعلق به قذر إذا غُسِل. يُضرَب غالبًا للمفلس؛ أي: أصبح نقيًا من المال نقاء الصيني بعد غسله.

«أَنْفَكْ مِنَّكْ وَلَوْ كَانْ أَجْدَمْ، وِصْبَاعَكْ صُبَاعَكْ وَلَوْ كَانْ أَقْطَمْ» لا يستعملون الأنف إلا في الأمثال ونحوها، وفي غيرها يقولون: مناخير. والصباع (بضم أوله): الإصبع. وانظر معنى هذا المثل في قولهم: «العضمة النتنة لأهلها.» وسيأتي في العين المهملة. وقالت العرب في أمثالها: «أَنْفُكَ منك وإن كان أجدع.» يُضرَب في القريب السوء. وقالت أيضًا: «عيصك منك وإن كان أشبًا.» والعيص: الجماعة من السدر. والأشب من الشجر: الملتف، والالتفاف عيب؛ لأنه يذهب بقوة الأصل. يُضرَب في أن الأقارب لا بد منهم وإن كانوا على خلاف ما تريد.

«اِهْرِي فُولِكْ فِي كَشْكُولِكْ» الفول: الباقلاء، والكشكول (بفتح فسكون فضم): يُطلق في الريف على وعاء من الفخَّار يشبه ما يُسَمَّى عندهم بالطاجن؛ أي: هيئْ طعامَك في وعائك. والمراد: ينبغي للمرء أن يكون له من الأداوى ما يقوم بحاجاته ويغنيه عما عند غيره، وقد يكون المراد: اصنع ما شئت بما تملك، ولا تستعمل ما لغيرك فتطالب بصيانته وتُلَام على امتهانه.

«أَهْلِ السَّمَاحْ مِلَاحْ» يريدون بالسماح: الصفح عن الذنوب. يُضرَب لمدح الصفح وأهله.

«أَهْلِ الْمَيِّتْ سِكْتُوا، وِالْمِعَزِّيِّينْ كَفَرُوا» يريدون بالمعزِّيِّين (بتشديد الياء الأولى): المُعَزِّينَ في المصيبة. ومعنى كفروا هنا: أجهدوا أنفسهم بالبكاء والصياح، وهم يعبرون بالكفر عن بلوغ الغاية القصوى من الجهد؛ أي: بلوغ حالة من الجهد تحمل على الكفر. وفي رواية: «أهل الميت صبروا ...» إلخ، ويُروَى: «أصحاب» بدل أهل. يُضرَب للمبالغ في الرياء.

«أهْلِ الْمَيِّتْ نَامُوا وِالْمِعَزِّيِّين قامُوا» أي: إن المُعَزِّين فعلوا ما لم يفعله أهل الميت، وقاموا مقامهم في الحزن رياءً. يُضرَب في معنى ما تقدمه.

«أَهِي أَرْضْ سُودَا وِالطَّاعِمَ الله» أي: ليست العبرة في الرزق بجودة السلعة بل الرَّازق هو الله، ينبت لك من الأرض وهي سوداء ما تَحْيَى به.

«اِوْعَى تْقَاتِلْ مَطْرَحْ مَا تِكْرَهْ» اِوعى: فعل أمر من الوعيان، وهو عندهم بمعنى: الاحتراس، ومنه: «فلان واعي.» أي: يقظ محترس. والمطرح: المكان. والمعنى: إياك والمقاتلة أو المخاصمة وأنت بين أعدائك ومبغضيك، فتُخذل لعدم المُعِين. وانظر قولهم: «الأرض تضرب ويا أصحابها.»

«أَوِّلْ بِيضَهْ لِلْغُرَابْ» يُضرَب غالبًا للتسلِّي عن أول طفل من الأولاد يموت.

«أَوِّلْ بِيعَهْ مِنْ دَهَبْ» أي: أول ثمن يُعطَى لك في سلعتك، بعها به فهو من ذهب، فإنك غير آمن من كساد السوق ورخص الأسعار. وفي معناه من أمثال فصحاء المولَّدين: «بعِ المتاع من أوّل طلبه تُوفق فيه.»

«أَوِّلْ شِيلَهْ فِي الْحَجِّ تْقِيلَهْ» الشيله (بالإمالة): الحملة، وإنما تستثقل أول حملة عند تحميل قافلة الحج؛ لأن كل أمر صعب في مبدئه، ثم يهون بالتعود على العمل فيه. يُضرَب في ذلك. وفي معناه «كل شيء أوله صعب.» وسيأتي في الكاف.

«أَوِّلِ الْقَصِيدَهْ كُفْرْ» يُضْرَب للأمر الشنيع يظهر أشنع ما فيه في أوله.

«أَوِّلْ مَا شَطَحْ نَطَحْ» شطح: انطلق. والمراد هنا: أول ما شرع في العمل وبدأ فيه أساء. يُضرَب لمن تكون باكورة أعماله الإساءة، وقد وضعوا لأصل هذا المثل قصة للتندير بأهل قاو وبني يحيى بالصعيد ونسبتهم للغفلة، وهي أنهم اجتمعوا يتساءلون عن بزر الجاموس الذي ينبت منه فاتفقوا على أنه الجبن، ودفن أحدهم قطعة منه، ثم تعهَّدها بعد أيام لينظر ما أنبتت، فعثر بحجر آلمه فظنه قرن العجل الذي نبت من الجبن، وقال متعجبًا: أول ما شطح نطح.

«إِيَّاكْ عَلَى الطَّلْقْ دَهْ يكُونْ غُلَامْ» إياك هنا للترجي. والمعنى: عسى أن يكون المولود غلامًا بعد هذا الطلق الشديد؛ أي: عسى أن يكون الأجر بمقدار المشقة. وانظر في الياء آخر الحروف قولهم: «يا ريت الطلق كان ملان.»

«اِلْأَيَّام الزِّفْتْ فَايْدِتْهَا النُّومْ» أي: الأيام النَّكِدَة الشبيهة بالقار في السواد لا يفيد فيها إلا النوم؛ لأنه يُنْسِي المرءَ همَّه. وقد تقدَّم قولهم: «إن عملت خير النُّوم أخير.»

«اِلْإِيدِ الْبَطَّالَهْ نِجْسَهْ» أي: اليد التي لا تعمل في حكم اليد النجسة. يُضرَب في الحث على العمل وتقبيح الكسل. وانظر: «اللعب بالقطط ولا البطالة.» في حرف اللام.

«اِلإِيدِ التَعْبَانَهْ شَبْعَانَهْ» أي: اليد التعبة من العمل شبعى. والمراد: العمل يدفع الحاجة.

«إِيدْ عَلَى إِيدْ تِسَاعِدْ» يُضرَب في الحثِّ على التكاتف في العمل. وانظر قولهم: «البركة في كتر الأيادي.»

ومن أمثال العرب التي أوردها الهمذاني في كتابه قولهم: «لَا يَعْجزُ الْقَوْمُ إِذَا تَعَاوَنُوا.»

«إِيدْ عَلَى إِيدْ تِكِيدْ» هو في معنى: «إيد على إيد تساعد.» إلا أنهم يضربونه في الغالب لبيان أن كيد الجماعة أَنْكَى من كيد الفرد.

«إِيدْ عَلَى إِيدْ تِرْمِي بْعِيدْ» هو في معنى: «إيد على إيد تكيد.»

«إِيدْ فَرَّغِتْ فِي اخْتَهَا» يُضرَب للشيء الذاهب يحوزه الصاحب من صاحبه، فلا يُؤْسَف على فقده؛ أي: هو في حكم الباقي المنتقل من اليمين إلى الشمال.

«اِلْإِيدِ اللِّي تَاخُدْ مَا تِدِّيشْ» اِلإيد: اليد؛ أي: من تعود السؤال لا يُرْجَى منه الإعطاء.

«اِلإِيدْ اللِّي تِتْمَد وَلَا تِضْرَبْشْ تِسْتَاهِلْ قَطْعَهَا» أي: اليد التي تُمَد ولا تضرب تستحق القطع. يُضرَب للجبان يُحجم بعد الإقدام.

«اِلإِيدِ اللِّي مَا تِقْدَرْ تِقْطَعْهَا بُوسْهَا» بوسها؛ أي: قَبِّلْهَا. ويُروَى: «تعضها» بدل تقطعها. والمراد: حَاسِنِ القوي واخضع له ما دمت عاجزًا عنه. والعرب تقول في هذا المعنى: «لَاينْ إِذَا عَزَّكَ مَنْ تُخَاشِن.»

«إِيدْ وَاحْدَهْ مَا تْسَقَّفْشْ» التسقيف عندهم: التصفيق، وهو محرَّف عنه؛ أي: يَدٌ واحدة لا تُصَفِّق، وإنما تصفِّق اليدان. يُضرَب للأمر لا يستطيع الشخص القيام به وحده.

«إِيشْ إِنْتَ فِي الْحَارَهْ يَا مَنْخُلْ بِلَا طَارَهْ» الحارة: الطريق دون الشارع الأعظم. والمراد: هنا المحلَّة. والطارة: الإطار؛ أي: أي شيء أنت في المحلة حتى تفخر بنفسك يا شبيه المنخل بلا إطار؟! والمراد: يا عديم النفع. وهو قديم في العامية أورده الأبشيهي بلفظه في «المستطرف».

«إِيشْ تِعْمِلِ الْمَاشْطَهْ فِي الْوِشِّ الْعِكِرْ» الوش عندهم: الوجه. ويُروَى: «الوش المشوم»؛ أي: المشئوم، وهي رواية الأبشيهي في «المستطرف»، غير أنه روى «الوجه» بدل الوش، وأورده الموسوي في «نزهة الجليس» في أمثال نساء العامة برواية: «تحتار الماشطة في الوش العفش.» يُضرَب لمن يحاول إصلاح أمر لا يُصْلَح.

«إِيشْ جَابِ التِّينْ لِلتَّنْتِينْ، وِإِيشْ جَابِ التِّرْعَهْ لِلْبَحْرِ الْكِبِيرْ، وِإِيشْ جَابِ الْعَبْدِ لْسِيدُهْ، قَالْ: لِدَهْ طَلْعَهْ وِلْدَهْ طَلْعَهْ» يُضرَب لمن يساوي نفسه بمن هو أعلى منه وأفضل مع ظهور الفرق بينهما للناس.

وكلمة التنتين لا معنى لها، وإنما أتوا بها في معنى شيء يشبه التين وليس به. والترعة: يريدون بها الخليج، وهما مقدمتان لبيان الفرق بين العبد وسيده، وأنه مهما يتطاول لمساواته فإن لهذا طلعة تدل عليه كما للآخر طلعة تخالفها. والعرب تقول في أمثالها: «ما جُعِلَ العبد كَرَبِّه.» وتقول أيضًا: «ما أمامة من هند.» يُضرَب في البَوْنِ بين كل شيئين لا يقاس أحدهما بالآخر. وفي كتاب «الآداب» لابن شمس الخلافة: «كم بين الدرِّ والحصى والسيف والعصا.»

«إِيشْ جَابْ طُوخْ لِمْلِيجْ» جاب؛ أي: جاء بكذا. وطوخ ومليج: قريتان من قرى مصر متباعدتان. والمراد: أين طوخ من مليج؟ يُضرَب لمن يخلط في كلامه ويشتط عن القصد.

«إِيشْ جَابْ لِجَابْ؟!» جاب؛ أي: جاء بكذا. والمراد بـ «إيش جاب لجاب؟!» أين هذا من ذاك؟ أي: شتان بين من ذكرتهما. يُضرَب عند مقارنة شخص أو شيء بآخر أحسن منه.

«إِيشْ جَمَعِ الشَّامِي عَلَى الْمَصْرِي؟» يُضرَب في اجتماع المتباينين، وهو كقول عمر بن أبي ربيعة:

أَيُّهَا الْمُنْكِح الثُّرَيَّا سُهَيْلًا عمرك الله كيف يلتَقِيانِ

هي شاميةٌ إذا ما استقلَّتْ وسهيل إذا استقلَّ يمانِ

وقال أبو الطيب المتنبي:

برغم شبيبٍ فارَقَ السَّيْفَ كَفَّه وكانا على العلَّات يَصْطَحِبَانِ

كَأَنَّ رقابَ النَّاسِ قالت لسيْفِهِ رفيقُك قَيْسِيٌّ وأنتَ يمانِ

«إِيشْ حَايْشَكْ عَنِ الرَّقْصْ؟ قَالْ: قُصْرْ الِاكْمَامْ» الأكثر فيه: «موش حايشك عن الرقص إلا قُصر الأكمام.» وراجعه في الميم.

«إِيشْ حَدَا فِيمَا بَدَا يَا اللِّي كَلَامَكْ ضَرِّنِي، مِنِينْ شَمِّتِّ النَّاسْ وِمْنِينْ صَالِحْتِنِي؟!» معناه: ما الذي حدث فصرفك عن الوقيعة بي إلى مصالحتي بعد ما أَشْمَتَّ الناس بي؟! والمراد: التعجب من هذه الحالة واستنكارها. وقولهم: «إيش حدا فيما بدا» أصله: «ما عدا مما بدا.» ومعناه في الأصل: ما منعك مما ظهر لك أولًا؟ قال الميداني: «قاله علي بن أبي طالب للزبير بن العوام — رضي الله عنهما — يوم الجمل، يريد: ما الذي صرفك عما كنت عليه من البيعة؟ وهذا متصل بقوله: عرفتني بالحجاز وأنكرتني بالعراق فما عدا مما بدا؟» انتهى.

ومن شاء التفصيل فعليه بمراجعة شرح ابن أبي الحديد على «نهج البلاغة» (ج١ ص١٦٩ طبع مصر).

«إِيشْ خَيَّرَكْ عَنَهْ؟ قَالْ: اِبْنْ عَمُّهْ» المُرَاد بابن عمه هنا: من يشاكله؛ أي: إنك بِعُدُولِكَ عنه واختيارك من لا يفضله لم تصنع شيئًا، بل حاولت عبثًا. يُضرَب فيمن يعدل عن شخص أو شيء لآخر يشبهه. وانظر: «إيش كبرك عنه وانت ابن عمه؟»

«إِيشْ شَيِّلُهْ، وِإِيشْ حَمِّلُهْ، وِإِيشْ عَمَلُهْ حَمَّارِ؟! الْأُجْرَهْ اِللِّي تِجْرِي لُهْ مُوشْ قَدِّ الْمِشْوَارْ» أي: ما الذي ألجأه وحمله على هذا العناء وجعله مكاريًّا يحمل أمتعة الناس على حماره مع علمه بطول الشقة، وبأن الأجر ليس على قدر المشقة. والمراد: أنه جنى على نفسه فليحتمَّل تبعة ما فعل.

«إِيشْ عَرَّفِ الْحِمِيرْ بِأَكْلِ الْجَنْزَبِيلْ» يُضرَب لمن يتعرض لما لا يعرفه فلا يحسنه لجهله به.

«إِيشْ عَرَّفَكْ إِنَّهَا سِكِّينَهْ؟» انظر: «إن شا الله اِللِّي خدها يندبح بها ...» إلخ.

«إِيشْ عَرَّفَكْ إِنَّهَا كِدْبَهْ؟ قَالْ: كُبْرَهَا» المراد أن المبالغة في الخبر تحمل على الشك فيه وتكذيبه، حتى إنهم فضَّلوا الكذب المعقول على الصدق المبالغ فيه، فقالوا في مثل آخر: «كدب مساوي ولا سدق مبعزق.» وقالوا: «كدب موافق ولا سدق مخالف.» وسيأتيان في حرف الكاف.

«إِيشْ عَلَى بَالِ الْقِرْدْ مِنْ سَوَادْ وِشُّهْ؟» «على بال» يراد به هنا «يبالي»، والوش: الوجه؛ أي: ما الذي يباليه القرد ويكترث له من سواد وجهه. يُضرَب للمستهتر بأمر يصل حاله فيه إلى عدم المبالاة بالفضيحة.

«إِيشْ غَرَضِ الْأَعْمَى؟ قَالْ: قُفَّةْ عُيُونْ» أي: لكل شخص أمنية بِحَسبِ حاله. ويُرْوَى: «خاطر الأعمى قفة عيون.» وذُكِرَ في الخاء المعجمة. والمَثَل قَدِيمٌ في العامِّيَّة أورده البدري في «سحر العيون» برواية: «قال: إيش مراد الأعمى؟ قال: قفة عيون.»

«إِيشْ قُلْتُمْ فِي جَدَعْ لَا عِشِقْ وَلَا اتْمَعْشَقْ؟ قَالُوا: يْعِيشْ حُمَارْ وِيْمُوتْ حُمَارْ» الجدع: يريدون به الشاب. واتمعشق: تعلق بالعشق وتظاهر به، وكثيرًا ما يأتون بهذه الصيغة في هذا المعنى، كقولهم: اتمشيخ، وقد تكلمنا عليها في القواعد بمعجم العامية. يُضرَب في وصف من لا يَعْشَقُ بالبلادة، وهو من قول الشاعر:

إِذَا كُنْتَ لَمْ تَعْشَقْ وَلَمْ تَدْرِ مَا الْهَوَى فَأَنْتَ وَعيرٌ فِي الْفَلَاةِ سَوَاءُ

ويُرْوَى: «فكن حَجَرًا من يَابِسِ الصَّخْرِ جَلْمَدَا.» وأنشد صاحب الأغاني لعمر بن أبي ربيعة:

إِذَا أَنْتَ لَمْ تَعْشَقْ وَلَمْ تَدْرِ مَا الْهَوَى فَكُنْ حَجَرًا بِالْحَزْنِ مِنْ حرة أَصَم

والرواية في نسخة تَغْلُب عليها الصِّحة من ديوانه:

إِذَا أَنْتَ لَمْ تَعْشَقْ وَلَمْ تَتْبَعِ الْهَوَى فَكُنْ صَخْرَةً بِالْحِجْرِ مِنْ حَجَرٍ أَصَم

«إيشْ كَبَّرَكْ عَنَهْ، وِانْتَ ابْنْ عَمُّهْ؟» أي: لا فرق بينك وبينه فعلام هذا التعاظم عليه وأنت مثله لا تمتاز عنه بشيء؟ يُضرَب للمتعاظم على أنداده بلا مسوِّغ. ويرويه بعضهم: «إيش خَيَّرَك عنه؟ قال: ابن عمُّه.» ويقصد به معنى آخر تقدَّم الكلام عليه.

«إيش لَكْ فِي الْحُبُوبْ يَا جَعْبُوبْ؟» الجَعْبُوب (بفتح فسكون فضم): في معنى الصعلوك الوضيع عندهم؛ أي: أَيُّ شيء لك فيما استغلَّه القوم من مزارعهم حتى تزجَّ بنفسك بينهم وتتعرض لما لا يعنيك من أحاديث في ذلك. وقريب منه قولهم: «إيش نَايْبَك في القيراط يا ظَرَّاط؟» الآتي بعده.

«إيشْ نَايْبَكْ فِي الْقِيرَاطْ يَا ظَرَّاطْ؟» نايبك: يريدون به مُصِيبك. يقولون: ناب فلان كذا في القسمة؛ أي: أصابه. والمراد بالضراط هنا: الثرثار. يُضرَب للشريك يكون أقلَّ أصحابه نصيبًا وأكثرهم كلامًا عند المحاسبة. وقريب منه قولهم: «إيش لك في الحبوب يا جعبوب؟» المذكور قبله.

«إيشْ يَاخُدِ الرِّيحْ مِنِ الْبَلَاطْ» أي: لا يجني الغريمُ من المفلس إلا الخيبةَ؛ فخير له ألا يقاضيه.

«إيشْ يِعْمِلِ التَّرْقِيعْ فِي التُّوبِ الدَّايِبْ» أي: ماذا يفيد الترقيع في الثوب البالي؟ يُضرَب في محاولة إصلاح أمر قد فسد جملة. وفي معناه من أمثال العرب: «ثَكِلَتْكَ أُمُّكَ، أَيَّ جَرْدَةٍ ترقَّع؟» والجَرْدَة: الثوبُ الخَلَق. وقريب منه قولهم: «كدابغة وقد حلم الأديم.» أي: وقع فيه الحلم، وهو دود يقع في الجلد فيأكله إذا دُبِغ. وهي موضع الأكل. يُضرَب للأمر الذي انتهى فساده وتعذَّر إصلاحه.

«إيشْ يِعْمِلِ الْحِزِقْ فِي الْمِزِقْ؟» يريدون بالحِزِق هنا: الذي يحزق في كلامه، وهو عندهم بمعنى: يجهد نفسه في الصياح، ويريدون بالمِزِق: السريع الغضب الضيِّق العطن، وهو مُحَرَّف عن النزق. ويُضرَب في تَعَسُّرِ التَّفاهم مع مثله.

«إيشْ يِعْمِلِ الْحَسُودْ فِي الْمَرْزُوقْ؟» أي: من رُزِقَ السعادة لا يضرُّه حسد الحاسد. ويُروَى: «إيش يعمل الحاسد في الرازق؟!»

«إيهْ رَمَاكْ عَ الْمُر؟ قَالْ: أَمَرّ مِنُّهْ» إيه (بالإمالة): أي شيء؟ والمعنى: أي شيء دفعك إلى مذاق المر؟ فقال: ما هو أَمَرُّ منه؛ أي: لم يوقعني في الشدة إلا أشد منها. ومن أمثال العرب في هذا المعنى: «حَرُّ الشَّمْسِ يُلْجِئُ إلى مجلس السُّوء.»

«إيهْ يِحَرِّرِ النِّسَا؟ قَالْ: بُعْدِ الرِّجَالْ عَنْهُمْ» أي: بُعد الرجال عنهن أصون لهن.

حرف الباء (فصحى)

بَعْضُ الشرِّ أهونُ من بعض: هذا من قول طرفة بن العبد حين أمر النعمان بقتله فقال:

أبا منذر أفنيت فاستبق بعضنا حنانَيْك بعضُ الشرّ أهون من بعض

يضرب عند ظهور الشرين بينهما تفاوت، وهذا كقولهم: إن من الشرّ خيارًا.

بِكُلِّ وادٍ أَثَرٌ من ثَعْلَبَة: هذا من قول ثعلبي رأى من قومه ما يسوء فانتقل إلى غيرهم، فرأى منهم أيضًا مثل ذلك.

بكلّ وادٍ بنو سَعْد: هذا مثل قولهم: بكلّ وادٍ أثر من ثعلبة.

بَلَغَ السيلُ الزُّبَى: هي جمع زُبْية، وهي حفرة تُحفر للأسد إذا أرادوا صيده، وأصلها الرابية لا يعلوها الماء، فإذا بلغها السيل كان جارفًا، يُضرب لما جاوز الحدَّ.

بَلَغَ السِكِّينُ العظم: هذا مثل قولهم: بلغ السيل الزُّبَى، ومثلهما بلغ منه المُخَنَّق، وهو الحنجرة والحلق، أي بلغ منه الجهد.

بَرْقٌ لو كان له مَطَر: يُضرب لمن له رواء ولا معنى وراءه.

حرف الباء (عامية)

«بَابِ الْحَزِينْ مِعَلِّمْ بِطِينْ» مِعَلِّم (بكسر ففتح مع تشديد اللام المكسورة) اسم مفعول عندهم؛ أي: عليه علامة، وهو مبالغة في وصف سوء حالة الحزين، كما قال الشاعر في العاشقين:

مساكينُ أهلُ العشقِ حتى قُبُورُهُمعليها ترابُ الذُّلِّ بين المقابرِ

«اِلْبَابِ اللِّي يِجِي لَكْ مِنُّهْ الرِّيحْ سِدُّهْ وِاسْتَرِيحْ» ويُروَى: «اللِّي يجيب الريح.» أي: الذي يجيء بالريح. والمراد: تَجَنُّبِ الشَّرَّ بسَدِّ بابه تَسْتَرِحْ.

«بَابْ مَرْدُودْ شَر مَطْرُودْ» يُضرَب في مدح التَّوَقِّي والتَّحَفُّظ، وهو مثل قولهم: «الباب المقفول يرد القضا المستعجل.» الآتي بعده.

«اِلْبَابِ الْمَقْفُولْ يُرُد الْقَضَا الْمِسْتَعْجِلْ» ويُروَى: «يمنع» بدل يرد. يُضرَب في الحثِّ على الاحتياط. وفي معناه: «باب مردود وشر مطرود.» وقد تَقَدَّمَ قبله.

«بَابِ النَّجَّارْ مِخَلَّعْ» أي: مفكك الأجزاء غير محكم الصنع، وذلك لأن عناية الصانع مصروفة إلى إتقان ما يصنعه للناس طمعًا في زيادة الأجر. يُضرَب للصانع الماهر إذا لم يُتقن ما يصنعه لنفسه.

«اِلْبَابْ يِفَوِّتِ الْجَمَلْ» انظر: «السكة تفوت الجمل» في السين المهملة.

«بَاتْ فِي بَطْنْ سَبْعْ، وَلَا تْبَاتْ فِي بَطْنْ بَنِي آدَمْ» المراد ببني «المفرد»؛ أي: ابن، يعني: كن آمنًا من الأسد ولا تأمن لابن آدم، وهو مبالغة في وصف الإنسان بالغَدْر.

«بَاتْ كَلْبْ، وِاصْبَحْ سَبْعْ» أي: تَحَمَّل ذُلَّ العمل تُصبح عزيزًا بين الناس باستغنائك عنهم. يُضرَب في تفضيل ذلِّ العمل على ذل السؤال.

«بَاتْ مَغْلُوبْ، وَلَا تْبَاتْ غَالِبْ» المقصود منه الحث على تجنب الشقاق، وتفضيل الحالة الأولى على ما فيها من الغضاضة على الثانية؛ تواضعًا وقمعًا للنفس. ويضربونه في الغالب عند اليأس من الغلب تسليًا.

«بَارَكَ اللهْ فِي الْمَرَهْ الْغِرِيبَهْ، وِالزَّرْعَهْ الْقَرِيبَهْ» المراد بالمرأة الغريبة: الزوجة من غير الأقارب، وقد قالوا في ذلك: «خد من الزرايب ولا تاخذ من القرايب.» وقالوا: «الدخان القريب يعمي.» وقالوا: «إن كان لك قريب لا تشاركه ولا تناسبه.» وأما قولهم: «والزرعة القريبة» فمرادهم المزرعة تكون قريبة من دار صاحبها. وفي معناه قولهم: «اللِّي غيطه على باب داره هنياله.»

«اِلْبَاطِلْ مَالُوشْ رِجْلِينْ» أي: ليس له قدمان يسير بهما، وهو تعبير حسن. ويُروى: «الكدب» بدل الباطل، وسيأتي في الكاف. وسيأتي في الحاء المهملة: «الحرامي مالوش رجلين.» وهو عكس ما

هنا؛ لأن المراد ليس له رجلان يقف عليهما؛ أي: هو سريع الفرار، وقد تكلمنا عليه هناك.

«**بَانِ الْوِش وِالْقَفَا، وِالْعَدُو مَا اشْتَفَى**» بان بمعنى: ظهر وانكشف. ويُروَى: «انحرق»، وقد سبق ذكره والكلام عليه في حرف الألف.

«**الْبَانِي طَالِعْ، وِالْفَاحِتْ نَازِلْ**» انظر: «يا باني يا طالع، يا فاحت يا نازل.»

«**الْبَايْرَهْ أَوْلَى بِبِيتْ أَبُوهَا**» يريدون بالبائرة: العانس؛ أي: التي لم يُقْبِلْ أحد على تزوجها، وأن الأولى بمثلها أن تلزم دار أبيها ولا تتعرض للأخطار وما تلاقيه من إعراضهم عنها. يُضرَب للمحارف لا يُقْبَلُ في عمل لسوء حظه. ويُروَى: «البايرة لبيت أبوها.»

«**بِتَاعِ النَّاسْ كَنَّاسْ**» بِتَاع (بكسر الأول) محرف من المتاع. والمراد: ما يُكْتَسَب من حرام يذهب من حيث أتى ويَكْتَسِحُ غيره معه، فلا يُبْقِي ولا يَذَرُ.

«**بِجْدِيدْ بَسْطْ يِغْنِيكْ عَنْ خَمَّارَهْ**» الجِدِيد (بكسرتين): نوع من النقود كانوا يتعاملون به. والبَسْط (بفتح فسكون): نوع من مطبوخ الحشيشة؛ أي: بهذا المقدار القليل الرخيص تستغني عن الحانة وعما تنفقه فيها ثمنًا للخمر؛ لأن النتيجة واحدة، وهي حصول ما تحاوله من السرور. يُضرَب للشيء القليل المقدار والثمن يُغْنِي عن الكثير الغالي. ويُروَى: «بعشرة بسط يغنيك عن دخول الخمارة.» وسيأتي.

«**بَحِّرْ سَنَهْ وَلَا تْقَبِّلْ يُومْ**» بَحِّرْ؛ أي: سَافِرْ إلى الوجه البحري، وهو الريف، ولا تْقَبِّل؛ أي: لا تسافر إلى الوجه القبلي، وهو الصعيد. والمراد: خير لك أن تسافر إلى هذا ولو قضيت سنة من أن تسافر إلى ذاك يومًا واحدًا، وذلك لتفضيلهم الريف على الصعيد لما في هذا من المشقة. يُضرَب في تفضيل طول المسافة مع الراحة على قصرها مع التعب.

«**الْبَحْرْ غُرْبَالِ الْخَايْبَهْ**» البحر؛ أي: نهر النيل. والمعنى أنها لكسلها وقلة عنايتها بغربلة قمحها تعتمد في تنظيفه على غسله في النيل فيقوم لها مقام الغربال. يُضرَب للمتساهل في عمله كسلًا وإهمالًا.

«**الْبَحْرْ مَا يِتْعَكَّرْشْ مِنْ تِرْعَهْ**» البحر هنا: النهر الأعظم. والتِّرْعَة (بكسر فسكون): الخليج يُشَقُّ منه، ومعنى اتْعَكَّر: صار عَكِرًا، ويُراد به: تَكَدَّرَ وغَضِبَ. والمراد: أن العظيم أكبر من أن يكدره كلام الوضيع، كما أن النهر لا يُؤَثِّر فيه الخليج العكر. يُضرَب لتهوين الأمر العظيم إذا تطاول عليه وَضِيعٌ.

«**الْبَحْرْ مَا يِنْفَدْ فِيهِ السِّحْرْ**» أي: ينفذ (بالذال المعجمة)، والمراد: أن البحر لعظمه واتساعه لا يؤثر فيه السحر. يُضرَب للكبير في همته لا يُؤَثِّرُ فيه نَمُّ النَّمَّام ولا يحوله عن رأيه.

«**الْبَحْرِ يْعُوزِ الزِّيَادَهْ**» أي: كل كثير محتاج إلى القليل، ولولا القليل ما كان الكثير. وانظر: «البحر يُوفِي من قيراط.»

«الْبَحْرْ يُوفِي مِنْ قِيرَاطْ» والمراد: بالبحر: نهر النيل، ولا يحكم بوفائه إلا إذا بلغ حدًّا معلومًا في المقياس، ولا يبلغه إلا بالقيراط الأخير. يُضرَب في عدم الاستهانة بالشيء القليل. انظر: «البحر يعوز الزيادة.»

«بَخْتَكْ يَا بُو بْخِيتْ» الْبَخْتْ (بفتح فسكون): الحظُّ. البِخِيت (بكسرتين) ذو الحظ المجدود، وهو أيضًا من أعلام الرجال عندهم، وتغلب التسمية به في السودان. والمراد: هذا بختك يا أبا البخت؛ أي: إنما ينال الحظَّ الموفَّقُ له.

«بَخْتَهَا مِعْهَا مِعْهَا إِينْ مَا تِمْشِي يِتْبَعْهَا» الْبَخْت (بفتح فسكون): الحظُّ والطَّالع. يُضرَب في سيئة الحظ يدركها سوء حظها في كل ما تحاول وأينما تذهب. وانظر أيضًا في الراء: «رحت بيت أبويا أستريح ...» إلخ. وسيأتي هنا: «البخت يتبع أصحابه.» وهو في معناه. وانظر: «بختي لقاني ...» إلخ. و«قلت لبختي أنا رايحة أتفسح ...» إلخ.

«الِبَخْتْ يِتَّبِّع اصْحَابُهْ» أي: الحظ يتبع صاحبه أينما ذهب، والمراد: سوء الحظ. وفي معناه قولهم: «بختها معها معها ...» إلخ. وقولهم: «بختي لقاني ...» إلخ. وقولهم: «رحت بيت أبويا أستريح ...» إلخ. وقولهم: «قلت لبختي أنا رايحة أتفسح ...» إلخ. وهي مذكورة في مواضعها.

«بَخْتِي لَقَانِي فِي الطَّرِيقْ يُعْرُجْ، قَالِّي: ارْجَعِي يَا خَايْبَهْ لارْقُدْ» أي: لقيت حظي السيئ يعرج في الطريق، فأرجعني عن قصدي؛ لئلا يزيد سوءًا فيرقد. يُضرَب للسيئ الحظ يحاول إسعاد نفسه فيزيد تعاسةً بعناده.

«بَخْتِي لَقَانِي فِي مَدْيَقْ اللَّيَّهْ عَكَّرْ عَلَيَّ رَايِقِ الْمَيَّهْ» مَدْيَق اللَّيَّه؛ أي: مضيق المنعطف، ويُرْوَى «في المعدية»، وهي المَعْبَر. والمراد: لاقاني على الموردة فكدر صفو مائها عليَّ. يُضرَب في أن الحظ السيئ يتبع صاحبه أينما ذهب. وانظر في معناه: «البخت يتبع أصحابه.» وقولهم: «بختها معها معها ...» إلخ. و«رحت بيت أبويا أستريح ...» إلخ.

«بِخَمْسَهْ بَصَلْ، بَصَلْ بِخَمْسَهْ» الخَمْسَة: قطعه من الفلوس النحاس كانت بمصر. والمراد: أن هذا مثل ذاك، والنتيجة منهما واحدة، فقولنا: بخمسة بصل، كقولنا: بصل بخمسة، يؤديان لمعنًى واحد:

خُذَا جانبي هرشي أو قفاها فإنماكلا جانبي هرشي لَهُنَّ طَرِيقُ

«بِخَمْسَهْ قَهْوَهْ تِقْضِي الشَّهْوَهْ» الخمسة: نقد من نحاس بطل استعماله الآن. والقهوة: قهوة البُنِّ المعروفة. والمراد: تُقْضَى شهوة النفس بالرخيص كما تُقْضَى بالغالي، فلا معنى لالتماس ما ليس في الطاقة وتحمل المَنِّ أو المشقة في الحصول عليه. يُضرَب في الحث على القناعة.

«بِدَالْ خَطوطِكْ وِالْحُمْرَهْ، إمْسَحِي عمَاصِكْ يَا سَمْرَهْ» بدال (بكسر الموحدة) معناه: بدل، كسروا أوله، ثم أشبعوا فتحة الدال. والخطوط (بضمتين) تخطيط الحاجبين بالسواد، ويُطلق أيضًا على المادة السوداء التي تتخذ لذلك، والعماص (بضم أوله) يريدون به الرَّمَص، وهو الوسخ الأبيض المجتمع من موق العين؛ أي: بدل تخطيطك حاجبيك وتحمير خديك امسحي ما اجتمع من الرَّمَص بعينيك أيتها السمراء الجاهلة بوسائل التزين. يُضرَب لمن يحاول أمرًا يتجمل به ويغفل عن آخر يشينه. والمثل قديم في العامية أورده البدري في «سحر العيون» برواية «عماشك» وبتغيُّر يسير في ألفاظه.

«بِدَالْ لَحْمِتَكْ وِقُلْقَاسَكْ هَاتْ لَكْ شَد عَلَى رَاسَكْ» الشَّدُّ: ما يُشَدُّ على الرأس؛ أي: يلف كالعمامة؛ أي: للناس ما ظهر منك لا ما بطن، فاجعل بعض النفقة لما تتجمل به بينهم. يُضرَب للسيِّئ التدبير في شئونه. ويُروَى: «بدال اللحمة والبدنجان هات لك قميص يا عريان.» والمعنى واحد، وهما مَثَلَانِ قديمان في العامية أوردهما الأبشيهي في «المستطرف» بلا تغيير.

«بِدَالِ اللَّحْمَهْ وِالْبِدِنْجَانْ هَاتْ لَكْ قَمِيصْ يَا عِرْيَانْ» البِدِنْجَان (بكسرتين فسكون) يريد به: الباذنجان. وانظر معناه في: «بدال لحمتك وقلقاسك ...» إلخ.

«بِدَالْ مَا أَقُولْ لِلْعَبْدْ يَا سِيدِي، أَقْضِي حَاجْتِي بْإِيدِي» السِّيدْ (بكسر فسكون): السَّيِّد. والإيد (بكسر الأول): اليد؛ أي: تعبي في قضاء حاجتي بيدي خير لي من التزلُّف والتذلل لمن يريحني بقضائها لي. يُضرَب في تفضِيل التعب مع العزَّة على الراحة مع الذلَّة، ويُروَى: «أعمل حاجتي بإيدي ولا أقول للكلب يا سيدي.» وقد تقدَّم في الألف.

«بِدَالْ مَا تْحِلَّهَا بِسْنَانَكْ حِلَّهَا بْإِيدَكْ» انظر: «حلها بإيدك أولى ما تحلها بسنانك.»

«بِدَالْ مَا تِعْمِلْ تُوبْ بِفَرْحَهْ هَاتْ تُوبْ وِطَرْحَهْ» التوب: الثوب. والطَّرْحَة (بفتح فسكون): الخِمَار، سميت بذلك؛ لأنها تطرح؛ أي: تلقى على الرأس؛ أي: بدل إسرافك في شراء ثوب ثمين يسرُّك اجعل ثمنه في ثوب وخِمَار. والمراد: ما يستر جسمك ورأسك. يُضرَب في الحث على حسن التدبير.

«بِدَالْ مَا تْغِشُّهْ قُولْ لُهْ فِي وِشُّهْ» الوش (بكسر الأول): الوجه، والمعنى: واجهْهُ بالحقيقة وإن آلمته؛ لأن إخفاءها عنه غِشٌّ قد تسبب منه مضار، ويكفي من ذلك أن يُخْدَع بالسكوت فيتمادى فيما يُذَم به أو يضره، ويُروَى: «قول له في وشه ولا تغشه.»

«بِدَالْ مَا تُقْعُدْ وِتِتْجَسْطَنْ إِكَلِّمْ وِاتْوَسْطَنْ» اتجَسْطَن معناه عندهم: قَعَدَ متمكنًا مسندًا ظهره تَكَبُّرًا. والمراد: بدل ما تفعل ذلك وأنت صامت كالأبكم توسط في قعودك وتكلَّم، فبالكلام يظهر فضلك لا بهذه القعدة.

«بِدَالّ مَا نْقُولْ: دِيبَة، نَقُولْ: قَدَحْ شِعِيرْ» الدِّيبة (بكسر الأول) يريدون بها الذِّئْبَة أنثى الذئب، وهي كلمه شتم ودعاء بالشر في الريف، وقد اشتقوا منها فعلًا فقالوا: «اِديب» أي: تلف وهلك، وأصله: أصابه الذئب فأهلكه، ثم استعمل في مطلق التلف والهلاك. ومعنى المثل: يحسن بنا إذا رأينا مزرعة ألا نقول «ديبهْ» دعاءً عليها بالتلف أو تشاؤمًا، بل نقول: قدح شعير؛ دعاءً لها بالخصب أو تفاؤلًا به. يُضرَب في المعنيين؛ أي: في الحثّ على تَعَوُّد المنطق الحسن، وفي أن التفاؤل خير من التشاؤم.

«اِلْبَدْرِيَّهْ عَلِّمِتْ أُمَّهَا الرِّعِيَّهْ» البدرية عندهم: الصغيرة من الضأن. ويُروَى: «الحولية.» وهي التي أتى عليها الحول، ويُروَى: «الرِّبْعِيَّهْ» بكسر فسكون فكسر، وهي بمعنى: البدرية، وفي هذه الرواية لزوم ما لا يلزم في السجع، ومعنى الرِّعية (بكسرتين): الرَّعْي. يُضرَب للصغير الجاهل يعلم الكبير ما هو أعلم به منه، وانظر في الجيم: «جا الخروف يعلم أبوه الرعي.» والعرب تقول في أمثالها: «رُبَّ حَامِلِ فقهٍ إلى مَنْ هو أفقه منه» رواه ابن عبد رَبِّه في «العقد الفريد» على أنه حديث مرفوع.

«بَدْلِةِ الرَّقْصْ لِهَا اكْمَامْ» البدلة: الحُلَّة؛ أي: حلة الرقص ليست كالحلل، بل لها أكمام طويلة تعرف بها. يُضرَب للشيء يمتاز على غيره بما لا يفيد. وانظر قولهم: «موش حايشك عن الرقص إلا قصر الأكمام.» ويُقصد به معنى آخر.

«بَرَّا وْجُوَّا فَرَشْتْ لَكْ وِانْتَ مَايِلْ وِإِيهْ يِعْدِلَكْ» إيه (بالإمالة)؛ أي: أَيُّ شيء؟ والمعنى: فرشت لك الدار داخلًا وخارجًا، وهَيَّأْتُهَا لك وأنت لم تزل مائلًا عني؛ فأيُّ شيء يعطفك عليَّ ويعدل اعوجاجك؟ وهو من كلام النساء لأزواجهن. يُضرَب للمُعرِض عمن يقبل عليه ويسعى في راحته.

«بَرَّا وَرْدَهْ وْجُوَّا قِرْدَهْ» يُضرَب في حسن الظاهر وقبح الباطن.

«اِلْبَرْطِيلْ شِيخْ كِبِيرْ» الصواب في البِرْطِيل (كسر أوله)، وهو الرشوة، والمقصود بالشيخ: الولي المتصرف؛ أي: البرطيل يحل المشكلات ويصرف الأمور كالشيخ الواصل إذا التجأ إليه ملتجئ، وليس المراد مدح الرشوة والحث عليها، بل بيان تأثيرها في بعض النفوس. ومن أمثال العرب في هذا المعنى: «عُرَاضَة توري الزناد الكائل.» والعُرَاضَة: الهدية. والزناد الكائل: الكابي. يُضرَب في تأثير الرشا عند انغلاق المراد. وفي كتاب «الآداب» لجعفر بن شمس الخلافة: «من قَدَّم هديةً نال أُمْنِيَتَه.» والظاهر أنه من أمثال المولَّدين. وانظر في الألف «اِرشُوا تشفوا.»

«اِلْبَرَكَهْ تَحْتِ الْفَلَكَهْ» ويُروَى: «الفلك» بدل الفلكة، وهو جمعها ولا سجع فيه على هذا. والمراد: بالفلكة (مُحَرَّكَة): حديدة مستديرة كالهالة مثقوبة الوسط، حادة الطرف، يجمع بين عدد منها بعود يدخل في ثقوبها، ثم تجعل تحت النورج فيسير بها على القت لدرسه في البيدر؛ أي: انظر غلتك حتى تدرس ولا تقلق من قلتها عند الحصد؛ فإن البركة تظهر في البيدر.

«اِلْبَرَكَهْ فِي كَتْرِ الأيَادِي» لأن الناس إذا تعاونوا على أمر تَيَسَّرَ إتمامه. يُضرَب في مدح المعاونة والتكاتف. وانظر: «إيد على إيد تساعد.» والعرب تقول في أمثالها: «لا يَعجزُ القومُ إذا تعاونُوا.» وهو من الأمثال التي أوردها الهمذاني في كتابه.

«اِلْبَرَكَهْ فِي اللَّمَّهْ» أي: في الاجتماع والائتلاف؛ ففيهما الخير الكثير.

«بَرَكَهْ يَا جَامِعْ اِللِّي جَتْ مِنَّكْ مَا جَتْ مِنِّي» أصله أن رجلًا كان يفضِّل الصلاة في داره، وَلِيمَ على ذلك؛ فتكلف الذهاب إلى المسجد فوجده مغلقًا. والمعنى: هذه بركة أشكر الله عليها تُبَرِّئُني من وصمة التقصير وتدفع عني المَلام، وقد بلغت بها ما أطلب. يضربه أحد المتهاجرين أو المتخاصمين إذا تسبب الآخر فيما يوجب المقاطعة أو الخصومة. ويزيد بعضهم في أوله لتوضيح معناه: «مصلي لقي الجامع مقفول، قال: بركة ...» إلخ.

«الْبَرْمِيلِ الْفَارِغْ يِرِن» وقد يزيدون في أخره لفظ: «كتير»؛ أي: كثيرًا. والبَرْمِيل (بفتح فسكون فكسر): وِعَاءٌ كبير من الخشب للسوائل كالماء والزيت. ومعنى المثل: الإناء الفارغ إذا نقرته رن. والمراد: لا يجعجع بالدعوى إلا العاطل، وهو في معنى قولهم: «ما يفرقعش إلا الصفيح الفاضي.» وسيأتي في الميم. ومثله قولهم: «الإبريق المليان ما يلقلقش.» وقد تقدم في الألف.

«اِلْبُسَاطْ أَحْمَدِي» يُضرَب في طرح التكلُّف والاحتشام بين الحاضرين. والصَّواب في البساط (كسر أوله)، والعامة تَضُمُّهُ. والأحمدي نسبة إلى السيد «أحمد البدويِّ» صاحب المقام المعروف بطنطا. وأصل المثل على ما يذكرون في كتب مناقبه أنه كان له بساط صغير على قدر جلوسه يسع من أرادوا الجلوس معه ولو كانوا ألفًا. قال الشيخ علي الحلبي الشافعي في «النصيحة العلوية في بيان حسن طريقة السادة الأحمدية»: «ومن ها هنا صار الناس يقولون في المثل: البساط أحمدي.» قلت: كأنهم يريدون: يجلس عليه من شاء كما يشاء.

«بِسْمِلَّهْ قَهْوَهْ مِنْ جِيبِ الأغَا» بسملة: كلمة منحوتة من «بسم الله»، يريدون بها الدعوة إلى الطعام أو الشراب. والقهوة: قهوة البُنِّ. والجيب في الأصل شبه خريطة تخاط في الثياب لحمل النقود وغيرها. والمراد به هنا: النقود نفسها. والأغا: الخصيُّ، والكبير من الجند وهو المراد هنا. يُضرَب لمن يدعو الناس والنفقة من غيره، ومن أمثال العرب في هذا المعنى: «جدح جوين من سويق غيره.» والجدح: الخلط والدوف. وجوين اسم رجل. يُضرَب لمن يتوسع في مال غيره ويجود به.

«بَشَاشِةِ الْوَجْه عَطِيَّهْ تَانْيَهْ» لم يقولوا هنا الوش في الوجه على لغتهم، والمعنى: بشاشة المرء للناس عطية من الله أخرى خَصَّه بها؛ لأنها تحبِّبه إليهم.

«بَصَلِةِ الْحُب خَرُوفْ» الحُبُّ: المحبة، وقد يراد به هنا الحِبُّ (بكسر أوله) أي: المحبوب، والمعنى: أن القليل منه كثير، ولله دَرُّ إسحاق الموصلي في قوله:

هَلْ إِلَى نَظْرَةٍ إليك سبيلُ يُرْوَ منها الصَّدَى ويُشْفَى الغَليلُ

إنَّ ما قَلَّ مِنك يَكْثُرُ عِنْدِي وكثيرٌ من الحبيب القليلُ

ويُروَى: «مِمَّنْ تُحِبُّ» بدل من الحبيب، وقد جزم «يُرْوَى» للوزن.

«بَطَّلُوا دَهْ وِاسْمَعُوا دَهْ» أي: أبطلوا ما أنتم فيه، واسمعوا هذا. يُضرَب للأمر المستغرب يحدث فيصرف الناس عما هم فيه.

«اِلْبَطِّيخَهْ الْقَرْعَهْ لِبَّهَا كْتِيرْ» القرعة: القرعاء، ويريدون بها هنا البيضاء الشحم التافهة الطعم. واللب (بكسر الأول وتشديد الياء)، يريدون به عجم البطيخ والقثَّاء ونحوهما. وكلا الأمرين مذموم، فالمراد: الرديء رديء في كل شيء.

«اِلْبَطِّيخَهْ مَا تِكْبَرْشْ إِلَّا فِي بِيتْهَا» أي: مقثأتها التي زرعت فيها؛ لأنها لو نقلت منها إلى مقثأة أخرى قبل أن تنضج لاقتضى ذلك قطعها فتجف وتفسد. يُضرَب للطفل يربَّى عند غير أهله فلا ينمو لقلة العناية به، ويُروَى: «إلا في غيطها.» أي: في مزرعتها.

«اِلْبَطْنْ مَا تْجِيبْشْ عَدُو» معناه: الولد لا يكون عدوًّا لوالديه مهما يظهره من البغض لهما، والانحراف عنهما عن نَزَق أو سوء خُلُق.

«بِطِينُهْ وَلَا غَسِيلِ الْبِرَكْ» الضمير فيه للفجل، والمراد تفضيل ما كان عليه طينه على الذي غُسِل بماء البرك الآسِن. يُضرَب في تفضيل أخف الضَّرَرين.

«بَعْدِ أُمِّي وُاخْتِي اِلْكُلِّ جْرَانِي» أي: إنما يُشفق عليَّ أمي وأختي، وأما من عداهما من أهلي فليسوا في المودة إلا كالجيران.

«بَعْدِ الْجُوعَهْ وِالْقِلَّهْ لُهْ حُمَارْ وِبَغْلَهْ» يُضرَب فيمن اغتنى بعد فقر وظهر بمظهر العظماء، وهو مَثَلٌ قديم في العامية أورده الأبشيهي في «المستطرف» برواية: «بعد الجوع والقلة بقالك حمار وبغله.»

«بَعْدِ الرَّاسِ الْكِبِيرَهْ مَا فِيشْ» يُضرَب لكبير الأسرة يموت ولا يخلفه من ولده أو أهله مَنْ يُحْسِن تدبير أمورها مثله.

«بَعْدِ رَاسِي مَا طِلْعِتْ شَمْسْ» ويُروَى: «بعد عيني»، والمعنى واحد؛ أي: بعد موتي. يُضرَب في معنى:

إِذَا مِتُّ ظَمْآنًا فَلَا نَزَلَ الْقَطْرُ

وقريب منه قولهم: «خراب يا دنيا عمار يا مخ.» وسيأتي. ولبعضهم في المعنى:

وَمَا نَفْعُ مَنْ قَدْ مَاتَ بِالْأَمْسِ صَادِيًاإِذَا مَا سَمَاءُ الْيَوْمِ طَالَ انْهِمَارُهَا

«بَعْدْ سَنَهْ وِسِتُّ اشْهُرْ جَتِ الْمِعَدِّدَهْ تُشْخُرْ» الْمِعَدِّدَة (بكسر مع تشديد الدال الأولى): النائحة التي تُسْتَأْجَرُ في المآتم؛ أي: بعد أن مضى على من مات سنة وستة أشهر جاءت النائحة تشخر؛ أي: تصيح وتولول. وأصل الشخير عندهم: غطيط النائم، أو صوت يخرجه المستيقظ من حلقه وأنفه عند المنازعة ونحوها، ولا يفعله إلا السِّفْلَة. يُضرَب للأمر يُعمل بعد فوات وقته، وانظر أيضًا: «بعد العيد ما ينفتلش كحك.» وانظر: «يا معزي بعد سنه يا مجدد الأحزان.»

«بَعْدِ الْعَرْكَهْ يِنْتِفِخِ الْمِفَشْ» المفش: الفخور المدعي ما ليس فيه، والمعنى: بعد المعمعة والعراك وخلو الميدان من الأبطال يظهر مثله متعاظمًا منتفخًا داعيًا للنِّزال كما قال الشاعر:

وَإِذَا مَا خَلَا الْجَبَانُ بِأَرْضٍ طَلَبَ الطَّعْنَ وَحْدَهُ وَالنِّزَالَا

وقريب منه قول الآخر:

أَسَدٌ عَلَيَّ وَفِي الْحُرُوبِ نَعَامَةٌ فتخَاءُ تَنْفِرُ مِنْ صَفِيرِ الصَّافِرِ

«بَعْدِ الْعِيدْ مَا يِنْفِتِلْشْ كَحْكْ» يريدون بالفتل: فتل عجين الكعك ليصنع منه كالحلقة، وهو عجين مبسوس بالسمن يصنع منه الكعك في عيد الفطر، فإذا خبز جعلوا عليه السكر المدقوق وأكلوه. يُضرَب للأمر يحاول عمله بعد فوات وقته. وهو قريب من قولهم: «بعد سنة وست اشهر جت المعددة تشخر.» وإن كان لكل واحد وجه يُضرَب فيه.

«بَعْدِ الْقَمْلْ والسِّيبَانْ بَقَى احْمَرْ وَاخْضَرْ وِمْلَطَّعْ عَ الْحِيطَانْ» السيبان (بكسر الأول): الصئبان، وهي في اللغة جمع صؤابة؛ أي: بيضة القُمَّل، والعامَّة تُطلق السِّيبان على صغار القُمَّل. والمراد: بعد الوضاعة والقذارة بدلت الحال وتغيرت وتجاوزت الأصباغ الخدود إلى الحيطان. والخطرة ليست مما يُسْتَعمل في ذلك، وإنما يقصدون بذكرها زيادة التشنيع. يُضرَب في تجاوز الحد في الظهور بمظهر الرفاهية بعد الفقر وما يحيط به.

«بَعْدِ مَا أَكَلْ واتَّكَى قَالْ: دَهْ رِيحْتُهْ مِسْتِكَى» الريحة (بكسر الأول): يريدون بها الرائحة. والمستكى (بكسر فسكون فكسر): المصطكى، وهو علك رومي معروف طَيِّب الرائحة؛ أي: بعد أن امتلأ شبعًا وانقضت شهوته من الطعام أخذ يُظهر عيوبه ويدعي أن رائحته لا توافقه. يُضرَب لمن يعيب الشيء بعد قضاء حاجته منه.

«بَعْدْ مَا رَاحِ الْمَقْبَرَهْ بَقَى فِي حَنَكُهْ سُكَّرَهْ» بقى بمعنى: صار. والحنك: يريدون به الفم؛ أي: بعد أن مات وذهب أصبح وفي فمه سكرة عندكم. يريدون: كنتم لا تأبهون له لَمَّا كان بينكم وتذمُّونه، فلما ذهب عنكم مدحتموه ونسبتم له المناقب. يُضرَب لمدح الشيء والتعلق به بعد ذهابه من اليد، وقريب

منه قولهم: «يموت الجبان يبقى فارس خيل.» وسيأتي في المُثنَّاة التحتية. وانظر فيها أيضًا: «يا عينه يا حواجبه ...» إلخ. وفي كتاب «الآداب» لجعفر بن شمس الخلافة لبعضهم في المعنى:

رَأَيْتُ حَيَاةَ الْمَرْءِ تُرْخِصُ قَدْرَهُ فَإِنْ مَاتَ أَغْلَتْهُ الْمَنَايَا الطوائِحُ

«بَعْدَ مَا شَابْ وَدُّوه الْكُتَّابْ» ودوه: محرف عن أدوه، ويريدون به: ذهبوا به؛ أي: بعد الكبر والشيب ذهبوا به إلى الكُتَّاب ليتعلم. يُضرَب فيمن يُكَلَّف بأمر فات وقتُه، أو من يحاولون تعويده على أمر لم يتعودْه. وفي معناه من أمثال العرب: «عَوْد يُقَلَّح»، والعود (بفتح فسكون): البعير المُسِنُّ. والتقليح: إزالة القَلَح، وهو الخضرة في أسنان الإبل والصفرة في أسنان الإنسان. يُضرَب للمُسِنِّ يُؤَدَّب وَيُرَاض. ويقول العرب أيضًا: «عَوْد يعلم العنْج.» والعنْج (بتسكين النون): ضرب من رياضة البعير، وهو أن يجذب الراكب خطامه فيرده على رجليه. ومعنى المثل كالأول في أنه جَلَّ عن الرياضة كما جَلَّ ذلك عن التقليح، وذلك أن العنج إنما يكون في البكارة، فأما العودة فلا تحتاج إليه. وتقول العرب أيضًا: «وَمِنَ الْعَنَاءِ رِيَاضَةُ الْهَرِمِ.»

«بَعْد مَا طَارِتْ سَاعِدْهَا بِقُولِةْ هِش» هِش (بكسر الأول وتشديد الشين المعجمة): زجرٌ للطائر ليطير؛ أي: قال ذلك بعد أن طارت ولم تَبْقَ فائدة من زَجْرِها ومساعدتها على الطيران. يُضرَب لمن يُظهر المساعدة على أمر بعد انقضائه، وقد يُضرَب في معنى إظهار عدم الاكتراث لما خرج من اليد؛ أي: قال ذلك بعد أن طارت العصفورة من يده إظهارًا لعدم اكتراثه لإفلاتها.

«بَعْدَ مَا كَانْ سِيدْهَا بَقَى يِطَبَّلْ فِي عِرْسهَا» السِّيد (بكسر فسكون): السَّيِّد. وبَقَى؛ أي: صار. يُضرَب في تبدّل الزمان وتغيُّر الحالات، وهو من أمثال النساء التي أوردها الأبشيهي في «المستطرف» ولكن برواية: «بعد ما كان زوجها بقى طباخ في عُرْسها.»

«بَعْدِ نُومَكْ مَعَ الْجِدْيَانْ بَقَى لَكْ مِطَل عَلَى الْجِيرَانْ» أي: بعد أن كان مأواك رَبَض المعزى أصبحت ذا صرح تُشْرِفُ منه على نساء جيرانك. يُضرَب للوضيع يعلو فلا تفارقه وضاعة خُلُقِه.

«بَعْرِ السِّوِيسْ وَلَا رُطَبْ بِلْبِيسْ» السِّويس (بكسر الأول وإمالة الواو) والصَّواب أنه بالتصغير: بلد معروف على بحر القلزم كان يُسَمَّى قديمًا بالقلزم، وبه سُمِّيَ البحر. وبِلْبِيسْ (بكسر فسكون وإمالة الموحدة الثانية)، والصَّوَابُ بُلْبَيْس (بضم فسكون ففتح): بلد في الشرقية، وهو مما وضعوه على لسان الحيوان والطير. وسببه أن غرابًا كان بالسويس لا يجد إلا البعر لقلة الغراس بها؛ فأرشده غراب آخر إلى بلبيس وكثرة نخلها، فلمَّا انتقل إليها رماه شخص قصد قتله؛ فقال هذا المثل. والمراد: شظفُ العيش مع السَّلامة خيرٌ من الرَّغَدِ مع الأخطار.

«الْبَعَرَهْ تَدُلّْ عَلَى الْبَعِيرْ» أي: يُستدل على الشيء ببعض آثاره ولو كان ضئيلًا لا يُلتفت إليه.

«بَعْرَهْ وِيْقَاوِحِ التَيَّارْ» يقاوح معناه: يُقَاوِمُ بِوَقَاحَة، ولعله مقلوب يواقح. والتيار: مجرى الماء الشديد؛ أي: يكون كالبعرة في الصغر والضعف ثم يقاوم تيار الماء مع شدته. ويُروَى: «يقاوم» بدل «يقاوح»، ويُرْوَى «قد الزبلة ...» إلخ؛ أي: يكون قدر البعرة، وأهل الريف يَرْوُونَهُ: «زبلة ويقاوي التيار.» يُضرَب للضعيف يقاوم من هو أقوى منه ويحاول صدَّه.

«بعَشْرَهْ بَسْطْ يِغْنِيكْ عَنْ دُخُولِ الْخَمَّارَهْ» انظر: «بجديد بسط ...» إلخ.

«اِلْبَغْلِ الْعَجُوزْ مَا يْخَافْشْ مِنِ الْجَنَاجِلْ» الجناجل: الجلاجل. والعجوز: الهَرِم؛ أي: البغل المُسِنُّ لا يَفْزَعُ من الجلاجل إذا عُلِّقت عليه لتعوُّده إياها. يُضرَب في أن من عارك الدهر وحنكته التجارب لا تفزعه الشقشقة بالوعيد لتعوُّدِه سماعها وعلمِه بأنها قرقعة لا تضر.

«بِفْلُوسَكْ بِنْتِ السُّلْطَانْ عَرُوسَكْ» الفُلُوس (بضم الأول): يريدون بها النقود، وقد حذفوا التاء من العروسة هنا لتزاوج الفلوس، وأما في غير هذا فإنهم يثبتونها، ويقولون للرجل: عريس. والمعنى: بمالك تفعل ما تشتهي حتى لو أردت التزوج ببنت السلطان لاستطعت.

«بِفْلُوسَكْ حَنِّي دُرُوسَكْ» الفُلُوس: النقود، والدُّرُوس (بضمتين): الأضراس، وهي لا تخضَّب بالحِنَّاء. وإنما المراد: متى كان الإنفاق من مالك فلا اعتراض عليك فيه حتى لو خضَّبت أسنانك، وإنما الاعتراض على من يُنْفِق من مال غيره. يُضرَب في أن للمرء أن يفعل بماله ما يُسَاءُ ولا دخل لأحد في شئونه. وانظر: «أقرع بياكل حلاوه، قال: بفلوسه» و«مِكَسَّحْ طِلِعْ يِتْفَسَّحْ، قَالْ: بِفْلُوسُهْ.»

«بِفْلُوسُهْ الْحِلْوَهْ يِكَلِّمْ أَبُوهْ عَلَى الْعِلْوَهْ» الفلوس: النُّقود. والعِلْوة (بكسر فسكون): الرَّابِيَة؛ أي: صاحب النقود يستطيع أن يكلِّم الناسَ من علٍ ولو كان المخاطب أباه. والمراد: يستطيع أن يتعالى عليهم فيرضون لما تعودوه من تعظيم الغني.

«اِلْبَقَرَهْ بْتِوْلِدْ وِالطُّورْ بِيحْزَقْ لِيهْ؟ قَالْ: أَهُو تَحْمِيلْ جَمَايِلْ» الحَزْق: أنين فيه شدة وضغط على النفس. والطُّور: الثَّوْر. وليه (بالإمالة) أي: لأي شيء؟ والمراد: أن أنين البقرة لولادتها، فلأي شيء يئنُّ الثَّورُ معها؟ قالوا: إنما يفعل ذلك لِيُحَمِّلَهَا الجميلَ. يُضرَب فيمن يعطف على شخص بما لا يفيد ابتغاء أن يُحَمِّلَهُ جميلًا كاذبًا يأسره به.

«الْبُقّ اهْبَلْ» البق (بضم أوله وتشديد ثانيه): الفم. وأهبل معناه أبله. يُضرَب للمحزون يعرض له ما يضحكه؛ أي: لا عبرة بتبسُّم الفم، وإنما العبرة بما في القلب. ويرويه بعضهم: «الضحكة هبلة.» والمعنى واحد. وانظر في الضاد المعجمة: «الضحك ع الشفاتير ...» إلخ، وانظر في الألف: «إن ضحك سني ...» إلخ. وفي الواو: «الوش مزين والقلب حزين.»

«البُقّ المَقفولْ مَا يْخَشوشِ الدِّبَّانْ» أي: الفم المُقْفَل لا يدخله الذباب، والمعنى: من يُطْبِق فمه ويسكت يدفعْ عن نفسه ما يكره سماعه، ويتجنَّبْ ما يضره.

«البَقَّهْ توْلِدْ ميَّهْ، وتْقُولْ: يَا قِلِّةِ الدُّرِّيَّهْ» ويُروى «الأكلانه» بدل البقة، وهي تُسَمَّى بذلك أيضًا عندهم؛ لأنها تمتص من دم الناس فكأنها تأكل منهم؛ أي: البقعة تَلِدُ مائة ومع ذلك تشكو قلة الذرية، يُضرَب لِلَّاهِجِ بالشكوى من القلة وهو في كثرة؛ أي: للطَّمِع الذي لا يقنعه شيء. وانظر الحاء المهملة: «حبلة ومرضعة ...» إلخ.

«بَقى لِلشَّخْرَمْ مَخْرَمْ، وبَقَى لِلْقِرْدْ زِنَاقْ، وبقَى لُهْ مَرَةْ يِحْلِفْ عَلِيهَا بِالطَّلَاقْ» الشَّخْرَم (بفتح فسكون ففتح): اسم من أسماء العرب أتوا به هنا للسجع. والمراد به: الشخص الوضيع، وهو المقصود أيضًا بالقرد. والمخرم صوابه مَخْرِم (بفتح فسكون فكسر)، وهو في اللغة: المسلك بين جبلين. والزِّناق (بكسر أوله): الخيط أو نحوه يمر تحت الذقن ويناط من طرفيه بالقلنسوة ونحوها ليمسكها. والمعنى: لقد صار لهذا الوضيع ما يدخل ويخرج منه؛ أي: صارت له دار وصارت له زوجة يتحكم فيها ويحلف بطلاقها، وقلنسوة يخشى من سقوطها بعد أن كان مكشوف الرأس كالقرد. وفي معناه من الأمثال العامية القديمة التي أوردها الأبشيهي في «المستطرف» قولهم: «بقى للكلب سرج وغاشية وغلمان وحاشية.»

«بُكْرَهْ تْمُوتْ يَا ابُو جِبَّهْ وَاعمِلْ لَكْ فُوقْ قَبْرَكْ قُبَّهْ» بكره (بضم الباء)؛ أي: غدًا. والمعنى: غدًا تموت أيها المُعْجَب بنفسه المَزْهُوُّ بجبته؛ لأن الموت لا يفرق بين الغني والفقير، ولكني سوف أحافظ على زهوك بعد موتك وأَبْنِي لك قبة على قبرك لتَزْهُوَ بها بين الموتى. والمراد: التهكم.

«بُكْرَهْ نُقْعُدْ عَلَى الْحِيطَهْ ونِسْمَعِ الْعيطَهْ» الحيطه (بالإمالة) الحائط. والعيطة: الصياح والجَلَبَة. ويُرْوَى بدلها: «الزِّيطة»، وهي بمعناها؛ أي: ما تحاولون كتمانه اليوم سيشيع غدًا ويصرف الناس من فوق الحيطان لرؤيته وسماع ما يُقَال عنه.

«بُكْرَهْ نُقْعُدْ عَلَى رَاسَكْ ونْشُوفَ افْقَاسَكْ» أَفْقَاسك: جمع فقس (بفتح فسكون)، وهو عندهم الفرخ الخارج من البيضة، يقولون: فقست البيضة؛ أي: انفلقت وخرج منها القوب. يُضرَب للمُولَع بالوقيعة في أبناء غيره. والمراد: كيف تنال منهم قبل أن تكون على ثقة مما سيكون عليه أولادك.

«بُكْرَهْ يْدُوبِ التَّلْجْ ويْبَانِ الْمَرْجْ» يُضرَب في أن كل مستور مجهول لا بد من ظهوره متى حان الحين وزالت الحوائل.

«بُكْرَهْ يْهِل رَجَبْ وتْشُوفِ الْعَجَبْ» أي: غدًا يهلُّ رجب، وهو الشهر الذي وعدنا فيه بالعجائب فنراها. والمراد: كل آت قريب فلا تكثروا من الأراجيف رجمًا بالغيب. وإنما خَصُّوا هذا الشهر بالذكر؛ لأن أصحاب الأجفار ومدَّعي علم الغيب يزعمون أن وقوع الحوادث الغريبة يكون بين

جمادى ورجب، حتى اشتهر بين الناس قولهم: «بين جمادى ورجب تشوفوا العجب.» وأصل ذلك قول العرب في أمثالها: «العجب كل العجب بين جمادى ورجب.» وأول من قاله عاصم بن المقشعر الضبي، وكان أخوه أبيدة علق امرأة الخنيفس بن خشرم الشيباني فقتله الخنيفس، ولما بلغ نعيه أخاه عاصمًا لبس أطمارًا وتَقَلَّدَ سيفًا، وذلك في آخر يوم من جمادى الآخرة، وانطلق إلى الخنيفس فخدعه حتى أبعده عن قومه، ثم قتله قبل دخول رجب؛ لأنهم كانوا لا يقتلون في رجب أحدًا. هذا أصل المثل فجعلته العامة ومدعو الغيب لظهور العجائب بين هذين الشهرين، أو في أحدهما، وهو رجب. والظاهر أنه زعم قديم، فقد أنشد ابن المخلطة في العزيزي المحَلّى لبعضهم:

دَعِ الأَتْرَاكَ وَالعُرُبَا وَكُنْ في حِزْبِ مَنْ غَلَبَا

فَقَدْ قَالَ الَّذِينَ مَضَوْا فَفِي رَجَبٍ تَرَى عَجَبَا

بِعَجْلُونٍ تَرَى فِتَنًا تُهِيجُ الْقَتْلَ وَالْوَصَبَا

فَإِنْ تَعْطَبْ فَوَا أَسَفًا وَإِنْ تَسْلَمْ فَوَا عَجَبَا

وهي منقولة من كتاب «موقظ الوَسْنَان» للشيخ الأكبر.

وأما قول العرب في مثل آخر: «عش رجبًا تَرَ عجبًا.» فالمراد به عش رجبًا بعد رجب. وقيل: رجب كناية عن السَّنة؛ لأنه يحدث بحدوثها، ومن نظر في سنة واحدة ورأى تغير فصولها قاس الدهر كله عليها، فكأنه قال: عش دهرًا تَرَ عجائب. وفي معناه قولهم أيضًا: «إِنْ تَعِشْ تَرَ مَا لَمْ تَرَهُ.» قال أبو عيينة المهلبي:

قُلْ لِمَنْ أَبْصَرَ حَالًا مُنْكَرَة وَرَأَى مِنْ دَهْرِهِ مَا حَيَّرَهْ

لَيْسَ بِالمُنْكَرِ مَا أَبْصَرْتَهُ كُلُّ مَنْ عَاشَ يَرَى مَا لَمْ يَرَهْ

ويُروَى: رأى ما لم يَرَه.

«الْبِلَادُ بِلَادُ اللهْ وِالْخَلْقِ عَبِيدَ اللهْ» يُضرَب للمتجبِّر المغرور الذي يحاول استعباد الناس وتسخيرهم له تذكيرًا له بأنه عبد من عبيد الله، وأن ما يملكه ليس إلا عارية سترد.

«بِلَادْ اللهْ لِخَلْقِ اللهْ» يقوله مَن ينوي التغرب والرحلة عن بلده؛ أي: أنا عبد من عبيده — تعالى، والبلاد جميعها له لخلقه يعيشون فيها، فبلدي كغيرها في ذلك لا يمنعني عنها مانع:

إِذَا وَطَنٌ رَابَنِي فَكُلُّ بلادٍ وَطَنْ

ومن أمثال العرب في ذلك: «في الأرضِ للحرِّ الكريمِ منادحُ.» أي: متسع ومرتزق، ومثله: «إذا جانب ألياك فالْحَق بجانب.» ولعلي بن الجهم:

لا يَمْنَعَنَّكَ خَفْضُ العَيْشِ تَطْلُبُهُ نُزُوعُ نَفْسٍ إلى أهلٍ وأوطانِ

تَلْقَى بكل بلادٍ إن حَلَلْتَ بِهَا أهلًا بأهلٍ وجيرانًا بجيرانِ

وقال آخر:

فى سعَةِ الخَافِقَيْنِ مُضْطَرَبٌ وفي بِلادٍ مِنْ أُخْتِهَا بَدَلُ

وقال الحريري:

وَجُبِ البلاد فَأَيُّهَا أَرْضَاكَ فَاخْتَرْهُ وَطَنْ

«بَلَاشْ تِوَكِّلْنِي فَرْخَهْ سْمِينَهْ، وِتْبَيِّتْنِي حَزِينَهْ» بَلَاشْ (بفتح الموحدة) أي: بلا شيء، وهي هنا لا النَّاهية؛ أي: لا تطعمني دجاجة سمينة برًّا بي، ثم تُغْضِبُنِي فأَبِيت ليلي حزينة. يُضرَب لمن يتبع المنَّ بالأذى، ويجمع بين الإحسان والإساءة. وانظر: «لاقيني ولا تغديني.»

«اِلْبَلَاشْ كَتَّرْ مِنُّهْ» بلاش؛ أي: بلا شيء، نَحَتُوا منه اسمًا وأدخلوا عليه أداة التعريف؛ أي: ما كان مجانًا بلا ثمن أكثر منه فلا ضرر يعود عليك من ذلك، بل هو غُنم ليس به غُرْم. وانظر قولهم: «من لقي من غير كلفة ...» إلخ.

«اِلْبَلَاوِي تِتْسَاقِطْ مِنِ الْجِيرَانْ» البلاوي عندهم: جمع بلوة أو بلية بمعنى: البلاء. والمراد: تساقط علينا البلاء ممن كنا ننتظر منهم دفعه عنا. يُضرَب في أن المصائب قد يسبِّبها أقرب الناس. ومثله قولهم: «ما تجي المصايب إلا من الحبايب.» وسيأتي في الميم.

«اِلْبَلَا يْعُم وِالرَّحْمَهْ تْخُص» هي حكمة قديمة جرت عندهم مجرى الأمثال.

«بَلَدْنَا صْغَيَّرَهْ وِنِعْرَفْ بَعْضْ» صُغَيَّر (بضم ففتح مع تشديد الياء المفتوحة): تصغير «صغير» عندهم، وهو المستعمل غالبًا في المدن وكثير من بلاد الريف، وأما في الصعيد وبعض بلاد الريف فينطقون به مُكَبَّرًا، والمعنى: بلدنا صغير لا تخفى فيه خافية فكيف يتظاهر بعضنا بما ليس فيه ويكذب على مَنْ يعرفه.

«بَلْوَهْ عَلَى عَلْوَهْ» البلوة (بفتح فسكون) يريدون بها البلاء. والعلوة (بكسر فسكون): الرابية ونحوها، وهي أيضًا بلاء معترض في الطريق فيه صعود وهبوط. والمراد بالمثل: بلاء فوق البلاء.

«اِلْبَنَاتْ بِسَبَعْ وُجُوهْ» يُضرَب في تَغَيُّرِ الشبه في البنات كُلَّمَا كَبِرْنَ.

«الِبنَاتْ مَرْبَطْهُمْ خَالِي» المربط: ما تربط فيه الدواب؛ أي: موضعها. والمعنى: أن البنات سيخلو مكانهن منهن في الدار؛ أي: سيتزوَّجن ويفارقْنَ الأهل، فلا عبرة بامتلاء المكان بهنَّ، فإنه في حكم الخالي بما سيئول أمرهُنَّ إليه.

«بِنْتِ الْأَكَابِرْ غَالْيَهْ وَلَوْ تْكُونْ جَارْيَهْ» يُراد بالجارية هنا: الخادمة المملوكة. يُضرَب في أن النفيسَ نَفِيسٌ ولو حَطَّ الزمانُ قدرَه وقيمتَه.

«بِنْتِ الْحَرَّاتَهْ تِطْلَعْ دِرَّاسَهْ» الحَرْت (بفتح السكون): هو حرث الأرض. والدراس (بكسر أوله): دوس المحصول في البيدر لفصل الحب عن القَتِّ. ويُضرَب في مشابهة البنت لأمها إذا كانت صناعًا؛ أي: متى كانت الأم مُجيدَةً للحرث يقظة في عملها فستنشأ بنتها مجيدةً لدوس ما أنبتته يد أمها؛ لأن الطفل ينشأ على ما عَوَّدَهُ أهله ويقلدهم غالبًا فيما هم عليه من خير أو شر.

«بِنْتِ الدَّارْ عُورَهْ» أي: في حكم العوراء الفاقدة لإحدى عينيها. والمراد: غير مستحسنة؛ لأن ما ملك مَزْهُودٌ فيه.

«بِنْتِ السَّايِغْ اِشْتَهِتْ عَلَى ابُوهَا مِزَنَّقَهْ» السايغ: الصائغ الذي يصوغ الحلي. المِزَنَّقة (بكسر ففتحتين مع تشديد النون): قلادة مزدوجة من الجمان، فإن لم تكن مزدوجة فهي عندهم اللبة (بكسر اللام وفتح الموحدة المشددة). يُضرَب لمن يشتهي ما هو ميسَّر له، وقد قالوا في معناه: «ابن السايغ اشتهى على ابوه خاتم.» وتقدم في الألف.

«بِنْتِ الْفَارَهْ حَفَّارَهْ» يُضرَب لمن يعمل عمل آبائه ويبرع مثل براعتهم فيه. وفي معناه قولهم: «ابن الوز عوام.»

«بِنْتْ لِعَمِّتْهَا» انظر: «ولد لخاله» في الواو.

«بَنِي آدَمْ طِيرْ مَاهُوشْ طِيرْ» المراد المفرد؛ أي: ابن آدم. يُضرَب في التعجب من سرعة الانتقال من مكان إلى مكان؛ أي: هو كالطائر في ذلك.

«الْبِهِيمِ السَّايِبْ مَتْرُوكْ عَوَضُهْ» أي: الدابة المطلقة المهمل أمرها تضيع، فكأن صاحبها استغنى عن ثمنها ولم يحفل بما يعوض عنها، وإلا لاحتاط واحترس بتقييدها وربطها. يُضرَب في التَّفْرِيط. وانظر: «اِللِّي ما يربط بهيمه ينسرق.»

«الْبِهِيمْ يِتْرِبِطْ مِنْ وِدْنُهْ وِبَنِي آدَمْ مِنْ لِسَانُهْ» الوِدْن (بكسر فسكون): الأذن. و«بني» المراد به المفرد؛ أي: ابن آدم، يريدون أن الدابة تُربَط من الأذن والإنسان يُربط من لسانه، والمقصود بالثاني الربط المعنوي؛ أي: يرتبط بما يقول ويجب عليه الوفاء به.

«اِلْبِهِيمَهْ الْعِشَرْ مَا تْنَاطِحْشْ» أي: الدابة العشراء لا تتعرض للمناطحة، ولا ينبغي لها ذلك خوفًا على حملها، وفي معناه: «العُشْر تخاف م النطاح.» وسيأتي في العين المهملة. والمقصود: من خشي على نفسه من أمر فليكفَّ عن التعرض لما يسببه.

«بُوسْ إِيدْ حَمَاتَكْ وَلَا تْبُوسْ إِيدْ مِرَاتَكْ» البوس: التقبيل. والإيد (بكسر الأول): اليد، وليس المقصود هنا الحث على التأدب مع الحماة لأنها في مقام الوالدة، بل المراد: إذا أردتَ أن تطيعك زوجتك وتحسن معاشرتك فعليك بإرضاء حماتك والتزلف إليها وبها تصل إلى مرغوبك.

«بُوسِ الْإِيدْ ضِحْكْ عَلَى الدُّقُونْ» ويُروَى «على اللحى»؛ أي: تقبيل اليد خِدَاعٌ واستغفال، وهم يُعَبِّرُون عن ذلك بالضحك على الدقن؛ أي: اللحية، ومنه قول ابن أبي حجلة:

وإذا بَدَا لك ثَغْرُهُ مُتَبَسِّمًا فاضْحَكْ عَلَى ذَقْنِ العَزُولِ وقَهْقِهِ

«اِلْبُوسَهْ فِي إِيدُهْ رَطْلْ» البوسة: القبلة. والإيد: اليد؛ أي: يُقبِّل الناس يديه قبلات عظيمة لو وزنت الواحدة لكانت رطلًا. يُضْرَب لمن له في قلوب الناس اعتقاد وقبول يعظمونه بسببهما.

«بِالْوَعْدْ أَسْقِيكْ يَا كَمُّونْ» يُضرَب في عدم الوفاء وكثرة الوعود، وهو مَبْنِيٌّ على زعمهم في اكتفاء الكمون بالوعود عن السَّقْي. وأصله قول العرب في أمثالها: «أَخْلَف من شرب الكمون.» قال حمزة الأصفهاني في كتابه «الدرة الفاخرة» في الأمثال التي جاءت على أفعل: أما قولهم: «أَخْلَف من شرب الكمون»؛ فلأنَّ الكَمُّون يُمَنَّى السقي فيقال له: غدًا تشرب الماء، ويُقال في المثل: مواعيد الكمون، كما يقال: مواعيدُ عرقوب، إلا أن الكَمُّون مفعول لا فاعل. وقال الشاعر:

إذا جِئْتَهُ يومًا أَحَالَ على غَدٍكَمَا وَعَدَ الكَمُّونَ مَا لَيْسَ يَصْدُقُ

انتهى.

ولبعضهم:

لا تَجْعَلَنِّي كَكَمُّونٍ بِمَزْرَعَةٍ إِنْ فَاتَهُ المَاءُ أَغْنَتْهُ الْمَوَاعِيدُ

«بِيتِ الظَّالِمْ خَرَابْ» انظر: «بيت المحسن عمار.»

«بِيتِ الْمُحْسِنْ عَمَارْ» أي: عامر، فهو من الوصف بالمصدر؛ لأنهم يريدون بالعمار (بفتح الأول) العُمران. والمراد: أن دار المحسن تبقى عامرة لإحسانه وكثرة الداعين له. وبعضهم يزيد فيه: «وبيت الظالم خراب.» وقد أورده الأبشيهي في «المستطرف» مثلًا مستقلًا برواية: «دار الظالم خراب ولو بعد حين.»

«**بيتْ مَلْيَانْ مَا يِمْلَاشْ بيتْ فارِغْ**» المراد: لا بد من أن يكون للمرء ما يُنْفِقَ منه على داره غير مُتّكِلٍ في ذلك على الناس ولا ناظر لوفرة ما في دارهم، فإنها بحسب حاجاتهم.

«**بيتِ النَّتَّاشْ مَا يِعْلَاشْ**» النتاش: الكثير النتش، وهو عندهم الكذب، والمعنى: دار الكذوب لا تعلو؛ لأنه يكذب فيما يحدّث به عنها وعن بنائها.

«**بيتْ يِنْكِرِي وِبيتْ يِنْشِرِي**» أي: الدُّورُ بحسب مواقعها وجيرانها، فدار تُكرى؛ أي: تؤجر للغَيْرِ ولا تُسْكَن، ودار تُشْتَرَى لحسن موقعها وطيب أخلاق جيرانها، وكلتاهما دار صالحة في نفسها. ويُروَى: «بيت ينشري وعشرة تنكري.» أي: ليست العبرة بكثرة الدُّور؛ فقد يكون لك عشر لا تستطيع السُّكنى في واحدة منها فتؤجرها، ودار واحدة تسعى في شرائها، فهي من حيث النفع أفضل من العشر.

«**بِيرْ تِشْرَبْ مِنُّهْ مَا تِرْمِيشْ فِيهْ حَجَرْ**» أي: بئر تستقي منها لا تَرْمِ فيها حجرًا. والمراد: لا تُتْلِفْ ما فائدته عائدة إليك، ولا تُسِئْ لمن تحتاج لإحسانه. والعرب تقول في أمثالها: «لا تَبُلْ في قليب قد شربت منه.» والقليب: البئر.

«**الْبِيرِ الْحِلْوْ دَايْمًا نَازِحْ**» ويُرْوَى بدون لفظ «دايمًا»؛ أي: البئر العذبة الماء يقلُّ ماؤها لكثرة المُسْتَقِين منها. يُضرَب للكريم يَضُرُّ به جوده.

«**الْبِيضِ الْخَسْرَانْ يِدَّحْرَجْ عَلَى بَعْضُهْ**» الخسران: يريدون به الفاسد؛ أي: إن الطيور على أشكالها تقع، وشبه الشيء منجذب إليه.

«**بيضِتْهَا أَحْسَنْ مِنْ لِيلِتْهَا**» أي: بيضة الدجاج أضمن لها، وإن لم يَجْرِ لها ذكر لدلالة الكلام عليها. والمراد بليلتها: ليلة تذبح وتؤكل؛ أي: إن في الإبقاء عليها نفعًا مستمرًّا. يُضرَب في أن القليل الدائم خير من الكثير المنقطع. وفي معناه قولهم: «كشكار دايم ولا علامة مقطوعة.» وسيأتي في الكاف.

«**بِيضِةِ الْفَرْخَهْ مُوشْ لِقِيَّهْ وِجُوزِ الْبِنْتْ مُوشْ خَبِيَّهْ**» أي: بيضة الدجاجة ليست باللُّقطَة الثمينة التي يسر التقاطها، كما أن زوج البنت؛ أي: الخَتَنَ، ليس لحماته من الخبايا التي ينبغي أن تهش لها وتبش. يُضرَب في عدم محبة الخَتَن لحماته.

«**الْبِيضَهْ مَا تِكْسَرْشِ الْحَجَرْ**» معناه ظاهر. يُضرَب لمن يحاول معالجة شيء بما لا يَقْوَى عليه.

«**بِيضِةِ النَّهَارْدَهْ أَحْسَنْ مِنْ فَرْخِةْ بُكْرَهْ**» الفَرْخة (بفتح فسكون): الدجاجة. وبكره معناه غدًا. يُضرَب في تفضيل القليل العاجل على الكثير الآجل. وانظر في الألف: «ادِّيني اليوم صوف ...» إلخ.

«**بِيعْ بِخَمْسَهْ وِاشْتِرِي بْخَمْسَهْ، يِرْزُقَكْ اللهْ مَا بِينِ الْخَمْسِتِينْ**» الخمسة - الخَمْستين: قطعة من الفلوس النحاس بَطل التعاملُ بها الآن؛ أي: لا تستقل رأسَ مالِك بل أَقْدِمْ، واللهُ المُسَاعِد.

«بِيعِ الدّهَبْ وِاشْتِرِي الْعَتَبْ» المراد بالعتب: الدُّور، من إطلاق البعض وإرادة الكل. يُضرَب في تفضيل ابتياع العقار لما فيه من الفائدة على اقتناء الحلي.

«بِيعْ واشْتِرِي وَلَا تِنْكِرِي» أي: بِعْ وَاشْتَرِ، فذلك أفضل لك من أن تؤجر نفسك للعمل، والقصد تفضيل الارتزاق من التجارة على العمل بالأجر لِمَا فيه من امتهان النفس بتحميلها ما قد تأنف منه. ويُروَى: «بِيعِي» بالخطاب للمؤنث، ولعله الأصح؛ لأن الغالب في النساء المحتاجات أن يخدمن ولا يَتَّجِرْنَ.

«بِيعُهْ وَلَا تِرْهِنُهْ» أي: الذي تريد رهنه على بعض قيمته الأَوْلَى بك بيعه والانتفاع بثمنه كاملًا، فقلما يوفق الراهن لفك ما رهن. وانظر في الألف: «اِللِّي بدك تقضيه امضيه، واللِّي بِدَّك تِرْهِنُه بيعه ...» إلخ. وسيأتي في الميم: «مال تودعه بيعه.» وهو معنى آخر.

«بِيعُوا مِنْ قُوتْكُمْ وِاسْرِجُوا بْيُوتْكُمْ» لأن إضاءة الدُّورِ مستَحَبَّة، وفيها كبت للشامت، فافعلوا ذلك ولو بالبيع من القوت.

«بينِ الْبَايِعْ وِالشَّارِي يِفْتَحْ اللهْ» يفتح الله: كلمة يقولها البائع عادة إذا لم يُرْضِهِ الثمن، فإذا زاد الشاري زيادةً لم ترضه كَرَّرَ قولها. يُضرَب في أن المماكسة لا حرج فيها على الاثنين.

«بِينْ حَانَهْ وْمَانَهْ ضَاعِتْ لِحَانَا» حانه ومانه: كلمتان أتوا بهما للكناية عن شيئين؛ أي: بين هذا وذاك، أو بين الأخذ والرد ضاعت لحانا وخسرناها، وهو مَثَلٌ قديم في العامية أورده الأبشيهي في «المستطرف» برواية: «بين حانه وبانه حلقت لحانا.»

«بينِ الرَّاكِبْ وِالْمَاشِي حَلِّ الْبَرْدَعَهْ» البردعة (بفتح فسكون ففتح): الإكاف. يُضرَب لتقارب الزمن بين الشيئين؛ أي: إذا سبق الراكب لسرعة دابته وتخلَّف الماشي على قدميه لبطء سيره، فإن الفرق بينهما قليل، فريثما يشتغل السابق عند وصوله بنزع الإكاف، وربط حماره على المذود يصل الماشي.

«بينِ اللِّبَّهْ وِاللِّبَّهْ أَرْبِعِينْ يُومْ» اِللِّبَّه (بكسر الأول وتشديد الموحدة): واحدة من اللُّب، ويريدون به عُجَام البطيخ ونحوه. والمراد: أن بين زرع العَجَمَة في المقثأة وبين ظهور العَجَمَة الجديدة أربعون يومًا ينبت فيها الزرع ويطيب، ويصير له عُجَام ينزع ويزرع. يُضرَب في تقريب الزمن.

«بَيِّنْ حَقَّكْ واتْرُكُهْ» أي: إذا كان لك حق مجحود فبيِّنْه وَاسْعَ في إثباته، وإذا شئت بعد ذلك تَرْكه فاتركه؛ لئلا يُظَنَّ بك الكذبُ وادعاءُ ما ليس لك إذا تركته قبل إثباته.

«بَيِّنْ عُذْرَكْ وَلَا تْبَيِّنْ بُخْلَكْ» أي: إذا سئلت شيئًا فبَيِّنْ عدم قدرتك عليه وسبب امتناعك يعذرك السائل، ولا عار عليك في ذلك، وهو أولى وأخلق بك من أن ترده بلا بيان فينسبك للبخل.

«بَيِّنْ لِلرَّعْنَهْ بيتْ وِهِيَّ تَكْنَسُهْ، وِانْ مَا تَكْنَسُهْ تِكْرِي عَلِيهْ» الرَّعنة: الرَّعْنَاء الخرقاء الكسلى، أي: أعلمها بأنها ملكت دارًا تَرَها نشطت لكنسها والعناية بها، وإذا لم تستطع ذلك تستأجر من يقوم به عنها. يُضرَب في اهتمام المرء وعنايته بما يملك.

حرف التاء (فصحى)

تَضْرِبُ في حديدٍ بارد: يُضرب لمن طمع في غير مطمع.

تركتُه يصرف عليك نَابَه: يضرب لمن يغتاظ عليك، ومثله تركته يُحَرِّق عليك الأُرَّمَ.

تَعْسًا لليدين وللفم: كلمة يقولها الشامت بعدوِّه، يقال: تعس يتعس تعسًا إذا عثر، وأتعسه الله، ولليدين معناه على اليدين.

تَطَأْطَأْ لها تُخْطِئْكَ: الهاء للحادثة يقول: اخفض رأسك لها تُجاوِزْك، وهذا كقولهم: دع الشرَّ يعبر، يُضرب في ترك التعرض للشر.

تُخْبِرُ عن مجهوله مَرْآتُه: أي يدلُّ ظاهره على باطنه، والمَرْآة بالفتح المرأى.

حرف التاء (عامية)

«التَّاجِرْ لَمَّا يْفَلِّسْ يفَتِّشْ فِي دَفَاتْرُهْ الْقَدِيمَهْ» ويُروَى: «يفلِّي» بدل يفتش؛ لأنه في حالة اليسر لا يهتم بما قدم عهده لاشتغاله بما هو فيه من الربح، ولكنه إذا أفلس رجع إلى تلك الدفاتر التماسًا لدين قديم يعثر عليه فيطالب به. يُضرَب في هذا المعنى ولا يُخَصُّ به التاجر.

«تَاخْدِي جُوزِي واتْغِيرِي مَا تْخِيلِي» أي: تتزوجين بزوجي وتتعدين عليَّ، ثم تُظهرين الغيرة مِنِّي! إن هذا لأمر عجيب لا تظني أنك تخيلين فيه. ومعنى خال في الشيء عندهم: حسن فيه، وأكثر ما يُسْتَعْمَل في الثياب. يقولون: خال في الثوب، وخال عليه الثوب؛ أي: حسن ولاق به ولبق. يُضرَب لمن يتعدَّى على شخص في أمر يخصه ويشاركه فيه، ثم لا يكفيه حتى يظهر التبرُّمَ منه.

«تَاكْلُهْ يرُوحْ تِفَرَّقْهْ يفُوحْ» أي: ما طعمته يذهب من غير ذكر، وما تطعمه لغيرك يُذْكَر. والمراد: أن الإحسان كالشذا تفوح رائحته الطيِّبة.

«تِبَاتْ نَارْ تِصْبَحْ رَمَادْ، لَهَا رَب يدَبَّرْهَا» ويُروَى: «تكون نار ...» إلخ. يُضرَب في تهوين المصائب والتذكير بلطفه — تعالى — وعنايته بخلقه فيها، فكم من مصيبة عظمت واشتعلت اشتعال النار، فلم يأت عليها الصباح حتى خمدت وصارت رمادًا. وهو مثل قديم عند العامة أورده الأبشيهي في «المستطرف» بلفظه.

«تِبْقَى عُورَهْ وبِنْتْ عَبْدْ ودُخْلِتْهَا لِيلِةِ الْحَد» تبقى، معناه: تكون. والدُّخْلَة (بضم فسكون): ليلة البِنَاء، والمعنى: تكون عوراء وبنت عبد؛ أي: سوداء اللون، وتكون ليلة عرسها ليلة الأحد، والعادة في هذه الليلة أن تكون ليلة الجمعة أو الاثنين. ويُروَى: «ليلة الأربع»؛ أي: الأربعاء. ويُرْوَى «عوره وبنت عبد ...» إلخ بحذف «تبقى» من أوله. وفي معناه من الأمثال العربية: «أحشفًا وسوء كيلة.» يُضرَب لمن يجمع بين خصلتين مكروهتين.

«تُكُونْ فِي إِيدَكْ تِقْسِمْ لِغِيرَكْ» ويُروَى: «في إيدك و...» والإيد (بكسر الأول): اليد. ويُروَى: تكون في «حنكك»؛ أي: في فمك. والمراد: تكون الحاجة، وهي عندهم بمعنى الشيء أضمر لها وإن لم يجر لها ذكر، والمعنى: قد يكون في يدك أو في فيك وهو مقسوم لغيرك؛ فيفوز به دونك.

«تِتَبِّتِ الْحَبْلْ والْجِرَابْ مَقْطُوعْ» أي: تَكِي فَم الجراب بالحبل مع أنه مشقوق يسقط ما فيه، فما فائدة تثبيت الحبل في فمه؟ يُضرَب للمرء يأخذ بالحزم في أمر من جهة ويهمل جهة أخرى تذهب بالفائدة.

«تِتْكَحَّلْ بِإِبْرَهْ وتِتْخَطَّطْ بِمُسْمَارْ» تتخطط؛ أي: تُسَوِّدْ حاجبيها. والمراد: أنها لحذقها تفعل ذلك فتحسِّن حاجبيها ولا تضر بعينيها.

«تِجْرِي جَرْيِ الْوُحُوشْ غِيرْ رِزْقَكْ مَا تْحُوشْ» ويُروَى: «تحوش الوحوش» بدل «تجري جري الوحوش.» ومعنى حاش عندهم: أمسك واستحوذ؛ أي: لا يفيدك السعي وكثرة الجَرْيِ والتعب وراء رزقك؛ فإنك لن تنال إلا ما قسم لك. وفي المخلاة لبهاء الدين العاملي: «لا يعدو المرء رزقه وإن حرص.»

«تِجِي عَ الشَّعْبْ وِتِطَّيَّرْ» يريدون: السفينة تسير ثم تصادف شُعَبًا، وهو ما ينبت كالشجر في البحر فتُكسَر وتتطايَر قطعُها. يُضرَب للأمر يجري في مجراه يصادف ما يفسده.

«تِجِي عَلَى أَهْوَنْ سَبَبْ» أي: تأتي الأمور وتتيسر بأهون الأسباب عندما يريد الله — تعالى — تيسيرها. يُضرَب في الأمر يتعسر مع محاولة الأسباب الكثيرة ثم يتيسر بأهونها.

«تِجِي مَعَ الْعُورْ طَابَاتْ» الطابات: خشبات يلعب بها لعبة معروفة بالطاب؛ أي: قد يُصيب الأعورُ في لعبة فيَقْمُرُ صحيحَ العينين أحيانًا. ويُرْوَى: «الْهَبْش»، وهو الأكثر الأشهر في هذا المثل، ومعناه البَلَه. ويُرْوَى أيضًا: «الهُبْل» وهم البُلْه.

«تَحْتِ الْبَرَاقِعْ سِم نَاقِعْ» أي: لا يَغُرَّنَّك ما تراه من الظاهر الحسن، فإن ما تحت البراقع سم قاتل. يُضرَب للحسن الظاهر القبيح الباطن.

«تُحُوشِ الْوُحُوشْ غِيرْ رِزْقَكْ مَا تْحُوشْ» انظر: «تجري جري الوحوش ...» إلخ.

«تِخَانِقْنِي فِي زَفَّهْ وِتِصْطِلِحْ مَعَايَا فِي حَارَهْ؟!» تخانقني؛ أي: تشاجرني، وأصله من الأخذ بالخناق. والحارة: الطريق التي لا تبلغ أن تكون شارعًا؛ أي: تعاديني في العلانية وتصالحني في الخفاء. ويُروَى: «يضرب في زفة ويصالح في عطفة.» وسيأتي في الياء آخر الحروف. وفي معناه قول أبي إسحاق الصابي:

وَمِنَ الظُّلْمِ أَنْ يَكُونَ الرِّضَا سِرْرًا وَيَبْدُو الإِنْكَارُ وَسْطَ النَّادِي

«التُّخْنْ عَ الْجِمِّيزْ» العين مخفف عَلَى. والتُّخْن (بضم أوله): غِلَظ الجسم. الجميز: شجر معروف بمصر يَعْظم وله ثمر يؤكل يشبه التين؛ أي: ليس الفخر بعِظَم الجرم، بل بالعقل والذكاء وإلا لكان شجر الجميز أفضل من الإنسان وأولى بهذا الفخر منه. وبعضهم يزيد في أوله فيقول: «الطول ع النخل والتخن ع الجميز.» وسيأتي في الطاء المهملة.

«تِدْبَلِ الْوَرْدَهْ وِرِيحِتْهَا فِيهَا» أي: إن ذبلت تبقى رائحتها فيها. ويُروَى: «إن دبل الورد ريحته فيه.» وسبق الكلام عليه في حرف الألف.

«تُرْبُطْ فِي خِلْوَهْ وِتْسِيبْ فِي بِيتْ أَوَّلْ» البيت الأول: مكان يُدْخَل منه إلى الحمام. والخِلوة (بكسر الأول) والصواب فتحه: حجرة يُغْتَسَل فيها، والمعنى: تُعاقدني ونحن في الخلوة، ثم تنفض ما عقدت

إذا خرجنا إلى البيت الأول. يُضرَب في سرعة نقض العهد.

«تْرُوحْ فِينْ يَا زَعْلُوكْ بِينِ الْمُلُوكْ؟» الزَّعْلُوك (بفتح فسكون فضم) مُحَرَّف عن الصعلوك (بضم الأول). والمراد به: الفقير الرث الثياب؛ أي: أين تذهب يا من هذه صفته بين الملوك؟! يُضرَب للمعتدي طوره المزاحم من فوقه. ويُروَى: «راح تروح فين ...» إلخ.

«تِسَايِسْ خِلْقَكْ وِتْدَارِيهْ وِاللِّي فِيهْ شِيءْ مَا يْخَلِّيهْ» معنى يخلِّيه: يتركه ويرجع عنه؛ أي: تسوسه باللين وتداريه فلا يرجعه ذلك عما فُطِرَ عليه. يُضرَب في السيئ الخُلُق لا يصلحه حُسْن المعاملة. وانظر في الألف؛ «اللِّي فيه شيء ما يخليه.»

«تِسْكَرْ وِتْخَانِقْ مَا هُوشْ مُوَافِقْ» أي: ليس من الموافق أن تتشاجر مع الناس وأنت سكران لا تعي ما تقول وتفعل، فإنه غير حميد العاقبة، وهو من الأمثال العامية القديمة التي أوردها الأبشيهي في «المستطرف»، ولكن برواية: «ما هو شيء» بدل «ما هوش.»

«تْشَارِكِ الْجِنْدِي مِينْ يُرْطُنْ لَكْ، وِتْشَارِكِ الْبَدَوِي مِينْ يِحْسِبْ لَكْ؟» يريدون بالجندي: التركي، ويريدون بـ «مِين» (بكسر الأول): مَنْ الاستفهامية؛ أي: إذا شاركت التُّرْكِيَّ احتجت إلى من يرطن لك، وإذا شاركت البدوي تعبت في محاسبته لجهله بالحساب. والمراد: لا تعامل إلا من تسهل عليك معاملته.

«التَّشْفِيطْ مَا يِمْلَاشْ قِرَبْ» انظر: «عمر التشفيط ما يملاش قرب» في العين المهملة.

«تِضْرَبِ الْقُطَّةْ تْخَرْبِشَكْ» خَرْبَشَهُ، بمعنى: ظَفَرَهُ؛ أي: جرحه بأظافره. يُضرَب لمن يبدأ بالشر فيقابل بمثله.

«تِضْرَبْنِي تِقْطَعْ رَاسِي، تِصَالِحْنِي تِجِيبْ لِي رَاسْ مِنِينْ؟» أي: تضربني قاصدًا قتلي فتقطع رأسي، ثم إذا حاولت مصالحتي بعد ذلك من أين تأتيني برأس؟ يُضرَب في أن الصلح لا يفيد بعد وقوع ضرر لا يُرْجَى دفعه.

«تِعَاتِبِ الدِّنِي تِكْبَرْ نَفْسُهْ» أي: الدَّنِيء لا يُعَاتَب؛ لأن العتاب يزيده كبرًا وتعاظمًا. وانظر: «تعاتب العويل...» إلخ.

«تِعَاتِبِ الْعَوِيلْ تِغْلَظ وِدْنُهْ» العويل: اللئيم الوضيع. والوِدْن (بكسر فسكون): الأذن. وتِغْلَظ معناه: تَغْلُظ؛ أي: لا ينفع العتاب في مثله ولا يؤثر في أذنه بل يزيدها غلظًا. وانظر: «تعاتب الدِّني ...» إلخ.

«تَعَالَمْ نِتْقَابِحْ وِبُكْرَهْ نِصَّالِحْ» أي: تَعَالَوْا نَتَشَاتَم اليوم ونتصالح غدًا. يُضرَب لمن هذا دأبه في معاملة الناس، وهو مثل قديم في العامية أورده الأبشيهي في «المستطرف» برواية: «تعالوا بنا نِقَبِّحْ ونرجع غدًا نصطلح.»

«التَّعْبَانْ مِنْ رِفِيقَه يْوَسَّعْ» أي: الذي تعب وضجر من صاحبه حُقّ عليه أن يفارقه ويوسع له المكان لا أن يكلفه بالرحيل، فليس ذلك من العدل ولا من المعقول.

«تْعُرُجْ قُدَّامْ مِكَسَّحْ؟!» تعرج يُراد به هنا: تتعارج. والمكسح: المُقْعَد؛ أي: أَيُّ فائدة لك من التعارج أمام المقعد الذي لا يستطيع مساعدتك وإعانتك وأنت إنما تفعل ذلك إظهارًا للعجز وطلبًا للإعانة؟ يُضرَب لمن يتظاهر بأمر للاستفادة منه فيخطئ في استعماله في غير موضعه. ويرويه بعضهم: «ما تعرجش أمام مكسحين.» وهو أوضح معنًى. وانظر: «يعرج في حارة العرج.»

«تِعْرَفْ فُلَانْ؟ أَيْوَهْ. عَاشِرْتُهْ؟ لَأْ. بَقَى مَا تِعْرَفُوشْ» أيوه (بفتح فسكون ففتح) حرف جواب بمعنى: نعم، وأصلها إي وكذا، ثم ألحقوا بها هاء السكت. والمراد من المثل: لا يَعْرِف المرءَ وأخلاقَه إلا من عاشره.

«تُغُورِ الْعُورَهْ بِفَدَّانْهَا» تغور: دعاء عليها بالبعد أو الهلاك، والفدان (بفتح الأول وتشديد الدال المهملة): الجَريب من الأرض. والمراد: لا أتزوج العوراء لغناها، فلتبعد هي وجريبها.

«تَفُّوا عَلَى وِشِّ الرِّزِيلْ، قَالْ: دِي مَطَرَهْ» التف: التَّفْلُ والبَصْق. والوِشُّ (بكسر الأول مع تشديد الشين): الوجه. والرزيل (بفتح فكسر)، وقد يقولون: الرِّزِل (بكسرتين) يريدون به: الثقيل الروح والمعاشرة، وصوابه: الرذيل (بالذال المعجمة لا الزاي)، ومعناه في اللغة: الدُّونُ الخَسِيس، والمعنى: أنهم بصقوا على وجهه استثقالًا له واحتقارًا، فلم يغضبه ما فعلوا لخسته، بل أوهمهم أنه يحسب ما كان مطرًا أصابه منه رشاش.

«تِقْرَا مَزَامِيرَكْ عَلَى مِينْ يَا دَاوُدْ» مِين (بكسر الأول) يريدون بها مَنْ الاستفهامية، والمعنى: مزاميرك على ما فيها من الحكمة لا يسمعها منك أحد، فعلى من تقرؤها يا نبي الله؟ أي: لا حياة لمن تنادي. ويُرْوَى «زبورك» بدل «مزاميرك.» ويرويه آخرون: «راح تقرا زبورك» بزيادة راح بأوله.

«تُقْعُدْ تَحْتِ الْحَنِيَّهْ، وِتْقُولْ: يَا امَّهْ مَالُوشْ نِيَّهْ» يخصُّون الحنية بالتي تحت السلالم لا مطلق حنية؛ أي: تقعد البنت البائرة تحت الحنية وتختبئ فيها خجلًا، ثم تسائل أمها وتقول: أما للخاطب نية فيَّ يا أماه؟ أي: أين إظهارها الخجل من هذا السؤال؟ يُضرَب للذي يتظاهر بغير الحقيقة، ثم تحمله الرغبة في الشيء على إظهارها.

«التُّقْلْ صَنْعَهْ» التُّقْل (بضم فسكون): هو الثقل، يستعملونه في معنى الإجرام وفي معنى ثقل الروح والفدامة، وفي معنى الإغضاء والاطِّرَاح، وهو المقصود هنا، يقال: «فلان تقل على فلان» أي: سكت عنه وأعرض واطَّرَحَه. ومعنى المثل: إعراض المحبوب واطِّرَاحُه لعاشقه مما يزيد العاشق

شَغَفًا وسعيًا وراء استرضائه. ومقصودهم بالصنعة: إتقان العمل؛ أي: هو من إتقان صناعة الاستغواء.

«التُّقْلْ وَرَا يَا قَبَّانِي» أي: في الميزان ذي الكفة الواحدة؛ لأن حديدة العيار تكون في أواخره. والمراد: تنبه لذلك أيها الوازن. يُضرَب للأمر تستخف أوائله وثقله في أواخره. وانظر: «القباني بآخره» في حرف القاف.

«تُكُونْ فِي إِيدَكْ تِقْسِمْ لِغِيرَكْ» انظر «تبقى في إيدك ...» إلخ.

«تُكُونْ نَارْ تِصْبَحْ رَمَادْ، لَهَا رَب يْدَبِّرْهَا» انظر: «تبات نار ...» إلخ.

«تَمِّتِ الْحَبَايِبْ، مَا بقَاشْ حَد غَايِبْ» يُضرَب في اجتماع الشمل، وقد يقصد به التهكم في اجتماع المتباغضين. ويُروَى: «اتلمت» بدل تمت، ومعناه: اجتمعت.

«التَّمْرْ مَا يْجِبُوشْ رَسَايِلْ» أي: لا تأتي به الرسائل وإنما يبعث به من يريد. والمراد: الهدية تُهدى ولا تُطْلَب. وانظر في الألف: «اِللِّي ينشحت بالبق يِتَّاكل بايه؟»

«تَمَلِّي الْعَاقْبَهْ عَنِ الْعُقُولْ غَايْبَهْ» تملِّي (بفتحتين وكسر اللام المشددة) معناه: دائمًا؛ أي: إن العاقبة تغيب دائمًا عن العقول ولا يفكر فيها أحد.

«تُمُوتِ الْحَدَادِي وِعِينْهَا فِي الصِّيدْ» الحدادي عندهم جمع حدَّاية (بكسر الأول وتشديد الثاني) وهي الحدأة. ومن تعبيراتهم قولهم: «عينه في كذا» أي: يشتهيه. المثل قديم في العامية، أورده الأبشيهي في «المستطرف» بلفظه. وفي معناه عند العامة قولهم: «يموت الفروج وعينه في الدشيشة.» وسيأتي في الياء آخر الحروف. وفي معناه من الأمثال العامية القديمة التي أوردها البدري في «سحر العيون» قولهم: «تموت القطة وعينها في اللية.» أي: في الألية. والمراد: من شَبَّ على شيء شاب عليه. يُضرَب في استحالة رجوع المرء عما تعوده وأَلِفَهُ.

«تُمُوتِ الرَّقَّاصَهْ وِوِسْطَهَا يِلْعَبْ» انظر: «تموت الغازية وصباعها يرقص.»

«تُمُوتِ الْغَازِيَهْ وِصْبَاعْهَا يُرقُصْ» الغازية: الراقصة واللاعبة على الحبل في الريف، والصُّباع (بضم أوله): الإصبع. والمراد: من المثل المبالغة في صعوبة ترك المرء ما تعوَّدَه. ويُروَى: «وكعبها» بدل صباعها، ويريدون به عقبها. وفي معناه قولهم: «تموت الرقاصة ووسطها يلعب.» وانظر أيضًا قولهم: «يموت الزمَّار وصباعه يلعب.» وسيأتي في الياء آخر الحروف.

«اِلتِّنَا وَلَا الْغِنَا» التِّنَا يريدون به: الأصل الطيب؛ والمراد تفضيله على الغنى في الاختيار؛ أي: من أراد المصاهرة أو معاشرة شخص فعليه بالأخيار الطيِّبي الأصول؛ لأن الغنى عرض يزول ورُبَّ فقير صالح وغني طالح.

«تِنَكْ وَرَا الْكَدّابْ لحَد بَابِ الدّارْ» تِنَّكْ؛ أي: الزم ما أنت فيه وابقَ عليه. والمراد: كن وراء الكذاب إلى باب داره يظهر لك كذبه؛ أي: سايره في كلامه ولا تجادله حتى يبلغ مداه فيظهر لك بالعيان كذب ما سمعته. ويُروَى: «اتبع الكذاب ...» إلخ. وقد تقدم ذكره في الألف. ويُروَى: «سدق الكذاب ...» إلخ. وسيأتي في السين المهملة.

«تُوبِ الدُّر مُر، ومِنْ لِبْسُهْ اِتْقَلّ حَيَاهْ» يريدون بالدر الدرة؛ أي: الضرة، ويرويه بعضهم «من نار» بدل مر، وهو أوفق؛ لأن المرارة لا تناسب الثوب. والمراد: الضرة تشعل نار الغيرة في قلب ضرتها وتُمَرِّر عيشها، وتعلمها قلة الحياء لمَا يقع بينهما من النزاع والمشاغبة.

«تُوبِ السَّلَامَهْ مَا يِبْلَاشْ» لا يستعملون «يبلى» إلا في الأمثال ونحوها، وأما في غيرها فيقولون: يدوب، يريدون: يذوب؛ أي: إذا كتب الله — تعالى — السلامة للشخص وألبسه ثوبها، فإنه لا يَبْلَى.

«تُوبْ عَلَيَّ وِتُوبْ عَ الْوَتَدْ وَانَا أَحْسَنْ مَنْ فِي الْبَلَدْ!» أي: لا يملك إلا ثوبين ثوب يلبسه، وآخر معلق بالوتد؛ أي: المشجب، ومع ذلك يتعاظم ويدعي أنه أحسن من في البلد، وهو مثل قديم في العامية أورده الأبشيهي في «المستطرف» برواية: «ثوب عليه وثوب على الوتد، قال: أنا اليوم أحسن من كل من في البلد.»

«تُوبِ الْعِيرَهْ مَا يْدَفِّي» أي: ثوب العارية لا يُدفئ. والمراد: العارية لا يُنْتَفَع بها وإنما يَنْتَفِع المرء بما يملك؛ لأنه في يده يجده عند الحاجة إليه، وهو من الأمثال العامية القديمة التي أوردها الأبشيهي في «المستطرف»، ولكنه رواه بلفظ «ثوب» بالمثلثة.

وقالوا في العارية: «اِللِّي ما هو لك كمان شويه يقلعو لك.» وتقدَّم ذكره في الألف.

«تُوبْ غِيرَكْ مَا يْخِيلْشْ عَلِيكْ» أي: ثوب غيرك لا يحسن عليك ولا يليق. يُضرَب لمن يتجمل بما لا يملكه ويظهر أنه له فيفتضح أمره.

«تُوتَهْ تُوتَهْ فِرِغْتِ الْحَدُّوتَهْ» توته توته: حكاية لصوت الزمر. والحَدُّوته (بفتح الأول وضم الثاني المشدد) يراد بها: الحكاية والقصة تروى، وصوابها الأُحْدُوثَة. ومن عادتهم أن يقولوا هذه الجملة عند الفراغ من القصة. يُضرَب للأمر يهتم به ويكثر الكلام فيه، ثم ينقضي كأن لم يكن.

«تِيتِي تِيتِي زَيِّ مَا رُحْتِي جِيتِي» تيتي تيتي (بكسر الأول): حكاية لصوت الزمر، وزي (بفتح الأول وتشديد المثناة التحتية) معناه عندهم: مثل؛ أي: إنك ذهبت مشيعة بالزمر والضجيج، ثم عدت به. ولم تصنعي شيئًا. يُضرَب لمن يقوم بأمر يحيطه بكثرة الكلام والإعلان، ثم لا يفلح فيه. وقد أورده الموسوي في «نزهة الجليس» في أمثال نساء العامة، ولكن برواية «مثل» بدل زي.

حرف الثاء (فصحى)

ثُلَّ عَرْشُه: أي ذهب عزه وساءت حاله، يقال: ثللت الشيء إذا هدمته وكسرته، قال القتيبي: للعرش هنا معنيان؛ أحدهما: السرير والأَسِرَّة للملوك، فإذا ثل عرش الملك فقد ذهب عزه، والمعنى الآخر: البيت يُنصَب من العيدان ويظلل، وجمعه عروش، فإذا كسر عرش الرجل فقد هلك وذل.

ثار حابِلهم على نابِلهم: يُضرب مثلًا لفساد ذات البين وتهييج الشر، والحابل صاحب الحبالة وهي الشبكة، والنابل صاحب النبل أي: قد اختلط القوم من شدة الشر، فصغيرهم يثور على كبيرهم وكبيرهم على صغيرهم.

حرف الجيم (فصحى)

الجارَ ثم الدارَ: هذا كقولهم: الرفيق قبل الطريق. وكلاهما يُروى عن النبي ﷺ، قال أبو عبيد: كان بعض فقهاء أهل الشام يُحَدِّثُ بهذا الحديث ويقول: إذا أردت شراء دار فسل عن جوارها قبل شرائها.

جارٌ كجار أبي دُؤاد: يعنون كعب بن مامة، فإن كعبًا كان إذا جاوره رجل فمات وَدَاه، وإن هلك له بعير أو شاة أخلف عليه، فجاءه أبو دؤاد الشاعر مجاورًا له، فكان يفعل به ذلك، فضربت به العرب المثل في حُسن الجوار، فقالوا: جار كجار أبي دؤاد، قال قيس بن زهير:

أُطَوِّفُ ما أُطَوِّفُ ثم آوي إلى جارٍ كجار أبي دؤاد

جَاوزَ الحِزامُ الطُّبيَيْن: الطبي للحافر والسباع كالضرع لغيرها، يُضرب هذا عند بلوغ الشدة منتهاها.

حرف الجيم (عامية)

«جَابِ الْخَبَرْ مِنْ عَنْدْ خَالُهْ، قَالْ: كُل إِنْسَانْ مَلْهِي بحَالُهْ» أي: قيل لبعضهم: فلان جاء بالخبر من عند خاله فهو إذن صحيح مؤكد، قال: دعني منه ومن خبره؛ فكل إنسان فقد ألهاه حاله عن حال غيره. وهو مثل قديم عند العامة أورده الأبشيهي في «المستطرف» برواية: «جا كتاب من عند خاله، قال: كل من هو في حاله.» وفي معناه قول القدماء: «لكل امْرِئ في بَدَنِه شُغْلٌ.» أورده ابن عبد ربه في «العقد الفريد».

«جَابِ الْخَبَرْ مِنْ عَنْدْ عَمُّهْ، قَالْ: كُل إِنْسَانْ مَلْهِي بْهَمُّهْ» هو في معنى: «جاب الخبر من عند خاله ...» إلخ. وقد أورده الأبشيهي في «المستطرف» برواية: «جا كتاب من عند عمه، قال: كل من هو ملهي بهمه.»

«جَابُوا الْخَبَرْ مِنَ ابُو زَعْبَلْ إِنَّ الْعَجَايِزْ تِحْبَلْ» أبو زعبل: قرية من ضواحي القاهرة أتوا بها للسجع، جاءوا بخبر غريب من أبي زعبل بأن العجائز تحمل بعد بلوغهن سن اليأس. يُضرَب للخبر الكاذب يُنسب إلى مصدر لا يقويه.

«جَابُوا الْعَمْيَةْ تْرُدِّ الرَّمْيَةْ» الرَّمْية (بفتح فسكون) يراد بها هنا الحزمة ونحوها من القَتِّ تُرْمَى تحت النورج لتُداس؛ أي: إنهم أتوا بالعمياء لترد تحت النورج ما تباعد من القت. يُضرَب لإسناد الشيء إلى العاجز عنه؛ أي: إلى غير أهله.

«جَا الْخَرُوفْ يِعَلِّمَ ابُوهِ الرَّعْيْ» انظر: «البدرية علمت أمها الرعية.»

«الْجَادَّهْ وَلَو طَالِتْ» أي: الْزَم الجادَّة، وهي الطريق الأعظم، ولو كانت طويلة؛ لأنك لا تضل فيها بخلاف المقارب والترهات، فقد تضلك بكثرة تفرعها وعدم استقامتها. يُضرَب في هذا المعنى ويراد به أيضًا الحث على سلوك الطريقة الواضحة المستقيمة في الأعمال، وهو قريب من قول العرب في أمثالها: «من سلك الجَدَدَ أَمِنَ العِثَار.» ومعنى الجَدَد: الأرض المستوية. يُضرَب في طلب العافية.

«الْجَارْ أَوْلَى بِالشُّفْعَهْ» معناه ظاهر، ويُضرَب لمن يكون أولى بالشيء من غيره لعلاقة ما به.

«الْجَارْ جَارْ وِإنْ جَارْ» قصدوا به التجنيس، ويُضرَب في تحمل أذى الجار وجوره لكونه أقرب الناس بعد الأهل. ويرويه بعضهم: «جارك وإن جار»؛ أي: احفظه واحفظ حق جواره ولو جار عليك.

«الْجَارِ السَّو يِحْسِبِ الدَّاخِلْ مَا يِحْسِبِ الْخَارِجْ» يحسب: يَعُدُّ؛ أي: جار السوء ينتبه لِمَا يدخل دارنا ويحسدنا عليه، ويتغافل عن الخارج؛ أي: ما ننفقه من الدخل.

«جَارَكْ قدّامَكْ ووَرَاكْ إنْ مَا شَافْ وِشكْ يُشوفْ قفَاكْ» أي: هو مطلع عليك في كل حال، فإن لم يَرَ وجهك رأى قفاك؛ لأنك إما أن تواجهه في مرورك عليه، وإما أن يرى ظهرك بعد اجتيازك. يُضرَب في أن الجار لا مندوحة عنه وعن اطّلاعه على أحوال جاره. والوِشُّ (بكسر أوله وتشديد الشين المعجمة): الوجه، وهو مثل عامي قديم أورده الأبشيهي في «المستطرف» برواية: «جارك مرآك إن لم ينظر وجهك نظر قفاك.»

«جَارْنَا السَّو مَا ارْدَاهْ، اِللِّي مِعْنَا كَلُهْ وِاللِّي مِعْهُ خَبَّاهْ» أي: جارنا السوء ما أرداه؛ لأنه يُخْفِي عنا ما معه ويمنع عنَّا بِرَّهُ ويأكل ما معنا ويشاركنا فيه.

«اِلْجَارِي فَي الْخِيرْ كَفَاعْلُهْ» أي: من يجري ويسعى في الخير فهو كفاعله؛ لأنه تسبَّب فيه، ويُروَى: «الساعي» بدل الجاري، والمعنى واحد، وفي معناه قول البحتري:

وَعَطَاءُ غَيْرِكَ إنْ بَذَلْـتَ عِنَايَةً فِيهِ عَطَاؤُكْ

ومن أمثال العرب: «الدَّال على الخير كفاعله.» قال الميداني: هذا يُرْوَى في حديث النبي ﷺ. وقال المفضل: أول من قاله اللجيج بن شغف اليربوعي في قصة طويلة ذكرها في كتابه «الفاخر».

«اِلْجَارِي فِي الشَّر نَدْمَانْ» أي: السَّاعي فيه عاقبته الندم على ما قدم من عمله، وهو من قول القائل:

فَإنَّكَ تَلْقَى فاعلَ الشَّرِّ نَادمًا عليه وَلَمْ يَنْدَمْ على الخيرِ فَاعِلُهْ

«جَارْيَهْ تِخْدِمْ جَارْيَهْ، قَالْ: دِي دَاهْيَهْ عَالْيَهْ» المراد بالجارية: الأَمَة؛ أي: قيل: أَمَةٌ تخدم أَمَةً مثلها لاضطرارها، فقال قائل: تلك داهية عظيمة رُمِيَت بها. يُضرَب للمتساويَيْنِ يَرْفَعُ الحظُّ أحدهما على الآخر. وانظر: «جوار يخدموا جوار من غدرتك يا زمان.»

«جَا عَلَى الطِّبْطَابْ» الطِّبْطَاب (بكسر فسكون): أول ما يقطف من المِزْر؛ أي: نبيذ الحِنْطَة المسمى عند العامة بالبوظة، وهو أجوده. يُضرَب للشيء يوافق الرغبة، والمعنى: جاء على ما صوره الطبطاب وزينه لشاربه؛ أي: وافق ما هجس بالخاطر.

«جَالَكِ الْمُوتْ يَا تَارِكِ الصَّلَاهْ» يُضرَب لمن يحل وقتُ عقابه ومناقشته الحسابَ على ما اقترف.

«جَا لِلْعُمْي وَلَدْ قَلَعُوا عْنِيهْ مِنِ التَّحْسِيسْ» أي: ولد لأحدهم مولود فأعموه من كثرة لمسهم لعينيه؛ ليطمئنوا على أنه لم يولد أعمى مثلهم، ولإعجابهم بإبصاره من دونهم. يُضرَب للمحروم من الشيء ينال بعضه فيتلفه بإفراطه في الإعجاب به.

«جَايِبْ رَاسْ كُلِيبْ» يُضرَب للفَخُور بأمر عظيم يأتيه وخيره في عزته معروف. وأما قولهم: «رأس كليب سدت في الناقة» فيُضرَب في معنى آخر سيأتي الكلام عليه.

«جَايِبْ لِي زْعِيطْ ومْعِيطْ وَنَطاطِ الّحِيطْ» جايب عندهم اسم فاعل من جاب بمعنى: جاء بكذا، والمراد من الأسماء المذكورة: أنواع الحرافيش ومن في حكمهم. يُضرَب لمن يثقل على الناس بأمثال هؤلاء؛ أي: لم يترك أحدًا من أمثالهم حتى أحضره.

«جَا يْتَاجِرْ فِي الْحِنَّهْ كِتْرِتِ الأَحْزَانْ» أي: جاء، وهي هنا معناها: شرع. والحِنَّة (بكسر الأول وفتح النون المشددة): الحنَّاء؛ أي: شرع يَتَّجِرُ في الحِنَّاء التي يُخْتَضَبُ بها في الأعراس وأوقات السرور، فأكثر الله أحزان الناس وبارت تجارته لسوء حظه وتعاسته. يُضرَب للمجازف يحاول أمرًا فتكسد سوقه. ويرادفه من الأمثال القديمة: «لو اتَّجَر الفقير في الزيت لمحا الله آية الليل.» ولم يذكره الميداني، وإنما ذُكِرَ في أمثال المولَّدين: «لو اتجرت في الأكفان ما مات أحد.» ويرويه بعضهم: «جيت أتاجر في الكتان ماتت النسوان، جيت أتاجر في الحنة كترت الأحزان.» والمراد بموت النسوان أنَّهن يغزلن الكتان فإذا مِتْنَ بارت تجارته وعُدِمَ من يشتريه ليغزله. وانظر: «عملوك مسحر ...» إلخ. في العين المهملة. وانظر: «المتعوس إن جه يتسبب في الطواقي يخلق ربنا ناس من غير روس» في الميم.

«جَا يْطُلْ غَلَبِ الْكُل» أي: جاء، والمراد: أنه لم يشترك فيما هم فيه، وإنما أطل عليهم فقط فغلبهم جميعًا. يُضرَب للمتغلب المتفوق على أقرانه.

«جَا يْكَحَّلْهَا عَمَاهَا» جا هنا في معنى: أراد وشرع؛ أي: أراد أن يكحلها ليبرئ عينيها فأعماها. يُضرَب لمن يحاول إصلاح أمر فيتم فساده.

«جِبَالِ الْكُحْلْ تِفْنِيهَا الْمَرَاوِدْ، وِكُتْرِ الْمَالْ تِفْنِيهِ السِّنِينْ» أي: لا تَغُرَّنَّكَ كَثْرَة الشيء فلا بد من فنائه مع الأيام ولو قلَّ الأخذ منه. وقريب منه قولهم: «خد من التل يختل.»

«جِبِّتُهْ وْقُفْطَانُهْ تِغْنِي عَنْ لَحْمِتُهْ وِخْضَارُهْ» انظر: «قفطانه وجبّته تغني عن خضاره ولحمته.»

«جِبْتِ الأَقْرَعْ يُونِّسْنِي كَشَفْ رَاسُهْ وِخَوِّفْنِي» جبت بمعنى: جئت بكذا. ويُوَنِّس (بتشديد النون): يُؤْنِس؛ أي: أتيت بالأقرع ليؤنِسَني وآمَنَ به في وِحْدَتي فكشف رأسه لي وأفزعني. يُضرَب فيمن يُلْجَأُ إليه للخلاص من أمر فيتسبب هو في وقوعه.

«جِبْتَكْ يَا عَبْدِ الْمُعِينْ تِعِنِّي لقِيتَكْ يَاعَبْدِ الْمُعِينْ تِنْعَانْ» ويُروَى: «وحلان» بدل تنعان، وجِبْت بمعنى: جئت بكذا. و«عبد المعين» اسم أرادوا به التجنيس؛ أو لأنه مأخوذ من الإعانة. و«لقيت»؛ أي: وجدت وصادفت. والمراد: أتيت بك لأستعين بك ممَّا أنا فيه فوجدتك أحوج مني للإعانة. ومعنى وَحْلَان (بفتح فسكون): مرتبك. أخذوه من ارتباك الماشي في الوحل. يُضرَب لمن تظن به النجدة وهو محتاج إليها.

«جِبْنَا سِيرَةِ الْقَط جَهْ يِنَط» انظر: «افتكرنا القط جه ينط.»

«الْجِبْنَهْ عَ الْوَرِيقَهْ وِاللُّقْمَهْ م السِّويقَهْ» أي: الجبن ميسر يُؤْتَى به من السوق في ورقته، والخبز مثله يُشْتَرَى، فعلام الاهتمام وإتعاب النفس بطبخ الطعام وتهيئة الخبز؟! يضربه المتهاونون بأمورهم تحبيذًا لما هم فيه.

«جَتِ الْحَزِينَهْ تِفْرَحْ مَا لِقِتْ مَطْرَحْ» جت بمعنى: جاءت؛ أي: أرادت وشرعت. والمطرح: المكان. والمراد: أرادت من كُتِبَ عليها الحزن أن تسر وتفرح بعرسها فلم تجد مكانًا لذلك، ويُروَى: «ما لقِيتْش» بإلحاق الشين في آخر «ما لقت» كعادتهم في النفي. يُضرَب لسيئ الحظ تعترضه العقبات في كل ما يحاول.

«جَتِ الدُّودَهْ تقَلِّدِ التِّعْبَانْ اِتْمَطَّعِتْ قَامِتِ اتْقَطَّعِتْ» «جت»؛ أي: جاءت، والمراد هنا: أرادت، و«اتْمَطَّع»: تمطى، و«قام» يستعملونها مكان الفاء؛ أي: أرادت الدودة أن تقلد الثعبان في طوله فَتَقَطَّعَتْ. يُضرَب للأحمق يريد أن يساوي مَنْ فوقه فيضر نفسه.

«جُحَا أَوْلَى بْلَحْمِ طُورُهْ» جحا (بضم أوله): مضحك معروف له نوادر تُرْوَى. والطُّور: الثَّوْر. يُضرَب في أن كل شخص أولى بما يملك.

«جُحَا طِلِعِ النَّخْلَهْ خَدْ بَلْغِتُه وَيَّاهْ» جحا (بضم أوله): مضحك معروف. وخَدْ بمعنى: أخذ. والبَلْغَة (بفتح فسكون ففتح): نعل صفراء غليظة تصنع بالمغرب، ووَيَّاه معناه: معه، وأصله: وَإِيَّاه. يُضرَب لشديد الحرص واليقظة.

«جُحْرْ دِيبْ يِسَاعْ مِيةْ حَبِيبْ» أي: جحر الذئب على صغره وضيقه يسع مائة حبيب يجتمعون، فهو في معنى: «سَمُّ الخِيَاطِ لَدَى الأَحْبَابِ مَيْدَانُ.»

«جُحْرْ مَا سَاعْ فَارْ، قَالْ: دِسُّوا وَرَاهْ مِدَقَّهْ» هكذا يرويه بعضهم، والصَّواب: «فار ما ساعه شقه ...» إلخ. انظره في الفاء.

«الْجِدَارِ الْعَرِيضْ مَا يْعِبْش» الصواب في الجدار (كسر أوله)، ومعناه في اللغة: الحائط. والعامة تفتح أوله وتريد به أساس الحائط النازل في الأرض. وقولهم: ما يعبش؛ أي: لا يعيب، ويُروَى: «الأساس» بدل الجدار، والأول أكثر. والمعنى: أن أساس الحائط إذا كان عريضًا متينًا تحمَّل ما فوقه فيبقى الحائط سليمًا لا عيب فيه. يُضرَب لكل شيء كذلك، وقد يُراد به الطيب الأصل لا يرى الناس منه إلا خيرًا.

«الْجِدِيدِ الْأَبْيَضْ يِنْفَعْ فِي النَّهَارِ الْإِسْوِدْ» الجديد: نقد من الفضة بطل التعامل به، ويُرْوَى بدله «الميدي» وهو مثله، وأصله المؤيدي نسبة للمؤيد شيخ أحد سلاطين مصر. والمراد بالنهار الأسود:

زمن الشَّدَّة. يُضرَب في الحث على الاقتصاد في وقت الرخاء لوقت الشدة. ويُروَى: «القرش الأبيض» أو «الدرهم الأبيض» والأصح الأكثر تداولًا على الألسنة «الجديد». وقد نظمه الشيخ محمد النَّجَّار المتوفَّى سنة ١٣٢٩هـ في زجل مطلعه:

بس قلُّه بس قلُّهْ ليه سكر بالقرش كلُّهْ

فقال:

ميدك الأبيض بإيدكْ في النهار الِاسْوِدْ يفيدكْ

ويكيدك خلو إيدكْ بعد فتح الكيس وقفلُهْ

«**جَرَادَهْ فِي الْكَفّ وَلَا أَلْفْ فِي الْهَوَا**» أي: جرادة في يدي خير لي من ألف في الهواء لا أصِل إليها. يُضرَب في تفضيل القليل القريب على الكثير البعيد المَنَال، وفي معناه قولهم: «عصفورة في اليد ولا عشرة في الشجر.» وقريب منه قولهم: «عصفور في إيدك ولا كركي طاير.» وسيأتيان في العين المهملة.

«**الْجَرْيِ نُصّ الشَّطَارَهْ**» انظر: «الهروب نص الشطاره.»

«**الْجَزَّارْ مَا يْخَفْشْ مِنْ كُتْرِ الْغَنَمْ**» لأنه تَعَوَّدَ ذبحها ودلته التجربة على أن كثرتها لا تفيدها في الدفاع عن أنفسها. وكثيرًا ما يشبِّهون المُغَفَّلين يستسلمون فَيُقَادُون إلى ما فيه ضررهم وهلاكهم بالغنم، فيقولون عنهم: «زي الغنم.» ومن أمثال فصحاء المولَّدين التي ذكرها الميداني قولهم: «القصاب لا تهوله كثرة الغنم.»

«**جَعَانْشِي أَفِت لَكْ؟**» أي: أجائع أنت فَأَثْرِدَ لك؟ والمراد من المثل: لو كان في عزمه إطعامه لَثَرَد له ولم يسأله؛ لأن المسئول قد يستحي عن طلب الطعام. يُضرَب لمن يعرض على شخص أمرًا وفي نيته ألَّا يفعله.

«**الْجَعَانْ يِحْلَمْ بِسُوقِ الْعِيشْ**» الجعان (بفتح الجيم): الجوعان. والعيش: الخبز. يُضرَب في اشتغال بال كل شخص بما هو مضطر إليه، ويُروَى: «حلم الجعان عيش.» وانظر في الحاء المهملة: «حلم القطط كله فيران.» وانظر قولهم: «اللِّي في بال أم الخير تحلم به بالليل.» وقد تقدَّم في الألف. وانظر أيضًا في القاف: «قالوا للجعان: الواحد في واحد بكام؟ قال: برغيف.»

«**الْجَعَانْ يُمْدُغ الزَّلَطْ**» الجعان (بفتح الجيم): الجوعان. ويمدغ: يمضُغ. والزلط (بالتحريك): الحصباء في الصحراء والجبال، أي: المضطر يقدم على المستحيل.

«جفَاكْ وَلَا خْلِو دَارَكْ» أي: أنا راضٍ بجفائك وإعراضك، فذلك خير من عدم وجودك وخلو الدار منك.

«جِفْنِ الْعِينْ جِرَابْ مَا يِمْلَاهْ إِلَّا التُّرَابْ» الصَّواب في الجَفْن فتح أوله؛ أي: لا يَمْلأ عينَ ابن آدم إلا التراب. يُضرَب في شدة الحرص المُركَّب في طباع الناس. وانظر في الميم: «ما يملا عين ابن آدم إلا التراب.»

«جِلْدْ مَا هُوشْ جِلْدَكْ جُرُّهْ عَلَى الشُّوكْ» معناه ظاهر، وليس المراد الحَثَّ على إيذاء الناس؛ بل هو حكاية ما ينطق به لسان حال المتجرئ على إيلام غيره ما دام هو لا يُحِسُّ بالألم.

«الْجَمَالْ فِي الصَّغَرْ حتَّى فِي الْبَقَرْ» الصَّواب في الصِّغَر (كسر أوله) أي: للصِّبا روعة وحسن حتى فيما لا يوصف بالحسن من البهائم.

«جَمَعْ عِيشَهْ عَلَى امِّ الْخِيرْ» هو في معنى «ضغث على إبالة» أو قريب منه. وعيشة (بالإمالة) يريدون بها عائشة؛ أي: لم يكتف بزوجة واحدة وما يعانيه من متاعبها حتى قَرَنَهَا بأخرى لا تقلُّ عنها متاعبَ. ومن أمثالهم: «اِللِّي فيه عيشة تاخده أم الخير.» وقد تقدم في الألف.

«الْجَمَلْ إِنْ بَصّ لْصَنَمْهْ كَانْ قَطَمُهْ» الصَّنَم والصَّنَمَة (بالتحريك): السَّنَام. وبص: نظر، أي: لو نظر البعير لسنامه ورأى ما فيه من الاحديداب لقطمه إخفاءً لهذا العيب. والمراد أن المرء لا يرى عيوب نفسه. وهو من أمثال العامة القديمة أورده الأبشيهي في «المستطرف» برواية: «لو نظر الجمل لصنمه كان كدمه.» وانظر: «لو شاف الجمل حدبته لوقع وانكسرت رقبته.» وسيأتي في اللام.

«جَمَلْ بَارِكْ مِنْ عَيَاهْ، قَالْ: حَمِّلُوهْ يُقُومْ» أي: رأوا جملًا باركًا لمرضه فقال قائل: حملوه وهو يقوم. يُضرَب للعاجز عن الشيء يُرْهَق بما يزيده عجزًا على عجز. ومن أمثال العرب: «إن ضج فزده وقرًا.» ويُروَى: «إن جرجر فزده ثقلًا.» قال الميدانيُّ: «أصل هذا في الإبل.» ثم صار مثلًا؛ لأن تكلف الرجل الحاجة لا يضبطها بل يضجر منها فيطلب أن تخفف عنه فتزيده أخرى، كما يقال: «زيادة الإبرام تُدْنِيك من نيل المرام.» وقالت العرب أيضًا: «إن أعيا فزده نوطًا.»

«جَمَلْ مَا قَامْشْ بحِمْلُهْ، قَالْ: اعْقِلُوهْ» أي: جمل لم يستطع النهوض بحمله، فقال قائل: اعقلوه وهو ينهض. يُضرَب في معنى: «جمل بارك من عياه ...» إلخ.

«جَمل وِفْ، رَقَبْتُهْ صَرْمَهْ» الصَّرْمَة (بفتح فسكون): النعل البالية؛ أي: بعير ضليع حسن، ولكن علقت في رقبته نعل. يُضرَب للكامل المُوَقَّر يَعْتَوِرُهُ شيء ينقصه ويُزْرِي به.

«جُمْ يِحْدُوا خِيلِ الْبَاشَا مَدِّتْ أُمِّ قُوِيقْ رِجْلَهَا» جُمْ (بضم الأول)؛ أي: جاءوا. والمراد: به هنا أرادوا أو شرعوا. و«يِحْدُوا» معناه: «يضعون الحِدْوة» بكسر فسكون: وهي الحديدة تُنْعَل بها الخيل. وأم

قويق (بالتصغير): البومة؛ أي: أرادوا أن ينعلوا خيل الباشا فمدت البومة رجلها إليهم. يُضرَب للأحمق يزج بنفسه فيما ليس من شأنه. والمثل قديم في العامية أورده الأبشيهي في «المستطرف» برواية: «جاءوا ينعلوا ...» إلخ. وقد نظمه الشيخ حسنين محمد أحد الزجالة الذين أدركنا عصرهم، فقال من زجل يرد فيه على الشيخ محمد النجار:

لما أتوا يحدو خيول الأميرْ جت مدت أم قويق لهم رجلها

مثل الغبي النجار مراده يطيرْ من غير جناح قوَّق لهم مثلها

لما حكى التقويق نهيق الحميرْ قالوا: حمار جاهل حكى جهلها

ما له ومال القول بلا مقدرةْ وكم أعلم فيه ولا انشكر

«**جِنَاحِ الشَّخْصِ وْلَادُهْ**» معناه ظاهر؛ لأنهم عونه في كل شيء.

«**اِلْجَنَازَهْ حَارَّهْ وِالْمَيِّتْ كَلْبْ**» يُضرَب في الاهتمام بمن لا يستحق. وانظر في العين المهملة: «العرس والمعمعة والعروسة ضفدعة.»

«**جِنْدِي مَا عَجَبْ شَيَّعْ طَرْطُورُهْ**» الجندي (بكسر فسكون) يريدون به: العظيم من الترك، وكانت الجنود منهم في مصر. وشيع معناه: أرسل. والطرطور (بفتح فسكون فضم): قلنسوة طويلة دقيقة الطرف؛ أي: لم يعجبهم حضوره لبغضهم له، فأرسل من حماقته قلنسوته إليهم فكيف تعجبهم؟! يُضرَب في البغيض إذا تخلف عن قوم لم يُخَلِّهِمْ من آثاره للتثقيل عليهم في حضوره وغيابه.

«**جَنَّهْ مِنْ غِيرْ نَاسْ مَا تِنْدَاسْ**» ما تنداس؛ أي: لا تدوس أرضها قدم، والمراد: لا تُدْخَل ولا تُسْكَن؛ أي: إذا خلت الجنة من الناس أوحشت على ما فيها من النعيم فلا بد للناس من الناس، كما قال الإمام الجوهري صاحب الصّحاح:

لو كَانَ لي بُدٌّ منَ الناسِ قطَعتُ حبل الناس بالياسِ

العزُّ في العُزْلَة لكنَّهُ لا بُدَّ للناس من الناسِ

«**جِهَنَّمْ جُوزِي وَلَا جَنِّةْ ابُويَا**» الصَّواب في جَهَنم فتح الأول. وجوزي محرَّف عن زوجي بالقلب. يُضرَب في أن عيش المرأة مع زوجها وإن لم يكن راضيًا أفضل في نظرها من عيشها في دار أبيها.

«**جِهَنَّمْ مَا فِيهَاشْ مَرَاوِحْ**» الصَّواب في جهنم فتح الأول؛ أي: ليس بها مراوح يُسْتَرْوَح بها من شدة حرها. يُضرَب للأمر العصيب المتعب ليس فيه إلى الراحة سبيل. والمراد: إذا أقدمت على مثله فَوَطِّنْ نفسك على ما فيه ولا تطمح في غير الشقاء والتعب.

«جِهَنَمْ وِعَنْدِ الْبَرَاطِيشْ؟!» الصَّواب في جهنم (فتح الأول)، والبراطيش عندهم: جمع برطوشة (بفتح فسكون فضم) ويريدون بها النعل الخشنة البالية؛ أي: أما يكفي أن يكون مَقَرِّي جهنم حتى يجعل مجلسي فيها في أخريات الناس حيث تقلع النعال على الأبواب، فهو في معنى: «أحشفًا وسوء كيلة؟» ويرادفه أيضًا من أمثال العرب: «غدة كغدة البعير وموت في بيت سلولية؟» قاله عامر بن الطفيل لمَّا نزل بامرأة سلولية وخرجت به غُدة عظيمة، فأبى البقاء عندها ومات على ظهر فرسه، وذلك؛ لأن سلول أقل العرب وأذلهم. ومثله: «صبرًا وبضبي؟!» بنصب صبرًا على الحال؛ أي: أُقْتَل مصبورًا؛ أي: محبوسًا. وقوله: وبضبي؛ أي: أُقْتَل بضبي؟ يُضرَب في الخصلتين المكروهتين يُدْفَع إليهما الرجل، قاله شتير بن خالد لمَّا أراد ضرار بن عمرو الضبي قتله بابنه حصين.

«الْجَوَابْ يِنْقِرِي مِنْ عِلْوَانُهْ» الجواب: يريدون به الكتاب؛ أي: يتراسل به الناس. والعلوان (بكسر أوله) عندهم، والصواب ضمه، وهو لغة صحيحة في العنوان، والمعنى: أن في عنوان الكتاب ما يدل على ما فيه من خير وشر. يُضْرَب في الأمور التي تعرف خوافيها من ظواهرها. وفي معناه قولهم: «خد الكتاب من عنوانه.» إلا أنهم استعملوا فيه الكتاب بدل الجواب، وأتوا بالعنوان بالنون. وقريب منهما قولهم: «الخير يبان على الضبة.» وللعبَّاس بن الأحنف في نَمِّ الدمع على ما يكتمه العاشق:

لا جَزَى الله دَمْعَ عيني خَيْرًا وجَزَى الله كُلَّ خيرٍ لِسَاني

نَمَّ دمعي فليس يَكْتُم شيئًا ورأيتُ اللِّسانَ ذا كتمانِ

كُنتُ مثلَ الكتابِ أَخْفَاهُ طَيًّا سْتَدَلُّوا عَلَيْهِ بالعُنْوَانِ

هكذا رواه الشريشي في شرح المقامات، واقتصر ابن أبي حجلة في ديوان الصبابة على البيتين الثاني والثالث، وروايته للثاني:

بَاحَ دَمْعِي فَلَيْسَ يَكْتُمُ سِرًّا ووجدْتُ اللِّسَانَ ذَا كِتْمَانِ

«جُوَارْ يِخْدِمُوا جْوَارْ مِنْ غَدْرِتَكْ يَا زَمَانْ» أي: إماء يخدمن إماءً مثلهن. يُضرَب للمتساوِيَيْنِ يَرْفَعُ الحظُّ أحدهما على الآخر. وانظر: «جارية تخدم جارية. قال: دي داهية عالية.»

«جَوَازَةْ نُصْرَانِيَّهْ لَا فْرَاقْ إِلَّا بِالْخُنَّاقْ» الجوازة محرفة عن الزواجة بالقلب. والخُنَّاق (بضم أوله وتشديد ثانيه) يريدون به الموت. يُضرَب للشيء يلازم الشيء ولا يَنْفَكُّ عنه، وشَبَّهوا هذه الحالة بالزواج عند النصارى؛ لأنه لا طلاق فيه. ومن الكنايات قولهم: «جوازة نصارى.»

«الْجُودَهْ مِنِ الْمَوْجُودْ» يُضرَب هذا المثل ردًّا على من يقول: «الجودة من الجدود.» والمراد: أن العراقة في الجود لا تفيد الجَوَاد إذا لم يجد ما يجود به. وسيأتي في الميم: «ما جود إلا من موجود.» وفي معناه قول العرب: «لا تجود يد إلا بما تجد.» أورده البهاء العاملي في المخلاة. ومثله قولهم:

«بيتي يبخل لا أنا.» قال الميداني: «قالته امرأة سئلت شيئًا تعذر وجوده عندها، فقيل لها: بخلت، فقالت: بيتي يبخل، لا أنا.» وأنشد ابن عبد ربه في العِقْد لبعضهم:

مَا كَلَّفَ اللهُ نَفْسًا فوقَ طاقَتِها ولا تَجُودُ يَدٌ إِلَّا بِمَا تَجِدُ

«جُورِ الْغُز وَلَا عَدْلِ الْعَرَبْ» المراد بالغز: الترك الذين كانوا يحكمون مصر، وأورده الشرواني اليمني في نفحة اليمن برواية «الترك» بدل الغز. يُضرَب في تفضيل سيئات قوم لمزايا فيهم على حسنات آخرين، وهو من الأدلة على ما كان وقَرَ في نفوس أهل مصر وغيرهم من إكبار حكامهم والتملُّق لهم.

«جُورِ الْقُط وَلَا عَدْلِ الْفَارْ» يُضرَب في تفضيل سيئة شخص لمزايا فيه على حسنة آخر له سيئات، وهو من الأمثال العامية القديمة التي أوردها الأبشيهي في «المستطرف». وانظر: «جور الغز ...» إلخ.

«جُوزْ الِاتْنِينْ عَرِيسْ كُل لِيلَهْ» الجوز: الزوج. والمراد: أن كل زوجة منهما تسعى في إرضائه بالتزيُّن له كما تتزين العروس لتنال الحظوة عنده دون الأخرى.

«جُوزِ الْقُصَيَّرَهْ يِحْسِبْهَا صْغَيَّرَهْ» أي: زوج القصيرة يحسبها صغيرة وإن تجاوزت سن الشباب؛ وذلك لأن القصار قلما تظهر عليهن علامات الهرم كتقوس الظهر، واختلاج الرجلين وغيرهما مما يصيب الطِّوَال. يُضرَب في مدح القِصَر تَسَلِّيًا.

«الْجُوزْ مَوْجُودْ، وِالِابْنِ مَوْلُودْ، وِالْأَخّ مَفْقُودْ» يريدون به الزوج، ومعنى المثل أن المرأة إذا فقدت زوجها وولدها ففي استطاعتها أن تتزوج ويُولَد لَهَا، بخلاف الأخ فإنه لا يُعَوَّضُ بعد ذهاب الوالدين، وهو مبنيٌّ على قصة تُذْكَر في كتب الأدب خلاصتها أن ملكًا قبض على زوج امرأة وابنها وأخيها في تهمة وأراد قتلهم، ثم رضي بالعفو عن واحد منهم تختاره المرأة، وكان يُظن أنها تختار ابنها فاختارت أخاها، ولمَّا عرف الحكمة في ذلك عفا عن الثلاثة. يُضرَب في عِزة الإخوان.

«جُوزِي مَا حَكَمْنِي دَارْ عَشِيقِي وَرَايَ بِالنَّبُّوتْ» الجوز: الزوج. والنبوت: الهراوة؛ أي: إذا كان زوجي لم يحكمني ولم يستطع منعي مما أريد، فما بال هذا العشيق يتبعني مهددًا بهراوته، وهو غريب عني لا حكم له؟! يُضرَب لمن يتعرض لما هو من شأن غيره، ويرويه بعضهم: «جوزها ما قدرش عليها، دار عشيقها وراها بالنبوت.» والأول أكثر.

«جُوعْ سَنَهْ تِغْتِنِي الْعُمْرْ» أي: اقتصد ودَبِّرْ أمورك زمنًا ما يمكن لك بعد ذلك ما يكفيك بقية عمرك.

«الْجُوعْ كَافِرْ» يُضرَب لبيان عذر الجائع، ومعنى كافر أنه يحمل المرء على ما لا يجيزه الدين في تحصيل قُوتِه.

«جُوعَهْ عَلَى جُوعَهْ تِخَلِّي الصَّبِيَّهْ زَوعَهْ» زُوعَة (بضم الأول) أي: نحيلة بشعة المنظر. يُضرَب في أن الشيء إذا توالى فلا بد من تأثيره.

«جُوعَهْ عَلَى جُوعَهْ خَلِّتْ لِلْعَوِيلْ رِسْمَالْ» العويل: الَوضيع، والرِّسْمَال (بكسر فسكون): رأس المال، وخلَّى هنا: جعل؛ أي: ما زال يقتصد من قوته ويُجِيعُ نفسه المرة بعد المرة حتى اغتنى.

«جُوعْةِ الْكَلْبْ وِرَاحْتُهْ وَلَا شَبْعِتُهْ وِسْرَاحْتُهْ» أي: خير للكلب أن يجوع ويرتاح من أن يشبع ويَشْقَى. والمراد بالجوع ألَّا يشبع كلَّ الشبع. يُضرَب في تفضيل القليل مع الراحة على الكثير مع التعب.

«جَوِّزْتَهَا تِتَّاخِرْ رَاحِتْ وِجَابِتْ لَاخَرْ» جوز مقلوب من زوج، وتتاخر؛ أي: تبعد، وأصله تتأخر. وجابت؛ أي: جاءت بكذا. والمراد: زوجتُ بنتي لتبعد عني وأُكْفَى مئونتها، فذهبت ثم عادت بالآخر؛ أي: بزوجها، فصارا اثنين بعد أن كانت واحدة. وفي معناه من الأمثال العامية القديمة: «زوجتُ بنتي أقعد في دارها جاتني وأربعة وراها.» أورده الأبشيهي في «المستطرف». يُضرَب للأمر يُظَنُّ الخلاص منه فيتفاقم.

«جَوِّزْهَا بِدِيكْ، وِنَادِيهَا تْجِيكْ» جَوِّزْهَا: محرف عن زوِّجها بالقلب. وتِجِيك: تجيئك؛ أي: زَوِّج بنتك لمن قرب مكانه منك بحيث إذا ناديتها تأتي إليك ولو يكون المهر قليلًا يوازي ثمن ديك أو دجاجة، فذلك أولى من تزويجها بالغنيِّ البعيد لِمَا فيه من استيحاشك من فراقها وجهلك أحوالها.

«جَوِّزْهَا لُهْ مَا لْهَا الَّا لُهْ» جوِّز: محرَّف عن زَوِّج بالقلب، والمعنى:

فَلَمْ تَكُ تَصْلُحُ إِلَّا لَهُ وَلَمْ يَكُ يَصْلُحُ إِلَّا لَهَا

يُضرَب في الشخصين أو الأمرين يطابق الواحد الآخر، ويُروَى: «خذوها» بدل جوزها، أي: خذوها زوجة له، وأورده الأبشيهي في «المستطرف» برواية: «جوزها له ...» إلخ.

«جَوِّزُوا زَقْزُوقْ لِظَرِيفَهْ» المراد: «وَافَقَ شَنٌّ طَبَقَةَ.» وانظر: «جوزوا مشكاح ...» إلخ. وانظر في الألف: «اِتْلَم زارود على ظريفة.»

«جَوِّزُوا الشَّحَّاتَهْ تِنْغِنِي حَطِّتْ لُقْمَهْ فِي الطَّاقَهْ وْقَالِتْ: يَا سِتِّي حَسَنَهْ» جوزوا: زوَّجوا. والشَّحَّاتة: السائلة، وحطت: وَضَعَتْ. والسِّتُّ: السيدة. والحسنة: ما يُعْطَى للفقير؛ أي: زَوَّجُوا السائلة ليغنيها زوجها عن السؤال فلم تقنع بل أخفت ما تأكله وأظهرت العوز، وأخذت تسأل كعادتها. يُضرَب في صعوبة الإقلاع عن العادات الدنيئة ولو زال ما يلجئ إليها، وفي أن الغِنَى غِنَى النفس، وفي معناه: «غَنُوهَا مَا تْغَنِتْ، قَالِتْ: يَا سِتِّي قَرْقُوشَهْ.» وسيأتي في الغين.

«جَوِّزُوا مِشْكَاحْ لِرِيمَهْ، مَا عَلَى الِاتْنِينْ قِيمَهْ» مشكاح (بكسر فسكون): يريدون به اسم رجل. وريمة (بكسر فسكون ففتح): اسم امرأة، والمراد بهما شخصان وضيعان لا قيمة لهما. والعامة تقول لمن لا

يظهر عليه رونق العظمة: فلان ما عليه قيمة. يُضرَب للوضيعين يجتمعان فيتفقان. وهو مثل قديم عند العامة رواه الأبشيهي بلفظه في «المستطرف». وفي معناه قولهم: «جوزوا زقزوق لظريفة.» وانظر في الألف: «اِتْلَم زأرود على ظريفة.» ومن أمثال العرب في هذا المعنى: «وافق شنٌّ طبقة»، وله قصة رواها الميداني في مجمع الأمثال يُعْلَم منها أن شنًّا رجل وطَبَقَة امرأةٌ تزوجها لتوافقهما، وأن المثل يُضرَب للمتوافقين، ثم قال: «قال الأصمعي: هم قوم كان لهم وعاء من أدم فتشنن فجعلوا له طبقًا فوافقه، فقيل: «وافق شن طبقه.» وهكذا رواه أبو عبيدة في كتابه وفسَّره.» ثم روى عن ابن الكلبي قولًا آخر خلاصته أن طبقة قبيلة من إياد كانت لا تطاق، فوقع بها شن بن أفصى فانتصف منها وأصابت منه، فصار مثلًا للمتفقين في الشدة وغيرها. قال الشاعر:

لقيتْ شَنٌّ إيادًا بالقَنَا طبقًا وافق شن طبقه

وزاد المتأخرون فيه: «وافقه فاعتنقه.» انتهى. قلنا: يريد قول الشاعر:

وافق شن طبقهْ وافقه فاعتنقهْ

أورده الراغب في محاضراته، وأورد أيضًا قول الآخر:

هِيَ عَوْرَاءُ باليمين وهذا أعورُ بالشِّمال وافق شنًّا

بين شخصيهما ضريرٌ إذا مَاقعَدَتْ عَنْ شِمَالِهِ تتَغَنَّى

وأنشد في معنى هذين البيتين لبعضهم:

أَلَمْ تَرَنِي وَعَمْرًا حين نَغْدُو إلى الحَاجَاتِ لَيْسَ لَنَا نَظِيرُ

أُسَايِرُهُ على يُمْنَى يَدَيْه وَفِيمَا بيننا رجلٌ ضَرِيرُ

وقال البحتري:

وإذا أَخْلَفَ أصلًا فرعُهُ كَانَ شَنًّا لَمْ يوافِقْهُ الطَّبَقْ

يريد بالشن والطبق ما ذهب إليه الأصمعي في تفسير المثل.

«جِيتْ أَتَاجِرْ فِي الْكِتَّانْ مَاتِتِ النِّسْوَانْ» انظر: «جا يتاجر في الحنة ...» إلخ.

«جِيتْ أَدْعِي عَلِيهْ لَقِيتِ الْحِيطَهْ مَايْلَهْ عَلِيهْ» جيت هنا معناها: شَرَعْتُ؛ أي: شرعت أدعو عليه بما يريحنا منه، فرأيت الحائط مائلًا عليه يوشك أن يقع ولا مناص له من الموت تحته. يُضرَب للسيئ الحظ المكروه تتعاون المصائب عليه.

«جيتْ بِيتَ ابُويَا أرْتَاحْ قفلوا فِي وِشّي وتوِّهُوا الْمُفْتَاحْ» أي: جئتُ دار أبي لأستريح فأغلقوا الباب في وجهي وأخفوا المِفتاح. يُضرَب لمن يُمْنَعُ عما هو له لسوء حظه. وانظر: «رحت بيت أبويا استريح ...» إلخ. وهو في معنى آخر قريب منه.

«الْجَيِّدْ يِنْتِخِي والنَّدْلْ لأْ» أي: الأصيل يَخْضَع ويَلين إذا رجوتَه في أمر، وبعكسه النذل الوضيع. وبعضهم يزيد في أوله: «الشعر يطلع في الزند والكف لأ.» ويريدون بلفظ «لأ» بالهمزة: «لا»، وهو مما قيل قديمًا، ومنه قول المؤمّل بن أميل:

قَالَتْ: تَوَقَّرْ وَدَعْ مَقَالَكَ ذَاأَنْتَ امْرُؤٌ بِالقَبِيح مشرِّقي

والله مَا نِلْتَ ما تُحَاوِلُ أَوْ يَنْبُتُ في بَطْنِ رَاحَتي الشَّعْرُ

وقول الأخطل:

وأَقْسَمَ الْمَجْدُ حَقًّا لا يُحَالِفُهُ مْحَتَّى يُحَالِفَ بَطْنَ الرَّاحَةِ الشَّعْرُ

وتقول العرب في أمثالها: «تركته أنقى من الراحة»؛ أي: لا يملك شيئًا كما لا شعر على الراحة.

«الْجَيِّدَهْ تِنْجَعْ بِسِيدْهَا» أي: الفرس الجيدة الأصيلة تُنْجِدُ صاحبها في الشدة، وتخلصه بسرعة عَدْوِها وتُعجز طالبيه عن اللحاق به فينجو، ولا يستعملون الجيد في غير الأمثال إلا بمعنى: الجواد؛ أي ضد البخيل.

«الْجَيِّدَهْ فِي خيلَكْ إلْهَدْهَا» أي: اركَبِ الفرس الجيدة في خيلك وأجهدها تسرع بك وتوصلك إلى ما تقصد، ولا يضرُّها الجهد لقوّتها وعتقها. ويُروَى: «اركبها.» يريدون: افْخَرْ بركوبها بين الناس، فهو كقولهم: «أعلى ما في خيلك اركب.» وقد تقدم. وقولهم: الجيدة، لا يستعملون الجيد بهذا المعنى إلا في الأمثال ونحوها، ويريدون به في غيرها الجواد الكريم، أي ضد البخيل. وقولهم: إلْهَدْهَا، من الفصيح الباقي في الريف، يقال: لهد دابته؛ أي: جَهِدَهَا.

«جِينَا نْسَاعْدُهْ فِي دَفْنَ ابُوهْ فَاتْ لِنَا الْفَاسْ ومِشِي» أي: جئنا نساعده في حفر قبر أبيه لمواراته فترك لنا الفأس ومضى. يُضرَب فيمن يهتم الناس بمساعدته في أموره، ويهملها هو، ولا يشترك معهم في التعب.

حرف الحاء (فصحى)

حبُّكَ الشيَ يُعمِي ويُصمُّ: أي إن حبك للشيء يعميك عن مساويه، ويُصِمُّك عن استماع العذل فيه.

حافظْ على الصديق ولو في الحريق: يُضرب في الحث على رعاية العهد.

حَسْبُكَ من شَرٍّ سماعُه: أي اكتف من الشر بسماعه ولا تعاينْه. ويجوز أن يراد يكفيك سماع الشر وإن لم تُقدِم عليه ولم تنسب إليه.

الحديثُ ذُو شُجون: أي ذو طرق، الواحد شجن بسكون الجيم.

يُضرب هذا المثل في الحديث يتذكر به غيره، وقد نظم بعضهم هذا المثل ومثلًا آخر في بيت واحد وهو:

تذكَّرَ نجدًا والحديث شجون فجُنَّ اشتياقًا والجنون فنون

الحَزْمُ حِفْظُ ما وليتَ وتركُ ما كُفِيتَ: المثل لأكثم بن صيفي يحث به على ترك ما لا يعني مع المحافظة على ما يعني. قال أبو هلال: ولا أعرف شيئًا أشد على الأحمق من تركه ما لا يعنيه واشتغاله بما يعنيه، على أن فيما يعني شغلًا عمَّا لا يعني.

الحَرْبُ خَدْعَة: قال في الصحاح: الحرب خَدعة وخُدعة، والفتح أفصح، وخُدَعة أيضًا مثال هُمَزة.

وقال في النهاية: فيه الحرب خدعة، يُروى بفتح الخاء وضمها مع سكون الدال، وبضمها مع فتح الدال؛ فالأول معناه أن الحرب ينقضي أمرها بخدعة واحدة من الخداع، أي إن المقاتل إذا خُدِع مرة واحدة لم يكن لها إقالة، وهي أفصح الروايات وأصحها.

ومعنى الثاني: هو الاسم من الخداع.

ومعنى الثالث: أن الحرب تخدع الرجال وتمنيهم ولا نفي لهم، كما يقال: رجل لُعَبة وضُحَكة، أي كثير اللعب والضحك.

الحمدُ مَغنمٌ والمذمة مغرمٌ.

حرف الحاء (عامية)

«اِلْحَاجَهْ الدَّايْرَهْ مَا عَلِيهَاشْ نُورْ» أي: الشيء الدائر بين الناس المألوف لهم ليس له رواء في العيون ولا روعة في القلوب بخلاف العزيز المَصُون.

«حَاجْةِ السِّتّ فِي السَّنْدُوقْ، وِحَاجْةِ الْجَارْيَه فِي السُّوقْ» اِلحاجة: الشيء، والمراد هنا: السر، والست: السيدة. والسندوق: الصندوق. والجارية: الأَمَة. والمراد: سر السيدة وأمورها الخفية تحفظ في الصندوق؛ أي: لا تُفْشَى. وأما سر الأَمَة فيذاع حتى في الأسواق لاستهانتهم بها. يُضرَبُ لاختلاف حظوظ الناس وعدم العدل في المُعَامَلَة.

«اِلْحَاجَهْ فِي السُّوقْ تْقُولْ: نِينِي نِينِي لَمَّا يِجِي اللِّي يِشْتِرِينِي» الحاجة المراد بها: السلعة المعروضة للبيع؛ أي: لا تظنَّ بها البوار، فإن لها وقتًا تُطلب فيه، فكأنها تقول: رويدًا رويدًا حتى يأتي من يشتريني. يُضرَب عند القلق من بوار السلع. ويُروَى: «لما يجي العبيط يشتريني.» والمراد به: الأبله الذي لا يميز بين الجيد والرديء. والمعنى: أن للسلع الرديئة وقتًا تباع فيه لمن هم على شاكلته، وعلى هذه الرواية فهو في معنى قولهم: «خليه في قنانيه لمَّا يجي الخايب يشتريه.» وسيأتي في الخاء المعجمة.

«حَاجَةْ مَا تْهِمَّكْ وَصِّي عَلِيهَا جُوزْ أُمَّكْ» الجوز مُحَرَّف عن الزوج؛ أي: لا تُوصِ زوج أمك إلا على ما لا يهم؛ لأن من عادة أزواج الأمهات إهمال ما لأبنائهن من غيره. فإذا أوصيته بحفظ الشيء الثمين أضاعه بإهماله، أو حازه لنفسه. ويُروَى: «الشيء اللِّي ما يهمك ...» إلخ. والأول أشهر، وهو مَثَلٌ قديم عند العامة أورده الأبشيهي في «المستطرف» برواية: حاجة لا تهمك وَصِّي عليها زوج أمك.»

«حَافْيَهْ وِسَابْقَهْ الْمَدَاعِي» المداعي (بفتح الأول) في لغة أهل الإسكندرية: النساء اللاتي يذهبن للدور لدعوة أصحابها إلى الأعراس، ويكنَّ من صاحبات العرس وصديقاتهن. وأما في القاهرة فيقال لهن: المُدْنات (بضم فسكون)، وأصله المؤذنات بالدعوة، والمعنى: تكون حافية لا تملك نعلًا، فضلًا عن الثياب، ثم تسبق الداعيات المتزينات إلى الدور، وتعد نفسها منهن. يُضرَب للوضيع الرَّثّ الهيئة يزج بنفسه مع الأعلى قدرًا.

«حَاكْمَكْ غَرِيمَكْ إنْ مَا طِعْتُهْ يْضِيمَكْ» يُضرَب في الحث على طاعة الحكام لِتَجَنُّبِ أذاهم.

«حَامِيهَا حَرَامِيهَا» الحرامي: اللِّصُّ؛ أي: الذي اسْتُؤْمِن على الشيء هو الذي سرقه. وانظر: «إن سلم المارس من الحارس فَضْل من الله.» ومن أمثال العرب: «مُحْتَرَسٌ من مِثْلِهِ، وهو حارس.»

وتقدم الكلام عليه في «إن سلم المارس ...» إلخ. ومن أمثالها أيضًا: «حفظًا من كالنك.» أي: احفظ نفسك ممن يحفظك.

«الْحَاوِي مَا يْمُوتْشْ إلَّا بِالتِّعْبَانْ» أي: الحَوَّاء لا يموت إلا من نهشة ثعبانه. يُضرَب في أن المشتغل بما يُخْشَى مضرته تكون إصابته منه.

«الْحَاوِي مَا يِنْسَاشْ مُوتِ ابْنُهْ وِالْحَيَّهْ مَا تِنْسَاشْ قَطْعِ دِيلْهَا» مبناه على أن حوَّاءً قتلتْ حَيَّتُه ولده وأراد قتلها، فلم يدرك إلا ذَنَبَها فقطعه وفرت منه، ونشأت العداوة بينهما فلا هو ينسى قتل ولده ولا هي تنسى قطع ذنبها، وأصبح كلاهما يتحين الفرصة للفتك بالآخر. يُضرَب في أن سبب العداوة لا يُنْسَى وإن قدم عهده. ومن أمثال العرب في هذا المعنى قولهم: «كيفَ أُعَاوِدُك وهذا أثرُ فَأْسِك؟!» وهو مما وضعوه على لسان حيَّة قتلت رجلًا، ثم تعاهدت مع أخيه على أن تعطيه كل يومين دينارًا ولا يقتلها فوفَّت له ووفَّى لها، ثم تَذَكَّر أخاه يومًا فضربها بفأسه فأخطأها، ووقعت الفأس فوق جحرها فأثرت فيه. وأراد بعد ذلك العود إلى ما كان عليه فأجابته بهذا المثل.

«الْحَبّ مْلَاحِقِ الْقَدُوسْ» القادوس: وعاء من الفَخَّار يرفع به الماء في الدواليب، والغالب عندهم قصده بحذف الألف. كما يفعلون في كثير من الألفاظ. ويستعمل القادوس أيضًا في الطواحين بأن يخرق من أسفله، ويوضع به الحَبُّ فينزل منه على الحجر لطحنه، وهو المراد هنا. يُضرَب في الشيء يكثر ويتتابع. وقد يُرَادُ به العمل المتتابع يُكَلَّفُ به الشخص فيستغرقُ وقته.

«حِب وِوَارِي، واكْرَهْ ودَارِي» يُرْوَى أيضًا بالتقديم والتأخير؛ أي: «اكْرَهْ وِدَارِي ...» إلخ. وقد سبق الكلام عليه في الألف.

«حِبِّنِي وِخُدْلَكْ زَعْبُوطْ هِيَّ الْمَحَبَّهْ بِالنَّبُّوتْ؟!» الزَّعْبُوط (بفتح فسكون فضم): ثوب واسع من الصُّوف يُلْبَس في الريف واسع الأكمام طويلها غير مَشْقُوق من الأمام. والنَّبُّوت (بفتح النون وضم الموحدة المشددة): الهراوة؛ أي العصا الطويلة الغليظة، والجمع بينه وبين الزعبوط عيب في السجع كما لا يخفى، والمعنى: أن المَحَبَّة ليست بالحباء والعطية ولا بالتهديد والإكراه. وقولهم هِيَّ: يريدون الاستفهام؛ أي: أتكون المحبة بضرب العصا؟ وفي معناه: «القلوب ما تسخرش.» وسيأتي في القاف. وقولهم: «كل شيء عند العطار إلا حبني غصب.» وسيأتي في الكاف.

«حَبَّهْ تِتَقِّلِ الْمِيزَانْ» أي: الحَبَّة الصغيرة تؤثر في الميزان وتُثْقِل الوزن. يُضرَب في أن لكل شيء تأثيرًا ولو كان صغيرًا.

«حِبْرْ فِي وَرَقْ» يُضرَب للصكِّ يكتبه المُعْدَم الذي لا يستطيع الوفاء، ولكل عهد يكتب ولا يعمل به.

«اِلْحَبْسْ حَبْسْ وَلَوْ فِي بُسْتَانْ» ويُروَى: «يغور الحبس ولو في بستان.» وذكِر في المثناة التحتية. والمراد: أن السجن في بستان أو ما يشبهه لا يخرجه عن كونه سجنًا، فهيهات أن ترتاح له النفوس.

«حِبْلَهْ وْمُرْضعَهْ، وِشَايْلَهْ أَرْبَعَهْ، وِطَالْعَهْ لِلْجَبَلْ، تِجِيبْ دَوَا لِلْحَبَلْ، وِتْقُولْ: يَا قِلِّةْ الدِّرِّيَّهْ!» أي: حبلى ومرضع وحاملة أربعة من أولادها، ثم تراها صاعدة الجبل لتجيءَ بدواء للحمل، وهي مع ذلك تشكو من قلة ذريتها. يُضرَب للإنسان يحمله الطمع على استقلال ما عنده وهو كثير. وهو مَثَلٌ قديم من أمثال النساء التي أوردها الأبشيهي في «المستطرف» ولكن برواية: «على كتفها» بدل «شايلة» و«طلعت» بدل «طالعه»، وبدون ذكر قولهم: «وتقول: يا قلة الدرية.»

«حَبِيبَكْ اللِّي تْحِبُّهْ وَلَوْ كَانْ عَبْدْ نُوبِي» أي: الحبيب هو الذي تميل إليه النفس وتألفه ولو كان عبدًا نوبيًّا أسود، لا الذي يستحقُّ المحبة لحسنه.

«حَبِيبَكْ اِللِّي تْحِب وَلَوْ كَانْ دب» أي: الحبيب هو الذي تميل إليه النفس وتألفه ولو كان دُبًّا، لا الذي يستحق المحبة لحسنه، وفي معناه لبعضهم:

فَلَا تَلُمِ المُحِبَّ عَلَى هَوَاهُ فَكُلُّ مُتَيَّمٍ كَلِفٍ عَمِيدِ

يَظُنُّ حبيبهُ حَسَنًا جَمِيلًا وَإِنْ كَانَ الْحَبِيبُ من القرودِ

وقال عمر بن أبي ربيعة:

فَتَضَاحَكْنَ وَقَدْ قُلْنَ لَنَا : حَسَنٌ فِي كُلِّ عَيْنٍ مَنْ تَوَد

«حَبِيبَكْ يِمْدُغْلَكِ الزَّلَطْ، وِعَدُوَّكْ يِتْمَنَّى لَكِ الْغَلَطْ» يمدغ؛ أي: يمضغ. والزلط (بالتحريك): الحصباء التي في الصحاري والجبال، وتكون شديدة الصلابة، ويُروَى: «يبلع» بدل يمدغ، ويُرْوَى أيضًا: «يقرقش»، ومعنى القرقشة عندهم أكل شيء صلب يظهر له صوت بين الأسنان. والمعنى: أن من يحبك يرضى بزَلَّاتِك ويقبلها منك ويسترها، ولو ركب في ذلك الصعب من الأمور. وأما عدوك فإنه واقف لك بالمرصاد ليذيعها عنك ولو كانت خطأً منك لم تقصده، وهو قريب من قول القائل:

وَعَيْنُ الرِّضَا عَنْ كُلِّ عَيْبٍ كَلِيلَةٌ كَمَا أَنَّ عَيْنَ السُّخْطِ تُبْدِي الْمَسَاوِيَا

«حَبِيبْ مَالُهْ حَبِيبْ مَا لُهْ، وِعَدُو مَالُهْ عَدُو مَا لُهْ» هو مما أرادوا به التجنيس. والمراد بـ «ماله» الأول: المال، وبالثاني: ما النافية ولام الجر وهاء الضمير. والمعنى: من أحب ماله ولم ينفق منه فليس له حبيب، كما أن من عاداه وفرَّقه لا يكون له عدو.

«حِجَّهْ وِحَاجَهْ» الصَّواب في الحجة (ضم الأول) والعامة تكسره. يُضرَب لمن يتوسل بأمر يتظاهر به لقضاء غرض آخر لا علاقة له به.

«**الِحِجْرْ خَالِي والِلبَنْ لِلذِّيلْ**» الحجر (بكسر فسكون): حجزة الثوب، ثم استعملوه في مكان جلوس الصبي على الرجلين؛ أي: ليس على رجليها طفل، واللبن غزير يفيض من ثدييها على ذيلها، وهو كناية عن كثرة المال. يُضرَب للمحروم من الشيء وفي طاقته الإنفاق عليه.

«**الْحَجَرِ الدَّوَّارْ لَا بُد لُهْ مِنْ لَطْمَهْ**» ويُروَى: «الحجر الداير لا بد له من لطه.» واللطة عندهم: اللطمة الخفيفة. والمراد: كل من أكثر من الهرج والمرج لا بد من أن يُصاب يومًا ما.

«**الِحِجْرْ قَصْرِيَّهْ والْبِزَازْ مِدَلِّيَّهْ**» القصرية نسبة للقصر وهي كوز البول يُحْدِث فيه الأطفال. والبِزَاز (بكسر الأول) جمع بزٍّ: وهو الثَّدْي. يُضرَب للمدلَّل المُرَفَّه المتمتّع بكل وجوه الراحة؛ أي: إن أمه دلت له ثدييها يرضعهما، وجعلت حجزة ثوبها وعاءه يحدث فيه، فجمعت له بين الأمرين في وقت واحد، وليس بعد ذلك ترفيه على ما فيه.

«**حَد يِبْقَى فِي إِيدُهْ الْقَلَمْ وِيِكْتِبْ نَفْسُهْ شَقِي؟!**» حد؛ أي: أحد، ومعنى المثل: هل يُشْقِي المرءُ نفسه وفي يده إسعادها، وفي معناه قولهم: «اللِّي في إيده القلم ...» إلخ. وقد تقدَّم في الألف.

«**حَدِّ يْقُولْ: الْبَغْلْ فِي الأَبْرِيقْ؟**» ويُروَى: «ما حدش يقدر يقول ...» إلخ. ويُرْوَى أيضًا: «مين يقدر يقول ...» إلخ. وما هنا الأصح؛ أي: هل يقول أحد هذا القول ويجرؤ على هذا الكذب؟ يُضرَب في أن ادِّعَاء ما هو بيِّن الاستحالة لا يجرؤ عليه العاقل.

«**حَدِّ يْقُولْ لِلْغُولْ: عِينَكْ حَمْرَهْ؟!**» يُضرَب للقويِّ ذي البطش لا يجرؤ أحد على تعريفه بعيوبه، ويُروَى: «مين يقدر يقول: يا غولة عينك حمرة؟» وذُكِرَ في الميم.

«**حِدَّايَهْ ضَمَنِتْ غُرَابْ، قَالْ: يِطِيرُوا الِاتْنِينْ**» الحداية (بكسر الأول وفتح الثاني المشدد): الحِدَأة، ويُروَى: «غراب ضمن حداية، قال: الاتنين طيارين.» يُضرَب للشرود القادر على الفرار يضمن مثله. وأورده الأبشيهي في «المستطرف» برواية: «ضمنوا حداية لغراب، قال: الكل يطير.»

«**الْحِدَّايَهْ مَا تِرْمِيشْ كَتَاكِيتْ**» الحداية (بكسر الأول وتشديد الثاني): الحِدَأة. والكتاكيت: الفراريج، وهي مُولَعة بها وبأَكْلِها فكيف يؤمل منها أن ترميها للناس؟! يُضرَب فيمن يطمع في غير مطمع. ويُروَى: «هي الحداية بترمي كتاكيت؟!» بالاستفهام.

«**حِدَّايَهْ مِنِ الْجَبَلْ تُطْرُدْ أَصْحَابِ الْوَطَنْ**» الحداية: الحِدَأة. يُضرَب للغريب يتعدى على المكان فيحوزه، ويطرد منه أصحابه قوة واقتدارًا، وقد جمعوا فيه بين اللام والنون في السجع.

«**حَدِيتْكُمْ لَذِيذْ وِبِيتْنَا بَعِيدْ**» أي: حديثكم لذيذ، ولكن لا بد لنا من مفارقتكم لبعد دارنا. يُضرَب للأمر الموافق تحول دونه الحوائل.

«اِلْحَذرْ مَا يِمْنَعْشْ قدرْ» معناه ظاهر، والصواب فيه أن يقال: «لا يغني حذر من قدر.» ومن أمثال العرب في هذا المعنى: «جلزوا لو نَفَع التجليز.» والتجليز: شد مقبض السكين بعلباء البعير؛ أي: عصب عنقه؛ أي: أحكموا أمرهم فلم ينفعهم الإحكام والحذر من الوقوع في المقدر، وفي معناه قول الراجز:

أَيْنَ يَفِرُّ المرءُ مِنْ أَمْرٍ قُدِرْ هَيْ هَاتَ لَا يَنْفَعهُ طُولُ الْحَذَرْ

ومن أمثال فصحاء المولَّدين: «كيف توقِّيك وقد جف القلم؟»

«اِلْحَرَامِي إِيدُهْ تَاكْلُهْ» الحرامي: اللص. وإيده: يده، ومعنى تاكله: تطلب الحك؛ أي: تحثه على السرقة لِتَعَوُّدِهِ إياها.

«حَرَامِي بَلَا بَيِّنَهْ سُلْطَانْ» الحرامي: اللص، وهو إذا لم تقم عليه البينة كالسلطان في عزه لا سبيل إليه. ويُروَى: «سلطان زمانه.» ويُروَى: «شريف» بدل سلطان.

«اِلْحَرَامْ يِتَّاكِلْ بِإِيهْ؟» إيه بالإمالة؛ أي: أي شيء؟ والمراد: من كسب كسبًا حرامًا بأي شيء يأكله؟ وذلك لاستنكارهم أكله بالفم استفظاعًا له.

«اِلْحَرَامِي الشَّاطِرْ مَا يِسْرَقْشْ مِنْ حَارْتُهْ» الحَرَامي: اللص، ويريدون بالشاطر: الحاذق المدبر. والحارة: الطريق لا يبلغ أن تكون شارعًا، والمراد: هنا المحلة؛ أي: اللص الحاذق اليقظ لا يسرق من محلته حتى لا يفتضح بين سكانها، وقالوا في معناه: «يا واخد مغزل جارك راح تغزل به فين؟» وسيأتي في الياء آخر الحروف.

«اِلْحَرَامِي عَلَى رَاسُهْ رِيشَهْ» الحرامي: اللص، والمراد: عليه شارة تدل عليه؛ أي: لا بد من أن يوقع نفسه بشيء يبدو منه. وانظر قولهم: «اللِّي على راسه بطحة يحسس عليها.» وقولهم: «على راسه صوفة.» وقولهم: «صوفته منورة.» والمثل مَبْنِيٌّ على قصة تُرْوَى عن نبي الله سليمان — عليه السلام — أوردها ابن قتيبة في «عيون الأخبار.» والرَّاغب في محاضراته، وابن الجوزي في كتاب «الظرافُ والمتماجنون» خلاصتها: أن شيخًا سُرِقَت له إوزه فشكا ذلك إليه فخطب الناس فقال: ما بال أحدكم يسرق إوزة جاره وريشها على رأسه؟ فمدَّ رجل يده إلى رأسه كأنه يمسحه، فقال: خذوه فهو صاحبكم.

«اِلْحَرَامِي مَالُوشْ رِجْلِينْ» الحرَامي: اللصُّ، ومرادهم بأنه ليس له رجلان أنه سريع الفرار؛ أي: ليس له رجلان يقف عليهما ويبقى، بل يفر من أي نبأة يسمعها، وقد تقدَّم في الموحدة: «الباطل مالوش رجلين.» وسيأتي في الكاف: «اِلْكِدْب مالوش رجلين.» ومرادهم فيهما أنه ليس له رجلان يسعى عليهما ويسير بهما بين الناس، وهو عكس مرادهم هنا.

«إِلْحَرَامِي وِعَمْلِتَهْ» أي: اللّص مسئول عما سرق ومأخوذ به، فلا شأن لنا ولا لغيرنا بذلك.

«إِلْحَرَامِي يَا قَاتِلْ يَا مَقْتُولْ» الحرامي: اللص، و«يا» هنا بمعنى: إما؛ أي: إذا خرج اللص للسطو والسرقة فقد وطّن نفسه على أحد الأمرين، فهو إمَّا مصيب وإمَّا مصاب.

«إِلْحُر مَنْ رَاعَى وِدَاد لَحْظَهْ» معناه ظاهر. يُضرَب في مدح مراعاة الوداد وإن قل.

«حَرَّسْ مِنْ صَاحْبَكْ وَلَا تْخَوِّنُهْ» أي: احترس من صاحبك ولا تظنَّ به الخيانة، فذلك أحوط لك وأبقى للصحبة بينكما، وهو من روائع حكمهم.

«حُرَّهْ صَبَرِتْ فِي بِيتْهَا عَمَّرِتْ» يريدون المرأة الحَصان العاقلة تصبر على أذى الزوج فتبقى في دارها وتعمِّرها، بخلاف الهوجاء التي تنفر من أقل سبب، فإنها قلما تفلح في زواجها.

«حُزْنِ الْهَلَافِيتْ الْوَسَخْ وِالشَّرَامِيطْ» الهلافيت: جمع هلفوت وهلفوتة؛ أي: الأسافل الدون. والشراميط جمع شرموطة وهي الخِرْقة، والمعنى: أن الأسافل إذا أرادوا إظهار الحزن والحداد على الميت توسلوا بالقذارة، ولبس الثياب القديمة الممزقة موهمين أن الحزن ألهاهم عن النظافة والتزين. وقالوا أيضًا: «الوسخة تفرح ليوم الحزن.» وسيأتي في الواو.

«إِلْحِزْنِ يْعَلِّمِ الْبُكَا وِالْفَرْحِ يْعَلِّمِ الزَّغَارِيطْ» الزغاريط: جمع زغروطة (بفتح فسكون فضم)، وهي محرفة عن زغردة البعير، ويريدون بها إدخال المرأة إصبعها في فمها وتحريكه مع اللقلقة بصوت طويل وتخرجه، وهن يفعلن ذلك في الأعراس وأوقات السرور. والمراد: الأحوال تعلم المرء ما يجهله وتحمله على ما يناسبها.

«إِلْحِسّ سَالِكْ وِالزِّر بَارِكْ» الحِسُّ (بكسر الأول وتشديد الثاني): يريدون به الصوت. والزِّرُّ بهذا الضبط: يريدون به عَجْب الذَّنَب. ومنه قولهم: «انكسر زره.» أي: أصابه في عَجْبِه ما أقعده عن الحركة، ومعنى المثل: الصوت عالٍ مسموع والجسم عليل مطروح. يُضرَب للضعيف العاجز عن العمل الكثير الدعوى واللقلقة بلسانه.

«إِلْحِسّ عَالِي وِالْفِرَاشْ خَالِي» الحس (بكسر الأول وتشديد الثاني): الصوت؛ أي: الصوت عالٍ مسموع، والشخص لا يكاد يُرى في فراشه نحولًا حتى تظنه خاليًا منه. فهو كقول القائل: «لولا مخاطبتي إياك لم ترني.» أو: «أسمع جعجعة ولا أرى طحنًا.» ويُروَى: «الصوت عالي ...» إلخ. والأكثر الأول. وانظر في معناه: «القد قد الفولة ...» إلخ. في حرف القاف.

«حَسَبْنَا حْسَابِ الْحَيَّهْ وِالْعَقْرَبَهْ مَا كَانِتْ عَ الْبَالْ» يُضرَب في أن الاحتياط للشر العظيم قد يُذهل المرء عما هو دونه فيصاب به.

«اِلْحَسَدْ عَنْدِ الْجِيرَانْ وِالْبُغْضْ عَنْدِ الْقَرَايِبْ» القرايب: الأقارب. والمراد: كلا القَرْبَيْن في الدار والنسب باعث على الحسد والبغضاء، وفي معنى الشق الأخير منه قولهم: «العداوة في الأهل.» وقولهم: «لك قريب؛ لك عدو.»

«حَسَدِتْنِي جَارْتِي عَلَى طُولِ رِجْلَيَّهْ» يُضرَب في الحسد على ما لا يحسد عليه المرء لزيادة شقائه وتعاسته. وانظر: «حسدني البين ...» إلخ. ومن أمثال العرب في هذا المعنى: «على جارتي عقق، وليس عليَّ عقق.» والعقة والعقيقة: قطعة من الشعر، يعني الذؤابة، قالته امرأة كانت لها ضرة، وكان زوجها يكثر ضربها، فحسدت ضرتها على أن تضرب، فعند ذلك قالت هذه الكلمة؛ أي: إنها تُضْرَب وتحب وتكرم، وهي لا تُضْرَب ولا تكرم. يُضرَب لمن يحسد غير محسود.

«حَسَدْنِي الْبِينْ عَلَى كُبْرِ شَوَارْبِي» البين (بالإمالة) يريدون به الزمان المائل والجد العاثر. يُضرَب في الحسد على ما لا يحسد عليه المرء. وانظر: «حسدتني جارتي ...» إلخ.

«حِسَّكْ تُفُوتِ الْحَظ إِنْ كَانْ حَابِكْ» حسك؛ أي: الزم حسك وتيقظ. والمراد به هنا التشديد في النهي. وحابك معناه هنا: قام بالنفس واشتهته. والحظ: السرور واللهو؛ أي: لا يَفُتْك السرور إذا تحكم بنفسك واشتهته واغْتَنِمْه من الزمن، فربما طرأ عليك بعد ذلك ما يجعلك لا تشتهيه.

«اِلْحَسَنْ خَيِّ الْحُسِينْ» المراد الحسن والحسين — عليهما السلام. والخَيُّ (بفتح الأول وتشديد الياء): الأخ. يُضرَب في الشيئين أو الرجلين يتساويان.

«حُسْنِ السُّوقْ وَلَا حُسْنِ الْبُضَاعَهْ» البضاعة عندهم (بضم الأول)، والصواب كسره، والمعنى: ليس المعول في رواج السلع على جودتها بل المعول على نفاق السوق. يُضرَب أيضًا للماهر في أمر لا حاجة إليه.

«اِلْحَسَنَهْ تَقْشِيشْ» أصل التقشيش عندهم جمع القش؛ أي: حطام العيدان ونحوها، ثم استعملوه في الجمع من هنا ومن هنا. والحسنة: يريدون بها الصدقة؛ أي: من أرادها فليسعَ لجمعها والتقاطها من هنا ومن هنا، وإلَّا لا يظفر بطائل.

«اِلْحَسَنَهْ مَا تْجُوزْشْ إِلَّا بَعْدِ كَفْوِ الْبِيتْ» أي: لا تجوز الصدقة إلا بما يزيد عن كفاية الدار. وانظر في معناه في الألف: «اِللِّي يلزم البيت يحرم ع الجامع.» وسيأتي هنا: «حصيرة البيت تحرم ع الجامع.» وانظر في الزاي: «الزيت إن عازه البيت حرام ع الجامع.»

«حَسَنَهْ وَانَا سِيدَكْ» الحسنة: الصدقة. والسِّيد (بكسر الأول وتخفيف الثاني) يريدون به السَّيِّد (بفتح الأول وتشديد الثاني)؛ أي: تَصَدَّقْ عَلَيَّ واعلم أني سَيِّدُك. يُضْرب للفقير المتعاظم يستجدي الناس ويمنُّ عليهم بقبول صدقاتهم.

«حَسَنَهْ يَا سِيدِي، قَالْ: سِيدَكْ بِيَاكُلْ بِقِشْرُهْ» أي: سيدك الذي تستجديه يأكل القشر مع اللب لفقره، فكيف يتصدق عليك وهو لا يجد ما يكفيه؟ يُضرَب للفقير يستجدي آخر مثله.

«الْحَسُودْ تَعْبَانْ» لأنه في حقد دائم مما خصَّ الله به غيره، وهو من قول الإمام عليٍّ بن أبي طالب — عليه السلام: «لا راحة مع حسد.»

«الْحُصَانِ الْهَادِي مَنْتُوفْ دِيلُهْ» انظر: «الحمار الهادي ...» إلخ.

«حَصِيرْةِ الْبِيتْ تِحْرَمْ عَ الْجَامِعْ» ويُروَى: «اللِّي يلزم للبيت يحرم ع الجامع.» وتقدَّم ذكره في الألف، وهما في معنى قولهم: «الحسنة ما تجوزش إلا بعد كفو البيت.» وتقدَّم الكلام عليه، وانظر أيضًا قولهم: «الزيت إن عازه البيت حرام ع الجامع.»

«حَصِيرْةِ الصِّيفْ وَاسْعَةْ» يريدون بالحصيرة هنا: المكان؛ أي: لا يضيق مكان بقوم في الصيف لاستطاعتهم النوم في الخلاء.

«حَضَّرُوا الْمَدَاوِدْ قَبْلِ حْضُورِ الْبَقَرْ» المداود: جمع مَدْوِد (بفتح فسكون فكسر)، وصوابه المِذْوَد (بكسر الأول وبالذال المعجمة)، وهو معلف الدابة؛ أي: هيَّئوا المذاود قبل أن يشتروا البقر. يُضرَب لمن يتسرع في تهيئة المكان وليس على ثقة من حضور السكان. ويُروَى: «قبل ما يشتري البقرة بنى المدود.» وفي معناه: «قبل ما خطب ...» إلخ، و«قبل ما تحبل ...» إلخ. وذكرت الثلاثة في القاف.

«حُطْ إِشِي تِلْقَى إِشِي» إشي (بكسرتين) يريدون به: أي شيء. وحط بمعنى: ضَعْ، فهو في معنى قولهم: «من قدَّم شيء التقاه.» وقولهم: «من قدم السبت يلقى الحد قدامه.» وقد ذكر في الميم؛ أي: المرء مجزيٌّ بعلمه إن خيرًا فخير وإن شرًّا فشر، غير أنهم يعبرون بقولهم: «من قدم شيء التقاه» في إرادة الخير غالبًا.

«حُط إِيدَكْ عَلَى عِينَكْ زَي مَا تِوْجَعَكْ تِوْجَعْ غِيرَكْ» أي: ضع يدك على عينك، فإن آلمتها فاعلم أنها تؤلم عين غيرك أيضًا. والمراد: إذا أردت معرفة تأثير ما تفعله بالناس فافعله بنفسك لتعلم أنهم مثلك من لحم ودم.

«حُط رَاسَكْ بِينِ الرُّوسْ وِادْعِي عَلِيهَا بِالْقَطْعْ» أي: لا ترفع رأسك على غيرك ولا تشمخ بأنفك، بل ضع رأسك مع رءوسهم وادْعُ عليها بأن تقطع إذا كان مقضيًّا على غيرها ذلك. يُضرَب في الحث على عدم التعالي على الناس.

«حُط رَاسَكْ وِسْطِ الرُّوسْ تِسْلَمْ» الحط: يريدون به الوضع؛ أي: ضع رأسك مع رءوس الناس ولا تعلها تسلم.

«حُط رِجْلَكْ مَطْرَحْ رِجْلِ السَّعِيدْ تِسْعَدْ» أي: ضع قدمك موضع قدم السعيد تسعد مثله، وهو من التفاؤل.

«حُط قَبْلِ مَا تِتْعَبْ وِشِيلْ قَبْلِ مَا تِسْتَرِيحْ» هي نصيحة جرت مجرى الأمثال عندهم، والمعنى: ضع حملك قبل أن يبلغ التعب بك مبلغه؛ لِئَلَّا يضرَّ بك الجهد فتعجز، ثم احمله قبل أن تستريح كل الراحة؛ لئلا تستطيبها فتذهب بنشاطك.

«حُطّ لْهَا كُرْسِي وِالْأُمُورْ تِرْسِي» حط بمعنى: ضع؛ أي: إذا انتابتك الحادثات ضع كرسيك واجلس عليه؛ أي: اسكن ولا تقلق ودع الأمور، فإنها سترسو وتسكن كما ترسو السفينة.

«حَطِّتْ عِجْلَهَا وِمَدِّتْ رِجْلَهَا» حَطَّ معناها: وضع؛ أي: وضعت هذه المرأة غلامًا، وهو ما كانت تنتظره وترجوه ليشرِّفها بين النساء ويحببها إلى زوجها، فلما وضعته اطمأنَّت على هذه المكانة ومدت رجليها زهوًا وكبرًا. يُضرَب لمن يحاول أمرًا يبلغ به مكانة يطلبها فيناله ويطمئن. وقد قالوا أيضًا: «اِللِّي ما يغلِّيها جلدها ما يغلِّيها ولدها.» ومعناه: عز المرأة بحسنها لا بولدها. وقد تَقَدَّم في الألف، وهو بيان لخطأ من تعتمد في معزتها على نفسها كالتي ذُكِرَت هنا.

«حُطُّهْ فِي مَدْوِدُهْ تِلْقَاهْ فِي مَتْرِدُهْ» الحَطُّ بمعنى: الوضع، والمَدْوِد (بفتح فسكون فكسر): المِذْوَد كمِنْبَر، وهو معلف الدابة. والمَتْرِد (بفتح فسكون فكسر): وعاء من الفخار واسع الأعلى ضَيِّق الأسفل يُحْلَب فيه، وهو محرف عن المِثْرَد؛ أي: الوعاء يُثْرَد فيه الثريد، والمعنى: ضع من العلف ما تشاء في المذود تأخذه في المترد؛ أي: تأخذ ثمرته، وهي كثرة اللبن، فإن كثرته وقلته بحسب نوع العلف ومقداره.

«حُطُّوا تَقْلِيِّتْكُمْ وَأَنَا لُقْمَةْ بْجُمْلِتْكُمْ» حطوا معناه: ضعوا. والتَّقْلِيَّة: بصل يقلونه ثم يطبخون به الطعام ليطيب ويلذ طعمه؛ أي: ضعوا تقليتكم على طعامكم واطبخوه، ولا تخشوا فإني واحد لي لقمة في اللقم لا تؤثر في تقليل الطعام ولا في تكثيره. يُضرَب في أن الواحد لا تثقل مئونته على جماعة.

«اِلْحَقّ اللِّي وَرَاهْ مِطَالِبْ مَا يْمُوتْشْ» أي: الحق الذي وراءه مطالِب به لا يموت. يُضرَب في الحث على المطالبة بالحقوق.

«اِلْحَق نَطَّاحْ» يروون في أصله: أن رجلًا رشا بعض القضاة بإوزة، ورشاه خصمه بشاة، فحكم لصاحب الشاة، وقال ذلك.

«حُكْمِ الْبَلَدْ عَلَى تَلِّهَا» أي: لا يضبط أمور القرية إلا شيخها؛ أي: حاكم يكون من أهلها؛ لأنه أعرف بصالحهم وطالحهم، وأخبر بأمورهم، بخلاف الحاكم الغريب، فإنه لجهله بهم لا يستطيع ضبط أمورها استطاعة الأول، وعبروا بالتل؛ لأنه عادة موضع جلوس مشايخ القرى لارتفاعه.

«الْحَلَابَهْ وَلَا مَسْكِ الْعِجُولْ» أي: الاشتغال بالحلب على ما فيه خيرٌ من إمساك العجول؛ لأن الإناث هادئة في الغالب بخلاف الذكور، فإنها لقوَّتِها ونشاطها تُتْعِبُ مُمْسِكَها، وقد تمزِّق ثيابه وتُدْمِي يديه. يُضرَب في تفضيل شيء على آخر وإن كان كلاهما متعبًا، فهو في معنى: «بعض الشر أهون من بعض.» ويُروَى: «حلابة البهائم ولا مسك العجول.» ويريدون بالبهائم الإناث، والأول أصح؛ لأن البهائم غير خاصة بالإناث.

«حَلَالْ كَلْنَاهْ، حَرَامْ كَلْنَاهْ» يُضرَب لمن لا يكترث لمكسبه من حلٍّ يكون أو حرم.

«حَلَاوِةِ اللِّسَانْ عِز بَلَا رْجَالْ» أي: مَنْ رُزِقَ لسانًا عذبًا في مخاطبة الناس أحبوه وأعزُّوه، وقاموا له مقام العشيرة. وفي هذا المثل الجمع بين النون واللام في السجع، وهو عيب. وانظر في السين المهملة: «سلامة الإنسان في حلاوة اللسان.»

«حَلْفَةْ وِيْحَاشِرِ النَّارْ» الحلفة: الحَلْفَاء، ويحاشر؛ أي: يحشر نفسه ويزج بها، ولا يخفى أن الحلفاء سريعة الاشتعال، فقليل من النار يشعلها ويأتي عليها. يُضرَب لمن يلقي بنفسه في التهلكة ويتعرض لمَا يعلم إضراره به.

«حَلِّفُوا الْقَاتِلْ، قَالْ: جَالَكِ الْفَرَجْ يَا قَلِيطْ» لأن من يجرؤ على القتل لا يتأخر عن الحلف كاذبًا، فتكليفه به لنجاته من التهمة أمر هين، ويريدون بالقليط الذي له قليطة، وهي الأُدْرَة، والمراد هنا: صاحب أي عاهة، كأنهم جعلوا الاتهام بالقتل من العاهات التي يُطْلَب التخلص منها. وفي معناه: «قالوا للحرامي: احلف. قال: جا الفرج.» وسيأتي في القاف.

«حِلَّهَا بْإِيدَكْ أَوْلَى مَا تْحِلَّهَا بِسْنَانَكْ» الإيد (بكسر الأول): اليد. والسنان (بكسر الأول أيضًا): الأسنان؛ أي: تدارك الأمر وهو مُيَسَّر قبل أن يتعسر، كالعقدة تُحَلُّ باليد ولكنها إذا تعسرت تُحَلُّ بالأسنان. ويُروَى: «بدال ما تحلها بسنانك حلها بإيدك.» والمراد: بـ «بدال»: بدل، فأشبعوا فتحة الدال فتولَّدت الألف.

«حِلْمِ الْجَعَانْ عِيشْ» انظر: «الجعان يحلم بسوق العيش.»

«حِلْمِ الْقُطَطْ كُلُّهْ فِيرَانْ» يُضرَب في اشتغال بال كل شخص بما يهمه. وانظر في الجيم: «الجعان يحلم بسوق العيش.» فهو قريب منه. وانظر أيضًا: «اِللِّي في بال أم الخير تحلم به بالليل.»

«حَمَاتِي مْنَاقْرَهْ، قَالْ: طَلَّقْ بِنْتَهَا» مناقرة؛ أي: مشاغبة. يُضرَب للشاكي من الشيء وفي يده خلاصُه منه.

«اِلْحَمَا حُمَّهْ واخْتِ الْجُوزْ عَقْرَبَهْ صَمَّهْ» أي: الحماة كالحُمَّى في أذاها وعَكِّها، وأخت الزوج كالعقرب الصماء، ويريدون: الشديدة اللدغ، والعرب تقول: حية أصم وصماء للتي لا تقبل الرقي. ولا

تجيب الرقي، والمراد: التي لا دواء لنهشتها.

«حُمَارْتَكِ الْعَرْجَهْ تِغْنِيكْ عَنْ سُؤَالِ اللَّئِيمْ» أي: حمارتك على ما فيها من الظلع تغنيك عن استعارتك دوابِّ الناس وسؤالك لئيمًا يَمُنُّ عليك أو يواجهك بردٍّ قبيح، ويُروَى: «حمارتي تغنيني عن سؤال اللئيم.» والأول أكثر، ويُروَى: «البخيل» بدل اللئيم. وانظر: «حمارتي العرجة ...» إلخ. و«حمارك الأعرج ...» إلخ.

«حُمَارْتِي الْعَرْجَهْ وَلَا فَرَسَكْ يَا ابْنِ الْعَم» أي: حمارتي العرجاء على ظلعها خير عندي من فرسك يا ابن العم، ومُغْنِيَة لي عنها وعن تحمل مِنَّتِك. وانظر «حمارك الأعرج ...» إلخ. و«حمارتك العرجة ...» إلخ.

«حُمَارْ سَالِكْ وَلَا حْمَارْ حَرُونْ» يُضرَب في تفضيل الخسيس الموافق المنتفع به على الكريم الذي يذهب نفعه لخصلة سيئة فيه، ومعناه ظاهر.

«حُمَارْ شُغْلْ» يُضرَب لمن لا يكلُّ من العمل ولا يملُّ، ويقوم بما يُكَلَّفُ به من الأعمال أَتَمَّ قِيَام، ويقصد به في الغالب من لا يحسن غير العمل، ولا يصلح للتفكير في تصريف الأمور. والعرب تقول في ذلك: «هو حمير حاجات.»

«الْحُمَارْ فِي رَاسُهْ صُوتْ مَا يِرْتَاحْ إِلَّا انْ زَعَقُهْ» الزعيق عندهم الصياح؛ أي: هذا الصوت، كأنه مَرَضٌ في رأس الحمار، لا يرتاح إلا إذا أخرجه. يُضرَب للمُتَشَبِّث بقول يقوله أو عمل يعمله، لا سبيل إلى إرجاعه عنه.

«حُمَارْ مَا هُو لَكْ عَافِيتُهْ حَدِيدْ» العافية: يريدون بها القوة؛ أي: إذا كان الحمار لغيرك ترى أن قوته كالحديد فتسخره ولا ترأف به، فهو في معنى: «أحق الخيل بالركض المعار.» ويُرْوَى في معناه: «المال اللِّي ما هو لك عضمه من حديد.» وسيأتي في الميم. وانظر أيضًا قولهم: «اللِّي ما هو لك يهون عليك.» وقولهم: «اِللِّي من مالك ما يهون عليك.»

«حُمَارْ مِلْكْ وَلَا كْحِيلَهْ شِرْكْ» الكُحِيلة (بضم الأول وإمالة الحاء): الفرس الأصيلة، ومعنى المثل ظاهرٌ. يُضرَب في تفضيل الرديء الخالص على الجيد المُشْتَرك فيه. وانظر قولهم: «قط خلص ولا جمل شرك.»

«الْحُمَارِ النِّجِسْ يِقَعْ فِي أَنْجَسِ التَّلَالِيسْ» ويُروَى: «المكَّار» بدل النجس؛ ويُروَى: «الخبيس» أي: الخبيث، وهو المراد؛ أي: يُجَازَى بسوء نيته، فيكون نصيبه أثقل الأحمال، ولا يغنيه مَكْرُه وتحايله، ويُروَى: «الحمار المكير يقع في أظرط التلاليس.» أي: في أضرطها، والمراد: أقبحها وأثقلها. يُضرَب للماكر الخبيث، يُجازى بسوء نيته وعمله.

«اِلْحُمَارِ الْهَادِي مَنْتُوفْ دِيلَهْ» ويُروَى: «الحصان»، وكلاهما الصَّوَاب فيه كسر الأول؛ أي: الحمار أو الفرس الهادئ الطباع، لا يدفع عن نفسه، بل يستكنُّ لمن يريد به الأذى، فتراه منتوف الذَّنَب؛ لأنه لا يرد من أراد ذلك. يُضرَب في أن اللين الطَّيِّب الأخلاق لا يُبْقِي الناسُ له شيئًا. وهم يُكَنُّون بنتف الذَّنَب عمن يتناهب الناس ماله ويتركونه بلا شيء. فيقولون: «فلان مسكين منتوف ديله.» أي: ذيله، بالمعجمة، يريدون: ذَنَبَه.

«حُمَارْ وَادِي دِيلُهْ» أي: حمار، وهذا ذنبه. يُضرَب في الأمر الواضح، الذي لا يحتاج للمجادلة في بيان حقيقته، يريدون: لِمَ تتوقفون في أنه حمار، وهذا ذنبه شاهد عليه؟! وانظر في معناه: «إبريق انكسر وادي بزبوزه.»

«حُمَارَكْ الْأَعْرَجْ وَلَا جَمَلِ ابْنِ عَمَّكْ» أي: حمارك على عرجه خير لك من جمل ابن عمك، وتحمُّلك منه مِنَّةَ إعارته لك. وانظر: «حمارتي العرجة...» و«حمارتك العرجة ...» إلخ.

«حَنَكْ مَا يِكْسَرْشْ حَنَكْ» الحنك (بالتحريك): يريدون به الفم؛ أي: لا يكسر فم فمًا، والمراد: ليس في المقاذعة بالكلام ما يُنْهِي النزاع، فلا بد من العمل.

«حَوَّاطِ اشْتَكَى رُوحُهْ» الحواط (بفتح الأول وتشديد الواو): يريدون به الجاني المرتكب للذنب، ومثله إذا شكا نفسه فقد جنى عليها. يُضرَب للساعي على حتفه بظلفه. وقد ضمنه بعضهم في زجل بقوله:

من غرَّ به جهلُهوجَد في الدُّجَى نوحه

كان خالي صبح مَشْبُوكحواط اشْتَكَى رُوحُه

والظاهر أنهم أرادوا بالحَوَّاط من يحوط الشيء الذي يحوزه؛ أي: يحفظه ويصونه، ويريدون به السارق، ثم توسعوا وأطلقوه على كل جان.

«اِلْحُولِيَّةْ عَلِّمِتْ أُمَّهَا الرِّعِيَّةْ» انظر: «البدرية علمت ...» إلخ. في الباء الموحدة.

«اِلْحَيَا فِي الرِّجَالْ يُورِثِ الْفَقْرْ» لأن الحياء قد يمنع الرجل عن حقه، أو عن الإقدام فيما يضر فيه الإحجام، فيضيع حقه ويسد بيده باب رزقه. ومن أمثال فصحاء المولَّدين: «حياء الرجل في غير موضعه ضعف.» ومن أمثال العرب: «الهيبة خيبة.» ومنها قولهم: «قُرِنَ الحرمان بالحياء، وَقُرِنَت الخيبة بالهيبة.» قال الميداني: «هذا كقولهم: الحياء يمنع الرزق، وكقولهم: الهيبة خيبة.»

«اِلْحِيطَهْ اِللِّي لَهَا سَنَّادْ مَا تِفْقِشْ» الحيطة (بالإمالة): الحائط. والفقش والتفقيش: أن يظهر بالحائط — إذا بدا به التهدم — نتوء في بعض أجزائه كالورم بالجسم، وقد شددوا آخر هذا الفعل؛ لأنهم ألحقوا به شين النفي، ثم أدغموا. يُضرَب في أن المستند على ما يدعمه لا يسقط.

«الِحيطهْ لَهَا وْدَانْ» الحيطة (بالإمالة) الحائط. والودان (بكسر الأول): الآذان. يُضرَب في الحث على كتمان السر، والمراد: قد يكون وراء الحائط من يسمع. ومن أمثال فصحاء المولَّدين: «إنَّ للحيطان آذانًا.» أورده الميداني في «مجمع الأمثال». وقال الثعالبي في «ثمار القلوب»: «ومن أمثالهم: للحيطان آذان؛ أي: خلفها من يسمع.» ثم أنشد لبعضهم:

سِرُّ الفَتَى من دَمِه إن فَشَا فأَوْلِه حِفْظًا وكِتْمَانَا

فاحْتَطْ عَلَى السِّرِّ بكتْمَانِهِ فَإِنَّ للحيطان آذَانَا

ولآخر:

وَبَارِدُ الطَّلْعَةِ حَاذَانَا واسْتَرَقَ السمعَ فآذَانَا

فقلتُ للجُلَّاس لا تَنْبِسُوا فإنَّ للحيطَانِ آذَانَا

«الِحيطَهْ الْوَطْيَهْ يُنُطُّوا عَلِيهَا الْكِلَابْ» الحيطة (بالإمالة): الحائط. والنَّطُّ: الوثب؛ أي: الحائط القصير تثب الكلاب وتعلو عليه. يُضرَب للضعيف المستهان به وتطاول الناس عليه حتى الأدنياء.

«حَي طَلَبْ مُوتْ حَي مَجْنُونْ يِسْتَاهِلِ الْكَي» أي: إذا توقع شخص موت آخر وظل مُنْتَظِرًا له ليشمت به أو ليصيب من ميراثه، فهو مجنون يستحق أن يعالج بالكي في دماغه؛ لأن الأعمار بيد الله، ولله در القائل:

لَعَمْرُكَ مَا أَدْرِي وَإِنِّي لَأَوْجَلُ عَلَى أَيِّنَا تَعْدُو الْمَنِيَّةُ أَوَّلُ

«الْحَي مَا لُهْ قَاتِلْ» أي: من لم يَحِنْ أجله لا يموت ولو قُصِدَ قتله. قال الجبرتي في ترجمة كجك محمد المتوفى سنة ١١٠٦ﻫ ما نصه: «واتفق أن أحمد البغدادلي أقام مدة يرصد المترجم يمر من عطفة النقيب ليضربه ويقتله إلى أن صادفه، فضربه بالبندقية من الشباك فلم تصبه وكسرت زاوية حجر، وأخبروه أنها من يد البغدادلي فأعرض عن ذلك، وقال: الرصاص مرصود والحي ما له قاتل.» ويدل هذا على أن المثل كان من أمثال ذلك العصر، وليس بمستحدث في عامية اليوم.

«حِيلِةِ الْمِقِلِّ دْمُوعُهْ» أي: هذا جهد المُقِلِّ، فإنه لا يملك في الشدائد غير دمعه. وأورده الأبشيهي في «المستطرف» في أمثال العامة برواية: «جهد» بدل «حيلة»، وانظر في الميم قولهم: «ما شلتك يا دمعتي إلا لشدتي.»

«الْحَيَّهْ تِخَلِّفْ حُوَيَّهْ» يُضرَب في مشابهة الولد لأحد أبويه في الشر، ومثله في الأقوال القديمة: «هل تلد الذئبة إلا ذئبًا؟!» ذكره ابن شمس الخلافة في كتاب «الآداب».

حرف الخاء (فصحى)

خَيرُ الأمورِ أوساطُها: يُضرب في التمسك بالاقتصاد.

خيرُ الأمور أحمدُها مَغَبَّة: أي عاقبة، هذا مثل قولهم: الأعمال بخواتيمها.

خِيارُكم خيرُكم لأهله: يروى هذا في حديث مرفوع.

خَيرُ مالِكَ ما نفعك: قال أبو عبيد: العامة تذهب بهذا المثل إلى أن خير المال ما أنفقه صاحبه في حياته ولم يخلفه بعده. وكان أبو عبيدة يتأوله في المال يضيع للرجل فيكسب به عقلًا يتأدب به في حفظ ماله فيما يستقبل، قالوا: لم يضع من مالك ما وعظك.

خذ الأمر بقوابله: أي خذه عند استقباله قبل أن يُدبِر؛ فإنه إذا أدبر أتعب طلابه قال القطامي:

وخير الأمر ما استقبلت منه وليس بأن تتبعه اتّبَاعَا

خَلا لكِ الجَوُّ فبيضِي واصفِري: أول من قال ذلك طرفة بن العبد الشاعر، وذلك أنه كان مع عمه في سفر وهو صبي، فنزلوا على ماء فذهب طرفة بفُخَيْخٍ له فنصبه للقنابر، وبقي عامة يومه فلم يَصِدْ شيئًا، ثم حمل فخه ورجع إلى عمه وتحملوا من ذلك المكان، فرأى القنابر يلقطن ما نثر لهن من الحَب فقال:

يا لك من قُبَّرَةٍ بمعمر خلا لك الجو فبيضي واصفري

ونَقِّري ما شئت أن تنقري قد رحل الصياد عنك فأبشري

ورفع الفخ فماذا تحذري لا بد من صيدك يومًا فاصبري

خرقاء وجدت صوفًا: ويقال: وجدت ثلة. وهي الصوف أيضًا، يُضرب مثلًا للذي يفسد ماله.

حرف الخاء (عامية)

«خَارِجْ مِنِ الْحَرِيقَهْ قَابْلُهْ الْغُرَابْ زَغْطُهْ» الزغط: البلع، والمراد بالمثل: عصفور نجا من النار فوقع في مخالب الغراب؛ أي: ما وَقَتْه نجاته من الحريق من الهلاك بسبب آخر. يُضرَب في نفاذ المقدور بأي سبب.

«خَاطِرِ الْأَعْمَى قُفِّهْ عُيُونْ» الخاطر: ما يخطر في الذهن، والمراد: ما يشتهيه الأعمى ويطلبه، ويُروَى: «إيش غرض الأعمى ...» إلخ. وقد تقدَّم الكلام عليه في الألف.

«خَالْتِي عَنْدُكُمْ؟ مَا جَاتْشِي» يُضرَب للكناية عن المدة القليلة؛ أي: لم يمكث إلا زمنًا يسيرًا بمقدار ما قال لنا: أخالتي عندكم؟ وقولنا له: لم تأت، ثم انصرف فما سلم حتى ودع. والعرب تقول في ذلك: «كلا ولا.» قال في اللسان: «والعرب إذا أرادوا تقليل مدة فعل أو ظهور شيء خفي قالوا: كان فعله كلا، وربما كرروا فقالوا: كلا ولا، ومن ذلك قول ذي الرمة:

أَصَابَ خَصَاصَةً فَبَدَا كَلِيلًا كلا انْغَلَّ سائرُه وانْغِلَالَا

وقال آخر:

يَكُونُ نُزُولُ الْقَوْمِ فِيهَا كَلَّا وَلَا

وقد شاع التعبير بذلك عند الفصحاء من المولَّدين، ومنه قول صاحب الأغاني في أخبار نصيب: «فأومأت بيدها إلى بعض الخدم فلم يكن إلا كلا ولا حتى جاءت جارية جميلة قد سترت بمطرف.»

«خَالِفْ تُعْرَفْ» يُضرَب للخامل يحاول الظهور بمخالفته الناس. والعرب تقول في ذلك: «خالف تذكر.»

«خَالِي خَالِ الْعِدَا خَالِي كَلِ الشحَامْ وِاللِّحَامْ وِانْدَارْ عَلَى حَالِي» أي: أقول خالي، وهو خال الأعداء؛ لأنه عاملني معاملة أعدائه فأكل شحومي ولحومي، ثم عطف على ما بقي لي بعد ذلك فحازه لنفسه. يُضرَب للقريب يغتال مال قريبه.

«خَايِبْ أَمَلْ وِغَشِيمْ عَمَلْ» الغشيم: الجاهل بالعمل؛ أي: هو ذو أمل خائب لا حَظَّ له يوصله لمَا يريد، وجاهل بالأعمال لا يتقن منها شيئًا يقوم بأَوَدِه، وحَسْبُ المرء من التعس أن يجتمع هذان عليه.

«الْخَبَّازْ شَرِيكِ الْمِحْتِسِبْ» لأنه يرشوه فيتغافل عنه، وليس هذا خاصًا بالخبَّاز، ولعلهم خصوه بالذِّكر لأن الخبز يهتم له كل الناس. وأحسن منه قولهم: «القبَّاني شريك المحتسب»؛ لأن القباني يشارك المحتسب في كل ما يوزن. وسيأتي في القاف.

«خَبَّازْ وِمِحْتِسِبْ» يُضرَب للبائع الغاشّ الذي يقدر الوزن والثمن بالتحكم ولا يجد من يردعه.

«خُبِّيزَهْ وِلَهَا مِيزَهْ وِلَهَا عُرُوقْ مِدَلِّيَّهْ» الخبيزة (بضم الأول وإمالة الياء) صوابها الخبازى، وهي نوع من الخضر معروفة ورقاته، لها ساق دقيقة كأنها ذنب مُدَلّى. يُضرَب لمن يدعي التميز على الناس بشيء تافه لا قيمة له. والمعنى: يظهر التميز على الناس بالتافه كتميز الخبازى على أنواع الخضر بتلك العروق المدلاة منها، وإنما تفضل بعض أنواع الخضر على بعض بطيب الطعم والمراءة، وتفضل الناس بالفضائل لا بطول الأكمام والذيول.

«الْخَبَرِ الْمَشُومْ يِوْصَلْ بِالْعَجَلْ» المشوم: المشئوم، وكونه يصل عاجلًا؛ لأن الأسماع تنفر منه وتكره سماعه فيتوهم أنه وصل بسرعة.

«خَبْطِتِينْ فِي الرَّاسْ تِوْجَعْ» انظر: «ضربتين في الرأس توجع.»

«خُدِ الْأَصِيلَهْ وِلَوْ كَانِتْ عَ الْحَصِيرَهْ» خد هنا بمعنى: تزوج؛ أي: تزوج الطَّيِّبَةَ الأَصْلِ ولو كانت فقيرة ليس لها ما تجلس عليه غير الحصير، والعين مخفف على.

«خُدْ بَلَاشْ، قَالْ: مَا يِسَعْشِ التِّلِّيسْ» بلاش: بلا شيء؛ أي: مجانًا. والتِّلِّيس (بفتح أوله وكسر اللام المشددة): الغرارة؛ أي: قيل له: خذ ما تشاء بلا ثمن وأكثر، فقال: حبذا الحباء لولا أن التليسة امتلأت ولم تعد تسع شيئًا. يُضرَب في الحباء يزيد عن الحاجة ويضيق عنه الموضع.

«خَدْتَكْ عَلَى كُبْرْ شَالَكْ بَاحْسِبَكْ تُنْبَهْ إِجْرَنَّكْ زَيِّ الْكِلَابْ دَايِرْ مِنْ كُل دَارْ سَنْدَهْ» خدتك: أخذتُك؛ أي: تزوجتُ بك، والشال: المطرف. والتُّنْبَة (بضم فسكون ففتح): الرجل العظيم المالئ للعيون. وإجرنَّ (بكسر فسكون ففتح وتشديد الآخر): كلمة منحوتة من «أجل أن»، وأبدلوا اللام فيها راءً. وزي بمعنى: مثل. والسندة: ما يُسْتَنَد إليه، والمراد بها هنا: ما يقوم بالأَوَد من الطعام، وهو على لسان امرأة اغترت برجل فتزوجته؛ أي: توهمتُ أنك من الأثرياء لكبر مطرفك وجمال هيئتك فوجدتك كالكلب تستند في طعامك على ما تتلقفه من الدور. يُضرَب للصعلوك يتجمل بالملبس فيغتر به الناس.

«خَدْتَكْ عِوَازْ خَدْتَكْ لِوَازْ خَدْتَكْ أَكِيدِ الْعَوَاذِلْ كِدْتَ أَنَا رُوحِي» أي: اتخذتك عونًا على الأعداء أعوذ به وألوذ فكنت عونًا لهم عليَّ، وأردت أن أكيد بك العُذَّال فكدت بك نفسي، وفي معناه قول ابن الرومي:

تَخِذْتُكُم دِرْعًا وَتُرْسًا لِتَدْفَعُوا نبالَ الْعِدَا عَنِّي فَكُنْتُم نِصَالَهَا

وقول الآخر:

وإخوانٌ تَخِذْتُهُمُ دُرُوعًا فَكَانُوهَا ولكن للأعادي

وخلتُهمُ سِهَامًا صائباتٍ فكانوها ولكن في فؤادي

«خَد مِتْعَوِّدْ عَ اللَّطْمْ» يُضرَب للدنيء المتعود على الإهانة وتَحَمُّل الأذى.

«خُدِ الرِّفِيقْ قَبْلِ الطَّرِيقْ» مثل مشهور ظاهر المعنى، وبعضهم يزيد فيه: «والجار قبل الدار.» وهو من قول العرب في أمثالها: «الرفيق قبل الطريق.» أي: حصل الرفيق أولًا وأخبره فربما لم يكن موافقًا، ولا تتمكن من الاستبداد به. أما الزيادة التي يزيدها بعضهم فيه فهي من مثل آخر عربي نص عبارته: «الجار ثم الدار.» قال الميداني: هذا كقولهم: الرفيق قبل الطريق، وكلاهما يُرْوَى عن النبي ﷺ. قال أبو عبيد: كان بعض فقهاء أهل الشام يحدث بهذا الحديث ويقول: معناه: إذا أردت شراء دار فسل عن جوارها قبل شرائها. وقد تقدَّم في الألف: «اشتري الجار قبل الدار.»

«خُدِ الْكِتَابْ مِنْ عِنْوَانُهْ» أي: خذ ما في الكتاب واستدلَّ عليه بما في عنوانه. وانظر: «الجواب ينقري ...» إلخ.

«خُدْ لَكْ مِنْ كُل بَلَدْ صَاحِبْ وَلَا تَاخُدْ مِنْ كُلِّ إِقْلِيمْ عَدُو» معناه ظاهر، ولله دَرُّ من قال:

وَلَيْسَ كَثِيرًا أَلْفُ خِلٍّ وَصَاحِبٍ وَإِنَّ عَدُوًّا واحِدًا لَكَثِيرُ

ومن الحكم المرويَّة في هذا المعنى: «لا تَسْتَقِلَّنَّ عدوًّا واحدًا ولا تَسْتَكْثِرَنَّ ألف صديق.»

«خُدِ الْمِلِيحْ وِاسْتَرِيحْ» الأكثر في المليح (كسر أوله) عندهم، ومعنى المثل: إذا اقتنيت شيئًا فاقتن المليح الخالي من العيوب، وأرح نفسك من الرديء وعيوبه. وانظر قولهم: «إن لقاك المليح تمنه.»

«خُدْ مِنِ التَّل يِخْتَل» يُضرَب في أن الإسراف لا يُبْقِي على شيء ولو كان في الكثرة كالتراب في التَّلِّ. وانظر قولهم: «جبال الكحل ...» إلخ.

«خُدْ مِنِ الْحَافِي نَعْلُهْ» وهو لا نعل له. يُضرَب لمن لا يملك شيئًا يؤخذ منه.

«خُدْ مِنِ الْحُمَارْ الْمُوَلِّي قِيدُهْ» لأن الانتفاع بالقيد بعد ذهاب الحمار خير من فقده معه.

«خُدْ مِنْ دِيلِ الشَّب وِارْخِي عَ الْفَرْقِلَّهْ» الديل (بالإمالة): الذيل؛ أي: الذَّنَب. والشب: الفتى من البقر والجاموس. والفَرْقِلَّة (بفتح فسكون فكسر مع تشديد اللام): سَوْطٌ من شعر أو قطن أو نحوهما يُجْدَل وله نصاب من خشب يمسك باليد، يعمل غالبًا في الريف لِسَوْق الدواب في الحرث وغيره. والمراد: اصنع فرقلتك من ذَنَب ثورك تستغنِ به عن سواه في عمل ما هو من شئونه. وهو في معنى قولهم: «من دقنه فتلوا له حبل.» وسيأتي في الميم.

«خُدْ مِنِ الزَّرَايِبْ وَلَا تَاخُدْ مِنِ الْقَرَايِبْ» أي: تزوج فقيرة من سكان الأكواخ المشابهة لحظائر البهائم، ولا تتزوج من أقاربك. وفي معناه قولهم: «إن كان لك قريب لا تشاركه ولا تناسبه.» وقولهم:

«بارك الله في المرة الغريبة والزرعة القريبة.» وقولهم: «الدخان القريب يعمي.» وهي عكس قولهم: «آخد ابن عمي واتغطى بكمي.» وقولهم: «نار القريب ولا جنة الغريب.»

«خُدْ مِنْ عَبْدَ اللهْ واتِّكِلْ عَلَى اللهْ» أي: خُذْ منه الدواء بالقبول الحسن متوكلًا على الله، فلعل فيه الشفاء. يُضرَب في أن تلقي العلاج بالقبول والاعتقاد يُقوِّي نفس المريض، ويعين المداوي على الدواء.

«خُدْ مِنِ النِّجِسْ ضَرْبِةْ حَجَرْ» النجس: يريدون به الشرير، ويُرْوَى بدله: «السَّو»؛ أي: السوء، والمراد واحد؛ أي: الشرير لا يصيبك منه إلا الشر، فلا تطمع منه في غيره.

«خُدْ نِدَّكْ عَلَى قَدَّكْ» انظر: «يا واخد ندك على قدك ...» إلخ.

«خُدْهَا فِي كُمَّكْ لَتْغُمَّكْ» أي: خذ البلغة، وهي نعل صفراء غليظة تصنع بالمغرب، والمراد: ضعها في كمك عند دخولك المسجد أو غيره، ولا تتركها بالباب فتسرق. يُضرَب في الحث على الاحتياط وعدم التفريط.

«خَدُوا جُوزِ الْخَرْسَهْ اتْكَلِّمِتْ» يُضرَب في شدة غيرة النساء على أزواجهن؛ أي: تكلمت الخرساء لمَّا أخذوا منها زوجها، وهو مبالغة.

«خُدُوا فَالْكُمْ مِنْ صُغَارْكُمْ» أي: لا تستهينوا بما تقول صغاركم، فربما أنطقهم الله بالصَّواب.

«خُدُوهَا لُهْ مَا لْهَا الَّا لُهْ» أي: خذوها زوجة له، ويُروَى: «جوزها له»، وتقدم ذكره في الجيم، وتكلمنا عليه هناك.

«خُدُوا مِنْ فَقْرُهُمْ وِحُطُّوا عَلَى غْنَاكُمْ» يُضرَب للغني يستنزف ما عند الفقير ليزيد به غناه، وفي معناه قولهم: «الفقير صيفة الغني.» وسيأتي الكلام عليه في حرف الفاء.

«خُدِي بَخْتِكْ مِنْ حُضْنُ اخْتِكْ» انظر: «إن لقيتي بختك ...» إلخ.

«خُدِي لِكْ رَاجِلْ، لِكِ بِاللِّيلْ غَفِيرْ وِبِالنَّهَارْ أَجِيرْ» أي: تزوجي، يكن زوجك خفيرًا بالليل، وأجيرًا بالنهار يسعى لمنفعتك. يُضرَب لحث النساء على التزوج.

«خَرَابْ يَا دُنْيَا عَمَارْ يَا مُخْ» العَمَار (بفتح الأول): يريدون به هنا البقاء، وإنما أَتَوْا به ليقابل الخراب؛ أي: ما دام رأسي عامرًا صحيحًا، فلا أُبَالِي بخراب الدنيا. وقريب منه قولهم: «بعد راسي ما طلعت شمس.» وقد تقدم ذكره والكلام عليه.

«الْخَرْسَهْ تِعْرَفْ بِلُغَى ابْنَهَا» أي: البكماء تفهم كلام ابنها؛ لأنها تعودت إشاراته وعرفت المقصود منها؛ وذلك لأن البكم يصاحبه الصَّمم غالبًا، أو لعل المقصود: تَفْهَمُ كلام ابنها الأبكم مثلها. وأوضح

منه قولهم: «أم الأخرس تعرف بلغى ابنها.» وتقدم ذكره في الألف. يُضرَب للذي تَعَوَّدَ فهم كلام من لا يفهم منه الناس لعجزه أو قصوره في التعبير.

«خَرطَهْ الْخَرَّاطْ وِادَّقْلِجْ مَاتْ» الدقلجة محرفة عن الدملجة، ومعناها: الدحرجة، وفاعل ادقلج ومات يعود على الخراط؛ أي: مات الخراط وتدحرج إلى قبره عقب خرطه له، فلا سبيل إلى عمل مثله. والمراد التهكم بالمُعْجَبِ بنفسه المدلّ بحسنه المُتَوَهِّم أن من أبدعه مات فتفرد هو بشكله بين الناس.

«خَرُّوبِةْ دَم وَلَا قِنْطَارْ صَحَابَهْ» الخروبة: وزن معروف. والدم هنا: القَرَابَة، والمراد: تفضيلها اللحمة وإن بعدت على الصحبة وإن عظم قدرُها؛ أي: للقرابة مَعَزَّة في النفوس ليست للصحبة.

«خَزَانَهْ مِنْ غِيرْ بَابْ، وِيْقُولُوا: يَا الله اكْفِينَا شَرّ الْحُسَّادْ» الخزانة (بفتح أولها) عند الريفيين: الحجرة الصغيرة في الدار؛ أي: هؤلاء لا يملكون غير حجرة بغير باب، وهم مع ذلك يتعوَّذون من شر الحاسدين تباهيًا. يُضرَب لمن يتباهى بالشيء الحقير ولا يستحي.

«إلْخُسَارَهْ اللِّي تْعَلِّمْ مَكْسَبْ» أي: الخسارة التي تنبه المرء وترشده إلى اجتناب أسبابها تُعَدُّ مكسبًا، وفي معناه من الأمثال العربية: «لم يَضِعْ من مالك ما وَعَظَكْ.» ومثله: «ما نَقَصَ من مالك ما زَادَ في عَقْلِك.»

«إلْخُسَارَةْ تْعَلِّمْ الشَّطَارَهْ» أي: تَوَالِي الخَسَارَةِ على الشخص فيما يزاوله من تجارة وغيرها يُعَلِّمُه الحذق والبراعة، وينبهه إلى أسبابها فَيَتَّقِيهَا.

«إلْخُسَارَهْ المِسْتَعْجِلَهْ وَلَا الْمَكْسَبِ الْبطِي» المراد ذم الربح البطيء لما يُعَانَى فيه من الانتظار وتعطيل المال حتى فُضِّلَتْ عليه الخسارة العاجلة مبالغة في ذَمِّه، وهو مثل قديم أورده جعفر بن شمس الخلافة في كتاب «الآداب» برواية: «خسارة عاجلة خير من ربح بطيء.» وأورده الميداني في «مجمع الأمثال» في أمثال المولَّدين برواية: «وضيعة عاجلة خير من ربح بطيء.» ومعنى الوضيعة: الخسارة.

«إلْخَشَبِ اللِّيِّنْ مَا يِنْكِسِرْشْ» أي: لا يكسر إذا غمز. والمراد: من حَسُنَتْ أخلاقه ولانت، وقد يقتصرون في روايته على: «اللين ما ينكسرش.»

«خَطَبُوهَا اتْعَزِّزِتْ فَاتُوهَا اتْنَدِّمِتْ» أي: خطبوها فأبت تعزُّزًا واستكبارًا، فلما تركوها ندمت حيث لا ينفع الندم. يُضرَب لمن يُظْهِرُ الإباء إذا طُلِبَ لأمر يرغبه، ثم إذا تركوه ندم.

«خُطُوطْ علَى شَرْمُوطْ» يريدون على شرموطة، وهي عندهم الخرقة تُقَدُّ من الثوب، ولا سيما إذا كانت قديمة قريبة من البلى، وإنما قالوا: شرموط؛ مراعاة للسجع. والخطوط (بضمتين) ولا مفرد له عندهم، أو هو مفرد في صورة الجمع، يريدون به تخطيط الحاجبين بالسواد، ويطلقونه أيضًا على

المادة السوداء التي تتخذ لذلك. ومعنى المثل: خطوط ولكنه على وجه قبيح مجعد كالخَرِقَة البالية. يُضرَب لمن لا يفيده التَّزَيُّن.

«خِفِّ احْمَالْهَا تْطُول اعْمَارْهَا» أي: خفف أحمال دوابك تتوفَّر قواها وتطول أعمارها فيطول انتفاعك بها. وانظر «خف على بهيمك ...» إلخ.

«خِف عَلَى بْهِيمَكْ يِطُولْ عُمْرُهْ» أي: خفف عن دابتك العمل يَطُلْ نفعك بها. وانظر «خف احمالها ...» إلخ.

«خَفِّفْ تِشِيلْ» أي: اجْعَلْ حملك خفيفًا تستطع حمله، وهو في معنى قولهم: «خفها تعوم.» أي: السفينة.

«خِفَّهَا تْعُومْ» أي: خَفِّف من أحمال السفينة تَعُمْ. يُضرَب في عدم التثقيل والتكليف بالكثير حتى تجري الأمور مجراها، وانظر: «خفف تشيل.»

«خُف وِبَابُوجْ فِي رِجْلِينْ عُوجْ» الخُفُّ معروف. والبابوج: النعل، وأصله من كلمة فارسية معناها غطاء الرِّجْل؛ أي: خف ونعل شأن المتجملين، ولكنهما في رجلين عوجاوين. يُضرَب في أن التجمُّل لا يُفِيد مع العيوب. ولمثله قولهم: «خواتم ترصف في إيدين تقرف.» وسيأتي.

«خَفِيفَهْ يَا رِيشْتَهْ» أي: أنت خفيفة يا رشته، وهي رقاق خفيف يُغْمَس في المرق، والمقصود بالمثل التهكم بالثقلاء ووصفهم بخفة الروح استهزاءً بهم.

«خَلَّصْ تَارَكْ مِنْ جَارَكْ» أي: خذ ثأرك من جارك، ومعناه الإخبار وإن يكن بلفظ الأمر؛ لأن المراد: أخذت ثأرك من جارك لقربه منك، وهو لم يَجْنِ عليك حين عجزتَ عن الجاني لبعده أو عدم قدرتك عليه. يُضرَب فيمن يُعَاقِبُ غيرَ الجاني.

«خُلِصِ السَّلَامْ بَقَى التَّفْتِيشْ فِي الْأَكْمَامْ» أي: بعد الفراغ من السلام شرعوا يفتشون في أكمام القادمين رجاء أن يصيبوا فيها شيئًا. يُضرَب للأمر تنتهي مقدماته ويُشْرَع في التوصيل إلى نتائجه، ويُروَى: «فرغ السلام»، وذكر في الفاء.

«خَلَقْ نَاسْ وِتَحَفْهُمْ وِكَبِّبْ نَاسْ وِحَدَفْهُمْ» أي: لكل أناس حَظٌّ قُدِّرَ من الأزل، وخُلِقُوا له؛ فبعضهم أبدع تكوينه وخُصَّ بالسعادة، وبعضهم قُدِّرَ له العكس، فكأنهم كُوِّرُوا كراتٍ ثم رُمِيَ بها إهمالًا لشأنهم، ومعنى التكبيب عندهم: جعلهم كببًا — جمع كُبَّة — وهي الشيء المستدير كالكرة، والحدف: الحذف؛ أي: الرمي.

«خَلِّي حَبِيبِي عَلَى هَوَاهْ لَمَّا يِجِي دِيلُهْ عَلَى قَفَاهْ» أي: اتركه على ما يهوى حتى يلجئه الحال إلى أن ينقاد ويأتي بنفسه، وكنوا بـ «ديله على قفاه» عن الذلة والانقياد. ويُروَى: «خليه على هواه.» والمراد:

الحبيب، والأكثر الأول. ويُروَى: «سيبه على هواه.» وهو في معنى: «خليه».

«خَلِّي شَرْبَهْ لْبُكْرَهْ» أي: اترك شربة من مائك لغد. يُضرَب في الحث على الاقتصاد وحسن التدبير، وقريب منه. «دبر غداك تلقى عشاك.»

«خَلِّي الْعَسَلْ فِي جْرَارُهْ لَمَّا تِجِي أَسْعَارُهْ» أي: دع العسل في جِراره ولا تعرضه للبيع حتى يرتفع سعره وتُدْفَع فيه قيمته، ويُروَى: «خلي العسل في أمتاره لمَّا تجي له أسعاره، ويتمنه القباني، ويعرف مقداره.» ويُروَى: «لما يجي سَعَّاره»؛ أي: من يسعره. ومرادهم بالأمتار: الجِرار. يُضرَب غالبًا عند الخطبة والامتناع من التزويج لعدم كفاءة الطالب أو تقصيره في قيمة المهر، وقد يُرَاد به كساد السلعة عند التاجر.

«خَلِّي مَا بِينَكْ وِبِينِ الْجَرَبْ غِيطْ وَلَا تْخَلِّي مَا بِينَكْ وِبِينِ الْبَلَا حِيطْ» الغيط (بالإمالة): المزرعة. والحيط بوزنه: الحائط. والبلا (بفتح أوله): بثور خبيثة تخرج في البدن؛ أي: تَبَاعَدْ عن الأجرب، وخالط بعد ذلك من تشاء من المرضى، وهو مبالغة في التنفير من الجرب.

«خَلِّي الْمِيَّهْ مِيَّهْ وِارْدَب» أي: اجعل المائة مائة وإردبًا، والمراد: لا تضرك زيادة الطفيف، إذا أعطيت الكثير فلا تمسك يدك وأتمم جميلك.

«خَلِّيكْ فِي عِشَّكْ لَمَّا يِجِي حَد يِهِشَّكْ» الصَّواب في العِشّ (ضم أوله، والعامة تكسره). والمراد به هنا: الدار أو مكان العمل. ولَمَّا بمعنى: حتى. وحَد: أحد، والهش: زجر الطائر وطرده. والمراد: إذا توقعت إخراجك من دارك أو من عملك فاصبر ولا تحاول بنفسك فتجني عليها بيديك؛ أي: لا تفعله إلا اضطرارًا حينما تجبر عليه، فإن الأحوال تتغير وما في الغيب مجهول، وانظر: «خليه في عشه ...» إلخ. و«اقعد في عشك ...» إلخ.

«خَلِّيهْ عَلَى هَوَاهْ لَمَّا يِجِي دِيلُهْ عَلَى قَفَاهْ» انظر: «خلي حبيبي ...» إلخ.

«خَلِّيهْ فِي عِشُّهْ لَمَّا يِجِي الدَّبُّورْ يِنِشُّهْ» الدبور (بفتح الأول وضم الموحدة المشددة): الزنبور. والنش: الطرد. لمَّا هنا بمعنى: حتى؛ أي: دع جماعة النحل في كورها حتى يطردها منه الزنبور، والمراد: دَعِ الأمور على حالها حتى يغيرها الاضطرار. وانظر: «خَلِّيك في عشك ...» إلخ، و«اقعد في عشك ...» إلخ.

«خَلِّيهْ فِي قَنَانِيهْ لَمَّا يِجِي الْخَايِبْ يِشْتِرِيهْ» أي: دع سلعتك البائرة في وعائها حتى يُسَخَّر لها مغفل يشتريها، والمراد: لا تتلفها إذا بارت فإن لها من يرضى بها. وانظر قولهم: «الحاجة في السوق تقول: نيني نيني لمَّا يجي اِللِّي يشتريني.» ففيه رواية: «لما يجي العبيط يشتريني.» وهي في معنى ما هنا.

«**خَلِّيهَا فِي قَشْهَا تِجِي بَرَكَةِ الله**» خليها؛ أي: اتركها ودعها، والقش: التبن، يريدون: اترك غلتك ولا تبالغ في تنظيفها مما بها فلعل البركة في ذلك. يُضرَب لمن يبالغ في الشيء رجاء إتقانه ويغلو في ذلك.

«**خَمْسَهْ وأَنَا سِيدَكْ**» الخمسة: قطعة من الفلوس النحاس بطل التعامل بها. والسيد (بالكسر): السَّيِّد، ويُروَى: «حسنة» بدل خمسة، وقد تقدَّم ذكره في الحاء المهملة وتكلمنا عليه هناك.

«**خِنَاقِ الْحَمَّارَهْ بِسَعْدِ الرُّكَّابْ**» الخناق: المشاجرة، من قولهم: أخذ بخناقه. والحمارة: المكارية الذين يكرون حميرهم، وهم إذا اختلفوا وتشاجروا تباروا في تنقيص الكراء وذلك من حظ الركاب. ويُروَى: «إن تعاندوا الحمارة ...» إلخ. وسبق ذكره في الألف، والأكثر في رواية المثل ما هنا.

«**الْخِنَاقَهْ عَ اللِّحَافْ**» اللحاف: يريدون به مضربة يُتَدَثَّرُ بها عند النوم. والخناقة (بكسر الأول): المشاجرة، من قولهم: أخذ بخناقه. يُضرَب للأمر يفعل ليتوصل به إلى آخر مقصود. ويروون في أصل هذا المثل نادرةً لجُحَا، وهي أنه كان نائمًا في ليلة باردة فسمع لغطًا وجلبةً في الطريق فخرج من داره متدثرًا باللحاف، فإذا هم جماعة يتشاجرون، فلما توسطهم ليفصل بينهم سرق أحدهم لحافة وفروا جميعًا؛ لأنهم كانوا لصوصًا. ثم عاد فسألته زوجته عما رأى فقال: إن المشاجرة كانت على اللحاف؛ أي: إنهم لمَّا أخذوه سكتوا وتفرقوا.

«**خُنْفِسَهْ شَافِتْ بِنْتَهَا عَ الْحِيطْ، قَالِتْ: دِي لُولِيَّهْ فِي خِيطْ**» شافت: رأت. والحيط أو الحيطة (بالإمالة): الحائط. واللُّولِيَّة: اللؤلؤة، وهي (بضم فسكون فكسر وتشديد المثناة التحتية). وفي جهات دمياط يقولون فيها: لولية (بسكون اللام الثانية وتخفيف الياء)، وهو في معنى المثل العربي: «زُيِّن في عَيْنِ والدٍ ولدُه.» وانظر قولهم: «الخنفسة عندُ امَّها عروسة.» الآتي بعده.

«**الْخُنْفِسَهْ عَنْدُ امَّهَا عَرُوسَهْ**» أي: الخنفساء في عين أمها كالعروس. يُضرَب في بيان منزلة الأبناء عند الآباء، وهو مثل قديم في العامية أورده البدري في سحر العيون برواية: «الخنفساء في عين أمها مليحة.» وفي معناه عند العامة قولهم: «خنفسة شافت بنتها ...» إلخ. وقولهم: «القرد في عين أمه غزال.» ومن أمثال العرب في هذا المعنى: «القَرَنْبَى في عين أمها حسنة.» كذا في مجمع الأمثال للميداني وسفر السعادة لعلم الدين السخاوي، وأورده صاحب العقد الفريد برواية: «حسناء»، والقَرَنْبَى: دويبة طويلة الرجلين أكبر من الخنفساء بيسير. وتقول العرب أيضًا في أمثالها: «زُيِّن في عين والدٍ ولدُه.» كذا في نهاية الأرب للنويري، والذي في مجمع الأمثال للميداني «ولد» بدون هاء، وأنشد:

زَيَّنَهُ الله في الفؤادِ كَمَا زُيِّنَ في عينِ والدٍ وَلَدُ

«**خَواتِمْ تَرصُفّ فِي إيدِينْ تِقْرِفّ**» ترصُف عندهم: تلمع، والقَرَف: التّقَزّز؛ أي: خواتم تلمع بالجوهر في يدين قبيحتين تتقزز النفوس منهما. المراد: أن التجمّل لا يفيد مع فقد الجَمَال، كقولهم: «خف وبابوج في رجلين عوج.» وقد يريدون: في يدين قذرتين، فيكون القصد ذم الغني الجلف الجاهل بطرق النظافة والتجمل.

«**الْخَوَاجَهْ قَالْ لِابْنُهْ: كُلّ زِبُونْ وِادِّيهْ شِكْلُهْ**» الخواجه هنا: التاجر. والزُّبون (بضم أوله): ما تعود الشراء من تاجر معلوم، والمراد هنا مطلق المشترين. وِادِّيه: أعطه؛ أي: قال التاجر؛ أي اعرض على كل مشترٍ ما يناسبه من السلع، فليس من الحزم أن تعرض الرخيص على الغني والغالي على الفقير، فينفر كلاهما وتبور التجارة.

«**الْخَوَاجَهْ مَا يِنْتِقِلْشِ لِلزُّبُونْ**» أي: لا ينتقل التاجر إلى دار المشتري، وإنما يذهب المُشْتَرِي إلى حانوته فيأخذ منه ما يريد. يُضرَب في وضع الشيء في محله ومراعاة ما جرت به العادة.

«**الْخُوفْ يِرَبِّي الْجُوفْ**» يريدون ما في الجوف، وهو القلب؛ أي: الخوف يربي المرء ويمنعه من ارتكاب ما يُعاقَب عليه.

«**الْخَيَّالِ الزِّفْتْ يِرْمَحْ فِي وِسْطِ النَّخْلْ**» الزِّفْت (بكسر فسكون): القار الذي يُطْلَى به، والمراد به هنا الوصف بالجهل، وهم يصفون به كل مذموم. ويرمح؛ أي: يسوق فرسه، والذي يفعل ذلك وسط النخل ليس بالفارس الخبير بمواضع سوق الخيل. يُضرَب فيمن يضع الشيء في غير موضعه لجهله.

«**الْخِيبَهْ عِزّ تَانِي**» الْخِيبة (بالإمالة): الخَرَق؛ أي: عدم صلاحية الشخص للعمل، وقد يصفون بهذا المصدر فيقولون للأخرق الذي لا يحسن عملًا: فلان خيبة، وفلانة خيبة، والمراد: من يكون كذلك لا يُكَلَّف بعمل فيصير في عزّ ومنعة بسبب خرقه، وهو من التَّهَكُّم.

«**خِيرِ تِعْمِلْ شَرّ تِلْقَى**» يُضرَب في مقابلة الخير بالشر، وانظر قولهم: «خير ما عملنا والشر جانا منين؟» وقولهم: «أصل الشر فعل الخير.»

«**خِيرِ الرِّجَّالَهْ يِبَانْ عَ الشَّبَّهْ**» الشبة: الشابَّة، والمراد: بر الرجل يظهر على أهله؛ أي: زوجته، والرجالة (بكسر الأول وتشديد الثاني): جمع راجل عندهم، وهو الرجل.

«**خِيرِ الشَّبَابْ وَرَا الْبَابْ**» أي: سيظهر في وقته فلا تظنّ به الظنون الآن.

«**خِيرِ الشَّبَّهْ يِبَانْ عَ الضَّبَّهْ**» انظر: «الخير يبان ع الضبه.»

«**الْخِيرْ عَلَى قْدُومِ الْوَارْدِينْ**» جملة جرت مجرى الأمثال. تقال عند نوال خير عند قدوم قوم.

«خِيرَكْ عَلَى مَايْدِةْ غِيرَكْ مَا هُو لَكْ» أي: إذا كان الإنفاق منك، والانتفاع لغيرك، فالمال ماله؛ وإنما لك من مالك، ما انتفعت به.

«خِيرَكْ كَانْ يِغَطِّي عِيبَكْ» قيل هذا لأعور أحسن فستر إحسانه عيوبه، ثم كف فظهرت. يُضرَب في أن الإحسان يستر العيوب والإساءة تكشفها.

«خِيرْ مَا عَمَلْنَا وِالشَّرّ جَانَا مْنِينْ؟» أي: نحن لم نصنع خيرًا ولم نُسْدِ معروفًا فمن أين جاءنا الشر؟ وهو مبنيٌّ على مَثَلٍ آخر تقدم ذكره، وهو قولهم: «أصل الشر فعل الخير.» وقالوا أيضًا: «خير تعمل شر تلقى.»

«الْخِيرْ يِبَانْ عَ الضَّبَّهْ» الضبة (بفتح الأول وتشديد الموحدة): يريدون بها قفلًا من الخشب معروفًا، مفتاحه من الخشب أيضًا، ومعنى المثل قريب من قولهم: «الجواب ينقري من عنوانه.» ويُروَى: «خير الشبة يبان على الضبة.» والشَّبَّة: الشَّابَّة، ومعناه على هذه الرواية أن المرأة المدبرة في الريف تعتني باللبن وخزن السمن، فتتلوث الضبة من يدها، ويُسْتَدَل من ذلك على ما في الدار من الخير، وقد نظمه الشيخ محمد النجار المتوفَّى سنة ١٣٢٩هـ في زجل يقول في مطلعه:

أشكي لمين غدر الأيامْ وأروح لمين صاحب نخوةْ

وان قلت يومْ خَطْوَةْ لقدامْ أرجع ورا ألفين خطوةْ

ومنه:

ومن التعب قال لي عقلي قوم فضها ونانه حبةْ

لو كان ندا كانت ندت والخِيرْ يبان فوق الضبةْ

ويعمل إيه في دا النجارْ وقعة وكانت للركبةْ

أعمل ألوف نقض وإبرامْ وكل ساعة ارفع دعوةْ

«الْخِيرْ يِخَيَّرْ وِالشَّرّ يْغَيَّرْ» المراد بقولهم «يخير»: يسبِّب الغبطة والمسرَّة فيظهر أثره الحسن على الشخص، بخلاف الشر وسوء المعاملة، فإنه يمرر العيش فيؤثر التأثير السيئ، ويهزل البدن، ويُغَيِّر الهيئة. يُضرَب لمن يكون في نعيم أو شقاء فيظهر أثره عليه.

حرف الدال (فصحى)

دُونَه خَرْطُ القَتَاد: الخرط: قشرك الورق عن الشجرة اجتذابًا بكفك، والقتاد شجر له شوك أمثال الإبر، يُضرب للأمر دونه مانع.

الدَّالُّ على الخير كفاعله: هذا يُروى في حديث عن النبي ﷺ، وقال المفضل: أول من قاله اللجيج بن شنيف اليربوعي في قصة طويلة ذكرها في كتابه الفاخر.

دَع امرأً وما اختار: يُضرب لمن لا يقبل وعظك، والواو في قولهم: وما اختار بمعنى: مع؛ أي اتركه مع اختياره وكِلْه إليه.

دَرْدَبَ لَما عَضَّه الثِّقاف: دردب: أي خضع وذل، والثقاف: خشبة تسوَّى بها الرماح، يُضرب لمن يمتنع مما يراد منه ثم يذل وينقاد.

دُونَه النَّجْم: يجوز أن يراد به الجنس ويجوز أن يراد به الثريا، وقد يقال: دونه العبوق.

حرف الدال (فصحى)

«دَا حِلْمْ وَالَّا عِلْمْ؟» أي: نحن في منام أم يقظة؟ يُضرَب للأمر يقع وكان لا يُنْتَظَرُ وقوعه، أو الشخص يحضر وكان لا يُطْمَعُ في لقائه، فيقال ذلك استغرابًا.

«دَا وَجْهَكْ وَالَّا ضَيِّ الْقَمَرْ» أي: هذا وجهك أم ضوء القمر؟ يُقَال استغرابًا من المفاجأة بالقدوم وترحيبًا بالقادم.

«دَاخِلْ بيتْ عَدُوَّكْ ليهْ؟ قَالْ: فِيهْ حَبِيبِي» ليه (بالإمالة) أي: لأي شيء؟ والمراد: لَمْ يلجئني إلى دخول هذه الدار إلا حبيبي الذي بها. يُضرَب في تحمُّل أذى العدو لأجل الصديق.

«الِدَّارْ دَارْنَا والْقَمَرْ جَارْنَا» أي: الدار دارنا لا ينازعنا فيها منازع. والجار على ما نهوى ونريد. يُضرَب في العِيشَة الراضية.

«دَارِت الدُّورَةْ عَلِيكِي يَا عُورَهْ» أي: حانت نَوْبَتُكِ يا عوراء فاستوفي قسطك كما استوفاه غيرك، واسمعي من نبزك بعاهتك ما سمعوه من النبز بعاهاتهم وعيوبهم. يُضرَب للشرّ يَنَالُ أشخاصًا الواحد بعد الآخر.

«دَارِي عَلَى شَمْعِتَكْ تِنَوَّرْ» وفي رواية: «تولع» بدل تنور، وفي أخرى: «تِقِيدْ»، والمعنى واحد؛ أي: استر شمعتك وَوَارِهَا من الريح تُنِرْ، والمراد: حط أمورك بعنايتك تَسْتَقِمْ، ويُروَى: «من دارى على شمعته نارت.»

«دَاقِ الطَّعْمِيَّهْ وبَاعِ الطَّاقِيَّهْ» أي: بعد أن ذاق طعم الطعام واستطابه تهافت في طلبه حتى باع كُمَّتَه في سبيل الحصول عليه. يُضرَب لكل شيء يَخْبُرُه المرء فتدفعه الرغبة فيه إلى التهافت في طلبه وبذل ما يملك في سبيله.

«دَاهْيَهْ تِخْفِي الشِّرْكْ وَلَوْ فِي الْغَدَا» أي: لتصب الشركة داهية تذهب بها ولو كانت في الطعام. يُضرَب في ذم الشركة لما يقع فيها من الخلاف غالبًا.

«دَاهْيَهْ وْنُصّ اللِّيلْ» النُّصّ (بضم الأول وتشديد الصاد المهملة): يريدون به النصف، والمعنى: داهية داهمت ولكنها طرقت نصف الليل؛ أي: في الظلمة ووقت النوم والسكون لا وقت النهوض لدفعها والاستنجاد عليها. يُضرَب للدواهي يكتنفها ما يزيد فيها ويضاعف سوء وقعها.

«دَايْرَهْ تْقَاوِي مِنْ غِيرْ تَقَاوِي» أي: دائرة بين الناس تباهيهم بقدرتها وسعة مزرعتها وهي لا تملك التقاوي؛ أي: البزر الذي تعتمد عليه في الزرع. يُضرَب للعاجز المتظاهر بما ليس في طوقه.

ويُروَى: «مالك بتقاوي من غير تقاوي، والله حسابك ما جايب همه.» أي: تقديرك في ذلك لا يأتي بما يوازي اهتمامك به. وقد نظمه أحمد عقيدة البرلسي في زجل يقول فيه مخاطبًا نفسه:

كم تقاوي يا أنا من غير تقاوي جل ربي يا أنا ما قل عقلكْ

فى سبخ نزرع قصب وتقو بقى ليغيظ وتزعم إن ما في الخلق مثلكْ

لو زرعت الخير مع أهله حصدتهْ إلا قلبك انحصد من سوء فعلكْ

عشرة الناس من زمان كانت فلاحةْ والزمان ده يصحبوك من أجل مطمعْ

«الدِّبَّانْ وَقْعِتُه فِي الْعَسَلْ كِتِيرْ» أي: الذباب كثير الوقوع في العسل. يُضرَب للمتهافت على الشيء، وانظر قولهم: «يعاود الطير يقع في العسل.» وهو معنى آخر.

«الدِّبَّانْ يِعْرَفْ وِشّ اللَّبَّانْ» أي: الذباب يعرف وجه بائع اللبن. يُضرَب في أن من خالط شخصًا لتعوده النفع منذ كان أعرف الناس بأضرابه.

«دَبَّرْ غَدَاكْ تِلْقَى عَشَاكْ» يُضرَب في الحثّ على حسن التدبير والاهتمام بشأن الغد، وقريب منه: «خلي شربه لبكره.» وقد تقدم.

«دَبَّقِي يَا خَايْبَهْ لِلْغَايْبَهْ» التدبيق عندهم الجمع من هنا وهناك. والخايبه: الخرقاء الجاهلة، والمقصود التهكم؛ لأنها لا تستطيع جمع شيء.

«دَبُّورْ زَن عَلَى حَجَرْ مِسَن، قَالْ: عَايِزْ إِيهْ؟ قَالْ: أَلْحَسَكْ. قَالْ: أَنَا أَلْحَسِ الْحَدِيدْ» أي: زنبور طَنَّ على حجر الشَّحْذِ فقال له: ما تريد؟ فقال: أريد لحسك، فقال: وكيف ذلك وأنا ألحس الحديد فأبريه؟! يُضرَب لمن يسعى في جلب الضرر لنفسه، وهو مثل قديم في العامية أورده الأبشيهي في «المستطرف» برواية: «زنبور زن على حجر مسن قال له: إيش تريد؟ قال: ألحسك. قال: أنا ألحس البولاد.»

«دَبُّورْ زَن عَلَى خَرَابْ عِشُّهْ» أي: زنبور طنَّ فنبه بطنينه الناس إلى عشه فخربوه، وكانت سلامته في سكوته. يُضرَب لمن يجني على نفسه بسعيه ولجاجه.

«دُخَّانْ بِلَا قَهْوهْ سُلْطَانْ بِلَا فَرْوَهْ» المراد بالدخان هنا: ما يُدَخَّنُ به في اللفائف والقصب. والمعنى: إكرام الضيف بالدخان دون القهوة إكرام ناقص. والفروة: الفرو الذي يُلْبَس، وَيُسَمَّى عندهم بالكرك أيضًا.

«الدُّخَّان الْقُرَيِّبْ يِعْمِي» القريِّب تصغير القريب؛ أي: المصائب لا تأتي إلا من الأقارب، فهم كالدخان إذا اشتَدَّ دُنُوُّ الشخص منه أعماه. يُضرَب في هذا المعنى، وهم في الغالب يريدون به الحثَّ

على عدم مصاهرة الأقارب أو مشاركتهم في أمر، وانظر قولهم: «خد من الزرايب ولا تاخد من القرايب.» وقولهم: «إن كان لك قريب لا تشاركه ولا تناسبه.» وهذا عكس قولهم: «آخد ابن عمي واتغطَّى بكمي.» وقولهم: «نار القريب ولا جنة الغريب.»

«دُخُولِ الْحَمَّامْ مُوشْ زَيِّ طْلُوعُهْ» لأن الدخول مُيَسَّر لك متى شئتَه، وليس الخروج منه كذلك؛ لأنه يستلزم الانتقال بين بيوته والتريث في كل بيت لاتقاء مفاجأة البرودة بعد الحرارة. يُضرَب للأمر في الخروج منه صعوبة ليست في الدخول فيه، فهو في معنى قول الشاعر:

دُخُولُكَ مِنْ بَابِ الْهَوَى إِنْ أَرَدْتَهُ يَسِيرٌ وَلَكِنَّ الْخُرُوجَ عَسِيرُ

«دُخُولَكْ فِي بِيتِ اللِّي مَا تِعْرَفُهْ قِلِّةْ حَيَا» أي: من قِلَّةِ حياء المرء دخوله دار من لا يعرفه. يُضرَب في النَّهْي عن ذلك وتقبيحه.

«الدَّرَاهِمْ مَرَاهِمْ تِخَلِّي لِلْعَوِيلْ مِقْدَارْ وِبَعْدِ مَا كَانْ بَكْرْ سَمُّوه الْحَاج بَكَّارْ» تخلي معناه: تَجْعَلُ، والعويل: الوَضِيع؛ أي: الدراهم كالمراهم تُدَاوِي علل الوضاعة وتسترها وتُغْلِي قدر الوضيع بين الناس، وتحملهم على الزيادة في اسمه وألقابه لِمَا وَقَرَ في نفوسهم من تعظيم الغنيِّ. وأصله قول قدماء المولَّدين في أمثالهم: «الدراهم مراهم.» فزادت العامَّة فيه هذه الزيادة لتوضيحه. ومن الحكم المرويَّة: «المال يسوِّد غير السَّيِّد ويقوِّي غير الأيد.» وقال الشاعر:

الفَقْرُ يُزْرِي بِأَقْوَامٍ ذَوِي حَسَبٍ وقد يُسوِّدُ غَيْرَ السَّيِّدِ المَالُ

وقال آخر:

إن الدراهمَ في المواطنِ كُلِّها تَكْسُو الرجالَ مهابةً وجَمَالَا

«الْدُّرَّهْ تِعْدِلِ الْعَصْبَهْ» الدرة (بضم الأول وتشديد الثاني): يريدون بها الضَّرَّة. والعصبة (بفتح فسكون): خمار مخطط تختمر به النسوة في الريف، والمراد: أن وجود الضرة يحمل ضرتها على التجمل وتقويم خمارها إذا مال لتمتاز في عين الزوج. يُضرَب في أن التناظر يحمل كلا المتناظرين على الاحتراس مما يشين.

«الدُّرَّهْ مَا تْحِبِّ لْدُرِّتْهَا إِلَّا الْمُصِيبَهْ وِقَطْعِ جُرِّتْهَا» أي: لا تحب الضرة للضرة إلا مصيبة تذهب بها وتعفي أثرها.

«الدُّرَّهْ مُرَّهْ وَلَوْ كَانِتْ حَلَقِ جَرَّهْ» أي: هي مُبْغَضَة على أي حال ولو بلغت في المهانة مبلغ حلق الجرة. ويذهب بعضهم في تفسيره إلى أن المراد بحلق الجرة الجرة نفسها؛ أي: ولو كان فيها ري الظماء، وفي رواية: «رقبة» بدل حلق.

«اِلدِّرْهَمْ اَلاَبْيَضْ يِنْفَعْ فِي الْيُومْ الاِسْوِدْ» ويُروَى: «الميدي الأبيض»، ويُروَى: «القرش الأبيض»، وتقدَّم في الجيم: «الجديد الأبيض ...» إلخ، وهو الأصح الأكثر تداولًا على الألسنة، وتكلمنا عليه هناك.

«اِلدِّسْتْ قَالْ لِلْمَغْرَفَهْ: يَا سُودَهْ يَا مْعَجْرَفَهْ، قَالِتْ: كُلِّنَا أَوْلاَدْ مَطْبَخْ» الدست (بكسر أوله): المِرْجَل. والمغرفة معروفة، والصواب كسر أولها؛ أي: قال المرجل للمغرفة: أنت سوداء ومعجرفة؛ أي: غليظة جافية؛ يعيبها بذلك ويفخر عليها، فقالت له: كلانا كما تقول، وحسبنا في التساوي النسبة للمطبخ فعلام تعيب وتفخر؟! يُضرَب للوضيعَيْن المتماثِلَيْن في العيوب يعيب أحدهما الآخر بما يشتركان فيه.

«دَسِّنِي فِي عِينِ اللِّي مَا يْحِسِّنِي» دسني؛ أي: أدخلني وزجَّ بي في عين من لا يحسُّ بي، وإنما قالوا: يحسني؛ ليزاوج دسني، والمراد بالدخول في العين: نوال الحظوة عند شخص. يقولون: دخل في عين فلان إذا حظي عنده، ويُروى زيادة «قال» في أوله، والمعنى: قربني من شخص لا يحس بي ولا يقيم لي وزنًا فأساء إليَّ من حيث أراد الإحسان. قد يُضرَب لمن يتعمد الإساءة بذلك مظهرًا للإحسان ممتنًّا به.

«اِلدَّعَا زَيِّ الطُّوبْ وَاحْدَهْ تْصِيبْ وِوَاحْدَهْ تْخِيبْ» الطوب (بضم الأول): الآجُرُّ؛ أي: الدعاء في الإصابة كالآجُرِّ يُرْمَى به، فواحدة تخطئ وواحدة تصيب؛ أي: ليس كل دعاء على شخص بمقبول، وقد قالوا أيضًا: «إن كان الدعا بيجوز ما خلى صبي ولا وعجوز.» والدَّعَا عندهم (بفتح الأول وضمه) والصواب الثاني؛ وهو مقصور؛ لأنهم يقصرون كل ممدود.

«اِلدَّعْوَى الزُّورْ تِفْتَحْ كِيسِ الْقَاضِي» أي: تفتح له باب الرشوة وتسببها.

«الدَّفَا بِالْعِينْ» أي: عندما يرى المصاب بالبرد نارًا أو مكانًا يستدفئ فيه يستأنس بذلك.

«دَقِّتِ الطَّبْلَهْ وِبَانِتِ الْهَبْلَهْ» أي: ضُرِبَ الطَّبْلُ فعرفت البلهاء؛ لأن سكوتها كان يستر ما انطوت عليه من البله والرعونة؛ فلما سمعت صوت الطبل استفزها الطرب إلى إظهار المكنون. يُضرَب في الأسباب تحدث فتظهر حقيقة الناس، وانظر قولهم: «دقوا الطبل ع التله جريت كل مختله.»

«دَقَّهْ عَ السِّنْدَالْ وِدَقَّهْ عَ الْوَتَدْ» ويُروَى: «الأرض» بدل الوتد. والسندال (بكسر أوله وسكون ثانيه): السِّنْدَان؛ أي: حديد الحداد التي يدق عليها. يُضرَب لمن يعالج الأمور بالحكمة، ويُروَى: «دقة ع الحافر ودقة ع السندال.» والمراد: حافر الدابة حين إنعالها.

«الدَّقَّهْ عَنْدِ الْجَارْ سَلَفْ» الدقة هنا: المَرَّة من عمل يُعْمَل حسنًا كان أو قبيحًا؛ أي: إذا أحسنت لجارك مرة أو أسأت إليه فكأنما أقرضته قرضًا يوفيه لك في يوم من الأيام.

«**دَقَةِ الْمِعَلّمْ بِأَلْفْ وَلَوْ تْرُوحْ بَلَاشْ**» أي: ولو ذهبت سُدًى؛ لأن دقة الصانع الماهر مُتْقَنَة، فهي تعادل ألف دقة من سواه، ولو أخطأت القصد.

«**دَقُّوا الطَّبْل عَ التَّلَّهْ جِرْيِتْ كُلّ مُخْتَلَّهْ**» يُضرَب للأرعن الطائش يُهْرَع لكل نبأة ويتبع كل ناعق. وانظر في الشين المعجمة قولهم: «شخشخ يتلموا عليك.»

«**دَقُّوا فِي اهْوَانْهُمْ وَسَمَّعُوا جيرَانْهُمْ**» الأهوان عندهم: جمع هُون، وصوابه الهاون (بفتح الواو وضمها): الهاوون، وهو ما يُدَق فيه، والمراد: عَرَّفُوا جيرانهم أنهم يهيئون طعامهم إظهارًا لحسن الحال، وهم على عكس ذلك.

«**دَلَعِ الْفَقَارَى يِفْقَعِ الْمَرَارَهْ**» الدلع: الدلال، والفقارى: يريدون بهم الفقراء؛ أي: دلال الفقير يغيظ النفوس ويشق المرائر؛ لأن الأليق به التزلُّف إلى الناس أو السكوت لا التدلُّل عليهم. يُضرَب لمن هذه حاله.

«**دِمَاغْ بَلَا عَقْلْ قَرْعَهْ بِجْدِيدْ أَخْيَرْ مِنْهَا**» انظر: «راس بلا عقل ...» إلخ.

«**دُمُوعِ الْفَوَاجِرْ حَوَاضِرْ**» أي: إنهن يملكن دموعهن متى شئن فيخادعن بها ويداجين.

«**الدَّنَاوَهْ طَبْعْ**» وقالوا: «الشحاته طبع.» وهما كقولهم: «أكل الحق طبع.» فراجعه في الألف.

«**الدُّنْيَا بَدَلْ: يُومْ عَسَلْ وِيُومْ بَصَلْ**» انظر في حرف الياء: «يوم عسل ويوم بصل.»

«**الدُّنْيَا حِلْوَهْ عَلَى مُرَّهْ، وِمُرَّهَا أَكْتَرْ**» أي: فيها نعيم وشقاء، ولكن شقاءها أكثر.

«**الدُّنْيَا دُولَابْ دَايِرْ**» الدولاب عندهم: الخزانة، ولا يستعملونه في الآلة الدائرة إلا في الأمثال ونحوها كما هنا، والمراد: الدنيا كدولاب الماء الدائر يرفع الكيزان، ثم يخفضها، وهي كذلك للخلق في الرفع والخفض.

«**الدُّنْيَا زَيِّ الْغَازِيَّهْ تُرْقُصْ لِكُلّ وَاحِدْ شِوَيَّهْ**» الغازيه: الرقاصة تُسْتَأْجَرُ للرقص في الأعراس بالقرى واللعب على الحبل، ومعنى شوية بالتصغير: قليلًا؛ أي: الدنيا لا تدوم لأحد، بل هي كالراقصة ترقص قليلًا لهذا، ثم ترقص لغيره.

«**الدُّنْيَا لِمَنْ غَلَبْ**» حكمة قديمة يُصَدِّقُهَا الواقع في كل زمن.

«**الدُّنْيَا مْرَايَهْ وَرِّيهَا تْوَرِّيكْ**» أي: الدنيا كالمرآة إذا أريتها شيئًا أرتك مثاله، فإن أردت أن ترى فيها خيرًا فافعل الخير، وإن أردت غير ذلك وفعلته رأيته.

«**الدِّنِيَّهْ تِتْمَنَّى وَحْمِتْهَا وِالْهَنِيَّمَهْ تِسْتَنَّى وَجْعِتْهَا**» الدِّنِيَّة (بكسرتين): الدنيئة، والمراد بها: الشرهة إلى الطعام، فهي لذلك تتمنى الحبل والوحام، لتأكل ما تشتهي. والهنيمة (بفتح فكسر): المترفهة

المكسال، وكأنهم يريدون بها المتشبهة بالهانم، ومعنى تستنى وجعتها: تنتظر مرضًا يصيبها لتأوي إلى فراشها وتستريح من العمل.

«دَهَانْ عَلى وَبَرْ مَا يِنْفَعْشِ الْجَرْبَانْ» أي: لا يفيد الدِّهَان البعير الأجرب ما دام وبره عليه؛ لأنه يمنع وصوله إلى القرحة فلا يؤثر فيها. يُضرَب لمن يحاول إصلاح أمر قبل أن يزيل ما يحول دونه من الحوائل.

«الِدِّهْنْ فِي الْعَتَاقِي» العتاقي: جمع عِتْقِيَّة (بكسر فسكون فكسر وتشديد المثناة التحتية)، ويريدون بها: الدجاجة العتيقة، وهي تكون كثيرة الدُّهْن على كِبَرِهَا. يُضرَب في تفضيل الشيوخ، والإشارة إلى ما فيهم من البقايا النافعة.

«الِدِّهْوَانَهْ تْضَيَّعْ مُفْتَاحِ الْخَزَانَهْ» الدِّهْوَانه؛ أي: الذَّاهِلَة المُرْتَبِكَة، كأنها دُهِيَت بداهية أذهلتها، ولا ريب في أن من كانت هذه حالتها لا تحفظ مفتاح الخزانة ولا تُؤْمَنُ عليه.

«دُودِ الْمِش مِنُّهْ فِيهْ» المش (بكسر الأول وتشديد الشين المعجمة): الجُبْن القديم المخزون، ويكون فيه عادة دودٌ صغيرٌ لا يعبئون به ويأكلونه معه، ويُروَى: «زي المش دوده منه فيه.» ويُضرَب للشيء يكون من الشيء لا من الخارج، وفي الغالب يعنون به الأقارب يسعى بعضهم في ضرر البعض، كأن الساعين دود ينهشهم، ولكنه كدود المش مخلوق منه ويرتع فيه.

«دَوَّرْ بِيتَكْ السَّبْعَةَ الأَرْكَانْ وبَعْدِينِ اسْأَلِ الْجِيرَانْ» السبعة الأركان ينطقون به «السبع تركان»، والمراد: التكثير لا التقييد بهذا العدد. وبعدين (بإمالة الدال) يريدون به: بعد ذلك، وأصله «بعد أن.» والمعنى: إذا فقدت شيئًا فابدأ بالبحث عنه في أركان دارك وجوانبها قبل سؤال الجيران عنه واتهامهم به؛ فقد يكون خافيًا في بعض الزوايا؛ أي: من الحزم أن تفعل ذلك ولا تتسرع في اتهام الناس.

«دَوَّرِ الْحُق عَلَى غَطَاهْ لَمَّا الْتَقَاهْ» الحُقُّ (بضم أوله): الحقة، وهي وعاء صغير من الخشب، والمثل في معنى قولهم: «دور الزير ...» إلخ، وسيأتي الكلام عنه.

«دَوَّرِ الزِّيرْ عَلَى غَطَاهْ لَمَّا الْتَقَاهْ» معناه: بحث الزير عن غطائه؛ أي: عن غطاء يناسبه حتى وجده، ويُروَى: «دوَّر العَقْب على وطاه لمَّا التقاه.» ويُروَى: «دور الحق على غطاه لمَّا التقاه.» والمراد واحد.

ورأيت في عبارة لبعض المتقدمين: «قدر لقيت غطاءها.» ولعله من أمثال المولَّدين في هذا المعنى. ويرادفه من أمثال العرب: «وافق شَنٌّ طبقَه.» على ما فسره به الأصمعي، فقال: «هم قوم كان لهم وعاء من أدم فتشنَّنَ، فجعلوا له طبقًا فوافقه؛ فقيل: وافق شَنٌّ طبقه.» انتهى. وعليه قول البحتري:

وإذا أَخْلَفَ أصلًا فرعُهُكَأَنَّ شنًّا لم يوافِقْهُ الطَّبَقْ

ولهذا المثل تفسير آخر ذكرناه في الكلام على قولهم: «جوزوا مشكاح لريمه ...» إلخ. فليراجَع في حرف الجيم.

«دَوَّرِ الْعَقْبْ عَلَى وَطَاهْ لَمَّا الْتَقَاهْ» العَقْب (بفتح فسكون): عقب الباب الذي يدور به. والوطا (بفتح الأول): النعل. والمراد به هنا: قطعة من الأديم تجعل تحت عقب الباب حتى لا يصر في دورانه، وهو في معنى قولهم: «دور الزير ...» إلخ. وقد تقدَّم الكلام عليه. وانظر في الزاي: «زي عقب الباب ...» إلخ.

«دَوَّرْ فِي دَفَاتِيرُهْ مَالْقَاشْ إلَّا غَطَا زِيرُهْ» دفاتيره: دفاتره، أشبعوا كسرة التاء فتولدت منها الياء لتزاوج لفظ زيره؛ أي: بحث في دفاتره القديمة ليستخرج منها ما يطالب أو يحتج به، فلم يجد إلا غطاء الزير؛ أي: لم يجد شيئًا يُفِيدُه.

«دَوَّرِ الْقِرْدْ فِي دَفَاتْرُهْ مَالْقَاشْ إلَّا شَفَاتِيرُه وْضَوَافْرُهْ» الشفاتير عندهم: جمع شفتورة، وهي الشَّفَةُ الغَلِيظَةُ، والضوافر: الأظافر؛ أي: بحث القرد في دفاتره، والمراد: نظر لحاله فلم يجد غير شفتيه الغليظتين وأظافره الطويلة الشنيعة. يُضرَب لقبيح الخلقة يحاول أن يجد محاسن يُظهرها فلا يجد إلا عيوبًا.

«دُورْ مَعَ الْأَيَّامْ إذَا دَارِتْ وِخُدْ بِنْتِ الْأَجَاوِيدْ إذَا بَارِتْ» أي: تزوج بالكريمة الأصل ولو كانت بائرة لا يقبلها أحد.

«اِلدَّيِّ عَلَى الْأَوْدَانْ أَمَر مِنِ السِّحْرْ» الدَّيُّ: دَوِيُّ الصوت، والمراد به هنا: تكرار الكلام. والأودان: جمع وِدن (بكسر فسكون)، وهي الأذن، وأَمَرُّ: أشد. يُضرَب في أن مداومة الإغراء أشد تأثيرًا في المرء من السحر. ويُروَى: «الدَّي في الأودان يقلب القَفَدَان.» أي: يقلب العقل ويغير الرأي، والمثل قديم في العامية أورده ابن زنبل في تاريخ فتح السلطان سليم لمصر برواية: «دي على الودن ولا سحر بدينار.»

«الدَّي عَلَى الْأَوْدَانْ يِقْلِبِ الْقَفَدَانْ» انظر: «الدي على الأودان ...» إلخ، ومعنى القَفَدَان: العقل والرأي.

«دِي مُوشْ دِبَّانَهْ دِي قْلُوبْ مَلْيَانَهْ» الدِّبَّانة (بكسر الأول وتشديد الثاني): الذُّبَابَة، والمراد هنا: الغضب والانفعال في طرد الذباب ليس سببه ذبابة تذهب وتجيء، بل الدافع له قلوب مُلِئَت من الغيظ. يُضرَب لمن يبغض إنسانًا ولا يستطيع منابزته فيظهر غضبه على غيره. وهو مثل قديم في العامية أورده الأبشيهي في «المستطرف» في أمثالهم، ولكن برواية: «زي ما هي» بدل «دي موش.»

«دَيَّقْ تَسْقَفْ» ديق؛ أي: ضَيِّقْ، والمراد: اجعل حجر دارك صغيرًا تستطيع تسقيفها، ولا توسعها فتعجز عنها لكثرة ما تستدعيه من النفقة؛ أي: اقتصد وَزِنْ أمورك بميزان.

«الِدِّيكِ الْفَصِيحْ مِن الْبِيضَهْ يْصِيحْ» ويُروَى: «الكتكوت»؛ أي: الفروج، والأول أكثر، والمراد: النجيب نجيب من صغره، والمثل ليس بحديث في العامية؛ فقد أورده السيد عباس بن علي الموسوي فيما أورده من أمثال نساء العامة في نزهة الجليس، وهو من فضلاء القرن الثاني عشر، وسبقه إلى ذكره الشهاب الخفاجي، فقال في فصل بيان حاله في ريحانة الألبا: «فقلت له: ليس بطول الأعمار يَتِمُّ الشرف والافتخار، فقد سمعنا عن سادة الناس وأوائلها؛ نجاح الأمور وسعادتها بأوائلها. وفي أمثال العامة: ليلة العيد من العصر ما تخفى، واليوم المبارك من أوله يبين، والديك الفصيح من البيضة يصيح، قال باهل:

إذا بَلَغَ الفَتَى عِشْرِينَ عَامًا ولم يَفْخَرْ فَلَيْسَ لَهُ افْتِخَارُ

والشِّهاب من علماء القرن الحادي عشر.

«دِيلِ الْكَلْبْ عُمْرُهْ مَا يِنْعِدِلْ» أي: ذَنَبُ الكلب لا يَعْتَدِلُ أبدًا؛ لأنه طبع على تعويجه، وقد يزيد الريفيون في آخره: «ولو علقت فيه قالب»؛ أي: ولو أثقلته بآجُرَّة. يُضرَب في أن من طُبِعَ على اعوجاج الخُلُق له.

«الِدِّيلْ والْقَبَّهْ نُص الْحِسْبَهْ» الدِّيل (بالإمالة): الذَّيْل، والمراد به هنا: حاشية الثوب. والقبة: ما يلي الصدر منه ويحيط بالعنق. والنُّص (بضم أوله): النصف. والمعنى: الحاشية والقَبَّة في ثياب النساء يذهب فيهما نصف ما ينفق على خياطته؛ لأنهما موضع التطريز. يُضرَب في الجزء الذي يتطلب أكثر النفقة من كل شيء.

«الِدِّينْ سَوَادِ الْخَدِّينْ» المراد: سواد الوجه أعاذنا الله منه.

«الِدِّينْ يِنْسَد والْعَدُو يِنْهَد» أي: مصير الدَّين إلى السداد، فلا يتوقَّعَنَّ العدو إلا هَدَّ ركنه وخيبة أمله. يُضرَب للتجلد أو التسلي.

حرف الذال(فصحى)

ذهبوا أيدي سبا: ومثله تفرقوا أيدي سبا، أي تفرقوا تفرُّقًا لا اجتماع معه.

ذَهبوا تحتَ كلِّ كَوْكب: يُضرب للقوم إذا تفرقوا.

ذَهَبوا شَذَرَ مَذَر: أي في كل وجه، ومذر اتباع.

ذَهَبَ منه الأَطيبان: يُضرب لمن قد أَسَنَّ، أي لذة النكاح والطعام.

الذَّوْدُ إلى الذَّودِ ابل: الذود اسم مؤنث يقع على قليل الإبل ولا يقع على الكثير، يُضرب في اجتماع القليل إلى القليل حتى يؤدي إلى الكثير.

الذِّئبُ يأدو للغزال: يقال: أدوت له آدو إذا ختلته، يُضرب في الخديعة والمكر، ويجوز أن تكون الهمزة في أدوت بدلًا من العين، وكذلك في يأدو أي يعدو لأجله من العَدْو.

ذَكرتَنِي الطَّعْنَ وكنت ناسيًا: قيل إن أصله أن رجلًا حمل على رجل ليقتله، وكان في يد المحمول عليه رمح، فأنساه الدهش والجزع ما في يده، فقال له الحامل: ألق الرمح، فقال الآخر: إن معي رمحًا لا أشعر به! ذكرتني الطعن وكنت ناسيًا، وحمل على صاحبه فطعنه حتى قتله أو هزمه.

حرف الذال (عامية)

«ذَنْبُهْ عَلَى جَنْبُهْ» ينطقون بالذال زايًا في بعض الكلمات كما هنا، والأغلب قلبها دالًا مهملة، والمراد بالمثل: ذنبه على نفسه؛ أي: من يرتكب الذنب يتحمل تبعته وتعود عليه نقمته، فهو وشأنه فيما جنى.

حرف الراء(فصحى)

الرَّباح مع السَّماح: يراد به أن المسامح أحرى أن ينال الربح من المماحك، ويقولون: اسمح يسمح لك.

رُبَّ أكلةٍ تمنع أكلات: يُضرب مثلًا للخَصلة من الخير تُنال على غير وجه الصواب، فتكون سببًا لمنع أمثالها.

رِضَا الناسِ غايةٌ لا تُدْرَك: قاله أكثم بن صيفي، ومعناه أن الرجل لا يسلم من الناس على كل حال، فينبغي أن يستعمل ما يصلحه ولا يلتفت إلى قولهم.

رُبَّ رَميةٍ من غير رامٍ: يُضرب مثلًا للمخطئ يصيب أحيانًا.

رُبَّ مَلوم لا ذَنْبَ له: هذا من قول أكثم بن صيفي.

رُبَّ لائمٍ مُليمٌ: هذا من قول أكثم أيضًا.

الراويةُ أحَدُ الشاتمَين: هذا مثل قولهم سبَّك من بلَّغك.

الرَّشْفُ أَنْقَعُ: أي أذهب وأقطع للعطش، والرشف: التأني في الشرب، يُضرب في ترك العجلة.

رب كلمة سَلبتْ نِعْمة: يضرب في اغتنام الصمت.

رُب فَرْحَة تعودُ تَرْحَة.

ربما كان السكوتُ جوابًا: هذا كقولهم: ترك الجواب جواب.

رَكوض في كل عروض: العروض: الناحية.

رُب ابنِ عَم ليس بابن عم: هذا يحتمل معنين؛ أحدهما: أن يكون شكاية من الأقارب، أي رُبَّ ابن عم لا ينصرك ولا ينفعك، فيكون كأنه ليس بابن عم. والثاني: أن يريد رُبَّ إنسان من الأجانب يهتم بشأنك ويستحيي من خِذلانك، فهو ابن عم وإن لم يكن ابن عم نسبًا.

رُب أخٍ لك لم تلده أمك: يستعمل في إعانة الرجل لصاحبه وانصبابه في هواه وانخراطه في سلكه، حتى كأنه أخوه، قال الشاعر:

أعاذلة كم من أخٍ لي أودده على كريم لم يلدني والده

رُب قَوْل أشَد من صَوْل: الصول الحملة والوثبة عند الخصومة والحرب.

الرفيقَ قَبْلَ الطريق: أي حصل الرفيق أولًا واخبره.

رب كَلمةٍ تقولَ لصاحِبها: دَعني: يُضرب في النهي عن الإكثار مخافة الإهجار.

رضِيت من الغنيمةِ بالإياب: يُضرب مثلًا للرجل يشقى في طلب الحاجة حتى يرضى بالخلاص، وهو من قول امرئ القيس:

وقد طوَّفْتُ في الآفاق حتى رضيت من الغنيمة بالإياب

رُبَّ نَارِ كَيٍّ خِيلَتْ نَارَ شَيٍّ: قال الشاعر:

لا تتعبن كل دُخَان ترى فالنار قد توقد للكي

رَكِب جناحَيْ نَعامة: يُضرب لمن جَدَّ في أمر، إما انهزام وإما غير ذلك.

الرائدُ لا يَكذِب أهْلَه: الرائد: الذي يتقدم القوم لطلب الماء والكلأ لهم، فإن كذَبهم أفسد أمرهم وأمر نفسه معهم؛ لأنه واحد منهم. يُضرب مثلًا للنصيح غير المتهم على من ينصح له، وأصله في العربية راد يرُود، إذا جاء وذهب وضرب يمينًا وشمالًا، ومنه قيل: ارتاد الشيء إذا طلبه؛ لأن الطالب يتردد في حاجته حتى ينالها.

حرف الراء(عامية)

«الرَّاجِلِ ابْنِ الرَّاجِلْ اِللِّي عُمْرُهْ مَا يْشَاوِرْ مَرَهْ» أي: الرجل ابن الرجل والحازم ابن الحازم مَنْ لا يستشير النساء في أموره طول عمره.

«الرَّاجِلْ زَيِّ الْجَزَّارْ مَا يْحِبِّشْ إِلَّا السِّمِينَهْ» لأن الرجل يختار في زواجه البدينة القوية. والجزار يختار السمينة من الضأن لجودة لحمها؛ فهما متفقان في الاختيار وإن اختلف القصد. يُضرَب في مدح السمن، وانظر: «رايحه فين يا هايله ...» إلخ.

«الرَّاجِلْ زَيِّ السِّيغَهْ تِنْكِسِرْ وِتِنْقَامْ» السيغة (بكسر الأول): يريدون بها الصيغة بالصَّاد؛ أي: الحلي المصنوع من الذهب أو الفضة، والمعنى: الرجل في افتقاره كالحلي إذا كسر أُصْلِح؛ أي: إذا افتقر يومًا يُرجى له الغنى وصلاح الحال في يوم آخر، ولا يُزْرِي به الفقر، وهو من أمثال النساء يَضْرِبْنَهُ في افتقار أزواجهن.

«الرَّاجِلْ وِامْرَاتُهْ زَيِّ الْقَبْرْ وَأَفْعَالُهْ» أي: ينبغي للرجل مع امرأته أن يكونا كذلك لا يعلم ما بينهما من شقاق ولا يظهر لهما سِرٌّ.

«رَاحْ تْرُوحْ فِينِ الشَّمْسْ عَنْ قَفَا الْحَصَّادْ» راح: يستعملونها مكان السين وسوف، كقولهم: «راح يجي»؛ أي: سيأتي، أو بمعنى العزم؛ أي: عزم على المجيء، والمراد من المثل استطالة النهار المشمس على الحاصدين في المزارع. يُضرَب للشيء يلازم الشيء.

«رَاحْ تْرُوحْ فِينْ يَا زَعْلُوكْ بِينِ الْمُلُوكْ» انظر: «تروح فين ...» إلخ. في المُثَنَّاة الفوقية.

«رَاحْ تِقْرَا زَبُورَكْ عَلَى مِينْ يَا دَاوُدْ» ويُروَى: «ح تقرا»، والحاء مختصرة من لفظة راح. انظر: «تقرا مزاميرك ...» إلخ. في المُثَنَّاة التحتية.

«رَاحِ اللِّي زَمَّرْنَاهْ لله» صواب هذا المثل: «اِللِّي زمرناه راح لله.» وقد تقدم في الألف.

«رَاحِ النَّوَّارْ وِفِضِلِ الْقَوَّارْ» القوار: بقايا الأواني المكسورة وقعورها، الواحدة قوارة، والمراد هنا: كَسَّارات الأصص التي تغرس فيها الرياحين؛ أي: ذهب النور وبقي الأصيص المكسور. ويُروَى: «يروح النوار ويفضل القوار.» أي بصيغة المضارع، وهو في معنى: «راحت الناس وفضل النسناس» المذكورة فيما بعد.

«رَاحْ يِحِج جَاوِرْ» أي: سافر ليحج ويعود فأقام وجاور في أحد الحرمين الشريفين. يُضرَب لمن يذهب لقضاء أمر فلا يعود.

«رَاحْ يُخْطُبْهَا لَهْ اِجَّوِّزْهَا» اِجَّوِّز: تَزَوَّج، والمعنى: ذهب يتوسط له في الخطبة فخطب المرأة لنفسه وتزوجها. يُضرَب للئيم يستعين به شخص في أمر فيستأثر هو به.

«رَاحْ يُشُخ سَافِرْ زَيِّ الْبَرَابْرَهْ» أي: ذهب ليبول فغاب ولم يعد كما يفعل البَرَابِرَةُ؛ أي: النوبِيُّون؛ فإنهم يسافرون فجأة بلا سابق عزم فيعودون إلى بلادهم. يُضرَب لمن يذهب لقضاء شيء قريب فلا يعود.

«رَاحِتْ تَاخُدْ بِتَارْ ابُوهَا رِجْعِتْ حِبْلَهْ» أي: ذهبت لتثأر لأبيها وتمحو العار فرجعت بعار آخر أشنع وأفظع. والحِبْلة (بكسر فسكون) يريدون بها الحُبْلَى. وفي معناه قول العامة قديمًا: «طلعت تِتْرَحَّمْ نزلت تتوحم.» أورده الأبشيهي في «المستطرف». وليس بمستعمل الآن فيما نعلم، ومعنى تترحم: تزور الأموات وتستنزل عليهم الرحمات بالصدقات.

«رَاحِتِ السَّكْرَهْ وِجَتِ الْفِكْرَهْ» أي: ذهبت ثورة الخمر، وحل وقت التفكر فيما أنتجته من العواقب، والمراد كل ما يثير النفس من غضب ونَزَق وغيرهما وحلول وقت التفكر والتندم. وأنشد ابن شمس الخلافة في كتاب الآداب لبعضهم:

ما كَانَ ذاكَ العيشُ إلا سكرةً رحلت لذاذتُها وحل خمارُها

«رَاحِتْ مِنِ الْغُزِّ هَارْبَهْ قَابْلُوهَا الْمَغَارْبَهْ» الغز (بضم الأول): الترك، وكانت جنود مصر منهم. والمغاربة: صنف من الجند المسترزق كانوا يُسْتَأْجَرُونَ من النازلين بمصر من أهل المغرب من الزمن القديم إلى عصر عزيز مصر محمد علي الكبير؛ أي: استطاعت هذه المرأة الهَرَبَ من الغزِّ وتخلصت من أذاهم وعدوانهم، فأوقعها الجدُّ العاثر في المغاربة، وهم لا يقلون عن أولئك في الشر. يُضرَب لمن يتخلص من شرٍّ فيقع في مثله. وفي معناه من الأمثال العامية القديمة التي أوردها الموسوي في نزهة الجليس قولهم: «شرد من الموت وقع في حضرموت.»

«رَاحِتِ النَّاسْ وِفِضِلِ النِّسْنَاسْ» أي: ذهب الناس الطَّيِّبُون النافعون وبقي الرزل الخسيس، وهو مثل لفصحاء المولَّدين، ذكره الميداني برواية: «ذهب الناس وبقي النسناس.» فغيرت العامة فيه هذا التغيير. والنسناس: معروف، يُقَال بفتح أوله وكسره، والعامة تقتصر على الكسر، وفي معناه قولهم: «راح النوار وفضل القوار.»

«رَاسْ بَلَا عَقْلْ قَرْعَهْ بِجْدِيدْ أَخْيَرْ مِنْهَا» الجِدِيد (بكسرتين): نقد بطل التعامل به، ولما أدخلوا عليه حرف الجر سَكَّنُوا أوله. والمعنى: الرأس الخالي من العقل خير منه قرعة قليلة القيمة؛ لأنها يُنْتَفَع بها. وإنما خصوا القرعة بالذكر لأنها تشبه الرأس. والمراد القرع الكبير الحجم، ويُرْوَى: «دماغ بلا عقل.» والأكثر الأول.

«رَاسِ الْكَسْلَانْ بِيتِ الشَّيطانْ» لأنه لا يفكر ولا يشغل نفسه بعمل لكسله فيخلو رأسه للشيطان ووسوسته.

«رَاسْ كُلَيْبْ سَدِّتْ فِي النَّاقَةْ» يُضرَب للشيء يسدُّ عن المفقود ويفي. وخبر كليب وقتله في ناقة البسوس معروف. وأما قولهم: «جايب رأس كليب.» فيُضرَب في معنًى آخر تقدم ذكره في الجيم.

«رَاكِبْ بَلَاشْ وِيْنَاغِشْ مِرَاتِ الرَّيِّسْ» بلاش؛ أي: مجانًا، وأصله: بلا شيء. ويناغش: يُغَازِل، وليس من المروءة أن يُرْكِبَه الربان في سفينته مجانًا فيجازيه بمغازلة امرأته. يُضرَب للخسيس يُجَازِي من يحسن إليه بمثل هذه الخِسَّة، وهو مَثَلٌ قديم في العامية أورده الأبشيهي بلفظه في «المستطرف».

«الرَّايِبْ مَا يِرْجَعْشْ حَلِيبْ» أي: اللبن الرائب لا يعود حليبًا. وقد يُروى بزيادة: «عُمْر» في أوله. يُضرَب فيما غيرته الأيام والأحوال واستحالة عودته إلى ما كان عليه. وقد يراد به الهرم والشباب.

«رَايْحَهْ فِينْ يَا هَايْلَهْ؟ رَايْحَهْ اعَدِّلِ الْمَايْلَهْ» الهائلة: السمينة، وهي عندهم ذات السِّمَن والبدانة. والمائلة التي أمال الزمان حالها، والمراد بها هنا: النحيفة التي قَبَّحَهَا نَحَفُهَا. يُضرَب في مدح السِّمَن، ومن أمثالهم في ذلك أيضًا قولهم: «الراجل زي الجزار ...» إلخ، وقد تقدم. وأصله قول العرب في أمثالها: «قيل للشحم: أين تذهب؟ قال: أقوِّم المعوج.» يعني أن السمن يستر العيوب. وربما ضربَتْه العرب للئيم يستغني فيبخل ويعظم. ورواه الشهاب الخفاجي في طراز المجالس: «لو قيل للشحم: أين تذهب؟ لقال: أسوي المعوج.» قال: وتصوير مقاولة الشحم محال، ولكن الغرض أن السمن في الحيوان مما يحسن قبحه، كما أن العَجَف مما يقبح حسنه.

«رَب هِنَا رَبِّ هْنَاكْ» يُضرَب عند العزم على سفر طويل، أو إلى بلاد مجهولة، أو عند مطلق التغرب؛ أي: من يعولنا ويحفظنا هنا يعولنا ويحفظنا هناك، فليكن توكلنا عليه — تعالى — حيثما كُنَّا.

«الرَّب وَاحِدْ وِالْعُمْرْ وَاحِدْ» يُضرَب عند الإقدام على ما فيه خطر تشجيعًا للنفس.

«رَبْطَةْ قَرَمَانِي مَا تِتْحَل إلَّا فِي مَكَّةْ» المراد: ربطة حَاجٍّ قرماني؛ لأن حجاج هذه البلاد لبُعْدِ المسافة بينهم وبين الحجاز يبالغون في المحافظة على نقودهم، فيصرونها في صرر محكمة الربط والعقد، ولا يحلونها إلا عند الاحتياج إليها بمكة المشرفة. يُضرَب للأمر المعقد لا يحل إلا بعد زمن.

«الرِّبْعِيَّهْ عَلِّمِتْ امَّهَا الرِّعِيَّهْ» انظر: «البدرية علمت ...» إلخ.

«رَبَّكْ رَبِّ الْعَطَا يِدِّي الْبَرْدْ عَلَى قَدِّ الْغَطَا» أي: من لطف الله — تعالى — ألا يَبتلي عبده بما لا قبل له بدفعه.

«رَبَّكْ وِصَاحْبَكْ لَا تِكْدِبْ عَلِيهْ» أي: إذا كنتَ كذوبًا فلا تَكْذِبْ على ربك العليم بكل شيء، ولا تكذب على صاحبك؛ لأن الكذب على الصاحب ينافي دعوى الصداقة والإخلاص.

«رَبّنَا رَيّحِ الْعِرْيَانْ مِنْ غَسِيلِ الصَّابُونْ» لأن العريان لا ثياب له يحتاج في غسلها إلى الصابون. ويُروَى: «مِرَيَّح العرايا من غسيل الصابون.» وسيأتي في الميم. يُضرَب للمستغني عن الشيء، وقد يراد به تفضيله راحة الفقر على متاعب الغِنَى وتكاليفه، وانظر أيضًا قولهم: «العريان في القفلة مرتاح.»

«رَبّنَا عرفْنَاهْ بِالْعَقْلْ» يُضرَب في تحكيم العقل عند إنكار بعضهم لشيء لم يره.

«رَبّنَا مَا سَاوَانَا إِلَّا بِالْمُوتْ» أي: الناس متفاوتون في الحياة، فمنهم العالم والجاهل والعاقل والمجنون والغني والفقير والحاكم والمحكوم وغير ذلك، فإذا ماتوا ساوى الموت بين فاضلهم ومفضولهم.

«رَبّنَا مَا يِقْطَعْ بَكْ يَا مَتْعُوسْ؛ يُرُوحِ الْبَرْدْ يِجِي النَّامُوسْ» قطع به معناه عندهم: حرمه وأهمله، والمراد به هنا التهكم؛ أي: ما زلت أيها الفقير التعس موفور الشقاء غير محروم منه، إذا ذهب عنك الشتاء ببرده أتاك الصيف ببعوضه. يُضرَب لمن يلازمه الشقاء في كل الأحوال والأوقات.

«رَبّنَا مَا يْمَلّكِ الْقَحْفْ عَدْلُهْ» هو مما وضعوه على لسان النخلة قالته للقحف لمَّا قال لها: إذا نَبَتُّ فيك معتدلًا فلقتك نصفين. والقحف (بفتح فسكون): يريدون به العرجون؛ أي: أصل الكِبَاسَة المسماة عندهم بالسباطة، وهو ينبت منحنيًا لتتدلَّى به، ويريدون بالقَحْف أيضًا: الرجل الجهم الغليظ؛ على التشبيه، ومعنى العدل: اعتدال الأمور؛ أي: اللهم لا تبلغ أمثاله ما يشتهون فيطغوا.

«رَبِّي قَزُّونْ الْمَالْ يِنْفَعَكْ، وِرَبِّي إِسْوِدِ الرَّاسْ يِقْلَعَكْ» القَزُّون (بفتح القاف وضم الزاي المشددة): يريدون به الصغير أو القصير، وهو مُحَرَّف عن القزم. والمراد بأسود الرأس: الإنسان؛ أي: إن ربيتَ الحيوان واعتنيتَ به نفعك وألفك، وأما الإنسان فإنه يسعى في قلعك من موضعك، ويُجَازيك أسوأ الجزاء على معروفك. وانظر: «آمنوا للبداوي ...» إلخ. و«ما تأمنش لأبو راس سوده.»

«رَبِّيتْ كَلْبْ وِانْدَارْ عَقَرْنِي» اندار؛ أي: الْتَفَتَ. يُضرَب في المكافأة على الخير بالشر.

«رِجِعِ الْبَابْ لِعَقْبُهْ» أي: لمكان عقبه الذي يدور عليه. يُضرَب لمن يعود لحالته التي كان عليها أو لشخص كان يلازمه.

«رِجِعِ الْعِجْلْ بَطْنُ امُّهْ» يُضرَب لمن يعود إلى سابق ما كان عليه. وانظر: «رجع الغزل صوف.»

«رِجِعِ الْغَزْلْ صُوفْ» أي: انتكث الغزل فعاد صوفًا كما كان. يُضرَب للشيء ينتقض بعد إبرامه، وقد يراد به الشخص يعود إلى سابق ما كان عليه. وانظر: «رجع العجل بطن أمه.»

«رِجْعِتْ رِيمَهْ لْعَادِتْهَا الْقَدِيمَهْ» ريمة (بكسر الأول): اسم يُضرَب لمن يقلع عما تعوده أو يظهر الإقلاع عنه، ثم يعود إليه. والغالب ضربه في العادات المذمومة، وأورده الموسوي في نزهة الجليس

في أمثال نساء العامة برواية: «حليمة» بدل ريمة. ويردافه من الأمثال العربية: «عادت لعترها لميس.» والعتر (بكسر فسكون): الأصل. يُضرَب لمن يرجع إلى عادة سوء تَرَكَها. وتقول العرب أيضًا: «عاد في حافرته» أي: عاد إلى طريقه الأولى.

«رِجْعِتِ الْمَيَّهْ لْمَجَارِيهَا» الميه (بفتح الأول وتشديد الثاني): الماء. يُضرَب عند عودة الأمور كما كانت بعد انقطاعها. والعرب تقول في أمثالها: «عاد الأمر إلى نصابه.»

«الِرِّجْلِ تْدِب مَطْرَحْ مَا تْحِب» أي: إنما تَدِبُّ رِجْلُ الشخص إلى المكان الذي يُحِبُّه ويُحَبُّ فيه. فهول كقول بعضهم:

وَمَا كُنْتُ زَوَّارًا وَلَكِنَّ ذَا الْهَوَى إِلَى حَيْثُ يَهْوَى الْقَلْبُ تَهْوِي بِهِ الرِّجْلُ

«رِجْلِ دَارِتْ يَا سَرَقِتْ يَا عَارِتْ» «يا» هنا بمعنى: إما؛ أي: كثرة الجولان والعَسِّ يغلب أن تكون لقصد السرقة، أو ارتكاب ما يجلب العار.

«رُحْتْ بِيتَ ابُويَا اسْتَرِيحْ، سَبَقْنِي الْهَوَا وِالرِّيحْ» يُضرَب للسيئ الحظ يدركه حظه أينما يذهب حتى التماسه الراحة. وانظر: «بختها معها ...» إلخ. وانظر: «جيت بيت أبويا ...» إلخ.

«الِرَّحَى مَا تْدُورْ إِلَّا عَلَى قَلْبْ حَدِيدْ» أي: لا بد لدوران الرحى من محور صلب. يُضرَب في أن الأمور تحتاج في تدبيرها وإمضائها إلى القويِّ ذي الكفاية. وقلب الرحى عندهم قُطْبُها الذي تدور عليه، ويكون في الأغلب من الحديد.

«الِرِّدَا طَوِيلْ وِاللِّي جُوَّاهْ عَوِيلْ» الردا: الرداء، وهم لا يستعملونه إلا في الأمثال ونحوها. وجُوَّاه معناه: داخله. والعويل: الوضيع؛ أي: ترى رداءً طويلًا كرداء العظماء، ولكن الذي فيه وضيع لا قيمة له. يُضرَب للوضيع يغرُّ ظاهِرُه. والعرب تقول في أمثالها: «ترى الفتيان كالنخل وما يدريك ما الدخل.» وأصله فتية خطبوا بنتًا إلى أبيها، فغدوا عليه وعليهم الحلل اليمانية وتحتهم النجائب الفره فزوجها أحدهم، ثم تَبَيَّنَ أنه ليس بشيء.

«الِرِّزْقِ السَّايِبْ يِعَلِّم النَّاسِ الْحَرَامْ» أي: المال المهمل يُجَرِّئُ الناس على السرقة ويَهْدِيهم إلى طرقها، فإن من رأى نهبًا مقسمًا لا يحوطه صاحبه تدفعه نفسه إلى مشاركة الناس فيه ولو لم يتعود السرقة.

«رِزْقْ نَازِلْ مِنِ السَّمَا مِنْ خُرْمْ إِبْرَهْ جَا يوَسَّعُهْ سَدُّهْ» يُضرَب لمن يسعى في تكثير قليله فيتسبب في فقده جملة.

«رِزْقِ الْهِبْلْ عَ الْمَجَانِينْ» الهِبْل (بكسر فسكون): جمع الأهبل، والصواب: البُلْه والأَبْلَه. يُضرَب للأبله المُغَفَّل يغدق على آخر مثله، ويُروَى: «رزق الكلاب»، وهي رواية الأبشيهي في

«المستطرف»، والأكثر الأول.

«الرِّزْقِ يْحِبّ الْخِفَّهْ» أي: طلب الرزق يستوجب السعي وخفة الحركة لا التباطؤ والتثاقل.

«رِزْقْ يُومْ بِيُومْ وِالنَّصِيبْ عَلى الله» أي: لا يبقى لنا ما ندخره، وإنما لكل يوم رزقه الذي يسوقه الله – عز وجل – ويقدره.

«الرَّشَلْ يِجْلِبِ الْقَشَلْ» الرشل (مُحَرَّكًا): معناه عندهم السفاهة والحماقة. والقَشَل: الإفلاس؛ أي: من ساءت أخلاقه قلَّت أرزاقه.

«رِضِينَا بِالْهَم وِالْهَمّ مُوشْ رَاضِي بِنَا» أي: من نكد الدنيا أننا في رضانا بالشقاء لا يرضى بنا فيه، وليس بعد هذا تعس وسوء حظ، وكأنه ينظر إلى قول القائل: «يرضى القتيل وليس يرضى القاتل.»

«رِطْلِ نْحَاسْ بِيِغْنِي نَاسْ» أي: رُبَّ قليلٍ يُغني أناسًا ويرضيهم. يُضرَب في أن ما يستقله أناس قد يستكثره آخرون ويغتنون به.

«رَعِّي الرَّاعِي وِرَاعِيهْ» أي: إذا أقمت لغنمك راعيًا رَاعِه ولا تهمله. يُضرَب في وجوب الإشراف على من يُسْتَعْمل في عمل ولو كان موثوقًا به.

«الرِّغِيفِ اللَّامِعْ لِلصَّاحِبِ النَّافِعْ» أي: أولى الناس بالانتفاع منك الذي ينفعك، ومثله قولهم: «الرغيف المقمر للصاحب اِللِّي يدور.»

«الرِّغِيفِ الْمِقَمَّرْ لِلصَّاحِبِ اللِّي يْدَوَّرْ» المقمر محرف عن المجمر؛ أي: اللين بوضعه على الجمر، وكثيرون يستطيبونه. ويدَوَّر معناه عندهم: يبحث، والمراد هنا: يتفقد أصحابه؛ أي: مثل هذا الصاحب هو الذي يُحْبَى ويُخْدَم ويُخَصُّ بالطيبات، ومثله قولهم: «الرغيف اللامع للصاحب النافع.»

«رِغِيفْ مِنْ تِفَالِي يِعَدِّلْ حَالِي» التِّفال (بكسر أوله): يريدون به الثِّفال (بالمثلثة)، وهو ما يجعل تحت الرحى لوقاية ما ينزل منها ولم نسمعه منهم إلَّا في الأمثال ونحوها، والمراد: رغيف أجمع دقيقه من ثفالي بكدي وتعبي يكفيني ويستقيم به حالي ويغنيني عن السؤال. يُضرَب للشيء القليل يحصله الشخص بكده فيغنيه عما عند الناس.

«الرَّفِيقِ الْمِخَالِفْ لَا عَاشْ وَلَا بَقَى» انظر: «الشريك المخالف ...» إلخ.

«الرَّقَّاصْ بِيْشَخْشَخْ وِالْحَجَرْ وَاقِفْ» الرقاص: خشبة في الطواحين تقعقع. والشخشخة: يريدون بها هنا القعقعة؛ أي: نسمع قعقعة الرقاص ونرى الطاحون لا يدور. يُضرَب للجعجعة بلا عمل.

«الرَّقْصْ نَقْصْ» معناه ظاهر.

«رَكّ الحِيطَهْ عَلَى قالِبْ» الرك (بفتح الأول وتشديد الكاف): السند يستند إليه. والقالب هنا قالب الطوب؛ أي: الآجرة. والحيطة (بالإمالة): الحائط، والمراد أن الحائط إنما يستند ويقوم على آجرة. يُضرَب في أن العظيم إنما يقوم بالحقير.

«الرَّك مُوشْ عَلَى صِيدِ الْغُر، الرَّك عَلَى نَتْفُهْ» الرك: السند يستند إليه. والغُر (بضم أوله): من طيور البلاد البحرية يعسر نتف ريشه عند تهيئته للطبخ. يُضرَب للشيء يُفْرَح بحوزه وفيه صعوبة تحتاج في تذليلها إلى مهارة للانتفاع به، وانظر: «صيد الغر ولا نتفه» في الصاد المهملة.

«رِكِبِ الْخَلِيفَهْ وِانْفَضّ الْمُولِدْ» المراد بالخليفة: خليفة الطريقة المنسوبة إلى السيد أحمد البدوي — رضي الله عنه، والعادة أنه يركب في موكب كبير في آخر أيام المولد. يُضرَب للأمر مضى وانقضى.

«رَكِّبْتُهْ وَرَايَا حَطّ إِيدُهْ فِي الْخُرْجْ» حطَّ بمعنى: وضع. والإيد (بكسر الأول): اليد. والخُرْج معروف، وهو شبه جوالق بشقين يُجعل على الدابة فوق الإكاف أو السرج، وتحمل فيه الأمتعة ونحوها؛ أي: أشفقت عليه وأركبته ورائي فجازاني بسرقة ما في خرجي. يُضرَب لمن يصنع المعروف مع غير أهله ويدنيه فيتوصل بذلك إلى السرقة منه. وهو مثل قديم في العامية رأيته في مجموع مخطوط مرويًّا بالخطاب؛ أي بلفظ: «ركبتك ورايا حطيت إيدك في الخرج.» وبهذه الرواية أورده الأبشيهي في «المستطرف»، ويُروَى: «ركبناه ورانا ...» إلخ. ويُروَى: «ركبتك ورايا يا أعرج العرج، سرقت اللي في الخرج.» وهي رواية من يقصد التسجيع.

«رُوحِي يَا سَاحْرَهْ لَا نَايْبِكْ دُنْيَا وَلَا آخْرَهْ» أي: اغربي عنا أيتها الساحرة واذهبي إلى الجحيم؛ فقد أضعت بعملك دنياك وآخرتك؛ وذلك لأن الناس يخشون أذاها فيهجرونها ويتجنبون معاملتها فيضيع حظها في الدنيا، وعقابها في الآخرة أشد.

«رِيحْةِ الْبِر وَلَا عَدَمُهْ» أي: لَأَنْ نستنشق رائحة البرِّ إذا لم نحصل عليه خير لنا من أن نُحْرَم منه جملة، وهم يعبرون بريحة الشيء عن الأثر الطفيف منه، فالمراد: قليل من البر خير من عدمه.

«الرَّيِّس فِي حْسَابْ وِالنُّوْتِي فِي حْسَابْ» الريس: الرئيس، والمراد به: رُبَّان السفينة. والنُّوْتِي: المَلَّاح. يُضرَب للشخصين تختلف وجهة الرأي بينهما، ويجهل كلاهما ما يريد صاحبه.

حرف الزاى(فصحى)

زلّت به نعْله: يُضرب لمن نكب وزالت نعمته.

قال زهير بن أبي سلمى:

تداركتما عبسًا وقد ثل عرشها وذبيان إذ زلت بأقدامها النعل

زُرْ غِبًّا تزددْ حُبًّا: قال المفضل: أول من قال ذلك معاذ بن حرم الخزاعي.

زَاحِمْ بعَودٍ أو دَعْ: قال في الصحاح: العود المسن من الإبل، وهو الذي جاوز في السن البازل والمُخلِف، وجمعه عوده، وقد عود البعير تعويدًا، وفي المثل أن جرجر العود فزده وقرًا، والناقة عودة، ويقال في المثل: زاحِمْ بعود أو دع، أي استعن على حربك بأهل السن والمعرفة، فإن رأي الشيخ خير من مشهد الغلام.

حرف الزاى(عامية)

«زَانِي مَا يْآمِنْ عَلَى مْرَاتُهْ» لأنه بسوء سيرته يحملها على الاقتداء به، ويسهل على نفسها التفريط، وهو مَثَلٌ قديم في العامِّيَّة رأيته في مجموع مخطوط ولكن بلفظ «مرته.»

«زَبَّالْ مَكْفِي سُلْطَانْ مَخْفِي» الزبَّال غير خاص عندهم بحامل الزبل، بل هو الكنَّاس الذي يحمل القمامات من الدور. ويُروَى: «فلاح مكفي ...» إلخ. وقد تكلَّمنا عليه في حرف الفاء.

«زَبَّالْ وفي إِيدُهْ وَرْدَهْ» الزبال: الكَنَّاس. يُضرَب للمتجمِّل بما لا يتفق مع حالته ومهنته. وقد يُضرَب لمن يحوز نفيسًا لا يستحقه.

«الزِّبْدَهْ مَا تِطْلَعْشِ إِلَّا بِالْخَض» أي: الزبد لا يخرج من اللبن إلا بالخض. يُضرَب في أن اجتناء الثمرة لا يكون إلا بالعمل والكد.

«زِبْلَهْ وِيْقَاوِحِ التَّيَّارْ» انظر: «بعرة ويقاوح التيار» في حرف الباء المُوَحَّدة.

«الزُّبُونِ الزِّفْتْ يَا يْبَدَّرْ يَا يْوَخَّرْ» الزبون (بضمتين): من تعوَّد الشراء من التاجر فهو زبون ذلك التاجر. الزفت: القار؛ أي: الزبون الرديء الجاهل إما أن يبكر في مجيئه إلى الحانوت قبل فتحه أو ترتيب أعماله فلا يتيسر له ما يرغب، وإما أن يتأخر فتفوته أطايب السلع. يُضرَب لمن لا يباشر الأمور في أوقاتها.

«زُبُونِ الْعَتْمَهْ فْلُوسُهْ زَغَلْ» الزبون: المتعود الشراء من حانوت مخصوص. والفلوس: النقود. والزغل: المغشوشة. والصواب في العَتَمَة أنها بفتحتين، والعامة تسكن ثانيها. والمعنى أن الشاري المتعود الشراء في العتمة يستطيع غِشَّ البائع بالنقود المزيفة لصعوبة نقدها في الظُّلمة. يُضرَب لمن يتحين الأوقات التي تعينه على غش الناس.

«زَحْمِةِ الْعِيدْ يَا مَنْخُلْ» لأنهم في العيد يصنعون الكعك والفطير والخبز المُسَمَّى بالشريك فتشتد حاجتهم إلى المناخل. يُضرَب في اشتداد الحاجة إلى الشيء إذا حزب الأمر.

«زِدْنِي يَا نَقَاوِةْ عِينِي» أي: يا من انتقيتُه من بين الناس، بمعنى: انتخبته، وأصله على ما يروون أن أحد العُمَد؛ أي: دهاقين القرى سعى لشخص حتى أقيم مدبِّرًا لهم؛ أي: حاكمًا على ولايتهم، فكان أول ما باشره من الأمور أمره بِضرب هذا العمدة، فقال له ذلك. وهو يُضرَب لمن يُكَافَأُ على الإحسان بالإساءة.

«الزَّرْعَ اخْضَرْ وِالنَّاسْ أَخْبَرْ» يُضرَب للحديث العهد بالنعمة ينتحل مجدًا تليدًا. وقولهم: الزرع أخضر، معناه ما بالعهد من قدم ينسي الناس ما كنت فيه من بؤس وضعة.

«اِلزَّرْعْ إِنْ مَا غَنَى سَتَرْ» أي: إن لم يُغْنِ فإنه يُعين على ستر الحال ويسد الحاجة. يُضرَب في مدح الزراعة وبيان فائدتها.

«اِلزَّرْعْ زَيِّ الأَجَاوِيدْ يِشِيلْ بَعْضُهْ» لأن الكرام يساعد بعضهم بعضًا، فالزرع مثلهم إن ضعف بعضه في نمائه جاد بعضه؛ فيكون مجموعه مرضيا.

«اِلزَّرْعْ يِصْدِفَكْ مَا تِصْدِفُوشْ» أي: يجود مصادفة. يُضرَب فيما يجود من الزرع مع قلة العناية به.

«زَرَعْت سَجَرَةْ لَوْ كَانْ، وِسَقِتْهَا بِمَيِّةْ يَا رِيتْ، طَرَحِتْ مَا يْجِيشْ مِنُّهْ» السجرة: (بالمهملة): الشجرة؛ أي: زرعت «لو كان»، وسقيتها بماء «يا ليت»؛ فأثمرت «لا يفيد.» يُضرَب في أن التمني لا يفيد بعد نَفَاذِ المقدور. وانظر قولهم: «كلمة يا ريت ما عمرت ولا بيت.» وقولهم: «قولة لو كان تودي المرستان.» وقد نظم العرب المُوَلَّدون هذا المعنى قديمًا؛ فمنه ما أنشده صاحب الأغاني للنمر بن تولب:

بكرت باللوم تلحانا في بعير ضَلَّ أو حَانَا

عَلقَتْ لوًّا تكررها إن لَوا ذاك أعيانا

وراوه السَّيِّد مرتضى في شرح القاموس: «لوا مكررة»، وأنشد لغيره:

وقدما أهلكت لوٌّ كثيرًا وقبل القوم عالجها قدارُ

وأنشد أيضًا لأبي زبيد:

ليت شعري وأين مني ليتَإن ليتًا وإن لوا عناءُ

ورأيت في مجموع مخطوط لبعضهم:

سَبَقَتْ مَقَادِيرُ الإلهِ وحكمُهُ فَأَرِحْ فُؤَادَكَ مِنْ لَعَلَّ وَمِنْ لَو

وقال البحتري في شكوى الزمان:

ذهبَ الكرامُ بأسرِهِمْ وبقي لنا ليت ولَو

«اِلزَّعْبُوطِ الْعِيرَهْ يِبَانْ مِنْ لَم دِيلُهْ» الزعبوط (بفتح فسكون): ثوب واسع من الصوف واسع الأكمام طويلها غير مشقوق من الأمام يُلْبَس في الريف. والمراد: بالعيرة (بالكسر): العارية. والمعنى: أن الثوب المستعار يعرف بقلة اكتراث لابسه بضم ذيله؛ أي: رفع طرفه عن الأرض؛ لأنه لا يهتم به كاهتمامه بثوبه. وانظر في معناه: «اللي ما هو لك يهون عليك.» وقريب منه قول العرب في أمثالها: «ليس عليك نسجه فاسحب وجره.»

«**الزَّعْرَهْ يِنِش عَنْهَا الْمَوْلَى**» ويروون: «يحوش» بدل ينش، والمراد: يدفع. والزعراء؛ أي: التي لا ذَنَبَ لها. وينش: يطرد عنها الذباب. والمعنى: الله وَلِيُّ العاجز يدفع عنه.

«**زَعَلُهْ عَلَى طَرْفْ مَنَاخِيرُهْ**» أي: غضبه على طرف أنفه. يُضرَب للسريع الغضب من أقل بادرة. وإنما كنوا بهذا عن هذه الحالة؛ لأن من عادتهم إذا أرادوا إغاظة الأَبْكَم أن يحك له أحدهم بإصبعه على أنفه فيغضب. ولهذا قالوا للسريع الغضب في مثل آخر: «زَيِّ الأخرس لما يحكوا له على طرف مناخيرهم» وسيأتي. والعرب تقول في أمثالها: «ملحه على ركبته.» وتضربه للذي يغضب من كل شيء سريعًا ويكون سيِّئ الخلق؛ أي: أدنى شيء يبدده، أي ينفره، كما أن الملح إذا كان على الركبة أدنى شيء يبدده ويفرقه، كذا في أمثال الميداني.

«**الزَّغَارِيطْ بِالْمَحَبَّهْ وِالنُّقُوطْ بِالْغَرَضْ**» الزغاريط: جمع زغروطه، وهي صوت تخرجه المرأة من فمها بتحريك إصبعها فيه، وأصلها من زغردة البعير. والنقوط: جمع نقطة، وهو ما يُعْطَى من الهدايا لأصحاب العرس، أو من النقود للمغنيات والراقصات. يُضرَب في أن الشيء إنما يعمل بميل النفس وارتياحها لا بالتكلُّف.

«**الزَّغَارِيطْ تِبْقَى عَلَى رَاسِ الْعَرُوسَهْ**» الزغاريط: جمع زغروطه، وهي صوت تخرجه المرأة من فمها بتحريك إصبعها فيه، وأصلها من زغردة البعير. ومعنى تبقى: تكون؛ أي: الوجه أن تؤخر الزغاريط إلى أن تُزَفَّ العروس فيصاح بها على رأسها. يُضرَب للشيء يُعْمَلُ قبل حلول أوانه.

«**الزَّقْلْ بِالطُّوبْ وَلَا الْهُرُوبْ**» الزقل: الرمي. والطوب: الآجُرُّ. والمراد هنا: مطلق الحجارة. يُضرَب في تفضيل تحمل الأذى على تحمل عار الفرار، فهو في معنى: «النار ولا العار.» وهو مَثَلٌ قديم عند العامة، رواه الأبشيهي في المستطرف بلفظ: «الرجم» بدل الزقل.

«**زَمَّارِ الْحَي مَا يِطْرِبْشْ**» وذلك لتعوُّد أهل الحي سماع زمره. وفي معناه قول بعضهم:

لا عَيْبَ لي غيرَ أنِّي من ديارِهم وزامرُ الحيِّ لا تُشجي مَزَامِرُه

«**الزَّمَّارْ مَا يْخَبِّيشْ دَقْنُهْ**» انظر: «اللي يزمر ما يغطيش دقنه.»

«**الزَّمَانْ دَهْ يَاللهْ هِدُّهْ لَمَّا الرَّاجِلْ يِغْضَبْ وِالسِّتّ تْرُدُّهْ**» الهد: الهدم، وهو فصيح. والراجل: الرجل. والست: السيدة، ولمَّا هنا بمعنى: حتى؛ أي: اللهمَّ امْحَق هذا الزمان؛ فقد فسدت فيه الطباع وانعكست الأحوال حتى صار الرجل يغضب من زوجته، فيهجرها وتسعى هي لردِّه، وإنما إظهار الغضب والتدلل من شأنها لا من شأنه …

«**الزَّمَانْ يِقَلِّبْ وِيْعَايِرْ**» المراد بالقلب: قلب القمح في حجر الطاحون. والمراد بالعيار: عيار الدقيق النازل لتنعيمه أو تخشينه. والمراد: الزمان يفعل بالناس أفاعيله.

«الزِّنَادِ الصُّلْب يْوَلعْ مِنْ قدْحُهْ» الصُّلب: نوع من الحديد فيه صلابة؛ ولهذا سموه بذلك. والزناد المتخذة منه إذا قدحت لا تخيب. يُضرَب للقويِّ الماضي الأمور. والزناد في الأصل: جمع زند، ولكن العامَّة تستعمله في المفرد. ومعنى يولع: يشعل.

«زَيِّ الإبْرَهْ تِكْسِي النَّاسْ وهِيَّ عِرْيَانَهْ» يُضرَب لمن يعمل لنفع غيره بلا فائدة تعود عليه. وقد أورده الأبشيهي في «المستطرف» في أمثال العامة والمولدين برواية «كالإبرة تكسو الناس وهي عريانه.» وأورده الميداني في أمثال المولَّدين بهذه الرواية، ولكن بزيادة كلمة. وقريب من معناه قول بعضهم:

أُحَمِّلُ نفسي كلَّ وقت وساعةٍهمومًا على من لا أفوز بِخَيْرِهِ

كما سَوَّدَ القَصَّارُ في الشمس وجهَهُ حريصًا على تبييض أثوابِ غَيْرِهِ

وفيه نظر ؛ لأن القصار يفعل ذلك للكسب.

«زَيِّ أَبْرِيقِ الْحِمَلِي دَايْمًا يِرْشَحْ» ويُرْوَى: «ينز» بدل يرشح، والمعنى واحد. والحِمَلي (بكسر ففتح): بائع الماء في الأسواق، وكون إبريقه لا ينفكُّ ينضح؛ لأنه لا يخلو من الماء. يُضرَب للثَّرْثَار.

«زَيِّ ابْنِ الْعَنْزَهْ يِعَيَّطْ والْبِز في حَنَكُهْ» العِيَاط: البُكَاء والصِّيَاح. والبِزُّ: الثدي، والمراد هنا: حَلَمَة الضرع. والحنك: الفم. يُضرَب لمن يكثر الصياح والشكوى ومطلوبه في يده.

«زَيِّ ابُو قِرْدَانْ أَبْيَضْ وعِفِشْ» أبو قردان (بكسر القاف وسكون الراء): طائر أبيض أسود الرجلين نافع في المزارع؛ لأنه لا يأكل إلا الدود. ومعنى عِفِش: قذر لأكله الدود. يُضرَب للحسن الظاهر القذر الباطن.

«زَيِّ ابُو قِرْدَانْ صَايِمْ عَنْ زَادِ الدُّنْيَا» لأنه لا يأكل إلا الدود، فلا يشارك الناس في طعامهم. يُضرَب للزاهد المتعفف عما بأيدي الناس.

«زَيِّ الأَخْرَسْ لَمَّا يِحُكُّوا لُهْ عَلَى طَرْفْ مَنَاخِيرْهُمْ» يُضرَب للسريع الغضب من أقل بادرة، فهو كالأبكم يغضب إذا حك له أحدهم بإصبعه على أنفه؛ أي: لأقل سبب. ومن العادة إذا فعل أحدهم ذلك أمام الأبكم أن يغضب غَضَبًا شديدًا، وهم يفعلونه إذا أرادوا الاستهزاء بالبُكْم وإثارتهم. وانظر قولهم: «زعله على طرف مناخيره.» والعرب تقول في أمثالها للسريع الغضب: «مِلحه على ركبته.» وسبق الكلام عليه في شرح قولهم: «زعله ...» إلخ.

«زَيِّ الأَغْوَاتْ يِفْرَحُوا بِوْلَادِ اسْيَادْهُمْ» الأغوات جمع أغا: والمراد بهم هنا الخصيان. والولاد (بكسر الأول): الأولاد. والخصيان يسرون ويفخرون بأولاد سادتهم؛ لأنهم لا أولاد لهم. ومثله من أمثال

العرب: «كالفاخرة بحدج رَبَّتِها.» والحدج: مَرْكَب ليس برحل ولا هودج تركبه النساء. يُضرَب لمن يفخر بما ليس له فيه شيء.

«**زَيِّ أَكْلِ الْحِمِيرْ فِي النِّجِيلْ، لَا الْحُمَارْ بِشْبَعْ وَلَا النِّجِيلْ يِفْرَغْ**» النجيل: نبت تستطيبه الدوابُّ فمهما تشبع منه لا ترجع عنه، وكونه لا ينتهي لأنه كثير في الريف. يُضرَب للشيء لا يَنْتَهِي ولا يُنتهى عنه. وقد نظمه الشيخ محمد النجار المتوفى سنة ١٣٢٩هـ في زجل يقول فيه:

وفر عليك نفسك بلا قال وقيلْ لا فائده لا عائده لا سبيلْ

زَيِّ الحمير تاكل كتير في النجيلْ ولا النجيل يفرغ ولا يشبعوشْ

«**زَيِّ اللِّي رَقَص فِي السَّلَالِمْ؛ لَا اللِّي فُوقْ شَافُوهْ، وَلَا اللِّي تَحْتْ شَافُوهْ**» يُضرَب لمن يحاول أمرًا يذكر به فيفعله في الخفاء، فهو كالرقص في السلم لا يراه من في أعلى الدار ولا من في أسفلها، فكأنه لم يفعل شيئًا.

«**زَيِّ اللِّي هِيَّ لُقْمِةْ عِرْس يَاكُلْهَا وِيِنْسِلِتْ**» انسلت بمعنى: انصرف بسرعة وفي خفاء. يُضرَب لمن ينقطع عن الزيارة إذا نال مأربًا كان يطمح إليه، فهو كالذي يحضر وليمة وينصرف إذا طعم.

«**زَيِّ أُمِّ الْعَرُوسَهْ فَاضْيَهْ وِمَشْبُوكَهْ**» أي: خالية ومشغولة؛ لأن العرس لغيرها وهي مشغولة البال به.

«**زَيِّ أُمِّ قْوِيقْ مَا تِهْوَى إِلَّا الْخَرَايِبْ**» أم قويق (بالتصغير): البومة، وهي تهوى الخراب عادة. يُضرَب لمن ينفر من مخالطة الناس وسكنى البلدان، ويجنح للعزلة في القرى والبوادي.

«**زَيِّ الْبَدَوِي مَا يْفُوتْشْ تَارُهْ**» لأن البدو اشتهروا بذلك. يُضرَب لمن هذا دأبه.

«**زَيِّ الْبَدَوِي يْقُولْ: وِشَّكْ وِالْبِل، ضَهْرَكْ وِالْبِل**» البل (بالكسر) من لغة البدو، والمراد: الإبل. يُضرَب لمن يعظم قلبه للتفاخر، فهو كالبدوي الذي يسوق ناقة واحدة ويوهم الناس بصياحه أنها إبل كثيرة يدعوهم للاحتراس منها بإخلاء الطريق لها لئلا تدفعهم في وجوههم أو ظهورهم.

«**زَيِّ الْبَرَابْرَهْ يِتْكَلِّمُوا وِوَاحِدْ بِسْمَعْ**» البرابرة: يريدون بهم سكان النوبة، وهم كثيرو الكلام إذا اجتمعوا. يُضرَب للقوم الكثيري الصخب والجلبة.

«**زَيِّ بَرَاغِيتِ الْقَنْطَرَهْ عُرْيْ وِزَنْطَرَهْ**» الزنطرة (بفتح فسكون ففتح): التعالي والتبجح. والمراد: مثل البراغيث لا ثياب عليها ومع ذلك تثب من هنا إلى هنا، وخصوا ذلك بالتي بالقناطر؛ لأنها عارية فيها ليس لها ما يسترها لا كالتي في الدور الكامنة في الفرش والثياب. يُضرَب للصعلوك المتبجح بما هو فوق قدره المتنقل في مجالس القوم.

«زَيِّ بَرَاغِيتِ الْوِكَالَة يُحُطوا الرَّك عَلَى الْبَيَّاتَهْ» الوكالة (بكسر الأول): الفندق الرخيص المُعَدُّ للفقراء. والرك (بفتح الأول وتشديد الثاني): السند الذي يُعَوَّل عليه؛ أي: مثل براغيث الفندق تجعل معولها على من يبيت فيه. وانظر في معناه: «زَيِّ البراغيت يتلموا ع الضيف» و«زَيِّ البرغوت يتعشى بالخاطر.»

«زَيِّ الْبَرَاغِيتْ يِتْلَمُّوا عَ الضِّيفْ» اتلم عندهم بمعنى: اجتمع، وانظر: «زَيِّ براغيت الوكالة ...» إلخ.

«زَيِّ بَرْجَاسِ الْكِلَابْ عَفَرَهْ وِقِلَّةْ قِيمَهْ» البرجاس عندهم: حلبة السباق، ومسابقة الكلاب لا يكون منها إلا إثارة الغبار لشيء لا قيمة له.

«زَيِّ الْبَرْغُوتْ يِتْعَشَّى بِالْخَاطِرْ» هو من أمثال أهل الصعيد، والخاطر عندهم القادم؛ أي: الضيف. يُضرَب لمن يضيف إنسانًا لينتفع منه ويسلبه ما معه. وانظر: «زَيِّ براغيت الوكالة ...» إلخ.

«زَيِّ بِرْكِةِ الْفِسِيخْ كُتْرَه وْنَتَانَهْ» الفسيخ: سمك مملح كريه الرائحة معروف بمصر؛ يعالج بطمره في حفرة وقتًا معلومًا فتُشم منها رائحة منتنة وقتَ طمرِه. يُضرَب للقوم يَكْثُرُون في مكان واحد وتكثر فيهم القذارة.

«زَيِّ الْبَصَلْ مَحْشُورْ فِي كُل طَعَامْ» ويُروَى: «زَيِّ الملح»، والملح أكثر استعمالًا في الأطعمة من البصل. ويُروى: «زَيِّ البقدونس.» يُضرَب للمتطفل الكثير الغشيان للمجالس والالتصاق بالناس.

«زَيِّ بَعْجَرْ أَغَا مَا فِيهْ إِلَّا شَنَبَاتْ» بعجر: اسم مُخْتَرَع. والأغا: العظيم من الترك. والشنبات: جمع شنب، وهو عندهم الشارب؛ أي: ليست فيه فضيلة إلا غلظ شاربيه وطولهما، وكفى به خزيًا أن تكون هذه فضيلته. يُضرَب للجاهل الغبي يظن فضل المرء بهذه الظواهر التي لا طائل تحتها.

«زَيِّ الْبَغْلِ الشَّمُوشْ؛ اِللِّي يِمْشِي قُدَّامُه يْعُضُّهْ، وِاللِّي يِمْشِي وَرَاهْ يُرْفُصُهْ» الشموس: يريدون به الشموس (بالسين المهملة في آخره)، ولا يستعملونه إلا في الأمثال ونحوها. والرفص: الرفس. يُضرَب لمن لا يسلم مصاحبه من أذاه في حال من الأحوال.

«زَيِّ الْبَقَرَهْ الْبَلْقَهْ» أي: مشهور يعرف من بين الناس، وإنما شبهوه في ذلك بالبقرة البلقاء؛ لأن البلق قليل في دواب مصر. وأهل الشرقية يقولون: «زَيِّ البقرة اللبطة.» واللبط عندهم البلق. والعرب تقول: «وأشهر من الفرس الأبلق» و«وأشهر من فارس الأبلق.» وفي كتاب «ما يُعوَّل عليه في المضاف والمضاف إليه» للمحبي: «شهرة الأبلق، يقال: أشهر من الفرس الأبلق لقلة البلق في العرب؛ ولأنه إذا كان في ضوء ظهر سواده وإذا كان في ظلمة ظهر بياضه، ويقال أيضًا: أشهر من فارس الأبلق.» انتهي. وللأعشى:

تَعَالَوْا فَإِنَّ الْحُكْمَ عند ذوي النُّهَى من النَّاس كالبَلْقَاءِ بَادَ حجولُهَا

«زَيِّ بَلَدَ ابُو رَاضِي؛ إِلْمِشَنَّهْ مَلْيَانَهْ وِالسِّر هَادِي» انظر: «من عيلة أبو راضي ...» إلخ في الميم.

«زَيِّ بُنْدُقِ الْعِيدْ مِزَوَّقْ وِفَارِغْ» لأن المعول في بندق العيد على تزويقه وتلوينه، لا على جودته فيوجد فيه الفارغ. يُضرَب للحسن المنظر السيئ المَخْبَر.

«زَيِّ بُهْرُجَانِ التَّرْبِيعَهْ؛ شَعْرِةْ رِيحْ تِهِزُّهْ» البُهْرُجَان (بضم فسكون فضم): شريط مُذَهَّب رقيق جدًّا يُتَّخَذ من المعدن يتحرك بأقل ريح تُزَيَّن به رءوس العرائس في القرى ورءوس الصبيان في مواكب ختانهم. والتربيعة: محلة بالقاهرة يباع فيها العطر، ومن عادة العطارين تعليق البهرجان في حوانيتهم لبيعه فيسمع المار بها حفيفه لأقل ريح تصيبه. ومعنى شعرة ريح: أقل ما يكون منها. يُضرَب للجبان الفروقة يفزعه أقل شيء.

«زَيِّ بَوَّابِةْ جُحَا؛ وِسْعْ عَلَى قِلِّةْ فَايْدَهْ» جُحا (بضم أوله): مضحك معروف. والبوابة (بفتح الأول والواو المشددة): الباب الكبير. والمراد بهذه البوابة: باب يراه الحجاج بالصحراء في طريق الحج يزعمون أنه من بناء جحا فيضحكون عند رؤيته. يُضرَب للشيء ليس منه فائدة كالباب يُبْنَى في الصحراء عبثًا. وانظر أيضًا قولهم: «يكفاه نعيرها.» فهو عن دولاب للماء عمله جحا المذكور يشبه هذا الباب في عدم الفائدة.

«زَيِّ بَيَّاعِ الْبِدِنْجَانْ مَا يْهَادِي صَاحْبُهْ إِلَّا بِالسُّودَهْ» البدنجان (بكسرتين فسكون): الباذنجان. والسودة: السوداء. يُضرَب لمن لا يجيء منه إلا القبيح؛ أي: هو كبائع الباذنجان إذا أهدى صاحبه منه تخير السوداء؛ لأنها تامة النضج. والسواد لون غير مرغوب فيه.

«زَيِّ التُّرْكِي الْمَرْفُوتْ يِصَلِّي عَلَى مَا يِسْتَخْدِمْ» «على ما» يريدون بها: إلى أن. والمرفوت: المفصول من منصبه. والمراد: أنه لا يعرف ربه ويلازم صلواته إلا إذا طرد، فإذا أُعِيد إلى الاستخدام رجع لعتوّه وترك التعبد. يُضرَب لمن يكون هذا شأنه في حالتي العسر واليسر.

«زَيِّ التَّعَابِينْ كُل مَنْهُو يِجْرِي عَلَى بَطْنُهْ» لأن الثعابين تمشي زحفًا على بطنها، والمراد: تشبيه الإنسان بها في سعيه على قُوتِه؛ لأنهم يقولون: فلان يجري على بطنه أو قوته؛ ففيه التورية.

«زَيِّ التِّعْبَانْ يُقْرُصْ وِيلْبَدْ» انظر: «زَيِّ العقربة ...» إلخ.

«زَيِّ تَنَابْلِةِ السُّلْطَانْ؛ يُقُومْ مِنِ الشَّمْسْ لِلضِّل بِعَلْقَهْ» التنابلة: جمع تنبل (بفتح فسكون ففتح)، وهو عندهم: الكسول، والعلقة (بفتح فسكون): الوجبة من الضرب. والمراد بتنابلة السلطان: من تَكَفَّل بأرزاقهم لفقرهم وعجزهم عن العمل؛ أي: لا ينتقلون من الشمس إلى الظل إلا إذا ضُرِبُوا، مع أن انتقالهم إلى الظل في مصلحتهم. يُضرَب لمن استغرق في الكسل.

«زَيِّ جِدْيِ الْمَرْكِبْ إِنْ عَامِتْ قَرْقَشْ وِانْ غِرْقِتْ قَرْقَشْ» أي: هو كالجدي في السفينة يأكل مما فيها من الحب عامت أو غرقت. ويُروَى: «وحلت» بدل غرقت، الظاهر أنه الأصح. ومعناه غرزت في الطين. ويُروى «زَيِّ فيران المراكب ...» إلخ. يُضرَب للعاطل يشارك القوم في طعامهم في حالتي الأمن والفزع ولا يشاركهم في العمل.

«زَيِّ الْجَزَّارْ كَرِيهُه اللِّي يِشْتَر» يشترُّ: يَجْتَرُّ. والجَزَّار يذبح المريض الذي لا يجترُّ، وأما الصحيح الذي يجترُّ فإنه يفوته ولذلك يكرهه.

«زَيِّ الْجِمَالْ حَنَكُهْ فِي كُدْيَهْ وِعِينُهْ فِي كُدْيَهْ» الكديه (بضم فسكون): يريدون بها الكُتْبَة الملتفة المجتمعة من النبت في الأرض. والحنك (بفتحتين): الفَمُ. يُضرَب للطمع الذي لم ينفد ما في يده وعينه طامحة لغيره.

«زَيِّ جَمْعِيِّةِ الْغِرْبَانْ أَوِّلْهَا كَاكْ وِآخِرْهَا كَاكْ» كاك: حكاية صوت الغراب؛ أي قوله: غاق. يُضرَب لمن شأنهم في الاجتماع الجلبة والصياح في أوله وآخره بلا فائدة.

«زَيِّ الْجَمَلْ اِللِّي يِحْرِتُهْ يِبَطَّطُهْ» لأن الجمل إذا استُعْمِل في الحرث يفسد ما حرثه بوطء خفه، فهو لا يصلح للحرث. يُضرَب لمن يتعب في عمل شيء ثم يُفْسِد ما يعمله.

«زَيِّ الْجَمَلْ نَاعِمْ وِيَاكُلِ الْخِشِنْ» المراد: فم الجمل؛ لأنه مع نعومته يستطيع به أكل الشوك.

«زَيِّ الْجَمَلْ يِمْشِي وْيِحْدِفْ لِوَرَا يِبَيِّنْ عُيُوبِ النَّاسْ وِعُيُوبُهْ مَا يَرَى» ويُروى: «يخطر» بدل يحدف. ومعنى يحدف: يرمي برجله إلى وراء في مشيه، وهو عيب؛ أي: هذا المُظهر لعيوب الناس لا يرى عيوبه، فهو كالجمل في مشيه لا يرى رميه بقدمه؛ لأنها خلفه فيظن نفسه خاليًا من العيوب.

«زَيِّ الْجِمِّيزْ كَلَامُهْ يُغُم عَ الْقَلْبْ» الجميز: ثمر شجرة معروفة شبيه بالتين في شكله، والإكثار منه قد يحدث غثيانًا، وهم يقولون: غمت نفسي: إذا غثت. والقلب عندهم المعدة. والمراد تشبيه كلام الفدم الثقيل بالجميز في غثيان النفوس منه.

«زَيِّ جِنْدِي الْمَقَاتَهْ يِخَوِّفْ مِنْ بِعِيدْ» جندى المقاتة؛ أي: المقثأة، هو الخيال الذي يُنْصَب في الزرع على هيئة الرجل لتفزيع الطير، وقد يراه الشخص من بعيد فيظنه رجلًا تُخْشَى بوادره حتى إذا دنا منه ظهرت له حقيقته. يُضرَب لمن تغر ظواهره فَيُخْشَى وهو بعيد، فإذا خولط رُئِي بعكس ذلك.

«زَيِّ الْجُوزْ مَا يْجِيشْ إِلَّا بِالْكَسْرْ» الجوز معروف ولا يمكن الوصول إلى لبه إلا بفدغ قشره. يُضرَب لمن لا يصلح إلا بالشدة.

«زَيِّ الْحَاكِمْ مَالُوشْ إِلَّا اللِّي قُدَّامُهْ» أي: هو مثل الحاكم لا يؤاخذ إلا من حضر أمامه من المجرمين، وقد يكون فيمن غاب من هو أشد إجرامًا وأولى بالعقوبة.

«**زَيِّ حَدّادِ الْكفار حَيَاتَهْ وْمُوتَهْ فِي النّارْ**» لأن الحداد في الدنيا مجاور للنار، وإذا كان كافرًا بالله فسيصلاها في الآخرة. يُضرَب لسيئ الحال في الكونين.

«**زَيِّ الْحَدِيدْ نِقْطَعْ فِي بَعْضْ**» يُضرَب للقوم يُسِيء بعضهم بعضًا، فهم كالحديد يقطع الحديد؛ إذْ لا يقطعه سواه.

«**زَيِّ الْحُرْمَهْ الْمِفَارْقَهْ لَا هِي مِطَّلَقَهْ وَلَا هِي مْعَلَّقَهْ**» أي: مثل المرأة التي فارقت زوجها لا هي مُطَلَّقة فتصنع ما تشاء ولا هي معلقة؛ أي: كائنة مع زوجها. يُضرَب للحائر في أمره الذي لا نعرف له وجهًا يستقر عليه.

«**زَيِّ الْحُمَارْ مَا يْجِيشِ إِلَّا بِالنَّخْسْ**» ما يجيش، يعني: لا يطيع. يُضرَب لمن لا يطيع إلا بالشدة كالحمار، فإنه لا يسير إلا بنخسه.

«**زَيِّ الْحُمَارْ يِحِب شِيلِ التَّلَالِيسْ**» هو في معنى قولهم: «يموت الطور ونفسه في حكة في الصُّدُود.» وسيأتي في الياء آخر الحروف؛ أي: يجب حمل ما يتعبه ويبحث عنه لتعوده عليه.

«**زَيِّ الْحَمَامْ يِغْوَى ابْرَاجِ ابْرَاجْ**» يغوى هنا بمعنى: يألف. والبرج معروف؛ أي: هو مثل الحمام يألف برجًا فيسكنه، ثم ينتقل لبرج آخر. يُضرَب لمن لا تدوم مودته.

«**زَيِّ حْمِيرِ التَّرَّاسَهْ يِتْلَكِّكْ عَلَى قُولِةْ هِس**» التَّرَّاسَة: الذين ينقلون على حميرهم بالأجر، ويتلكَّك يُرْوَى بدله: «يتلزز»، ومعناهما: يستند؛ أي: مثل هذه الحمير لكثرة ما تعاني على سماع هس فَتَقِف، وهو زجر للدواب لتقف. يُضرَب لمن يستند على أقل سبب لإبطال عمله.

«**زَيِّ حْمِيرِ الْعِنَبْ تِشِيلُهْ وَلَا تْدُوقُهْ**» لأن العنب ليس من مأكول الحمير، فهي تحمله مُسَخَّرَة ولا تَذُوقه. يُضرَب لمن يُسَخَّر في أمر لا يعود عليه شيء منه.

«**زَيِّ حْمِير الْغَجَرْ يِنْهَقُوا وْهُمَّا نَايْمِينْ عَلَى جَنْبُهُمْ**» الغجر: فئة معروفة تطوف القرى بحميرها ودجاجها، فإذا حلوا قرية نزلوا بقربها بقضهم وقضيضهم، وإنما تنهق حميرهم وهي نائمة لشدة تعبها. يُضرَب لمن يقتصر على الصخب والجلبة وهو قاعد لا يتحرك للعمل.

«**زَيِّ الْخَرُّوبْ قِنْطَارْ خَشَبْ عَلَى دَرْهِمْ سُكَّرْ**» يُضرَب لما نفعه أقل من جرمه.

«**زَيِّ الْخَمَلْ يِرْكَبِ الْعَيَّانْ**» الخمل (محركًا): نوع من القمل يصيب الدجاج والماشية. وهو يصيب المريض فيزيده ضعفًا. يُضرَب لمن يتطاول على الضعيف لضعفه. وانظر: «زَيِّ الدِّبَّان يعف ع الضعيف.»

«زَيِّ الْخَنْفَسْ لَا يِتَاكِلْ وَلَا يِتْلِعِبْ فِيهْ» لأن الخنافس قبيحة المنظر لا يستطيع الإنسان أن يلهو بها، ولا هي مما يُؤْكَل، فهي عديمة النفع على أي حال في الجد واللعب. انظر أيضًا: «زَيِّ ولاد الحداية ...» إلخ.

«زَيِّ الْخُنْفُسْ يِتْكَعْبِلْ فِي الْمِشَاقْ» المشاق (بكسر أوله): دقاق الكتان. واتكعبل معناه: نشب في نحو حبل، أو عثر بشيء فوقع، والعادة في الخنافس أنها إذا عثرت في دقاق الكتان نشبت أرجلها به، ولم تستطع التخلص منه ولا المشي. يُضرَب لمن يرتبك من أقل شيء.

«زَيِّ الْخَوَلِ الرِّيفِي» الخول (بفتحتين): الرقَّاص يَتَزيَّى بزيِّ النساء ويُسْتَأْجَرُ للرقص بالأعراس، وإذا كان ريفيًّا كان أقبح حالًا وأسمج. يُضرَب للمتخلع في مشيته المتفكك مع قبح وسماجة.

«زَيِّ خِيلِ الطَّاحُونْ لَا عَافْيَهْ وَلَا نَضَرْ» النضر: النظر. يُضرَب لمن عجز عن العمل وضعف نظره وذهب الانتفاع به، فهو كخيل الطاحون؛ لأنهم يستخدمون بها الضعاف من الدواب لرخص ثمنها حتى التي عُميَت فإنها تصلح لإدارتها.

«زَيِّ الْخَيْلَه الْكَدَّابَهْ» يقولون: «فلان داير زَيِّ الخيله الكدابه.» أي: لا يستقر يروح ويجيء. ومرادهم بالخيلة اشتغال النظر برواحه ومجيئه؛ أي: رؤية خياله ذاهبًا آتيًا، والمراد بالكدابة هنا: التي لا فائدة منها تعود.

«زَيِّ الدِّبَّانْ يِعف عَ الضَّعِيفْ» الدبان (بكسر الأول وتشديد الموحدة): الذباب. ويعف معناه: يجتمع ويتهافت؛ وذلك لأن الضعيف يعجز عن طرده. يُضرَب لمن يتحامل على الضعيف ويظلمه لعجزه عن مناهضته، وهو من أقبح الظلم. وانظر: «زَيِّ الخمل يركب العيان.»

«زَيِّ الدَّبُّورْ يِدِنِ بَلَاشْ» الدَّبُّور (بفتح أوله وضم الموحدة المشددة): الزنبور، ويدنُّ؛ أي: يَطِنُّ. فهو محرف عنه بقلب الطاء دالًا. والأكثرون يقولون فيه: «يزن» بالزاي، ولا يبعد أن يكون «يدن» محرفًا عن هذا توهمًا أن الزاي ذال، وهي تقلب عندهم دالًا مهملة. وقولهم: بلاش (بفتحتين) أي: بلا شيء. يُضرَب لمن يتطوع للكلام أو نحوه مجانًا ويورث السأم سامعيه.

«زَيِّ الدُّخَّانْ يُخْرُجْ مَا يِرْجَعْ» أي: إذا خرج الدخان من نافذة ونحوها لا يعود. يُضرَب لمن ديدنه الإفلات من المكان الذي يكون به وعدم العود إليه.

«زَيِّ دَكَاكِينْ شُبْرَا وَاحْدَهْ مَقْفُولَهْ وِالتَّانْيَه مْعَزِّلَهْ» لأن شبرا كانت قبلًا قليلة السكان قليلة الأخذ والعطاء، فحوانيتها بين مقفل وبين مُزْمَع على إقفاله، وهم يعبرون بالتعزيل عن إغلاق التاجر حانوته في آخر النهار. والمراد هنا: العزم على التعزيل.

«زَيِّ الدِّلْوْ» يُضرَب للغبيّ البليد الذي لا يحل ولا يبرم حتى يحركه محرك، فهو كالدلو تُنْقَل من هنا إلى هنا من غير شعور.

«زَيِّ دِيكِ الْخَمَسِينْ عِرْيَانْ وِمْزَنْطَرْ» الزنطرة (بفتح فسكون): التعالي والتبجح والتكبر. والخَمَسِين (بفتحتين): خمسون يومًا من الحسوم معروفة بمصر تكون قبل شم النسيم، وفيها تُرَبَّى أنواع الدجاج والإوز تُسَمَّن لتُذْبَح في شم النسيم. والديوك العريانة، وهي التي لا ريش عليها خلقة تسمن وتعظم عن غيرها. يُضرَب للصعلوك المتبجح المتعالي وهو عريان لا يجد ما يستره.

«زَيِّ الرُّهْرِيطْ لَا يِبْنِي وَلَا يْسِدِّ خْرُوقْ» الرهريط (بضم فسكون مع إمالة الراء الثانية): الروبة التي تكون في قاع الخلجان عقب نضوب الماء، وتكون عادة غير متماسكة فلا تفيد في البناء ولا في سد شقوق الحيطان. يُضرَب لمن لا فائدة تنتظر منه. وبعضهم يقتصر على قوله: «زَيِّ الرُّهرِيط.» ويقصدون به تشبيه الشخص الرخو الذي لا عمل له ولا فائدة منه.

«زَي رَوَايِحْ أَمْشِيرْ كُل سَاعَهْ فِي حَالْ» الروايح يريدون بها جمع ريح. وأمشير: شهر من الشهور القبطية تكثر فيه الرياح في أيام دون أخرى. يُضرَب للمتقلِّب المتغير الطباع أو الأحوال.

«زَيِّ الزَّقَازِيقْ كُل مَنْهُو شُوكْتُهْ فِي ضَهْرُهْ» الزقازيق: جمع زقزوق (بفتح فسكون فضم)، وهو نوع من السمك صغير له شوكة بظهره وشوكتان في جانبيه. يُضرَب للجماعة ينفرد كل واحد منها بشأنه ويتبع رأيه وهواه.

«زَي زِيتِ الْغَارْ كُلُّهْ مَنَافِعْ» الغار: شجر معروف له دهن نافع في الطب يذكره الأقدمون. يُضرَب في كل ما كثر نفعه.

«زَي سَاعِي الْيَهُودْ مَا يْوَدِّي خَبَرْ وَلَا يْجِيبْ خَبَرْ» وذلك لاعتقادهم في اليهود أنهم لا يصلحون لشيء. ويودي أصله: يؤدي. ويجيب؛ أي: يجيء بكذا.

«زَيِّ السَّبَّاغْ تَنَاهْ عَلَى ضَهْرْ إِيدُهْ» السباغ (بالسين المهملة): يريدون به الصباغ. والتنا (بفتحتين): الأصل، أو العرض. والمراد هنا: علامة المهنة التي تدل على الشخص، فالصباغ تظهر مهنته على ظهر يده؛ لأنها تكون ملوثه بالأصباغ فَيُعْرَف بها. يُضرَب لمن فيه ما يدل على أصله أو مهنته، ويرويه بعضهم: «زَيِّ العبد» بدل السباغ، والمراد العبد الأسود، ولعلهم يريدون أن ظهر يده أسود يدل على أصله. أو أن يده مَجَلَتْ من العمل فدلت على مهنته.

«زَيِّ السَّفَافِيرْ عُقْلَه وْغَلَبَهْ» السفافير عندهم جمع سُفَّارة (بضم الأول وتشديد الفاء)، وهي الصفارة التي ينفخ فيها. ومعنى العقلة (بضم فسكون): الأنبوب من القصب. والغلبة (بفتحتين): كثرة الصياح والجلبة؛ أي: هي أنبوب صغير وصوتها كبير وعالٍ. يُضرَب لمن صياحه ودعواه فوق قدره.

«زَي سَلَامِ الْمَوَارْدِي عَلَى الْفَسَخَانِي» الموارْدي: بائع العطر نسبة لماء الورد، والفسخاني (بفتحتين): بائع الفسيخ، وهو السمك المملح الكريه الرائحة المعروف بمصر، فسلام بائع العطر على بائع هذا السمك لا يحتاج لوصف. يُضرَب لوصف سلام المُعْرِض المقتصر على الضروريّ من الألفاظ.

«زَي سُلْطَانِيِّةِ الْمِش كُلّ سَاعَةْ فِي الْوِش» السلطانية: وعاء من الغَضَار الصيني، والمش (بكسر الأول وتشديد الثاني): الجبن القديم المخزون، والوِّش بهذا الضبط: الوجه، والريفيون إنما يعتمدون في الإدام على هذا النوع من الجبن، فوعاؤه أمام وجوههم في أكثر الأحيان. يُضرَب للمُبْغَض الملازم الذي لا يغيب عن العين. ويُروَى: «زَيِّ المش ...» إلخ بدون ذكر السلطانية.

«زَي سَلَّاقِينِ الْبِيضْ أَوِّلْ بِأَوِّلْ» أول بأول: يريدون به الإتيان على الشيء وعدم الإبقاء عليه. يُضرَب في الفقراء ليس عندهم ما يبقى، بل ما يأتيهم يذهب عند الحصول عليه لقلته واحتياجهم إليه؛ أي: هم في ذلك كمن يسلق البيض يلقيه في الماء الغالي ويخرجه ثم يلقي سواه.

«زَيِّ السَّمَكْ إِنْ طِلِعْ مِنِ الْمَيَّهْ مَاتْ» يُضرَب لمن يلازم الشيء لا يفارقه، فكأنه السمك في ملازمته الماء وموته إذا فارقه.

«زَيِّ السَّمَكْ يَاكُلْ بَعْضُهْ» يُضرَب للأقارب يؤذون بعضهم بعضًا بالقول أو بالفعل.

«زَيِّ السَّمَكْ يِنْزِلْ عَ السَّنَانِيرْ بِدِيلُهْ» أي: مثل السمك الذي يفعل ذلك، ولو كان جميعه يفعله ما اصطاد أحد منه شيئًا. والسنانير: جمع سِنَّارة (بكسر الأول وتشديد النون)، وهي الشصُّ يُعَلَّق بخيط ويُصَاد به. والدِّيل: الذَّنَب. يُضرَب للمتيقظ الكثير الحذر، فهو كالسمك الذي لا يدنو من الشصّ إلا بذنبه فلا يعلق به.

«زَيِّ السَّمْنْ وِالْعَسَلْ» يُضرَب للمتَّحِدَيْن في صفاء؛ أي: هما في اختلاطهما كالسمن والعسل في الامتزاج.

«زَي سِيرِةِ التَّعَابِينْ» لأنهم إذا ذكروا نوادر الثعابين لا ينتهون منها، بل كلما سكت أحدهم بدأ الآخر بنادرة. يُضرَب للكثير المخازي الذي إذا أخذ قوم في اغتيابه لا ينتهون.

«زَيِّ شَحَّاتِ التُّرْكْ جَعَانْ وِيقُولْ: مُوشْ لَازِمْ» الشحات: السائل المكدي، والمراد: هو مثل السائل التركيّ يكون جائعًا فإذا عرضت عليه طعامًا حمله ما رُكِّب في طباعه من احتقار خلق الله على أن يردَّه ويقول: لا يلزم. يُضرَب لمن يتعالى عن قبول ما ساقه الله إليه من الرزق وهو محتاج إليه.

«زَيِّ شُخَاخِ الْجِمَالْ تَمَلِّي لْوَرَا» شَخَّ عندهم بمعنى: أحدث أو بال، وهو في اللغة بمعنى بال، وهو المراد هنا. وتملي معناه: دائمًا. يُضرَب للشخص يبقى متأخرًا معكوس الحركات، فهو كبَوْل الجمال

يُرْمَى به إلى وراء دائمًا.

«زَيِّ شُرَّابَةِ الْخُرْجْ لَا تْعَدِّلُهْ وَلَا تْمَيِّلُهْ» الشرابة (بضم الأول وتشديد الثاني): هنة كالذؤابة تناط بآخر الخرج للزينة لا يثقله تعليقها ولا يخففه نزعها. يُضرَب للضعيف لا يحل ولا يبرم فيستوي وجوده وعدمه، وهو في معنى قول القدماء: هو «كواو عمرو» لمن لا عمل له ولا يُحْتَاج إليه، ومنه قول بعضهم:

أَيُّهَا المُدَّعِي سُلَيْمَى سفاهًالستَ منها ولا قلامةَ ظُفْرِ

إِنَّمَا أنتَ مِنْ سُلَيْمى كَوَاوٍ أُلْحِقَت في الهِجَاءِ ظلمًا بِعَمْرِو

وقول ابن عنين:

كَأَنِّي في الزَّمان اسمٌ صحيحٌ جرى فتحكَّمت فيه العواملْ

مزيدٌ في بنيه كواو عمرٍو وملغى الحَظِّ فيه كراءِ وَاصِلْ

وقول الرستميّ للصَّاحب بن عبَّاد:

أفي الحق أن يعطى ثلاثون شاعرًا ويُحرم ما دون الرضا شاعرٌ مثلي

كما أُلحقت واوٌ بعمرٍو زيادةً وضويق بسمِ الله في ألفِ الوصلِ

«زَيِّ الشِّرِيكِ الْمِخَالِفْ» أي: فيما يفعله مع شريكه من المضايقة بخلافه. يُضرَب للمولع بمخالفة غيره.

«زَيِّ الشِّعِيرْ كُتْرْ دَبْكَهْ وِقِلِّهْ بَرَكَهْ» الدبكة (بفتحتين): القرقعة والدويُّ؛ لأن ما يُعْمَل في طحن الشعير مماثل لما يعمل في القمح، ثم لا يتحصل منه إلا على دقيق سخيف رديء. وهو قريب من قولهم: «أسمع جعجعة ولا أرى طحنًا.»

«زَيِّ الشِّعِيرْ مَوْكُولْ مَذْمُومْ» الموكول: يريدون به المأكول. يُضرَب لمن ينتفعون منه ثم يذمونه، فهو كالشعير يُؤْكَل ويذم. ولما جمع جمال الدين بن نباتة المصري سرقات الصفدي من شعره في كتاب سَمَّاهُ: «خبز الشعير»؛ إشارة إلى أنه مأكول مذموم.

«زَيِّ شَمَّامْةِ الضُّبَبْ» الضبه (بفتح الأول وتشديد الموحدة) وجمعها ضبب: قفل من الخشب ومفتاحه من الخشب أيضًا؛ أي: هي مثل التي تشم آثار الأيدي على أقفال الدور؛ لتعرف أنواع ما طبخوه من الدسم، فتسقط على ما تشتهي أكله. يُضرَب فيمن يتجسس على الناس وينقب ليتعرف أخبارهم.

«زَيِّ الشمْعَهْ تِحْرَقْ نَفْسَهَا وِتْنَوَّرْ عَلَى غِيرْهَا» يُضرَب لمن يضر نفسه في سبيل نفعه للناس. وفي معناه قول العبَّاس بن الأحنف:

صِرْتُ كَأَنِّي ذُبَالَةٌ نُصِبَتْ تُضِيءُ للنَّاسِ وَهْيَ تَحْتَرِقُ

وقريب منه قول الآخر:

يَفْنَى الحريصُ بجمع المالِ مُدَّتَهُ وللحوادثِ ما يُبْقِي وَمَا يدَعُ

كدودةِ القزِّ ما تحويه يبلغُها وغيرُها بالذي تحويه يَنْتَفِعُ

«زَيِّ الشَّيَاطِينْ سِرُّهْ فِي بَطْنُهْ» يُضرَب للماكر الخبيث الذي يُخْفِي ما يريده.

«زَيِّ الشَّيَّالْ لَا يِذْكُرُ اللهْ إِلَّا تَحْتِ الْحِمْلِ» الشيال: الحَمَّال الذي يحمل الأمتعة للناس. والمراد: الخلق من طغيانهم لا يذكرونه — تعالى — إلا وقت الشدائد. وفي معناه قولهم: «زَيِّ المراكبية ما يفتكروش ربنا إلا وقت الغرق.» وسيأتي.

«زَيِّ الصُّوفْ دُوسُهْ وَلَا تْبُوسُهْ» يُضرَب لمن لا يصلحه الإكرام، فهو كالصُّوف إذا صُنْتَه لعب به العثُّ وأفسده، وإذا أهنته باللبس والاستعمال بقي سليمًا.

«زَي صَيَارِفِ الرِّيفْ يِعِدُّوا بِالْأَلْفْ وِيْنَامُوا عَلَى الِانْخَاخْ» الصيارف عندهم: جمع صَرَّاف، وهو جابي الأموال. والأنخاخ: شبه حصر غلاظ يجلس عليها الفقراء؛ أي: هو مثل جباة الريف يعد الألوف من الدنانير، ثم ينام على الحصير؛ لأنه لا يملك منها شيئًا. ولهذا المثل رواية أخرى، وهي: «زَي ضَرَّابين الطوب ...» إلخ، وسيأتي.

«زَي ضَرَّابِينِ الطُّوبْ يِعِد بِالْأَلَفَاتْ وِيْنَامْ عَلَى الأَبْرَاشْ» الطُّوب (بضم أوله): اللَّبِن، وضرَّابه: صانعه، والبُرش (بضم فسكون) وجمعه أبراش، يريدون به: سفيفة تُنْسَج من الخوص كالجوالق ثم تستعمل للجلوس عليها؛ أي: يعدون الألوف ثم ينامون على الحصر. ويُروَى: «يعدوا المية» بدل الألف. ويُروَى: «زَي صيارف الريف يعدوا بالألفويناموا على الأنخاخ.» وقد تَقَدَّم.

«زَي ضَرَّابِينِ الْكُبَّهْ» الكُبَّة (بضم الأول وفتح الموحدة المشددة) يريدون بها: غدة الطاعون، وفي اعتقادهم أنها من وخز الجن. يُضرَب للمبغَض إلى النفوس المعتقَد فيه الأذى البشع المنظر.

«زَيِّ الطَّاوُوسْ يِتْعَاجِبْ بِرِيشُهْ» يُضرَب لمن يزهى على الناس بجمال ثيابه وحسن هندامه، ويظن الفضيلة محصورة في ذلك لصغر نفسه وعقله.

«زَيِّ الطَّبَّالِ الْأَعْمَى» لأن الطبَّال إذا كان أعمى خبط في ضربه خبط عشواء.

«زَيِّ الطبْلْ صُوتْ عَالِي وِجُوفْ خَالِي» يُضرَب للثرثار المتشدق بما لا طائل تحته، وقد يُرَادُ به الفقير الخاوي الكثير الكلام. وهم لا يستعملون الصوت إلا في الأمثال ونحوها. وأما في غيرها فيقولون: الحس (بكسر الأول).

«زَيِّ الطَّبْلْ مَنْفُوخْ عَلَى الْفَارِغْ» يُضرَب للمتعاظم المتجهم للناس على لا شيء.

«زَيِّ طَبْلْ نِشْوَهْ مَجْعُورْ وِمْلَاحِقْ عَلَى زَفِّتِينْ» نشوة: قرية بالشرقية. ومجعور؛ أي: مثقوب. والزَّفَّة: موكب العرس، والمقصود بملاحق أنهم يقرعونه في زفة ثم يلحقون به أخرى. يُضرَب للعاجز الذي لا يصلح لأمر واحد ويحاول القيام بأمرين معًا.

«زَي طُرَبِ الْيَهُودْ بَيَاضْ عَلَى قِلِّةْ رَحْمَهْ» الطرب عندهم: جمع طربة، وصوابها: تربة، بالمُثَنَّاة الفوقية. يُضرَب لحسن الظاهر وقبح الباطن. وفي معناه قولهم: «زَي قبور الكفار من فوق جنينة ومن تحت نار.»

«زَيِّ الطَّوَاحِينْ إِنْ بَطِّلِتْ تِلْحَسْهُمِ الْكِلَابْ» لأن الطواحين إذا أُبْطِلَت تجتمع الكلاب على لحسها لما علق عليها من الدقيق. يُضرَب لمن يُسْتَهَانُ به إذا عُزِلَ أو ترك العمل.

«زَيِّ الطَّوَاحِينْ مَا يْجِيشْ إِلَّا بِالدَّقْ مِنْ وَرَا» أي: لا يستقيم أمره ويصلح إلا بالدق عليه وحثه؛ أي: بالشدة، فهو مثل الطواحين إن لم تُدَق في إصلاحها لا تنضبط أجزاؤها. يُضرَب لمن تصلحه الشدة ويفسده اللين، ولا يعمل إلا بِحَثِّه وزَجْرِه.

«زَيِّ طُورَ اللهْ فِي بَرْسِيمُهْ» الطور: الثور. والبرسيم: نبات تأكله الدواب. يُضرَب للرجل المغفل الشديد الجهل بأموره وبما حوله.

«زَيِّ الْعَبْدْ تَنَاهْ عَلَى ضَهْرْ إِيدُهْ» انظر: «زَيِّ السباغ ...» إلخ.

«زَيِّ عَجَايِزِ الْفَرَحْ أَكْلْ وِنَقْوَرَهْ» النقورة أو النأورة عندهم: هي التعريض بالمعايب والاستهزاء بطريق التنادر؛ أي: مثل العجائز في الأعراس يأكلن ثم يتنادرن على ما أكلنه.

«زَي عَذَابِ الزِّيتْ فِي الْقَنْدِيلْ تَحْتُهْ مَيَّهْ وِفُوقُهْ نَارْ» المية: الماء. والصواب في «القنديل»: (كسر أوله)، والعامة تفتحه. يُضرَب لمن أحاطت به المصائب وأصبح كمن لا مَفَرَّ له من الإغراق أو الإحراق، وأَيُّ عذاب للنفس أشد من هذا؟

«زَي عَفْرِيتِ الْقَيَّالَهْ مَا يِنْهَدِّشْ» القيالة (بفتح الأول وتشديد الثاني) يريدون بها: القائلة والقيلولة؛ أي: نصف النهار، حيث يشتدُّ الحر. ومرادهم بـ «ينهد»: يدركه التعب فيسكن. يُضرَب للنَّشيط لا يفتر عن العمل ولا يفل عزمه التعب، ويكثر ضربه للنَّشيط في الشر، والصَّواب في العِفريت (كسر أوله)، والعامَّة تفتحه.

«زَي عَقْبِ الْبَابْ مَا يُسْكَتْشْ إلَا عَلَى بَرْطوشَهْ» العقب (بفتح فسكون): عقب الباب الذي يدور عليه. والبرطوشة (بفتح فسكون فضم): النعل الغليظة البالية. والمراد هنا: قطعة من الأديم تجعل تحت العقب حتى لا يصر في دورانه. يُضرَب للثرثار المتفيهق الوضيع النَّفس لا يُسْكِتُه القول الطيب، فيحتاج في إسكاته إلى النعال. وانظر في الدَّال المهملة: «دور العقب على وطاه ...» إلخ. فهو مثله، ولكن مغزاه يختلف.

«زَيِّ الْعَقْرَبَهْ قَرْصِتْهَا وِالْقَبْرْ» أي: مثل العقرب ليس بعد لدغها إلا الموت. يُضرَب لمن بلغ أذاه مبلغًا عظيمًا.

«زَيِّ الْعَقْرَبَهْ يُقْرُصْ وِيِلْبَدْ» أي: هو مثل العقرب يلدغ ويسكن في مكانه حتى لا يُعْرَف. يُضرَب لمن يسيء خفية. وبعضهم يرويه: «زَيِّ التعبان.»

«زَيِّ الْعُقْلَهْ فِي الزُّورْ» العقله: الكعب. يُضرَب للثقيل يعترض للشخص في وجهه ويلازمه كما ينشب الشيء في الحلق.

«زَيِّ الْعَمَلِ الرَّدِي» أي: عمل الإنسان الذي يُجَازَى عليه في الآخرة. يُضرَب للقبيح المنظر الثقيل المتجهِّم المبغض للقلوب.

«زَيِّ الْعَوَالِمْ يِتْبَغْدِدْ فِي بِيتِ الزُّبُونْ» العوالم جمع عالمة، وهي عندهم القينة المغنية تُسْتَأْجَر في الأعراس والولائم. وتبغدد: تدلل، وأصله التشبه بأهل بغداد في التظرُّف والتدلُّل. والمراد هنا: التثاقل في التدلل. والزبون (بضم الأول) يريدون به من تَعَوَّد الشراء من تاجر ولازم ذلك فإنه يكون زبونه. والمراد به هنا: صاحب الدار الذي تعود أن يستأجر هذه القينات للغناء عنده فهو زبونهن؛ أي: فلان مثل القينات يتدلل ويتحكم في دار غيره.

«زَيِّ الْغُرَابْ يِتْعَايِقْ بِعَوَارِةْ عِينُهْ» انظر: «زَيِّ الفسيخ يتعايق ...» إلخ.

«زَي غُزْ الْجِيزَهْ تَمَلِّي السِّجَّادَهْ عَ الْبَحْرْ» تملي: أي دائمًا. والسجادة: المصلى. والمراد هنا: الطنفسة يجلس عليها، وكان الغز في مصر كثيرًا ما يسكنون في الجيزة؛ لكونها على النيل ولقربها من القاهرة، وممن كان يسكنها مراد بك المشهور. يُضرَب للمترفه الكسول.

«زَي غُزِّ طَطَرْ لَا يوحِشُهْ مِنْ غَابْ وَلَا يِئْنِسُهْ مِنْ حَضَرْ» يُضرَب لمن لا يُعْنَى إلا لنفسه ويهمل أمر غيره، فلا يسره من حضر، ولا يشتاق لمن غاب. والمراد بغز ططر: الغزاة من التتار؛ فإنهم كذلك لغلظ طباعهم.

«زَي غَنَمِ الْعَرَبْ تِبَاتْ تِشْتَرْ عَلَى بَرْبُورْهَا» تشترُّ: تجتر. والبربور: ما سال وتدلَّى من المخاط من الأنف. وغنم العرب لا تجد في الصحراء ما تشبع منه فتجتر عليه. يُضرَب للسَّيِّئ الحال المتعلِّل بما

لا ينفع.

«**زَي غِيط الْكُرُنْبْ كُلُّهْ رُوسْ**» الغيط (بالإمالة): المزرعة، وإذا قطع الكرنب من مزرعته بقيت بقايا رعوسه فيها. يُضرَب للشيء الرديء أكثره لا فائدة فيه.

«**زَيِّ فَارِ الشِّشْمَهْ غَلِيضْ وَاعْمَى**» الشِّشمه (بكسر فسكون): المرحاض يُضرَب للرجل الغليظ المتجهم.

«**زَيِّ الْفِجْلْ مِتْحَزِّمْ عَ اللَّمَاضَهْ**» يُضرَب لمن يجعل معوله في المناقب والفضائل على الجعجعة بلا طائل. ومعنى اللماضة: القدرة على كثرة الكلام كأنه يتلمظه في فمه كما يتلمظ اللقمة، فهو شبيه بالفجل؛ لأنهم يحزمون حزمه بحزام عريض من الخوص لا يناسبه، فكأن هذا الشخص تَحَزَّم بكثرة الكلام على لا شيء.

«**زَيِّ الْفِرَاخْ تِبِيضْ وِتِحْزَقْ لِلتَّاجِرْ**» الفراخ: الدجاج. والحزق: أنين فيه شده وضغط على النفس. يُضرَب لمن يجهد نفسه في أمر تكون ثمرته لغيره.

«**زَيِّ الْفِرَاخْ رِزْقُهْ تَحْتْ رِجْلِيهْ**» ويُروَى: «في رجليه.» يُضرَب لمن يُيَسَّر له رزقه أينما سار، فهو كالدجاج كلما بحث في التراب وجد ما يقتات به.

«**زَيِّ الْفَرَارْجِي لُهْ فَرُّوجْ لَا يْمُوتْ**» الفرارجي: بائع الدجاج وحانوته لا يخلو منها؛ لأنها تجارته، فهو في حكم من له فروج لا يموت. يُضرَب للشيء الدائم لا ينقطع عن الشخص.

«**زَيِّ فَرَحِ الْهِدْهِدْ كُل مَا يْقَرَّبْ يِبْعِدْ**» أي: مثل الفرح بصيد الهدهد يراه المرء قريبًا فيطمع فيه، فإذا دَنَا منه طار وبَعُدَ عنه؛ لأنه حذر سريع التنقل. يُضرَب لمن يفرح بالشيء يظنه قريب النوال وهو بعيد لا مطمع فيه.

«**زَيِّ الْفَرْخَهْ الدَّوَّارَهْ كُل سَاعَهْ فِي بِيتْ**» الفرخه: الدجاجة. يُضرَب لكثير الغشيان للدوار الساقط الكرامة الذي يلتقط رزقه كما تلتقط الدجاجة الحب من هنا وهناك. والعرب تقول في ذلك: «توقري يا زَلِزَة.» ومعنى الزَّلِزَة: المرأة الطياشة الدائرة في بيوت جاراتها.

«**زَيِّ الْفِرِيكْ مَا يْحِبِّشْ شِرِيكْ**» الفريك (بكسر أوله): يريدون به القمح بلغ؛ أي: يفرك من سنابله فيجنون منه ويلوحونه بالنار ثم يطبخونه. والمراد: أنهم عند جنيه وتلويحه بالنار يأخذون منه في أيديهم ويفركونه ويأكلونه سخنًا بلا طبخ تفكهًا. وهو في هذه الحالة لا يحتمل مشاركة الغير فيه؛ لأن ما بالكف منه قليل. يُضرَب لكل شيء لا يستحق الشركة ولكل شخص يحب التفرد بالشيء.

«**زَي فِسَا طَلَّاعِ النَّخْلْ لَا هُو طَالِعْ فُوقْ وَلَا وَاصِلْ تَحْتْ**» يُضرَب للشيء يُعْمَل لا يفيد القريب ولا البعيد.

«زَيِّ الْفِسِيخْ يِتْعَايِقْ بِعَوَارِةْ عِيْنَهْ» لأن الفسيخ، وهو السمك المملح المعروف، قد ذهبت عيناه، ولكن لا يظهر إلا عوره؛ لأنه يُلْقَى على جنبه عند عرضه في الحوانيت فلا يظهر منه إلا عين واحدة ذاهبة. ومعنى يتعايق: يتباهى بحسنه؛ لأنه إنما يعرض للترغيب في شرائه، فكأنه متباهٍ بحسنه مع عوره. يُضرَب لمن يتباهى ويفتخر بما لا يحسن إلا ستره. يُروَى: «زَيِّ الغراب» بدل الفسيخ؛ وذلك لأنهم يسمونه بالأعور، والأكثر الأول.

«زَيِّ فْطِيرِ الزِّيَارَهْ وَاسِعْ عَلَى قِلِّةْ بَرَكَهْ» المراد بالفطير هنا خبز يعجن بالسمن ويُتَصَدَّق به على الفقراء عند زيارة الأموات في المواسم، وهم غالبًا لا يكثرون سمنه فيكون على سعة قرصته قليل البركة. يُضرَب للكبير الحجم القليل الفائدة.

«زَي فُقَرَا الْيَهُودْ لَا دُنْيَا وَلَا أُخْرَى» يُضرَب للسَّيِّئ الحال في دينه ودنياه.

«زَي فُوَطِ الْحَمَّامْ كُل سَاعَهْ فِي وِسْطْ رَاجِلْ» الفوط: جمع فوطة (بضم الأول) وهي المئزر. يُضرَب للشيء المبتذل لكل أحد.

«زَيِّ الْفُولِ النَّابِتْ خَالِعْ مِنْ بَاطُهْ» الفول: الباقلاء. والنابت: الذي ينقع في الماء ثم يترك فتظهر الهنة التي في رأسه كأنها لسان نبت؛ ولهذا يسمونه بالنابت، ثم لهم طبخه بعد ذلك عدة طرق، وهو في هذه الحالة يكون كالشخص الذي خلع كمه وأبدى ذراعه عاريًا إلى إبطه. يُضرَب لمن يفعل ذلك مرحًا ونشاطًا أو تهيؤًا للعمل.

«زَي فِيرَانِ الْمَرْكِبْ إِنْ عَامِتْ قَرْقَشِتْ وِانْ وِحْلِتْ قَرْقَشِتْ» انظر: «زَي جدي المركب ...» إلخ.

«زَيِّ الْقَبْرْ مَا يِرْجِعْشْ مَيِّتْ» ويُروَى: «ما يرد»؛ أي: مثل القبر لا يُرْجِعُ من يُدْفَنُ فيه من الأموات. يُضرَب للمهلكة، أو الأمر يذهب فيه محاوله ولا يرجع، وقد يقصدون به النَّهِم الذي لا يرد طعامًا ويلتهم ما يجده.

«زَي قْبُورِ الْكُفَّارْ مِنْ فُوقْ جِنِينَهْ وِمِنْ تَحْتْ نَارْ» الجنينة (بالإمالة): تصغير جنة، وصوابها (بضم ففتح)، والمراد بها عندهم: الحديقة. يُضرَب لحسن الظاهر وقُبح الباطن. وفي معناه قولهم: «زَي طرب اليهود بياض على قلة رحمة.»

«زَي قِرَايِةْ الْيَهُودْ تِلْتِينْهَا كِدْبْ» أي: ثلثاها كذب. يُضرَب لمن أكثرُ كلامه كَذِبٌ.

«زَيِّ الْقَرْعِ يِمِدِ بَرَّا» لأن القرع في مزرعته إذا طال مَدَّ سوقه فتخرج عن الخط المزروع فيه. يُضرَب لمن يخصُّ بخيره البعيد دون القريب.

«زَيِّ الْقُرُودْ يِخَافْ مِنْ خِيَالُهْ» يُضرَب لشديد الفزع. ويرون أن القرد إذا رأى خياله في المرآة فزع فزعًا شديدًا؛ ولهذا شبهوا به الضعيف القلب الكثير الفزع الذي يفرق من كل ما لاح له حتى من ظله.

ومن طريف ما يُرْوَى أن ماجنًا من الظرفاء زار أحد الوجهاء في إحدى ليالي شهر رمضان، وكان هذا الوجيه بدينًا متصفًا بالغفلة ساكنًا على النيل في الجهة المسماة بمصر العتيقة، فلما أراد الانصراف خرج معه إلى ساحة الدار وحمل خادم المصباح أمامهما، فوقع نوره من بعيد على ثور كان مربوطًا هناك فظهر ظله على الحائط كبيرًا، ولم يفطن الوجيه لسببه فهاله ما رأى وارتد خائفًا فزعًا، فتبسم الماجن وقال له: أترى سيدنا ممن يخاف من خياله.

«**زَيِّ القُط**» يراد به الذليل الخائف المستكن، يقولون: «خلاه زَيِّ القط قدامه.» أي: تركه أمامه في غاية الذلة والمهانة، و«فلان قاعد زَيِّ القط.» أي: منكمش في ذلة وصغار.

«**زَيِّ القُط يِسَبَّحْ وِيِسْرَقْ**» يُضرَب للكثير التلاوة المتظاهر بالورع، وهو مع ذلك لا يحجم عن أكل أموال الناس بالباطل.

«**زَيِّ الْقُطَطْ بِسَبَعْ تِرْوَاحْ**» كتبناه كما ينطقون، والمراد: بسبعة أرواح. يُضرَب لمن تكثر نجاته من الأمراض الشديدة ونحوها، فهو عندهم كالقطط في حياته؛ لأنهم يزعمون أن لها سبع أرواح إذا خرجت روح قام ما بقي مقامها.

«**زَيِّ الْقُطَطْ يَاكْلُوا وِيِنْكِرُوا**» يُضرَب لمن ينكر المعروف، وإنما شبهوه بالقطط في ذلك؛ لأنهم يزعمون أنها تنسى من أطعمها ولا تألفه كما تألف الكلاب صاحبها. ويرويه بعضهم: «زَيِّ القطط تاكل وتنقل» أي: تنقل الطعام لأجرائها، ويريدون به الكثير الطمع، والرواية الأولى أعرف وأشهر.

«**زَيِّ الْقُطَطْ يِقْرُوا مِنْ غِيرْ عِلْمْ**» يُضرَب للجاهل المتظاهر بالعلم بكثرة القراءة فيما لا يفهمه.

«**زَيِّ الْقَنَافِدْ مَا يِسْرَحْشْ إِلَّا بِاللِّيلْ**» يُضرَب لمن لا يَظْهَر إلا ليلًا.

«**زَيِّ الْقُنْفُدْ لَا يِنْحِضِنْ وَلَا يِنْبَاسْ**» أي: هو مثل القنفذ لا يُعَانَقُ ولا يُقَبَّلُ لشوكه الذي على جلده. يُضرَب للبشع المنظر، أو السَّيِّئ المَخْبَر يُكْرَهُ الدُّنُوُّ منه.

«**زَي قَوَادِيسِ السَّاقْيَهْ، الصَّغِيرْ يُشُخ عَ الْكِبِيرْ**» قواديس الساقية: كيزان دولاب الماء، وهي في دورانها يصب بعضها الماء على بعض، وقد يقطر الماء من الصغير منها على الكبير فكأنه يبول عليه. يُضرَب في القوم يسفه أسافلهم ويتطاولون على أعاظمهم.

«**زَيِّ قَوَادِيسِ السَّاقْيَهْ مَشْنُوقْ مِنْ رَقَبْتُهْ وِرِجْلُهْ**» القواديس: كيزان من الفخَّار تكون في دواليب الماء واحدها قادوس. والساقية يراد بها البئر، والدولاب الذي يخرج الماء منها. والشنق: الخنق بحبل معلق يربط بالعنق. والعادة في تعليق القواديس أن تربط بحبل في العروتين اللتين بقرب الفم وفي الهنة التي في أسفلها حتى تثبت على الآلة الدائرة. يُضرَب لمن أحاطت به موانع وروابط تُقَيِّدُه.

«زَيِّ قَوَادِيسِ السَّاقيَهْ؛ اِلْمَلْيَانْ يُكُب عَ الْفَارِغْ» قواديس الساقية: كيزان الدولاب، وهي في دورانها يصب بعضها الماء على بعض. يُضرَب في القوم أغنياؤهم يواسون فقراءهم.

«زَيِّ قُولِةْ يَا نِمْرَهْ خَيِّكْ زَعِيرَبْ مَاتْ» يُضرَب للعجل الذي لا يلوي على شيء في سيره. وهو مبني على قصة موضوعة يذكرونها عن جنية وجنِّي ملخصها: أن جنية ظهرت في صورة كلبة ودخلت على امرأة تطبخ دجاجة، وأدركها المخاض فولدت في موقد النار، وأشفقت المرأة عليها فأطعمتها الدجاجة وتركتها، وأخذت تخبز خبزها فإذا بصائح يصيح في الطريق بهذا المثل، فلما سمعته الكلبة جزعت من موت أخيها زعيرب فانقلبت امرأة وعمدت إلى الانتقام من المرأة، فوضعت في عنقها خرقة الفرن وحاولت خنقها بها، ثم غابت فخرجت المرأة تجري مذعورة لا تلوي على شيء.

«زَيِّ الْكُتَّيحْ اِللِّي يِشْبَعْ مِنُّه يْطَق» الكُتِّيح (بضم أوله وتشديد التاء الممالة): نبت ينبت في البرسيم بالصعيد تنتفخ منه الماشية ويميتها. وقولهم: يطق؛ أي: ينفجر بطنه. يُضرَب للشيء السيئ العاقبة.

«زَيِّ كَدِيشِ الطَّطَرْ اِلْقَمْشَهْ وَرَاهْ وِحَامِلِ الْهَم عَلَى قَفَاهْ» الكديش: البرذون. والططر: التتار. والقمشة: سوط من الجلد نصابه خشب. يُضرَب للذليل المهان الكثير الهموم لسوء حاله، وإنما خصُّوا التتار بالذكر لغلظ قلوبهم وخلوها من الشفقة.

«زَيِّ كَرَابِيجِ الْحَاكِمْ اِللِّي يْفُوتَكْ أَحْسَنْ مِنِ اللِّي يْحَصَّلَكْ» الكرابيج: جمع كرباج (بضم فسكون)، وهو السوط، ولا يخفى أن ما يخطئ الشخص منها وقت الضرب أحسن مما يصيبه. يُضرَب في تفضيل ما يخطئ الإنسان من المكروه على الذي يصيبه؛ أي: إنما يفضل من هذه الجهة فقط وإن كان كلٌّ مكروه في نفسه.

«زَيِّ الْكِلَابْ، اِلْأَبْيَضْ فِيهُمْ نِجِسْ» وانظر في حرف الألف: «الأبيض في الكلاب نجس.»

«زَيِّ كْلَابِ السِّكَّهْ» أي: في الدناءة والتطفل على الدور.

«زَيِّ كْلَابِ السِّكَّهْ يْعُضُّوا عَ الْمَاشِي» يُضرَب لمن صار الأذى من طبعه، فهو يأتيه أينما سار بلا تَكَلُّف. ومعنى على الماشي: في أثناء السير بلا تعمد بل طَبْعًا وسجيةً.

«زَيِّ كْلَابِ الْعَرَبْ، يِهَبْهَبْ وِنُصُّهْ فِي الْخُرْجْ» لأن عادة البدو في انتقالها حمل صغار الكلاب في نحو خرج أو عيبة لعدم استطاعتها المشي، فلا يظهر منها إلا رءوسها. ومعنى يهبهب: يعوي وينبح. يُضرَب للضعيف يستطيل بلسانه وهو بعد لم يبلغ أن يقاوم.

«زَيِّ الْكِلَابْ، لَمَّا يْفَتَّحُوا يِنْبَحُوا» لأن صغار الكلاب متى فتحت عيونها بدأت بالنبح. يُضرَب لمن تَعَوَّدَ السفاهة من صغره.

«زَيِّ الْكِلَابْ، يِحِبِّ الْجُوعْ وِالرَّاحَهْ» يُضرَب للفاتر الهمَّة الكسول.

«زَي كَلْبِ الدّخَاخْنِي أعْوَرْ وكَيِّيفْ» لعلَ عوره من كثرة التدخين في حانوت صاحبه، ومعنى الكَيِّيف عندهم: صاحب الكيف، ويريدون به مَنْ تعود على المخدرات وصارت ديدنًا له. يُضرَب للوضيع المشوَّه يجعل نفسه من أصحاب الأمزجة الرقيقة.

«زَيِّ الْكَلْبْ مَا يِشَّطَّرْشْ إلَّا فِي جُحْرُهْ» يشَّطَّر؛ أي: يُظْهِرُ الشَّطَارة، وهي عندهم: النشاط والبراعة؛ أي: هو في وضاعته كالكلب لا يتحمس ويتشجع إلا في مكانه؛ لأن فيه من يحميه.

«زَيِّ الْكَلْبْ، يِخَافْ وِيْخَوِّفْ» أي: يخيف الناس بنباحه وهو في نفسه خائف منهم. يُضرَب لمن هذا حاله.

«زَي كيلِ الْحُمُّصْ كِبِيرْ وِنَاقِصْ» وذلك لأنه خفيف الوزن.

«زَي لَيَالِي الشِّتَا طَوِيلَهْ وْبَارْدَهْ» يُضرَب للشيء المتناهي في البرودة والثقل.

«زَيِّ مَا تَرَانِي يَا جَمِيلْ أَرَاكْ» المراد: كما تكون لي أكون لك.

«زَي مَا تْكُونْ لِي أَكُونْ لَكْ مَانْتَشْ رَب أَخَافْ مِنَّكْ» أي: كما تكون لي أكون لك، وكما تعاملني أعاملك؛ لأنك مخلوق مثلي ولست ربًّا أخافك وأتقي سخطك. يُضرَب للمتعاظم عن مساواة نفسه بغيره.

«زَي مَالَكْ مَا يِصْعَبْ عَلِيكْ» أي: لا يشفق المرء على شيء مثل إشفاقه على ماله وما يملكه. ومثله قولهم: «اِللِّي من مالك ما يهون عليك.» وقد تقدَّم ذكره في الألف وذكرنا معه ما في معناه من الأمثال.

«زَيِّ الْمَجَاذِيبْ، كُل سَاعَهْ فِي حَالْ» المجذوب: الأبله المعتوه إلا أنه مخصوص بمن يعتقد الناس فيه الولاية، ومن يكون كذلك يكثر تخليطه وتقلبه في أقواله وأفعاله. يُضرَب للمتحوِّل القلب لا يَبْقَى على حال.

«زَيِّ الْمِحْتِسِبِ الْغَشِيمْ، نَاقِصْ اِرْمِي زَايِدْ اِرْمِي» الغشيم الجاهل بعمله، ومثله إذا ولي الحسبة لا يفرق بين الناقص والزائد في الوزن، وليس عنده إلا الأمر بالرمي؛ أي: طرح البائع على الأرض لضربه إظهارًا لسطوته. يُضرَب للغشوم يُوَلَّى أمرًا فيعم ظلمه المذنب والبريء.

«زَيِّ الْمُخَاطْ يِقْرِفْ وَلَا يِتْمِسِكْشْ» يقرف، معناه: تَتَقَزَّزُ منه النفوس.

«زَيِّ الْمَرَاكْبِيَّهْ مَا يِفْتِكْرُوشْ رَبِّنَا إِلَّا وَقْتِ الْغَرَقْ» المراكبية: الملَّاحون؛ أي: إنهم لا يذكرون الله — تعالى — إلا وقت الإشراف على الغرق. وانظر: «زَيِّ الشَّيَّال لا يذكر الله إلا تحت الحمل.» وقد تقدَّم.

«زَيِّ الْمَرَاكْبِيَّة يِتْخَانْقَوا عَلَى حَبْلْ» المراكبية: المَلّاحون. ويتخانقوا؛ أي: يتشاجرون، وأصله من قولهم: أخذ بخناقه. يُضرَب لمن يختلفون ويتشاجرون على التّافه الذي لا يستحق.

«زَيِّ مَرْزُوقْ يِحِبِّ الْعُلُو وَلَوْ عَلَى خَازُوقْ» مرزوق اسم ولا يراد به شخص معين. والخازوق: وَتَدٌ طويل كان يُسْتَعْمَل آلة القتل يدخل في الأسفل فيمزق الأحشاء. يُضرَب لمن يحب التعالي على غيره ولو بما فيه حتفه كما يُشهر المقتول بالخازوق. ويرويه بعضهم: «يحب الطرطره ولو على خازوق.» وسيأتي في الياء آخر الحروف.

«زَيِّ الْمِزَيِّنْ يِضْحَكْ عَلَى الْأَقْرَعْ بِطَقْطَقِةِ الْمِقَص» المزيِّن: الحلَّاق. ويضحك عليه: يريدون يكذب عليه. والمعنى: هو مثل الحلاق إذا جاءه الأقرع لعب بالمقص فوق رأسه وأسمعه صوته؛ ليوهمه أن برأسه شعرًا قصه ويسره بذلك فيزيد في الأجر. يُضرَب لمن يوهم الحمقى التصديق بما يسرهم كذبًا واستغلالًا لينال برهم.

«زَيِّ الْمِش دُودُهْ مِنُّهْ فِيهْ» انظر «دود المش منه فيه» في الدال المهملة.

«زَيِّ الْمِش كُل سَاعَهْ فِي الْوِش» انظر: «زَيِّ سلطانية المش ...» إلخ.

«زَيِّ الْمَلَانَهْ مَنْفُوخْ عَ الْفَاضِي» الملانة أصلها الملآنة، ويريدون بها الحِمَّص الأخضر يُجْنَى بسوقه ويباع فيؤكل؛ أي: إن كيس الحبة منه أكبر مما بداخله فكأن انتفاخه على خلو. وبعضه يكون خاليًا من الحب إذا حاول شخص إخراج ما فيه بالضغط فرقع، كقول القائل فيه:

وما مثله إلا كفارغ حِمَّصِخَلِيٍّ من المَعْنَى ولكن يُفَرْقِعُ

«زَيِّ الْمَلْحْ مَحْشُورْ فِي كُل طَعَامْ» انظر: «زَيِّ البصل ...» إلخ.

«زَيِّ الْمُنْشَارْ، طَالِعْ وَاكِلْ وِنَازِلْ وَاكِلْ» يُضرَب للمختلس المستفيد من عمله الذي لا يدع فرصة تمر بدون فائدة يحصلها لنفسه، فهو كالمنشار يقطع في صعوده ونزوله.

«زَيِّ الْمَيِّتْ مَا يُخْرُجْشْ إِلَّا بِالْكَفَنْ» يُضرَب للسائل واللحوح لا يخرج إلا بشيء.

«زَيِّ النُّجُومْ قُرَيِّبِينْ وِبْعَادْ» قُرَيِّب (بالتصغير)، يريدون به: قَريب، وبُعاد (بضم الأول): جمع بعيد عندهم. والمراد بالقرب هنا أنهم غير محجوبين عن الأنظار. يُضرَب فيمن تُسْتَطَاع ملاقاته، ولكن تُسْتَبْعَد مواساته.

«زَيِّ النَّحْلْ مَا يْطَلَّعُوشْ إِلَّا الدُّخَّانْ» لأنهم يدخنون على الخلايا عند جني العسل لإخراج النحل منها. يُضرَب لمن لا يطيع إلا باستعمال الشدة.

«زَي نَخْلْ أبُو قِيرْ دَكَرْ قدّامْ دَكَرْ» لأن جهة أبو قير تكثر الفحال في نخلها فيقل التمر فيها. يُضرَب للقوم يكثر عددهم وتقل الفائدة منهم لكثرة العاطلين فيهم.

«زَيِّ النِّسْنَاسْ مَرْبُوطْ مِنْ وِسْطُهْ» النسناس (بفتح أوله وكسره) معروف، والعامة تقتصر على الكسر، والعادة في ربطه أن يُجْعَل في وسطه حزام كالطوق يكون به الحبل الذي يُرْبَط به لِئَلَّا يَفِرَّ. يُضرَب لمن تحدث له أسباب تجبره على الإقامة بمكانه.

«زَيِّ النَّمْل يِشِيلَ اكْبَرْ مِنُّهْ» يشيل؛ أي: يحمل. يُضرَب لمن في قدرته حمل الأحمال العظيمة.

«زَيِّ نَهَارِ الشِّتَا مَالُوشْ أَمَانْ» أي: صحوُه غير مأمون. يُضرَب للسَّريع الغضب لا يُؤْمَن في صفائه أن يفاجئك بما تكره.

«زَيِّ النُّوتِي الْغَشِيمْ تُقْلُهْ عَ الْخَشَبْ» الغشيم (بفتح فكسر): العامل الجديد الجاهل بالعمل. ومثله إذا كان نوتيًّا كان ثقلًا على السفينة بلا فائدة. يُضرَب فيمن لا يقتصر وجوده على عدم النفع، بل يتجاوزه إلى الضرر.

«زَيِّ هْزَارِ الْحِمِيرْ كُلُّهْ عَضّ وْرَفْصْ» الهزار (بكسر أوله): يريدون به المزاح. والرفص: الرفس. والحمير إذا مرحت وتلاعبت لا يكون بينها غير العض والرفس. يُضرَب للجافي الطباع الخشن المعاملة إذا مازح جرى في الممازحة على طباعه.

«زَيِّ الْهَلُوكْ لَا تِبْنْ وَلَا غَلَّهْ» الهلوك (بفتح فضم): نبات ينبت في الفول مُضِرٌّ به، وإذا جف لا يُجْنَى منه تبن ولا حبة مما يُنْتَفَع به. يُضرَب للشخص العديم النفع الكثير الإساءة والإضرار بغيره.

«زَيِّ الْوَرْدْ كُلُّه مَنَافِعْ» لأنه يُشَم وهو غض ويستقطر ماؤه، وإذا جفَّ اسْتُعْمِل في الصيدلة؛ فكله منافع. يُضرَب للكريم الطَّيِّب يَعُمُّ نفعه.

«زَيِّ الْوِز حِنِّيَّهْ بَلَا بِز» الحِنِّيَّة (بكسر الأول والثاني المشدَّد وفتح الياء المشددة) يريدون بها: الحنان. والبز (بكسر الأول وتشديد الزاي): الثدي؛ أي: في حنانه كالإوز يحنو على أفراخه ولا يرضعها. يُضرَب لمن يشتهر بمقاله دون نواله. ونظمه الشيخ محمد النجار المتوفى سنة ١٣٢٩ في مطلع زجل في «الموضة» أي: الزيُّ الجديد، فقال:

يا موضةْ يا جيل الوز يا حنية من غير بز

ويقول فيه:

يا موضة جيلك معروضْ فات السُّنَّة والمفروضْ

يبقى صغار لسه ومقروضْ ويروح قال يسكر ويِمِز

وهو مذكور في مجلته «الأرغول». والعرب تقول في أمثالها: «بشر كحنة العَلُوق الرائم.» والعلوق (بفتح فضم): الناقة التي ترأم ولدها بأنفها وتمنعه درها؛ أي: تعطف عليه ولا ترضعه. ومن أمثالها أيضًا: «لا أحب رئمان أنف وأمنع الضرع.» ومنه قول أفنون التغلبي:

أم كيف ينفع ما تعطي العلوق بِهِرئم ان أنف إذا ما ضن باللبنِ؟

ومنها أيضًا: «ما نجني مناح العلوق.»

«زَيِّ وْلَادْ بِلْبِيسْ بِيِبِيعُوا الْعِيشْ وِيِشْحَتُوهْ» الصوابُ في بُلْبَيْس أنها (بضم فسكون ففتح فسكون)، وقد يُفْتَح أولها، وهي بلدة بمصر كانت قديمًا طريقًا للقوافل يتزود المسافرون منها أزوادهم، فأهلها كانوا يبيعون الخبز عليهم وفقراؤها يستجدونهم فيعطونهم منه. يُضرَب لمن يبيع الشيء ثم يسعى إلى استرداده بوسيلة أخرى فيربح مرتين.

«زَيِّ وْلَادِ الْحَارَهْ زُمَّارَهْ تِجْمَعْهُمْ وِعَصَايَهْ تْفَرَّقْهُمْ» الحارة: الطريق دون الشارع الأعظم، والمراد هنا: المحلة؛ أي: هم مثل صغار الحارة في صغر العقل والجبن، يهتمون للشيء التافه فيجتمعون عليه ويفرقهم ما لا يخيف.

«زَيِّ وْلَادِ الْحِدَّايَهْ لَا يِتَّاكْلُوا وَلَا يِتْلِعِبْ بِيهُمْ» الحداية (بكسر الأول وتشديد الدال): الحدأة. وأصل «بيهم» بهم، وهم يضمون باء الجر فيها، ولكنهم قد يكسرونها كما هنا وإذا كسروها أشبعوا كسرتها حتى تتولد الياء. يُضرَب لمن لا يصلح للجد ولا اللعب كأفراخ الحدأة؛ فإنها لا تؤكل، ولبشاعة منظرها لا يُتَلَهَّى بها. وانظر أيضًا: «زَيِّ الخنفس ...» إلخ.

«زَيِّ وْلَادِ الْغَارْ قِلَّهْ وْقَنَاطَهْ» الغار: قرية بالشرقية قرب نشوة قليلة السكان. والقناطة: معناها التكبر والتجهم للناس. يقولون: فلان قنط إذا كان بهذه الصفة، والمراد بالأولاد هنا: الأهل والسكان؛ أي: مثل أهل هذه القرية متكبرون على قلة عديدهم، وأكثر مَنْ يروي هذا المثل يرويه بلفظ: «قِلَّهْ وعامل قناطه.» وهو عام لا يختص بأهل مكان دون غيرهم. والمراد بـ «عامل»: متظاهر بالكبر.

«زَيِّ وْلَادْ الْكُتَّابْ يِنْسِرِعُوا مِنْ أَوِّلْ كَف» ينسرعوا: يُصْرَعُون. والمراد: ينزعجون ويضطربون من الخوف فيعلو صياحهم وبكاؤهم من أول صفعة يُصْفَعُونها. يُضرَب للضعيف القلب يفزع من أول نبأة أو هول يصادفه.

«زَيِّ الْيَهُودْ وِشّ نْضِيفْ وِجِبَّهْ زَيِّ الْكَنِيفْ» الوش: الوجه. والكنيف: المرحاض. يُضرَب لمن يعتني بما يقابل الناس منه وسائره بعكس ذلك.

«زَيِّ يُومِ الشّتَا قصَيَّرْ ونِكِدْ» أي: إنه مع قصره نكد تكمد النفوس منه لبرده وغيمه ومطره. يُضرَب للحال المفكرة وإن كانت قليلة الدوام.

«زِيَادْةِ الْخِيرْ خِيرِينْ» أي: لا ضرر من الزيادة في الخير. ويُروى «خير تاني» بدل خيرين.

«الزِّيَادَهْ فِي الْوَقْفْ حَلَالْ» معنى الحلال هنا: الثواب. والمراد: العمل الصالح المسبب للثواب، وكثيرًا ما يستعملونه في هذا المعنى؛ أي: من وقف وقفًا ثم زاد فيه فقد عمل عملًا صالحًا يُثَابُ عليه؛ لأن مال كل وقف للخير.

«زِيَارَهْ وتْجَارَهْ» يُضرَب للزيارة التي تُقْضَى معها حاجة.

«الزِّيتْ إنْ عَازُهْ الْبِيتْ حَرَامْ عَ الْجَامِعْ» عازه بمعنى: احتاج إليه، وقالوا في معناه: «اِللِّي يلزم البيت يحرم على الجامع.» و«حصيرة البيت تحرم ع الجامع.» و«الحسنة ما تجوزش إلا بعد كفو البيت.»

«زِيتْنَا فِي دْقِيقْنَا» أي: أمورنا بعضها مع بعض لم نَحْتَج فيها إلى شيء من الخارج.

«الزِّيطَهْ والْعِيطَهْ عَلَى حِتَّهْ مخِيطَهْ» أي: الجلبة والصياح على قطعة من المخيط، وهو شجر به دبق يُصْطَاد به الطير. يُضرَب في الاهتمام بالشيء التَّافه أو المشاجرة عليه.

«زَيَّكْ زَيِّ غِيرَكْ» أي: أنت مثل غيرك فَارْضَ بما رضي به القوم ولا لوم عليك. يُضرَب تسليةً للنفس إذا أكره قوم على قبول ما لا يُرضى، وهو قريب من قول القائل:

وَهَلْ أَنَا إلا مِنْ غزيَّة إن غَوَتْ غويتُ وإن تَرْشُدْ غزيةُ أَرْشُدِ

«الزِّينْ مَا يِكْمَلْشْ» الزين قد يُسْتَعْمَل في الريف بمعنى: الحَسَن، وأهل المدن يقولون: كُوَيِّس بالتصغير. والمراد هنا: الكامل في الخَلْق أو الخُلُق. يُضرَب للحسن الخلقة يكون به عيب يشينه، أو للحسن الأخلاق يَشِذُّ في بعضها فينقصه شذوذه.

«زِيوَانْ بَلَدْنَا وَلَا الْقَمْحِ الصَّلِيبِي» الزيوان: نبت ينبت في القمح له حب كَحَبِّه، غير أنه ضئيل دقيق مسود يضر به ويرخص من قيمته. والقمح الصليبي: نسبة إلى صليب أفندي، وهو رجل من الأقباط كان يعتني بانتقاء الحب للبزر فجاد بذلك نوع قمحه ونُسِبَ إليه. يُضرَب في تفضيل ما للإنسان والقناعة به. وفي معناه: «شعيرنا ولا قمح غيرنا.» وسيأتي في الشين المعجمة. ومثله «كتكتنا ولا حرير الناس.» وسيأتي في الكاف.

حرف السين(فصحى)

سَبَقَ السَّيفُ العذَل: قال ضبة بن أد لما لامه الناس على قتله قاتل ابنه في الحرم. وقد ذكر قصته المفضل الضبي في كتاب الأمثال فقال: زعموا أن ضبة بن أد بن طابخة بن إلياس بن مضر بن معد، كان له ابنان يقال لأحدهما سعد وللأخر سعيد، وأن إبل ضبة نفرت وهما معها فخرجا يطلبانها فتفرقا في طلبها، فوجدها سعد فجاء بها، وأما سعيد فذهب ولم يرجع، فجعل ضبة يقول بعد ذلك إذا رأى تحت الليل سوادًا مقبلًا: أسعد أم سعيد؟ فذهب قوله مثلًا.

ثم أتى على ذلك ما شاء الله أن يأتي، لا يجيء سعيد ولا يُعلم له خبر، ثم إن ضبة بعد ذلك بينما هو يسير والحارث بن كعب في الأشهر الحرم وهما يتحدثان إذ مرا على سرحة بمكان، فقال له الحارث: أترى هذا المكان؟ فإني لقيت فيه شابًّا من هيئته كذا وكذا — فوصف صفة سعيد — فقتلتُه وأخذت بُردًا كان عليه، ومن صفة البرد كذا وكذا، فوصف صفة البرد وسيفًا كان عليه، فقال ضبة: فما صفة السيف؟ قال: ها هو ذا علي، قال: فأرينه، فأراه إياه فعرفه ضبة ثم قال: إن الحديث لذو شجون. ثم ضربه حتى قتله، فذهب قوله هذا أيضًا مثلًا، فلامه الناس وقالوا: قتلت رجلًا في الأشهر الحرم؟ فقال ضبة: سبق السيف العذل، فأرسلها مثلًا.

سرت إلينا شبادِعُهم: الشبدع: العقرب، ويشبه به اللسان لأنه يلسع به الناس، ومعنى المثل: سرى إلينا شرهم ولومهم إيانا وما أشبه ذلك.

سمنكم هُريق في أديمكم: وكثيرًا ما يقولون: سمنهم في أديمهم، قال أبو عبيدة: الأديم المأدوم من الطعام، أي جعلوا سمنهم فيه ولم يفضلوا به، وقال الأصمعي: أصله في قوم سافروا ومعهم نِحي سمن فانصب على أديم لهم فكرهوا ذلك، فقيل لهم: ما نقص من سمنكم زاد في أديمكم، وهذا المثل يُضرب للرجل ينفق ماله على نفسه ثم يريد أن يمتن به.

سُقِطَ في يده: يُضرب لمن ندم.

سِيلَ به وهو لا يدري: أي ذهب به السيل يريد دُهِي وهو لا يعلم، يُضرب للساهي الغافل.

سحابةُ صيف عن قليل تقشَّع: يُضرب في انقضاء الشيء بسرعة.

سوء الظن من شدة الضِّنِّ: هذا مثل قولهم: إن الشفيق بسوء الظن مولع.

حرف السين(عامية)

«سَاعْةِ الْحَظ مَا تِتْعَوَّضْشْ» الحظ يريدون به: السرور، وكون ساعته — أي: وقته الذي يهيأ فيه — لا يُعَوَّض؛ لأنه لا يتهيأ كل حين.

«سَاعَهْ لْقَلْبَكْ وِسَاعَه لْرَبَّكْ» يُضرَب للاعتدال في الأمور؛ أي: اجعل ساعة لقلبك وانشراحه وساعة لعبادة ربك، فهو كقول القائل:

وللهِ مني جانبٌ لا أُضِيعُهُوللَّهْوِ مِنِّي والبِطَالَةِ جَانِبُ

«اِلسَّاعِي فِي الْخيرْ كَفَاعِلُهْ» معناه ظاهر ويُروَى: «الجاري في الخير كفاعله.» وقد تقدم ذكره في الجيم.

«السَّاكِتْ فِي الْحَق زَيِّ النَّاطِقْ فِي الْبَاطِلْ» زي؛ أي: مثل. والمَثَل من روائع حكمهم؛ لأن الساكت في الحق مُعِين بسكوته للباطل، فهو بمنزلة المتكلم في الباطل المنتصر له.

«اِلسَّاكِنْ عَدُو مَاكِنْ» أي: مستأجر الدار للسكن إنما هو عدو مُتَمَكِّنٌ من صاحبها؛ وذلك لأنه لا يهمه ما يصيبها من التلف، بل قد يتعمده نكاية بمالكها، وقد يماطل في الأجرة، ويمتنع عن إخلائها إلا بمقاضاة وعناء.

«السَّاهِي تَحْتْ رَاسُهْ دَوَاهِي» الساهي عندهم: المتظاهر بالسهو والغفلة، الهادئ الخلق. والمراد: لا تغتروا بظاهره فالأغلب في مثله الانطواء والمكر والدهاء. ويرويه بعضهم: «يا ما تحت السواهي دواهي.» وانظر قولهم: «كل راس مطاطية تحتها ألف بليه.» ومن أمثال العرب في ذلك: «تحسبها حمقاء وهي باخس.» ويُروَى: باخسة. يُضرَب لمن يَتَبَالَه وفيه دهاء. ومثله أو قريب منه: «لا يغرنك الدُّبَّاء وإن كان في الماء.» قاله أعرابي تناول قرعًا مطبوخًا فأحرق فمه، فقال: لا يغرنَّك الدباء وإن كان نشوءه في الماء. يُضرَب مثلًا للرجل السَّاكن الكثير الغوائل.

«اِلسِّبَاخْ زَرْعِ الْأَهْبَلْ» السِّباخ (بكسر الأول): السماد الذي يُسَمَّد به الزرع، والأهبل: الأبله؛ أي: من لم يتقن الحرث والبذر فالسماد يقيم زرعه ويجيده.

«سَبْسِبِ الْقَرْعْ وِجَا خِيرُهْ» سبسب بمعنى: امتد وطالت فروعه وقرب إثماره. يُضرَب للشيء بدأ صلاحه وقَرُبَ الانتفاع منه.

«اِلسَّبْعْ سَبْعْ وَلَوْ فِي قَفَصْ» أي: الأسد أسد ولو كان محبوسًا في قفص. يُضرَب لكبير الهمة يُعْتَقَل أو يُضَيَّقُ عليه في أمر من الأمور لبيان أن ذلك لا يحقره ولا يصغر من نفسه.

«سَبَعْ صُنَعْ فِي إِيدِيهْ وِالْهَم جَايِرْ عَلِيهْ» الصنع عندهم جمع صنعة؛ أي: الصناعة. والإيد (بكسر الأول): اليد، والمراد بالهم هنا: الفقر وسوء الحال؛ أي: هو مع كونه يتقن سبع صناعات فإنه سيئ الحظ معكوس الحركات لم يزل الفقر ضاربًا أطنابه عليه.

«سَبَعْ مَنَاخِلْ وِالقَش دَاخِلْ» القش: كُسَارة العيدان، والمراد به هنا النخالة التي تُعْزَل من الدقيق بالنخل. يُضرَب في أن العمل الكثير بلا إتقان لا يفيد.

«سَبْعْ وَالَّا ضَبْعْ» المراد بالسبع الأسد، وهذه الجملة تُقَال للقادم بخبر للاستفهام عما وراءه، فهي في معنى قول العرب: «أسعد أم سعيد؟» وفي معناها عند العامة قولهم: «طاب والَّا اتنين عور.» وقولهم: «قمح والَّا شعير.» وسيأتيان.

«اِلسِّت مَا مِنْهَاشْ جِهِ الْبَرْدْ مَا خَلَّاشْ» ويرويه بعضهم: «ست ما منهاش زادها الطلق والنفاس.» وفيه عيب للجمع بين السين والشين في السجع. يُضرَب للسيِّئ الحال يطرأ عليه ما يزيد حاله سوءًا.

«سِتّ وْجَارْيِتِينْ عَلَى قَلْيْ بِيضْتِينْ» أي: سيدة وجاريتان اجتمعن على قلي هذا النَّزْر اليسير. يُضرَب في كثرة العاملين على ما لا يستحق من العمل.

«اِلسِّت وِالْجَارْيَهْ عَلَى صَحْنِ بِسَارْيَهْ» ويُروَى: «على نص رطل» بدل على صحن؛ أي: نصف رطل، ويُروَى: «على شوية» أي: على شيء قليل، ويُروَى: «على طاجن.» أي: السيدة والخادمة اشتغلتا بطبخ هذا النَّزْر اليسير. والبسارية (بكسر الأول) يريدون بها: السمك الصغير، وهم يستطيبون أكله مقليًّا. يُضرَب لكثرة العاملين على تفاهة العمل. وقد أورده الأبشيهي في «المستطرف» برواية: «طبق وجارية على صحن بسارية.» ولا معنى للطبق هنا، فلعله مُحَرَّف بالنسخة.

«السَّجَرَهْ اللِّي تْضَلِّلْ عَلِيكْ مَا تِدْعِيشْ عَلِيهَا بِالْقَطْعْ» أي: لا تدعُ بالقطع على الشجرة التي تستظل بها. يُضرَب في أن الأمر أو الشخص الذي تنتفع منه لا تسعَ في زواله.

«اِلسَّجَرَهْ اللِّي مَا تْضِل عَلَى اهْلَهَا وَلَّا حَل قَطْعَهَا» أي: الشجرة التي لا تظل أصحابها فقد حَلَّ قطعها، والمراد: الشخص الذي لا يبرُّ أهله ويحوطهم. وفي معناه قول إسماعيل الناشئ:

وَلَا تَجْزَعَنَّ عَلَى أَيْكَةٍ أَبَتْ أَنْ تُظِلَّكَ أَغْصَانُهَا

وقول الآخر:

إِذَا لَمْ يَكُنْ فِيكُنَّ ظِلٌّ ولا جَنًى فأبعدَكُنَّ اللهُ مِنْ شَجَرَاتِ

«سَجَرِةِ الْبَامْيَهْ مَا يْصَحِّشْ مِنْهَا اوْتَادْ» البامية: نبات معروف يؤكل بالطبخ، وهو أجوف السوق ضعيفها لا يصلح لعمل الأوتاد منها. يُضرَب للشيء لا يصلح لما يُرَاد اتخاذه منه. وفي معناه: «عمر الغاب ما يصح منه أوتاد.» وسيأتي في العين المهملة.

«سَدَّقِ الْكَدَّابْ لِحَدِّ بَابِ الدَّارْ» سدق؛ أي: صَدِّق. ويُروَى: «اتبع الكداب ...» إلخ. وقد تقدم الكلام عليه في الألف.

«السَّدَقَهْ الْمَخْفِيَّهْ فِي الْبِيعْ وِالشِّرَا» أي: من أراد إخفاء صدقته اغتنامًا لمزيد الأجر، وصيانةً لوجه من يريد التصدق عليه، فليتساهل معه في بيعه أو شرائه.

«سَرَبَاتِي وِاسْمُهْ عَنْبَرْ» انظر في الألف: «اسمك إيه؟ قال: اسمي عنبر ...» إلخ. وانظر: «ضيع الاسم بالصنعة» في الضاد المعجمة.

«السِّر بين اتْنِينْ دَرَجْ وبِينْ تَلاَتَهْ فَتَحِ الْبَابْ وِخَرَجْ» هو كالمثل الآتي بعده مع زيادة الحث على كتمان السر عن كل أحد.

«اِلسِّر بين اتْنِينْ وِإنْ جَا التَّالِتْ فَسَدُهْ» هو في معنى قول الشاعر:

كل سر جاوز الاثنين شاع

«اِلسِّر فِي السُّكَّانْ لاَ فِي الْمَكَانْ» يُضرَب في أن المكان بسكانه لا بعظم هيكله وحسن زخرفته، ولبعضهم:

ما زِينَةُ المَرْءِ بِأَثْوَابِهِ السِّرُّ في السُّكَّان لا في الديارِ

وفي كتاب «الآداب» لابن شمس الخلافة لآخر:

ولا تَهِنْ ربَّ طمرٍ فالدارُ بالسُّكَّانِ

«اِلسُّرُوحْ بِالْبَقَرَهْ وَلاَ السَّحْبْ بِالْبَكَرَهْ» السروح: الخروج بالماشية إلى المرعى، والمراد: تفضيله على إخراج الماء من البئر. يُضرَب في تفضيل عمل على آخر أشق منه.

«اِلسَّعْدْ لَمَّا يِنْتِي مَا يْحِبِّشْ مِسَانْدَهْ» ما يحبش هنا؛ أي: لا يحتاج، ويُروَى: «ما يعوزش.» وهو في معناه، والمراد: إذا أراد الله إسعاد العبد أتاه السعد بغير حاجة إلى مساعدة أحد.

«اِلسَّعْدْ مَاهُوشْ بِالشَّطَارَهْ» أي: سعد المرء ليس بمهارته، وإنما هو حظ كتب له، فكم من ماهر لم ترفعه كفايته وبليد لم تخفضه بلادته. وانظر: «السعد وعد.»

«السَّعْدْ وَعْدْ» أي: إنما السعد حظ كَتِبَ للمرء ووُعِدَ به من الأزل، وهو في معنى قولهم: «إن أسعدك أوعدك» وقد تقدَّم، وانظر أيضًا: «السعد ماهوش بالشطارة.»

«السَّعِيد كُلِّ النَّاسْ تِخْدِمُهْ» المراد بالسعيد هنا الغنيُّ، والناس مولعون بالتقرب للغني وخدمته، وقد يراد بالسعيد من أسعده الله وأعلاه، فوَفَّقَ له الأمور وسَخَّرَ الناس لخدمته.

«سَفِيهَكْ دَارِيهْ وِاعْمِلْ كَحْكْ وِادِّيهْ» وفي رواية: «كحك ناعم»، وهو كعك يكثرون سمنه ويجعلون على وجهه السكر المدقوق. والمراد: الحث على مداراة السفهاء.

«السَّقْرْ سَقْرْ وِلُهْ هِمَّهْ يِمُوتْ مِ الْجُوعْ مَا يِنْزِلْ عَلَى رِمَّهْ» السقر: الصقر. يُضرَب للكريم النفس العالي الهمة، لا يسف للدنيا ولو افتقر واحتاج.

«سِكِتْنَا لُه دَخَلْ بِحْمَارُهْ» أي: سكتنا على دخوله وقبوله بيتنا، فإذا به أدخل حماره معه. يُضرَب لمن يُطْمِعُهُ اللين فيتعدى طوره.

«السَّكْرَانْ سُلْطَانْ زَمَانُهْ» لأن سكره ينسيه كل شيء فيجرؤ على ما لا يجرؤ عليه الصاحي، ويأمر وينهى بما يزينه له سكره.

«السَّكْرَانْ فِي ذِمِّةِ الصَّاحِي» أي: هذا ما ينبغي أن يكون بين الناس. يُضرَب عتابًا للذاكر إذا لم ينبه الساهي في أمر من الأمور.

«سِكِّةْ أَبُو زِيدْ كُلَّهَا مَسَالِكْ» أبو زيد: يريدون به فارسًا هلاليًّا له قصة معروفة عندهم. والمراد: أنه كان يسلك الوعر والمخوف لشجاعته فلا يعوقه عائق. يُضرَب للطريق لها عدة مسالك تؤدي إلى القصد، فكأنها طريق أبي زيد ليس فيها عائق يعوق. ويُضرَب كذلك للأمر له عدة سبل للوصول إليه.

«السِّكَّه تْفَوِّتِ الْجَمَلْ» تفوت؛ أي تجعله يمر منها. يُضرَب لاِتِّسَاعِ الشيء. ويرويه بعضهم: «الباب يفوت الجمل.» ويضربونه للتعريض بشخص يريدون أن يفارق المكان كأنهم يقولون له: ليس أمامك عائق يمنعك، فالباب واسع يمر منه الجمل.

«سِكِّةِ الصُّغَارْ دَيَّقَهْ» أي: ضَيِّقَة. يُضرَب للأمر يُعْمَل برأي الصغار وضعاف العقول، وأن العاقل يضيق به ذرعًا ولا يستطيع الدخول فيه.

«سِكِّينِةِ الْأَهْلِ مْتَلِّمَهْ» المتلمة: التي لا تقطع وتحتاج للشحذ، وأصله: مثلمة، وبعضهم يروي بدلها: «تالمة»، وبعضهم يزيد في المثل: «والداخل بناتهم خارج.» أي: الداخل بينهم. والمراد: أن الأهل لا يبالغون في إساءة بعضهم لبعض، وإن تقاتلوا فبسلاح لا يقطع. يُضرَب في هذا المعنى.

«سِلَاحِ الضَعِيفِ الشَكِيَّهْ» معناه ظاهر، وما الذي يستطيع عمله الضعيف مع خصمه سوى الشكوى منه؟!

«سَلَامْةِ الإنْسَانْ فِي حَلَاوِةِ اللِّسَانْ» معناه ظاهر، وهو من العبارات القديمة التي جرت مجرى الأمثال، والمعروف فيه: «في حفظ اللسان.» فَغَيَّرَتْهُ العامة بلفظ: حلاوة. وانظر في الحاء المهملة: «حلاوة اللسان عز بلا رجال.»

«سَلَامَه فِي خِيرْ وِخِيرْ فِي سَلَامَهْ» يُضرَب في حالة السلامة والغنم.

«اِلسُّلْطَانْ مَعَ هِيبْتُهْ يِنْشِتِمْ فِي غِيبْتُهْ» معناه ظاهر. يُضرَب لمن بلغه أن شخصًا اغتابه تهوينًا لوقع ذلك في نفسه.

«اِلسَّلَفْ تَلَفْ وِالرَّدِّ خُسَارَهْ» السلف: الإقراض؛ أي: لا تقرض إنسانًا فما تجني إلا التلف فيما أقرضته، وإذا اقترضت فلا ترد؛ لأنه على هذا في حكم المفقود من صاحبه فلا تخسره أنت.

«سِلِمْ مِنِ الدِّب وِقِعْ فِي الْجِب» الجب (بكسر الأول وصوابه الضم): يريدون به البئر التي تُعَد في أماكن الحكام ليلقوا فيها من يريدون قتلهم. وأصل معناه في اللغة البئر، أو الكثيرة الماء البعيدة القعر. والدِّب (بكسر الأول والصواب ضمه): حيوان مفترس معروف. يُضرَب لمن يسلم من شر فيقع في أشد منه.

«سِلِّمِةِ الْعِزِّ عُوجَهْ مَا تِطْلَعْهَا إلَّا كُل مَوْعُودَهْ» أي: سلم العز أعوج صعب المُرْتَقى لا تستطيع الصعود عليه إلا التي كتب الله لها ذلك وقدر لها نواله.

«اِلسَّمَكْ بِيْطَلَّعْ نَارْ قَالِ الْمَيَّهْ تِطْفِيهْ» وبعضهم يزيد فيه: «قال أهو كلام يا تسمعه يا تخليه.» يُضرَب لعدم الاكتراث بالشيء إذا كان معه ما يمنع ضرره فعلى تقدير إخراج السمك للنار، فإن وجوده في الماء يبطل تأثيرها ويطفئها. وأما الزيادة فمعناها أنه تهديد، ولكن لا خوف منه فإما أن تسمعه وإما أن تصم أذنك عنه، فلا ضرر منه في الحالين. وبعضهم يزيد في أوله: «قولوا»، ويزيد لفظ «كانت» قبل المية.

«سَمَكْ فِي مَيَّهْ» أي: في ماء لا يُعْرَف ما يقع بينه، وهي من الكنايات الجارية مجرى الأمثال، ويراد بها شدة الاختلاط مع خفاء ما يقع.

«اِلسَّنَه السُّودَهْ خَمَسْتَاشَرْ شَهْرْ» أي: خمسة عشر شهرًا. يُضرَب لطول أيام المحن السوداء في نظر الناس.

«سَنَةْ شُوطِةِ الْجِمَالْ جَابُوا الْأَعْوَرْ قَيِّدَهْ» الشوطة: الوباء. والقَيِّدَة: الرئيس، والمراد به: الجَمَّال الذي يكون أول القطار. يُضرَب في أن مثله لم يقدم إلا لفقد الكفء، فهو في معنى قول الشاعر:

لَعَمْرُ أبيكَ ما نُسب المُعَلى إلى كرمٍ وفي الدُّنْيَا كَرِيمُ

وانظر قولهم: «سنة الكبة ...» إلخ. وانظر: «من قلة البخت عملوا الأعور قَيِّدَة.» وهو معنى آخر. وانظر: «أعور وعامل قيده.»

«سَنَةِ الْغَلَا نِسِينَا الْخَمِيرَهْ» أي: لأننا أبطلنا العجن للغلاء.

«سَنَةِ الْكُبَّهْ يِدَّلَّعِ الْأَمْخَطْ» الكُبَّه (بضم أوله وتشديد ثانيه): الطاعون. والأمخط: الأبله القذر الذي سال مخاطه. و«يدلع»: يتدلل، وإنما يتدلل في وقت الطاعون لأنه لم يبق سواه من الأولاد، وهو قريب من قولهم: «سنة شوطة الجمال جابوا الأعور قيدة.» وانظر في الألف: «ادلعي يا عوجه في السنة السوده.»

«اِلسِّن لِلسِّن يِضْحَكْ وِالْقَلْبْ كُلُّهْ جَرَايِحْ» يُضرَب للمتظاهرين بالودِّ والصداقة، وما يضمره الواحد للآخر بعكس ذلك.

«اِلسَّهْرَانْ لِيلُهْ طَوِيلْ وِالنَّايِمْ لِيلُه غَمْضَهْ» معناه ظاهر، وقالوا في معناه: «الليل ما هو قصير إلا على اللِّي ينامه.» وسيأتي.

«سُورْتَكْ إيه؟ سُورْتَكْ إِيَّاكْ» السورة: إحدى سور القرآن الكريم، والظاهر أن المراد بـ «اياك»: سورة الفاتحة. يُضرَب لبقاء الشخص على نمط واحد كأنه يقرأ كل يوم الفاتحة ولا يتعدَّاها. وهذه الراوية هي المشهورة في المثل المتداول على الألسنة، وبعض الريفيين يروي فيه: «إياها» بدل إياك، والمعنى عليها ظاهر.

«السُّوسْ مَا يِلْعَبْشْ إِلَّا فِي الْخَشَبِ النَّقِي» أي: لا يفتك السوس ويتلف إلا الخشب الثمين، فهو في معنى: المؤمن مُصَاب. ويرويه بعضهم: «ما يلعب السوس إلا في الخشب النقي.»

«سِيخَكْ وِالسُّلْطِيحَهْ» السيخ (بكسر الأول): السَّفُود، وهو حديد يُنظم فيها اللحم ويُشْوَى. والسُّلْطيحة (بضم فسكون مع إمالة الطاء)، وقد يقولون فيها: السَّلَطُوحَة (بفتحتين فضم): الأرض الصلبة المنبسطة الجرداء التي لا نبات بها ولا وهاد ولا نجاد. والمراد: ليس في يدك إلا هذا السيخ وهذه الأرض أمامك، وهي لا تواري شيئًا فاغمد إن شئت سيخك فيها وابحث به، فإن عثرت على شيء فَخُذْهُ. وبعضهم يرويه: «سكاكينك والسلطوحة.» والمعنى واحد. يُضرَب للحمل على اليأس من شخص يُطالب بشيء، أو بالوفاء بدين وليس في مقدوره القيام به. ومن كناياتهم عن ذلك قولهم: «إيدك والأرض.» أي: ليس إلا يدك والأرض ولا شيء سواهما، فماذا تأخذ؟

«سِيدِي بَنْدَقْ مَا سَدَّقْ» السيد (بكسر الأول وسكون الياء الخفيفة): السَّيِّد. وبندق (بفتح فسكون ففتح): اسم مُخْتَرَع. وما سدق: ما صَدَّقَ، ويريدون به ما صدق الخبر حتى بادر لعمل ما يريده. يُضرَب

للشخص يعوقه عائق عن الشيء، فلا تلوح له الفرصة فيه حتى يبادر لعمله.

«**سِيدِي مَا أَخَفُّهْ لَا فِي إِيدُهْ وَلَا فِي طَرْفُهْ**» السيد (بكسر الأول وتخفيف الياء): السيد؛ أي: هو خفيف الحمل لا في يده شيء ولا في طرف ثوبه؛ أي: حجزته. يُضرَب لخفيف المئونة الذي لا يعوقه شيء في انتقاله وسيره، وقد يُقْصَد به الفقير الذي لا يملك شيئًا. وأورده الأبشيهي في «المستطرف» برواية: «يا شب مليح ما أحسن وصفك لا في يدك ولا في طرفك.»

«**سِيرْ يَا جَمَّالْ وِحَادِيهَا إِلَّا جَرْيِ الصِّبَا رَاحْ فِيهَا**» إلا هنا بمعنى: لأن؛ أي: حُطْهَا أيها الجَمَّال بعنايتك في سيرك؛ لأنها نتيجة تعب الصبا فإذا فُقِدَت لا تُعَوَّض. يُضرَب للشيء العزيز قَلَّ أن يُخْلَفَ إذا فُقِدَ.

«**سِيفِ السَّلْطَنَهْ طَوِيلْ**» أي: ينال البعيد كما ينال القريب فلا يبقى منه مَفَرٌّ.

«**سَيِّبِ الْعِجْلْ يِعْرَفْ أُمُّهْ**» أي: أَطْلِقْهُ وَدَعْهُ فإنه يعرف أمه من بين القطيع، ويهتدي إليها. يُضرَب في أن الإنسان إذا خُلِّيَ وشأنه مَالَ إلى أهله بطبيعته ما لم يُمْنَع من ذلك بعوامل كوشاية أو تحريض أو غيرهما، وانظر: «عند الرضاع العجل يعرف أمه.» وهو مَعْنًى آخر.

«**سَيِّبُهْ عَلَى هَوَاهْ لَمَّا يِجِي دِيلُهْ عَلَى قَفَاهْ**» سيبه؛ أي: خَلِّهِ واتركه. وقدم تقدم الكلام عليه في: «خلي حبيبي ...» إلخ في الخاء المعجمة.

«**سَيِّدْنَا مُوسَى مَاتْ، نَاشِفْ طَرِي هَاتْ**» الناشف: الجاف الصلب. والمثل يَضربونه لكثرة الأكل وشدة النهم بحيث لا يرد شيئًا، أي: مات سيدنا موسى ولم يبق من يَرُدُّنَا. ولعله من أمثال اليهود المصريين، ثم نقله عنهم الآخرون.

حرف الشين(فصحى)

شب شوبًا لك بعضه: يُضرب في الحث على إعانة من لك فيه منفعة، وهو مثل قولهم: احلب حلبًا لك شطره.

شرِق بالريق: أي ضره أقرب الأشياء إلى نفعه.

شمِّرْ ذيلًا وادَّرع ليلًا: يُضرب في الحث على الجِدِّ في الطلب.

الشرط أملَك عليك أم لك: يُضرب في حفظ الشرط، يجري بين الإخوان.

شِقشقَةٌ هدرَت ثم قَرَت: الشقشقة بالكسر شيء كالرِّئَة يخرجها البعير من فيه إذا هاج، وإذا قالوا للخطيب: ذو شقشقة، فإنما يُشبَّه بالفحل.

وشقشق الفحل: هدر، والعصفور: صوت.

شرٌّ أهرَّ ذا ناب: يقال: أهره إذا حمله على الهرير، وذو الناب السبع، يُضرب في ظهور أمارات الشر ومخايله.

شر الأَخِلَّاءِ خليل يصرفه واشٍ: يُضرب للكثير التلون في الوداد.

شِنشنة أعرفها من أخزم: قال ابن الكلبي: الشعر لأبي أخزم الطائي، وهو جَد أبي حاتم أو جد جده، وكان له ابن يقال له أخزم، وقيل كان عاقًّا فمات وترك بنين، فوثبوا يومًا على جدهم أبي أخزم فأَدْمَوْهُ، فقال:

إن بنيَّ ضرجوني بالدَّمِ شنشنة أعرفها من أخزم

ويروى زملولي وهو مثل ضرَّجوني في المعنى، أي لطخوني، يعني أن هؤلاء أشبهوا أباهم في العقوق، والشنشنة: الطبيعة والعادة.

شر الرِعاء الحُطَمة: يُضرب لمن يلي شيئًا ثم لا يحسن ولايته، وإنما ينبغي أن يكون الراعي كما قال الراعي:

ضعيف العصا بادي العروق ترى له عليها إذا ما أمحل الناس أصبعا

أي أثرًا حسنًا.

الشر أخبث ما أوعيت من زاد: يُضرب في اجتناب الذَّمِ والشر، قاله أبو عبيد، وهو من بيت أوله:

الخير يبقى وإن طال الزمان به

الشباب مطية الجهل: ويروى مظنة الجهل.

حرف الشين(عامية)

«شَابِتْ لِحَاهُمْ وِالْعَقْلْ لِسَّهْ مَا جَاهُمْ» لسه: أصله للساعة؛ أي: للآن. والمراد: شابوا ولم يُرْزَقُوا العقل بَعْدُ؛ أي: لم يرشدوا، ويرويه بعضهم: «شابت لحانا والعقل ما جانا.» وفي معناه عندهم: «الكبر كبرنا والعقل ما كملنا.» وسيأتي في الكاف. ولله دَرُّ مَنْ قَالَ:

أنت في الأربعين مثلُكَ في العشـرين حتى متى يكون الفلاحُ

«الشَّاطْرَهْ تِغْزِلْ بِرِجْلِ حْمَارْ، وِالنَّتْنَهْ تِغْلِبِ النَّجَّارْ» انظر في الغين المعجمة: «الغزالة تغزل برجل حمار.»

«الشَّاطْرَهْ تِقْضِي حَاجِتْهَا وِالْخَايْبَهْ تِنْدَهْ جَارِتْهَا» الشاطرة؛ أي: النشيطة اللَّبقة الصَّنَاع. والخايبة: يريدون بها الخرقاء البليدة. ومعنى تنده: تُنَادِي. والمراد: أن الأولى تقضي حاجتها بيدها وتقوم بأمورها. وأما الخائبة فإنها تستدعي جارتها لترشدها وتساعدها.

«الشَّاطْرَه تْقُولْ لِلْفُرْنْ قُودْ مِنْ غِيْرْ وُقُودْ» أي: القيِّمة بأمورها الحاذقة توقد الفرن بغير وقود، وهو مبالغة. والمراد: الحاذقة تعرف كيف تدبر أمورها وتأتي فيها بما يعجز عنه غيرها. وقد قالوا هنا: وقود، ليزاوج كلمة «قود» وهم لا يقولون فيه إلا «وقيد»، وقريب منه قولهم: «الغزالة تغزل برجل حمار.» والعرب تقول في هذا المعنى: «لو اقتدح بالنبع لأورى نارًا»، والنبع: شجر يكون في قمة الجبال لا نار فيه.

«الشَّاعِرْ يُقُولْ مَا عَنْدُهْ وِالْمُبْتَلِي يِمْلِي مِنْ وَجْدُهْ» المراد بالشاعر هنا: المنشد على الرباب، ويريدون بالمبتلي (بكسر اللام): المبتلَى بفتحها. والمعنى: ليس الخَلِيُّ كالشَّجِي.

«شَافُوا قِرْدْ يِسْكَرْ عَلَى خَرَّارَهْ قَالُوا مَا لِلْمُدَامِ الرَّايِقْ إِلَّا دِي الشَّابِّ الْعَايِقْ» الخرارة: يريدون بها البِرْكَة تتسرب إليها القاذورات. والعايق: المتجمل في لباسه وهيئته. يُضرَب للشيء القبيح يناسب صاحبه. في حكاية أبي القاسم البغدادي في الأدب ص٧: «اطَّلَع القرد في الكنيف فقال: ما تصلح هذه المرآة إلا لهذا الوجه.»

«شَالِ الْمَيَّهْ بِالْغُرْبَالْ» أي: رفع الماء بالغربال، وهذا لا يكون لما فيه من العيون. كناية عن عمل المستحيل بحسن الحيلة والبراعة. وانظر: «فحت البير بإبرة.» وكلاهما من المبالغة. ومن تعليق شيء بآخر مستحيل ما أنشده ابن حمدون في تذكرته للحارث بن خالد المخزومي:

أَنْعَمَ اللهُ لي بذَا الوَجْهِ عينًا وبه مَرْحَبًا وأَهْلًا وسَهْلا

حِينَ قالتْ: لا تذكرنَّ حديثي يَا بْنَ عَمِّي أَقْسَمْتَ؟ قلتُ: أجل، لا

لا أَخُونُ الصَّدِيقَ في السِّرِّ حتى يُنقل البحرُ بالغرابيل نَقْلا

«شَامْتَهْ وِمْعَزِّيَّهْ» أي: جاءت للعزاء في الظاهر وهي في الحقيقة شامتة.

«شَاوِرْ كِبِيرَكْ وِصغِيرَكْ وِارْجَعْ لِعَقْلَكْ» لأن مشاورة الصغير قد تفيد فشاور الجميع، ثم ارجع لعقلك لتميز الغَثَّ من السَّمِين.

«اِلشَّايِبْ لَمَّا يِدَّلَّعْ زَيِّ الْبَابْ لَمَّا يِتْخَلَّعْ» أي: الأشيب إذا تدلَّل أشبه الباب المفككة أجزاؤه. يُضرَب في استسماج تدلل الكبير.

«شَايِبْ وِعَايِبْ» يُضرَب لمن يجهل بعد فوت أوان الصبا، أو يأتي أمرًا لا يُسْتَحْسَن ولا يوقر شَيْبَهُ.

«اِلشَّبِّ بْسَعْدُهْ لَا بُوهْ وَلَا لْجِدُّهْ» الشب: الشابُّ، قصروه بحذف الألف. والمراد: المرء يعلو في الدنيا بسعده وحظه الذي كُتِبَ له لا بطيب عنصره وعظمة آبائه وجدوده.

«اِلشَّبْعَانْ يِفِت لِلْجَعَانْ فَتِّ بِطِي» رواه الراغب في أمثال العامة على زمنه بالمحاضرات ج٢ ص٤١٨: «لا يشعر الشبعان بما يقاسيه الجائع.» وبعضهم يقول: «فتٌّ بطي» بالتنوين. والمعنى أن الشَّبِع إذا أراد أن يثرد للجائع ثرد له ثردًا بطيئًا؛ لأنه لا يحس بما يحس به من ألم الجوع. يُضرَب في تباطؤ المكتفي عن ذي الحاجة العَجُول.

وفي كتاب لم نعلم اسم مؤلفه اسمه: «روضة الآداب ونزهة الألباب» لبعضهم:

لو كُنتَ مثلي قلقًا ساهِرًا رَثَيْتَ لِي من صدِّك المفرطِ

أما تَرَى الشَّبْعَانَ يا سيدي يَفُتُّ للجيعان فتًّا بَطِي

«شَبَعْ بَعْدِ جُوعَهْ يِرَبِّ فِي الْقَلْبْ لُوعَهْ» ويُروَى: «شبعه»، والمراد: أن الغِنَى الحادث بعد فقر يُحدث لوعة في القلب، ويريدون بها البطر. وقولهم: لُوعة (بضم الأول) لتزاوج جوعه؛ لأن قاعدتهم أن يقولوا في مثلها لَوْعَة.

«اِلشَّحَّاتْ خَرَجِتْ عِينُهْ وِصَاحِبِ الْبِيتْ عَلَى مَهْلُهْ» الشحات: السائل. وخروج العين عندهم: كناية عن بلوغ الجهد مبلغه بالشخص؛ أي: السائل في جهد جاهد ومشقة، وصاحب الدار لَاهٍ عنه متمهل في إجابته. يُضرَب في بيان معاملة المسئول للسائل في الغالب.

«اِلشَّحَّاتْ لُهْ نُصّ الدُّنْيَا» الشحات: الشحاذ؛ أي: المكدي وكون نصف الدنيا له؛ لأنه يطوف من هنا إلى هنا ويجمع.

«شَحَّاتْ يِكْرَهْ شَحَّاتْ وِصَاحِبِ الْبِيتْ يِكْرَهْ الِاتْنِينْ» الأكثر في هذا المثل: «عويل يكره عويل ...» إلخ. انظره في العين المهملة.

«الِشِّحَاتَهْ طَبْعْ» أي: السؤال والكدية. وقالوا: «الدناوة طبع.» وهما كقولهم: «أكل الحق طبع» راجعه في الألف.

«الِشِّحَاتَهْ كِمْيَا» الشحاتة: الكدية، وأصلها الشحاذة. والمراد بالكميا: الكيمياء، وهي تحويل النحاس ونحوه إلى ذهب أو فضة؛ أي: الكدية كيمياء خفية تجلب لصاحبها الغنى.

«شَخْشَخْ يَابُو النُّومْ عَلَى اللِّي جَدِّ الْيُومْ» الشخشخة في اللغة: صوت السلاح والقرطاس. والمراد بها هنا: صوت نحو الحصى إذا حرك في الكف. وأبو النوم: الخشخاش سموه بذلك؛ لأن أكل حبه يجلب النعاس وثِقَل الدماغ لتخديره، وثمره مكون من كرة جوفاء فيها حب دقيق أسود إذا حركت الثمرة تحرك فيها الحب فظهر له صوت. والمراد: انتبهوا وأعلنوا ما اسْتَجَدَّ اليوم من الأمر الغريب. يُضرَب للأمر يستجدُّ فيُسْتَنْكَر ويُسْتَغْرَب.

«شَخْشَخْ يِتْلَمُّوا عَلِيكْ» أي: جَلْجِلْ بنقودك يجتمعوا عليك ويأتوك من كل حدب إن كنت تريد اجتماعهم، فهو في معنى قولهم: «اضرب الطاسة تجي لك ألف لحاسة.» وقد تقدم ذكره. وقد يراد بـ «شخشخ»: جلجل بالجلجل ونحوه، أو حرك الدف بجلاجله؛ لأن أكثر الناس يهرعون لكل نبأة، ويسرعون إلى كل ناعق، فيكون في معنى قولهم: «دقوا الطبل ع التلة جريت كل مختلة.» وتقدم في الدال المهملة.

«شُخُّوا عَلَيَّ كُلُّكُمْ إِلَّا الزَّمَانْ خَلَّانِي لُكُمْ» الشخ: التَّبَوُّل والتَّغَوُّط، وهو في العربية الصحيحة البول؛ أي: افعلوا جميعكم ذلك بي؛ لأن الزمان أبقاني لكم ولوقتكم، فالعتب عليه لا عليكم:

هَذَا جَزَاءُ امْرِئٍ أَقْرَانُهُ دَرَجُوا مِنْ قَبْلِهِ فَتَمَنَّى فُسْحَةَ الْأَجَلِ

«شِدَّه وِتْزُولْ» يُضرَب في النوازل والشدائد والحث على احتمالها، والصبر عليها حتى تزول، وكثيرًا ما يُقَال في شدة المرض. والعرب تقول في ذلك: «غمرات ثم ينجلين.» قال الميداني في مجمع الأمثال: ويُروى «الغمرات ثم ينجلين.» أي: هي الغمرات. والغمرات: الشدائد. وأنشد جعفر بن شمس الخلافة لنفسه في كتاب «الآداب»:

هي شِدَّةٌ يَأْتِي الرَّخَاءُ عُقَيْبَهَا وَأَسًى يُبَشِّر بالسُّرُورِ الْعَاجِلِ

وَإِذَا نَظَرْتَ فَإِنَّ بُؤْسًا زَائِلًا لِلمَرْءِ خَيْرٌ مِنْ نَعِيمٍ زَائِلِ

«**اِلشر إِنْ بَاتْ فاتْ**» أي: الغضب أو الخصومة والمشاحنة إن تركت ليلة واحدة هدأت، وهو من أحسن الوسائل لصرفها.

«**شَرّ الزّغَابَهْ جَهْ عَلَى وْلَادْ غَانِمْ**» دياب بن غانم الزغبي من الفرسان المعروفين في أساطيرهم، وله وقائع في حروب أبي زيد الهلالي. والمراد: أن ما فعله الزغبيون من الشر عادت عواقبه على أولاد غانم دياب وأقاربه. يُضرَب للعمل السوء من قوم تَعُودُ عواقبه على كبرائهم دون أصاغرهم. وأصل دياب مُحَرّف عن ذئاب.

«**اِلشِّرَا يْعَلِّم الْبِيعْ**» أي: الشراء وما يقع فيه من المماكسة وتقليب المتاع يُعَلِّمُ الشاري كيف يبيع، فإذا اتَّجَرَ بعد ذلك كان على بَيِّنَة من أمره بما تعلمه من البائعين وقت معاملته لهم.

«**شَرَارَهْ تِحْرَقِ الْحَارَهْ**» أي: لا تستصغرنَّ الشرارة فربما كانت سببًا في إحراق حَيٍّ بِرُمَّتِهِ، ومعظم النار من مُسْتَصْغَرِ الشرر. يُضرَب في أن الصغير قد يتفاقم فيئول إلى شَرٍّ مُسْتَطِيرٍ. ومن أمثال العرب: «أَشْرَى الشَّرِّ صغارُه» أي: أَلَجُّه وَأَبْقَاهُ. وسبب ضربهم هذا المثل أن صيادًا قَدِمَ بنحي من عسل ومعه كلب له، فدخل على صاحب حانوت فعرض عليه العسل ليبيعه منه، فقطر من العسل قطرة فوقع عليها زنبور، وكان لصاحب الحانوت ابن عرس فوثب على الزنبور فأخذه. فوثب كلب الصائد على ابن عرس فقتله، فوثب صاحب الحانوت على الكلب فضربه بعصًا فقتله. فوثب صاحب الكلب على صاحب الحانوت فقتله، فاجتمع أهل قرية صاحب الحانوت فقتلوا صاحب الكلب، فلما بلغ ذلك أهل قرية صاحب الكلب اجتمعوا فاقتتلوا هم وأهل قرية صاحب الحانوت حتى تفانوا.

«**شِرَايْةِ الْعَبْدْ وَلَا تْرْبِيّتُهْ**» أي: شراؤه مُرَبًّى يُغْنِي عن العَنَاء في تربيته، وهو عكس قولهم: «اِللِّي ربى أخير من اِللِّي اشترى.» وقد تقدم ذكره في الألف، ولكل واحد منهما مقام يُضرَب فيه. وانظر: «من لقي بيت مبني ...» إلخ. والمثل قديم في العامية أورده الأبشيهي في «المستطرف» برواية: «شرا العبد ولا تربيته.»

«**شَرْبَهْ مِنْ بَرَّهْ تِوَفَّرِ الْجَرَّهْ**» معناه ظاهر. يُضرَب فيمن يبالغ في الاقتصاد، وأن القليل من الخارج يوفِّر ما في الدار مهما ينزر.

«**اِلشَّرْطْ عَنْدِ التَّقَاوِي يِرَيَّحْ عَنْدِ الْعُرْمَهْ**» التقاوي: البزر. والعرمة: كدس الزرع المحصود؛ أي: الذي أوله شرط آخره اتفاق. ويُروَى: «عند المحرات» بدل عند التقاوي. وفي معناه: «الشرط عند الحرت ولا القتال في الحصيدة.» وسيأتي. وبعضهم يروي فيه: «ولا الخناق في الجرن.» وانظر: «الشرط نور» و«الشرط عند الحرت نور.» وانظر أيضًا: «اللي أوله شرط ...» إلخ. في الألف.

«**اِلشَّرْطْ عَنْدِ الْحَرْتْ نُورْ**» لأنه يُسْتَضَاءُ به عند الحَصْد فلا يقع الخلاف. وانظر: «الشرط نور.»

«الشرْطْ عَنْدِ الْحَرْتْ وَلَا الْقِتَالْ فِي الْحَصِيدَهْ» ويُروَى: «ولا الخناق في الجرن.» أي: ولا المشاجرة في البيدر؛ أي: بعد الحصد.

ويُروى: «ولا المشاخرة في الجرن.» ومعناها المشاجرة أيضًا، وهي إما تحريف عنها، وإما مشتقة من الشخر، وهو إخراج الصوت من الأنف، ويفعله سفلتهم إذا تشاجروا. وانظر: «الشرط عند النقاوي ...» إلخ.

«الشَّرْطْ عَنْدِ الْمحْرَاتْ يِرَيَّحْ عَنْدِ الْعُرْمَهْ» انظر: «الشرط عند التقاوي ...» إلخ.

«شَرْطِ الْمِرَافْقَه الْمِوَافْقَهْ» معناه ظاهر. وفي كتاب «الآداب» لجعفر بن شمس الخلافة: «شرط المعاشرة ترك المعاسرة.»

«الشَّرْطِ نُورْ» لأنه يستضاء به عند وقوع الخلاف. وبعضهم يرويه: «الشرط عند الحرت نور.» أي: وقت الحرث. وانظر: «اللِّي أوله شرط ...» إلخ. في الألف.

«شَرْعَ الله عَنْدْ غِيرَكْ» يُضرَب لمن يخالف رأيه الحق.

«الشِّرْكْ زَيِّ اللَّبَنْ أَقَلَّهَا حَاجَهْ تِعَكَّرُهْ» معناه أن الشركة لا تحتمل أَقَلَّ خِلاف.

«الشِّرْكْ فِي الْأَجَاوِيدْ وَلَا عَدَمْهُمْ» أي: الشرك مذموم، ولكن عدم الكرام رزيئة، فوجودهم أولى ولو شاركك فيهم غيرك. والغالب ضربه فيمن تزوج زوجها ضرة، وسيأتي: «الشركة مع الأجاويد ...» إلخ. وهو معنى آخر.

«الشِّرْكَهْ مَعَ الْأَجَاوِيدْ وَلَّا عَدَمْهَا» أي: لا تشارك إلا الجواد. والمراد: الكريم الحسن الطباع، وإلا فعدم الشركة أولى. ويرويه بعضهم: «الشرك في الأجاويد ولا عدمهم.» وهو مثل آخر في مَعْنًى آخر، وقد تقدم.

«شِرِيكْ سَنَهْ مَا تْحَاسْبُهْ. قَالْ: وَلَا شْرِيكِ الْعُمْرْ كُلُّهْ» وذلك لأن المحاسبة تُولِّد الخلاف بين الشركاء غالبًا.

«الشِّرِيكْ فِي الْمَدْوِدْ» المدود هو: المذود؛ أي: موضع العلف، والمقصود: الشريك في الدابة قريب كأنه حاضر في مذودها، فلا يَغُرَّنَّكَ بُعْدُ مكانه، فربما فاجأك بطلب بيعها أو محاسبتك فيها. يُضرَب في عدم استبعاد الشيء.

«شِرِيكَكْ خَصِيمَكْ» معناه ظاهر لما يقع في الشرك من الخلاف.

«الشِّرِيكِ الْمِخَالِفْ اِخْسَرْ وِخَسَّرُهْ» ويُروَى: «اخسر وضره.» والمراد: اسْعَ في خسارته وإن كانت الخسارة خسارتك أيضًا، والضرر واقعًا بكما.

«اِلشَرِيكِ الْمِخَالِفْ لَا عَاشْ وَلَا بَقَى» وبعضهم يقول: «بِقِي» بكسرتين، والمعنى واحد. والمراد: ذم الشريك المخالف لشريكه والدعاء عليه. ويُروَى: «الرفق» بدل الشريك. والمراد: الرفيق؛ أي: الصاحب الملازم للمرء.

«اِلشَّعْرِ الْمِضَّفَّرْ مَا يِتْخَبّلْشْ» أي: الشعر المضفور لا يَتَلَبَّك، وكذلك الأمور إذا نُظِمَتْ أُمِنَ فيها من الاختلاط والارتباك.

«شَعْرَهْ مِنْ جِلْدِ الْخَنْزِيرْ مَكْسَبْ» يُضرَب في أن دخول الشيء في اليد ولو كان حقيرًا رديئًا مَكْسَبٌ على أي حال.

«شَعْرَهْ مِنْ هِنَا وْشَعْرَهْ مِنْ هِنَا يِعْمِلُوا دَقْنْ» أي: بالتدبير من هنا وهنا، وضم القليل إلى القليل، تكون الكثرة وتُجْمَع الثروة، كما أن ضم شعرة إلى شعرة يكوّن اللحية. ومثله من أمثال العرب: «التمرة إلى التمرة تمر.» قاله أُحَيْحَة بن الجلَّاح لما دخل حائطًا له؛ أي بستانًا ورأى تمرة ساقطة فتناولها، وعُوتِب في ذلك فقال هذا القول. يُضرَب في استصلاح المال. وفي معناه أيضًا: «الذود إلى الذود إبل.» يُضرَب في اجتماع القليل إلى القليل حتى يُؤَدِّيَ إلى الكثير.

«اِلشُّعْلَهْ مَا تِنْطِفِيشْ إِلَّا عَلَى رَاسْ عَوِيلْ» الشعلة (بضم الشين وكسرها) عندهم: خرقة أو قطنة تُفْتَل وتوضع في السراج إذا لم توجد ذبالة فتقوم مقامها، غير أنها تكون كثيرة الدخان ضئيلة الضوء سريعة الانطفاء. والعويل (بفتح فكسر) أطلقوه على الوضيع اللئيم وعلى الضعيف من الناس والقليل التافه من الأشياء. والمعنى أن الذكر الحسن والشهرة الطيبة للشخص لا يذهب بها ويطفئها من بعده إلا الوضيع القبيح الفعال من بَنِيه أو أقاربه، كما أن تلك الخرقة لا يستمر ضوؤها كما يستمر ضوء الذبالة، وهم يكنون عن إشادة الذكر بالإضاءة والإنارة، كقولهم: «ولع له قنديل.» أي: أشاد بذكره وأشاع محامده.

«شِعِيرْنَا وَلَا قَمْحْ غِيرْنَا» يُضرَب في تفضيل المملوك على ما بأيدي الناس وإن فضله. وفي معناه «زيوان بلدنا ولا القمح الصليبي.» وتقدم ذكره في الزاي. ومثله: «كتكتنا ولا حرير الناس.» وسيأتي في الكاف.

«شَغَّلِ الْقِرَارِي وَيَّاكْ وَلَوْ يَاكُلْ كُل غَدَاكْ» القِراري (بكسر أوله) يريدون به: البَنَّاء الماهر المدرب، ومعنى وياك: معك؛ أي: إذا كنت مشتغلًا ببناء دارك أشرك معك العليم بهذه الحرفة ولو أكل طعامك؛ لأنه بالإتقان في العمل يعوض عليك كل ما تنفقه عليه. يُضرَب في الحث على وكل الأمور إلى أربابها.

«شُغْلِ الْمِعَلِّمْ لِابْنُهْ» المِعلم (بكسر الأول)، والصواب ضمه: الأستاذ في الصَّنَعْة. يُضرَب للشيء المتقن كأنه من عمل أستاذ لولده.

«**شَفْتِشِ الْجَمَلْ؟ قالْ: وَلَا الْجَمَّالْ**» أي: هل رأيت الجمل؟ فقال: ولا الجَمَّال. يُضرَب في الكتمان الشديد للسر. وبعضهم يقول فيه: «لا شفت الجمل ولا الجمال.» وسيأتي في اللام.

«**شَقْلُهْ عَلَى قَدِّ بَقْلُهْ**» الشقل ويقال له عندهم أيضًا: الشدف، ومعناه: إخراج الماء من بئر أو خليج بالدالية المسماة عندهم بالشادوف. والبقل: يريدون به ما يُزْرع. والمعنى: شقل هذا الرجل بمقدار ما يحتاجه بقله من السقي. يُضرَب في أن العمل يكون بمقدار الحاجة، وفي دفع الاعتراض إذا اعترض بعضهم على العمل واستَقَلَّه. والغالب ضرب هذا المثل في معنى آخر، وهو أنهم يريدون بالبقل ما يُنْتَج من الزرع وهو الحب؛ أي: ما يأخذه منه العامل أجرة على عمله، فالمراد أنه لا يستفيد من عمله إلا طعامه ولا يَبْقَى له ما يدخره أو ينفقه في بعض حاجاته.

«**الشُّكُكْ يِفَلِّسِ التَّاجِرِ الْأَلْفِي**» الشكك (بضمتين): الشِّرَاءُ نَسِيئَةً؛ أي: إذا كثر هذا النوع من الشراء لدى التاجر سَبَّبَ له الإفلاس ولو كان ألفيًّا؛ أي: صاحب ألوف. يُضرَب للتحذير من هذه المعاملة وذم البيع بالنسيئة.

«**الشَّكْوَى لَاهْلِ الْبَصِيرَهْ عِيبْ**» أي: أنتم أبصر وأعلم بحالي فلا حاجة للشكوى، وهو مثل قولهم: «العارف لا يُعرَّف.» وفي معناه للمتنبي:

وفي النَّفْسِ حَاجَاتٌ وفيكَ فَطَانَةٌ سُكُوتِي بَيَانٌ عِنْدَهَا وخِطَابُ

«**الشَّكْوَى لِغِيرَ اللهْ مِذَلَّهْ**» حكمة بالغة تجري ألسنتهم في الالتجاء إلى الخالق دون المخلوق، وفي المعنى لعليِّ بن الحسين — عليهما السلام:

وَإِذَا بُلِيتَ بِعُسْرَةٍ فَاصْبِرْ لَهَا صَبْرَ الكريم فَإِنَّ ذَلِكَ أَحْزَمُ

لا تَشْكُوَنَّ إلى العبادِ فإنَّما تَشْكُو الرحيمَ إلى الذي لا يَرْحَمُ

«**الشَّمَاتَه تْبَانْ فِي عِينِ الشَّمْتَانْ**» أي: تظهر في عين الشامت؛ لأنه مهما يكن حازمًا مالكًا لنفسه، فإن سروره بمصاب خصمه يغلبه فيظهر في نظراته.

«**شَمْسَكْ نُصِّ اللِّيلْ**» انظر: «يا بدر شمسك نص الليل.»

«**شَمْعِةِ الْكَدَّابْ مَا تْنَوَّرْشْ**» يرادفه من الحكم القديمة: «حبل الكذب قصير.»

«**شَنَّحْ وِجَنَّحْ وِحَبْلِ الْغَسِيلْ**» وقد يزيدون فيه: «تلاته مالهمش مثيل.» والمراد: اجتمع هؤلاء المتوافقون معًا. وهو قريب من: «وافق شن طبقه.»

«**شَنْقْ وَالَّا خَنْقْ؟ قَالْ: كُلُّهْ فِي الرَّقَبَهْ**» الخنق معروف. والشنق: هو الخنق، ولكن بربط حبل بالعنق معلق بخشبة؛ أي: قيل له: اختر لك واحدًا منهما، فقال: وما الذي أختاره وكلاهما في الرقبة وعاقبتهما

الموت؟! يُضرَب في الشرَّيْن يتساويان.

«**الشَّنْقْ وَلَا شَفَاعِةِ ابْنِ الزِّنَا**» ويُروَى: «ابن عاهره» بدل ابن الزنا. والمراد: الوضيع اللئيم؛ فإن الموت خير من شفاعة مثله. ولفظ العاهرة لا يستعملونه إلا في الأمثال ونحوها من الحكم.

«**الشَّهَادَهْ عَقَبَهْ**» أي: لها عواقب، فإذا شهدت لإنسان أو عليه، فاحذر مِنْ أَنْ تفوهَ بغير الحق، واعلم بأنك كما تدين تُدَان.

«**الشَّهْرِ اللِّي مَالِكْش فِيهْ مَا تْعِدِّشْ أَيَّامُهْ**» أي: الذي ليس لك فيه رزق تنقده في آخره، لا تتعب نفسك في عد أيامه، وهو قريب من قولهم: «أردب ما هو لك ما تحضر كيله؛ تتغبر دقنك وتتعب في شيله.» وقد تقدم في الألف. وفي المعنى لجحظة البرمكيِّ:

إِذَا الشَّهْرُ حَلَّ ولا رزقَ لِيفَعَدِّي لأَيَّامِهِ بَاطِلُ

وهو مثل قديم للمولدين أورده الميدانيُّ في «مجمع الأمثال» والأبشيهي في «المستطرف» والبهاء العاملي في الكشكول برواية: «شهر ليس لك فيه رزق لا تعد أيامه.»

«**الشَّهْرِ تَلَاتِينْ يُومْ وِالنَّاسْ تِعْرَفْ بَعْضَهَا مِنْ زَمَانْ**» أي: لم يزل الشهر ثلاثين يومًا ولم يتغير نظام الكون، والناس يعرف بعضهم بعضًا من قديم. يُضرَب لمن يتعالى مع خِسَّة أصله، فَيُذَكَّر بأنه معروف عند الناس، ولم يحدث في الكون ما يغير الحقائق.

«**شَهْرْ وِشُهَيَّرْ وِالتَّانِي قُصَيَّرْ**» يُضرَب في استقراب الزمن البعيد، وأَنَّ الآتي قريب. وقد قالوا في تصغير شهر: شُهَيَّر (بتشديد الياء) ليزاوج قُصَيَّر.

«**شُوبَشْ يَا حَنَّا حُطِّ النُّقُوطْ يَا مِيخَايِيلْ**» شوبش: كلمة تقال في الأعراس لجمع ما يتبرع به الحاضرون للمغنِّي، وأصلها شاباش. والنقوط: ما يدفع في الأعراس. والمراد: يُقَال لحنا شوبش ويُلْهَج بذكره بين الناس والنقد على ميخاييل. يُضرَب للعاطل الذي يُشَاد بذكره والقائم بشئونه سواه.

«**شُوفْ حَالُهْ قَبْلِ انْ تِسَالُهْ**» الشوف عندهم: النظر، وقالوا: تساله (بالتخفيف) ليزاوج حاله. والمعنى: قبل أن تسأل شخصًا عن نفسه، انظر لحاله وما هو فيه يغنيك عن السؤال. وكثيرًا ما يَضربون هذا المثل عند السؤال عن مريض اشتدت علته. ومن كلام الحكماء: «لسان الحال أصدق من لسان الشكوى.» ومثله قولهم: «شهادات الأحوال أعدل من شهادات الرجال.» هكذا رواه النويريُّ في نهاية الأرب. والذي في مجمع الأمثال للميداني: «شهادات الفعال أعدل من شهادات الرجال.» وهو من أمثال المُوَلَّدِين.

«**شُوفِ الْعِينْ وَاعِرْ**» الشوف: النظر. وواعر: صَعْب؛ أي: رؤية الإنسان ما يكرهه أصعب عليه من سماع خبره؛ ولذلك يلوي الإنسان وجهه ويغمض عينيه إذا رأى ما يستفظعه، وربما فعل ذلك بدون

قصد ولا إرادة.

«**شُوكْتِي فِي قَفَا غَيرِي**» وإذا كانت كذلك فهي لا تؤلمني، بل تؤلم من تصيب قفاه. يُضرَب في خلاص الشخص من التبعة في أمر وتحمُّل غيره لها.

«**اِلشِّيءِ اللِّي مَا يْهِمَّكْ وَصِّي عَلِيهْ جُوزْ أُمَّكْ**» الأكثر في هذا المثل: «حاجة ما تهمك ...» إلخ. وقد تقدم الكلام عليه في الحاء المهملة.

«**اِلشِّيءْ مَا كَانْ لُهْ رَبِّنَا دَلُّهْ**» أي: لم يكن الشيء له، ولكن الله – تعالى – دَلَّ عليه ويسره له. يُضرَب عند العثور على شيء يبحث عنه.

«**اِلشِّيخِ الْبِعِيدْ مَقْطُوعْ نَدْرُهْ**» المراد بالشيخ: الوليُّ الذي يُنْذَر له، فالوليُّ البعيد يُنْسَى ويُقْطَع عنه النذر. هو قريب من قولهم: «اِللِّي بعيد عن العين بعيد عن القلب.» وإن كانت وجهة الكلام تختلف.

«**شِيلْ إِيدَكْ مِنِ الْمَرَقْ لَا تِحْتَرَقْ**» أي: قال له: ارفع يدك من المرق؛ لئلا تحترق، مظهرًا بذلك الشفقة عليه من احتراق يده، وهو إنما يقصد منعه من الأكل. يُضرَب لمن يحاول منع شخص عن الانتفاع بشيء بإظهار الشفقة والنصح، ويُضرَب أيضًا في الحثِّ على تجنب ما يسبِّب الأذى.

«**شِيءْ خِيرْ مِنْ لَا شِيءْ**» معناه ظاهر؛ لأن وجود الشيء القليل خير من عدمه.

«**شَيَّعْتْ جَانِي يِجِيبْ جَانِي رَاحْ جَانِي وَلَا جَانِي**» شيعت؛ أي: أرسلت. ويجيب؛ أي: يجيء بكذا، والمقصود بجاني الكناية عن شخص كان يُنْتَظَر أن يعود سريعًا. وجاني الأخير معناه جاءني، أرسلت هذا الشخص ليأتي بالشخص الآخر فذهب ولم يعد مثله.

«**شَيِّلْنِي وَاشَيِّلَكْ**» أي: حمِّلني وأحملك. يُضرَب في القوم يتضافرون على الانتفاع بالشيء وانتهابه، فيغض بعضهم عن بعض فيه ويتعاونون عليه.

«**شَيِّلْهَا يَا مَرِيضْ**» أي: حَمِّلها، ويروون في سببه أن غلامًا كسولًا تمارض وتظاهر بالعجز عن المشي، فصارت أمه تحمله على رأسها في قُفَّة، وجاءت يومًا إلى السوق لتشتري حاجاتها فأنزلته على الأرض، ولما أرادت حمله لم تستطع رفعه فاستعانت بمن يساعدها فأبى، فأطلَّ الغلام من القُفَّة وقال: «شيلها يا مريض.» يُضرَب لمن يصف الناس بما فيه ولا ينتبه لنفسه. قالوا: فاغتاظ الرجل من قول الغلام، وأنحى عليه بعصاه فأوجعه وقام يعدو على رجليه فقالت أمه للرجل: «وراه ليرقد.» فذهبت مثلًا أيضًا؛ أي: لا ترجع عنه لئلا يعود لما كان فيه. وبعضهم يروي: «ليبرك» بدل ليرقد.

حرف الصاد (فصحى)

صار الرميُ إلى النَّزَعة: أي عاد الأمر إلى أولي القوة، والنزعة واحدهم نازع، وهو ها هنا الشديد للوتر.

ويقولون: صار الأمر إلى الوزعة، ومعناه: قام بالأمر أهل الأناة والحلم، وأصل الوزع الكف، وفي حديث الحسن: لا بد للناس من وَزَعة، أي كَفَفة يمنعون الناس عما ينبغي أو يمنعوا منه.

الصدق ينبي عنك لا الوعيد: يقول: إنما يُنبي عدوك عنك أن تصدق في المحاربة وغيرها، لا أن توعده ولا تنفذ ما توعد به.

الصيفَ ضيَّعتِ اللبن: قال الحريري في درة الغواص في أوهام الخواص: ويقولون للرجل المضيع لأمره المتعرض لاستدراكه بعد فوته: الصيف ضيعتَ اللبن بفتح التاء، والصواب أن يخاطب بكسرها وإن كان مذكرًا؛ لأنه مثل، والأمثال تُحكى على أصل صيغتها وأولية وضعها، وهذا المثل وُضِعَ في الابتداء بكسر التاء لمخاطبة المؤنث به.

وأصله أن عمرو بن عمرو بن عدي كان تزوج ابنة عم أبيه دختنوس بنت لقيط بن زرارة بعدما أَسَنَّ، وكان أكثر قومه مالًا، فكرهته ولم تزل تسأله الطلاق حتى طلقها، فتزوجها عمير بن معبد بن زرارة، وكان شابًا مملقًا، فمرت بها ذات يوم إبل عمرو وكانت في ضُرٍّ، فقالت لخادمتها: قولي له ليسقينا منها، فلما أبلغته قال لها: قولي لها: الصيف ضيعت اللبن.

فلما أدت جوابه إليها ضربت يدها على كتف زوجها وقالت: هذا ومذقه خير، وإنما خص الصيف بالذكر لأنها كانت سألته الطلاق فيه، فكأنها يومئذٍ ضيعت اللبن.

صنعةَ من طبَّ لمن حَبَّ: أي: اصنع هذا الأمر لي صنعة من طب لمن حب، أي صنعة حاذق لإنسان يحبه، يضرب في التَّنَوُّقِ في الحاجة واحتمال التعب فيها، وإنما قال حب لمزاولة طب وإلا فالكلام أحب، وقال بعضهم: حببته وأحببته لغتان.

صَرَّح المحضُ عن الزُّبْد: يقال للأمر إذا انكشف وتبين.

حرف الصاد (عامية)

«صَابِحِ الْقُومْ وَلَا تْمَاسِيهُمْ» أي: إذا أردت زيارتهم فلتكن في الصباح؛ لأن غشيانهم في الليل يدعو إلى إقلاقهم، وربما راعتهم هذه المفاجأة.

«الِصَّابُونْ كِتِيرْ بَسّ اللِّي يِغْسِلْ» أي: ولكن أين من يغسل؟ يُضرَب في وجود الوسائل وفقدان العامل.

«الِصَّاحِبِ اللِّي يْخَسَّرْ هُوَّا العَدُوّ الْمُبِينْ» أي: الذي يسبب الخسارة لصاحبه ليس بصاحب، بل عدوٌّ مُبين. وأورده الأبشيهي في «المستطرف» برواية: «صَاحِبٌ يضُرُّ عدوٌّ مبينٌ.»

«صَاحِبْ بَالِينْ كَدَّابْ» ويُروَى: «أبو بالين.» والمعنى واحد، والمراد: ما جعل الله لرجل من قلبين. وبعضهم يزيد فيه: «صاحب ثلاثة منافق.»

«صَاحِبِ الْحَاجَهْ أَوْلَى بِهَا» معناه ظاهر.

«صَاحِبِ الْحَق عِينُهْ قَوِيَّهْ» لأن الحق يُقَوِّيه فلا يغض عينه عن المطالبة ولا يستحي من غريمه.

«صَاحِبِ الْحَق لُهْ مَقَامْ ولُهْ مَقَالْ» أي: صاحب الحق ذو مقام مرفوع وقول مسموع.

«صَاحِب صَنْعَهْ خِيرْ مِنْ صَاحِبْ قَلْعَهْ» لأن صاحب القلعة قد يُعْزَلُ فلا يجد ما يعيش به، وأما صاحب الصنعة ففي يده ضيعة مغلة.

«الِصَّاحِبْ عِلَّهْ» لأنه يمنُّ بصحبته فيُحَمل صاحبُه له ما لا يحتمل من غيره؛ بسبب هذه الصَّداقة، فيصير كالعلة للشخص.

«صَاحِبْ قِيرَاطْ فِي الْفَرَسْ يِرْكَبْ» أي: الشريك بقيراط واحد في فرس له أن يركب ولا سبيل إلى منعه؛ لأنه صاحب حق وإن قل. يُضرَب في أن الشريك له الانتفاع على أي حال وإن قَلَّ حقه. وبعضهم يرويه: «اِللِّي له قيراط في الفرس يركب.» (أورد الجبرتي هذا المثل في ج١ ص١٨١).

وانظر في معناه: «اِللِّي له قيراط في القباله يدوسها.»

«صَاحِبِ الْمَالْ تَعْبَانْ» المراد بالمال هنا: كل ما يُمْلَك؛ أي: مَنْ مَلَكَ شيئًا أصبح تعبًا به في استثماره وحيازته والخوف عليه.

«صَاحِبْ وِمَالْ مَا يِتْفِقْشْ» أي: من اختار مصاحبة شخص ومصادقته لا ينبغي له أن ينظر إلى ما يعود عليه من النفع من ماله. فالصَّداقة غير المال وإن كانت صداقة غير خالصة مبنيَّة على غرض.

«صَامْ وِفِطِرْ عَلَى بَصَلَهْ» فطر؛ أي: أفطر، أي: صام ثم أفطر على شيء زهيد لا يُغْنِي من الجوع. وبعضهم يرويه: «صام صام»، ويريدون بهذا التكرار طول مدة الصوم. يُضرَب لمن يمتنع عن شيء مدة ثم يقع في أردأ أنواعه. وبعضهم يرويه بلفظ المضارع فيقول: «يصوم يصوم ويفطر على بصله.» وهو مَثَلٌ قديم في العامية أورده الأبشيهي في «المستطرف» برواية: «صام سنه وفطر على بصله.»

«صَامِتْ يُومْ وِاتْمَخْطَرِتْ لِلْعِيدْ» اتمخطرت؛ أي: تبخترت؛ أي: أفطرت في رمضان ولم تصم فيه إلا اليوم الأخير، ثم قامت تتبختر مستقبلة العيد. يُضرَب لمن يعمل عملًا حقيرًا، ويطلب أن يُنْظَر إليه بغير ما يستحقه عمله.

«صَبَاحِ الْخِيرْ يَا جَارِي قَالْ: إِنْتَ فِي دَارَكْ وَأَنَا فِي دَارِي» انظر: «إصباح الخير ...» إلخ. في الألف.

«صَبَاحِ الْفَوَّالْ وَلَا صَبَاحِ الْعَطَّارْ» الفوَّال: بائع الفول؛ أي: الباقلاء، والمراد بائع نوع منه يسمونه بالمدمس يؤكل غالبًا في الصباح. والعطَّار عندهم: بائع العقاقير. والمراد به هنا: بائع العطر. يُضرَب في تفضيل شيء على شيء بحسب الحاجة إليه، فإن حاجة الناس في الصباح إلى الطعام أشد من حاجتهم إلى التعطر والتَّزَيُّن. وهو مَثَل عامي قديم أورده الأبشيهي في «المستطرف» بلفظه.

«صَبَاحِ الْقُرُودْ وَلَا صَبَاحِ الْأَجْرُودْ» الأجرود: يريدون من لا تَنْبُت له لحية ولا شاربان، وهم يتشاءمون من رؤيته في الصباح قبل رؤية أي شيء، ويُفَضِّلون رؤية القرد على بشاعة منظره عليه، وقد جرهم هذا المثل إلى اعتقاد التَّيَمُّن برؤية القرود حتى سَمَّوا القرد ميمونًا، ثم حَرَّفُوه وقالوا: «لمون.»

«صَبَّحْ وَلَا تْقَبَّحْ وِالْمِسَامِحْ كَرِيمْ» صبح؛ أي: إذا لقيت في الصباح من أغضبك بالأمس فقل له: «صباح الخير» وسامحه وَاعْفُ عنه ولا تقابله بالقبيح؛ فإن المسامحة والعفو من شيم الكرام. ومعنى قبح عليه عندهم: سَبَّه وشتمه.

«اِلصَّبْرْ خِيرْ» معناه ظاهر، والقصد مدح الصبر والحث عليه.

«اِلصَّبْرْ طَيِّبْ بَسَّ اللِّي يِرْضَى بُهْ» بس هنا يريدون بها: «ولكن»؛ أي: ولكن من يرضى به؟ ويُرْوَى: «وإن كان مر نرضى به» بدل «بس اللِّي يرضى به.» وفيها الاستخدام. ومن كلام بعض الحكماء: «ما أَحْسَنَ الصَّبرَ لولا أَنَّ الإنفاقَ عليه من العُمْرِ.»

«اِلصَّبْرْ مُفْتَاحِ الْفَرَجْ» حكمة جرت مجرى الأمثال عندهم للحثِّ على الصبر في الشدائد.

«صَبْرِي عَلَى خِلِّي وَلَا عَدَمُهْ» أي: لأنْ أصبر على ما لا أحب من خليلي وأتحمل سيئاته خيرٌ من أن أفقده وأبقى بلا خليل. وهو مَثَلٌ قديمٌ في العامية أورده الأبشيهي في «المستطرف» برواية: «صبري على الحبيب ولا فقده.»

«صَبْرِي عَلَى نَفْسِي وَلَا صَبْرِ النَّاسْ عَلَيَّ» أي: لَأَنْ أصبر على شظف العيش وأدبر أموري خير من أستدين ثم أحمل الناس على الصبر على مماطلتي. وبعضهم يزيد فيه: «والوسْعْ في بتاع الناس ديق.» أي: التوسع في العيش بمال الغير ما هو في الحقيقة إلا ضِيقٌ؛ لأنه مال محسوب ومطالب به ولو بعد حين. وبعضهم يجعل هذه التتمة مثلًا مستقلًا برواية: «اِلوِسْع في بتاع الناس ديِّق.» يجعل المصدرين صفتين، وسيأتي في الواو.

«صَحِّتْ وِلَادِ النُّدُولَهْ وِالْأَرْضِ الْمَجْهُولَهْ» يُضرَب لأبناء الأنذال المجهولي الأصول يساعدهم الحَظُّ فَيَعْتَلُون.

«صَحْنِ كْنَافَهْ وِجَنْبُهْ آفَهْ» الكنافة (بضم الأول): طعام يُصْنَع من خيوط العجين ويُحَلَّى. والآفة: يريدون بها الثعبان العظيم. يُضرَب للشيء الحسن تحيط به الآفات، فهو قريب من: «حُفَّت الجنة بالمكاره.» وانظر في معناه قولهم: «ورده جنبها عقربه.» وانظر قول العتابي: «ولكنها محفوفة بالمكاره»

«صِرْصَارِ الشِّشْمَهْ وِالْقُبْقَابْ عَمَلُوا عَلِينَا اصْحَابْ» الصِّرْصَارْ (بكسر فسكون): الصُّرصُور، وهو الجندب. والقُبقاب (بضم أوله) والصواب فتحه: نعل من خشب معروف يُسْتَعْمَل غالبًا في بيوت الماء. والششمة (بكسر فسكون): المرحاض. يُضرَب للوضِيعَيْنِ يتفقان ويتآمران على النكاية بكريم. ويُروَى: «اِلمَكْنِسَة» بدل «صرصار الششمة.» وسيأتي في الميم.

«صَرْصُورْ وِعِشِقْ خُنْفِسَهْ دَارْ بِهَا فِي الْبَلَدْ مِحْتَارْ» الصَّرصُور (بفتح فسكون فضم)، والأكثر عندهم أن يقولوا فيه: صِرْصار، وهو الجندب، والمراد: عشق الجندب خنفساء فطاف حيران بها في البلد. يُضرَب لمن يُولَع بالخسيس ثم يحار في إرضائه وترفيهه والإعلان عنه.

«اِلصِّغَارْ أَحْبَابِ اللهْ» يُضرَب في الحث على الشفقة على الأطفال، وعدم مؤاخذتهم على ما يبدر منهم لصغر عقولهم.

«اِلصَّلَا أَخْيَرْ مِنِ النُّومْ، قَالْ: جَرَّبْنَا دَهْ وِجَرَّبْنَا دَهْ» يُضرَب في تفضيل شيء على شيء دلَّت التجربة على خلافه.

«صُلْحْ خَسْرَانْ أَخْيَرْ مِنْ قَضِيَّةْ كَسْبَانَهْ» أي: الصلح الذي فيه الخسارة خير من الدعوى والتخاصم مع الربح، لما في الدعاوى من اشتغال الذهن وتعبه.

«صَنْعَة بِلَا اسْتَاذْ يِدْرِكْهَا الْفَسَادْ» ويُروَى: «يركبها» بدل يدركها، والمعنى ظاهر، ولا يخفى ما فيه من الحكمة.

«صَنْعَهْ في الْيَد أَمَانْ مِنِ الْفَقْرْ» معناه ظاهر، وقالوا هنا: اليَد (بتشديد الدال)، ولغتهم فيها: الإيد (بكسر الأول).

«الِصُّوتْ عَالِي وِالْفِرَاشْ خَالِي» الأكثر في هذا المثل «الحس عالي ...» إلخ. وقد تقدم في الحاء المهملة فانظره.

«صُوفْتُه مْنَوَّرَهْ» كناية عن ظهور أمره في كل ما يحاول الإفصاح عنه. ومثله: «على راسه صوفه.» قصة للمعتصم في رده، و«على أذنه صوفه.» ولعله معنى آخر. ويُرَاجَع ذلك في كتب الكنايات.

«صُومعَه تْعَايِرْ بِنِّيَّهْ، كلنَا بِالطوفْ يَا مَلْهِيَّهْ» الصومعة: وعاء كبير كالزير يُبْنَى بالطين لخزن الحَبِّ، والبِنِّيَّة (بكسر الباء والنون المشددة وتشديد الياء): كِنٌّ صغير يُبْنَى بالطين للحَمَام. والطوف: هو البناء بالطين فقط بلا لَبِن ولا آجُر، هو في العربية: الرِّهْص. والمعنى: أن الصومعة لكبرها عايرت البنية لصغرها، فقالت: لا تشمخي عليَّ فكلتانا مبنية بالطين، فلا فرق بيننا ولا عبرة بالكبر والصغر.

«الِصِّيتْ وَلَا الْغِنَى» يُضرَب في تفضيل الشهرة ونباهة الذِّكْرِ على الغنى.

«صِيدِ الْغُر وَلَا نَتْفُهْ» الغُرُّ (بضم أوله): طائر أسود يكون في المستنقعات القريبة من البحر، في صيده عسر، ونتف ريشه عند تهيئته للطبخ أعسر. يُضرَب في أن بعض الشرِّ أهون من بعض. وانظر: «الرَّك موش على صيد الغر الرَّك على نتفه.»

«صَيَّفْ بِمِحْرَاتَكْ وَلَا تْصَيِّفْ بمِنْجَلَكْ» التصييف عندهم: الخروج لالتقاط الحَبِّ والكلأ من هنا وهناك؛ سُمِّيَ بذلك لأن الحصد يقع في الصيف. والمراد: إذا أردت الاستحواذ على الحَبِّ والكلأ الكثير، فليكن ذلك بمحراثك وإتقان زرعك، لا بالمنجل وقت الحصد.

حرف الضاد (فصحى)

ضرَب أخْماسًا لِأَسْداس: قال في مجمع الأمثال: الخمس والسدس من إظماء الإبل، والأصل فيه أن الرجل إذا أراد سفرًا بعيدًا عوَّد إبله أن تشرب خمسًا ثم سدسًا، حتى إذا أخذت في السير صبرت عن الماء، وضرب بمعنى بيَّن وأظهر، كقوله تعالى: ضَرَبَ لَكُم مَّثَلًا، والمعنى أظهر أخماسًا لأجل أسداس، أي رقى إبله من الخمس إلى السدس، يُضرب لمن يظهر شيئًا ويريد غيره.

وقال في جمهرة الأمثال: قولهم ضرب أخماسًا لأسداس يُضرب مثلًا في المماكرة والخداع، وأصله في أوراد الإبل وهو أن يظهر الرجل أن ورده سدس وإنما يريد الخمس، وأنشد ثعلب:

إذا أراد امرؤ مكرًا جنى عللًا وظل يضرب أخماسًا لأسداس

قال: وهؤلاء قوم كانوا في إبل لأبيهم عزابًا.

فكانوا يقولون للربع الخمس وللخمس السدس، فقال أبوهم: إنما تقولون هذا لترجعوا إلى أهليكم، فصارت مثلًا في كل مكر.

وأنشد ابن الأعرابي:

وذلك ضرب أخماس أريدت لأسداس عسى أن لا تكونا

والخمس: هو أن ترعى الإبل ثلاثة أيام وترد في الرابع، والسدس: هو أن ترعى أربعة أيام وترد في الخامس، وهما بالكسر.

ضِغْثٌ عَلَى إبَّالة: الإبَّالة: الحُزمة من الحطب، والضغث: قبضة من حشيش مختلطة الرطب باليابس.

وبعضهم يقول إبالة مخففًا، قال الشاعر:

لي كل يوم من ذؤالة ضغث يزيد على إبالةْ

وذؤالة الذئب، ومعنى المثل: بلية على أخرى.

ضاقتْ عليه الأرضُ بِرحبها.

ضَرَبه ضربَ غرائب الإبل: ويروى اضربه ضرب غريبة الأبل، وذلك أن الغريبة تزدحم على الحياض عند الورود، وصاحب الحوض يطردها ويضربها بسبب إبله.

حرف الضاد (عامية)

«ضَاعْ عَقْلُهْ فِي طُولُهْ» هذا من التندير بطويل القامة ورميه بالبله وقلة العقل، كَأَنَّ عقله وُزِّع على طوله فضاع بين أجزائه. وقد قالوا في بله الطويل: «أهبل ولو كان حكيم.» وسيأتي. ومن أمثال العرب في الطويل بلا طائل: «ذهبت طولًا وعدمت معقولًا.»

«اِلضَّبَابْ مَا يِعْمِيشِ الْكِلَابْ» يُضرَب لمن لا يضر ضررًا يحول بين المرء وبُغيته، ويَكْثُر ضربه في من يقصد الأذى ولا يمنعه مانع قويٌّ.

«ضَبِّة خَشَبْ تِحْفَظِ الْعَتَبْ» الضبَّة: القُفْل يُعْمَل من الخشب، وهي باقية الاستعمال في الريف إلى اليوم. والعتب: جمع عتبة الباب. يُضرَب في الحثِّ على الاحتياط بما يتهيأ من الأسباب.

«اِلضِّحْكْ عَ الشَّفَاتِيرْ والْقَلْبْ يِسْبُغْ مَنَادِيلْ» أي: لا يغرنَّكَ الابتسام البادي على الشفاتير، وهي عندهم الشفاه، فإن ما في القلب من سواد الحزن يصبغ المناديل، وقد جمعوا بين الراء واللام في السجع وهو عيب، ولو قالوا: «مناديل كتير» لسلموا منه. وفي معناه: «البُق أهبل.» وقد تقدم في الباء الموحدة. وانظر في الألف: «إن ضحك سني ...» إلخ، وفي الواو: «الوش مزَيِّنْ والقلب حزَيِّنْ.» وفي معناه قول محمد بن أبي زرعة الدمشقي:

لا يُؤْنِسَنَّك أن تَرَانِي ضَاحِكًا كَمْ ضحكةٍ فيها عبوسٌ كَامِنُ

«اِلضِّحْكْ عَلَى الْهِبْلْ صِيفَهْ» الهِبْل عندهم: جمع أهبل، وهو الأبله. والمراد هنا بالضحك عليهم: مخادعتهم بالأكاذيب لاقتناص ما في أيديهم، ويريدون بالصيفة والتصييف: الخروج إلى الحقول للجمع من هنا وهناك. يُضرَب في أن الأبله غنيمة المخاتل. وسيأتي في الفاء: «الفقير صيفة الغني.» وهو معنى آخر.

«ضِحْكْ مِنْ غِيرْ سَبَبْ قِلِّهْ أَدَبْ» معناه ظاهر، وهو من قول الشاعر:

والضَّحِكُ في غَيْرِ حِينِهِ سَفَهٌ

«اِلضِّحْكَهْ هَبْلَهْ» انظر: «البُق أهبل» في الباء الموحدة.

«ضِحْكُوا عَ السَّقَّا حَسَبُهْ مِن حَقَّا» السَّقَّاء أتوا به هنا للسجع، ومعنى ضحكوا هنا: كذبوا؛ أي: كذبوا على شخص في أمر ساخرين به فصدقهم لسذاجته وظنه حقًّا. يُضرَب في مَنْ يُصَدِّقُ كل ما يقال له.

«ضَرْبِ الْحَاكِمْ شَرَفْ» هو من أمثالهم الدالة على ما كان في نفوسهم من الخنوع للحكام حتى كانوا يَعُدُّون الإهانة منهم شرفًا يفتخرون بنواله. ولعل بعضهم كان يقوله تسلية لنفسه على ما يصيبه من

أولئك الظَلَمَة الغاشمين مع عجزه عن دفعهم عنه وفقدان النصراء، أو يقوله في هذه الحالة ليوهم السُّذَّج أنه لم يهن، بل نال شرفًا على شرفه بهذا الضرب.

«ضَرْبِ الْحَبِيبْ فِي الْحَبِيبْ زَيِّ أَكْلِ الزِّبِيبْ» يرادفه: «فكل ما يفعله المحبوب محبوب.» وأورده الأبشيهي في «المستطرف» برواية: «ضرب الحبيب كأكل الزبيب.»

«ضَرْبِ الدَّابَّهْ صَفْعًا لِصَاحِبْهَا» المقصود: من يَضرِبُ دابة إنسان أو خادمًا له فقد صفعه هو؛ لأنه استهانة به. ولفظ الدابة والصفع لا يستعملونهما إلا في الأمثال ونحوها.

«ضَرْبِ الطُّوبْ وَلَا الْهُرُوبْ» الطوب: الآجُرُّ أو اللَّبِن. وضربه: عمله. والهروب: الهرب، والمعنى على ما يراه بعضهم: خير للإنسان أن يقيم ببلدته، ولا ينتقل منها ولو لم يَجِد من الصناعات إلا عمل اللبن. ويروي آخرون في معناه أن المراد: خير للمرء أن يصبر على ضربه ورميه بالطوب — أي: أن يحتمل العذاب — من أن يفر ويظهر العجز والجبن، ويؤيده روايتهم هذا المثل بلفظ: «الزقل بالطوب ...» إلخ. وقد تقدم في الزاي. وأورده الأبشيهي في «المستطرف» برواية: «الرجم بالطوب ولا الهروب.»

«ضَرَبْ وِبكَى وِسَبَقْ وِاشْتَكَى» يُضرَب لمن يشكو وهو المعتدي. ويرادفه من أمثال العرب: «تلدغ العقرب وتُصبئ.» أي: وتصيح. يُضرَب للظالم في صورة المتظلم. والمثل قديم في العامية أورده الأبشيهي في «المستطرف» برواية: «ضرب وبكِي وسبق يشتكي.»

«الضَّرْبْ فِي الْمَيِّتْ حَرَامْ» المراد: إساءة الضعيف ليست من الشمم والمروءة.

«ضَرْبَة فِي كِيسْ غِيرَكْ كَإِنَّهَا فِي تَلِّ رَمْلْ» أي: إذا ضربت بيدك في كيس غيرك، فكأنما تضرب في حقف من الرمل، ولو كان ذلك في كيسك لعلمت قيمة ما فيه. وأورده الأبشيهي في «المستطرف» برواية: «ضربة على كيس غيري كأنها في عدل حنا.»

«ضَرْبِتِينْ فِي الرَّاسْ تِوْجَعْ» يُضرَب لمن يساء من شخص مرتين أو يصاب بمصيبتين، وهو مَثَلٌ قديم عند العامة أورده الأبشيهي في «المستطرف»، والبدري في سحر العيون برواية: «تِعْمِي» بدل توجع. وبعضهم يروي فيه: «خبطتين» بدل ضربتين، والمعنى واحد.

«ضَرَبُوا الْأَعْوَرْ عَلَى عِينُهْ قَالْ: أَهِي خَسْرَانَهْ» ويُروَى: «قال: خسرانه خسرانه.» أي: تالفة على أي حال، سواء ضُرِب عليها أو لم يُضْرَب. يُضرَب في العقاب الذي لا يفيد، وكذلك في الأمر يُحَاوَل إفساده وهو فاسد من قبل.

«ضَرَبُوا ابْتَاعِ التُّومْ شَخّْ ابْتَاعِ الْكُسْبَرَهْ» شخ بمعنى: أحدث، وبتاع التوم يريدون به هنا: صاحب الثوم؛ أي: بائعه. يُضرَب للمكروه يُعْمَل في شخص فيؤثر في شخص آخر. وهو مثل قديم أورده

الأبشيهي في «المستطرف» ببعض تغيير في ألفاظه، وزاد في آخره: «قال: دي داهية جات على الخضرية.»

«اِلضَّرُورَهْ لَهَا أَحْكَامْ» أي: الضرورات تبيح المحظورات وتدفع المرء إلى ركوب ما لا يحسن من الأمور، فلا وجه للوم إلا على ما يأتيه المرء بالرغبة لا بالاضطرار. وفي معناه قول عبيد الله بن عبد الله بن طاهر:

أَلا قَبَّحَ اللهُ الضرورةَ إِنَّهَا تُكَلِّفُ أَعْلَى الخَلْقِ أَدْنَى الخَلَائِقِ

«ضَعِيفْ وِيَاكُلْ مِيهْ رِغِيفْ» أي: يدعي المرض والضعف وهو يستطيع أكل مائة رغيف.

«اِلضِّفْرْ مَا يِطْلَعْشْ مِنِ اللَّحْمْ وِالدَّم مَا يِبْقَاشْ مَيَّهْ» يُضرَب في الاتصال الموجود طبيعة بين الأقارب مهما يقع بينهم من الشقاق؛ أي: إن كل واحد للآخر بمنزلة الظفر في اتصاله بالأُصبع وصعوبة نزعه، كما أن الذي يجمعهم دم واحد يجري في عروقهم فهيهات أن يتفرقوا إلا إذا صار الدم ماءً وهو مستحيل. وانظر: «عمر الدم ما يبقى ميه.»

«ضِل رَاجِلْ وَلَا ضِل حِيطْ» الضل: الظل. والراجل: يراد به الزوج. والحيط (بالإمالة): الحائط. والمراد: الاستظلال بظل الزوج والاحتماء بكنفه مهما يكن خير من قعود المرأة بجانب الحائط؛ أي: عاطلة لا زوج لها. وانظر في الألف: «أقل الرجال يغني النسا.» لأنه يقوم بشئون زوجته. في الأغاني ج٣ ص٥: «زوج من عود خير من قعود.» وانظر نهاية الأرب للنويري ج٣ ص٣٣.

«ضَلَالِي وِعَامِلْ إِمَامْ، وَالله حَرَامْ» عامل؛ أي: جاعل نفسه. والمراد: كيف يكون ضالًّا مضلًّا ويتولى الإمامة ليصلي بالناس؟! وكيف يحل هذا؟ يُضرَب في وضع الشيء في غير موضعه.

«ضَمِّةِ الْقَبْرْ وَلَا ضَمِّةْ عَدُو» هو من المبالغة في النفور ممن يُضْمِرُ العداء والبُغْض، وتصوير الموت وضمة القبر بأنها أسهل على النفس من ضمه واعتناقه.

«ضَيَّعِ الاِسْمْ بِالصَّنْعَهْ» يُضرَب لمن يجمع بين الحَسَن والقبيح في صفاته. وبعضهم يقتصد في هذا المثل على ما هنا ويحذف ما قبله وفيه توضيح معناه. انظر: «اسمك إيه ...» إلخ في الألف، وانظر «سَرَبَاتِي واسمه عنبر» في السِّين المهملة.

«ضَيَّعْ سُوقَكْ وَلَا تْضَيَّعْ فُلُوسَكْ» يريدون بالفلوس مطلق النقود؛ أي: إذا صادفت غلاءً فلا تَشْتَرِ وَدَعْ هذا السوقَ يمر، فخير لك أن تضيعه من أن تضيع نقودك وتشتريَ بالزيادة.

«اِلضِّيفِ الْمِتْعَشِّي تُقْلُهْ عَ الأَرْضْ» لأنه متى كان قد تَعَشَّى فقد زال ثقله عن أهل الدار، فلا ثقل له إلا على الأرض في جلوسه أو نومه. ويُرْوَى: «زال همه» بدل ثقله على الأرض.

«اِلضِّيفِ الْمَجْنَونْ يَاكَلْ وِيْقَومْ» جمعوا فيه بين النون والميم في السجع وهو عيب، ومعنى المثل ظاهر.

«ضَيَّقْ تُسْقُفْ» انظر: «ديق تسقف» في الدَّال المهملة.

حرف الطاء (فصحى)

طَرْفُ الفتى يُخْبِرُ عن لسانه: ويروى عن ضميره، قال بعض الحكماء: لا شيء على غائب أعدل من طرف على قلب.

طَوَيْتُه على غَرِّه: غر الثوب: أثَرُ تكسُّره، يقال: اطوِه على غره، أي على كسره الأول، يُضرب لمن يوكل إلى رأيه أي تركته على ما انطوى عليه وركن إليه.

طَارتْ بهم العنقاء: يقال: ذلك للقوم إذا هلكوا فلم يبقَ منهم أحد، والعنقاء اسم لا مسمى له.

الطريفُ خفيف: معناه أن الذي تستجِدُّه من الأشياء أحب إليك من الذي طال لبثه معك، وقريب من قول الناس: لكل جديد لذة.

حرف الطاء (عامية)

«طَابْ وَالَّا اتْنِينْ عُورْ» الطاب: لعبة معروفة يلعبون فيها بأربع عصيات من الجريد يلقونها على الأرض عند اللعب، فإن وقعت ثلاثة منها على بطونها؛ أي: مكبوبة، وواحدة على ظهرها، قمر اللاعب وغلب. وقيل في ذلك: طاب، وإن وقعت بالعكس خسر، وإن وقعت اثنتان على الظهر واثنتان على البطن لم يغلب ولم يخسر، ويقال في ذلك: «اتنين عور.» فالمراد بالمثل: هل اللعبة جاءت طابًا أم اثنين أعورين؟ يُضرَب للاستفهام عن أمر أُرْسِل له القادم فهو في معنى قولهم: «قمح وَالَّا شعير.» وسيأتي في القاف، وقولهم: «سبع والَّا ضبع.» ويرادفها من الأمثال القديمة: «أَسَعد أم سعيد؟» ويُروَى: «يا طاب يا اتنين عور.» وهو معنى آخر يريدون به: أمور الدنيا تختلف، فإما نجاح للمرء وإما خروج منها لا عليه ولا له، ولم يذكروا الثالثة وهي الخسران.

«الطَّاحُونَه الْخَرْبَانَهْ وَلَا الرَّحَايَه الْعَمْرَانَهْ» الخربانة: يريدون بها المعطلة لفساد طرأ عليها. والعمرانة: الصالحة للعمل، والمثل مُنَافٍ للحكمة ومخالف لأمثالهم في تفضيل الحقير النافع، وإنما يُضربونه لبيان تطلُّع بعض النفوس إلى ما فيه العظمة الكاذبة.

«طَاطِي لْهَا تْفُوتْ» أي: طَأْطِئْ للحادثة رأسك تمر وتنتهي. ويُروَى: «اللي يطاطي لها تفوت.» وتقدم ذكره في الألف، ويرويه بعضهم: «من طاطى لها فاتت.»

«طَاعِةِ اللِّسَانْ نَدَامَهْ» أي: إطاعته في كل ما يلفظ به قد تسبب الندم، فينبغي صونه عن الخَطَل وما يجلب على المرء الأذى. وانظر: «لولاك يا لساني ...» إلخ.

«طَالِبِ الْمَال بِلَا مَالْ زَيِّ حَامِلِ الْمَيَّهْ فِي الْغُرْبَالْ» أي: طالب المال بلا مال عنده يزارع به أو يتاجر وينميه بما يربحه كحامل الماء في الغربال وهو محال. وانظر في الشين المعجمة: «شال الميه بالغربال.»

«طَاهِرْتَ انَا عَنْبَرْ قَامْ فَرْشَحْ سِعِيدْ» طاهر بمعنى: خَتَنَ؛ أي: ما كدت أختن عنبرًا حتى فتح سعيد رجليه ليُخْتَن. يُضرَب للأمر لا يكاد المرء ينهيه ويستريح منه حتى يُفْتَح عليه آخر.

«الطَّايْبَهْ لْحَنَكَكْ وِالنَّيَّهْ لْصَاحِبْهَا» أي: ما طاب ونضج من الفاكهة ونحوها فهو لِفِيك، والفج لبائعه. والمراد: بيان تفضيل الإنسان نفسه على غيره وتخصيصها بالطيِّبات. ويُروَى: «لغيرك» بدل لصاحبها، وهي أوفق للمعنى وأظهر. ومن أمثال العرب: «كُلُّ جانٍ يده إلى فيه» قاله عمرو بن عدي لما كان يخرج مع الخدم لاجتناء الكَمْأة لخاله جذيمة الأبرش فكانوا إذا وجدوا كمأ خيارًا أكلوها وراحوا بالباقي إلى الملك. وكان عمرو لا يأكل مما يجني، ويأتي به خاله فيضعه بين يديه، ويقول:

هذا جناي وخيارُه فِيهِ إِذْ كُلُّ جانٍ يَدُهُ إلى فِيهِ

«طبَّاخ السّم لَا بُدّ يْدُوقهْ» أي: طابخ السم لا بد له من أن يذوق منه لشهوة أو غيرها، فكيف بمن يطبخ الهنيء المريء. يُضرَب للخدم إذا طالت أيديهم لِمَا اؤتمنوا عليه أو تولوا عمله. ويُضرَب أيضًا لمن يسعى في الإضرار بالناس والتدبين عليهم، وأنه لا بد من أن يصيبه رَشَاشٌ من عمله. فهو كطابخ السُّمِّ لا بد له من أن يَسْهُوَ فيذوق منه، ولو مما علق بطرف إصبعه من عمله.

«طَبَّلْ لِي وَانَا أزَمَّرْ لَكْ» أي: نوه بشأني عند الناس وأَكْثِر من الثناء عليَّ أكافئك بمثله عندهم. يُضرَب للشخصين يتقارضان الثناء عند الناس للشهرة.

«الطَّبْعْ والرُّوحْ فِي جَسَدْ» أي: الطباع يستحيل أن تَتَغَيَّرَ، فالطبع والروح متلازمان في الشخص لا يفارقانه إلا معًا. وبعضهم يزيد في آخره: «ما يطلعش إلا لما تطلع.»

«طَحَّانْ مَا يْغَبَّرْ عَلَى كَلَّاسْ» الكلاس لا يستعملونه إلا في الأمثال ونحوها، وإلا فهو عندهم الجَيَّار أو الجَبَّاس. والمعنى: أن غبار الدقيق لا يؤثر في الكلاس شيئًا؛ لأن عليه من غبار الكلس ما هو أعظم.

«الطَّرِيقْ مَسْتُورْ» يريدون طريق التصوف. يُضرَب للأمر يريدون ستره والتغافل عن إظهار مخبأته.

«الطَّرِيقَه تْجِيبِ الْعَاصِي» تجيب: تجيء بكذا. والمراد: سلوك طريق التصوف يكبح جماع العاصي ويقوده. يُضرَب للوسيلة الناجعة يُتَوَسَّل بها في رَدِّ الغاوي عن الغواية والعاصي إلى الطاعة.

«الطَّشَاشْ وَلَا الْعَمَى» الطشاش (بفتح الأول): العشا القريب من العمى؛ أي: هو خير من العمى على أي حال. وبعضهم يقول فيه: «ولا العمى كله.» وفي معناه قولهم: «نص العمى ولا العمى كله.» وسيأتي في النون. وانظر أيضًا في الهاء «هم بهم ...» إلخ. والعرب تقول في أمثالها: «بعضُ الشَّرِّ أهون من بعضٍ.» وتقول: «إن في الشر خيارًا.» وقال المتنبي:

إن كُنْتَ تَرْضَى بِأَنْ يُعْطُوا الْجِزَى بَذَلُوا منها رِضَاك وَمَن للعُورِ بالحَوَلِ

«طُظ يَا عَاشُورْ» عاشور: اسم. وطظ (بضم الأول وتشديد الثاني): كلمة يراد بها الاستهزاء، وتقال للشيء لا طائل تحته. والمراد: فعلت يا عاشور ما لا طائل تحته. وكأن هذه الكلمة اسم فعل عندهم يراد بها ما يراد من مرحى إذا قصد بها التهكم.

«طَعَمْتِنِي وذَكَرْتْ، مَا عِشْتْ يُومْ أَكَلْتْ» أي: أطعمتني ثم مننت عَلَيَّ فليتني مِتُّ في ذلك اليوم ولم أتحمل هذا الإحسان المتبوع بالأذى.

«الطِّفْلْ يِكْبَرْ والشَّعْرْ يِتْرَبَّى، حِزْنِي عَلِيكْ يَا سَاكِنِ التُّرْبَهْ» يُضرَب فيمن يموت ويخلِّف أطفالًا، أي: ليست الشفقة عليهم؛ لأنهم سيكبرون كما يطول الشعر بعد قصِّه، وإنما الحزن على من مات وسكن

القبر. وهم يعبرون عن القبر بالتربة وأكثر ما يلفظون بها بالطاء.

«طَلَبِ الْغَنِي شَقْفَهْ كَسَرِ الْفَقِيرْ زِيرُهْ» الشفقة: الكسارة من الفَخَّار. والزِّير: خابية الماء؛ أي: احتاج الغني لفَخَّارة فكسر الفقير خابيته التي يشرب منها ولا يملك سواها ليعطيه كُسَارة منها تقربًا إليه. يُضرَب لبيان ما في نفوس الفقراء من إكبار الأغنياء وتفانيهم في التقرب إليهم، حتى بما يُسبِّب لهم الخسارة.

«إِلطَّلَب الْهَيِّنْ يِضَيَّعِ الْحَقِّ الْبَيِّنْ» معناه ظاهر.

«طِلِعْ مِنْ مَعْصَرَهْ وِقِعْ فِي طَاحُونَهْ» طلع هنا بمعنى: خرج وفارق. والمراد: الدابة التي تشتغل؛ أي: ما فارقت معصرة الزيت وظنت أنها استراحت حتى وقعت في الطاحون. يُضرَب فيمن يخلص من شقاء فيقع في آخر. وقريب منه قولهم: «طلع من نقره لدحديره.» وانظر: «سلم من الدب وقع في الجب.»

«طِلِعْ مِنِ الْمُولِدْ بَلَا حُمُّصْ» المولد (بضم فسكون فكسر) صوابه: المَوْلِد (بفتح الأول)، ويريدون به: وقت الميلاد، وهو الاحتفال بالزينة، والاجتماع في ميعاد مولد أحد الأولياء. هذا أصله ثم صاروا لا يتقيدون بهذا الميعاد، بل يحتفلون بذلك في وقت معين من السنة وإن لم يوافق المولد. والحِمَّص يباع عادة في هذه الاحتفالات، ولا سيما في مولد السيد البدوي بطنطا. يُضرَب لمن يحرم نصيبه من أمر.

«طِلِعْ مِنْ نُقْرَهْ لِدُحْدِيرَهْ» النُّقرة: الحفرة. والدُّحْدِيرة (بضم فسكون مع إمالة الدال): المكان المنحدر في الطريق. ويقولون له: الدحدورة أيضًا. يُضرَب لتتابع الوقوع في العثرات، وسيأتي في الميم: «من طوبه لدحدوره يا قلب ما تحزن.»

«طِلِعِ النَّهَارْ مَا الْتَقَى شِي» يُضرَب للذاهب مع آماله كل مذهب، وأنه كالحالم إذا لاح النهار واستيقظ لا يجد شيئًا مما كان فيه.

«طِلِعِ النَّهَارْ وِبَانِ الْعَوَارْ» يُضرَب لظهور ما خفي من العيوب متى حان الحين.

«طِلِعْتْ تِجْرِي يَا دَنْدُونْ إِنَّكْ تِكِيدِ الرِّجَّالَهْ، خَطَفُوا طَاقِيتَكْ يَا دَنْدُونْ وِرِجِعْتْ رَاسَكْ عِرْيَانَهْ» دندون (بفتح فسكون فضم): اسم. والطاقية (بتشديد الياء وقد تُخَفَّف عند الإضافة إلى الضمير): قَلَنْسُوَة خفيفة تخاط من البز. يُضْرَب لمن يشرع في أمر يعلو به على سواه فيعود بالخيبة. وقد جمعوا فيه بين اللام والنون في السجع وهو عيب.

«طِلْعِتْ مِنْ طُرْبِتْهَا وَفَتْ كُتْبِتْهَا» الطلوع هنا بمعنى: الخروج. والطُّرْبة (بضم فسكون): محرفة عن التُّرْبَة؛ أي: القبر. والكُتْبة (بضم فسكون): ما كُتِب للشخص وقُدِّرَ، وهي عندهم خاصة بما قدر من

البغاء وسوء السلوك. والمعنى: لا بد من نفاذ المقدور واضطرار الشخص إلى السعي إليه مسيَّرًا غير مُخَيَّر. وقد بالغوا في ذلك حتى بعد الموت.

«طَمَعْ أَبْلِيسْ فِي الجَنَّهْ» الصَّوَاب في إبليس (كسر أوله)، وهم يفتحونه. يُضرَب لمن يطمع في المستحيل.

«الِطَّمَعْ يِقِل مَا جَمَعْ» معناه ظاهر، والصواب جُمِع بالبناء للمجهول، ولكنهم هكذا ينطقون به. وانظر في العين المهملة: «عمر الطمع ما جمع.» وفي الميم قولهم: «من طلب الزيادة وقع في النقصان.» ومن أمثال العرب في هذا المعنى: «الحرصُ قائدُ الحرمان.» وقولهم: «الحريصُ محرومٌ» و«الحرصُ مَحْرَمَةٌ.»

«طَمَعْنْجِي بَنَى لُهْ بيتْ فَلَسَنْجِي سِكِنْ لُهْ فِيهْ» وبعضهم يزيد فيه: «طمعنجي عاوز أجرة فلسنجي منين يديه.» الطمعنجي والفلسنجي: يريدون به الطَّامِع والمُفْلِس؛ أي: بنى الأول دارًا فسكنها الثاني فلم يُجْدِه طمعه وذهب كراء داره. وقد فسروه بالزيادة المذكورة بأن الباني طامع يريد الكراء، ولكن من أين للمفلس مال يؤديه له. يُضرَب للشديد الطمع يُبْتَلَى بما يذهب أمله.

«طَنْبُورْةِ الْعَبْدِ تْسَلِّيهْ عَلَى حَالُهْ» الطنبورة عندهم: خشبة بها أوتار يضرب عليها الفقراء من السودانيين ويطوفون بها للكُدْيَة؛ أي: لكل شخص ما يلهو به ويسليه فيما يكابده يُضرَب للشيء يُحْتَقر وفيه نفع وسلوى.

«طُوبَهْ عَلَى طُوبَهْ تِخَلِّي الْعَرْكَهْ مَنْصُوبَهْ» الطوبة: اللبنة أو الآجُرَّة، والمراد هنا: الثانية؛ أي: إذا رميت آجُرَّة أو نحوها بعد آجُرَّة فقد تُسَبِّبُ العراك العظيم. يرادفه: «معظم النار من مستصغر الشرر.» انظر في مجمع الأمثال ج٢ ص٣٢١: «اليسير يجني الكثير.» وفي ج١ ص٢٢١ أيضًا: «الشر يبدأه صغاره.» وهما يرادفان ما هنا.

«طُورْ أَجْرَبْ وِيْطَلَّعْ مَيَّهْ زَلَالْ» أي: ثور أجرب، ولكنه لقوته ودورانه في الدولاب يأتي بالماء الزلال. يُضرَب للبشع الهيئة القذر يُتْقِنُ عملًا من الأعمال.

«طُورِ الْحَرْتْ مَا يِتْكَمِّمْشْ» أي: الثور لا يُكَمَّمُ عند الحرث؛ لأنه لا يُخْشَى منه على شيء يأكله، وإنما يكمم الذي في البيدر؛ لئلا يأكل الحَبَّ عند دوسه. يُضرَب لمن يحجر على شخص في شيء لا يخشى عليه منه عند مزاولته عملًا من الأعمال.

«طُولْ عُمْرَكْ يَا رِدَا وِانْتَ كِدَا» الردا: يريدون الرداء الذي يُلْبَس؛ أي: لم تزل أيها الرداء على ما كنت عليه ولم يتغير فيك شيء. يُضرَب لمن يبقى على خلق أو حالة واحدة، والغالب ضربه في سوء

الحال أو الخلق. انظر: «من يومك يا خالة وِانْتِ على دي الحالة.» وقولهم: «من يومك يا زبيبه وفيكي دي العود.»

«اِلطُّولْ عَ النَّخْلْ وِالتُّخْنْ عَ الْجِمِّيزْ» أي: لا تفتخر بطول قامتك، ولا بعظم جُثَّتِك؛ فإن الطول في النخل، والغلظ في شجر الجميز، فافخر بما يميزك أيها الإنسان. وبعضهم يَقْتَصِرُ على آخره، فيقول: «التخن ع الجميز.» وتقدَّم في التاء.

«طُولْ مَا انْتَ زَمَّارْ وَأَنا طَبَّالْ يَا مَا رَاحْ نْشُوفْ مِنِ اللَّيَالِي الطُّوَالْ» راح: يستعملونها في معنى السين وسوف. ونشوف بمعنى: نرى؛ أي: ما دمنا مُشْتَغِلِينَ بالزمر والطبل فسوف نرى كثيرًا من الليالي الطويلة. يُضرَب في الحالة تستلزم حالة أخرى، فإن من كانت مهنته الزمر والطبل لا بد له من السهر الطويل وإحياء الليالي الكثيرة.

«طُولْ مَا انْتَ طَيِّبْ تِكْتَرِ اصْحَابَكْ» الطيب هنا: الصحيح؛ أي: ما دمت في صحة يكثر زُوَّارُك من الأصحاب، ويكثر سؤالهم عنك وتملقهم لك لما يرجونه من النفع. وإذا مرضت انفَضُّوا من حولك. ويتضح معناه في قولهم في مثل آخر: «العيان ما حد يعرف بابه والعفي يا مكتر أحبابه» أي: ما أكثرهم!

«طُولْ مَا هُو عَ الْحَصِيرَهْ مَا يْشُوفْ طَوِيلَهْ وَلَا قَصِيرَهْ» أي: ما دام جالسًا على الحصيرة في كسله وتقاعده لا يناله شيء، وإنما الظفر بالسعي. ويرويه بعضهم: «طول ما أنا ع الحصيرة ...» إلخ. وما هنا هو الأوفق لما في آخره. ويكون على هذه الرواية من مقول النساء إذا هُدِّدْن بالضرائر؛ أي: ما دمت في داره فأنا المالكة لأمره، الآخذة بِلُبِّهِ، فلا تصدقوا أنه يستطيع التزوج بغيري.

«طُولْ مَا الْوَلَّادَهْ بْتِوْلِدْ مَا عَلَى الدُّنْيَا شَاطِرْ» أي: ما دام في الدنيا نساء يلدن فليس على ظهرها نابغة ماهر يظن أنها عقمت عن أن تأتي بمثله. يُضرَب لمن يزهى بنبوغه ومهارته فيحمله ذلك على الغرور.

«طُولْةِ الْبَالْ تِبَلَّغِ الْأَمَلْ» انظر: «طولة العمر تبلغ الأمل.»

«طُولْةِ الْبَالْ تِهِدِّ الْجِبَالْ» أي: في الصبر والأناة ما يَدُكُّ الجبال، ويزيل ما في سبيل المرء من العقبات، فاعتصموا بالصبر ولا تيأسوا.

«طُولْةِ الْبَالْ مَا تْخَسَّرْشْ» أي: ليس في الصبر والأناة خسارة، بل ربما كان فيها النفع.

«طُولْةِ الْعُمْرْ تِبَلَّغِ الْأَمَلْ» لأنه إذا لم يبلغ أمله اليوم بلَغَهُ في وقت آخر متى كان طويل العمر. ويُروَى: «طولة البال»، ويريدون الصبر والأناة. وفي معناه: «نعم العدة طول المدة.» أورده جعفر بن شمس الخلافة في كتاب الآداب.

«طولّةِ الْعُمْرْ تِقَطعِ الشدَايِدْ» أي: مهما يقع الشخص في شدائد يكابدها من أمراض أو أمور مردية، فإنه يجتازها إذا كُتب له طولُ العمر.

«طَوِّلِ الْغِيبَهْ وِجْهْ بِالْخِيبَهْ» يُضرَب لمن يطيل الغيبة في قضاء أمر ويعود بلا طائل، وهو من أمثال العامة القديمة، أورده الأبشيهي في «المستطرف» برواية: «وجانا» بدل وجه.

«اِلطَّوِيلْ أَهْبَلْ وَلَوْ كَانْ حَكِيمْ» الأهبل: الأبله، والحكيم: يريدون به هنا العالم ذا الحكمة، وفي غير الأمثال يريدون به الطبيب. والمثل مبنيٌّ على رأيهم في الطوال، كما أنهم يرمون كل قصير بالدهاء والمكر. ومن طريف ما يُروى عن بعضهم: أنه رأى طويلًا ذا دهاء، فقال: إنه مركب من قصيرين. وانظر قولهم: «ضاع عقله في طوله.»

«طيرْ فِي السَّمَا اسْمُهْ غَضَنْفَرْ يِجَمَّعِ الْأَشْكَالْ عَلَى بَعْضَهَا» وبعضهم يقول: «سفنجر» أو «تفندر» بدل غضنفر، وهي أسماء مخترعة. يُضرَب في المتفقين في الطباع يتفق لهم اجتماع الشمل.

«الطِّينَهْ مِنِ الطِّينَهْ واللَّتَّهْ مِنِ الْعَجِينَهْ» أي: الطينة لا تكون إلا من الطين، وكذلك القطعة التي تُلَتُّ هي من العجين. ويُروَى: «الكحله» بدل اللتة، وهي ما يوضع بين الساقين من البناء ليسد الفراغ الظاهر. والمراد: أنها من الطين المعجون للبناء. يُضرَب في مشابهة الشيء للشيء، أو الأبناء للأهل، وقريب منه: «العصا من العصية.»

حرف الظاء (فصحى)

ظَنَّ العاقِلِ خَيرٌ من يقين الجاهِل.

الظُّلْمُ ظُلُماتٌ يومَ القِيامَةَ: هذا يروى عن النبي ﷺ.

حرف الظاء (عامية)

«اِلظَّاهِرْ لِنَا وِالْخَافِي عَلَى الله» معناه ظاهر.

«ظُرَاطِ الْبِلِ وَلَا تَسْبِيحِ السَّمَكْ» الْبِلُّ (بكسر الأول وتشديد اللام في لغة بدو الريف): الإبل. والمراد: خير لي أن أسمع ضُرَاط الإبل في السَّير بالبر، ولا أسمع تسبيح السمك. يُضرَب في تفضيل السير بالبر على علاته على ركوب البحر وإن كان له بعض المزايا، وذلك لما فيه من خطر الغرق، فهو في معنى قولهم: «امشي سنه ولا تخطّي قنه» المتقدّم ذكره في الألف.

«اِلظُّرَاطْ شَبَع» أي: الضُّراط سببه الشبع، فإذا فرط من شخص دلَّ على أنه شبعان. يُضرَب فيمن يحدث منه ما يدل على حال من أحواله.

«ظَنَّانْ خَوَّانْ خَالِي مِنِ الْإِحْسَانْ» يُضرَب للمتَّصِف بهذه النقائص.

«اِلظَّنِّ السَّو يِوَدِّي جَهَنَّمْ» وَدَّى معناه: أوصل، مُحَرَّف عن أدى إلى كذا. والمراد من المثل ظاهر.

حرف العين (فصحى)

عَقَدَهُ بأُنشوطة: أي عقده عقدًا غير محكم، وذلك أن الأنشوطة يسهل حلها، تقول: نشطته تنشيطًا إذا عقدته بأنشوطة، وأنشطته إنشاطًا إذا حللته، فإذا عقدته عقدًا محكمًا قلت أربت عقده وهو مؤرب.

عِنْدَ جُهَيْنَةَ الخَبَرُ اليقينُ: قال ابن السيد في كتاب الاقتضاب في شرح أدب الكتاب: قد اختلف العلماء في هذا المثل، فكان الأصمعي يقول: جفينة بالنون والفاء وقال هو خَمَّار، وكذلك قال ابن الأعرابي، وكان أبو عبيدة يقول: حفينة بحاء غير معجمة، وكان ابن الكلبي يقول: جهينة بالجيم والهاء، وهو الصحيح. وذلك أن أصل هذا المثل أن حصين بن عمرو بن معاوية بن كلاب خرج في سفر ومعه رجل من جهينة يقال له الأخنس بن شريف، فنزلا في بعض منازلهما، فقتل الجهيني الكلابي وأخذ ماله، وكانت لحصين أخت تسمى صخرة، فكانت تبكيه في المواسم وتسأل الناس عنه، فلا تجد من يخبرها بخبره، فقال الأخنس:

وكم من فارس لا تزدريه إذا شخصت لموقفه العيون

يذل له العزيز وكل ليث حديد الناب مسكنه العرين

علوت بياض مفرقه بعضب بيطير لوقعه الهام السكون

فأضحت عرسه ولها عليه هدو بعد زفرتها أنين

كصخرة إذ تساءل في مزاح وفي جرم وعلمها ظنون

تُسائل عن حصين كل ركب وعند جهينة الخبر اليقين

عَسَى الغُوَيْرُ أَبؤُسًا: قال في الصحاح: في غرور، وتصغير الغار غوير، وفي المثل: عسى الغوير أبؤسًا، قال الأصمعي: أصله أنه كان غار فيه ناس فانهار عليهم أو أتاهم فيه عدو فقتلوهم، فصار مثلًا لكل شيء يخاف أن يأتي منه شر. وقال ابن الكلبي: الغوير ماء لكلب، وهو معروف، وهذا المثل تكلمت به الزَّبَّاء لما تنكب قصيرا اللخمي بالإجمال الطريق المنهج وأخذ على الغوير، وقال في ع س ي: عسى من أفعال المقاربة، وفيه طمع وإشفاق، ولا يتصرف لأنه وقع بلفظ الماضي لما جاء في الحال، تقول: عسى زيد أن يخرج، وعست فلانة أن تخرج، فزيد فاعل عسى، وأن يخرج مفعولها، وهي بمعنى الخروج إلا أن خبره لا يكون اسمًا، لا يقال عسى زيد منطلقًا. وأما قولهم: عسى الغوير أبؤسًا فشاذ نادر وضع أبؤسًا موضع الخبر، وقد يأتي في الأمثال ما لا يأتي في غيرها، وربما شبهوا عسى بكاد واستعملوا الفعل بعده بغير أن، فقالوا: عسى زيد ينطلق، وقال في ب أ س: والأبؤس جمع بؤس من قولهم: يوم بؤس ويوم نعم، والأبؤس أيضًا الداهية، وفي المثل: عسى الغوير أبؤسًا وقد أبأس إبآسًا، قال الكميت:

قالوا: أساء بنو كرز فقلت لهم عسى الغوير بأبآس وأغوار

وأبؤسًا منصوب على أنه خبر يكون المقدرة.

عَشِّ ولا تغْتَرَّ: أصل المثل فيما يقال أن رجلًا أراد أن يفوز بإبله ليلًا واتكل على عشب يجده هناك، فقيل له: عش ولا تغتر بما لست منه على يقين.

عندَ النطاحِ يُغلبُ الكبشُ الأجَمْ: ويقال أيضًا: التيس الأجم، وهو الذي لا قرن له.

يُضرب لمن غلبه صاحبه بما أعد له.

العقوقُ ثُكلُ من لمْ يَثكل: أي إذا عقه ولده فقد ثكلهم وإن كانوا أحياء، قال أبو عبيد: هذا في عقوق الولد للوالد، وأما قطيعة الرحم من الوالد للولد فقولهم: المُلك عقيم، يريدون أن المَلِك لو نازعه ولده الملك لقطع رحمه وأهلكه حتى كأنه عقيم لم يولد له.

على يديْ عدل: قال ابن السكيت: هو العدل بن جزء بن سعد العشيرة، وكان على شرط تُبَّع، وكان تبع إذا أراد قتل رجل دفعه إليه فجرى به المثل في ذلك الوقت، فصار الناس يقولون لكل شيء قد يئس منه: هو على يدي العدل.

العنوقُ بعدَ النوق: العناق: الأنثى من أولاد المعز وجمعه عنوق، وهو جمع نادر، والنوق جمع ناقة.

يُضرب لمن كانت له حال حسنة ثم ساءت، أي كنت صاحب نوق فصرت صاحب عنوق.

على أهلها تجني براَقش: براقش: كلبة كانت لقوم من العرب، فأُغِيرَ عليهم فهربوا ومعهم براقش، فاتبع القوم آثارهم بنباح براقش، فهجموا عليهم فاصطلموهم.

وأبو براقش: طائر يتلون في اليوم ألوانًا، ويقال للرجل الكثير التلون: أبو براقش.

عنْزٌ بها كل داء: يُضرب للكثير العيوب من الناس والدواب.

العَوْدُ أحمْدُ: يجوز أن يكون أحمد أفعل من الفاعل، يعني إنه إذا ابتدأ العرف جلب الحمد إلى نفسه، فإذا عاد كان أحمد له أي أكسب للحمد له، ويجوز أن يكون أفعل من المفعول، يعني أن الابتداء محمود والعود أحق بأن يحمد منه.

عاد الأمر إلى نصابه: يُضرب في الأمر يتولاه أربابه.

العتاب قبل العقاب: يُروى بالنصب على إضمار استعمل العتاب، وبالرفع على أنه مبتدأ يقول: أصلح الفاسد ما أمكن بالعتاب، فإن تعذر أو تعسر فبالعقاب.

عُثيثة تَقرم جلدًا أملسًا: يُضرب للرجل يجتهد أن يؤثَر في الشيء فلا يقدر عليه، وعثيثة تصغير عثة وهي دويبة تأكل الأدم.

حرف العين (عامية)

«**الِعَاجِزْ فِي التَّدْبِيرْ يِحِيلْ عَلَى الْمَقَادِيرْ**» معناه ظاهر، وأيُّ حيلة للعاجز سوى الإحالة على القدر؟ وهو من قول الشاعر:

وعَاجِزُ الرَّأْيِ مِضْيَاعٌ لِفُرْصَتِهِحَتَّى إِذَا فَاتَ أَمْرٌ عَاتَبَ الْقَدَرَا

«**عَادْتِكْ وَالَّا اشْتَرِيتِيهَا؟ قَالِتْ: عَادْتِي وِطُولْ عُمْرِي فِيهَا**» يُضرَب للخُلُق الذميم الذي نشأ عليه الشخص، والخطاب في المثل لمؤنث، ويرويه بعضهم «ومأبده فيها» بدل وطول عمري فيها.

«**الِعَادِمْ عَادِمْ وَلَوْ كَانْ فِي السَّنْدُوقْ**» السندوق: هو الصندوق؛ أي: الشيء الذي سيعدم فإنه يعدم ولو حفظ في الصندوق.

«**الِعَادِمْ يِنْطَب وِالْمَالِحْ يِنْكَب**» العادم، وقد يقولون فيه: الدِّلِع أيضًا، يريدون به الطعام الذي لا ملح فيه؛ أي: التافه وينطب: يريدون به يُطَبَّب من الطب؛ أي: يُصْلَح. وينكب؛ أي: يُلْقَى ويُطْرَح. فمعنى المثل: الشيء التافه الطعم الذي لا ملح فيه في اليد إصلاحه بشيء من الملح، وأما المالح — أي: الكثير الملح — لا إصلاح له فيُلْقَى.

«**الِعَادَهْ يَا سَعَادَهْ**» سعادة: اسم من أسماء النساء. يُضرَب لمن اعتاد على شيء لا يرجع عنه؛ أي: ليس ما وقع من سعادة بمُسْتَغْرَب؛ فقد تعودت أن تأتي مثله.

«**عَادِي أَمِيرْ وَلَا تْعَادِي غَفِيرْ**» الغفير: هو الخفير. والمراد: أن معاداة العظيم لا تَضُرُّ؛ لأن له من نفسه ومظهره ما يمنعه من إتيان ما يُعَابُ عليه، بخلاف الحقير فإن معاداته البلاء الأعظم. وانظر في الفاء: «الفاجرة داديها، والحرة عاديها.»

«**الْعَارْ أَطْوَلْ مِ الْعُمْرْ**» لأنه لا يُمْحَى بعد الموت؛ فلذلك كان أطولَ من العمر.

«**الْعَارِفْ لَا يُعَرَّفْ**» أي: العارف بالمراد والقصد لا يُعَرَّفُ به، فعلمه بالحال يُغْنِي عن السؤال. ومثله قولهم: «الشكوى لأهل البصيرة عيب.» يُضرَب عند التلطُّف في السؤال، فهو كقول المتنبي:

وَفِي النَّفْسِ حَاجَاتٌ وَفِيكَ فَطَانَةٌ سُكُوتِي بَيَانٌ عِنْدَهَا وَخِطَابُ

«**عَاشِرْ عَاشِرْ مِسِيرَكْ تِفَارِقْ**» تكرار عاشر يريدون به إطالة المعاشرة. ومسيرك صوابه: مَصِيرك؛ أي: مهما تعاشر من تعاشره، ومهما يَطُلْ زمن ذلك فإن مصيرك الفراق.

«**عَاشِرْتْ مِينْ يَا سْلِيمْ كَانْ مُبْتَلِي وِعَدَاكْ**» المبتلي (بكسر اللام): اسم مفعول يأتون به في صيغة اسم الفاعل، والصَّواب المُبْتَلَى (بفتح اللام)؛ أي: عاشرت مَن مِنَ المرضى يا سليم فأعداك بمرضه؟ يُضرَب للقويم الأخلاق الخَيِّر تفسده صحبةُ الأشرار.

«عَاشَمْ مَا رَيَّحُونَا مَاتَمْ مَا وَرَّثونَا» يُضرَب لمن يُكلف أناسًا بما يتعبهم في حياته، ولا يوصي لهم بشيء بعد مماته.

«الْعَافْيَهْ هَبْلَهْ» أي: القوة بلهاء. يُضرَب لقويّ البدن يُكَلَّفُ بمعالجة شيء فيعتمد فيه على قوته فيفسده، وإنما تُعَالَجُ الأشياء بالمعرفة والتحايل عند تقويمها وإصلاحها.

«الْعَاقِلْ تعْبَانْ» لأنه ينظر في العواقب ويفكر في الأمور ويتحمل ما لا يتحمله غيره، فهو تعب من هذه الجهة، ولا تناقض بين هذا المثل وبين قولهم: «أصحاب العقول في راحة»؛ لأنهم يقصدون به أنهم في راحة مما يفعله الحمقى ويجهدون فيه أنفسهم بلا فائدة؛ لأن العقلاء تمنعهم عقولهم عن الاشتغال بالعبث. وفي معنى ما هنا قول العرب في أمثالها: «استراح مَنْ لَا عَقْلَ له.» قال الميداني: «أول من قال ذلك عمرو بن العاص لابنه.»

«الْعَاقِلْ فِي غِفَارِةْ نَفْسُهْ» الغفارة (بكسر الأول): الخفارة؛ لأن العاقل يعلم ما يضره فيتجنبه وما ينفعه فيأتيه، فهو غير محتاج لمن يخفره ويدفع عنه الضرر.

«الْعَاقِلْ مِنِ اعْتَبَرْ بِغِيرُهْ» معناه ظاهر، ويرادفه من الأمثال العربية: «السَّعِيد من اتَّعَظ بغيره.»

«الْعَاقِلْ مِنْ غَمْزَهْ وِالْجَاهِلْ مِنْ رَفْصَهْ» يرادفه:

العَبْدُ يُقْرَعُ بِالْعَصَا وَالْحُرُّ تَكْفِيهِ الْمَقَالَةْ

وقد جمعوا فيه بين الزاي والصاد في السجع وهو عيب. وأورده مؤلف «سحر العيون» ص١٣٣ بلفظ: «العاقل مِنْ غمزه والمجنون مِنْ لكزه.» وانظر: «العبد يُقْرع بالعصا» في مجمع الأمثال ج١ ص٤٠٦، وراجع اختلاف قافية هذا البيت في خزانة البغدادي.

«الْعَاقْلَهْ وِالْمَجْنُونَهْ عَنْدِ الرَّاجِلْ بِالْمُونَهْ» المُونة (بضم فسكون): المئونة؛ أي: سواءٌ عند الزوج العاقلة والمجنونة؛ لأن كلتيهما تأكل وتحتاج للنفقة فلا فرق.

«عَامِلْ أَمِيرْ فِي جِلْدِ خَنْزِيرْ» أي: جاعل نفسه أميرًا وهو في إهاب خنزير؛ أي: هو خنزير في نفسه، ولكنه يظهر نفسه غير مظهرها.

«عَامِلْ عَايِقْ وِمِدَّايِقْ» عامل؛ أي: جاعل نفسه. والعايق عندهم: المُتَأَنِّق في ملبسه وهيئة المعجب بنفسه. ومِدَّايِقْ معناه: متضايق؛ أي: مظهر الانقباض من الناس لتميزه عنهم في نظره.

«عَامِلْ عِنَبْ وِالْبَاقِي فُرَاطَهْ» الفُراطة (بضم الأول): العنب المفروط من عناقيده. يُضرَب للمعجب بنفسه المتعاظم على غيره؛ أي: كأنه جعل نفسه عنبًا في عناقيده ومَنْ غيره من العنب المفروط الساقط من العناقيد المبيع بأبخس الأثمان.

«عَامِلْ فارْ مِقِيلَطْ» أي: جاعل نفسه كالفأر الذي له أداة يسمونها القَلِيطة (بفتح فكسر)؛ أي: متعاظم بما ليس فيه عظمة، ويظنها تكبره في نظر العالم.

«عَامِلْ لَمُونَهْ فِي بَلَدْ قَرْفَانَهْ» يُضرَب للمعجب بنفسه، المتظاهر بالانفراد عن الناس بمزايا، كأنه جعل نفسه ليمونة في بلد أهله متقززة نفوسهم، فهم محتاجون لليمون ليسكنها.

«عَاوِزِ الْحَق وَالَّا ابْنِ عَمُّهْ؟» أي: أتريد الحق أم تريد ما يشبه الحق وليس به؟! يقوله أحد المتخاصمين عند الاختلاف في أمر وكثرة اللجاج فيه.

«عَايْبَهْ بِتْعَلِّمْ فِي خَايْبَهْ قَالْ: لِلاتْنِينْ نَايْبَهْ» العايبة: الفاجرة السفيهة. والخايبة: المرأة الخَرْقَاء البليدة التي لا تُحْسِنُ شيئًا، وهذه إذا تولت العائبة تعليمها وإرشادها لا يبعد أن تعلمها أيضًا ما هي عليه، فالأولى أن يُقَيِّض الله لهما نائبة تذهب بهما.

«الْعَايِزْ أَهْبَلْ» العايز: طالب الشيء. وأهبل: أبله؛ أي: من يطلب شيئًا ويرغب فيه فهو لرغبته كالأبله يقبله على علَّاته ولا ينظر لعيوبه، ويسخو فيه بالثمن الغالي. وهو قريب من قولهم: «صاحب الحاجة أرعن.» وإن كان المراد أرعن في الإلحاح وطرق الطلب.

«عَايِزْ جَنَازَهْ وِيِشْبَعْ فِيهَا لَطْمْ» أي: يريد اللَّطْم على خديه؛ فهو يبحث عن جنازة حتى يفعل فيها ما يشتهي. يُضرَب للشخص يقوم بالأمر لا للأمر نفسه، بل لشغفه بالحركة والشهرة بها.

«الْعَايِزْ يِقْلِبْ عَ النِّقَاشَهْ» النقاشة: المراد بها نقش حجر الطاحون؛ لأنه عقب نقشه لا يخلو من غبار وبقايا مما يخرجه النقش منه، فالذي يطحن عليه قمحه وهو كذلك يكون دقيقه غير نظيف لما يمتزج به من ذلك. والمراد: المُضْطَرُّ للطحن يقلب قمحه على الحجر الحديث النقش. وأما غير المضطر فإنه ينتظر حتى يطحن غيره وينظف الحجر.

«الْعَايِطْ فِي الْفَايِتْ نُقْصَانْ فِي الْعَقْلْ» أي: الْبُكَاءُ على شيء فات ومضى ليس من العقل في شيء؛ لأنه لا يرده:

فلا تُكْثِرَنْ في إثرِ شيءٍ ندامةً إذا نَزَعَتْهُ مِنْ يَدَيْكَ النَّوَازِعُ

ومثله للمتنبي:

فما يَدُومُ سرورٌ ما سُرِرتْ بِهِ ولا يَرُدُّ عَلَيْكَ الفَائِتَ الحَزَنُ

وقول الآخر:

ولنْ يُرْجِعَ الْمَوْتَى حَنِينُ المَآتِمِ

«عَبْدْ مَا هُو لَكْ حُر مِثْلَكْ» أي: إذا لم يكن العبد مملوكًا لك فهو في حكم الحر بالنسبة إليك، فلا سيطرة لك عليه. ومن أمثال العرب: «عَبْدُ غَيْرِكَ حُرٌّ مِثْلُكْ.» وقالوا أيضًا: «ساواك عبد غيرك.» قال الميداني: «يعني أنه بتعاليه عن أمرك ونهيك مثلك في الحرية.»

«الْعَبْدْ يَا بْأَوِّلْتُهْ يَا بْآخِرْتُهْ» المراد بالعبد: المخلوق، و«يا» هنا معناه «إما»؛ أي: إن الإنسان إما أن تحسن حاله في أول عمره، ثم تسوء في آخره فيبوء بالخسران، وإما أن يختم الله له بالسعادة فتحسن في آخره. وأما إذا حسنت في المبتدأ والمنتهى فقد فاز بالحسنيين. ويرويه بعضهم: «ناس بأولهم وناس بآخرهم.»

«الْعِتَابْ هِدِيِّةِ الْأَحْبَابْ» معناه ظاهر.

«الْعَتَبْ عَ النَّظَرْ» يُقَال في الاعتذار عما يقع من ضعيف النظر، كتركه السلام على بعض الحاضرين، أو إفساده شيئًا لم يَرَهُ، أو غير ذلك. والمراد: إذا عتبتم فاعتبوا على نظري فالذنب ذنبه لا ذنبي.

«عَتَبَهْ زَرْقَهْ تْرُوحْ فِرْقَهْ تِجِي فِرْقَهْ» ويُروَى: «تخش فرقه وتخرج فرقه.» ومعنى تخش: تدخل. والمراد: إننا مُسْتَغْنُون عنكم فإن ذهبتم جاء غيركم. وقولهم: عتبة زرقة؛ أي: زرقاء، ويريدون بها المشئومة التي لا تُبْقِي على أصحاب الدار.

«عَجَّانِ الصَّبْرْ بِيْدُوقْ» أي: من يعجن الصبر لا بد له من أن يذوق منه. والمراد: من باشر أمرًا كان أعرف به.

«الْعِجْبْ قَاتِلْنَا مُوشْ بِخَاطِرْنَا» العِجْب (بكسر فسكون): الإعجاب بالنفس؛ أي: إن إعجابنا بنفوسنا بلغ منا مبلغًا عظيمًا، ولكن ليس ذلك باختيارنا بل هو خُلُق فينا طُبِعْنَا عليه. يُضرَب لشديد الإعجاب بنفسه الذي لا يستطيع الإقلاع عن ذلك. ويرويه بعضهم: «الكبر قاتلنا» بدل العجب. والعرب تقول في هذا المعنى: «قاتل نفس مخيلتها» أي: خيلاؤها. يُضرَب في ذَمِّ التكبر.

«الْعَجَلَهْ عَطَلَهْ» هو من الحِكَم البالغة، فقد يقع من المستعجل بسبب عجلته من الارتباك أو السهو ما يُحْوِجُه إلى استئناف ما شرع فيه؛ فيتعطل عمله ويضيع وقته. والعرب تقول في أمثالها: «رُبَّ عجلة تهبُ ريثًا.» هكذا في أمثال الميداني. والذي في العقد الفريد: «رُبَّ عَجَلَةٍ تُعْقِبُ رَيْثًا.»

«الْعَجَلَهْ مِنِ الشِّيطَانْ» يُضرَب في ذَمِّ العجلة.

«عَجُّورَه وْقَطَعْهَا جَحْشَ» أي: الأمر قد ظهر ولم تعد فائدة من الاختلاف فيه، فإنها عجورة قطعها جحش، وهذا كل ما في الأمر. يضربونه في معنى: «قطعتْ جهيزةُ قَوْلَ كُلِّ خَطِيبِ.» والعجورة: يريدون بها البطيخة الفجَّة من البطيخ العبدلي المعروف.

«**عَدَاوْةِ الأَقارِبْ زَيِّ لَسْعِ الْعَقَارِبْ**» معناه ظاهر، والمقصود أنهم يكونون أشد نكاية للشخص إذا عادوه.

«**اِلْعَدَاوَهْ فِي الأَهْلْ**» انظر: «الحسد عند الجيران والبغض عند القرايب.»

«**عَدُوِّتِي وعَمَلِتْ مِغَسِّلْتِي**» هو على لسان أنثى. يُضرَب للشماتة العظيمة؛ لأن العَدُوَّة إذا تولت غُسْلَ عدوتها فقد شهدت موتها وزيادة.

«**عَدُو زَمَانْ مَالُوشْ أَمَانْ**» أي: لا أمان للعدو القديم.

«**عَدُو قَرِيبْ وَلَا حَبِيبْ بِعِيدْ**» يُضرَب في تفضيل القرب على البعد ولو أن القريب عدو. وهو من المبالغة. والمراد منه: أنه ربما عطف عليه وساعده في بعض شئونه.

«**اِلْعَدِيمْ مِنِ احْتَاجْ إِلَى لَئِيمْ**» أي: لا يعد عديمًا إلا إذا ألجأه الزمان إلى لئيم.

«**عَرَايَا مقَفْقِفِينْ جَابُوا بْعَشَاهُمْ يَاسْمِينْ**» القفقفة عندهم: الارتجاف من البرد؛ أي: إنهم لا يملكون الثياب ومع ذلك يشترون بثمن طعامهم ياسمينًا يتمتعون بشمه. يُضرَب لمن ينفق ثمن ما هو في حاجة إليه فيما لا يغنيه من الجوع. وانظر: «عرايا يقفقفم ...» إلخ.

«**عَرَايَا وْيِطْلُبُوا السَّجَاجِيدْ**» أي: لا لباس يسترهم وهم يطلبون الطنافس ليجلسوا عليها، وكان الأَوْلَى بهم أن يطلبوا الثياب. يُضرَب للعمل الذي ليس في موضعه.

«**عَرَايَا يِقَفْقَفُمْ وجَايِبِينْ طَارْ وِيْسَقَّفُمْ**» القفقفة: الارتجاف من البرد. وجاب؛ أي: وجاء بكذا. والطار: الدُّفُّ. والتسقيف: التصفيق؛ أي: لا يملكون ثمن الثياب ويرتجفون من البرد وهم مع ذلك يلتقون على الدف ويصفقون؛ أي في لَهْوٍ وفَرَح. انظر: «عرايا مقفقفين ...» إلخ.

«**اِلْعَرَبِ الرَّحَّالَهْ تِعْرَفْ طَرِيقِ الْمَيَّهْ**» معناه ظاهر. يُضرَب في أن المزاول للشيء لا تَخْفَى عليه غَوَامِضُه.

«**اِلْعَرَبِي اللِّي مَنْسَفُهْ عَ الْبَابْ**» المنسف عندهم: وعاء من الخشب كالقصعة إلا أنه أكبر منها، يثرد فيه القِرَى في الأعراس أو الأعياد. ومعنى المثل: العربي المفتخر بنسبته للعرب من يتخلق بأخلاقكم في الكرم وإطعام الناس. يُضرَب في مَنْ يَقْتَصِر في الافتخار على نسبته دون العمل المشرف.

«**عُرْجِ الْجَمَلْ مِنْ شِفِّتُهْ**» الشِّفَّة (بتشديد الفاء) معروفة. وصوابها (التخفيف وفتح الأول)؛ أي: إنما سبب عرج البعير أكله من المزارع وضربهم له. يُضرَب لمن يجني على نفسه ويسبب لها الضرر.

«**اِلْعِرْسْ بِزَوْبَعَهْ وِالْعَرُوسَهْ ضُفْدَعَهْ**» الزوبعه فضيحة إلا أنها (بفتح الأول) وهي الإعصار؛ أي: العرس أُعْلِن وشهر وأُثيرت له زوبعة، مع أن العروس كالضفدع في القبح والقماءة لا تستحق كل

هذا. يُضرَب للشيء الحقير يُهْتَم به. وانظر: «العرس والمعمعة ...» إلخ.

«الْعِرْسْ وِالْمَعْمَعَهْ وِالْعَرُوسَهْ ضُفْدَعَهْ» يُضرَب للاهتمام والجلبة حول ما لا يستحق. وفي معناه: «الجنازة حارة والميت كلب.» وقد تقدم في الجيم؛ فإن مؤداهما واحد وإن اختلف التعبير. وانظر: «العرس بزوبعة ...» إلخ.

«الْعِرْسِ يْبَانْ مِنْ لَمِّ الْجِلَّهْ» هو من أمثال القرى. والجلة: الروث يخلط بالتبن ويجعل أقراصًا تجفف للوقود. والمعنى: العرس يظهر من جمع الوقود له إن كان تافهًا أو فخمًا بحسب قلة ما جُمِع وكثرته. يُضرَب في أن النتائج تُعْرَفُ من مقدماتِها.

«عِرْقْ جَنْبْ وِدْنُهُمْ مَا يْحِبِّشِ امْرَاةِ ابْنُـهُمْ» الْوِدْن (بكسر فسكون): الأذن؛ أي: كأن لكل حماة عرقًا جنب أذنها يحثها على كراهة زوجة ابنها. وإنما خَصُّوا بذلك هذا العرق؛ لأنهم يريدون أنه يكلمهن في الأذن.

«الْعِرْقْ يِمِدِّ لْسَابِعْ جِد» وبعضهم يقول: «لاربعين جد»، والأول أكثر؛ أي: لا بد من مشابهة الإنسان في خلقه لأحد جدوده ولو بعدوا.

«الْعَرُوسَهْ فِي صَنْدِفَا وَاهْلِ الْمَحَلَّهْ مِتْحَفِّفَهْ» صندفا والمحلة: قريتان متقاربتان. والتحفيف: نتف النساء الشعر عن وجوههن بالحلوى أو اللبان؛ أي: العروس في صندفا، فما بال النساء تَزَيَّنَّ وتبرجْنَ والعرس ليس في قريتهنَّ؟!

«الْعَرُوسَهْ لِلْعَرِيسْ وِالْجَرْيْ لِلْمَتَاعِيسْ» أي: نتيجة العرس للعروسين، وليس للقائمين به والجارين فيه إلا التعاسة والخيبة. يُضرَب للمُهْتَمِّ بأمر مزاياه عائدة على غيره.

«الْعُرُوقْ تِجْمَعْ بَعْضَهَا» أي: يجمع بعضها بعضًا. يُضرَب في تآلف المجتمعين في أصل واحد طيبًا كان أو خبيثًا.

«الْعِرْيْ يْعَلِّمِ الْغَزْلْ» العري (بكسر الأول) وصوابه الضم: خلاف اللبس؛ أي: من عَرِيَ ولم يجد ما يلبسه اضطر إلى تعلم الغزل والحياكة لستر جسمه. يُضرَب في أن الحاجة تُعَلِّمُ الجاهل.

«عِرْيَانْ بِيِجْرِي وَرَا مْقَشَّطْ» المقشط: الذي سلبه اللصوص ما معه ولم يتركوا له شيئًا، وإذا كان كذلك فلا فائدة للعريان من الجري وراءه؛ لأنه لا يناله منه شيء. يُضرَب لِلطَّامِعِ في غير مَطْمَع.

«عِرْيَانْ التِّينَه وِفِي حْزَامُهْ سِكِّينَهْ» التينة: أي الدبر، وبعضهم يروي فيه «التنة»، ويريدون بها البطن، وأصلها من «تن» التركية؛ أي: البدن، ولكن الأول أشهر. والمقصود: لا يملك ثيابًا يستر بها جسمه وتراه رشق في حزامه سكينًا إظهارًا للعظمة والشجاعة. يُضرَب في مَنْ يتظاهر بما هو فوق قدره. وبعضهم يرويه: «عريان التينة وفي إيده سكينه ويقول: طريق الخمارة فين؟» وبعضهم يقول:

«عريان التينة وسكران طينة ويقول: طريق الخمارة فين؟» وهو مثل قديم في العامية أورده الأبشيهي في «المستطرف» بالرواية الأولى.

«الْعِرْيَانْ فِي الْقَفْلَهْ مِرْتَاحْ» لأنه لا أحمال له يتعب في تحميلها، ولا شيء معه يُخْشَى عليه من السرقة. والقفلة يريدون بها القافلة، فقصروا كعادتهم. وانظر: «مريح العرايا من غسيل الصابون.» وقولهم: «ربنا ريح العريان من غسيل الصابون.»

«عِزَالْ يُومْ خَرَابْ سَنَهْ» وذلك لأن في الانتقال من دار لدار تلفًا للأثاث، ولكل ما ينقل مهما يحافظ عليه.

«الْعِزّ بَعْدِ الْوَالْدِينْ هَوَانْ» ويُروى «مذلة» بدل هوان. يَضربه النساءُ في الغالب إذا فقدْنَ الوالدين.

«الْعُزُوبِيَّهْ وَلَا الْجَوَازَهْ الْعِرَّهْ» أي: العزوبة خير من الزواج الذي يعرُّ ويشين. والعرة (بالكسر) مصدر وصف به، يقولون: «جوازه عره، ومره عره، وراجل عره ...» إلخ. والعرب تطلق العرة (بالضم) على الرجل يشين القوم. يُضرَب في احتمال أَخَفِّ الضررين. ومثله قوله: «قعاد الخزانة ولا الجوازه الندامه.»

«عَسَاكِرِ الكِرَا مَا تِضْرَبْشْ بَارُودْ» أي: ليس الجندي الذي يُكْرَى على الحرب لا يُحَارِبُ؛ لأنه لا يحارب دفاعًا عن حوزته، فهيهات أن يتقدم أو يطلق بارودة إذا تُرِك وشأنه. يُضرَب للفرق بين عمل المدفوع بالرغبة وعمل المدفوع بالترغيب. وفي معناه قولهم: «غز الكرا ما يحاربوش.» وقريب منهما قولهم: «كلب يجروه للصيد ما يصطاد.»

«الْعِشَرْ تِخَافْ مِ النِّطَاحْ» العشر (بكسر ففتح): الدابة العشراء، وهي تخشى من النطاح طبيعة إشفاقًا على ما في بطنها. وفي معناه قولهم: «اِلبهيمة العشر ما تناطحش»، وقد تقدم في الباء الموحدة وتكلمنا عليه هناك.

«الْعُشْرْ كَلَّافْ» العشر: هو حمل البهيمة. والكلاف: عَلَّاف الماشية الذي يعتني بها ويطعمها ويقوم بخدمتها؛ أي: إذا حملت سمنت فيقوم لها الحمل مقام كلَّاف يطعمها؛ وذلك لأنهم يزعمون أن الحَمْل يقويها.

«عَشَرَةِ اللِّيلْ تِسْعِينْ» أي: الليل لا تُكْشَف فيه حقيقة الشيء فَيُرَى أعظم مما هو عليه.

«الْعِشْرَهْ مَا تْهُونْشْ إِلَّا عَلَى قَلِيلِ الْأَصْلْ» العشرة: معاشرة الأصدقاء؛ أي: لا يستهين بعهد الصداقة وينساه إلا الوضيع.

«عَشَمْ إِبْلِيسْ فِي الْجَنَّهْ» العشم (بفتحتين): الرجاء، يُضرَب لمن يعلق آماله بأمر لن يناله، فهو في رجائه كإبليس في رجائه دخول الجنة!

«عَشَمْتِنِي بِالْحَلَقْ تَقبْتَ انَا وْدَانِي» أي: وعدتني وأوسعت لي الرجاء بحلق أتحلى به فثقّبت أنا أذنيّ. يُضرَب للشخص يتهيأ للشيء قبل حصوله عليه. وبعضهم يزيد فيه: «لا الْحَلَقْ جاني ولا كلام الناس كفّاني.»

«عَشْوِةْ لِيلَهْ قُرَيِّبَهْ مِنِ الْجُوعْ» انظر: «أكلة ليلة ...» إلخ.

«عَشِيقِكْ مَا تَخْدِيهْ وِطَلِيقِكْ مَا تْرُدِّيهْ» ما تخديه؛ أي: لا تأخذيه. والمراد: التزوج؛ أي: لا تتزوجي بعشيقك لانقلاب العشق إلى بغضاء بعد التزوج في الغالب. وكذلك لا تعودي لمن طلقك ويكفيك أنه فارقك فلست بعد ذلك بآمنة من أن يفارقك مرة أخرى.

«عَصْبَهْ حَرِيرْ عَلَى غَطَا زِيرْ» العَصْبَة (بفتح فسكون) يريدون بها خِمارًا مخططًا بَهِيَّ الألوان له أهداب في طرفه يُوضَع على الرأس، ويُرْسَل باقيه على الظهر ولا يستعمله إلا نساء القرى. والزير (بكسر أوله): خابية الماء. يُضرَب للثوب الفاخر يلبسه من لا يستحقه، فيظهر فيه بمظهر فخم ولكن لا طائل تحته.

«عَصْبَهْ وْبُرْدَهْ عَلَى رَاسْ قِرْدَهْ» العَصْبة (بفتح فسكون): خِمار مخطط تختمر به نساء القرى. والبُرْدَة (بضم فسكون): ملاءة تستعملها نساء الصعيد بأن يتلفَّعْنَ بها على الكتفين ويلففن رءوسهن بأحد طرفيها. وهي في معنى: «عصبة حرير ...» إلخ. المتقدم.

«اِلْعَصْفُورْ بِيِتْفَلَّى وِالصَّيَّادْ بِيِتْقَلَّى» أي: هذا غير مهتم مشتغل بتفلية ريشه وهو مطمئن، وذاك كأنما يُقْلَى على الجمر لعدم تمكنه منه وانتظاره للفرصة فيه. يُضرَب للاثنين لا يعرف كلاهما ما في قلب الآخر.

«عَصْفُورْ فِي إِيدَكْ وَلَا كُرْكِي طَايِرْ» أي: الصغير في اليد خير من الكبير الخارج عنها. وهو قريب من قولهم: «عصفورة في اليد ولا عشرة في الشجر.» ومن الأمثال التي أوردها الراغب الأصفهاني في محاضراته للعامة في زمنه قولهم: «عصفور مهزول على خوانك خير من كركي على خوان غيرك.»

«عَصْفُورَهْ فِي الْيَدْ وَلَا عَشَرَهْ فِي السَّجَرْ» لأن التي باليد مملوكة والانتفاع بها حاصل، وأما العشرة التي في الشجر فلا فائدة منها وإن كثرت. يُضرَب في أن الشيء القليل المملوك خير من الكثير البعيد عن اليد. وقريب منه قولهم: «عصفور في إيدك ولا كركي طاير.» وانظر في الجيم: «جرادة في الكف ولا ألف في الهوا.»

«اِلْعَضْمَه النِّتِنَهْ لأَهْلَهَا» أي: العظمة إذا أنتنت لا يقبلها غير أهلها. والمراد: المحتاج الذي أضاع ثروته ليس له من يكفله غير أهله يرجع إليهم ويأوي إلى كنفهم. ويرويه بعضهم: «اللحم إن نتن له

أهله.» ويرادفهما من الأمثال القديمة: «أنفك منك وإن كان أجدع.» على أن العامة قالت في أمثالها أيضًا: «أنفك منك ولو كان أجدم وصباعك صباعك وكان أقطم.» وقد سبق ذكره في الألف.

«الْعَطَّار الزِّفْتْ يِضَيَّع الْمِسْتِكَهْ وِيسْتَحْرَس عَلَى الْوَرَقْ» الزِّفْت (بكسر فسكون): القار. والمراد بالعطار: الصَّيْدَلِي. والمستكة (بكسر فسكون فكسر): المُصْطَكَا، وهو العِلْك الرومي المعروف؛ أي: الصيدلي الجاهل يتهاون في بيع العقاقير ويحرص على الورق الذي تلف به. يُضرَب لمن يُفَرِّطُ في الجوهر ويحافظ على العرض.

«الْعَطْشَانْ يِكَسَّرِ الْحُوضْ» لأن الظمأ يدفعه، فهو معذور فيما أتلف، يُضرَب للمُضْطَر يأتي ما يُحَاسَب عليه، وإنما عذره اضطراره ولولاه لكف.

«عِفْهَا مَا تَاكُلْ إِلَّا نَصِيبْهَا» أي: النفس، والمعنى ظاهر.

«عُقَالِ الْبِهِيمْ رُبَاطُهْ» المراد بالعقال ما يحفظه ويمنع من فراره، ولا شيء أحفظ له من ربطه في مكانه؛ لأنه يقوم له مقام العقال للبعير، وهو ربط ساقه بفخذه. وانظر: «اللِّي ما يربط بهيمه ينسرق.»

«الْعُقْدَهْ تِغْلِبِ النَّجَّارْ» أي: إذا صادف النجار عقدة في الخشب غلبته وأوقفت عمله. يُضرَب فيمن تصادفه مشكلة يعجز عن حلها. وفي معناه قولهم: «عند العقدة يوحل النجار.»

«الْعَقْرَبَهْ أُخْتِ الْحَيَّهْ» أي: في الأذى. يُضرَب للمتساويين في ذلك إذا حاول بعضهم تفضيل أحدهما على الآخر.

«الْعَقْلْ زِينَهْ لِكُلِّ رَزِينَهْ» يُضرَب في مدح الرَّزَانَة والعقل.

«عَلَامْةِ الْقِيَامَةْ لَمَّا تِشْرَبْ مِنِ الْحِيطْ وِتْشُوفِ النُّورْ فِي الْخِيطْ» هو من الأمثال القديمة عند العامة سمعناه ممن أدركناه من الشيوخ المسنين، وهم سمعوه ممن قبلهم؛ أي: قبل أن يُوَزَّع الماء في القَنَا، ونور الكهرباء في الأسلاك.

«الْعَلَامَه انْكَبِّتْ والنُّخَالَهْ قَبِّتْ» العلامة: الدقيق الحُوَّارَى. وانكبت بمعنى: طُرِحَتْ وأُلْقِيَتْ. والنخَالَة: القشور الخارجة من الدقيق بعد نخله. ومعنى قب العجين: ارتفع لاختماره؛ أي: طَرَح الدقيق الحُوَّارَى واعتنى بعجن النخالة حتى قبت وارتفعت. يُضرَب في إهمال الأصيل المستحق والعناية بالدون الخسيس حتى يعلو. ويرويه بعضهم: «النخالة قامت والعلامة نامت.» أي: ارتفع السافل وانحط العالي، وسيأتي في النون.

«عَلْقَه وِتْفُوتْ مَا حَد بِيْمُوتْ» العلقة (بفتح فسكون): الوجبة من الضرب؛ أي: أُضْرَبُ هذه العلقة وتمر كأن لم تكن، فما أحد يموت من مثلها. يُضرَب للضرر الذي لا يتلف النفوس وأنه يمر ويُنْسَى وينقضي أمره، فلا ينبغي الاهتمام له ما دام لا بد منه.

«الْعِلْمِ بِالشَيْءْ وَلَا الْجَهْلْ بُهْ» معناه ظاهر؛ لأن العلم بالشيء لا يضرُّ ولو لم يُعْمَل به، بخلاف الجهل به لاحتمال أن يُحْتَاج يومًا لمعرفة ذلك الشيء أو الاشتغال به.

«الْعِلْمْ فِي الصُّدُورْ مُوشْ فِي السُّطُورْ» معناه ظاهر، وهو كقول الرَّاجِز:

لَيْسَ بِعِلْمٍ مَا حَوَى الْقِمَطْرُ مَا الْعِلْمُ إِلَّا مَا وَعَاهُ الصَّدْرُ

ومثله:

ما دَخَلَ الحَمَّام مِنْ عُلَيْم يفذاك ما فاز به سُهَيْمِي

أي: ما صحبني عندما أتجرَّد من كل شيء.

«الْعِلْمْ فِي كُلِّ زَمَنْ لُهْ قِيمَه وْتَمَنْ» معناه ظاهر.

«عَلِّمْ فِي الْمِتْبَلِّمْ يِصْبَحْ نَاسِي» المِتْبَلِّم: الغبي الأَبْلَه؛ أي: مهما تُعلِّمه في الليل وتُجْهِد نفسك معه فإنه يَنْسَى ما علمته إياه إذا أصبح. يُضرَب لمن لا يصلح للتعليم ولا يساعده عقله عليه.

«عَلِّمْتُه السِّرْقَهْ حَط إِيدُهْ فِي الْخِرْقَهْ» المراد بالخرقة هنا: الثوب، ومعنى حط: وضع؛ أي: علمته السرقة فكان أول شيء فعله أن وضع يده في ثوبي وسرق مني، وهو قريب من قول الشاعر:

أُعَلِّمُهُ الرِّمَايَةَ كُلَّ يَوْمٍ فَلَمَّا اشْتَدَّ سَاعِدُهُ رَمَانِي

«عَلِّمْنَاهُمْ عَ الشِّحَاتَهْ سَبَقُونَا عَلَى الْأَبْوَابْ» الشحاتة: الشحاذة، وهي الكدية؛ أي: علمناهم إياها فسبقونا إلى أبواب الناس يستجدون وزاحمونا ولم يراعوا فضلنا عليهم. وبعضهم يرويه بلفظ المفرد؛ أي: «علمناه ع الشحاتة ...» إلخ. يُضرَب لمن يُرْشِدُ إنسانًا لصناعة له فيزاحمه فيها.

«عَلَى رَأْيِ الْحَرَّاتْ؛ اَللهْ يِلْعَنِ الْجُوزْ» الجوز: الزَّوْجان. والمراد: الثوران يُقْرَنَان في المحراث للحرث؛ أي: فليكن حكمنا فيهما كحكم الحراث في ثوريه، فلعنة الله عليهما فكلاهما لا يستحق غير ذلك. يُضرَب للشخصين الرديئين يُراد تفضيل أحدهما على أخيه، فلا يُعْثَر له على حسنة.

«عَلَى رَاسُهْ صُوفَهْ» أي: معروف بين الناس مفضوح أمره، فهو كقولهم: «صوفته منورة.» وقد تقدم: «الحرامي على راسه ريشة.» (في الروض الأنف ج١ ص٨٤ شيء ربما كان أصل هذا).

«عَلَى شَانْ بَطْنُهْ حَلَقُوا دَقْنُهْ» أي: لأجل احتياجه للقوت رَضِيَ بحلق لحيته، وتَعَرَّض لاستهزاء الناس به. يُضرَب لمن يرضى بالإهانة جنب إشباع بطنه للحاجة.

«عَلَى شَانْ كَبَابَكْ أَكُبَّ انَا عَدْسِي؟» أي: لأجل كبابك أُلْقِي أنا بعدسي من الإناء لتضعه فيه؟ يُضرَب في أنه لا ينبغي للفقير أن يفسد ما عنده على تفاهته لأجل إصلاح ما عند غيره وإن عظمت قيمته.

«عَلَى عِينَكْ يَا تَاجِرْ» يُضرَب للشيء الظاهر الذي يراه كل أحد. وبعضهم يرويه: «للي عينك يا هوا.» وانظر «يا بدر شمسك نص الليل.»

«عَلَى قَدّ حِجْلَكْ مِد رِجْلَكْ» يُضرَب في النَّهْيِ عن تجاوز المرء حده. ويفسرون الحجل هنا بالخلخال. وانظر قولهم: «على قد لحافك مد رجلك.»

«عَلَى قَد زِيتُهْ خَايِلْ لُهْ» أي: على قدر ما أعطى من الزيت العب له، والمقصود اللعب بخيال الظل؛ لأنهم يوقدون به القطن بالزيت لإظهار الخيال؛ أي: اخدمه على قدر ما يعطي من الأجر، فهو في معنى قولهم: «على قد فوله قدفوا له.»

«عَلَى قَدّ فْلُوسَكْ طَوَّحْ رِجْلِيكْ» القد: القدر. والفلوس: النقود. والمراد: طَوَّح رجليك في الأرجوحة بقدر ما أعطيته لصاحبها من الأجرة؛ أي: لكل إنسان أن يتمتع بالشيء بقدر ما أنفق من المطلوب عليه.

«عَلَى قَدّ فُولُهْ قَدِّفُوا لُهْ» أردوا به التجنيس. والفول: البَاقِلَّاء. وقدِّف معناه: جَدِّف بالمِجْدَاف؛ أي: على قدر ما أَعْطَى من الأجر خدموه. وفي معناه قولهم: «على قد زيته خايل له.»

«عَلَى قَدّ لْحَافَكْ مِد رِجْلَكْ» اللِّحاف (بكسر الأول): غطاء مضرب معروف، والمراد: مد رجلك على قدر طول غطائك. يُضرَب في النعي على تجاوز المرء حدَّه في كل شيء، ولا سيما في مصرفه. ويُروى «حصيرتك» بدل لحافك. وانظر قولهم: «على قد حجلك مد رجلك.»

وقول المتنبي:

عَلَى قَدْرِ الرجل فيه الخُطَى

وقد ذكر أنه مثل عامي

على قدر الكساء أَمُدُّ رجلي

وقيل أيضًا:

لَا خَيْرَ فِيمَنْ لَمْ يَكُنْ عَاقِلًا يَمُدُّ رِجْلَيْهِ عَلَى قَدْرِهِ

«عَلَى قَلْبَهَا لْطَالُونْ» أي: على قلب السفينة. وطالون: محلة فيها مسجد أحمد بن طولون، سموها باسمه ثم حرفوه وقالوا: طالون، وبعضهم يقول: طيلون. وقائل هذا المثل مغربي. وسببه أن فقراء المغاربة كانوا يُنْزِلُونهم بهذا المسجد ولا سيما وقت مرورهم بمصر للحج، فلما ركب المغربي سفينة في النيل من الإسكندرية كان يظن أنها ترسو على هذا المسجد، ولا يتحمل كراء الانتقال إليه على

الدواب، فرست السفينة على الشاطئ وأشار له المَلّاح بالنزول بعدما تقاضاه الأجر فأبى، وقال: «على قلبها لطالون»؛ أي: لا أزال فيها حتى توصلني إلى المكان المقصود فذهبت مثلًا.

«عَلَى لْسَانِي وَلَا تِنْسَانِي» أي: لا تنسني من معروفك ولو تطعمني شيئًا قليلًا يؤخذ على طرف اللسان.

«عَلَى مَا تِتْكَحَّلِ الْعَمْشَهْ يُكُونِ السُّوقْ خُرُبْ» «على ما» يريدون بها «إلى أن.» يُضرَب للسيئ الحظ لا يفارقه حظه في كل ما يُحَاوِلُ. وقريب منه قولهم: «على ما يسعد المتعوس يفرغ عمره.»

«عَلَى مَا يِجِي التِّرْيَاقْ مِنِ الْعِرَاقْ يُكُونِ الْعَلِيلْ مَاتْ» على ما يجي؛ أي: إلى أن يأتي. وبعضهم يقول: «على بال ما يجي.» والمعنى واحد. يُضرَب للأمر المُعَلَّق على أمر بعيد يحتاج في حصوله إلى زمن. وانظر في الميم: «موت يا حمار لما يجيك العليق.» ففيه شيء من معناه. وأنشد التنوحي في نشوار المحاضرة لسيف الدولة الحمداني:

وقالوا:

يعودُ الماءُ في النهر بَعْدَمَا عَفَتْ مِنْهُ آياتٌ وسُدَّتْ مَشَارِعُ

فقلت إلى أن يرجعَ الماءُ جاريًا وتعشبَ جنباهُ تَمُوتُ الضَّفَادِعُ

والمثل قديم عند العامة أورده الأبشيهي في «المستطرف» برواية: «بينما يجيء الترياق من العراق يكون الملسوع مات.»

«عَلَى مَا يِسْعَدِ الْمَتْعُوسْ يِفْرَغْ عُمْرُه» «على ما» يريدون بها «إلى أن.» ويريدون بالسعد في الغالب الغنى. يُضرَب للسَّيِّئ الحظ يدركه الموت وهو في انتظار الغِنَى. وانظر قولهم: «على ما تتكحل العمشة يكون السوق خرب.»

«عَلَى مَا يِنْقِطِعِ الْجِرِيدْ يِفْعَل اللهْ مَا يْرِيدْ» وبعضهم يقول: «على بال ما ينقطع ...» إلخ. والمعنى واحد؛ إذ المراد: إلى أن يقطع. يُضرَب للشيء يُخْشَى منه ولكن أمام حصوله وقت قد يغير الله فيه من حال إلى حال. وهو قديم عند العامة أورده الأبشيهي في «المستطرف» برواية: «بينما يقطع» بدل «على ما ينقطع.»

«عَلَى وِشَّكْ يِبَانْ يَا مَدَّاغ اللِّبَانْ» الوِشّ (بكسر الأول وتشديد الثاني): الوجه. والمدغ: المضغ؛ أي: مضغك للبان لا يخفى ويظهر على وجهك بتحريك فَكَّيْكَ. يُضرَب للخُلُق أو الأمر لا يمكن إخفاؤه. ومثله من أمثال العرب: «تخبر عن مجهوله مرآته»؛ أي: منظره يخبر عن مخبره. وفي معناه قول سلم الخاسر:

لاَ تَسْأَلِ الْمَرْءَ عَنْ خَلاَئِقِهِ فِي وَجْهِهِ شَاهِدٌ مِنَ الْخَبَرِ

«عَلِيكْ يَا صْعِيدِي وَلَوْ بَاتْ» أي: عليك العمل فأنت مطالب به ولو لم تُنْهِه في نهارك. وإنما خص الصعيدي بالمخاطبة لأن أكثر العمال يُجْلَبون للأعمال الكبيرة من الصعيد. يُضرَب للشيء لا بد من أدائه، ولا يفيد التفريط فيه ولا التواني.

«عَلِيلْ وعَامِل مِدَاوِي» عامل؛ أي: جاعل نفسه، ولو فطن لحاله لنظر في علته وداواها قبل أن يشتغل بمداواة الناس. يُضرَب فيمن يهمل نفسه ويهتمُّ بالناس. وانظر قولهم: «يا مداوي خيل الناس حصانك من عند زوره خايب.» والعرب تقول في أمثالها: «يا طبيب طِب لنفسك.»

«عُمْرِ ابْنِ شَهْرْ مَا يِبْقَى ابْنِ شَهْرِينْ» يُضرَب فيما يستحيل وقوعه.

«اِلْعُمْرْ تَدْبَرَهْ» أي: العمر محتاج للتدبير. والمراد: الاحتياط وعدم إلقاء النفس في التهلكة، وهو كقولهم: «العمر موش بعزقة.» وسيأتي. يُضرَب عند الإقدام على أمر فيه خطر تحذيرًا. ويُضرَب للاعتذار عن النكوص في مثل هذه الحالة. ويرادفه من أمثال العرب: «ليس يلام هارب من حتفه.»

«عُمْرِ التَّشْفِيطْ مَا يِمْلاَشْ قِرَبْ» التشفيط: مَصُّ الماء قليلًا قليلًا، وبعض الريفيين يقول فيه: التشفيت، بالتاء في آخره. والمراد به في المثل: نَزْح الماء القليل من هنا وهناك، وأنه لا يملأ القرب، وإنما تُمْلَأُ من الماء الغزير. يُضرَب في أن الشيء القليل المبعثر لا يُجْدِي جمعه من هنا وهناك، ولا يسعف في القيام بالأمور. ويُرْوَى بغير لفظ «عمر» في أوله، وما هنا أصح.

«عُمْرِ الْحَدِيدِ الرَّدِي مَا تِشْتِري نَسْلُهْ، لَوْ كَانْ مِبَيَّضْ قَوِي يِرْدِي عَلِيهْ أَصْلُهْ» النسل: يريدون به الجنس والنوع؛ أي: لا تَشْتَرِ الحديد الرديء ولا يَغُرَّنَّكَ بياض ظاهره، فإن رداءة نوعه لا بد أن تغلب وتظهر عليه. يُضرَب للئيم الأصل وعدم الاغترار بظاهره. والمثل موزون كأنه قطعة من مواليا. وبعضهم يروي فيه «النحاس» بدل الحديد، ولعله الأصح؛ لأنه هو الذي يُبَيَّضُ بالقصدير.

«عُمْرِ الْحَسُودْ مَا يْسُودْ» أي: هيهات أن يسود الحسود؛ لأن الحسد لا يَتَأَتَّى إلا من صغر الهمة وضعة النفس، فكيف يسود صاحبه؟!

«عُمْرِ الدَّم مَا يِبْقَى مَيَّهْ» أي: الدم لا يتحول إلى ماء. والمراد: مهما يكن بين الأقارب من شقاق، فالدم الذي يجمعهم واحد، ولا بد لهم يومًا من الائتلاف. وانظر: «الضفر ما يطلعش من اللحم، والدم ما يبقاش ميه.»

«عُمْرِ الدَّوَّارَهْ مَا تْرَبِّي كَتَاكِيتْ» الكتاكيت جمع كتكوت (بفتح فسكون): وهو عندهم الفَرُّوج. والمراد بالدوارة: التي لا تستقر في دارها المكثرة من غشيان الدور والسير في الأزقة، ومثلها لا تربي الفراريج ولا غيرها ولا تعتني بتدبير أمورها.

«عُمْرِ الرَّايِبْ مَا يِرْجَعْشْ حَلِيبْ» أي: هيهات أن يعود الرائب حليبًا. وبعضهم يرويه بلا لفظ «عمر.» وقد ذُكِر في الراء.

«عُمْرِ الشَّقِي بَقِي» وبعضهم يقول: «بِقِي» بكسرتين. وبعضهم يروي بدله: «بِطِي» أي: بَطُؤَ. وبعضهم يكسر أول الشقي إذا كَسَرَ أولَ ما بعده. والمراد: أن عمر الشقي طويل، ولعلهم يستطيلونه لانتظارهم موته ليستريحوا مما يلاقونه منه.

«عُمْرِ الطَّمَعْ مَا جَمَعْ» يُضرَب في ذَمِّ الطَّمَع. وقد تقدم في الطاء المهملة: «الطمع يقل ما جمع.»

«عُمْرِ الْعَدُو عَلِيهْ» أي: على المريض، وهو دعاء له بأن يوهب عمر العدو؛ لأنه لخبثه طويل العمر في زعمهم.

«عُمْرِ الْعَدُو مَا يِبْقَى حَبِيبْ وِعُمْرْ شَجَرِةِ التِّينْ مَا تِطْرَح زِبِيبْ» أي: لا يصير العدو حبيبًا، كما أن شجرة التين لا تثمر زبيبًا. ومعنى الطَّرْح عندهم: الإثمار. وهو من أمثال العامة القديمة، وكانت الرواية فيه: «العدو ما يبقى حبيب حتى يصير الحمار طبيب.» على ما أورده الأبشيهي في «المستطرف».

«عُمْرِ الْغَابْ مَا يْصَح مِنُّه اوْتَادْ» الغاب: القصب، والأوتاد لا يصح اتخاذها منه؛ لأنه أجوف لا يتحمل. وفي معناه: «سَجَرة البامية ما يصحش منها اوتاد.» وقد تقدم في السين المهملة. يُضرَب للشيء لا يصلح لما يُرَاد اتخاذه منه.

«عُمْرِ الْفَلَّاحْ إِنْ فَلَحْ» أي: لا يفلح ما عاش، وهو من تنذير أهل المدن بالفلاحين والواقع خلافه. وقالوا فيهم أيضًا: «إن طلع من الخشب ماشة يطلع من الفلاح باشا» و«الفلاح مهما اترقى ما ترحش منه الدقة.» وذُكرا في الألف والفاء.

«عُمْرِ الْمَالِ الْحَلَالْ مَا يْضِيعْ» أي: ما اكْتُسِبَ من حِلٍّ لا يضيع. يُضرَب غالبًا عند وجود شيء مفقود.

«الْعُمْرِ مُوشْ بَعْزَقَهْ» البعزقة: البعثرة؛ أي: العمر ليس مما يُفَرَّطُ فيه ويُبَعْثَر. يُضرَب للتحذير من الإقدام على أمر فيه خطر. ويُضرَب للاعتذار عن النكوص في مثل هذه الحالة. ومثله قولهم: «العمر تدبرة.» وقد تقدم. وتقدم أن العرب تقول في هذا المعنى: «ليس يلام هارب من حتفه.»

«عُمْرِ النِّسَا مَا تْرَبِّي عِجْلِ وْيِحْرِتْ» معناه: أن العجل الذي تربيه المرأة لا يصلح للحرث لسوء تربيته وتدريبه. ويُضرَب في أن من تربيه النساء ويقمن بتهذيبه لا يُفْلِح، ولاعتقادهم ذلك جعلوا من ألفاظ السباب والتعيير قولهم: «فلان تربية مره.»

«عَمْشَهْ وِعَامْلَهْ مْكَحَّلَهْ» مكحله (بفتح الحاء) بصيغة المفعول، والمراد هنا الفاعل، فالصواب كسرها.

والمعنى: تكون هذه عمشاء ضعيفة النظر ثم تجعل نفسها مكحِّلة للعيون. يُضرَب لمن يقدم على عمل مع عجزه عما هو أسهل منه.

«عَمَلْ لُهْ شَرْدْ فِي غَلِّينِي» الشَّرْد (بفتح فسكون): الريح الحارة، وعند المَلَّاحين الريح الشديدة. والغَلِّيني (بفتح مع كسر اللام المشددة): الريح الساكنة؛ أي: أظهر شيئًا من لا شيء وأوجد شقاقًا بلا سبب.

«عَمَلْ مَنْ طَب لِمَنْ حَب» هو مثل عربيٌّ قديم أورده الميداني برواية «صنعة مَنْ طب لمن حب.» يُضرَب في إتقان العمل، ومعناه صَنَعَهُ صَنْعَةَ حَاذِق لمن يحبه. ولفظ «طب» غير مستعمل في كلام العامية بمعنى حَذَق في عمله، لكنهم استعملوه هنا إبقاءً على ألفاظ المثل ولم يغيروا فيه إلا الصنعة بالعمل.

«عَمَلَكْ عَمَّالَكْ» أي: ما يصيبك من خير أو شر فمن عملك.

«عَمَلُوكْ مِسَحَّرْ؟ قَالْ: فِرِغْ رَمَضَانْ» المسحر: الذي يطوف على الدور في رمضان ليوقظ الناس للسحور، ومن عادته أن يُغَنِّيَ أزجالًا ويَقْرَعَ على طبل صغير في يده؛ أي: لما جعلوه مسحرًا انتهى رمضان ولم تَبْقَ حاجةٌ إليه. يُضرَب لمن يشتغل بأمر فينتهي المقصود منه حين اشتغاله به ويُسْتَغْنَى عنه، وهم يقصدون بذلك سيئ الحظ وغيره؛ فإن كان ذلك لسوء الحظ فقط فقد قالوا فيه أيضًا: «جا يتاجر في الحنة كترت الأحزان.» أي: قَلَّ السرور أو انتهى، وقد تقدَّم في حرف الجيم. وأورده الأبشيهي في «المستطرف» برواية: «سموك مسحر، قال: فرغ رمضان.»

«عَمَلُوهَا الصُّغَارْ وِقْعُوا فِيهَا الْكُبَارْ» يُضرَب للشيء يفعله الصِّغار فيعود ضرره على الكبار ويؤخذون به. وفي معناه: «فتحوها الفيران وقعوا فيها التيران.» وسيأتي في الفاء.

«عَمْيَهْ تْحَفِّفْ مَجْنُونَهْ وِتْقُولْ حَوَاجِبْ مَقْرُونَهْ» أورده الأبشيهي في «المستطرف» في أمثال النساء برواية: «تقول حواجبك سود مقرونة» ج١ ص٤٩، وأورده صاحب «سحر العيون» في أواخر ص١١١ الجزء الأول منه فقط. والعمية: العمياء. والتحفيف: نتف ما على وجه المرأة من الشعر الدقيق بوسائل تُعْمَل. والمراد: أن العمياء على ما بها من العَمَى قامت بتحفيف وجه امرأة مجنونة يعجز عن تحفيفها البصراء لعدم ثباتها، ولم تكتف بذلك بل أخذت تقرظ جمالها، وتذكر حاجبيها المقرونين كأنها مبصرة كل شيء. يُضرَب للعاجز عن الأمر يحاول عمله، ويتعرض لأدق ما فيه.

«عَمْيَه وْعَرْجَه وكِيعَانْهَا خَارْجَهْ» أي: هي عمياء عَرْجَاء بارزة الكوعين من النحافة والسقم. يُضرَب لمن تجمَّعت فيه عيوب خلقية كثيرة. والكيعان عندهم جمع كوع (بالضم)، ويريدون به طرف الموفق، والصواب أنه طرف الزند مما يلي الرسغ الذي تسميه العامة: «خنقة الإيد»، وسيأتي في الكاف قولهم: «الكوع مدبب والوش مهبب ...» إلخ.

«الْعَمَى يَا بَدْرْ» يُضرَب لمن يخفى عليه الشيء الظاهر، فلا يراه إمَّا ذهولًا وإمَّا لسبق نظره إلى شيء آخر، وهو مخاطبة للبدر في السماء؛ أي: اعذرهم يا بدر في عدم رؤيتهم لك مع ظهورك وسطوع نورك، فإنه العمى منعهم من ذلك.

«الْعِنَايَهْ صُدَفْ» أي: العناية مصادفة، فمن صادفتْه سَعِدَ ونال ما يريد.

«الْعِنَبْ إِنْ صَح فَسَدْ، وِإِنْ فَسَدْ صَح» المراد بعد عصره، فإنه إن صح صار خمرًا ضررها أكثر من نفعها، وإن فسد صار خلًّا غير ضار. يُضرَب في الشيء الضَّار يحول فينقلب نافعًا، وقد يُراد به الشخص الصالح الشرير يُصاب بما يجعله صالحًا خَيِّرًا، كأن تعجزه العاهة عن ارتكاب الشر فيميل إلى الخير، أو يراها عقابًا له فيعتبر ويَنْزَجِر.

«عَنْدِ الإِبْرَهْ تُتُوهِ السُّلُوكْ» السلوك: يريدون بها هنا الخيوط التي يُخَاط بها، وهي كذلك في اللغة. والعامة لا تستعمل السلك إلا لما كان من حديد أو فضة ونحوهما. وتاه معناه عندهم: فُقِدَ. والمراد: عندما نجد الإبرة تُفْقَد الخيوط وتخفى فلا نجدها. يُضرَب في الأمر إذا تهيأت بعض أسبابه لا تتهيأ الأخرى.

«عَنْدِ الامْتِحَانْ يُكْرَمِ الْمَرْء أَوْ يُهَانْ» معناه ظاهر. وهو مَثَلٌ عربيٌّ أورده الميداني في مجمع الأمثال، ولم تغير العامة ألفاظه، فليس فيه ما يصحح غير اللحن.

«عَنْدِ الْبُطُونْ تِضِيعِ الْعُقُولْ» صوابه: «وقت البطون ...» إلخ. انظره في الواو.

«عَنْدِ الرِّضَاعْ الِعِجْلْ يِعْرَفْ أُمُّهْ» أي: عند الحاجة يُقْبِلُ الشخص على من كان يعرض عنه. ويرويه بعضهم: «سيب العجل يعرف أمه.» ويُضرَب في معنى آخر، راجعه في السين المهملة.

«عَنْدِ السَّعْدِ النَّمْلَهْ تِقْتِلِ التِّعْبَانْ» أي: عند إقبال السعد يَقْوَى الضعيفُ على القويِّ.

«عَنْدِ الطَّعْنْ يِبَانِ الْفَارِسْ مِ الْجَبَانْ» معناه ظاهر، وهو قديم أورده الأبشيهي في «المستطرف» برواية: «الطِّعَان» بدل الطعن.

«عَنْدِ الْعَطَا أَحْبَابْ وِعَنْدِ الطَّلَبْ أَعْدَاءْ» أي: عندما نعطيكم ما تريدون ونقرضكم نكون أحبابكم، وحينما نطالبكم بما لنا تتخذوننا أعداءً لكم. وفي معناه قولهم: «الأخذ حلو والعطا مُر.» وقد تقدم في الألف.

«عَنْدِ الْعُقْدَهْ يِوْحَلِ النَّجَّارْ» ويُروَى: «وقف» و«يوقف»، والمقصود: وقف حمار الشيخ في العقبة. وانظر قولهم: «العقدة تغلب النجار.»

«عَنْدُه بضَاعَهْ والنَّاسْ جَوَّاعَهْ» البُضاعة (بضم الأول) عندهم: السلع التي تباع. يُضرَب للمتعاظم على الناس المعجب بما عنده كأن بيده أقواتهم وهم جميعًا جائعون محتاجون إليه.

«الْعَنْزَه الْجَرْبَانَهْ مَا تِشْرَبْ إِلَّا مِنْ رَاسِ الْعِينْ» يُضرَب للفقير المُبْتَلَى بالأمراض يسير بنفسه يسابق القوم.

«عَنْزَهْ وَلَوْ طَارِتْ» سببه أن أحدهم رأى شيئًا فظنه عنزًا وحققه آخر فعلم أنه حدأة، وصمم الأول على قوله حَتَّى طارت الحدأة فلم يرجع، بل قال: عنزة ولو طارت. يُضرَب للمتشبث برأيه بعد ظهور الخطأ فيه.

«عُودْ فِي حِزمَه يِعْمِلْ إِيهْ؟» أي: ما يفعل وماذا يؤثر الفرد في الجماعة؟

«عُورَهْ وِبِنْتْ عَبْدْ وِدُخْلِتْهَا لِيلْةِ الْحَد» انظر: «تبقى عوره ...» إلخ في المُثَنَّاة الفوقية.

«الْعُونَهْ يَا فَلَّاحِينْ مِنْ كُل بَلَدْ رَاجِلْ» العونة، وتسمى السخرة: يريدون بها اجتماع أهل القرية وخروجهم للعمل بلا أجرة كحفر الخلجان أو إصلاح الجروف، وقد أبطلت الآن؛ أي قيل: هلموا إلى العونة أيها الفلاحون، فقال قائل منهم: يخرج من كل بلد رجل فليس من العدل جمع العدد المطلوب من بلد واحد.

«عَوِيلْ بِلَادُهْ عَوِيلْ بِلَادِ النَّاسْ» العويل: الوضيع العالة على الناس؛ أي: من كان كذلك في بلده فإنه يكون كذلك في البلاد التي يرحل إليها فلا فائدة في انتقاله.

«عَوِيلْ شَتَمْ أَصِيلْ، نَـهَارْ نَادِي» العويل: الوضيع؛ أي: وضيع شتم أصيلًا فلم يغضب، بل قال: إنه نهار نَدٍ. المراد: سعيد مبارك؛ لأن الشتم والذم من مثل هذا دلالة على كرم أصلي:

وَإِذَا أَتَتْكَ مَذَمَّتِي مِنْ نَاقِصٍ فَهِيَ الشَّهَادَةُ لِي بِأَنِّيَ كَامِلُ

ولله در الطرماح حيث يقول:

لَقَدْ زَادَنِي حُبًّا لنفسي أَنَّنِي بغيضٌ إلى كُلِّ امرئٍ غَيْرِ طَائِلِ

وأني شَقِيٌّ باللِّئام ولن ترى شقيًّا بِهِمْ إلا كريمَ الشمائلِ

وقال أبو تمام:

لَقَدْ آسَفَ الْأَعْدَاءَ مجدُ ابن يوسف وَذُو النَّقْص في الدُّنْيَا بِذِي الْفَضْلِ مُولَعُ

وقال آخر:

ما عابني إلا اللِّئَامُ وتلك من إحدى المَنَاقِبُ

وانظر قولهم: «العيب من أهل العيب ما هوش عيب.»

«عَوِيلِ الشُّغْلْ شَاطِرِ الْكِرَا» العويل (بفتح فكسر) يريدون به: الوضيع العالة على الناس، ويريدون به أيضًا: الشيء الضعيف، وهو المقصود هنا؛ أي: ضعيف العمل مع أنه كثير الأجر. يُضرَب لمن كان كذلك، وليس المراد أن كل من كان ضعيفًا في العمل يكون أجره كثيرًا.

«عَوِيلْ قَالْ لُهْ كَفُّهْ اِللِّي تْفَرَّقُهْ سِفُّهْ» العويل (بفتح فكسر): الوضيع العالة على الناس. والمقصود بالمثل أنه أولى بأكل ما يعطيه للناس ويتصدق به. وانظر: «اِللِّي يفرقه العويل يسفه» في حرف الألف.

«اِلْعَوِيلْ لِسَانُهْ طَوِيلْ» العويل: الوضيع السافل، ومثله يكون طويل اللسان في السفاهة لما هو فيه من النقائص.

«اِلْعَوِيلْ مَا يِفْتَحْ بَابُهْ» أي: الوضيع الدنيء لا يفتح بابه للضيوف، وإنما يفتحه السَّمْحُ الكَرِيمُ.

«عَوِيلْ يِكْرَهْ عَوِيلْ وِصَاحِبِ الْبِيتْ يِكْرَهْ الِاتْنِينْ» العويل (بفتح فكسر): الوضيع الخسيس العالة على غيره؛ أي: إذا اجتمع عويلان في دار فكلاهما يكره الآخر لأنه يشاركه في تطفله، وصاحب الدار يكره الاثنين. وبعضهم يرويه: «شحات يكره شحات.» والأول أعرف وأشهر.

«اِلْعَيَا مِنْ جَبَلْ وِالْعَافْيَه مِنْ خُرْمْ إِبْرَهْ» أي: المرض كالجبل يُنِيخُ بكلكله على شخص بخلاف البُرْء، فإنه يدخل إليه من سَمِّ خياط؛ أي: لا يأتي دفعة واحدة بل شيئًا فشيئًا.

«اِلْعِيَاقَهْ الْمَخْفِيَّهْ فِي الدِّكَّهْ وِالطَّاقِيَّهْ» العياقة معناها: التَّأَنُّق في اللباس والهيئة. والدِّكَّة: التكة. والطاقية: الكُمَّة، وهي قلنسوة خفيفة تعمل من البَزِّ؛ أي: إن التَّأَنُّقَ الخفيَّ يكون في التكة، واتخاذها من الحرير الملون ونحوه، وهي لا تظهر لأحد، وكذلك في الطاقية. والمراد هنا التي تُلْبَسُ تحت العمامة لتقيها من العرق فهي غير ظاهرة أيضًا.

«اِلْعَيَّانْ مَا حَد يِعْرَفْ طَرِيقْ بَابُهْ وِالْعَفِي يَا مِكَتَّرْ أَحْبَابُهْ» العَيَّان: المريض. والعفي المراد: السليم من الأمراض. يُضرَب في أن أكثر الناس لا يواسون المرضى ويهملونهم. وانظر: «طول مَا انْتَ طيب تكتر أصحابك.»

«عِيبِ الرَّاجِلْ جِيبُهْ» المراد بالراجل: الزوج. والجيب: هنة كالكيس تُخَاط في الثوب لحمل النقود وغيرها؛ أي: إنما يُعاب الرجل بِقِلَّةِ الإنفاق على أهله وعياله.

«**عِيبِ الرِّجَالْ قِلَّتْهُمْ**» أي: لا يُذَمُّون وإنما المذموم قلتهم، والمقصود فقدهم. يُضرَب للزوج يظهر فيه ما يُذَم تسلية وتعزية للزوجة، وقد تقوله الزوجة لمن يذم زوجها إذا لم تستطع تكذيب ما يُقَال فيه.

«**عِيبِ الرَّد عَلَى صَاحْبُهْ**» الرد (بفتح الأول) يريدون به الشيء المردود بعد شرائه لظهور عيب فيه. فالمعنى أننا لا نُعَاب في رده وإنما العيب على من يبيع ما به عيب، وهو الملزم بقبوله ثانية.

«**عِيبِ الْكَلَامْ تَطْوِيلُهْ**» يُضرَب في ذَمِّ التطويل في الكلام وغيره. وانظر في الكاف: «كتر الكلام دليل على قلة العقل.» و«كتر الكلام خيبة.» وقالوا أيضًا: «قصر الكلام منفعة.» وسيأتي في القاف.

«**الْعِيبْ مِنْ أَهْلِ الْعِيبْ مَا هُوشْ عِيبْ**» لأنه إن وقع من أهله لا يُسْتَغْرَبُ منهم لتَعَوُّدِهم له واشتهارهم به، وقد يراد بالعيب: السب ونهش الأعراض، فيكون المراد صدوره ممن تعوده لا يُؤْبَهُ له ولا يؤلم من قيل فيه؛ لأن تعود هذا الخلق الذميم من دلائل الضعة وانحطاط النفس. ومن هذا المعنى قولهم: «عويل شتم أصيل قال: نهار نادي.»

«**عِيبِ الْوَلَدْ مِنْ أَهْلُهْ**» لأن الولد سِرُّ أبيه يحذُو حذوه في الغالب، ولأن البيئة التي نشأ فيها بين أهله تُؤَثِّرُ في أخلاقه، فيقتبس منهم الصالحَ والفاسدَ، فإذا رأيت عيبًا فيه يكون مما ورثه منهم، ونتيجة سوء تربيتهم له في الكثير الغالب.

«**عِيبَكْ يِعِيبْنِي يَا رَدِيِّ الْفَعَايِلْ**» يُضرَب للقريب المسيء؛ أي: إن أردت أن أسيء إليك كما تسيء إليَّ آلمني ما يؤلمك، والتصق بي ما يعيبك؛ لأنك قريبي، فهو في معنى قولهم: «إن تفيت لفوق جت على وشي ...» إلخ. وقد تَقَدَّمَ في الألف، وذكرنا هناك ما في معناه من أشعار العرب.

«**عِيبُه فِي وِشُّهْ مِنِينْ يِدِسُّهْ**» يدسه؛ أي: يخفيه ويستره. والمعنى: إذا كان العيب في وجهه فمن أين له إخفاؤه وستره والوجه لا يُسْتَر؟ يُضرَب للعيب الظاهر لا يُسْتَطَاع إخفاؤه. وقد جمعوا فيه بين الشين والسين في السجع.

«**عِيبْهُمْ قِلِّتْهُمْ**» المراد النقود، وأضمروا لها ولم يجرِ لها ذكر؛ أي: ليس في النقود ما يُعَاب إلا قلتها.

«**الْعِيشْ إِنِ اتْفَتِّشْ مَا يِتَّاكِلْشْ**» أي: الخبز إن بُولِغَ في تفتيشه والبحث عما فيه لا يؤكل؛ لأنه قد لا يخلو من وجود شيء لا تقبله النفس. يُضرَب في أن شدة التدقيق تُعَطِّلُ سير الأمور.

«**عِيشْ فِي الْعِزِّ يُومْ وَلَا تْعِيْشْ فِي الذُّلِّ سَنَهْ**» معناه ظاهر؛ لأن البقاء القليل مع العز خيرٌ من طول العمر في الذُّل.

«**الْعِيشْ مَخْبُوزْ وِالْمَيَّهْ فِي الْكُوزْ**» يُضرَب للأمر تهيأ وتمت أسبابُه؛ أي: إذا كان خُبْزُنَا خُبِزَ وكوزنا مُلِئَ ماءً، فقد كُفِينا المئونة واستعددنا للعمل أو السفر.

«الّعِيشْ مِنِ الّعِيشْ وِالدّنَاوَه لِيشْ» أي: الخبز من الخبز. والمراد: مثله لا يمتاز عنه في الجودة فلأي شيء هذه الدناءة بالتطفل على طعام الناس؟! يُضرَب لدنيء النفس لا يقنع بما عنده، ويتطلع لما عند غيره لا لجودته بل لخسة نفسه وضعته.

«عِيشْ نَهَارْ تِسْمَعْ أَخْبَارْ» أي: كلما عشت يومًا سمعت خبرًا جديدًا.

«عِيشْ يَا حَبِيبِي وَلَا تْبَكِّينِي حِسَّكْ فِي الدُّنْيَا يِكَفِّينِي» الحِسُّ: الصوت. والمراد هنا: وجودك؛ أي: عش أيها الحبيب ولا تُبْكِنِي على فقدك، فإن مجرد وجودك يكفيني وإن لم ينلني منك شيء.

«عِيشْ يَا كَدِيشْ لَمَّا يِطْلَعِ الْحَشِيشْ» الكديش: البرذون. والحشيش: الكلأ الرطب؛ أي: الخَلَا. و«لما» معناها حتى؛ أي: ابق أيها البرذون بلا علف حتى ينبت الخَلَا. يُضرَب في الإحالة على أمر لم يقع بعد.

«عِيشَكْ يِحْلَى لِي يَا خَالِي، قَالْ: مِنْ سُوءْ بَخْتِي يَا ابْنُ اخْتِي» أي: قال لخاله: خبزك يا خالي يحلو لي، فقال: هذا من سوء حظي يا ابن أختي، فليته لم يَحْلُ لك حتى لا تشاركني فيه وتحمّلني الإنفاق عليك. يُضرَب لمن يظهر المحبة ويكثر من المدح في شيء نَفْعُهُ عائد عليه.

«الْعِينْ بَصِيرَهْ وِالْيَد قَصِيرَهْ» يُضرَب في عدم القدرة على نوال الشيء. وقد قالوا هنا: اليد؛ أي: اليدُ، ولا يقولونها إلا في مثل من الأمثال ونحوها، وأما في غيرها فهي عندهم: الإيد بكسر فسكون.

«الْعِينْ بَعْدْ مَا تِبْقَى مَيَّهْ تِبْقَى حَجَرْ» الميه: الماء؛ أي: بعدما تكون العين كالماء في السهولة لا يبعد أن تكون كالحجر في الصلابة. والمراد الحياء وعدمه. يُضرَب في أن المستحي المؤدب إذا خرج اضطره الحال إلى قلة الحياء، وانظر: «العين لما تقوى تبقى حجر.»

«عِينِ الْحُب عَمْيَهْ» أي: عمياء. ويرادفه الشطر الأول من قول الشاعر:

وَعَيْنُ الرِّضَا عَنْ كُلِّ عَيْبٍ كَلِيلَةٌ كَمَا أَنَّ عَيْنَ الْبُغْضِ تُبْدِي الْمَسَاوِيَا

وبعضهم يرويه: «مراية الحب عمية.» والمراية (بكسر الأول): المرآة.

«عِينِ الْحَبِيبْ تِبَانْ وِلَهَا دَلَايِلْ وِعِينِ الْعَدُو تِبَانْ وِلَهَا دَلَايِلْ» معناه ظاهر؛ لأن ما في النفس لا بد من ظهوره في النظرات مهما يبالغ في كتمانه. وفي الأغاني: «إن العيون تدل بالنظر المليح على الدخيل في بيت.» وفي الأغاني أبيات أولها: «العين تبدي الحب والبغضاء.» وفي ابن أبي الحديد على نهج البلاغة حكمة لسيدنا عليٍّ وأبيات للشعراء في معنى ذلك. وفي الاستدراك على المآخذ الكندية لابن معنى أن العيون تترجم عمَّا في القلوب. وفي سحر العيون مقطعات في المعنى. ونهاية الأرب للنويري «العين ترجمان القلب.» وبعده: «رُبَّ عين أتم من لسان.» وفي الآداب لابن شمس الخلافة: «العيون طلائع القلوب.» انظر قولهم: «عين العدو تبان ولها زبان.» وفي مجمع الأمثال: «جلي

محب نظره.» وفي العقد: «جلي محب نظره» ومقطوعاته. وانظر في مجمع الأمثال «شاهد البغض اللحظ.»

«**عِينِ الْحُر مِيزَانُهْ**» وبعضهم يقول: «ميزان»؛ لأن الحر يكفيه النظر في الأمور لتدبير شئونه مع غيره وعمل ما يجب، فهو غير محتاج لتنبيه منبِّه ولا إرشاد مُرْشِد.

«**الْعِينِ السُّودَهْ مَا تِحْمِلْ دُخَّانْ والشَّفَّهْ الْحَمْرَهْ مَا تِغْزِلْ كِتَّانْ**» أي: العين السوداء الجميلة لا تتحمل الدخان فإنه يؤلمها. والشفة الحمراء الرقيقة لا تتحمل إمرار الخيط عليها وقت الغزل؛ فإنه يدميها. والمراد: الجميلة المترفة لا تتحمل العمل الشاق.

«**عِينِ الْعَدُو تْبَانْ ولَهَا زَبَانْ**» تبان: تظهر. والزبان (بفتح أوله) يريدون به إبرة الزنبور والعقرب ونحوها. والمراد: النظرة تُظْهِرُ ما في نفس العدو من البغضاء مهما يحاول الكتمان، وقد شبهوا عينه وما في نظراتها من الإيلام المعنوي بعقرب تضرب بحمتها. وانظر: «عين الحبيب تبان ...» إلخ. ومن أمثال العرب في هذا المعنى: «وجه عدوك يعرب عن ضميره.» وهو كقولهم: «البغض تبديه لك العينان.»

«**الْعِينْ عَلِيهَا حَارِسْ**» يُضرَب عند إصابة العين بمكروه يلطف الله فيه. وقد قالوا في معناه: «كل عين قصادها حاجب.» وسيأتي في الكاف.

«**الْعِينْ لَمَّا تِقْوَى تِبْقَى حَجَرْ**» المراد: إذا عُدِمَ الحياء من الشخص قويت عينه، فصارت كالحجر وأصبح لا يَغُضُّها استحياءً، بل يُحَمْلِق فيمن ينظر إليه. وانظر: «العين بعد ما تبقى ميه ...» إلخ.

«**الْعِينْ مَا تِعْلَاشْ عَ الْحَاجِبْ**» يُضرَب للوضيع يحاول أن يعلو على من هو أفضل منه، وذلك لا يكون، فهو كالعين لا يتأتى لها أن تعلو على الحاجب.

«**الْعِينْ مَا تِكْرَهْشِي إِلَّا احْسَنْ مِنْهَا**» ويُروَى: «إلا أعلى منها.» والمراد بالعين: الشخص؛ لأنه ينظر بعينه؛ أي: إن الشخص لا يكره ولا يغتاظ إلا ممن هو أعلى منه مقامًا وأحسن حالًا، فلا يغضبك بغضه لك، فإنك إن لم تكن أعلى منه ما أبغضك.

«**عِينْ مَا تُنْظُرْ قَلْبْ مَا يِحْزَنْ**» أي: إذا لم ترَ العين ما يبهرها ويشوِّقها، فإن القلب لا يحزن لفواته (والظاهر أن المثل قديم، أي من القرن التاسع؛ فقد ذكره ابن سودون في مضحك العبوس في نوع من الزجل سماه بالجزل. وراجع النسختين المخطوطتين. وأورده في سحر العيون بلفظه، ولم يغير إلا «ما» بدلًا من «لا» فقط. ورأيته أيضًا في مجموع مخطوط بلفظه كما هنا). وانظر الآداب لابن شمس الخلافة: «وما لا تراه العين لا يوجع القلبا.» وليس للمتنبي.

«عِينَا فِيهْ ونْقُول: إخِّيهْ» عيننا فيه؛ أي: تشتهيه نفوسنا وتتطلع إليه. وإخيه (بكسر الأول والخاء المشددة): كلمة تقال عند الاشمئزاز من الشيء علامة لِذَمِّهِ. يُضرَب لمن يشتهي الشيء ويتظاهر بذمه أمام الناس. وفي معناه: «عيني فيه واتْفُو عليه» وسيأتي.

«عِينَكِ الصَّافْيَهْ مَا خَلَّتْ عَافْيَهْ» يُضرَب للعائن العظيم التأثير في غيره. والصافية: الظاهر أنهم يريدون بها الزرقاء؛ لأنهم يقولون للأبيض الضارب للزُّرقة: الصافي، وكذلك لون السماء عندهم صافٍ؛ ولأنهم لا يمدحون زرقة العين ويتشاءمون من صاحبها.

«عِينُهْ فِي الْجَنَّهْ وِعِينُهْ فِي النَّارْ» يُضرَب للمتردِّد عند تخييرهم له بين شيئين.

«عِينُهْ فِي الطَّبَقْ وِوِدْنُهْ لِمِنْ زَعَقْ» أي: عينه محدقة في طبق الطعام حتى يظن من رآه أنه منصرف الذهن إليه، ولكنه مع ذلك مُلْقٍ سمعه ومرهف أذنه لكل من يتكلم لالتقاط الأخبار. يُضرَب لمن دأبه التقاط أخبار الناس لا يشغله شاغل عن استراقها.

«عِينِي فِيهْ واتْفُو عَلِيهْ» عيني فيه معناه عندهم: نفسي تشتهيه وتتطلع إليه. واتفو: مشتق عندهم من التَّفِّ، ومعناه: البصق، إنما يبصق الشخص على الشيء إذا اشْمَأزَّ منه وكرهه. يُضرَب لمن يشتهي الشيء ويتظاهر بِذَمِّه. وفي معناه قولهم: «عينا فيه ونقول إخيه.» وقد تَقَدَّمَ.

«عُيُوبِي لَا أَرَاهَا وِعْيُوبِ النَّاسْ أَجْرِي وَرَاهَا» معناه ظاهر، وهو خلق ذميم طُبِعَ أكثر الناس عليه. وقال فيه بعضهم:

أرَى كُلَّ إنْسَانٍ يَرَى عَيْبَ غَيْرِهِ ويَعْمَى عن العيبِ الذي هو فِيهِ

وقال آخر:

ومطروفة عيناهُ عن عيبِ نَفْسِهِ فَإِنْ بَانَ عَيْبٌ من أخيه تَبَصَّرَا

وقال آخر:

ما بَالُ عينِكِ لا تَرَى أَقْذَاءَهَا وَتَرَى الخَفِيَّ من القَذَى بِجُفُونِي

حرف الغين (فصحى)

الغرابُ أعرف بالتمر: وذلك أن الغراب لا يأخذ إلا الأجود منه؛ ولذلك يقال: وجد تمرةَ الغرابُ إذا وجد شيئًا نفيسًا.

غمامُ أرضٍ جادَ آخرين: يُضرب لمن يعطي الأباعد ويترك الأقارب.

غدًا غدُها إن لم يُعِقْني عائق: الهاء كناية عن الفعلة، أي غدًا غدُ قضائها إن لم يحبسني حابس.

غيضٌ من فيض: أي قليل من كثير، الغيض: النقصان، والفيض: الزيادة، وهذا كقولهم: برض من عد، والبرض: القليل، والعد: الماء الذي له مادة.

غلَّ يدًا مطلِقها: يُضرب مثلًا للرجل ينعم على صاحبه نعمة يرتهنه بها.

غادرَ وهيًا لا يرقَع: يُضرب مثلًا للجناية التي لا حيلة فيها، أي فتق فتقًا لا يمكن رتقه، والوهي: الخرق، وغادر بمعنى ترك.

غمرات ثم ينجلين: يُضرب في احتمال الأمور العظام والصبر عليها، ورفع غمرات على تقدير هذه غمرات، ويُروى: الغمرات ثم ينجلين، كأنه قال: هي الغمرات أو القصة الغمرات تظلم ثم تنجلي، وواحده الغمرات، وهي الشدائد، غمرة وهي ما تغمر الواقع فيها بشدتها أي تقهره.

حرف الغين (عامية)

«غَابْ عَنَّا فِرِحْنَا جَانَا أَتْقَلْ مِنُّهْ» أي: غاب الثقيل فَسُرِرْنَا بِغِيَابِه فجاءنا من هو أَثْقَلُ منه. يُضرَب للشخص أو الأمر المَكْرُوه يذهب فيأتي ما هو أَنْكَى منه.

«غَابِ الْقُطّ الْعَبْ يَا فَارْ» يُضرَب لخلوّ الجو للشخص ممن يخشاه. ويرادفه من الأمثال القديمة: «خلا لك الجو فبيضي واصفري.» وهو من كلام طرفة بن العبد، وكان سافر مع عمه وهو صبي، ونصب فخه للقنابر عند نزوله على ماء فلم يَصِدْ شَيْئًا، ثم رأى القنابر في مكان آخر تلقط ما نثر لها من الحب، فقال:

يا لَكِ من قنبرةٍ بمعمرِ خَلَا لَكِ الجوُّ فبيضي واصْفِرِي

ونقِّري ما شئت أن تُنَقِّرِي قد رَحَلَ الصَّيَّادُ عنك فأَبْشِرِي

«الْغَالِي تَمَنُهْ فِيهْ» يُضرَب في تفضيل غالي الثمن على رخيصه. وانظر في الألف: «إن لقاك المليح تمنه.» وانظر في الميم: «ما يغرك رخصه ترمي نصه.»

«غَالِي السُّوقْ وَلَا رْخِيصِ الْبِيتْ» لأن رخيص الدار قد ملكته اليد فزهدت فيه النفس، كما قالوا في مثل آخر: «اللِّي تملكه اليد تزهده النفس.» وتقدم ذكره في الألف. فلا غرو إذا فَضَّلت النفوس ما لا تملكه وإن كان غاليًا فتلك سجيتها. والمثل قديم رواه الأبشيهي في «المستطرف» بلفظه في حرف الغين.

«غَالِي وَطَلَبْ رِخِيصْ» يُضرَب عند طلب شخص عزيز شيئًا من آخر.

«غَالْيَهْ مَاتِتْ» كلمة جرت مجرى الأمثال، تُقَال تفاؤلًا بعدم رجوع الغلاء بعد ذهابه.

«الْغَاوِي يِنَقَّطْ بِطَاقِيِّتُهْ» الغاوي: المُولَع بالشيء. والنقطة: ما يوهب للمغني في الأعراس. والطاقية: الكمة؛ أي: المُولَع بِسَمَاع الغناء إذا لم يجد معه مالًا يَهَب كُمَّتَه للمغني. يُضرَب لِهُوَاةِ الشيء يبذلون في سبيله كل مرتخص وغالٍ.

«الْغَايِبْ حُجِّتُهْ مَعُهْ» أي: لا وجه للحكم عليه أو لومه حتى يحضر وتُسْمَعَ حُجَّتُه، وهو مَثَلٌ قديم أورده البهاء العاملي بلفظه في الكشكول في أمثال العامة والمولَّدين والأبشيهي في «المستطرف» والميداني في أمثال المُولَّدين.

«الْغَايِبْ شَاطِرْ» أي: الغائب محكوم له بالمهارة بما يُروى عنه حتى يَحْضُر، فتظهر حقيقة أمره. يُضرَب في التنبيه على عدم التَّسَرُّع بالحكم على شخص بما يُروى عنه.

«الْغَايِبْ مَالَوشْ نَايِبْ وِالنَعْسَانْ غطى وِشهْ» النايب بالياء، وصوابه مثله بالهمزة، يريدون به الحِصَّة والنصيب؛ أي: ما يصيب الشخص عند تقسيم شيء. والوش: الوجه. والمعنى: غاب عنا فلا نصيب له فيما بأيدينا. ومثله: من نعس فقد غطى وجهه ولم يَرَ شيئًا، فأصبح في حكم الغائب. يُضرَب في دفع اللوم عمن استأثروا بشيء دون من غاب من أصحابهم. ومن أمثال فصحاء المُوَلَّدِين التي ذكرها الميداني: «من غاب خاب.» قال: ويُروَى: «من غاب خاب حظه.» وفي كتاب الآداب لجعفر بن شمس الخلافة: «من غاب خاب وأكل نصيبه الأصحاب.»

«الْغَجَرِيَّه سِت جِيرَانْهَا» الغجر: طائفة معروفة يُقَال لهم: النَّوَر أيضًا. والمراد بالغجرية هنا: الشريرة السَّلِيطَة اللسان المُتَخَلِّقَة بأخلاق الغجر. وكونها سيدة جيرانها لتطاولها عليهم بالبذاءة، واتقائهم شرها بالسكوت والمداراة، وبئست هذه السيادة.

«غَدْوَهْ فِي الصِّعِيدْ مَا هِيَّاشْ بِعِيدْ» الغدوة: أكلة الظُّهْر. والصعيد معروف، وهو بعيد عن القاهرة والريف. والمثل مقول على لسان الطفيليين الذين يستسهلون المشقات في سبيل الطعام. يُضرَب لمن يقتحم المشقات في سبيل شهواته.

«الْغُرَابِ الدَّافِنْ يُقُولِ النَّصِيبْ عَلَى اللهْ» أي: الغراب الذي دفن شيئًا وأخفاه لِقُوته يقول ذلك. والمراد: أن الشخص الذي يعتمد على شيء اقتصده للقيام بأَوَدِه يقول ذلك مظهرًا التوكل وعدم الاهتمام بالسعي، وإنما يسعى ويهتم خالي الوفاض. وفي معناه: «الْمِضَّلِّفْ يقول: الرزق على الله.» وسيأتي في الميم.

«غُرَابْ ضَمَنْ حِدَّايَهْ، قَالْ: الِاتْنِينْ طَيَّارِينْ» انظر في الحاء المهملة: «حداية ضمنت غراب، قال: يطيروا الاتنين.»

«الْغُرَابْ مَا يْخَلِّفْشْ سَقْرْ» يِخَلِّفْ؛ أي: يلد، والمراد هنا: يفرخ. والسقر: الصقر. يُضرَب في الأمر المستحيل وقوعه.

«الْغِرْبَالِ الْجِدِيدْ لُهْ عِلَّاقَهْ» أي: له علاقة يناط بها إذا انتهى العمل به، فإذا قدم تقطعت هذه العلاقة وصار يركن إلى الحائط. وبعضهم يروي: «له شده»، والمعنى واحد. والمراد: لكل جديد لَذَّة.

«الْغُرْبَه تْعَلِّمْ» لأن الغريب لا أهل له ولا أصحاب يسترشد بهم، فيضطر إلى الاعتماد على نفسه وتعلم ما يحتاج إليه في أموره ومعاملته للناس.

«غُرْبَهْ وِدِلَّاعَهْ» الدلاعه ويقال: الدَّلَع (بفتحتين): يريدون به الدلال، والمراد هنا: التنزه ترفهًا وتنعمًا؛ أي: لم يتغرب إلا لهذا السبب لا لقصد آخر. يُضرَب لمن يظهر أن تغربه للجد في العمل وهو ليس كذلك.

«اِلْغَرَضْ مَرَضْ» أي: هو كالمرض في النفوس، فقد يأتي الشخص أمرًا غير مستحسن، أو يساعد غير مستحق لغرض في نفسه. والريفيون يزيدون عليه «حتى القراية ع الطرب» أي: حتى في القراءة على القبور التي لا يقصد منها إلا استنزال الرحمات.

«اِلْغَرَقْ وَلَا الشَّرَقْ» المراد بالشرق: عدم ركوب ماء النيل على الأرض، وإنما فَضَّلوا الغرق؛ لأنه إذا عَمَّ الأرض وأفسد ما بها من الزرع ففي اليد زرعها صنفًا آخر بعد نزول الماء، والشرق لا يمكن معه ذلك لعدم الماء.

«اِلْغَرْقَانْ يِتْلَقَّفْ عَلَى دِيسَهْ» ويُروَى: «يتصلب» و«يرتكن» و«يتلكك»، والمراد بها جميعها: يرتكن ويستند. والديسة (بكسر الأول) واحدة الديس، وهو نبات مائي ضعيف. وبعضهم يروي: «على قشايه»؛ أي: عود دقيق صغير. والمقصود أن الغريق يستند في نجاته على أي شيء يراه فيمسك به. يُضرَب في تشبث المضطر بما لا يفيده والملجئ إليه الاضطرار.

«اِلْغَرِيبْ أَعْمَى وَلَوْ كَانْ بَصِيرْ» معناه ظاهر.

«اِلْغَرِيبْ لَازِمْ يِكُونْ أَدِيبْ» المراد مؤدب حصيف الرأي؛ لأن ذلك ينفعه في غربته، ويُجِلُّ قدره بين الناس.

«غُزِّ الْكِرَا مَا يْحَارْبُوشْ» الغز: الغزاة من الترك. والمراد: أن الجندي الذي يُكْرَى على الحرب لا يحارب؛ أي: لا يَصْدُقُ اللقاء؛ وذلك لأنه يحارب للأجر الذي يأخذه، لا للدفاع عن حَوْزَتِه. وانظر في الكاف: «كلب يجروه للصيد ما يصطاد.» ففيه شيء من معناه. وانظر: «عساكر الكرا ما تضربش بارود.»

«اِلْغَزَّالَهْ تِغْزِلْ بِرِجْلِ حْمَارْ» أي: الغَزَّالة الحاذقة تستطيع الغزل ولو كان مغزلها رجل حمار. وبعضهم يرويه: «الغزالة الشاطره ...» إلخ؛ أي: الحاذقة. يُضرَب للحاذق في عمله لا يحتاج في إتقانه إلى دقة الآلات. ويرويه بعضهم: «الشاطره تغزل برجل حمار والنتنه تغلب النجار.» والمقصود بالنتنه: الخرقاء التي لا تُحْسِنُ العمل فإنها تتعب النجار في عمل المغازل. وانظر قولهم: «الشاطره تقول للفرن: قود من غير وقود.»

«اِلْغَسَّالَه عَمْيَا وِاللَّحَّادْ كَسِيحْ» الغسالة: التي تُغَسِّلُ الموتى، وإذا كانت عمياء وكان اللَّحَّادُ مقعدًا، فماذا يكون حال الميت؟ يُضرَب للأمر يحاوله العاجزون عنه أو لسوء حال المرء حتى في موته. وهو مختصر من مَثَلٍ عَامِّيٍّ قديم أورده الأبشيهي في «المستطرف» برواية: «إذا كان القطن أحمر والمغسل أعور والدكة مخلعة والنعش مكسر، فاعلم أن الميت من أهل صقر والوادي الأحمر.»

«غَسِّلَهْ واعْمِلْ لَهْ عِمَّهْ قالْ: أنَا مِغَسِّلْ وِضَامِنْ جَنَّهْ؟» المغَسِّل عندهم من يُغَسِّلَ الموتى؛ أي: قيل لأحدهم: اغسل هذا الميت ولف له عمامة لعله يُكْتَبُ في الأتقياء السعداء في الآخرة، فقال: إن مهنتي الغُسْل لا ضمان الجنة للموتى. يُضرَب لمن يُكَلف بعمل فوق عمله لا حيلة له فيه. ويقولون لمن يهتم بأمر خارج عن عمله: «إنت مغسل وضامن جنة؟» يخرجونه مخرج الاستفهام.

«غَشِيمْ وِمِتْعَافِي» الغشيم (بفتح فكسر): الجاهل بالأمور والأعمال. والمتعافي: مُظْهِر العافية؛ أي: القوة. ومثله إذا حاول أمرًا أفسده؛ لأنه يستعين عليه بقوته فقط لا بعلمه وتدرُّبه وما يقتضي من المعالجة. يُضرَب في هذا المعنى.

«الْغَضْبَانْ خَيِّ الْمَجْنُونْ» الخي يريدون به: الأخ، ولا ريب في أن الغضبان إذا هاج غضبه يشبه المجنون، فيأتي بما لا يَحْسُن من الأقوال والأفعال.

«غَطِّي خَدِّكْ وِامْشِي عَلَى قَدِّكْ» القد: القدر؛ أي: صوني وجهك ولا تتبذلي ولا تخرجي عن حدك في سيرك، ثم سيري أَنَّى شِئْتِ ولا لَوْمَ عليكِ.

«غَلَا وْسَو كِيلْ؟!» هو في معنى: «أحشفًا وسوء كيلة؟» أو قريب منه.

«غُلَامْ عَاقِلْ خيرْ مِنْ شِيخْ جَاهِلْ» لا يستعملون الشيخ بمعنى الكبير في السن إلا في الأمثال ونحوها، وأما في غيرها فيقولون فيه: عجوز.

«الْغَلَبَه لَهَا أَحْكَامْ» أي: قد يُضْطر المغلوب على أمره إلى عمل ما لا يَوَدُّهُ.

«الْغَلَطْ مَرْدُودْ» يُضرَب في الاعتذار عن الخطأ. والمراد: إنما يُؤَاخَذُ المتعمد لا المخطئ؛ لأن الخطأ يُنَبَّه إليه فيُصْلَح، وهو من قول المتقدِّمين: «الغلط يرجع.» أورده الميداني في أمثال المولَّدين.

«غَنُّوهَا مَا اتْغَنْتْ قَالِتْ: يَا سِتِّي قَرْقُوشَهْ» الست (بكسر الأول): السيدة. والقرقوشة: القطعة من الخبز الجاف؛ أي: أَغْنَوْهَا عن السؤال فلم تقنع، وأخذت تسأل وتطلب كسارات الخبز. يُضرَب في أن الغنى غنى النفس. وفي معناه عندهم: «جوزوا الشحاته تتغني حطت لقمه في الطاقة وقالت: يا ستي حسنه.» وقد تقدم في الجيم.

«الْغَنِي شَكِّتُهْ شُوكَهْ بَقِتِ الْبَلَدْ فِي دُوكَهْ، وِالْفَقِيرْ قَرَصُهْ تِعْبَانْ، قَالُوا: اسْكُتْ بَلَاشْ كَلَامْ» جمعوا بين النون والميم في السجع وهو عيب. ومعنى الدُّوكَة صوت في الغناء غليظ، وهم يقولون: «أخذه في دوكه.» أي: أكثر من الجلبة حوله حتى ارتبك وتَمَكَّنَ منه. والمراد: بيان الاهتمام بالغني وإهمال الفقير. وانظر: «غني مات جروا الحبر ...» إلخ، و«الغني غنوا له ...» إلخ.

«الْغَنِي غَنُّوا لُهْ وِالْفَقِيرْ مِنِينْ نْرُوحُوا لُهْ» أي: الغني يُغَنُّونَ له ويرفعون أصواتهم بمدحه، وإذا ذُكِرَ الفقير تجاهلوه وقالوا: ترى أين الطريق الموصل إليه؟! وانظر: «غني مات جروا الحبر ...» إلخ،

و «الغني شكته شوكة ...» إلخ.

«غَنِي مَاتْ جَرُّوا الْحَبَرْ، فَقِيرْ مَاتْ مَا فِيشْ خَبَرْ» أي: ذهبت النساء تَجُرُّ الأزر لحضور مأتمه، والمقصود بيان الاهتمام بالغني حتى في موته، وإهمال شأن الفقير. وانظر: «الغني شكته شوكة ...» إلخ، و «الغني غَنُّوا له ...» إلخ.

«غِنَى الْمَرْءْ فِي الْغُرْبَهْ وَطَنْ» لأن الغني مآربه ميسرة في كل مكان ببذله المال، كما يتيسر له المساعد أينما حل فلا يستوحش من الغربة. وفي عكسه قولهم: «فقر المرء في وطنه غربة.» وسيأتي في الفاء. والمثلان يماثلهما مثل قديم لفصحاء المولدين، أورده الميداني في مجمع الأمثال، وهو: «غنى المرء في الغربة وطن وفقره في الوطن غربة.» وفي معناه قول القائل:

الفَقْرُ فِي أَوْطَانِنَا غُرْبَةٌ وَالمالُ في الغُرْبَةِ أَوْطَانُ

وقول الآخر:

يُسرُ الفَتَى وطنٌ لَهُ والفقرُ في الأوطانِ غُرْبَةْ

«غِنَى النَّفْسْ هُوَّ الْغِنَى الْكَامِلْ» معناه ظاهر، فكم من غَنِيٍّ فقير، وفقير غني، ومثله: «خير الغنى غنى النفس.» وهو مثل قديم أورده ابن عبد ربه في العقد الفريد. ولله دَرُّ أبي فراس الحمداني في قوله:

غِنَى النَّفْسِ لِمَنْ يَعْقِـلُ خَيْرٌ من غِنَى المَالِ

وَفَضْلُ النَّاس في الأنفس لَيْسَ الفَضْلُ في الحَالِ

وله أيضًا:

ما كُلُّ ما فَوْقَ البَسِيطَةِ كَافِيًا وَإِذَا قَنَعْتَ فَكُلُّ شَيْءٍ كَافِ

إِنَّ الْغَنِيَّ هُوَ الْغَنِيُّ بِنَفْسِهِ وَلَوَ انَّهُ عَارِي المَنَاكِبِ حَافِ

ولمحمود الوراق:

مَنْ كَانَ ذَا مالٍ كثيرٍ وَلَمْ يَقْنَعْ فَذَاكَ المُوسِرُ المُعْسِرُ

وكلُّ مَنْ كَانَ قَنُوعًا وَإِنْكَانَ مُقِلًّا فَهُوَ الْمُكْثِرُ

الفَقْرُ في النفسِ وفيها الغِنَى وفِي غِنَى النَّفْسِ الغنى الأَكْبَرُ

ومن خطبة للحجاج: إن يسارَ النفسِ أفضلُ من يَسَارِ المالِ.

«غولَهْ عَمَلِتْ فرَحْ، قالْ: يِكْفِيهَا وَالّا يِكْفِي وْلَادْهَا» الغولة عندهم من الوحوش الفظيعة، وهم يصفونها بكثرة الأكل فيقولون: فلان ياكل زَيِّ الغول أو الغولة، فهم يتساءلون عن هذا العرس الذي أقامته أهو كافٍ لأكلها وأكل أولادها حتى تدعو الناس إليه؟ وبعضهم يروي فيه: «ديشها» بدل أولادها. والمراد: جيشها على لغة من يقلب الجيم دالًا منهم.

«غِيرْ مِنْ جَارَكْ وَلَا تِحْسِدُهْ» ويُروَى: «ولا تحسدوش»؛ أي: لتأخذك الغيرة منه ولتجتهد مثله حتى تنال ما نال، ولكن لا تحسده على ما عنده؛ لأن الحسد لا يُنيلك شيئًا فضلًا عن أنه خلق ذميم.

«الْغِيرَهْ مُرَّهْ وِالصَّبْرْ عَلَى اللهْ» يُضرَب في شدة وقع الغَيْرَة في النفوس. ولا سيما نفوس الزوجات.

«غِيظِ الْحبَايِبْ رِضَا» أي: إذا صَفَتِ الْقُلُوبُ فلا عبرة بما يكونُ بين الأحباب من الغَضَبِ.

حرف الفاء (فصحى)

في الاعتبار غِنًى عن الاختبار: أي من اعتبر بما رأى استغنى عن أن يختبر مثله فيما يستقبل.

في كل شجر نار، واستمجد المرخ والعَفار: يُضرب في تفضيل بعض الشيء على بعض، قال أبو زياد: ليس في الشجر كله أورى زنادًا من المرخ، قال: وربما كان المرخ مجتمعًا ملتفًّا وهبت ريح فحك بعضُه بعضًا، فأورى فاحترق الوادي كله ولم تر ذلك في سائر الشجر.

والزند الأعلى يكون من العفار، والأسفل من المرخ.

فَتًى ولا كمالِك: قاله متمم بن نويرة في مالك بن نويرة لما قُتل في الردة، وقد رثاه متمم بقصائد، وتقديره هذا فتى أو هو فتى.

الإفراط في الأنْس مَكسبَةٌ لقرناء السوء: قاله أكثم بن صيفي، يُضرب لمن يفرط في مخالطة الناس.

في الله تعالى عِوَضٌ عنْ كُلِّ فائِت: قاله عمر بن عبد العزيز رضي الله عنه.

في التجارب عِلْمٌ مُسْتأنف: أي جديد.

في الخير له قَدَم: يريدون أن له سابقة في الخير.

في بيته يؤتى الحَكَم: هذا مما زعمت العرب عن ألسن البهائم، قالوا إن الأرنب التقطت ثمرة فاختلسها الثعلب فأكلها، فانطلقا يختصمان إلى الضب.

فقالت الأرنب: يا أبا الحسن، فقال: سميعًا دعوت.

قالت: أتيناك لنختصم إليك، قال: عادلًا حكمتما.

قالت: فاخرج إلينا، قال: في بيته يؤتى الحكم.

قالت: إني وجدت تمرة، قال: حلوة فكليها.

قالت: فاختلسها الثعلب، قال: لنفسه بغى الخير.

قالت: فلطمته، قال: بحقك أخذت.

قالت: فلطمني، قال: حر انتصر.

قالت: فاقض بيننا، قال: قد قضيت. فذهبت كلها أمثالًا.

حرف الفاء (عامية)

«فَاتِتِ ابْنَـهَا يْعَيَّطْ وِرَاحِتْ تِسَكِّتِ ابْنِ الْجِيرَانْ» يعيط: يَبْكِي؛ أي: تركت ابنها يبكي وذهبت لابن الجيران تلهيه وتسليه ليسكت ويكف عن البكاء. يُضرَب لمن يهمل أموره ويهتم بأمور غيره.

«فَاتِتْ عَجِينْهَا فِي الْمَاجُورْ وِرَاحِتْ تِضْرَبِ الطَّنْبُورْ» الماجور: وعاء للعجن. يُضرَب لمن يهمل شئونه ويشغله عنها اللهو واللعب.

«فَاتُهْ نُص عُمْرُهْ» النص: النصف. يُضرَب لمن فاته الشيء الكثير، فكأنه خسر نصف عمره.

«الْفَاجْرَهْ دَادِيهَا وِالْحُرَّهْ عَادِيهَا» الأصل في المداداة أنهم يريدون بها تربية الأطفال، ومنها الدادة للمربية، ثم استعملوها في التلطُّف في معاملة الشخص ومداراته؛ أي: دَارِ الفاجرةَ لسفاهتها. وأمَّا الحرة فلا تَخْشَ من مُعَاداتها؛ لأن لها من طباعها ونفسها ما يمنعها عن السفه، وهو قريب من قولهم: «عادي أمير ولا تعادي غفير.» وقد تَقَدَّمَ في العين.

«الْفَاجِرْ يَاكُلْ مَالِ التَّاجِرْ» أتوا بالتاجر للسجع وإلا فالفاجر يأكل مال كل أحد. والمراد به القادر الجريء على أموال الناس.

«الْفَاحِرْ نَازِلْ وِالْبَانِي طَالِعْ» المراد بالفاحر: الحافر؛ أي: الذي يسعى وراء الناس ليوقعهم، ولا بد لمثله أن يظهر أمره لهم فيقابلوه بمثل عمله ولا يُرْجَى له أن يعلو بعمله هذا السيئ، فهو كالحافر الحقيقي فإنه نازل طبيعة، بخلاف الساعي في خير الخلق، فإنه كالباني يعلو كل يوم. وانظر في الياء آخر الحروف: «يا باني يا طالع، يا فاحت يا نازل.»

«فَارْ مَا سَاعُهْ شَقُّهْ عَلَّقُوا فِي دِيلُهْ مِجْدَالْ» ويُروَى: «مرزبة» بدل مجدال، وهي المرزبة. ومعنى المجدال: الحجر الطويل الكبير. والشق يراد به الجحر، وبعضهم يرويه: «فار ما ساعه جحره، قال: دسوا وراه مدقة.» والمراد واحد في الكل؛ أي: إذا كان الجحر لا يسع الفأر وحده فكيف يسعه إذا علق بذنبه حجر عظيم أو ما يشبهه. يُضرَب في الأمر يضيق عن الشيء فيزيدون فيه.

وتقدَّم في الجيم: «جحر ما ساع فار قال: دسوا وراه مدقة.» والصَّواب ما هنا.

«الْفَارِ الْمدَّفْلَقْ مِنْ نِصِيبِ الْقُط» المدفلق يريدون به: المتدفق؛ أي: المتهور في رمي نفسه في كل مرمى، فإنه يكون من نصيب الهر لتعريضه نفسه له. يُضرَب للمتهور المقدم على الزج بنفسه في كل غمار غير حاسب للعواقب حسابًا.

«الْفَارْ وِقِعْ مِ السَّقْفْ قَالْ لُهْ الْقُط: اسْمَ الله عَلِيكْ، قَالْ: سِيبْنِي وْخَلِّي الْعَفَارِيتْ تِرْكَبْنِي» يُضرَب لمن يشفق ويهتمُّ بنجاة شخص لمصلحة له فيه فوق ضررها بذلك الشخص كل ضرر.

«الْفَاضِي يِعْمِلّ قاضِي» أي: الخالي مما يشغله يستطيع أن ينظر في شكاوى الناس ومخاصماتهم، ويفصل فيها فيشغل نفسه بها.

«فَايْدِة إيَّام الْبِطَالَه النُّومْ» لأنها لا عمل بها فالنوم فيها خير من اليقظة؛ لأنه يريح الجسم على الأقل.

«الْفَايْقَهْ تِشْتَر» أي: تجتر، ومعناه: تفيض بما أكلته فتأكله ثانية، وإنما يفعله الحيوان الصحيح المرتاح. يُضرَب في أن العمل متوقف على استطاعته والقدرة عليه.

«فَتَحُوهَا الْفِيرَانْ وِقْعُوا فِيهَا التِّيرَانْ» التيران: جمع طور إذا أفردوا نطقوا فيه بالطاء وإن جمعوا رققوها حتى تصير تاءً، والصواب: ثور وثيران. والمراد: فحتت الفيران في الأرض فكانت سببًا لعثور الثيران ووقوعها. يُضرَب للشيء يفعله الصغار فيسبب الضرر للكبار ويؤخذون به، وفي معناه قولهم: «عملوها الصغار وقعوا فيها الكبار.»

«الْفَتْلَهْ تِبَيِّن الْعَمْلَهْ» أي: ربما استُدِلَّ بالشيء الحقير التافه على كشف ما غَمُضَ من الأمور؛ لأن الفتلة — وهي الخيط يُخَاط به الثوب — ربما دلت عليه إذا فقد من لونها أو شيء آخر، فيبحث عنه في مكان وجودها.

«فَخْرِ الْمَرْء بِفَضْلُهْ أَوْلَى مِنْ فَخْرُه بْأَصْلُهْ» معناه ظاهر، وهو كقوله المأموني:

وَمَا شَرُفَ الإِنْسَانُ إِلَّا بِنَفْسِهِ أَكَانَ ذَوُوهُ سَادَةً أَمْ مَوَالِيَا

وكقول بعضهم: «الشرف بالهمم العالية لا بالرمم البالية.» ولله درُّ من قال: «من اعتمد على شَرَفِ آبائه فقد عَقَّهُم.»

«الْفَرَحِ الدَّايِمْ يِعَلِّم الرَّقْصْ» الفرح: العُرْس؛ أي: من دامت له ليالي الأعراس واستمر سروره، استفزه الطرب إلى الرقص. يُضرَب في تأثير الأحوال بالأشخاص.

«فَرْحَةْ مَا تَمِّتْ خَدْهَا الْغُرَابْ وِطَارْ» انظر: «يا فرحه ما تمت ...» إلخ في المثناة التحتية.

«الْفَرْخِ الْعِرْيَانْ يِقَابِلِ السِّكِّينْ» العريان: الذي لا ريش عليه خِلْقَة، والعادة أن يكون سمينًا. والمراد: الفرخ المستحق للذبح يُسَخَّر للذابح. وبعضهم يروي: «العيان» أي: المريض. والأول هو المعروف.

«فَرْخَه بْكِشْكْ» الفرخة: الدجاجة. والكشك: طعام يُعْمَل أقراصًا من اللبن والدقيق، ويُجَفف ويحفظ لوقت الحاجة، وهم يستطيبونه مطبوخًا مع الدجاج. والمراد بالمَثَل: إنه شيء ثمين. يُضرَب للشخص العزيز عند آخَر، فيقال: هو عنده فرخة بكشك.

«فَرْخَهْ بين ارْبَعَهْ مَا مِنْهَا مَنْفَعَهْ» أي: دجاجة يشترك فيها أربعة لا نفع منها؛ لأنها لا تُشْبِع واحدًا منهم. يُضرَب للشيء القليل يشترك فيه كثيرون فتضيع فائدته لتَفَرُّقِهِ بينهم.

«**اِلْفَرْخَه تْقُولْ لِصَاحْبِتْهَا: مَا تْجُخِّيشْ عَلِينَا دَا تَعَبْ رِجْلِينَا**» الفرخة: الدجاجة. والجخ: التفاخر، والمراد هنا: المَنُّ؛ أي: تقول الدجاجة لمن تملكها لا تَمُنِّي علينا بطعامك فإن ما طعمناه كان بكدنا ونبش أرجلنا. يُضْرَب لكثير المَنِّ على شخص بالباطل. وقد قالوا في عادة النبش عند الدجاج: «الفرخة دايمًا تنبش ولو على صليبة غلة» وسيأتي.

«**اِلْفَرْخَهْ دَايْمًا تِنْبِشْ وَلَوْ عَلَى صَلِيبِةْ غَلَّهْ**» الفرخة (بفتح فسكون): الدجاجة. والصليبة (بفتح فكسر): العُرْمة؛ أي: من عادة الدجاجة ولو كانت على عُرْمَة قمح، مع أنه كثير ظاهر أمامها. يُضرَب في تمكن العادات من النفوس. وتقدم قولهم: «الفرخة تقول لصاحبتها: ما تجخيش علينا دا تعب رجلينا.» وهو معنى آخر.

«**فَرَّقْ شِمْلُهْ يِخِف حِمْلُهْ**» أي: الشيء إذا تفرَّقَ هان حَمْلُه. وفي معناه قولهم: «إن اتفرقت الحملة انشالت.» وقد تقدم في الألف.

«**اِلْفَرَسِ الْأَصِيلَهْ مَا يْعِيبْهَا جْلَالْهَا**» لفظ الجلال لا يستعملونها إلا في الأمثال ونحوها، وأما في غيرها فيقولون: شُل (بضم الأول وتشديد الثاني)، وهو غطاء الدابة الذي يقيها من البرد. والمراد: المرء بنفسه لا بثيابه، فرثاثة ثوبه لا تُعيبه ولا تحط من شأنه. وفي معناه قولهم: «إن لبست خيشة برضها عيشة.» وقولهم: «إن لبسوا الردية هما العُرُنْبِيَّة ...» إلخ.

«**فِرِغِ السَّلَامْ بَقَى التَّفْتِيشْ فِي الْأَكْمَامْ**» أي: بعد فراغهم من السلام أخذوا يبحثون ويفتشون في أكمامنا لعلهم يجدون شيئًا. يُضرَب في التعرض للاستطلاع والاهتمام بمعرفة الدخائل. ويُروَى: «خلص السلام ...» إلخ. وتقدم ذكره في الخاء المعجمة.

«**اِلْفُرْنِ الْحَامِي إِدَامْ تَانِي**» أي: كأنه إدام ثانٍ يُضَافُ إلى الإدام الذي يُعَالج فيه؛ لأن ما يُطْبَخ فيه يطيب نضجه فيصير كأنه إدام مضاعف، والخبز الذي يُخْبَز فيه كذلك يكاد يكتفي به الإنسان لجودته عن الإدام، فهو كقولهم: «نص المئونة على الطابونة.» وذُكِر في النون، وهم لا يستعملون الإدام إلا في الأمثال ونحوها، وأما في غيرها فيقولون: غموس.

«**اِلْفَشْر وِالنَّشْر وِالْعَشَا خُبِّيزَهْ**» الخبيزه (بضم الأول) ثم الإمالة: الخُبَازَى، وهي من الخضر التي تُطْبَخ، وتكثر في الريف أيام الشتاء فلا تخلو منها دار؛ أي: التفاخر الكاذب ونشره بين الناس مع أن الطعام خُبَازَى. يُضرَب للمتظاهر بالغِنَى والعظمة كذبًا، وهو قديم في العامية رواه الأبشيهي بلفظه في «المستطرف».

«**اِلْفَصّ التِّقِيلْ يِخْلِي لُهْ مَطْرَحْ**» المراد بالفصّ هنا: القطعة من الطين المتجمد، فإنها إذا تدهورت على الشاطئ زحزحت ما هو أخف منها عن طريقها حتى تستقر في قرار. يُضرَب للقويِّ يتغلب بقوته على ما يعترضه ويتبوأ المكانة التي يريدها.

«اِلْفَضْلَهْ لِلْفَضِيلْ» الفضلة: ما بقي من الشيء. والفضيل: يريدون به الفاضل المُبَجَّل المستحق للإكرام. يُضرَب عند تقسيم حباء أو ألطاف اعتذارًا لمن يحضر متأخرًا فلا يناله إلا اليسير الباقي، كأنهم يريدون: هي وإن تكن فضلة فقد نالها فضيل. وفيه التجنيس.

«فِضِي أَبْلِيسْ لِقَلْعِ الدِّيسْ» الصَّواب في إبليس (كسر أوله)، والعامة تفتحه. والديس (بالكسر): نوع من النبات. يُضرَب للشرير يتفرغ للشر والإفساد.

«فَقْدِ الْبَصَرْ أَهْوَنْ مِنْ فَقْدِ الْبَصِيرَهْ» معناه ظاهر.

«فُقَرَا ويِمْشُوا مَشْيِ الْأُمَرَا» يُضرَب للمتشبه بمن هو أعلى منه.

«فَقْرْ بِلَا دِينْ هُوَّ الْغِنَى الْكَامِلْ» معناه ظاهر، وهو من روائع حكمهم.

«اِلْفَقْرْ حِشْمَهْ وِالْعِز بَهْدلَهْ» البَهْدَلَة: الإهانة، والمعنى: الفقر حامل على الحياء والاحتشام لقلة الموجود. والعز أي الغنى يُغْرِي صاحبه بما لا يُحْمَد، ويحمله على الاستهتار بالملذات والتعرض للإهانة والاحتقار. وليس مقصودهم أن ذلك على إطلاقه، بل يريدون في الكثير الغالب، وكأنه من قول أبي العتاهية:

إنَّ الشبابَ والفراغَ والجدةْ مَفْسَدَةٌ للمرءِ أَيَّ مَفْسَدَةْ

وإن كان في هذا زيادة.

«اِلْفَقْرِ خْزَامِ الْعَتْرِيسْ» الخُزام (بضم أوله): ما يُجْعَل في أنف البعير القوي ليُذَلَّل به، والعتريس (بفتح فسكون فكسر): الجَبَّار القوي. ويُروى بدله: العنطيز، بضبطه ومعناه، أو هو العنطيط كما ينطق به بعضهم. والمراد: الفقر يذلل كل جبار. وانظر في معناه قولهم: «الفشل خزام العنتيل.»

«فَقْرِ الْمَرْءِ فِي وَطَنُهْ غُرْبَهْ» لأن الفقير كالغريب بين أهل بلده، وقالوا في عكسه: «غنى المرء في الغربة وطن.» وتقدم ذكره في الغين المعجمة، وذُكِر ما ورد في معنى المثلين من الشعر، وأنهما مَثَلٌ قديم لفصحاء المُوَلَّدين، وهو: «غنى المرء في الغربة وطن، وفقره في الوطن غربة.» ويرادف ما هنا من حكم الإمام عليّ بن أبي طالب — عليه السلام — قوله: «المُقِلُّ غريبٌ في بِلاده أجنبيٌّ في غيرها.»

«اِلْفَقِيرْ رِيحْتُهْ وِحْشَهْ» أي: الفقير رائحته كريهة، يريدون أنه مبغض منفور منه، وليس المراد رائحته الحسية.

«فَقِيرِ السَّاحَهْ أَفْضَلْ مِنْ فَقِيرِ السَّوَّاحَهْ» أي: الأقربون أَوْلَى بالمعروف.

«**الْفَقِيرْ صِيفَةِ الْغَنِي**» أي: مادته التي يَغْتَنِي بها، وهو من التصييف، ويريدون به الخروج للمزارع والحقول للجمع من هنا وهناك. وفي معناه: «خُذُوا من فقرهم وحُطُّوا على غناكم.» وقد تقدم في الخاء المعجمة.

«**الْفَقِيرْ لَا يِتْهَادَى وِيِدَّادَى وَلَا تْقُومْ لُهْ فِي الشَّرْعِ شَهَادَهْ**» يدادى؛ أي: يُدَارَى ويُتَلَطَّفُ معه، وأصل المداداة: التربية، ومنها «الدادة» لمربية الأطفال. والمراد بالمثل بيان إهمال الناس لشأن الفقير.

«**الْفِقِي يِقِيسِ الْمَيَّهْ فِي الزِّيرْ**» الفقي: يريدون به القارئ، الحافظ للقرآن الكريم، وأصله الفقيه. والمية: الماء. والمقصود من كونه يقيس الماء وصفه بالشح؛ وذلك لأنهم يرمون القراء بالشح وحبِّ الجمع.

«**فَكَّ الْخِنَاقْ تَشْرِيبَهْ**» أي: إذا فُكَّ الخناق ولو قليلًا ففيه تنفيس عن النفس، ويرادفه قول امرئ القيس:

أَلَا أَيُّهَا اللَّيْلُ الطَّوِيلُ أَلَا انْجَلِي بِصُبْحٍ وَمَا الْإِصْبَاحُ مِنْكَ بِأَمْثَلِ

«**فَلَّاحْ مَكْفِي سُلْطَانْ مَخْفِي**» أي: زارع كُفِيَ مئونته سلطان وإن خفي أمره على الناس. وبعضهم يرويه: «زبال مكفي ...» إلخ، وقد تقدم في الزاي.

«**الْفَلَّاحْ مَهْمَا اتْرَقَّى مَا تْرُحْشِ مِنُّهْ الدَّقَّهْ**» الدقة: الوشم، وهو كثير الشيوع بين القرويين، والمثل من تندير أهل المدن بالفلاحين. والمراد أنه مهما يَرْتَقِ في المعالي ومهما يهذب فهيهات أن يزول عن جسمه أثر الوشم، بل يبقى دالًّا على أصله وبيئته؛ أي: هيهات أن يزول عنه ميسم الفلاحة وما انطوى عليه من جفاء الطبع وغلظ الفهم، والواقع خلاف ذلك. ومن أمثالهم في التندير بهم قولهم: «عمر الفلاح إن فلح.» وذُكِر في العين المهملة. وقولهم: «إن طلع من الخشب ماشه يطلع من الفلاح باشا.» وذكر في الألف.

«**الْفِلْفِلْ بِالْوِقِيَّهْ وِالْجِيرْ بِالْقِنْطَارْ**» الوقيَّة: وزن معروف، والصواب ضم أولها، والجير (بكسر الأول) محرف عن الجيار وهو الصاروج. والمراد من المثل مدح سمرة اللون؛ أي: الفلفل مع أنه يَضْرِبُ إلى السواد عزيز يُبَاع بالوزن بالوقية. والجير مع بياضه كثير مبذول يُبَاع بالقنطار.

«**الْفُلُوسْ زَيِّ الْعَصَافِيرْ تْرُوحْ وِتِيجِي**» الفلوس؛ أي: النقود، والمراد أنها تذهب من اليد كالعصافير في طيرانها ثم يأتي غيرها.

«**فُؤَادِي وَلَا أَوْلَادِي**» هذا مَثَلٌ يَضْرِبونه في تفضيل النفس على الأولاد، كقولهم: «إن جاك النيل طوفان خد ابنك تحت رجليك.» وقد تقدم في الألف، وفي معناه ما أنشده ابن الفرات في تاريخه لابن حمدان:

فَدَى نفسَه بابنٍ عَلَيْه كَنَفْسِهِ وفي الشِّدَّةِ الصَّمَّاءِ تَفْنَى الذَّخَائِرُ

وَقَدْ يُقْطَعُ الْعُضْوُ النَّفِيسُ لِغَيْرِهِ وَتُذْخَرُ لِلأَمْرِ الْكَبِيرِ الْكَبَائِرُ

«فُوتْ عَلَى عَدُوَّكْ جِيعَانْ وَلَا تْفُوتْ عَلِيهْ عِرْيَانْ» انظر معناه في قولهم: «فوت على عدوك مكسي ...» إلخ.

«فُوتْ عَلَى عَدُوَّكْ مِعَرَّشْ وَلَا تْفُوتْ عَلِيهْ مِكَرَّشْ» معرش؛ أي: لابسًا ثيابًا تجعلك كعريش العنب. ومكرش: مملوء الكرش طعامًا. وانظر معناه في قولهم: «فوت على عدوك مكسي ...» إلخ.

«فُوتْ عَلَى عَدُوَّكْ مَكْسِي وَلَا تْفُوتْ عَلِيهْ مَحْشِي» جمعوا فيه بين السين والشين في السجع، وهو عيب. ومعناه: مُرَّ على عدوك مكتسيًا بأحسن الثياب حتى لا يشمت بك، ولا تمر عليه مَحْشُوًّا بالطعام؛ لأنه لا يعلم ما في بطنك وإنما يهمه ظاهرك؛ أي: اقتصد من ثمن طعامك للباسك سترًا لفاقتك عن عدوك. وانظر في معناه: «فوت على عدوك جيعان ...» إلخ. و«فوت على عدوك معرش ...» إلخ.

«فُوطَه بْحَوَاشِي وِمَا تَحْتَهَاشِي» الفوطة (بضم الأول): منديل يُسْتَعْمَل الكبير منه في الحمامات، والصغير لمسح الماء عن الوجه؛ أي: هي فوطة مُطَرَّزَةُ الحواشي حسنة الأهداب، ولكنا لما رفعناها لم نجد تحتها شيئًا، وكنا نظننها تغطي شيئًا ثمينًا يناسب حسن منظرها. يُضْرَب للظاهر الحسن الذي لا طائل تحته.

«فَوِّتْ كِلْمَه تْفُوتَكْ أَلْفْ» أي: إذا سمعت كلمة تسيئك دعها تَمُرُّ، وأغض عنها تسلم من ألفٍ غيرها؛ لأنك إن لم تفعل ورددت على قائلها اتَّسَعَ مجال القول وتفاقم الشَّرُّ.

«فِي أَفْرَاحْكُمْ مَنْسِيَّهْ وِفِي أَحْزَانْكُمْ مَدْعِيَّهْ» أي: لا أَمُرُّ بخواطركم إلا في الحالات التي تحتاجون فيها إليَّ لمساعدتكم ومواساتكم، وأما في أوقات السرور والابتهاج فإنكم تنسونني. وفي معناه قولهم: «في فَرَحْكُمْ أبص وارجع وفي غمكم ليَّ التلات والأربع.» وسيأتي.

«فِي الْأَكْلْ سُوسَهْ، وِفِي الْحَاجَهْ مَتْعُوسَهْ» أي: إنها كالسوسة في الأكل، ولكنها عند الخدمة وقضاء الحاجات خرقاء متوانية. وانظر: «ياكل ويشرب ووقت الحاجة يهرب.» وفي معناه قول بعضهم:

يُحَمْحِمُ لِلشَّعِيرِ إِذَا رَآهُ وَيَعْبَسُ إِنْ رَأَى وَجْهَ اللِّجَامِ

«فِي فَرَحْكُمْ أَبُصّ وَارْجَعْ وِفِي غَمُّكُمْ لِيَّ التَّلَاتْ وِالْأَرْبَعْ» أبص بمعنى: أنظر. و«لِيَّ» (بفتح الياء المشددة) يريدون بها: لِي. والمراد: إنكم لا تذكرونني إلا حينما تحتاجون إليَّ في شدائدكم فأقوم بأغلبها، وأما مسراتكم فحالي معكم فيها حال من ينظر نظرةً ويعود. وفي معناه قولهم: «في أفراحكم منسية ...» إلخ. وقد تقدم.

«فِي كَل عِرْسْ لَهْ قرْصْ» يُضرَب لمن يحرص على الانتفاع من كل أمر. وجمعهم بين السين والصاد في السجع عيب.

«فِي الْمِشْمِشْ» يُضرَب للشيء المُستَبْعَد حصوله، كأن يقال: سأصنع ذلك، فيقال له: في المشمش؛ أي: تصنعه عند ظهور المشمش، ومقصودهم المستحيل.

«فِينْ عَزْمَكْ يَا فَشَّارْ آدِي السِّيفْ وَآدِي صَاحِبِ التَّارْ» أي: أين عزمك أيها الفَخَّار الكَذَّاب وها هو ذا السيف وصاحب الثأر، فما لك جبُنتَ وتأخَّرتَ؟!

«فِينِ الْمَنَوَاتْ يَا عِنَبْ» فين (بالإمالة) مركبة من «في» و«أين»، والمراد: أين. والمنوات (بثلاث فتحات) بلدة كانت بها كروم يجود عنبها. يُضرَب للشيء الرديء على سبيل التحسر على الجيد.

«فِيهَا وَالَّا أَخْفِيهَا» فيها؛ أي: في الغنيمة وما في معناها، أو أيِّ أمر يجتمع أناس عليه ويشتركون فيه. والمراد: إما أن تشركوني معكم فيما أنتم فيه، وإما أن أفسده عليكم وأسعى في زواله حتى يخفى من الوجود. يُضرَب لمن لا يُشْرَك في أمر فيهدد بإفساده.

«فِي الْوِشِّ مْرَايَهْ وِفِي الْقَفَا سِلَّايَهْ» الوش (بكسر الأول مع تشديد الثاني): الوجه. والمراية (بكسر الأول): المرآة. يُضرَب لمن يُظْهِر المحبة في وجه الشخص ويسيء إليه إذا غاب، فكأنه في حضوره يجعل نفسه مرآة له؛ أي: موافقًا له في كل شيء، وإذا أدبر غَرَزَ في قفاه سلاية، وهي الشوكة، وصوابها: سلَّاءة. ومثله قول منصور الفقيه المقرى:

كُلُّ مَنْ أَصْبَحَ فِي دَهْـرِكَ مِمَّنْ قَدْ تَرَاه

هُوَ مِنْ خَلْفِكَ مِقْرَاضٌ وَفِي الوجه مِرْآه

وفي كتاب الآداب لابن شمس الخلافة لبعضهم:

يُرِيكَ الْبَشَاشَةَ عِنْدَ اللِّقَاء ويَبْرِيكَ فِي الْغَيْبِ بَرْيَ الْقَلَمْ

«فِيَّ وَلَا فِيكْ يَا أَحْمَرْ» يريدون بالأحمر هنا الشخص المحبوب المُفْدَى؛ أي: أنا فداؤك من كل مكروه.

حرف القاف (فصحى)

قَلَبَ الأمر ظهرًا لبطن: يُضرب في حسن التدبير، واللام في لبطن بمعنى على، ونصب ظهرًا على البدل، أي قلب ظهر الأمر على بطنه حتى علم ما فيه.

قد شمرت عن ساقها فشمري: يُضرب في الحث على الجِد في الأمر، والضمير في شمرت للداهية، والخطاب في شمري للنفس.

قد يبلغ الخضم بالقضم: الخضم: أكل بجميع الفم والقضم بأطراف الأسنان، أي إن الشبعة قد تبلغ بالأكل بأطراف الفم، ومعناه: أن الغاية البعيدة قد تُدرَك بالرفق.

قطعت جهيزة قول كل خطيب: أصله أن قومًا اجتمعوا يخطبون في صلح بين حيين قتَل أحدهما من الآخر قتيلًا، ويسألون أن يرضوا بالدية، فبينما هم في ذلك إذ جاءت أمة يقال لها جهيزة، فقالت: إن القاتل قد ظفر به بعض أولياء المقتول فقتله، فقالوا: عند ذلك قطعت جهيزة قول كل خطيب، يُضرب لمن يقطع على الناس ما هم فيه بأمر يأتي به.

القول ما قالت حذام: يضرب مثلًا في تصديق الرجل صاحبه.

قد بين الصبح لذي عينين: بين هنا بمعنى تبين، يضرب للأمر يظهر كل الظهور.

قد ألقى عصاه: إذا استقر من سفر أو غيره.

قد قيل ما قيل إنْ حقًا وإنْ كذبًا: هذا شطر من بيت تتمته:

فما اعتذارك من قول إذا قيلَا

قَلبَ له ظهر المِجَنّ: يُضرب لمن كان لصاحبه على مودة ورعاية ثم حال عن العهد، والمِجَنُّ بكسر الميم: الترس، والجمع: المَجان بفتحها.

قَبْلَ الرَّمْي يُراشُ السَّهم: يُضرب مثلًا في الاستعداد للأمر قبل حلوله، ويُراشُ: يركب عليه الريش، أي ينبغي أن يصلح السهم قبل وقت الرمي.

وهو مثل قولهم: قبل الرماء تملأ الكنائن، والكنائن جمع كنانة وهي الجعبة.

قَوْلُ الحق لم يَدَعْ لي صديقا: يروى عن أبي ذَرٍّ رضي الله تعالى عنه.

حرف القاف (عامية)

«قَابِلِ الْقُرْعْ عَلَى سُوقِ الطَّوَاقِي» الطواقي جمع طاقية، وهي عندهم قَلَنْسُوَةٌ خفيفة تُعْمَلُ من البَزِّ. والقُرْع في مدة القَرَع لا يَلْبَسُون إلا الطواقي من الجلد أو اللبد، فهم لا يُوجَدون في سوق الطواقي المعروفة. يُضرَب للشيء المُسْتَبْعَد حصوله، فهو في معنى قولهم: «في المشمش.» والمثل قديم كان معروفًا عند العامة في زمن الراغب الأصفهاني، وأورده في محاضراته برواية: «طريق الأقرع على أصحاب القلانس.»

«اِلْقَادِرْ عَايِبْ» أي: في الغالب أن القادر يَغْتَرُّ بقدرته، فيظلم ويرتكب ما لا يَحْسُن.

«اِلْقَاضِي إِنْ مَد إِيدُهْ كِتْرِتْ شُهُودِ الزُّورْ» أي: إن مَدَّ القاضي يده للرِّشْوَة كثرت شهود الزور للاحتياج إليهم في الدعاوى الكاذبة. يُضرَب في أن فساد الرأس رأسُ الفساد.

«قَاضِي الْأَوْلَادْ شَنَقْ نَفْسُهْ» أي: من جعل نفسه حكمًا بين الأطفال فإنه يحكم على نفسه بالموت شنقًا لما يعانيه من إبرامهم له. وسيأتي بعده: «قاضي العيال اشتكى روحه.»

«قَاضِي الْعِيَالِ اشْتَكَى رُوحُهْ» العيال: الأطفال. ومن يُقِمْ نفسه حكمًا بينهم يَكُنْ كَمَنْ شكا نفسه وجنى عليها. وقد تَقَدَّمَ قبله: «قاضي الأولاد شنق نفسه.»

«قَاعِدْ عَلَى نُخ وِعَمَّالْ يُجُخ» النخ: نوع غليظ من نسيج الحلفاء يُتَّخَذُ جوالقَ، ويستعمله الفقراء بدل الحصير. وعَمَّال: مُشْتَغِلٌ. والجَخُّ: التفاخر؛ أي: يكون على نَخٍّ من فقره وضعته ولسانه مشتغل بالتفاخر الكاذب. يُضرَب للمتفاخر بشيء وحاله يُكَذِّبُهُ.

«قَاعِدْ لِلسَّاقْطَهْ وِاللَّاقْطَهْ» أي: شاغل نفسه بأمور الناس ومُتَيَقِّظٌ لما يصدر منهم يعد عليهم ما يفعلون. والعرب تقول: «لكل ساقطة لاقطة»؛ أي: لكل كلمة ساقطة أذن لاقطة. يُضرَب في التَّحَفُّظِ عند النطق، فكأن مراد العامة أنه مشتغل بمن يتكلم ومن يسمع.

«قَاعِدْ يِنِش» يُضرَب للخالي من العمل؛ أي: ليس له عمل يعمله إلا طَرْد الذباب. والعرب تقول في أمثالها: «تركته يتقمع»؛ أي: يَذُبُّ من فراغه القَمَع، وهو الذباب الأزرق العظيم كما يَتَقَمَّع الحمار، وهو أن يحرك رأسه ليذهبَ الذباب.

«قَاعْدَهْ عَ الْبَرَّانِي وَاضْرَبْ بِلْسَانِي» البَرَّانِي عند الريفيين: الفرن الذي يعمل في ساحة الدار. والضرب باللسان: كثرة الكلام. يُضرَب لمن يُكْثِرُ القول ولا يعمل.

«قَافْلَهْ فَايْتَهْ وَلَا حْمَارْ مَرْبُوطْ» الفايته: المارَّة؛ أي: لَأَنْ تمر بنا قافلة فنطعمها وتمضي، أهون من حمار واحد مربوط عندنا. يُضرَب في أن الإنفاق على كثيرين مَرَّةً واحدة أهون من الإنفاق على

واحد مستديم. وبعضهم يروي: «ولا جحش» بدل ولا حمار؛ أي: ولو كان ذلك الفرد صغيرًا خفيف المئونة.

«قَالْ: ابْعِدْ عَنِ الشَّر وقَنِّي لُهْ، قَالْ: وَاغَنِّي لُهْ» قَنِّي: اشْتَقُّوهُ من القناية، وهي القناة للماء؛ أي: قيل لشخص: تباعَدْ عن الشر واجعل بينك وبينه قناةً من الماء تَحُولُ بينكما، فقال: لا أفعل ذلك فقط، بل وأغني له أيضًا حتى يَمُرَّ بسلام. يُضرَب في الحثِّ على التباعد عن الشر بكل الوسائل. والعرب تقول في أمثالها للحثِّ على البعد عن الشر والفرار منه: «اجر ما استمسكت.» قال الميداني: يُضرَب للذي يَفِرُّ من الشر؛ أي: لا تفتر من الهرب وبالغ فيه. وتقول أيضًا: «اترك الشر ما تركك.» أورده جعفر بن شمس الخلافة في كتاب الآداب.

«قَالْ: جَاتِكْ دَاهْيَهْ يَا مَرَهْ، قَالِتْ: عَلَى رَاسَكْ يَا رَاجِلْ» أي: قال الزوج: أصابتك داهية أيتها المرأة، فقالت له: إذا أصابتني فإنما تقع على رأسك. يُضرَب في تمني أمر تقع غوائله على متمنيه؛ لأن المرأة إذا أصيبت بمصيبة تَحَمَّلَ الزوج غوائلها.

«قَالْ دَسِّنِي فِي عِينِ اللِّي مَا يْحِسِّنِي» انظر: «دسني في عين ...» إلخ. في الدال المهملة.

«قَالْ: صَبَاحِ الْخِيرْ يَا عُورَهْ، قَالِتْ: دَا بَابْ شَر» لأن مواجهته لها بإظهار عيبها يدل على بدء خصام، فليس هو صباح خير بل صباح شر يُرَاد. يُضرَب للعازم على مناوأة شخص فيبدو من عباراته ما يدل على ما ينطوي عليه.

«قَالْ لُهْ: نَامْ لَمَّا ادْبَحَكْ. قَالْ: دَا شِيءْ يِطَيَّرِ النُّومْ» لَمَّا هنا بمعنى: حَتَّى. يُضرَب لأمر شخص بالمساعدة على شيء فيه تهلكته؛ أي: علمي بنتيجة نَوْمِي تطرده من جفوني فكيف تأمرني به؟! وبعضهم يرويه: «نام لما ادبحك ...» إلخ، بدون «قال له» في أوله.

«قَالْ: الله يِلْعَنِ اللِّي يِسِبِّ النَّاسْ. قَالْ: الله يِلْعَنِ اللِّي يِحْوِجِ النَّاسْ لِسَبُّهْ» أي قيل: لعن الله من يَسُبُّ الناس. فقال قائل: بل لعن الله من أحوجهم ودفعهم إلى سبه وسَبَّبَ لنفسه ذلك بما يأتيه من الأمور الداعية للذم. ولكعب بن زهير — رضي الله عنه:

مَقَالَةُ السُّوءِ إِلَى أَهْلِهَا أَسْرَعُ مِنْ مُنْحَدِرٍ سَائِلِ

وَمَنْ دَعَا النَّاسَ إِلَى ذَمِّهِ ذَمُّوهُ بِالْحَقِّ وَبِالْبَاطِلِ

«قَالْ: مَالَكْ يَا حَمَّارْ بِتِبْكِي عَلَى بْكَايَهْ؟ قَالْ: دَانَا بَابْكِي عَلَى كْرَايَهْ» الحمار: المكاري. قال له مؤجر حماره: ما لكَ تبكي لبكائي؟ فقال: إنما أنا أبكي على الكرا لا عليك، خوفًا من أن تلهيك المصيبة عني. يُضرَب في أن كل شخص إنما يهتم بما يعنيه.

«قَالْ: نَمُوسَه وعَامْلَهْ جَامُوسَهْ» النموسة: الناموسة؛ وهي البعوضة. يُضرَب للحقير الضئيل يُظْهِرُ للناس أنه كبير عظيم.

«قَالْ: يَابَا إِيهْ أَحْلَى مِ الْعَسَلْ؟ قَالِ: الْخَل إِنْ كَانْ بَلَاشْ» أي: قال: يا أبي، أَيُّ شيء أحلى من العسل؟ فقال: يا بنيَّ، أحلى منه الخل إذا كان بلا ثمن. يُضرَب في تفضيل النفوس ما يكون بلا ثمن على علَّاتِه.

«قَالْ: يَا ابُويَا شَرَّفْنِي. قَالْ: لَمَّا يْمُوتِ اللِّي يِعْرَفْنِي» أي: شَرِّفْنِي يا أبي بذكر أصلك وفضائلك، فقال: حتى يموت من يعرفني. وبعضهم يرويه بدون «قال» في أوله، وروايته عنده: «يَابَا قُومْ شرفنا، قال: لما يموت اللِّي يعرفنا.» وأورده الموسوي في نزهة الجليس في أمثال العامة برواية: «يا أبي شرفني، قال: حتى يموت من يعرفني.» ومثله قولهم: «اشرفوا عند اللِّي ما يعرفوا.»

«قَالْ: يَا رَب سَلِّمْ وِغَنِّمْ. قَالْ: يَا رَب سَلِّمْ وبَس» بَس (بفتح الأول مع تشديد السين) أي: كفى. يُضرَب في أَنَّ السَّلامة مُفَضَّلة على كل غُنْم فَلْيَرْضَ المرءُ من الغنيمة بالإياب. وقريب منه قول البحتري:

وَكَانَ رَجَائِي أن أَؤُوبَ مُمَلَّكًافَصَارَ رَجَائِي أَنْ أَؤُوبَ مُسَلَّمَا

والعرب تقول لمن يخرج من الأمر سالمًا لا له ولا عليه: «المَلَسَى لا عهده.» وتقول أيضًا: «من نجا برأسه فقد ربح.» ومنه قول الراجز:

اللَيلُ داجٍ والكِبَاشُ تَنْتَطِحْ فَمَنْ نَجَا برأسه فقد رَبِحْ

انظر في مجمع الأمثال: «رضيت من الغنيمة بالإياب.»

«قَالْ: يَا رَبِّي دَخَّلْنَا بِيتِ الظَّالِمِينْ وَطَلَّعْنَا سَالْمِينْ. قَالْ: وِايْش دَخَّلَكْ وِايْش طَلَّعَكْ» طلَّع بمعنى: أخرج. يُضرَب في الحَثِّ على تَجَنُّبِ ما يَضُر.

«قَالْ: يَا مَرَه مَالْ مَنَاخِيرِكْ بِتْشُر؟ قَالِتْ: مِنِ الشِّتَا. قَالْ: أَعْرَفِكْ فِي الصِّيفْ» مال؛ أي: ما لكذا؟ والمناخير: الأنف. وشَرَّ: سال؛ أي: ما لأنفك يسيل أيتها المرأة؟ فقالت: من برد الشتاء. فقال: إني أعرفك في الصيف. يُضرَب للمعتذر عن نقصه بشيء طارئ وهو قديم فيه.

«قَالُوا: أَبُو فَصَادَهْ بِيِعْجِنِ الْقِشْطَهْ بِرِجْلِيهْ. قَالْ: كَانْ يِبَانْ عَلَى عَرَاقِيبُهْ» أبو فصادة: عصفور يَضْرِب إلى الزرقة كثير الوَثْب أسود الرجلين. والقشطة: خلاصة اللبن؛ أي: قيل: إن أبا فصادة يعجن القشطة برجليه، فقال قائل: لو كان كذلك لظهر أثرها على عرقوبيه ولما بقيت رجلاه سوداوين. يُضرَب لمن يَدَّعِي دعوى تُكَذِّبُهَا الشَّوَاهِدُ.

«قالوا: تِرْمِسْ إمْبَابَهْ أحْلَى مِ اللوزْ. قالْ: دَا جَبْرْ خَاطِرْ لِلْفقَرَا» إمبابة (بكسر الأول): بلدة على النيل قرب القاهرة، والصواب فيها أَنْبَابة (بفتح الأول وبالنون بعده)، والمراد: من قال: إن تِرْمِسَهَا أجود وأحلى من اللوز فقد قصد تسلية الفقراء؛ لأنهم يأكلونه ولا يأكلون اللوز. يُضرَب لمن يفضل الرديء على الجيد بلا حُجَّة. وإنما قالوا: ترمس أنبابة؛ لأنها اشتُهِرَتْ بتحليته لبيعه بالقاهرة، وذلك بأن يُوضَع في مكاتل من خوص النخل ونحوه ويُرْبَط كل مكتل بحبل ويُلْقَى بالنيل، فيبقى به نحو ثلاثة أيام حتى تذهب أكثر مرارته، ثم يُسْلَق فيزول ما بقي به من المرارة ويُمَلَّح ويُؤْكَل.

«قَالُوا: تِعْرَفِ الْهَايِفْ بِإِيهْ؟ قَالْ: بِكَلَامُهْ. وِقَالُوا: تِعْرَفِ السَّقِيلْ بِإِيهْ؟ قَالْ: بِسُوَالُهْ» الهايف: الرجل الذي لا طائل تحته، وهو يُعْرَفُ بكلامه؛ لأنه يدل على عقله، وكذلك الثقيل يُعْرَفُ بسؤاله عَمَّا لا يَعْنِيه.

«قَالُوا: الْجَمَلِ اعْقِلُوهْ. قَالُوا: هُوَّ قَايِمْ بِطِنُّهْ!» أي قالوا: اعقلوا هذا البعير، فقيل لهم: هل هو قائم بطَنٍّ نفسه ومستطيع للحركة حتى نعقله؟! يُضرَب لطلب التشديد على شخص لا يَسْتَحِقُّه.

«قَالُوا: الْجَمَلْ طِلِعِ النَّخْلَهْ. قَالُوا: آدِي الْجَمَلْ وِآدِي النَّخْلَهْ» آدي: ها هو. يُضرَب لمن يَدَّعِي المُسْتَحِيل وتكذبه شواهد الامتحان.

«قَالُوا: رَاحْ تِجَوِّزِي فِي بِيتْ عِيلَهْ؟ قَالِتْ: رَاحْ يِبْقَى مَعَايَا لِسَانِي وَاغْلِبْ؟» تِجَوِّزِي: تَتَزَوَّجِينَ. والعِيلَة: الأهل والأسرة. والمقصود هنا كثرتهم، وكلمة راح يستعملونها مكان سوف والسين؛ أي: سوف تتزوَّجين في أسرة كبيرة تضيعين بينها ويتسلطون عليك، فقالت: ما دام لساني معي لا أهتم بشيء. يُضْرَب في سلاطة اللسان.

«قَالُوا: السَّمَكْ بِيْطَلَّعْ نَارْ. قَالْ: كَانِتِ الْمَيَّه تِطْفِيهْ» انظر: «السمك بيطلع نار ...» إلخ. في السين المهملة.

«قَالُوا: شَكَرْنَا غَنَّامْ. غَنَّامْ طِلِعْ حَرَامِي» غَنَّام: اسم شخص وليس المقصود شخصًا معينًا. وطلع هنا معناه: ظَهَر. يُضرَب للشخص يظهر أنه على خلاف ما كان يُظَنُّ فيه من الخير.

«قَالُوا: صَبَاحِ الْخِيرْ يَا جُحَا. قَالْ: دَنَا لِسَّهْ سَارِحْ» جُحَا: مضحك معروف. ودنا أصلها: دا أنا؛ أي: هذا أنا. لسه: أصلها للساعة؛ أي: للآن. وسارح معناها: خارج لأسيم ماشيتي المرعى. والمراد: انتظروا قليلًا فإني خرجت الآن فقط. يُضرَب للشخص يعجله آخر بشيء لم يتهيأ له بعد.

«قُالُوا لِلْأَعْمَى: زَوَّقْ عَصَايْتَكْ. قَالْ: يَعْنِي مِنْ حُبِّي فِيهَا» لأن الأعمى يلازم العصا اضطرارًا لا حُبًّا فيها، فكيف يُطْلَبُ منه العناية بتزويقها وتحليتها؟! وهو من أمثال العامة القديمة، أورده الأبشيهي في «المستطرف» برواية: «قالوا للأعمى: زوق عصاتك. قال: هو أنا محب فيها.»

«قالوا لِلأعْمَى: الزّيتْ غِلِي. قالْ: فاكْهَهْ مِسْتَغْنِي عَنْهَا» مستغني: يريدون مُسْتَغْنًى بصيغة اسم المفعول. والمراد: أن الأعمى لا يهمه غلاء الزيت، وسواءٌ عنده بَقِيَ في الظلام أم في ضوء مصباح، فهو عنده كفاكهة استغنى عنها (أورده في سحر العيون أواخر ص١٣٣ بلفظ: قالوا للعميان: غلي الزيت. قالوا: دي نوبة استرحنا منها).

«قَالُوا لِلْأَعْوَرْ: اِلْعَمَى صَعْبْ. قَالْ: نُصّ الْخَبَرْ عَنْدِي» النُّصُّ (بضم أوله وتشديد ثانيه) معناه: النصف. يُضرَب لمن عنده خبرة ببعض الشيء (أورده في سحر العيون آخر ص١٣٣ بلفظ: قالوا للأعور: ما أصعب العمى. قال: نصف الخبر عندي).

«قَالُوا لِلْجَعَانْ: اِلْوَاحِدْ فِي وَاحِدْ بِكَامْ؟ قَالْ: بِرْغِيفْ» لأن الجائع لا يفكر إلا في الطعام ولا يلهج إلا به، وقد قالوا في معناه: «الجعان يحلم بسوق العيش.» وتقدَّم في الجيم.

«قَالُوا لِلْجَمَلْ: زَمَّرْ. قَالْ: لَا شَفَايِفْ مَلْمُومَهْ وَلَا صَوَابِعْ مِفَسَّرَهْ» الشفايف: الشفاه. والصوابع: الأصابع؛ أي: طلبوا من البَعِير أن يزمِّر؛ فاعتذر بغِلَظِ شفته وخُفِّه. ويُروى هذا المثل على عِدَّةِ وجوه؛ أحدها هذا، والثاني: «قالوا: يا جمل زمِّر. قال: لا أصابع ملمومة ولا حنك مفسَّر.» وهي رواية أهل الصعيد. ويرويه بعضهم: «لا صوابع مبرومة.» ويرويه آخرون: «قالوا للجمل: زمر. قال: لا شفايف ملايمه.» ولفظ ملا يستعملونها في معنى ناهيك، كما يقال: ملا راجلًا؛ أي: ناهيك به من رجل. ويرويه بعضهم: «قالوا للجمل: غني. قال: لا حس حَسَنِي ولا حنك مساوي.» ويريدون بالحسني الحسن وبالحس الصوت وبالحنك الفم. وهو مَثَلٌ قديمٌ في العامية، أورده الأبشيهي في «المستطرف» برواية: «قالوا للجمل: زمر. قال لا شفف ملمومة ولا أيادي مفرودة.» يُضرَب لتكليف شخص بشيء لا يحسنه. وفي معناه: «قالوا للدبة: طرزي ...» إلخ.

«قَالُوا لِلْجَمَلْ: غَنِّي. قَالْ: لَا حِس حَسَنِي وَلَا حَنَكْ مِسَاوِي» انظر: «قالوا للجمل: زمر ...» إلخ.

«قَالُوا لِحَرَامِي الدَّقِيقْ: اِحْلِفْ. قَالْ: يَا مَرَه انْخُلِي» أي: قيل لسارق الدقيق: احلف بأنك لم تسرق فلم يجبهم، بل قال لزوجته: انخلي يا امرأة، فأفهمهم أنه معترفٌ بالسرقة، وأن لا داعي للحلف. يُضرَب للأمر تظهره شواهد منه فلا يُحْتَاج إلى عناء في كشفه. وانظر قولهم: «انخلي يا أم عامر.»

«قَالُوا لِلْحَرَامِي: ابْنَكْ بِيِسْرَقْ. قَالْ: مَا اشْتَرَاهْشْ مِ السُّوقْ» الحرامي: اللص؛ أي: قيل له: إن ابنك يسرق، فقال: لم يَشْتَرِهِ من السوق، بل هو مما ورثه، فهو في معنى: الولد صِنْوُ أبيه ومن يشابه أَباه فما ظلم.

«قَالُوا لِلْحَرَامِي: احْلِفْ. قَالْ: جَا الْفَرَجْ» الحرامي: اللص، وإذا كانت نجاته من التهمة متوقفة على تحليفه، فقد جاءه الفرج؛ لأن الحلف أهون الأشياء عليه. يُضرَب لمن يُكَلَّفُ بالأمر الهين في نجاته من الأمر العظيم

وتَظَرَّفَ ابن حجاج في قوله:

وأَدْعُو إلى القَاضِي عَساهُ مإذا وَقَعَ اليَمِينُ يُحَلِّفُونِي

وأَضْيَعُ ما يكون الحقُّ عندي إذا عَزَمَ الغَرِيمُ على اليَمِينِ

«قَالُوا لِلدِّبَّهْ: طَرَّزِي. قَالِتْ: دِي خِفَّةْ أَيَادِي» أي: قالت ذلك تهكمًا؛ لأن يديها غليظتان. يُضرَب لتكليف شخص بأمر لا يحسن عمله ولا يليق له. وهو من الأمثال القديمة عند العامة، رواه الأبشيهي في «المستطرف» بلفظه. وفي معناه قولهم: «قالوا للجمل: زمر ...» إلخ.

«قَالُوا لِلدِّيبْ: حَ يْسَرَّحُوكْ فِي الْغَنَمْ، قَامْ عَيَّطْ. قَالُوا: دَا شِيءْ تِحِبُّهْ؟ قَالْ: خَايِفْ يُكُونِ الْخَبَرْ كِدْبْ» عَيَّطَ: بكى، وقام: يستعملونها بمعنى الفاء، والحاء مختصرة من راح؛ والمراد بها سوف أو السين؛ أي: قالوا للذئب: سيطلقونك في الغنم، فبكى، فقالوا: هذا شيء تحبه. قال: نعم، ولكن أخشى أن يكون الخبر مكذوبًا.

«قَالُوا لِلدِّيكْ: صَيَّحْ. قَالْ: كُل شِيءْ فِي أَوَانُهْ مَلِيحْ» يُضرَب للشيء يُطْلَب عمله في غير أوانه.

«قَالُوا لِلصَّيَّادْ: اصْطَدْتْ إِيهْ؟ قَالْ: اِللِّي فِي الشَّبَكَهْ رَاحْ» أي: قيل: ما اصطدته يا صياد؟ فقال: لم أَصْطَدْ شيئًا، والذي كان في الشبكة ذهب أيضًا لسوء الحظ. يُضرَب لمن يظن أنه ربح ربحًا جديدًا، فإذا به قد أضاع ما كان عنده. وفي معناه قول أبي الحسن محمد بن أحمد الأصبهاني المعروف بابن طباطبا العلوي:

لَقَدْ قَالَ أَبُو بَكْرٍ صَوَابًا بَعْدَمَا أَنْصَتْ

خَرَجْنَا لَمْ نَصِدْ شَيْئًا وَمَا كَانَ لَنَا أَفْلَتْ

«قَالُوا لِلْعَبْدْ: سِيدَكْ رَاحْ يِبِيعَكْ. قَالْ: يِعْرَفْ خَلَاصُهْ. قَالُوا: تِهْرَبْشْ؟ قَالْ: أَعْرَفْ خَلَاصِي» راح هنا بمعنى: السين أو سوف؛ أي: سيبيعك. وقولهم: يعرف خلاصه، يريدون: هو أعرف بشأنه؛ أي: قيل للعبد: إن سيدك سيبيعك. فقال لهم: هذا من شأنه، فقيل له: وهل عزمت على الهرب إذن؟ فقال: هذا من شأني. يُضرَب في أن كل إنسان أَعْرَفُ بشئونه؛ فَتَعَرُّض الناس لها فضول ودخول فيما لا يعنيهم.

«قَالُوا لْعَنْتَرْ: إِنْتَ تِضْرَبْ أَلْفْ؟ قَالْ: أَضْربْ أَلْفْ وِوَرَايَا أَلْفْ» أي: قالوا لعنترة: عهدناك تقابل ألفًا فتهزمهم وحدك لشجاعتك وشدة بطشك، فقال: نعم، إني أفعل ذلك وأنا معتز بألف ورائي ينجدونني إذا احتجت للنجدة، فبوجودهم أَصُول وأضرب لا بشجاعتي وحدها. يُضرَب في أن اعتزاز المرء بمن يحميه يُحْدِث له في نفوس أعدائه هيبةً يفعل بها الأعاجيب. وفي معناه من أمثال العرب: «ليس الدلو إلا بالرشاء.» والرشاء (بالكسر): الحبل. يُضرَب في تَقَوِّي الرجل بأقاربه وعشيرته.

«قالَوا لِلْغُرَابْ: لِيهْ بِتِسْرَقِ الصَّابُونْ؟ قالْ: الْأذِيَّهْ طبْعْ» أي: قيل للغراب: لأي شيء تسرق الصابون وأنت لا تستعمله في الغسل، ولا هو مما يُؤْكَلُ؟ فقال: ماذا أصنع وقد طُبِعْتُ على الأذى؟! يُضرَب للمطبوع على أذى الناس ولو لم يستفدْ شيئًا. وقد أورده الأبشيهي في «المستطرف» برواية: «قالوا للغراب: مالك تسرق الصابون؟ قال: الأذى طبعي.»

«قَالُوا لِلْفَارْ: خُدْ لَكْ رَطْلِينْ سُكَّرْ وِوَصَّلِ الْجَوَابْ لِلْهِر. قَالْ: الْأُجْرَهْ طَيِّبَهْ ولَكِنْ فِيهَا مْشِقَّهْ» لا يستعملون الهِرَّ إلا في الأمثال ونحوها. ومعنى المثل ظاهر. ويُضرَب في الأمر الصعب فيه التهلكة، ولكن ما يدفع عليه من الأجر كبير.

«قَالُوا لِلْقَاضِي: يَا سِيدْنَا، الْحِيطَهْ شَخّْ عَلِيهَا كَلْبْ. قَالْ: تِنْهِدِمْ سَبْعْ وِتِنْبِنِي سَبْعْ. قَالُوا: دِي اللِّي بِينَّا وْبِينَكْ. قَالْ: أَقَلَّ مِنَ الْمَاءِ يِطَهَّرْهَا» السِّيد (بكسر الأول وسكون الياء المخففة): السَّيِّدُ. والحِيطة (بالإمالة): الحائط. وشخ: بال. يُضرَب في أن أحكام أغلب الناس مبنية على الأغراض والمنفعة (في الضوء اللامع ج٢ ص٧٦١ نظم عبد الرحمن المنهلي لهذا المثل إلى أول ص٨٦٢). وانظر في المُثَنَّاةِ التحتية: «يفتي على الإبرة ويبلع المدره.» ففيه شيء من معناه.

«قَالُوا لِلْقِرْدَهْ: اتْبَرْقَعِي. قَالِتْ: دَا وِشّ وَاخِدْ عَ الْفِضِيحَهْ» أي: قالوا للقردة: تبرقعي واستري وجهكِ، فقالت: هذا وجه مُتَعَوِّدٌ على الفضيحة. ومعنى واخد: آلِفٌ ومُتَعَوِّد. يُضرَب للمستهتر بأمر الخالع لعذاره يُطْلَب منه التحشم.

«قَالُوا لِلْكَاتِبِ: اسْتَرَيَّحْ. قَامْ وِقِفْ» قام هنا في معنى الفاء؛ أي: قالوا للكاتب: استرح، فوقف على قدميه؛ وذلك لأن الكاتب كثير القعود فراحته في وقوفه. يُضْرَب في أن الراحة حسب أحوال الشخص؛ فما يريح زيدًا قد يُتْعِبُ بكرًا.

«قَالُوا لِلْمُخُوزَقِ: اسْتِحِي. قَالْ: اِللِّي رَاجِعِ الدِّنْيَا يِبْكِي عَلِيهَا» المُخُوزَق: الذي وُضِعَ على الخازوق، وهو خشبة تدخل في أسفل الرجل فتمزق أحشاءه وتقتله. وانظر في معناه قولهم: «قالوا للمشنوق: غطي رجليك. قال: إن رجعت عاتبوني.»

«قَالُوا لِلْمَشْنُوقْ: غَطِّي رِجْلِيكْ. قَالْ: إِنْ رِجِعْتْ عَاتْبُونِي» أي: قالوا لمن عزموا على قتله شنقًا أي تعليقًا في حبل: وَيْكَ اسْتَحِ وَغطِّ قدميك، فقال لهم: إن رجعتُ إلى الدنيا عاتبوني إذن. يُضرَب في أن اليأس يحمل على ما لا يَحْسُن. وفي معناه قولهم: «قالوا للمخزوق: استحي ...» إلخ.

«قَالُوا: مَا لِكْ بِتِجْرِي وِتْهَرْوِلِي؟ قَالِتْ: بِنْتْ اخْتِي عَامْلَهْ فَرَحْ» يُضرَب للساعي المتعب نفسه.

«قَالُوا: يَا جُحَا، إِمْتَى تْقُوم الْقِيَامَهْ؟ قَالْ: لَمَّا أَمُوتْ أَنَا» جحا: مضحك معروف له نوادر، قيل له: متى تقوم القيامة؟ فقال: إذا مِتُّ أنا. يُضرَب لمن لا يُعْنَى بغيره.

«قالوا: يَا جُحَا، إيهْ أحْسَنْ أيَّامَكْ؟ قال: لَمَّا كَنْتْ أعَبِّي التّرَابْ فِي الطاقِيَّهْ» جحا: مضحك معروف. والطاقية: قَلَنْسُوَة خفيفة من البَزّ. والمراد: أحسن أيامي يوم كنت صَبِيًّا أحمل التراب في قلنسوتي، وألهو وألعب ولا أَلَامُ. يُضرَب في مدح الصِّبَا.

«قَالُوا: يَا جُحَا، عِد غنَمَكْ. قَالْ: وَاحْدَهْ نَايْمَه وْوَاحْدَهْ قَايْمَهْ» يُضرَب للشيء القليل الذي لا يحتاج لعد.

«قَالُوا: يَا جُحَا، عِد مُوجِ الْبَحْرْ. قَالِ: الْجَيَّاتْ أَكْتَرْ مِنِ الرَّايْحَاتْ» يُضرَب للأمر الكثير ينتظر منه أكثر مما مضى، ولا سبيل إلى إحصائه.

«قَالُوا: يَا جُحَا فِينْ بَلَدَكْ؟ قَالِ: اللِّي امْرَاتِي فِيهَا» يُضرَب في أن اختيار المكان تابع للميل للسُّكَّان.

«قَالُوا: يَا جُحَا، فِينْ مِرَاتَكْ؟ قَالْ: بِتِطْحَنْ بِالكِرَا. وِطْحِينَكْ؟ قَالْ: كَرِيتْ عَلِيهْ. قَالُوا: كُنْتْ خَلِّي مْرَاتَكْ تِطْحَنُهْ» جُحا: مضحك معروف. وفين (بالإمالة) أصلها: في أين؟ والمراد: أين؟ يُضرَب للمُتَخَبِّط في أموره.

«قَالُوا: يَا جُحَا، كَلْبَكْ بِالسُّخُونَهْ. قَالْ: أَهُو فَاضِي لْهَا» جحا: مضحك معروف. والسخونة: يريدون بها الحُمَّى؛ أي: قيل له: كلبك محموم، فقال: دعوه فإنه متفرِّغ لها. يُضرَب لمن يُشْغَل بمكروه أو عمل شاقٍّ هو جدير به ومستحقٌّ له.

«قَالُوا: يَا جُحَا، مِرَاةَ ابُوكْ تِحِبَّكْ؟ قَالْ: هِيَّ اجَّنِّنِتْ؟!» جُحا: مضحك معروف له نوادر. قيل له: إن امرأة أبيك تحبك، فقال: أَجُنَّتْ هي؟! يُضرَب في بُغْضِ الزوجات لأولاد أزواجهنَّ.

«قَالُوا: يَا جِنْدِي عَزِّلْ. رَمَى الْقَاوُوقْ مِنِ الطَّاقَهْ» ويُروَى: «قال: القاووق في الطاقة.» ومعنى الجندي: التركي؛ لأن جند مصر كانوا من الترك. والقاووق: قلنسوة تركية كانوا يلبسونها. والمراد: أنهم لما طلبوا منه أن ينتقل من الدار اكتفى برمي القاووق منها، أو قال لهم: قاووقي بالطاقة؛ كناية عن عدم وجود شيء عنده غيره ينقله. يُضرَب في الخفيف الأثقال الذي لا يملك منها إلا القليل.

«قَالُوا: يَا حَمَا مَا كُنْتِيشْ كَنَّهْ؟ قَالِتْ: كُنْتْ وِنْسِيتْ» أي: قيل للحماة: ألم تكوني كنة يومًا ما؟ فقالت: كنت كذلك ولكني نسيت الآن. يُضرَب لمن ينسى ما كان فيه إذا انتقل من حال إلى حال فيصنع بغيره ما كان يُصْنَعُ معه من الشِّدَّة ونحوها.

«قَالُوا: يَا قِرْدْ رَاحْ يِسْخَطُوكْ. قَالْ: رَاحْ يِعْمِلُونِي غَزَالْ» راح يستعملونها مكان السين وسوف. والسَّخْطُ عندهم: المسخ. يُضْرَب للقبيح ليس بعد قبحه قبح، كالقرد إن أرادوا تغيير خَلْقِه فلا سبيل إلا إلى قلبه لما هو أحسن؛ لأنه لا أشنع منه (اذكر الآية الكريمة المتضمنة مسخ قوم قردة وخنازير، وانظر التفاسير).

«قالوا: يَا كْنيسَهْ اسْلَمِي. قالِتِ: اللّي فِي الْقَلْبْ فِي الْقَلْبْ» انظر: «اللّي في القلب في القلب يا كنيسه» في الألف.

«قَالُوا: يَا اللّي أَبُوكْ مَاتْ مِ الْجُوعْ. قَالْ: هُوَّ شَافْ شِيءْ وَلَا كَلْشْ؟» أرادوا ازدراءه فقالوا له: يا من أبوه مات من الجوع لفقره، فأخرج هو الكلام مخرجًا آخر وقال: أكان وجد شيئًا ولم يأكله؟ والمراد: أنتم أولى بهذه المَعَرَّة؛ لأنكم تركتموه جوعًا ولم تعطفكم الشفقة عليه، ثم لم يكفكم ذلك حتى عيرتموه وعيرتموني بما أنتم أولى فيه بالمَعَرَّة.

«قَالُوا: يَا مَا الْبَطِّيخْ كَسَّرْ جِمَالْ. قَالْ: وِيَا مَا الْجِمَالْ كَسَّرِتْ بَطِّيخْ» يا ما: يريدون بها: كثيرًا ما؛ أي: إذا كان البطيخ كسر جمالًا وأضناها في حملها له، فقد كسرت الجمال أيضًا كثيرًا منه. يُضرَب في المكافأة من جنس العمل (انظر نظمه في مجموعة أزجال النجار ص٢٢).

«قَالُوا: يَا مَرَهْ اِنْتِ سْمِينَه وْعُورَهْ. قَالِت: قِيمْ دَهْ جَنْبْ دَهْ» أي: السمن تقوم فضيلته جنب نقيصة العور فتتوازن الكفتان. يُضرَب للفضيلة والنقيصة يجتمعان في شخص فيُقْبَل لفضيلته. وانظر: «أقرع ودقنه طويله.»

«قَامِتْ بِخِفَّهْ هَدِّتِ الْبَوَّابَهْ وِالصُّفَّهْ» البوابة: الباب الكبير؛ أي: إذا كانت في قيامها بخفة فعلت ذلك، فكيف إذا قامت بثقلها؟! يُضرَب للثقيل الجسم والروح.

«اِلْقَبَّانِي بْآخْرُهْ» يُضرَب في الشيء يرجح في آخر أمره كالقباني لا يُعْرَف أقل ما يزنه إلا بعد تحرير آخر الميزان، وذلك في الميزان ذي الكفة الواحدة؛ أي: العبرة بخواتم الأمور لا بمقدماتها. وانظر: «التقل ورا يا قباني» في المُثَنَّاة الفوقية.

«اِلْقَبَّانِي شِرِيكْ الْمِحْتِسِبْ» لأنه يُغْضِي عنه في مقابلة إشراكه في ربحه. يُضرَب في الرقيب يشارك من يراقبه في الاختلاس. وانظر في الخاء المعجمة: «الخباز شريك المحتسب.»

«اِلْقَب عَلَى قَدّْ الْعَاتِقْ» أي: قَبُّ القميص على قدر عاتق لابسه. يُضرَب في الشيء يُعْمَل فلا ينقص ولا تزيد منه فضلة.

«قِبْطِي بَلَا مَكْرْ سَجَرَهْ بَلَا طَرْحْ» أي: شجرة بلا ثمر. وبعضهم يرويه: «سجره بلا تمر»؛ وذلك لأنهم يتهمون الأقباط بالمكر والدهاء ولا يَرَوْنَ لهم فضيلة في غير ذلك، فإذا خلا من المكر فهو في نظرهم كشجرة غير مثمرة. وبعضهم يروي: «صرمه بلا نعل»، والصرمه: النعل البالية، ويريدون بالنعل ما يكون منها تحت القدم.

«قَبْلْ مَا اقُولْ يَا أَهْلِي يُكُونُوا جِيرَانِي غَاتُونِي» أي: إن جيراني يغيثونني قبل أن أستصرخ بأهلي، وذلك لقربهم مني.

«قبْلْ مَا تِتْعَلَمِ الْعُومْ تِغَاطِسْ؟!» أي: كيف تسابق غيرك وتناظره في الغوص وأنت لم تتعلم السباحة بعد، فهو في معنى «تزبَّبَ قبل أن يتحصرم.»

«قَبْلْ مَا تْحَارِبْ دَارِجْ وِمَا تْقُلْشْ قَبِيحْ، وِامْشِي تَحْتِ الْجَرْفْ زَيِّ الْقَارِبْ لَمَّا يْطِيبِ الرِّيحْ» لما هنا يريدون بها: حتى، ويريدون بدارج: أَدْرِجْ ودَارِ؛ أي: قبل أن تقاتلَ دَارِ عدوك ولا تُظْهِرْ له عداوة ولا تَقُلْ فيه قبيحًا حتى تثق بمساعدة الزمان لك، وكن في ذلك كالقارب يسير جنب الجرف ولا يخوض غمار التيار حتى تطيب له الريح، فهو في معنى قول المتنبي:

الرَّأْيُ قَبْلَ شَجَاعَةِ الشُّجْعَانِ هُوَ أَوَّلٌ وَهِيَ الْمَحَلُّ الثَّانِي

«قَبْلْ مَا تِحْبَلْ حَضَّرِتِ الْكَمُّونْ، وِقَبْلْ مَا تِوْلِدْ سَمَّتُهْ مَأْمُونْ» ويروي بعضهم فيه: «منصور» بدل مأمون، وهو عيب في السجع؛ أي: قبل أن تحمل جهزت الكمون وما يلزم للحامل، وقبل أن تلد سمته بكذا. يُضرَب للشيء يُعْمَلُ قبل أوانه. وفي معناه: «قبل ما خطب ...» إلخ. و«قبل ما يشتري البقرة بنى المدود.»

«قَبْلْ مَا تِعْمِلِ الشِّيءْ اِدْرِي عُقْبُهْ» ويُروَى: «اقرا» بدل ادري؛ أي: قبل أن تُقْدِمَ على أَمْرٍ اقرأ عواقبه.

«قَبْلْ مَا تْفَصَّلْ قِيسْ وِقَبْل مَا تِلْبِسْ رِيسْ» أي: قس ثيابك قبل أن تفصلها، وإذا تهيأت فقبل أن تلبسها كن رئيسًا في نفسك أهلًا لأن تظهر بها بين الناس. يُضرَب في الحث على قياس الأمور قبل الإقدام عليها وعلى التأهيل لها قبل القيام بها. وبعضهم يروي: «وقبل ما تقيس ريس.» ومعناه: كن رئيسًا أستاذًا في صناعتك. ومن أمثال المُوَلَّدين التي في مجمع الأمثال للميداني: «قدر ثم اقطع.»

«قَبْلْ مَا خَطَبْ عَبَّى الْحَطَبْ، وِقَالْ: أَبْنِي الْكَوَانِينْ فِينْ؟» أي: قبل أن يخطب أخذ في جمع الحطب لإيقاده في طعام العرس، وقال: أين أبني المواقد التي يُطْبَخ عليها. يُضرَب للشيء يُعْمَل قبل أوانه. وبعضهم يروي: «وقاول الزلباني» بدل «وقال: أبني الكوانين فين؟» ومعناه: أخذ يشارط الزلباني على عمل الزلابية في العرس، وهو طعام معروف. وفي معناه: «قبل ما تحبل حضرت الكمون ...» إلخ. و«قبل ما يشتري البقرة ...» إلخ.

«قَبْلْ مَا شَافُوهْ قَالُوا: حِلْوِ الْقَوَامْ زَيَّ ابُوهْ» انظر: «قبل ما يشوفوه ...» إلخ.

«قَبْلْ مَا وِلْدُوه قَالُوا: عَرِيضِ الْقَفَا زَيَّ ابُوهْ» انظر: «قبل ما يشوفوه ...» إلخ.

«قَبْلْ مَا يِبْلِي يْدَبَّرْ» يُضرَب في المصيبة يَخُفُّها الله — تعالى — بلطفه، ومعناه ظاهر.

«قَبْلْ مَا يِبْنِي الْجَامِعْ اِتْرَصِّتِ الْعِمْيَانْ» اترصت؛ أي: اصْطَفَّتْ. والمراد: قبل أن يبني المسجد اجتمعت العميان واصطفت لطلب الصدقة من المصلين. يُضرَب للمتكالبين على أمر يتهيئون له قبل

أن يتهيأ.

«قَبْلْ مَا يِشْتِرِي الْبَقَرَهْ بَنَى الْمَدْوِدْ» المَدْوِد (بفتح فسكون فكسر): المِذْوَدُ كمِنْبَر، وهو معلف الدابة. يُضرَب للشيء يُعْمَلُ قبل أوانه، ويُتَسَرّع فيه قبل الثقة مما عُمِلَ لأجله. ويرويه بعضهم: «حضروا المداود قبل حضور البقر.» وقد تقدم في الحاء المهملة.

«قَبْلْ مَا يْشُوفُوهْ قَالُوا: كْوَيِّسْ زَيَّ ابُوهْ» أي: قبل ما يرونه قالوا: مليح مثل أبيه. يُضرَب للحُكْم على الشيء قبل رؤيته. ويرويه بعضهم: «قبل ما شافوه قالوا: حلو القوام زَيَّ ابوه.» ويرويه آخرون: «قبل ما ولدوه قالوا: عريض القفا زَيَّ ابوه.»

«قَبْلْ مَا يِقْطَعْ هِنَا يِوْصِلْ هِنَا» أي: قبل أن يقطع الله — تعالى — رزق عبد من عبيده من جهة يصله من جهة أخرى، فهو في معنى قول الشاعر:

لَمْ يَخْلُقِ اللهُ مَخْلُوقًا يُضَيِّعُهُ

«قَحْطَانَهْ عَمَلِتْ وَحْمَانَهْ» القحطانة: النهمة التي تُقْبِلُ على كل شيء، وأصله من القحط؛ لأن من يصابون به لا يردُّون أي طعام يجدونه. ومن عادة الوحمى أن تشتهي صنوفًا من الطعام، فتوسلت هذه النهمة إلى بغيتها بأن جعلت نفسها وَحْمَى حتى تسعف بما تشتهي. يُضرَب للشَّره والمتوسل ببعض الأسباب لنوال بغيته. وانظر: «الدنية تتمنى وحمتها.» ومن أمثال العرب: «وحمى ولا حَبَل.» يُضرَب للشره والحريص على الطعام وللذي يطلب ما لا حاجة إليه.

«قَدِّ الزِّبْلَه وِيْقَاوِحِ التَّيَّارْ» انظر: «زبله ويقاوي التيار» و«بعره ويقاوح التيار.»

«الْقَد قَدِّ الْفُولَهْ، وِالْحِس حِسِّ الْغُولَهْ» يُضْرَب للضئيل الحجم العالي الصوت الكثير الجَلَبَة. وانظر في معناه: «الحس عالي والفراش خالي» في الحاء المهملة.

«الْقَد قَدِّ الْقَد، وِالسَّمَا عَالِي مَا يْطُلُوشْ حَد» قَد؛ أي: قدر، وحَد؛ أي: أحد. والمعنى: إذا كانا متشابهين في القامة والهيئة، فليسا بمتساويين في عُلُوِّ القدر، وأين الثريا من يد المتناول؟ يُضْرَب للوضيع يساوي نفسه بالرفيع.

«قَدِّ النَّمْلَه وْتِعْمِلْ عَمْلَهْ» أي: تكون قدر النملة في الصِّغَرِ أو القوة، ثم تَجَرَّأ على إحداث حادثة. يُضرَب للضعيف يتسبب في حدوث حادث عظيم.

«الْقَدِيمَهْ تِحْلَى وِلَوْ كَانِتْ وَحْلَهْ» أي: الزوجة القديمة مهما يهجرها زوجها أو يطلقها، فإنها تحلو في عينه بعد ذلك، ولو تكون في قبحها كالوحل، فهو في معنى قول أبي تمام أو قريب منه:

نَقِّلْ فُؤَادَكَ مَا اسْتَطَعْتَ مِنَ الْهَوَى مَا الْحُبُّ إِلَّا لِلْحَبِيبِ الْأَوَّلِ

كَمْ مَنْزِلٍ فِي الأَرْضِ يَأْلَفُهُ الْفَتَى وَحَنِينُهُ أَبَدًا لِأَوَّلِ مَنْزِلِ

«قَرَّبُوا تِبْقُوا بَصَلْ، بَعِّدُوا تِبْقُوا عَسَلْ» أي: إذا أكثرتم من القرب من الناس مَلُّوكُم، وأَبْغَضُوكم كما يُبْغِضُون رائحة البصل، وإذا تباعَدْتُمْ عنهم كنتم عندهم كالعسل في محبتهم له، فهو في معنى: «زُرْ غِبًّا تَزْدَدْ حُبًّا.» وقولهم: تبقوا؛ أي: تَصِيرُونَ وتَكُونُونَ.

«الْقِرْدْ فِي عِينْ امُّهْ غَزَالْ» يُضرَب في منزلة الأبناء عند الآباء. وفي معناه قولهم: «الخنفسة عندُ امِّها عروسة.» وقولهم: «خنفسة شافت بنتها ...» إلخ. وقد تقدما في الخاء المعجمة فراجعهما. وفي الأمثال العربية: «زُيِّنَ في عين والد ولده.»

«قِرْدِ مْوَافِقْ وَلَا غَزَالْ شَارِدْ» لأن الموافق أنفع من الشارد فيفضل عليه.

«قِرْدْ حَارِسْ وِبَيَّاعْ مَكَانِسْ» يُقَال هذا لمن يشغل نفسه بعدة أمور لا يحسن واحدًا منها.

«قِرْدِ يْبِيعْ أُمِّ الْخُلُولْ، غَارِتِ الْبُضَاعَهْ مِنْ وِشِّ التَّاجِرْ» معناه الظاهر.

«الْقِرْشِ الْأَبْيَضْ يِنْفَعْ فِي النَّهَارِ الْأَسْوَدْ» انظر: «الجديد الأبيض ...» إلخ في الجيم.

«الْقِرْشْ يِلَعَّبِ الْقِرْدْ» يُضْرَب في نفع النقود وأنها تُعِينُ على كل شيء. والمراد بالقرد هنا: المُعَوَّد على اللعب الذي يكون مع القَرَّاد.

«قَرْعَهْ بِمِشْطِينْ، وِعُورَهْ بِمُكْحُلْتِينْ» القرعة: يريدون القَرْعَاء؛ أي: التي ذهب القرع بشعرها. والعورة: العوراء. يُضرَب لمن يتخذ من الأداوي ما لا ينفعه وفوق ما يلزمه تفاخرًا مع عدم تنبهه لما في نفسه من النقص.

«الْقَرْعَهْ تِتْبَاهَى بْشَعْرْ بِنْتُ اخْتَهَا» أي: القرعاء التي ذهب القرع بشعرها تتباهى وتفتخر بشعر بنت أختها. والمراد: إحدى قريباتها. يُضرَب للمُتَفَاخِر بمفاخر غيره إذا عَرِيَ عنها، وهو من أمثال النساء التي أوردها الأبشيهي في «المستطرف» ولكن برواية: «تباهت الرعنة بشعر بنت أختها.» ورواية: «القرعة» ألصق بالمعنى.

«قَرْقَرْ جُرْنَكْ وَلَا تْقَرْقَرْ مَخْزَنَكْ» قَرْقرْه؛ أي: لا تُبْقِ في قراره شيئًا. والجرن: البَيْدَرُ. والمراد: افعل ذلك في بيدرك؛ لأن ما تبقيه فيه يأخذه الناس، ولكن لا تفعل ذلك في مخزنك، بل أَبْقِ به بقية؛ لأنها محفوظة وربما تحتاج إليها. ثم هم يعتقدون أن إخلاء المخزن من الحبوب شؤم، وكذلك الكيس لا ينفقون ما فيه جميعه بل لا بد من إبقاء شيء فيه، ولو فلس، على اعتقاد أنه يجيب غيره.

«قَسَمُوا الْقَسَايِمْ خَدْتَ انَا كُومِي. قَالُوا: مَسْكِينَهْ. قُلْتْ: مِنْ يُومِي» أي: لما قُسِّمَتِ الحظوط أخذتُ أنا حظي مع من أخذ، فقال الناس: إنها مسكينة سيئة الحظ، فقلت: هذا من القِدَم؛ أي: من يوم ولادتي.

يُضرَب للسيئ الحظ مدة حياته كلها. وفي معناه قولهم: «من يوم أن ولدوني في الهم حطوني.»

«قَشِّشْ عَلَى مَيِّتَكْ تِسْخَنْ» الميّة (بتفخيم الياء): الماء. ومعنى قشش: اجمع لها القش؛ أي: حطام العيدان للوقود. والمراد: اعْتَنِ بأمورك وعالجها ولو بالقليل تَسْتَقِمْ.

«اِلْقَشَلْ خُزَامِ الْعَنْتِيلْ» القشل: الإفلاس. والخزام (بالضم): ما تجعل في جانب منخر البعير من خيط أو إبرة لإذلاله وإخضاعه. والعرب تقول: الخِزَامة (بكسر الأول). والعنتيل: العَاتِي؛ أي: لا يزلُّ المستكبر العاتي الجبار مثل الإفلاس. وقالوا في معناه: «الفقر خزام العتريس.»

«قُصْرِ دِيلْ يَا ازْعَرْ» الأزعر: يريدون به الذي ليس له ذَنَبٌ. والمراد: إحجامك عن هذا الأمر ما هو إلا لقِصَرِ يدك وعجزك عنه. وانظر: «موش حايشك عن الرقص إلا قُصْر الأكمام» في الميم.

«قُصْرِ الْكَلَامْ مَنْفَعَهْ» معناه ظاهر. وقالوا أيضًا: «كتر القول دليل على قلة العقل.» و«كتر الكلام خيبة.» وسيأتيان في الكاف، وانظر: «عيب الكلام تطويله» في العين المهملة.

«قُصِّ حْمَارَكْ يِكْبَرْ، وِقُص جَمَلَكْ يِصْغَرْ» لأن الحمار يَحْسُنُ مَنْظَرُهُ بالقَصّ فيملأ العيون. والجمل إذا زال وَبَرُهُ قبح منظره وظهر للعيون ضئيلًا. يُضرَب في أن لكل شيء ما يليق به، فما يحسن عمله في البعض قد لا يَحْسُن في غيره.

«قَصْقَصْ رِيشْ طِيرَكْ دَنُّهْ حَوْلَكْ، طَوِّلُه يْرُوحْ لِغِيرَكْ» دَنُّهْ (بفتح أوله وتشديد النون)، ويقولون فيه: تَن أيضًا، بمعنى: يَبْقَى؛ أي: قُصَّ ريش طائرك يَبْقَ حولك، وإن تركته ينبت ويطول فإنه يطير لغيرك. يُضرَب في الاحتياط وعدم التفريط للخدم ونحوهم.

«قَضِّيتِ الْعُمْرْ فِي قَهْرْ هُوَّ الْعُمْرْ كَامْ شَهْرْ» القهر: يريدون به الهَمَّ والغَمَّ؛ أي: إذا كنتُ قَضَيْتُ عمري في هموم وأحزان فأي معنى للحياة مع هذه الحالة؟ وإلامَ أنتظر تَبَدُّلَ الأحوال وعمري ينقضي سريعًا كأن سنيه شهور؟ يُضرَب في هذه الحالة واليأس من تبدلها.

«قُط خُلْصْ وَلَا جَمَلْ شِرْكْ» يُضرَب في مدح القليل الخالص وتفضيله على الكثير المُشْتَرَك فيه. ويُروَى: «كلب خلص» بدل قط. وانظر قولهم: «حمار ملك ولا كحيلة شرك.»

«اِلْقُط مَا يْحِبِّشْ إِلَّا خَنَّاقُهْ» انظر: «القط يحب خناقه.»

«قُطْعِ الطِّشْتِ الدَّهَبْ اِللِّي أَطْرُشْ فِيهِ الدَّم» الطَّشْت (مفتوح الأول) وورد بالسين والشين، والعامة تكسر أوله وتقتصر على المعجمة: وعاء معروف. والطراش: القيء، ويريدون بقولهم: «قطع» الدعاء بالقطع، أي العدم؛ أي: لا كان هذا الطشت المصوغ من الذهب إذا أُعِدَّ لأَقِيءَ فيه الدم، وما فائدة إكرامي به وهو من معدات هلاكي؟!

«قطعِ الوَرَايدْ وَلَا قطعِ العَوَايدْ» الورايد: يريدون جمع وريد، وهو مما لا يستعملونه إلا في الأمثال. والمراد: موت الإنسان خير من قطع ما تعوده من البر للناس. وأنشد ابن الفرات في تاريخه للشيخ أحمد الدنيسري الشهير بابن العطار المُتَوَفَّى سنة ٧٩٤:

هَجَرْتنِي بَعْدَ وَصْلٍ فَمَدْمَعُ الصَّبِّ صَبُّ

وَلَسْتُ أَشْكُو وَلَكِنْ قَطْعُ الْعَوَائِدِ صَعْبُ

«قُطْعِتِ الْعِيرَهْ لَو كَانِتْ لُامِّي تِقَلَّعْهَا لِي مَا تِخْتِشِي مِنِّي» قطعت: دعاء عليها بالقطع. والعيرة (بكسر الأول): العارية؛ أي: لا كانت العارية فإنها لو كانت لأمي وأعارتها لي لاستردَّتْهَا ولم تستحِ مني.

«قَطَعُوا إِيدُهُ صَحِّتْ لِلطَّنْبُورَهْ» أي: قطعوا يده لإتلافها فإذا بها صلحت للضرب بها على الطنبور. ويرويه بعضهم: «قطعوا إيد العبد قال: صحت للطنبور»؛ وذلك لأن العبيد السودان يضربون الطنبور (قول المتنبي):

وَرُبَّمَا صَحَّتِ الْأَجْسَامُ بِالْعِلَلِ

«اِلْقُط مَا يِهْرَبْ مِنْ عِرْسَهْ» العرسة (بكسر فسكون) يريدون بها ابن عِرْس. يُضرَب في أن القويَّ لا يفر من الضعيف.

«اِلْقُطّ يْحِب خَنَّاقُهْ» يُضرَب للئيم يحب من يسيئه ويؤذيه. وبعضهم يرويه: «القط ما يحبش إلا خناقه.» ومن أمثال العرب: «أحب أهل الكلب إليه خانقه.» يُضرَب للئيم؛ أي: إذا أَذْلَلْتَهُ يُكْرِمك وإن أكرمته تَمَرَّدَ. ومن أمثالها أيضًا: «حبيب إلى عبد من كَدَّهُ.» يعني أن من أهانه وأتعبه فهو أحب إليه من غيره؛ لأن سجاياه مجبولة على احتمال الذُّلِّ.

«قَطْعُهْ وَلَا نَحْتُهْ» المراد: الكلام؛ أي: قطعه وإنهاء الملاحاة خير من تطويله بأعذار لا تُقْبَل ولا تفيد.

«اِلْقُطَّهْ مَا تِهْرَبْش مِنْ بِيتِ الْفَرَحْ» أي: الهرة لا تهرب من دار العرس ولا تفارقها مهما تُضْرَب وتُطْرَد، وذلك لما تصيبه من الأطعمة. يُضرَب لمن يحمله الطمع على لزوم مكان فيه غُنْم غير مبال بالطَّرْدِ والإهانة.

«قُطُّهُمْ جَمَلْ وِبَرَاغِيتْهُمْ رِجَّالَهْ» يُضْرَب لمن يبالغ في الأشياء ويُكَبِّر الصغير، فيجعل الهرَّ جملًا والبراغيث رجالًا.

«قْعَادِ الْخَزَانَهْ وَلَا الْجَوَازَهْ النَّدَامَهْ» الخزانة (بفتح الأول): يعنون بها الحجرة الصغيرة في أكواخ الريف. والندامة مصدر وُصِفَ به، والجوازة: الزواجة؛ أي: لَأَنْ تَبْقَى البنت قاعدة في حجرتها خير

لها من التزوج زواجًا تندم منه. يُضرَب في تفضيل أخَفِّ الضررين. وفي معناه قولهم: «العزوبية ولا الجوازة العرة.»

«**قَعْدِتِي بِينِ اعْتَابِي وَلَا قَعْدِتِي بِينَ احْبَابِي**» ويُروَى: «على» بدل «بين» الأولى، و«عند» بدل الثانية. والمراد تفضيل قعود المرء في داره؛ أي: لَأَنْ تكون لي دار أجلس على أعتابها خير لي من الجلوس بين الناس ولو كانوا من أحبابي وأصحابي؛ فهو أقرب للسلامة، وأدعى للراحة، وأحفظ للكرامة، وأصون لماء الوجه.

«**الْقَعْدَه تْحِب، والْعَلْقَه تْدِب**» تحب هنا مرادهم به تُحَبُّ بالبناء للمجهول. والعلقة: النَّوْبَةُ من الضرب للعقاب. والمعنى: القعود محبوب لما فيه من الراحة، ولكن العقاب على الإهمال شديد يَسْتَفِزُّنَا إلى الدَّبِّ؛ أي: الحركة للعمل. يُضْرَب في ذَمِّ الكسل والتيقظ لما يترتب عليه.

«**قَعْدَهْ عَلَى قَعْدَهْ رَاحِ النَّهَارْ يَا سِعْدَهْ**» سعدة: اسم امرأة، ولا يريدون به شخصًا معينًا. يُضرَب في سرعة مُضِيِّ الوقت. وبعضهم يزيد فيه: «واتشمتت العدا.» أي: الأعداء.

«**الْقَفَصِ الْمِزَوَّقْ مَا يِطْعِمِ الطِّيرْ**» معناه ظاهر؛ لأن زخرفة القفص لا تقوم مقام طعام الطائر. يُضرَب في أن حسن المَسْكَن لا يُغْنِي عن الطعام.

«**قُفْطَانُه وْجِبِّتُهْ تِغْنِي عَنْ خُضَارُه وِلَحْمِتُهْ**» القفطان: ملبوس معروف يُلْبَسُ تحت الجبة. والخضار: الخضر التي تُطْبَخ. تقوله الزوجة إذا كان زوجها حَسَنَ البِزَّة قليل البِرِّ للمدافعة عنه.

«**الْقُفَّه اللِّي لَهَا وِدْنِينْ يِشِيلُوهَا اتْنِينْ**» الودن (بكسر فسكون): الأذن. يُضرَب للأمر المُتْقَن الذي فيه ما يعين على القيام به.

«**قِل مِ الْأَرْضْ واخْدِمْ**» معناه ظاهر؛ لأن كِبَرِ المزرعة لا يُفِيدُ مع عدم العناية بها.

«**قِل مِ النَّدْرْ واوْفِي**» أي: إذا نَذَرْتَ فَانْذِرْ قليلًا مع الوفاء به، فذلك خير من أن تَعِدَ بالكثير وتعجز عنه.

«**قَلْبِ الْمُؤْمِنْ دَلِيلُهْ**» يُضْرَب عند صِدْقِ الحَدْس في شيء.

«**الْقَلْبِ يْحِن**» أي: قد تعاوده الشفقة والحنان على الولد. يُضْرَب للولد يسيء إلى والديه فينبذانه، ثم تعاودهما الشفقة عليه والحنين إليه أحيانًا، لما هو مُودَعٌ في قلوب الآباء للأبناء، ويرادفه من أمثال العرب: «لا يَعْدَم الحُوارَ من أمه حَنَّة.» والحوار (بضم أوله وكسره): ولد الناقة.

«**قَلْبِي عَلَى وِلْدِي انْفَطَرْ وِقَلْبْ وِلْدِي عَلَيَّ حَجَرْ**» يُضْرَب في شفقة الآباء (المحتسب ج٢ أوائل ٢٤ ولد، ويُحَقَّق من غيره).

«قلْتِ لبَخْتِي: أنَا رَايْحَه اتْفَسَّحْ. قالْ: وَانَا مَا نِيشْ مِكَسَّحْ» البخت: الحظ. والمراد هنا السيئ. واتفسح: أتنزَّه. والمكسح (بكسر الميم والصواب ضمها): المُقْعَد. يُضرَب في أن سيِّئ الحظ يتبعه حظه أينما سار؛ أي: قلت لحظي السيئ: دعني قليلًا فلست أحاول في ذهابي اغتنام مغنم حتى تتبعني لتحول بيني وبينه، وإنما قصدي التنزه وإراحة البال. فقال: لا تظنني أني مقعد لا أتكلف الذهاب إلا في المهمات، بل أنا نشيط ليس بي عاهة تمنعني من اتباعك كل حين. وبعضهم يزيد فيه: «قلت: رايحه للجيران. قال: وأنا مانيش تعبان. قلت: رايحه لأهلي، قال: وأنا أمشي واحدة واحدة على مهلي» يريدون بـ «واحدة واحدة»: خطوة بعد خطوة؛ كناية عن المشي على مَهَل. وفي معناه قولهم: «البخت يتبع أصحابه.» وقولهم: «بختها معها معها ...» إلخ. فليراجعا.

«قِلِّتْهُمْ تِحْوِجْ» أي: النقود إذا قَلَّتْ من يد شخص احتاج لغيره. وقد أضمروا النقود وإن لم يَجْرِ لها ذكر. وبعضهم يروي فيه: «تفضح» بدل تحوج.

«قِلَّه وْعَامِلْ قَنَاطَهْ» القلة: يريدون بها صغر الحجم. والقناطة: التكبر والتَّجَهُّم للناس؛ أي: يكون صغيرًا وحقيرًا ويتظاهر بذلك، وبعضهم يرويه: «زَيِّ ولاد الغار قلة وقناطه.» وتقدم في الزاي.

«قُلُوبْ عَلِيهَا دْرُوبْ وِقْلُوبْ مِنِ الْهَمِّ تْدُوبْ» أي: القلوب ليست متساوية؛ فمنها ما عليه أبواب مغلقة لا تنفذ إليها الهموم، ومنها ما تذوب لأقل هَمٍّ. والدرب لا يستعملونه بمعنى الباب إلا هنا. وقالوا أيضًا: «القلوب موش زَيِّ بعضها.»

«الْقُلُوبْ مَا تِسَّخَّرْشْ» أي: القلوب لا تُسَخَّر للبُغْضِ أو الحُبِّ، بل هما بحسب الميل. وفي معناه: «حبني وخد لك زعبوط.» وقد تقدم في الحاء المهملة. وانظر في الكاف: «كل شيء عند العطار ...» إلخ.

«الْقُلُوبْ مُوشْ زَيِّ بَعْضَهَا» لأن منها القاسي واللين والحقود والصافي، فلا ينبغي أن يحكم الإنسان بما في قلبه على قلب غيره. وقالوا أيضًا: «قلوب عليها دروب ...» إلخ.

«قَلِيلِ الْبَخْتْ يِلَاقِي الْعَضْمِ فِي الْكِرْشَهْ» أي: قليل الحَظِّ يَجِدُ العظم في الكرش، والكروش ليس بها عظام. يُضرَب في سيئ الحظ تلاقيه العثرات فيما هو سهل ميسر. وبعضهم يروي فيه: «اللية» بدل الكرشة، وهي ألية الشاة، والمؤدى واحد.

«قَمْحْ وَالَّا شْعِيرْ؟» جملة تقال للقادم بخبر للاستفهام عما وراءه، وهي في معنى المثل العربي: «أسعد أم سعيد؟» وانظر قولهم: «طاب والا اتنين عور.» فهو في معناه، وقد تقدَّم في الطاء المهملة. وانظر أيضًا: «سبع والا ضبع.»

«اِلْقَمْحِ يْدُورْ وِيِجِي الطاحُونْ» أي: مصير كل شيء لما جُعِل له، فإن القمح إنما وُجِدَ ليُطّحَن ويُعْجَن فمهما يَدُرْ؛ أي: يذهبوا به إلى هنا وهناك، فمصيره إلى الطاحون. وقد يقصدون به أحيانًا التهديد؛ أي: أنت متباعد الآن عَنِّي ولا تصل يدي إليك ولكن مرجعك إلَيَّ آخر الأمر.

«اِلْقَنَاعَهْ مَالْ وِبْضَاعَهْ» البضاعة: سلع التاجر التي يعرضها للبيع. ومعنى المثل ظاهر، وهو من مثل قديم رواه صاحب العقد الفريد بلفظ: «القناعة مال لا ينفد.»

«قُولْ لُه فِي وِشُّهْ وَلَا تْغِشُّهْ» انظر: «بدال ما تغشه ...» إلخ. في الباء الوحدة.

«قُولِةْ بُكْرَهْ مَا تِنْقِضِيشْ» أي: الإحالة على الغد لا تنقضي ولا حَدَّ لَهَا، فهي من علامات التسويف. وفي معناه: «كلمة بكره أعطيك يا ما طوت أيام.» وقولهم: «كلمة بكره زرعوها ما طلعتش.» وسيأتيان في الكاف.

«قُولِةْ حَا تْسُوقِ الْحِمِيرْ كُلُّهُمْ» هو كقولهم: «اِلِّي يقول: حه يسوق العجول الكل.» وقد تقدم في الألف. وكلمة «حا» زجر للحمير وحَثٌّ لها على السير.

«قُولِةْ لَوْ كَانْ تُوَدِّي الْمُرُسْتَانْ» تودي؛ أي: تؤدي إلى كذا. والمرستان (بضمتين فسكون) يريدون به مستشفى المجانين، وأصله في الفارسية بيمارستان، ومعناه: مكان المرضى؛ فحرفته العامة إلى مرستان، وخصته بمكان المجانين. والمعنى: كلمة «لو كان» لا تفيد والتشبث بها يضل العقول. وانظر قولهم: «زرعت سجرة لو كان ...» إلخ. وقولهم: «كلمة يا ريت ما عمرت ولا بيت.» وفي معناه قول بعض العرب:

وَقِدْمًا أَهْلَكَتْ لَوٌّ كَثِيرًا وَقَبْلَ القَوْمِ عَالَجَهَا قدارُ

وقول النمر بن تولب:

بَكَرَتْ بِاللَّوْمِ تَلْحَانَا فِي بَعِيرٍ ضَلَّ أَوْ حَانَا

عَلَقَتْ لوا تكررها إن لوا ذَاكَ أَعْيَانَا

«قُولِةْ مَا اعْرَفْشِي رَاحْتِكْ يَا نَفْسِي» أي: من أَقَرَّ بجهله للشيء أراح نفسه، وقد جمعوا فيه بين الشين والسين في السجع، وهو عيب.

«قُولِةْ هِش تِرَبِّي الْغِشْ» هِش (بكسر الأول وتشديد الشين): زجر للطير والبهائم. الغش (بكسر الأول وتشديد الشين أيضًا): يريدون به مرضًا يصيب الماشية من شربها الماء الساخن من الخلجان فيميتها. والمراد: زجر الماشية وتفزيعها يمرضها. يُضرَب في أن الفزع يَضُرُّ بالشخص.

«قوِّي نَارِكْ تِسْبَقِي جَارِكْ» أي: إذا قويت نارك على طعامك تسبقين جارك في إنضاجه. والمقصود: كوني نشيطة في عملك. وبعضهم يروي فيه: «تغلبي» بدل تسبقي.

«قَيِّدْ بِهِيمَكْ يِبْقَى لَكْ نُصُّهْ أُرْبُطُهْ يِبْقَى لَكْ كُلُّهْ» أي: إذا قيدته فكأنك حفظت نصفه. وأما إذا ربطته في مدوده فقد أمنت عليه. يُضرَب في الحث على زيادة الاحتياط. وانظر: «اِللِّي ما يربط بهيمه ينسرق.»

«قَيِّدْهَا بْقِيدْ حَدِيدْ وِجَوِّزْهَا فِي بِيتِ السِّعِيدْ» يُضرَب في اختيار الزوج الغني على علاته. ويرويه بعضهم للمذكَّر؛ أي: «قيِّده ...» إلخ.

«قِيرَاطْ بَخْتْ وَلَا فَدَّانْ شَطَارَهْ» البخت: الحَظُّ. والشطارة: الحذاقة والمهارة. والفدان: الجريب من الأرض، وهو مقسوم إلى أربعة وعشرين قيراطًا. والمراد: قليل من الحظ أنفع للمرء من كثير من المهارة. والعرب تقول في أمثالها: «جدك لا كدك.» يرُوى بالرفع على معنى جدك يغني عنك لا كدك، ويُروى بالنصب؛ أي: ابغ جدك لا كدك. ومن أمثال فصحاء المُوَلَّدِينَ: «كف بخت من كر علم.»

«قِيرَاطْ فِي اللَّحْمَهْ وَلَا فَدَّانْ فِي امِّ الْكُرُوشْ» الفدان: الجريب من الأرض، وهو أربعة وعشرون قيراطًا. وأم الكروش يريدون الكرش. وأكثرهم يروون: «اللية» بدل أم الكروش وهي الألية. يُضرَب في أن القليل من الجيد خير من الكثير الرديء. ومن أمثال فصحاء المُوَلَّدِين: «شبر في ألية خير من ذراع في رية.»

حرف الكاف (فصحى)

كُلُّ امرِئٍ في شَأنِه ساعي: أي كل امرئ في إصلاح شأنه مُجِدٌّ.

كُلُّ امرِئٍ في بيته صبيٌّ: أي يطرح الحشمة ويستعمل الفكاهة.

كُلُّ فَتَاةٍ بأبيها مُعْجَبة: يُضرب في عجب الرجل برهطه وعشيرته.

كَفَى قومًا بصاحبهم خبيرًا: أي كل قوم أعلم بصاحبهم من غيرهم.

كالقابض على الماء: يقال ذلك للرجل يطلب ما لا يحصل له.

كثرة العتاب تورث البغضاء.

كما تدين تدان: أي كما تجازي تجازى، يعني كما تعمل تجازى إن حسنًا فحسن، وإن سيئًا فسيء.

كلا جانِبَيْ هرشى لهن طريق: يُضرب فيما سهل إليه الطريق من وجهين، و«هرشى» ثنية في طريق مكة قريبة من الجحفة يُرى منها البحر، ولها طريقان، فكل من سلكهما كان مصيبًا، قال الشاعر:

خذي أنف هرشى أوقفاها فإنه كلا جانبي هرشى لهن طريق

لهن: أي للأبل.

أكثر الظنون مُيُون: المين: الكذب، وجمعه ميون، يُضرب في تزييف الظن.

كالمستغيث من الرمضاء بالنار: يُضرب للرجل يفر من الأمر إلى ما هو شر منه.

قال الشاعر:

والمستغيث بعمرو عند كربته كالمستغيث من الرمضاء بالنار

الرمضاء: التراب الحار.

كثيرُ النصح يهجم على كثير الظنّ: المثل لأكثم بن صيفي، ومعناه: أنك إذا بالغت في النصح ظن أنك تريد حظًّا لنفسك. وقال أكثم في موضع آخر: إذا بالغت في النصح فتأهب للتهمة.

حرف الكاف (عامية)

«اِلْكَارْ مِحْنَهْ» الكار: الصناعة، وكونها محنة لأن من اشتغل بصناعة أصبح مُغْرَمًا بها لا يستطيع تركها.

«كَانْ عَلَى نُخ وِصَبَحْ عَلَى حَصِيرْ، فَضْلْ مِنْ رَبِّنَا اِللِّي مَا يِطِيرْ» النُّخُّ (بضم الأول): نوع غليظ يُنْسَج من الحلفاء يُتَّخَذ جوالق ثم يستعمله الفقراء كالحصير؛ أي: إنه كان يقعد على نُخٍّ فأصبح يقعد على حصير، فإن لم يَطِرْ من فرحه فذلك فضل من الله. يُضرَب لمن ينتقل من حالة إلى أعلى منها. وبعضهم يروي بدل الجملة الأخيرة: «دا شيء من شيء كثير.»

«كَانْ فِي جَرَّهْ وِخَرَجْ بَرَّهْ» يُضرَب في الشيء يَظْهَرُ فجأةً ولم يكن معلومًا كأنه كان مخبوءًا في جرة.

«كَانِتْ خَالْتِي وْخَالْتَكْ واتْفَرَّقِتِ الْخَالَاتْ» يُضرَب للعلاقة تكون موجودة بين شخصين ثم يحدث ما يقطعها فتزول؛ أي: كانت خالتي وخالتك تجمعاننا ثم افترقنا، ولم يبق بيننا ارتباط الآن ولا صلة.

«كَانِتِ الْقِدْرَه نَاقْصَه بِدِنْجَانَهْ صَبَحِتْ طَافْحَه وْمَلْيَانَهْ» البدنجان: الباذنجان. والقدرة: القِدْر، وهم لا يقولون في غير الأمثال إلا حلة. يُضرَب لمن يغتني بعد قِلَّة، ويُقْصَد به غالبًا التهكم بالشيء الزائد الطارئ وكونه ليس بذاك.

«كَانِتْ مِرْتَاحَهْ جَابِتْ لَهَا حَاحَهْ» المراد بالحاحة: صوت الحيوان كالمَعْز والدجاج والإوَز؛ أي: كانت في راحة فجلبت لنفسها شيئًا يشغلها ويتعبها. وبعضهم يرويه للمتكلم؛ أي: «كنت مرتاحة جبت لي حاحه.» والأكثر ما هنا.

«كَبِّبْ ورَبِّنَا الْمِسَبِّبْ» التكبيب هنا: وضع أشياء على أشياء حتى تتراكم، يُقَال للتاجر تتراكم عنده السلع تسلية له؛ أي: دَعْهَا تتراكم والله — سبحانه — يهيئ الأسباب لبيعها. وقد يراد بالتكبيب: تكبيب اللحم المدقوق لقليه وبيعه؛ أي: واصل العمل والله ييسر لك من يشتري.

«كِبِرِ الْبَصَلْ وِادَّوَّرْ وِنِسِي حَالُهْ الْأَوَّلْ» يُضرَب لمن يَغْتَنِي بعد فقر أو يعظم بعد ضعة، فينسى ما كان فيه للؤم طبعه. وقد جمعوا فيه بين الرَّاءِ واللام في السجع، وهو عيب.

«اِلْكِبَرْ عِبَرْ» يُضرَب في كبر السن وما فيه، وهم يفتحون أول «الكَبَر»، وكسروه هنا للازدواج.

«اِلْكِبَرْ كِبِرْنَا والْعَقْلْ مَا كْمِلْنَا» أي: أما السن فقد بلغنا منه عتيًا، ولكنا لم نكمل بالعقل، فهو في معنى قولهم: «شابت لحاهم والعقل لسه ما جاهم.» وتقدم في الشين المعجمة.

«كَبْرِ الْكَومْ وَلَا شَمَاتِةِ الِاعْدَا» يُقْرَأ «لِعْدَا» أي: الأعداء. والمراد بالكوم: العرمة في البيدر؛ أي: لأنْ تكون كبيرة ولو كان أكثرها تبنًا خير من شماتة الأعداء بصغرها ولو كان أكثرها حبًّا.

«كُبْرِ النَّفْس قَطْعْ نَصِيبْ» أي: التَّكَبُّر يقطع نصيب المرء.

«كِبِيرِ الرَّاسْ فَارِسْ وَافْكَحِ الرِّجْلِينْ صَبِي» انظر: «أفكح الرجلين صبي ...» إلخ. في الألف.

«كِبِيرِ الْقُومْ خَادِمْهُمْ» أي: سيد القوم خادمهم.

«الْكِتَابِ انْكَتَبْ وِالْمَهْرْ عَلَى الله» الكتاب؛ أي: عقد الزواج. والمعنى: عُقِدَ العقد واتَّكَلْنَا في المهر عليه — تعالى، فعسى أن يُيَسِّرَهُ. يُضرَب في الأمر يتم بعضه ويبقى أصعب ما فيه.

«كُتْرِ الْأَسِيَّهْ تِقْطَعْ عُرُوقِ الْمَحَبَّهْ» الأَسِيَّة يريدون بها: الإساءة والقسوة، وهي إذا كَثُرَتْ أزالت المحبة طبيعة.

«كُتْرِ التِّكْرَارْ يِعَلِّمِ الْحُمَارْ» معناه ظاهر، والصَّواب في التكرار (فتح أوله)، والعامة تكسره. وفي كتاب الآداب لابن شمس الخلافة: «إذا تكرر الكلام على السمع تقرر في القلب.»

«كُتْرِ التَّنْخِيسْ يِعَلِّمِ الْحِمِيرِ التَّقْمِيصْ» التقميص في الحمير شبه جماح يركب فيه الحمار رأسه ويرفس برجليه، وفي هذه الرواية الجمع بين السين والصاد في السجع، وهو عيب، والأكثر في المثل: «كتر النخس يعلم الحمير الرفس.» وسيأتي.

«كُتْرِ الْحُزْنْ يِعَلِّمِ الْبُكَا» معناه ظاهر. ويرويه بعضهم: «كتر النوح»، والمقصود كثرة سماع النَّوْحِ.

«كُتْرِ الدَّلَعْ يِكَرَّهِ الْعَاشِقْ» أي: كثرة الدلال تورث البغض في نفس العاشق، والمقصود ذَمُّ الإفراط في الشيء.

«كُتْرِ السَّلَامْ يِقِلِّ الْمعْرِفَهْ» المعرفة، يريدون بها: الصحبة والصداقة، يُضرَب في أن الإفراط في الشيء يقلبه إلى ضِدِّه.

«كُتْرِ الشَّد يِرْخِي» أي: الإفراط في الشدة قد يؤدي إلى عكس المقصود منها (انظر نظمه في ص٧٩ من الكتاب رقم ٦٤٨ شعر).

«كُتْرِ الضَّرْبْ يِعَلِّمِ الْبَلَادَهْ» لأن الشخص يَتَعَوَّدُ عليه فلا يفيد فيه بعد ذلك.

«كُتْرِ الْعِتَابْ يِفَرَّقِ الْأَحْبَابْ» معناه ظاهر. والعرب تقول في أمثالها: «كثرة العتاب تورث البغضاء.» ومن الحِكَمِ المَرْوِيَّة: «أسوأ الآداب كثرة العتاب.» وفي المخلاة لبهاء الدين العاملي: «الإفراط في العتاب يدعو إلى الاجتناب.» وقال بشار بن برد:

إِذَا كُنْتَ فِي كُلِّ الأُمُورِ مُعَاتِبًا صَدِيقَكَ لَمْ تَلْقَ الَّذِي لَا تُعَاتِبُهْ

وقال البحتري:

أُعَاتِبُ الحبَّ فِيمَا جَاءَ واحدة ثُمَّ السلَامُ عليه لا أُعَاتِبُهُ

«كُتْرِ الْقُولْ دَلِيلْ عَلَى قِلِّةِ الْعَقْلْ» لأن العاقل الرزين لا يتكلم إلا حيث يَحْسُنُ الكلام، وانظر: «كتر الكلام خيبة.»

«كُتْرِ الْكَلَامْ خِيبَهْ» الخيبة (بالإمالة): الخَيْبَة، ويريدون بها هنا عدم الفائدة، وعجز المتكلم عن غير الكلام. ويقولون في معناه: «قصر الكلام منفعة»، وقد تقدم في القاف. وانظر: «كتر القول دليل على قلة العقل.» وقالوا أيضًا: «عيب الكلام تطويله.» وتقدم ذكره في العين المهملة.

«كُتْرِ الْكَلَامْ يِعَلِّم الْغَلَطْ» معناه ظاهر؛ لأن من يكثر كلامه تكثر عثراته وسقطاته، وهو من قول القائل: «من كثر لغطه كثر سقطه.» ومن أمثال العرب قول أكثم بن صيفي: «المكثار كحاطب ليل.»

«كُتْرِ الْكَلَامْ يِقِلِّ الْقِيمَهْ» لا ريب في أن كثرة الثرثرة تقلِّلُ قيمة المرء، وتذهَبُ بهيبته وكرامته بين الناس.

«كَتَّرْ مِنِ الْفُرُوشْ تِمْلَا السُّرُوجْ» أي: أَكْثِرْ من عدد الزوجات، يكن لك بنون يركبون الخيل فَتَعْتَزَّ بهم.

«كَتَّرْ مِنِ الْفَضَايِحْ آدِي انْتَ رَايِحْ» انظر: «ما دام رايح كتر م الفضايح.»

«كُتْرِ النَّخْسْ يِعَلِّمِ الْحِمِيرِ الرَّفْسْ» أي: الإفراط في الإساءة للحث على شيء يُسيء الخلق ويُنْتِجُ عكس المقصود. وبعضهم يرويه: «كتر التنخيس يعلم الحمير التقميص.» وقد تقدم والأكثر ما هنا.

«كُتْرِ النُّوحْ يِعَلِّم الْبُكَا» انظر: «كتر الحزن ...» إلخ.

«كُتْرِ الْهَرْشْ يِطَلَّعِ الْبَلَا» الهرش: حك الجسم بالظفر. والبلا (بفتح الأول) يريدون به بثورًا خبيثة صعبة الشفاء. والمراد: الإفراط في الاستشفاء قد يُحْدِثُ أمراضًا ليست بالبال، فهو قريب من قولهم: «اللي يعاشر الحكيم يموت سقيم.» وقد تقدم في الألف فراجعه.

«كُتْرِ الْهِزَارْ يِقَلِّلِ الْمَقَامْ» الهِزَارُ: المُزَاح. وفي معناه من أمثال العرب: «المزاحة تذهب المَهَابة.» أي: إذا عُرِفَ بها الرجل قَلَّتْ هَيْبَتُه. وفي كتاب الآداب لجعفر بن شمس الخلافة: «من كثر مزحُه لم يسلمْ من استخفافٍ به أو حقد عليه.» والظاهر أنه من أمثال المُوَلَّدِين.

«كُتْرِ الْوَدَاعْ يِرِق قَلْبِ الْمِسَافِرْ» معناه ظاهر.

«الْكُتْرَهْ تِغْلِبِ الشَّجَاعَهْ» معناه ظاهر. والمراد بالكترة: الكثرة، وقد قيل قديمًا: «وضعيفان يغلبان قويًّا.»

«كَتَّرُوا بِاللمَّهْ لَا بُد عَنِ الْفرَاقْ» أي: مهما يطل اجتماع الشمل فلا بد من الفراق.

«كُتْكُتْنَا وَلَا حَرِيرِ النَّاسْ» الكُتْكُت (بالضم): ما يخرج من الكتان بعد مشطه؛ أي: نفايته. يُضْرَب في تفضيل المملوك على ما بأيدي الناس، وأن فضله قناعة به وفرارًا من تحمل المَنِّ. وفي معناه: «زيوان بلدنا ولا القمح الصليبي.» و«شعيرنا ولا قمح غيرنا.» وقد تَقَدَّمَا.

«كتِيرِ الْحَرَكَهْ قَلِيلِ الْبَرَكَهْ» أي: من كثرت حركاته قلَّتِ المنفعة منه. والمراد: من قصر همه على كثرة الحركة.

«كتِيرِ النَّط قَلِيلِ الصِّيدْ» النط عندهم: القفز. والمراد هنا: كثرة الحركة بلا فائدة.

«الْكَحْكَهْ فِي إِيدِ الْيَتِيمْ عَجَبَهْ» أي: الكعكة على حقارتها تُسْتَغْرَب في يد اليتيم وتُسْتَكْثَر عليه. يُضرَب في الأمر الحقير يُسْتَكْثَر على الشخص الضعيف.

«كَدَّابِ اللِّي يقُولِ: الدَّهْرِ دَامْ لِي ... إلخ» انظر في الهاء: «هي دامت لمين يا هبيل؟»

«الْكَدَّابْ تِنْحِرِقْ دَارُهْ» يروون في أصله: أن رجلًا كان كثير الكذب يفاجئ الناس كل يوم باستصراخهم لنجدته في أمر وقع فيه، فإذا ذهبوا لإغاثته لا يجدونه صادقًا في دعواه، ثم احترقت داره يومًا واستصرخهم فلم يغيثوه لتعودهم منه الكذب؛ فأتت النار عليها.

«الْكَدَّابْ خَرَبْ بِيتِ الطَّمَّاعْ» لأن الكذاب يلفق للطمَّاع ويحسِّن له أمورًا يطمعه فيها بالربح فيصدقه لطمعه، ويندفع في الإنفاق فيما لا يعود بثمرة فيَخُس ماله ويخرب داره. ولقد أصابوا في قولهم: «الطمع يقل ما جمع.» وقولهم: «عمر الطمع ما جمع.» وقد تقدما.

«الْكِدْبْ مَالُوشْ رِجْلِينْ» أي: ليس له رجلان يسير عليهما. والمراد: الكذب لا يسير طويلًا بل يُفْضَح عاجلًا، فيُهْمَل ويصير كالمُقْعَد. وبعضهم يروي فيه: «الباطل» بدل الكذب، وقد تقدم في الباء الموحدة. وقد عبروا بهذا التعبير في عكس المعنى في قولهم: «الحرامي مالوش رجلين.» فإنهم يريدون ليس له رجلان يقف عليهما، بل يسرع في الفرار. وقد تَقَدَّمَ ذكره في الحاء المهملة.

«كِدْبِ مْسَاوِي وَلَا سِدْقِ مْبَعْزَقْ» أي: كذب مقبول لا مبالغة فيه خير من صدق مُبَعْثَر؛ أي: ليس متلائمًا في أجزائه. وقالوا أيضًا: «كدب موافق ولا سدق مخالف.» وانظر في الألف قولهم: «إيش عرفك إنها كدبة؟ قال: كبرها.»

«كِدْبِ مْوَافِقْ وَلَا سِدْقِ مْخَالِفْ» هو في معنى: «كدب مساوي ...» إلخ. وقد تقدم قبله.

«كَرَامِةِ الْمَيِّتْ تِظْهَرْ عَنْدْ غُسْلُهْ» يُضرَب للمرء تظهر مآثره في آخر أمره.

«كَرَامِةِ الْمَيِّتْ دَفْنُهْ» أي: إكرام الميت في دفنه.

«**الْكِرْشَهْ عَنْدِ الْمِقِلِّينْ زَفْرْ**» الزَّفر: يريدون به أنواع اللحم وما طبخ بِسَمْن ونحوه؛ أي: الكرش عند الفقراء يُعَدُّ من ذلك. يُضرَب للشيء التَّافه يراه المحتاج عظيمًا. وانظر: «الكُسْبَة عند الفقرا حلاوة.»

«**الْكُسْبَهْ عَنْدِ الْفُقَرَا حَلَاوَهْ**» الكُسْبة (بضم فسكون): ما يبقى من الثُّفْل بعد عصر السمسم وإخراج زيته، تُبَاع للصبيان فيستطيبونها. والمراد: أنها عند الفقراء مما يُتَفَكَّه به كما يتفكه غيرهم بالحلوى. يُضرَب في أن التَّافه عند أناس عظيم عند غيرهم بحسب أحوالهم في الغِنَى والفَقْر. وفي معناه عندهم: «الكرشة عند المقلين زفر.» وقد تقدم.

«**كُشْكَارٍ دَايِمْ وَلَا عَلَامَهْ مَقْطُوعَهْ**» الكُشْكَار: الخُشْكَار، وهو الدقيق الخشن. والعلامة: الدقيق الحُوَّارَى. والمراد: الخبز المُتَّخَذ منهما. يُضرَب في تفضيل الرديء الدائم على الجيد الذي لا يدوم بل يُنَال غِبًّا. والمثل قديم في العامية أورده الأبشيهي بلفظه في «المستطرف». وقريب منه قولهم: «بيضتها أحسن من ليلتها.» وقد تقدم في الباء الموحدة.

«**كَف بُلْطِي يَاخُدْ مَا يِعْطِي**» وبعضهم يروي فيه: «يِدِّي» بدل يعطي، وهو في معناه. وأصله أدَّى يُؤَدِّي. والبُلْطِي (بضم فسكون): نوع من السمك كثير الشوك في جانبيه يُتْعِبُ من يقطعه عند الطبخ، فكأنه لا يعطي القياد من نفسه إلا بعد عناء، فشبهوا به كَفَّ الممسك. هكذا يفسره بعضهم، والصواب أنه من التبليط، وهو عندهم: القعود عن الحق والمماطلة فيه، وكان الوجه أن يقولوا: «كف بلطية»؛ لأن الكف مؤنثة، وهي مما أخطئوا في تذكيره. يُضرَب لمن هذا دأبه، ومثله المماطل في وفاء الدين.

«**كَفَرْ زُعْرُبْ**» زُعْرُب (بضم فسكون فضم): اسم لا يريدون به شخصًا معينًا. يُضرَب لشدة إنكار شخص على آخر إذا سمع منه أو رأى شيئًا لم يعجبه، فكأنه عنده بمنزلة كفر.

«**كُلْ أَكْلِ الْجِمَالْ وِقُومْ قَبْلِ الرِّجَالْ**» أي: لا عار عليك إذا أكلت كثيرًا بشرط أن تسبق غيرك إلى العمل.

«**كُل إِنْسَانْ بَرْبُورُهْ عَلَى حَنَكُهْ حِلْوْ**» البربور: ما سال من المخاط من الأنف. والحَنَك (بفتحتين): الفم؛ أي: إن الإنسان يستحسن من نفسه ما لا يُسْتَحْسَن.

«**كُل إِنْسَانْ فِي نَفْسُه سُلْطَانْ**» أي: كل إنسان لنفسه كرامة عنده، فليس من العدل احتقار شخص لفقره أو لضعته.

«**كُلْ بِدُقَّهْ فِي الأَزِقَّهْ وِتِخْفَى الْفَرْخَهْ اللِّي وَرَاهَا الْمَشِقَّهْ**» الدقة (بضم الأول): إدام يُعْمَلُ من الملح والنَّعْنَع الجافِّ أو غيره. ومعنى تخفى: دعاء على الدجاجة بأن تَخْفَى وتَذْهَب؛ أي: لا جاءت الدجاجة التي وراء مجيئها المشقة ولا كانت؛ فإن التأدُّم بالدقة خير منها. والمثل قديم في العامية أورده

الأبشيهي في «المستطرف» برواية: «أكل الدقة والنوم في الأزقة ولا دجاجة محمرة يعقبها مشقة.» وذكر في موضع آخر مثلًا بمعناه، وهو: «لقمة بدقة ولا خروف بزقة.»

«كُل بَرْغُوتْ عَلَى قَدّ دَمُّهْ» أي: كل برغوث يحمل من الأحمال بمقدار ما فيه من الدم. والمراد: لا يخلو أحد من الهَمِّ، سواء كان غنيًّا أم فقيرًا، وإنما لكل واحد هَمٌّ بمقداره. وقد قالوا في معناه: «كل قناية مدايقة بمَيّتْها.» وسيأتي.

«كُل بِرْكَهْ ولْهَا بَلَشُونْ» البلشون: طائر يألف الماء. والمراد: كل صقع له سُكَّان أَلِفُوه.

«كُل بِيرْ قُصَادُهْ بَلَّاعَهْ» البئر مؤنثة، وقد تُذَكَّر على إرادة القليب، والعامة تُذَكِّرُها مطلقًا. وقصاده: أمامه، والبَلَّاعة: القَنَاة يَجْرِي فيها الماء، وهي فصيحة، ويقال فيها عند العرب: البلوعة أيضًا؛ أي: كل بئر أمامها بلاعة يذهب فيها ما يخرج من مائها إذا أريق على الأرض. والمراد: كل دخل أمامه مخرج يُنْفَق فيه، فهو في معنى قولهم: «كل مطلب عليه مهلك» الآتي.

«كُل تَأْخِيرَه وْفِيهَا خِيرَهْ» أي: رُبَّ تأخير في أمر حسنت به عواقبه.

«كُلّ الْجِمَالْ بِتْعَارِكْ إِلَّا جَمَلْنَا الْبَارِكْ» يُضْرَب فيمن يسكن ويستكنُّ في أمر يقتضي نهوضه وقد نهض له الناس.

«كُل حَارَهْ وِلْهَا غَجَرْ» الحارة: الطريق دون الشارع الأعظم. والمراد هنا: المحلة. والغَجَر (بفتحتين): طائفة معروفة يقال لهم أيضًا: النَّوَر. والمراد هنا: الذين يُشْبِهُونهم في السفالة والبذاءة. يُضرَب في أن كل مكان به الصالح والطالح، وأن وجود الطالح ليس بدليل على رداءة كُلِّ مَنْ به.

«كُل حُجْرَه وْلْهَا أُجْرَهْ» الحجرة لا يستعملونها إلا في الأمثال ونحوها من الحِكَم؛ أي: لكل شيء قيمة.

«كُلّ حْمَارَهْ سَايْبَتْ وَدُّوهَا بِيتَ ابُو نَابِتْ» وَدَّى بمعنى: ذَهَبَ بِهِ. وأصله من: أَدَّى. وأبو نابت ليس مقصودًا به شخصٌ هذا اسْمُهُ؛ أي: كل حمارة أطلقت يذهبون بها إلى دار أبي نابت. يُضرَب للشخص يَقْصِدُهُ كُلُّ عاطل.

«كُل حُمُومَهْ بلِيفَهْ أَخِيرْ مِنْ فَرْخَهْ بِتَكْتِيفَهْ» أخير (بالإمالة): يريدون به التفضيل؛ أي: كل اسْتِحْمَامٍ بالليف والصابون خير لصحة المرء من دجاجة مُكَتَّفَة يأكلها؛ لأن الطعام لا يفيد مع قذارة الجسم. يُضرَب للحَثِّ على النظافة. والمراد بالتكتيفة: أنهم في طبخ الدجاج إذا لم يفصلوا أجزاءها يضمونها بعضها إلى بعض فتكون كالمكتوف.

«كُل حَي يِلْبِسْ مِنْ سَنْدُوقُهْ» أي: إنما يظهر على المرء ما في صندوقه من الثياب، فهو قريب من: «كل إناء بالذي فيه ينضح.» ويرويه بعضهم: «كل واحد من سندوقه يلبس.» ويرويه آخرون: «كل

حي من سندوقه يلبس.» ويزيد فيه بعضهم: «وكل منهو ربنا يجازيه»؛ أي: يجازيه على نِيَّتِه.

«كُل خَرَابَهْ لنَا فِيهَا عفْرِيتْ» انظر: «له في كل خرابة عفريت.»

«كُل دَقْنْ وِلْهَا مِشْطْ» الدقن يريدون بها: اللحية؛ أي: لكل شيء ما يناسبه. ومثله قولهم: «كل شارب له مقص.»

«كُل دِيكْ عَلَى مَزْبَلْتُهْ صَيَّاحْ» المراد له شأن وصوت يجرؤ على رفعه، فهو مثل: «الكلب في بيته سلطان.» ومن أمثال العرب: «كل كلب ببابه نباح.»

«كُلْ دِينْ وِاشْرَبْ دِينْ وِانْ جَهْ صَاحِبِ الْحَق خَزَّقْ لُهْ عِينْ» خزق عينه، يريدون به: أَتْلِفْهَا وأقلعها بإدخال إصبع فيها أو عود. والمراد بالمثل: لا تهتم بشيء في الدنيا.

«كُل رَاسْ مِطَاطِيَّهْ تَحْتَهَا أَلْفْ بَلِيَّهْ» أي: إذا رأيت شخصًا يطأطئ رأسه إظهارًا للتواضع وطيب الخلق فلا تَغْتَرَّ به. فكم تحت هذه الرءوس المطأطأة ألوف من أنواع الأذى والبلاء والمكر. يُضرَب في عدم الاغترار بالظاهر، وفي معناه قولهم: «الساهي تحت رأسه دواهي.»

«كُل سَاقْطَهْ وِلْهَا لَاقْطَهْ» تريد به العامة: لكل شيء طالب؛ فللجَيِّد طالب، وللرديء طالب. وفي معناه قولهم: «كل فوله ولها كيال.» وأصله من قول العرب: «لكل ساقطة لاقطة.» أي: لكل كلمة ساقطة أُذُنٌ لاقطة، فهو عندهم مَضْرُوب للتحفظ عند النطق، وقد تريد به العامة ذلك إلا أنها تضربه في الغالب في المعنى المتقدم. وقالت العامة أيضًا: «قاعد للساقطة واللاقطة.» وهو مَعْنًى آخَرُ تقدم الكلام عليه في القاف.

«كُل سَجَرَهْ إِلَّا وْهَزَّهَا الرِّيحْ» كل إنسان أُصِيبَ، والأكثر فيه: «ولا سجرة إلا وهزها الريح.» وسيأتي في الواو.

«كُل شَارِبْ لُهْ مِقَص» في غير الأمثال ونحوها يقولون للشارب: شنب. والمعنى: لكل شيء ما يناسبه. ومثله قولهم: «كل دقن ولها مشط.» وبعضهم يرويه بلفظ: «كل شنب وله مقص.» وبعضهم يروي: «قصة» أو «قص» بدل مقص.

«كُل شِنْ لُهْ يِشْبِهِنْ لُهْ» هكذا ينطقون به. وأصله: كل شن؛ أي: كل شيء له، ثم أدخلوا التنوين على الفعل، فقالوا: يشبهن للازدواج، ويريدون: يشبه له؛ أي: يشبهه. والمراد: أن كل شيء له يشبهه في الرداءة؛ لأن الرديء لا يَخْتَارُ إلا الرديء، ويريدون أيضًا: كل أفعاله وأحواله تشبهه؛ أي: مُوَافِقَةٌ لِمَا فُطِر عليه فلا يصدر من مثله إلا ما ترى. ومن أمثال فصحاء المُوَلَّدِين في هذا المعنى: «ما أشبه السفينة بالملاح!»

«كُل شِيءْ بِأَوَانْ» أي: لا تقلق ولا تيأس؛ فالأمور مرهونة بأوقاتها.

«كُل شِيءْ بِالْبَخْتْ إِلَا الْقَلْقَاسْ مَيَّه وْفحْتْ» أي: كل شيء يُنَال بالحظ إلا النبات المعروف بالقلقاس، فإنه بسقيه وحرث أرضه، وهو مبالغة في احتياج القلقاس إلى تعب شديد في زرعه عناية.

«كُل شِيءْ بِالنَّظَرْ إِلَّا الدُّخَّانْ بِالْحَجَرْ» المراد بالدُّخان الذي يدخَّن به في القصب، فإنه يُحْرَق في حجر يُوضَع في طرق القصبة؛ أي: كل شيء يُعْرَف جيده من رديئه بالنظر إلا الدخان، لا يظهر منه ذلك إلا عند التدخين به في الحجر، فيُعْرَف بطعمه في الفم.

«كُل شِيءْ تِزْرَعُه تِقْلَعُهْ إِلَّا أَبُو رَاسْ سُودَهْ تِزْرَعُهْ يِقْلَعَكْ» أبو رأس سوداء: الإنسان؛ أي: كل زرع تغرسه فإنك تقلعه ولكنك إذا زرعت إنسانًا في مكان — أي: تَسَبَّبْتَ لَهُ في عمل أو نحوه — فإنه يسعى في قلعك، وذلك لعدم الوفاء في غالب الناس. وبعضهم يرويه: «ازرع ابن آدم يقلعك.» وقد تقدم في الألف.

«كُل شِيءْ دَوَاهِ الصَّبْرْ، لَكِنْ قِلِّةِ الصَّبْرْ مَالْهَاشْ دَوَا» أي: بالصبر يُعَالِجُ المرءُ الأمور ويَقْوَى عليها، ولكن إذا كان بلاؤه قلة الصبر فقد مُنِيَ بما لا دواء له. ومن الأمثال القديمة الواردة في كتاب الآداب لجعفر بن شمس الخلافة: «المصيبة بالصبر أعظم المصيبتين.»

«كُل شِيءْ عَادَهْ حَتَّى الْعِبَادَهْ» يُضرَب في تأثير العادة في الناس.

«كُل شِيءْ عَنْدِ الْعَطَّارْ إِلَّا حِبِّنِي غَصْبْ» العطار، يريدون به: الصيدلاني بائع العقاقير، فإذا أرادوا بائع العطر قالوا فيه: المواردي. والمراد: كل شيء يُشْتَرَى إلا المحبة؛ فإنها عن ميل من النفوس لا تَتَأَتَّى بالإكراه. وانظر في معناه قولهم: «حبني وخد لك زعبوط. قال: هي المحبة بالنبوت؟» وقولهم: «القلوب ما تسَخَّرش.» وقد تقدما في الحاء المهملة والقاف.

«كُل شِيءْ فِي أَوِّلُهْ صَعْبْ» وذلك لعدم التَّعَوُّد عليه والجهل بما يحتاج إليه فيه، ثم يهون بعد ذلك بالتعود والممارسة. وفي معناه قولهم: «أول شيلة في الحج تقيله.»

«كُل شِيءْ يِبَانْ عَلَى حَرْفِ اللَّقَّانْ» اللَّقَّان: وِعَاءٌ للعَجْن؛ أي: العجين يظهر اختماره على طرف هذا الوعاء؛ لأنه يعلو حتى يبلغه. يُضرَب في أن كل الأمور لا بد من ظهورها إذا حان حينها.

«كُل شِيءْ يِجِي مِنِ الصَّعِيدْ مِلِيحْ إِلَّا رْجَالْهَا وِالرِّيحْ» وذلك لأنهم يرون في أهل الصعيد شدة في المعاملة. وأما الريح فلأن التي تهب من جهة الصعيد جنوبية، وهي مذمومة.

«كُل شِيءْ يِنْكِتِبْ فِي الْوَرَقْ إِلَّا الزَّلَقْ» الزلق: الوحل. وأصل هذا المثل على ما يذكرون أن رجلًا أَكْثَرَ من الزواج ومارس أخلاق نسائه ومكرَهُنَّ، فجمع فيها كتابًا يرجع إليه إذا دُهِيَ بماكرة منهن لِيَتَّقِيَ كيدها بما سطره عن مكر غيرها. ثم تزوج امرأة كان لها عشيق فأعيتها الحيلة معه للاجتماع بعشيقها. ثم عَنَّ لها أن تذهب للحمام فصحبها زوجها لشدة حرصه، ولما خرجت مَرًّا أمام دار

العشيق، وكانت راسلته بما ينبغي له عمله، فأراق كثيرًا من الماء أمام الدار حتى توحل الطريق، فلما اجتازت المرأة أوقعت نفسها في الوحل موهمة أن قدمها زَلَّتْ، فنزل العشيق إليها لينجدها، وكان في ثياب النساء، وأصعدها معه إلى الدار ليصلح من شأنها، وجلس الزوج منتظرًا على الباب، ثم لما علم الحيلة مزق كتابه، وقال هذا المثل.

«كُل شِيءْ يوْجَعْهُمْ إلَّا مَبْلَعْهُمْ» أي: إذا دُعوا للعمل تَوَانَوْا وَاعْتَذَرُوا، وإذا دُعوا للأكل أسرعوا، فكأنَّ كل عمل يؤذيهم ويسبِّبُ أوجاعهم إلا عمل الأكل، فإنه لا يؤذي حلوقهم.

«كُل شِيخْ ولُهْ طَرِيقَهْ» يريدون مشايخ الصوفية. والمراد: لكل إنسان طريقة يسلكها في العمل.

«كُل صُدْفَهْ خِيرْ مِنْ مِيعَادْ» معناه ظاهر. والصواب في الصُّدْفَة: المُصَادَفَة.

«كُل طَلْعَهْ ولَهَا نَزْلَهْ» أي: لكل صعود هبوط، ولله دَرُّ القائل:

بِقَدْرِ الصُّعُودِ يَكُونُ الْهُبُوطُ فَإِيَّاكَ وَالرُّتَبَ الْعَالِيَةْ

وَكُنْ فِي مَكَانٍ إِذَا مَا سَقَطْتَ تَقُومُ وَرِجْلَاكَ فِي عَافِيَةْ

«كُل عُرْمَهْ ولَهَا قَصَلَهْ» القَصَلة (بفتحتين): ما يتخلف في البيدر من خشن القَتِّ؛ أي: كل عُرْمة لا بد أن تتخلف عنها قَصَلة. يُضرَب في أن كل شيء به جيده ورديئه.

«كُل عُقْدَه ولْهَا حَلَّالْ» معناه ظاهر.

«كُلْ عِيشْ حَبِيبَكْ تْسُرُّهْ وكُلْ عِيشْ عَدُوَّكْ تْضُرُّهْ» لأن الحبيب يَسُرُّهُ أن تأكل زاده بخلاف العدو.

«كُل عِينْ قُصَادْهَا حَاجِبْ» المقصود: بجوارها حاجب يدفع عنها ويقيها من اللَّطْمِ ونحوه. وقد قالوا في معناه: «العين عليها حارس.» وتقدم ذكره في العين المهملة.

«كُل فُولَه وْلَهَا كَيَّالْ» وقد يزيدون فيه: «أعور»، والمقصود: لكل شيء ما يقوِّمه ويَزِنُهُ (أورده في سحر العيون ص١٣٤ س٢ بلفظ: «كل فولة مسوسة لها كيال أعور»). وانظر: «كل ساقطة ولها لاقطه.» من يقتصر على المثل كما كُتِبَ يريد: لكل شيء ما يُقَوِّمُهُ ويَزِنُهُ على حسب حاله، ومن يزيد لفظ «أعور» عليه فلا بد له من أن يزيد لفظ «مسوسة» بعد «فولة»، كما أورده صاحب سحر العيون حتى يصح المعنى، والظاهر أنه كان كذلك، فاختصره بعضهم ولم ينظر للمعنى.

«كُلْ قُرْصَكْ والْزَمْ خُصَّكْ» الخُصّ (بضم الأول): الكوخ يُبْنَى من اللَّبِنِ أو من أعوادٍ تُقَام ويُجلل بجافِّ النبات. والمراد هنا: الزم دارك وإن حقرت. يُضْرَب في تفضيل الوَحْدَة والعُزْلَة.

«كُل قُرْصَهْ تِحِبِّ لْهَا رَقْصَهْ» المراد: كل رغيف يُحْتَاج فيه إلى عمل؛ أي: لا يكون شيء بلا تعب وجِدٍّ.

«كَل قصَّة بِرَصَّهْ» المراد هنا بالقَصّ: نتف الدجاج؛ أي: كل نتفة من ريش الدجاج تزيد رصة في لحمها؛ أي: تسمنها، يُضرَب للأمر يُنْقَص منه فينفعه ذلك ويزيد في طرف آخر منه كالأشجار إذا شُذِبَت، فإن التشديد يزيدها قوةً ونموًّا.

«كُل قَنَايَهْ مِدَّايْقَهْ بِمَيِّتْهَا» القناية (بفتح الأول): أصلها القناة، ويريدون بها: الجدول الصغير. ومدايقة: متضايقة. والمية: الماء. والمراد: كل شخص له هَمٌّ يُضَايِقُهُ، فهو كقول القائل:

والنَّاسُ طرًّا عِنْدَ كُلٍّ كُفْوُهُ وَالْهَمُّ مفترق وما أَحَدٌ خَلِي

وفي معناه قولهم: «كل برغوت على قد دمه.» وقد تقدم.

«كُل كِلْمَهْ وِلْهَا مرَد» أي: لكل سؤال جواب، أو لكل قول رَدٌّ يُقَابَل به.

«كُل لُقْمَه تْنَادِي أَكَّالْهَا» أي: يُسَاق المرء لما هو مقسوم له من الرزق، حتى كأن لقمته تناديه وتدعوه.

«كُل لُقْمَهْ فِي بَطْنْ جَايِعْ أَخْيَرْ مِنْ بِنَايِةْ جَامِعْ» يُضْرَب للحثّ على إطعام الفقراء ومواساتهم، وهو من النصائح التي جرت مجرى الأمثال.

«كُلِّ مَا اقُولْ: يَا رَبِّ تُوبَهْ، يُقُولِ الشِّيطَانْ: بَسِّ النُّوبَهْ» بس هنا، يريدون بها: فقط. والنُّوبَةْ: المَرَّةُ؛ أي: كلما أَنْوِي التوبة يُغْرِيني الشيطان بقوله: هذه المرة فقط ثم تُبْ. يُضْرَب للمُتَمَادِي في غَيِّهِ.

«كُل مَاعُونْ يِنْضَحْ بِمَا فِيهْ» أي: كل إناء ينضح بما فيه.

«كُلِّ مَا نْقُولِ انْسَدِّتْ نِلَاقِي غِيرْهَا جَدِّتْ» يُضْرَب في الفَتْح لا يكاد يَسُدُّهُ الشخص حتى يُفْتَح عليه آخر، فهو في معنى قول الشاعر:

كَمْ أُدَاوِي الْقَلْبَ قَلَّتْ حِيلَتِي كُلَّمَا دَاوَيْتُ جُرْحًا سَالَ جُرْحُ

«كُلْ مَا يِعْجِبَكْ وِالْبِسْ مَا يِعْجِبِ النَّاسْ» لأن ما تأكله تابع لشهوة نفسك، وأما ما تلبسه فالمراد به التَّزَيُّن للناس، فليكن على ما يعجبهم (انظر نظم هذا المثل في أول ص٣١٤ من الكتاب رقم ٥٤٢ أدب. وانظر نظمه في ص١٨٩ من قطف الأزهار رقم ٥٤٥ أدب. وورد بلفظ تشتهي بدل يعجبك. وانظر نظمه في الآداب الشرعية لابن مفلح ص٤٠٦، وانظر نظمه في الجزء الذي عندنا من ربيع الأبرار ص٢٠٦، وورد بلفظ: تشتهي. وانظر في ص١٨٠ من المجموع رقم ٧٩٨ شعر: واجعل لباسك ما اشتهته الناسُ).

«كُل مَصَّهْ مَا تِجِي إِلَّا بْغُصَّهْ» أي: كل شَرْبَة لا تتهيأ لنا إلا بغصة. يُضرَب للشيء لا يُنَالُ إلا مشوبًا بالأكدار.

«كَل مَطْلَبْ عَلِيهْ مَهْلَكْ» المطلب هنا، يريدون به: الكنز. والمراد: كل دخل أمامه خرج يُنْفَق فيه ويَفْنَى فلا تحسدنَّ امرءًا على كثرة ماله قبل أن تعلم ما ينفقه. وفي معناه: «كل بير قصاده بلاعه.»

«كُل مَفْعُولْ جَايِزْ» يُضرَب هذا المثل في شيء فُعِلَ، والظاهر أنهم يريدون به: كل مفعول مقبول فهو مما يجوز فعله.

«كُلْ مَقَاتَكْ واتْرُكْ مَا فَاتَكْ» المقات والمقاتة: المقثأة. والمعنى: خذ فيما أنت فيه ولا تُفَكِّرْ فيما مضى.

«كُل مِنْ جَانَا يِحِبِّ مُرْجَانَهْ» مرجان ومرجانة: من أسماء العبيد والإماء، (والصواب فتح الأول) فيهما؛ أي: من جاءنا وغَشِيَ دارنا يعشق أَمَتَنَا مَرْجَانَة. يُضْرَب للشيء يشغفُ به كل من يراه.

«كُلِّ مَنْهُو بِيْدَوَّرْ لِقُطُّهْ عَلَى شَغْتَهْ» أي: كل إنسان يبحث لهره على شغتة، ويريدون بها الرديء من اللحم الذي يُلْقَى فيُجْعَل طعامًا للهررة والكلاب. والمراد: كل إنسان يبحث عما يعنيه.

«كُل مَنْهُو عُمَاصُه مْغَطِّي عَلَى عِينِيهْ» العماص (بضم أوله) يريدون به الرمص، وهو الوسخ الأبيض المجتمع في الموق. والمراد: كل إنسان قد غطت عيوبه على عينيه، فحجبتهما عن أن ترياها.

«كُل مِيةْ بَدْرِي لَمَّا يْخِيبْ بَدْرِي» البدري: الزرع المبكر فيه، وهم يمدحونه لما فيه من الفوائد؛ أي: كل مائة زرع بكر فيه حتى يخيب واحد منه، والمقصود: كل شيء يُبَادَر لعمله في وقته. وبعضهم يزيد فيه: «وكل مية وخري لما يصح وخري.» والوخري: الزرع المتأخر.

«كُل نُومَهْ ع الْقُلْقِيلْ مِرْتَاحَهْ أَحْسَنْ مِنْ مَخَدَّه وْطَرَّاحَهْ» القلقيل: ما أثاره الحرث من قطع الطين. والطراحة لغتهم فيها: المرتبة؛ أي في غير الأمثال. والمراد: النوم على هذه القطع المؤلمة للجسم مع راحة البال خيرٌ من النوم على الفراش الوَثِير.

«كُل نُومَه وْتَمْطِيطَهْ أَحْسَنْ مِنْ فَرَحْ طِيطَهْ» الفرح: العرس، وطيطة (بكسر الأول) يريدون بها صوت المزامير. يُضرَب في تفضيل الراحة على الاشتغال بشيء حسن، ولكنه لا يفيد، ولو كان به سرور للنفس. ويرويه بعضهم: «أحسن من فرحتي يا طيطه.» أي: من سروري وانشراحي.

«كُل هِدْمَه تْنَادِي لَبَّاسْهَا» الهِدْمَة (بكسر فسكون): الثوب، وجمعه هُدُوم، والمعنى أن كل لباس ينادي من يليق له ليلبسه. يريدون: لكل إنسان لباس يوافقه ويَحْسُنُ عليه كما يقبح على غيره. وقد قالوا أيضًا: «اللبس ما ينطلي إلَّا على أصحابه.» وذُكِرَ في اللام. وقولهم: تنادي، من لغة القرى، وأما في المدن فيقولون: نده، بدل نادى.

«كُل هَم فِي الْبَلَدْ يِجِي لِقَلْبِي وِيِنْسَنَدْ» يُضرَب عند توالي المصائب والبلايا على شخص. وقد قالوا فيه: يِنْسَنَدْ (بفتح النون الثانية والسين) ليزاوج لفظ البلد؛ لأنهم يقولون في مثله: يِنْسِنِدْ، بكسرهما.

«**كَل هَم فِي الدّنْيَا لَهْ قَلْبْ بِالْعِنْيَهْ**» العِنْيَه (بكسر فسكون) عندهم: القصد. يقولون: فعلته بالعنية؛ أي: قصدًا. والمراد هنا: له قلب خاص به؛ أي: خُلِقَ له. والمعنى: لا يخلو قلب من هَمٍّ.

«**كُل وَاحِدْ عَارِفْ شَمْسْ دَارُهْ تِطْلَعْ مِنِينْ**» منين (بالإمالة) أي: من أين. والمراد: صاحب الدار أدرى بما فيها. وانظر في معناه: «أنا أخبر بشمس بلدي.» وقد تقدم في الألف.

«**كُل وَاحِدْ لُهْ بِدِنْجَانْ شِكْلْ**» البدنجان (بكسرتين): الباذنجان؛ أي: كل شخص له باذنجان يخالف باذنجان غيره، وهو مبالغة في تصوير اختلاف الناس في المشارب والآراء، والمراد بالشكل هنا: الشكل المغاير.

«**كُل وَاحِدْ لُهْ شِيطَانْ**» أي: ما من أحد إلا له شيطان من الجن أو الإنس يغريه، ويُزَيِّنُ له الباطل، فينبغي للمرء أن يعتصم بعقله فيما يأتيه، فهو المطالب به والملوم عليه لا شيطانه.

لِكُلِّ هَوًى وَاشٍ فَإِنْ ضَعْضَعَ الْهَوَى فَلَا تَلُمِ الْوَاشِي وَلَا مَنْ أَطَاعَه

«**كُل وَاحِدْ مِنْ سَنْدُوقُهْ يِلْبِسْ**» انظر: «كل حي يلبس من سندوقه.»

«**كُل وَاحِدْ يَاخُدْ دُورُهْ**» الدور: النَّوْبَةُ؛ أي: لكل شخص نَوْبَةٌ يعلو فيها ثم تنتهي، ولكل صعود هبوط، فلا يسرُّك ما فيه صاحبك، ولا يؤلمك ما فيه عدوك فكلاهما إلى الزوال.

«**كُل وَاحِدْ يِبَرَّدْ لُقْمَهْ عَلَى قَد بُقُّهْ**» القَدُّ معناه: القَدْرُ، والبُقُّ (بضم الأول وتشديد القاف): الفم؛ أي: إنما يبرد المرء اللقمة المناسبة لفمه. وانظر في الألف: «اللي يبرد لقمه بياكلها.»

«**كُل وَاحِدْ يِنَامْ عَلَى الْجَنْبِ اللِّي يْرَيَّحُهْ**» يُضرَبُ في عدم الاعتراض على من يختطُّ خُطَّة لنفسه يرى راحته فيها.

«**كُلْ وِسْطْ وِانْعَسْ طَرَفْ**» أي: إذا جلست على الطعام مع قوم فكن وسطهم؛ لأن ما على جانبيك يقومون لغسل الأيدي في آخر الأكل، ويتركونك فتتضلع من الطعام، وإذا نمت بين قوم فَنَمْ في الطرف حتى لا يضايقوك إذا أردت القيام.

«**كَلِّم الْقُطّ يْخَرْبِشَكْ**» يخربشك؛ أي: يَظْفِرُك، ومعناه: يُدْمِيكَ بِظُفْرِه. يُضرَب للشرير يقابلك بما طُبِعَ عليه من الإساءة بمجرد تَكَلُّمِكَ معه، وأن الأولى البُعْدُ عنه وعدم التَّحَرُّش به.

«**الْكَلَام زَيِّ حَبْلِ الصُّوفْ، كُل مَا تْشِدُّهْ يِتْمَط**» أي: الكلام شجون إذا أردت الإطالة فيه طال، فهو كالحبل من الصوف إذا جذبته امْتَدَّ معك.

«**الْكَلَام زَيِّ النَّحْلْ مَا يِخْرُجْشْ إِلَّا بِالدُّخَانْ**» أي: إذا أنكر شخص أمرًا سُئِلَ عنه فلا يحمله على الإقرار إلا الشدة؛ لأن الكلام كالنحل، إذا أُرِيدَ إخراجه من خلاياه لجني العسل فلا سبيل إلى ذلك إلا

بالتدخين عليه؛ أي: إخراجه قسرًا.

«الْكَلَامِ الطَّيِّبْ بِنْخِي» أي: القول اللين يخضع ويحمل النفس على القبول والرضا.

«الْكَلَامْ لِكِي يَا جَارَهْ وِانْتِ حْمَارَهْ» أي: التعرض مُوَجَّه لك أيتها الجارة، ولكنك لا تفهمين. وهو مثل قديم أورده الأبشيهي في «المستطرف» في أمثال النساء برواية: «إلا أنتي»

إياك أعني فاسمعي يا جاره

«كَلَامِ اللِّيلْ مَدْهُونْ بِزِبْدَهْ يِطْلَعْ عَلِيهِ النَّهَارْ يِسِيحْ» يُضرَب في عدم الوفاء بالوعد، وتشبيه الكلام فيه بشيء دُهِنَ ليلًا بزبد فإذا طلعت عليه الشمس سال الزبد عنه نظم المؤلف المثل: «كلام الليل مدهون بزبد.»

«كَلْبْ أَبْيَضْ وِكَلْبْ إِسْوِدْ. قَالْ: كُلُّهُمْ وِلَادْ كِلَابْ» أي: لا تفضل بين هذا وذاك ببعض المميزات مع رداءة الأصل، فلعنة الله على الجميع.

«كَلْبَ اجْرَبْ وِانْفَتَحْ لُهْ مَطْلَبْ» انظر: «أجرب وانفتح له مطلب» في الألف.

«الْكَلْبِ انْ بَصّ لْحَالُهْ مَا يْهِزّشْ وِدَانُهْ» انظر: «لو اطلع الكلب لحاله ...» إلخ.

«الْكَلْبِ انْ طِولْ صُوفُهْ مَا يِنْجَزّشْ» أي: إذا طال صوف الكلب فإنه لا يُجَزُّ للغزل؛ أي: لا فائدة منه. يُضرَب للشيء يكثر بلا فائدة تُجْتَنَى منه. وانظر قولهم: «هو حيلة اللِّي يجز الكلب صوف؟» وقولهم: «ما حوالين الصعايدة فايدة ولا جزازين الكلاب صوف.»

«كَلْبْ حَي خِيرْ مِنْ سَبْعِ مَيِّتْ» لأنه يُنْتَفَع به، وأما السبع الميت فقد عدمت منفعته.

«كَلْبْ سَايِبْ وَلَا سَبْعْ مَرْبُوطْ» وذلك لأن الأسد المربوط مأسور لا يستطيع الصِّيال بخلاف الكلب المُطْلَق. والمراد: لَأَنْ أَكُونَ كَلْبًا مطلقًا خير لي من أن أكون أسدًا مأسورًا. وقد يريدون به أن المطلق أنفع؛ لأنه يسعى لنفع نفسه ويستطيع نفع غيره. والعرب تقول في أمثالها: «كلبٌ عَس خَيْرٌ من كلب ربض.» ويُروَى: «خير من أسد رابض.» وهو قريب من معنى المثل العامي على التفسير الثاني. ورواه جعفر بن شمس الخلافة في كتاب الآداب: «كلب جَوَّال خير من أسد رابض.» والذي في العقد الفريد: «كلب طواف خير من أسد رابض.» ونسبه للعامة في زمنه. وفي المخلاة لبهاء الدين العاملي: «سنور طائف خير من أسد رابض.»

«الْكَلْبْ فِي بِيتُهْ سَبْعْ» أي: الكلب في داره أسد؛ لأنه يعتز بها وبمن فيها أو يرى نفسه كذلك. وقريب منه قولهم: «أبو جعران في بيته سلطان.» وقد تقدم في الألف. وانظر أيضًا: «كل ديك على مزبلته صيَّاح.» ففيه شيء من معناه.

«اِلْكَلْبْ كَلْبْ وَلَوْ كَانْ طوقهْ دَهَبْ» يُضرَب في أن الحليّ واللباس لا ترفع الخسيس ولا تكبر نفسه، وهو من قول القائل:

السَّبْعُ سَبْعٌ وَإنْ كَلَّتْ مَخَالِبُهُ وَالْكَلْبُ كَلْبٌ وَإنْ طَوَّقْتَهُ ذَهَبَا

«اِلْكَلْبْ مَا يِشَّطَّرْش إلَّا عَلَى بَابْ جُحْرُهْ» يِشَّطَّر؛ أي: يتشطر، والمراد: يُظْهِرُ المهارة والشجاعة وأنه لا يفعل ذلك إلا وهو في جحره؛ لأنه مُعْتَزٌّ به. يُضرَب لمن لا يفعل ذلك إلا في داره وبين قومه ويَجْبُنُ في غيرها.

«اِلْكَلْبْ مَا يْعُضِّشْ فِي وِدْنَ اخُوهْ» يُضرَب في أن الشخص لا يؤذي الذي من جنسه.

«اِلْكَلْبْ وِرَاحْتُهْ وَلَا فْلَاحْتُهْ» أي: لَأَنْ يُقَالَ: كلب، مع الراحة خير من التعب والمشقة في العمل، وإنما يقوله من حُمِّلَ ما لا يطيق وأرهقه العمل، وإلا فغالب أمثالهم في هذه الحالة تحث على غير ذلك، وتفضل العمل مع العزة على الراحة مع المذلة.

«كَلْبِ يْجُرُّوهْ لِلصِّيدْ مَا يِصْطَادْ» أي: إذا أجبروه على ذلك بلا رغبة منه فإنه لا يصطاد، وإذا اصطاد لا يعمل بالنشاط اللازم. وقريب منه قولهم: «غز الكرا ما يحاربوش.» وقولهم: «عساكر الكرا ما تضربش بارود.»

«كَلْبْ يِنْبَحْ مَا يْعُضِّشْ» أي: الكلب النَّبَّاح لا يعضُّ، والمقصود: كثير السفاهة والشتم جبان لا يُخْشَى منه.

«كِلْمَهْ بَاطِلْ تُجْبُرِ الْخَاطِرْ» أي: كلمة ولو تكون باطلة تجيب بها من يكلمك فتجبر خاطره أَوْلَى من اطِّرَاحِهِ والإعراض عنه، أو كلمة طيبة تقولها لمن هو دونك تَسُرُّهُ وتَجْبُرُ كَسْرَهُ ولو تكون كاذبًا فيها. وإذا كانوا أرادوا التسجيع فقد جمعوا بين اللام والراء، وهو عيب.

«كِلْمِةْ بُكْرَه اعْطِيكْ يَا مَا طَوَتْ أَيَّامْ» أي: الإحالة على الغد لا حَدَّ لها. وقالوا في معناه: «كلمة بكرة زرعوها ما طلعتش.» وقالوا أيضًا: «قولة بكرة ما تنقضيش.» وقد تقدم في القاف.

«كِلْمِةْ بُكْرَهْ زَرَعُوهَا مَا طِلْعِتْشْ» أي: الإحالة على الغد قد زرعوها فلم تنبت، والمراد: لا ثقة بالوعد. وقد قالوا أيضًا: «كلمة بكره اعطيك ياما طوت أيام»، و«قولة بكره ما تنقضيش.»

«كِلْمَه تْجِيبُهْ وكِلْمَه تْوَدِّيهْ» أي: كلمة تجيء به، وكلمة تذهب به. يُضرَب للضعيف الرأي المتقلب الذي يتأثر بكل ما يسمعه ويتابع في الشيء ونقيضه.

«كِلْمِةِ الْحَق تُقَفْ فِي الزُّورْ» يُضرَب عند السكوت عن قول الحق في الشهادة؛ أي: كأن كلمة الحق تنشب في الحلق فلا تخرج.

«كِلْمِةِ الْفَمِّ سَلَفْ وَلَوْ بَعْد حِينْ» أي: الكلمة التي تخرج من الفم كالدَّيْنِ سَتُرَدُّ لصاحبها عاجلًا أو آجلًا. والمراد: من قال خيرًا أو شرًّا فَسَيُجَازَى بمثله ولو بعد حين. والأكثر ضربه في مقالة الشر كأن يغتاب شخص شخصًا أو يرميه بما ليس فيه؛ فَيُجَازَى بمثله. وانظر قولهم: «كلمة الفم في قناني ...» إلخ. وقولهم: «كله سلف ودين ...» إلخ.

مَقَالَةُ السُّوءِ إِلَى أَهْلِهَا أَسْرَعُ مِنْ مُنْحَدِرٍ سَائِلِ

«كِلْمِةِ الفُم فِي قَنَانِي لِدِرِّيِّةِ الدَّرَارِي» هو في معنى: «كلمة الفم سلف ولو بعد حين.» وقد تقدم فليراجع. والمراد هنا: أن القائل إن لم يَلْقَ جزاءه بما قال في نفسه فإنه سيلقاه في ذراريه، فكأن كلمته حُفِظَت في قنينة لهم.

«كِلْمِةْ يَا رِيتْ مَا عَمَّرِتْ وَلَا بِيتْ» يا ريت (بالإمالة) يريدون بها: يا ليت؛ أي: إن التمني لا تعمر به الدور. والمرء لا يفيد. وانظر قولهم: «قولة: لو كان، تودي المرستان.» وقولهم: «زرعت شجرة لو كان، وسقيتها بمية يا ريت، طرحت ما يجيش منه.» راجع ما كُتِب في «زرعت شجرة لو كان» وانقل من هنا ما يتعلق بليت.

«كَلْنَا خَرُّوبْنَا وِانْتَنَى عَرْقُوبْنَا» الخَرُّوب (بفتح فضم مع تشديد الراء): الخرنوب، وهو ثَمَرٌ مَعْرُوف. وانْتَنَى؛ أي: انثنى. والعرقوب (بفتح أوله) وصوابه الضم، يريدون به أسفل الرجل. والمعنى: استوفينا ما لنا وانقضى زماننا بما كان فيه، وصِرْنَا لا نصلح لهذا الزمن.

«كُلُّهْ سَلَفْ وِدِينْ حَتَّى الْمَشْيِ عَلَى الرِّجْلِينْ» أي: ما يفعله المرء يُجَازَى بمثله؛ إن خيرًا فخير وإن شرًّا فشر. وانظر قولهم: «كلمة الفم سلف ولو بعد حين.»

«كُلُّهْ عَنْدِ الْعَرَبْ صَابُونْ» يُضرَب للجاهل لا يفرق بين شيء وشيء. والمراد بالعرب: البدو؛ أي: سكان البادية (انظر نظمه في مجموعة أزجال النجار ص٢: راحت رجالها والعرب عندهم ...إلخ).

«كُلّهَا عِيشَهْ وِآخِرْهَا الْمُوتْ» أي: كل أنواع المعايش من غِنًى وفَقْر ونعيم وبؤس آخرها الموت، فلا ينبغي الإغراق في الاغتباط أو الأسف. وقالوا أيضًا: «آخر الحياة الموت.»

«كَلْهَا لَحْمَهْ وِرَمَاهَا عَضْمَهْ» العضمة (بالضاد): القطعة من العظم بقلب الظاء ضادًا كعادتهم. والمراد أنه انتفع بها وبتسخيرها في خدمته لما كانت قادرة، فلما عجزت أعرض عنها وطَوَّحَهَا. وفي النهي عن ذلك يقول المعرِّي في لزوم ما لا يلزم:

وَلَا تَكُ مِمَّنْ أَكْرَمَ الْعَبْدَ شَارِخًا وَضَيَّعَهُ إِذْ صَارَ مِنْ كِبَرٍ هِمَّا

وقد يُرَادُ به الزوج ينتفع بمال زوجته حتى إذا افتقرت أعرض عنها وطلقها.

«كُلهَا يُومْ وِلِيلَهْ وِيجِي الْحَجّ الرُّمِيلَهْ» أي: كل المسافة يوم وليلة، فيصل الحجاج الرميلة، وهي بقعة أمام قلعة الجبل بالقاهرة يُحْتَفَل فيها بسفر ركب المحمل وقدومه. يُضرَب في معنى: كل آتٍ قريب.

«كَمْ مِنْ صَغِيرِ اتْنَشَى بَاسِ الْكِبِيرْ إيدُهْ» باس؛ أي: قَبَّل. والإيد (بكسر الأول): اليد؛ أي: كم نشأ صغير وتفوَّق حتى قَبَّلَ الكبير يده. والمثل موزون من البسيط، ويظهر أنه قطعة من نوع المواليا.

«كُنَّا فِي الْبَيْطَرَهْ صِرْنَا فِي الْحِكْمَهْ» أي: كنا نتكلم في البيطرة فانتقلنا إلى الطِّبِّ. يُضرَب في الخروج عن الموضوع في الكلام.

«كنْت بِالْهَمّ الْقَدِيمْ رَاضِي جَانِي الْجِدِيد زوِّدَ امْرَاضِي» يُضرَب فيمن يشكو من أمر فيُصَاب بما هو أصعب منه.

«كُنْتْ عَنْدِ نَاسْ خِيَارِ النَّاسْ، قَالْ: يَا امَّهْ هَاتِي خْيَارَهْ» الخيار (بكسر الأول): نوع من القثاء. والمراد أن صبيًّا سمع من يقول: كنت عند أناس من الخيار، ولم يفهم المقصود، فقال: يا أماه، أريد خيارة من هذا الخيار آكلها. يُضرَب للأبله السيئ الفهم الذي لا يُدْرِكُ مَنَاحِي الكلام.

«كُنْتِ فِينْ يَا لَأْ لَمَّا قُلْتَ انَا آهْ؟» فين (بالإمالة) أصله: في أين؟ والمراد: أين؟ ولَأْ (بفتح اللام وإسكان الهمزة في آخره) يريدون به لا. وآه (بالمدِّ وإسكان الآخر): حرف جواب بمعنى: نعم. يُقَال ذلك لمن اشتكى من قبوله أمرًا جاز عليه ولم ينتبه له؛ أي: لِمَ لَمْ تقل لا عندما قلت أنا: نعم؟ وبعضهم يروي فيه: «آي» بدل آه، وهي بمعناه.

«كُنْت مِرْتَاحَهْ جِبْتْ لِي حَاجَهْ» انظر: «كانت مرتاحة ...» إلخ.

«الْكِنِيسَهْ تِعْرَفْ أَهْلَهَا» المراد: كل مكان يَعْرِفُ أصحابه والمنتسبين إليه لتردُّدهم عليه. يُضرَب للدخيل في قوم يَلْتَصِقُ بهم ويظن أن أمره يَخْفَى عليهم.

«الْكُوعْ مِدَبِّبْ وِالْوِش مِهَبِّبْ وِاللِّي يْشُوفْهَا لَا يْبِيعْ وَلَا يِتْسَبِّبْ» يريدون بالكوع: طرف المرفق، وهو في اللغة طرف الزند مما يلي الرسغ الذي تسميه العامَّة: «خنقة الإيد.» ويريدون بالمدبِّب: الدقيق؛ أي: الذي لا لحم عليه. والوش: الوجه. والمهبب: المطلي بالهباب؛ أي: سواد المداخن، والمقصود وصفه بالقبح. والمراد أنها هزيلة قبيحة، مَنْ رآها يصيبه شؤمها، وتسد في وجهه أبواب الرزق، وهو من المبالغة. وفي معناه قولهم: «عمية وعرجه وكيعانها خارجة.» وقد تقدَّم في العين المهملة.

«كُونْ فِي أَوِّلِ السُّوقْ يَا جُحَا وَلَوْ بِقَصِّ اللِّحَى» جُحَا: مضحك معروف؛ أي: كن أوَّلَ داخل في السوق ولو قُصَّت لحيتك؛ لأنك بذلك تغتنم أطايب السلع قبل أن يراها غيرك، وهم لا يستعملون اللحية إلا في الأمثال ونحوها، وإلا فهي عندهم الذقن.

«كَوَيِّسْ وِرْخَيِّصْ وِابْنْ نَاسْ» كويس؛ أي: حسن. وبعض الريفيين يقولون فيه: كَوِيس (بفتح فكسر). وابن ناس، المقصود به: الأصيل، ويريدون به هنا: جيد النوع؛ أي: هذه السلعة أو الدابة حسنة الشكل جيدة النوع على رخصها.

«كِيدِ النِّسَا غَلَبْ كِيدِ الرِّجَالْ» هكذا يعتقدون ويشهدون بتفوق النساء في الخديعة والمكر على الرجال، ويروون في ذلك أقاصيص كثيرة.

حرف اللام (فصحى)

لو خيِّرْتُ لاخترْت.

لولا الوئام لهلك الأنام: الوئام: الموافقة، ويروى لولا اللئام لهلك الأنام من قولهم: لَأَمْتُ بينهما أي: أصلحت، ويروى اللوام من الملاومة من اللوم.

لا ينتطح فيها عنزان: يُضرب مثلًا للأمر يبطل ويذهب ولا يكون له طالب.

ليس هذا بعشك فادرجي: أي ليس هذا من الأمر الذي لك فيه حق فدعيه، يقال: درج أي مشى ومضى، يُضرب لمن يرفع نفسه فوق قدره.

التأم جُرْحٌ والأساةُ غُيَّبٌ: يُضرب لمن نال حاجته من غير مِنَّةِ أحد، والأساة جمع آسٍ وهو الطبيب.

ألقِ حَبله على غارِبه: أصله الناقة إذا أرادوا إرسالها للرعي ألقوا جديلها على الغارب، ولا يترك ساقطا فيمنعها من الرعي، يُضرب لمن تُكره معاشرته، تقول: دعه يذهب حيث يشاء.

لا تكن حلوًا فتسترَط ولا مرًّا فتعقي: قال في الصحاح: سرطت الشيء بالكسر أسرطه سرطًا: بلعته، واسترطه أي ابتلعه، وفي المثل: لا تكن حلوًا فتسترط ولا مرًّا فتعقي، من قولهم: أعقيت الشيء إذا أزلته من فيك لمرارته، كما يقال: أشكيت الرجل إذا أزلته عما يشكوه. ويُروى لا تكن حلوًا فتزدرد ولا مرًّا فتعقي، والازدراد: الابتلاع، يقال: زرد اللقمة بالكسر وازدردها إذا ابتلعها.

لا يدري الحيَّ من الليِّ: قال ثعلب في أماليه: قولهم لا يدري الحو من اللو والحي من اللي، أي لا يعرف الكلام الذي يُفهم من الذي لا يُفهم. وقال في موضع آخر: هو الكلام البين وغير البين.

وقال ابن السيد في كتاب المسائل: سأل سائل عمَّا وقع في الأمثال لأبي عبيد من قول العرب: ما يعرف الحو من اللو وما يعرف الحي من اللي، ما معناه وما مقتضاه؟ والجواب: أما قولهم «ما يعرف الحي من اللي» فتأويله أن الحي ها هنا مصدر حويت الشيء أحويه، واللي مصدر لويته بدَيْنه ألويه إذا مطلته، فمعناه: أنه من جهله لا يعرف فرق ما بين الظَّفَر بالشيء والمطل به، وأصلهما حوى ولوى، فاجتمعت واو وياء وسكنت الأولى منهما، فقلبت الواو ياءً وأدغمت في الياء، كما قيل: طويت طيًّا وشويت شيًّا.

وأما من قال: ما يعرف الحو من اللو فالوجه فيه أن يكونوا أرادوا باللو لو التي تدل على امتناع الشيء لامتناع غيره، وشددوا واوها لأنهم أجروها مجرى الأسماء وأعربوها؛ إذ لا يكون اسم متمكن

على حرفين الثاني منهما حرف مد ولين، فزادوا على الواو واوًا أخرى، وأدغموا الواو الأولى فيها لتكون على مثال الأسماء المتمكنة من نحو جو وقو.

وقياس الحو في هذه اللغة أن يكون مصدر حويت أيضًا، قلبوا الياء من حوى واوًا اتباعًا للو كما قالوا: إني لآتيه بالعشايا والغدايا، فجمعوا الغداة على غدايا ليكون مثل عشايا.

ومعنى ما يعرف الحو من اللو ما يعرف فرق ما بين حصول المراد وامتناعه، ويجوز أن تكون لو التي يُراد بها التمني، فيكون المعنى على هذا ما يفرق بين حصول المطلوب والتمني له. انتهى ملخصًا.

قال بعض العلماء: الحو والحي: الحق، واللو واللي: الباطل، ولا يعرف الحو من اللو؛ أي لا يعرف الحق من الباطل.

حرف اللام (عامية)

«لَا اجَّوِّزْتْ وَلَا خِلِي بَالِي وَلَا انَا فِضِلْتْ عَلَى حَالِي» أي: لا تَزَوَّجْتُ وخلا بالي من الهموم، ولا بَقِيتُ على حالتي القديمة. يُضرَب للشخص يغير حالته بحالة أشقى منها.

«لَا أَحِبَّكْ وَلَا اقْدَرْ عَلَى بُعْدَكْ» يُضرَب للشخص يتعلق بالشيء وهو غير راضٍ به. ويرويه بعضهم: «لا أحبكم ولا أطيق فرقتكم.»

«لَا إِحْسَانْ وَلَا حَلَاوِةْ لِسَانْ» أي: لا إحسان يُنَال منه، ولا قول بمعروف. ويرويه بعضهم: «لا إنسان» بدل لا إحسان؛ أي: لا هو إنسان رضي الأخلاق، والصح ما هنا، وقريب منه قولهم: «لا ود ولا حديث يلد.» وقالوا أيضًا: «ما عندك إحسان ما عندكش لسان.» ومن أمثال العرب: «كسفًا وإمساكًا.» والكسف من قولهم: وجه كاسف؛ أي: عابس. يُضرَب للبخيل العبوس؛ أي: أتجمع كسفًا وإمساكًا؟ ويجوز أن يكونا منصوبين على المصدر؛ أي: انكسف الوجه كسفًا وتمسك المالي إمساكًا، وكذا في أمثال الميداني.

«لَا أَلْفْ لِي وَلَا أَلْفْ لَكْ» أي: كلانا يفخر بما ليس عنده، فلندع هذا الكذب إذا خلا أحدنا بالآخر.

«لَا إِنْسَانْ وَلَا حَلَاوِةْ لِسَانْ» انظر: «لا إحسان ...» إلخ.

«لَا بْإِيدُهْ وَلَا بِالْمَنْجَلْ» يُضرَب للعاطل الأخرق الذي لا يحسن عمل شيء لا بيده، ولا بما يستعين به؛ أي: لا يعمل ما يُعْمَل باليد ولا هو ماهر في صناعة.

«لَا بِر وَلَا هُدُو سِر» أي: لا بِر يصلنا ولا نحن في راحة بال. يُضرَب لمن هذا حاله.

«لَا بَصَلْتَكْ وَلَا عِينِي تِدْمَعْ» البصل إذا أُكِلَ أو شم تدمع العيون من رائحته؛ أي: إني في غنى عن معروفك الذي تتبعه بما يبكيني.

«لَابِطِ الْبَدَوِي وَلَا تْجَارِيهْ» ويَرْوِي بعضهم: «العرباوي» بدل البدوي، والمعنى واحد. ولابَطْه بمعنى: صَارِعْهُ واعتنقه فإنك تغلبه، ولكن لا تُجَارِه؛ لأن البدو مشهورون بسرعة العدو.

«لَا بْمَالَكْ تِرَغَّبْنِي وَلَا بْحَلَاوْتَكْ تِعْجِبْنِي» أي: لست طامعًا في مالك فأرغب فيك بسببه ولا جمالك مما يعجبني، فلأي شيء أتهافت عليك؟!

«لَا بِيتْ مِلْكْ وَلَا طَاحُونَهْ شِرْكْ» أي: لا يملك شيئًا.

«لَا تْأمِنْ لِلْمَرَهْ إِذَا صَلَّتْ، وَلَا لِلْخِيلْ إِذَا طَلَّتْ، وَلَا لِلشَّمْس إِذَا وَلَّتْ» أي: لا تأمن للمرأة وإن صلت فاحجبها وراقبها، ولا للخيل وإن أطلت عليك فإن فرارها قريب فاعقلها، ولا للشمس وإن غابت قَدَمْ على التَّوَقِّي منها، وكله من المبالغات في الاحتراس.

«لَا تَاخُدِ اللِّي يِبْقَى وَلَا اللِّي كَانْ» أي: لا تَشْتَرِ من الماشية الضعيف أو المريض الذي يُقَال فيه: سيكون جيدًا إذا عُولِجَ أو اعْتُنِيَ به، ولا تَشْتَرِ أيضًا المُسِنَّ الذي يُقَال فيه: كان قويًا فيما مضى؛ بل اشْتَرِ الفتيَّ القويَّ.

«لَا تْخَلِّي نَدَى الْوَرْدِ يْفُوتَكْ وَلَا طَل بَابَهْ يِنْزِلْ عَلِيكْ» هو من النصائح التي جرت مجرى الأمثال. أي: لا تَبِتْ في شهر بابه في العراء، فينزل عليك الطَّلُّ ويضر بك؛ لأنه من أشهر الشتاء، ولا يفتك ندى الورد؛ أي: اخرج في الصباح زمن الورد وذلك في توت؛ أي: أواخر الصيف، واستنشق النسيم العليل.

«لَا تْدِم وَلَا تْشْكُرْ إِلَّا بَعْدِ سَنَه وْسِتُّ اشْهُرْ» أي: لا تذم ولا تمدح إلا بعد سنة وستة أشهر؛ أي: إلا بعد تجربة. ومن أمثال العرب في ذلك: «لا تحمدْ أمة عام شرائها ولا حرة عام بنائها.» ومن أمثالهم أيضًا: «لا تهرف بما لا تعرف.» قال الميداني: «الهرف» الإطناب في المدح. يُضرَب لمن يتعدَّى في مدح الشيء قبل تمام معرفته. وفي لسان العرب: «وفي رواية قبل أن تعرف؛ أي: لا تمدح قبل التجربة.»

«لَا تِرْحَمْ وَلَا تْخَلِّي رَحْمِةْ رَبِّنَا تِنْزِلْ» أي: لا رحمة منك ولا تترك رحمة الله — عزَّ وجل — تحف بنا؛ أي: لم تقتصر على المنع وحسب، بل مانعت فيما ينالنا من غيرك، وهو قريب من قولهم: «لا منه ولا كفاية شره» وسيأتي.

«لَا تْشَارِكْ أَبُو دَوَايَهْ وَلَا اللِّي حْزَامُهْ خِيطْ» الدواية هنا: حجر الدخان الذي يجعل في آخر القصبة؛ أي: لا تشارك هذا فإنه مشغول بالتدخين فيهمل العمل، وكذلك من كان حزامه من الخيط، فإنه سريع القطع فيشتغل عند قطعه بإبرام غيره ويهمل العمل أيضًا؛ أي: لا تشارك المشغول بغير ما شاركته فيه.

«لَا تْعَايِرْنِي وَلَا أَعَايْرَكْ دَا الْهَمِّ طَايِلْنِي وْطَايْلَكْ» يُضرَب للمتساوِيَيْنِ في مصيبة أو أي أمر سيئ، وأورده الأبشيهي في «المستطرف» برواية: «لا تعيرني ولا أعيرك، الدهر حيرني وحيرك.»

«لَا تَمْدَحْ يُومَكْ إِلَّا بَعْدِ مَا يْفُوتْ» لأنك لا تدري ماذا يكون بآخره، فاصبر حتى يمضي ثم امدحه.

«لَاجْلْ عِينْ تْكْرَمْ أَلْفْ عين» أي: لأجل شخص واحد يُكْرَم ألف

«لَاجْلِ الْوَرْدْ يِنْسِقِي الْعُلِّيقْ» لأجل ينطقون بها: لجل، والعليق (بضم أوله وإمالة اللام): نبات يتعلق بالورد وغيره؛ أي: يُسْقَى العليق لأجل الورد لأنه بجواره، وبعضهم يزيد فيه: «ولاجل الصقر تشرب أم قويق.» وهي البومة. يُضرَب للوضيع يُحْبَى ويُعْتَنَى به إكرامًا لآخر رفيع لا لنفسه. وفي المعنى لبعضهم:

رَأى المجنونُ في الْبَيْدَاءِ كَلْبًا فجرَّ عليه للإحسان ذيلا

فَلامُوهُ على ما كان منه وقالوا: لم مَنَحْتَ الْكَلْبَ نَيْلَا؟

فَقَالَ: دَعُوا المَلَامَ فإن عينيرَ أَتَهُ مرَّةً في دار ليلى

«لَا خِيرْ فِي زَادْ يِجِي مَشْحُوطْ وَلَا نيلْ يِجِي فِي تُوتْ» أي: لا خير في زاد يكون قليلًا، ولا في النيل إذا فاض في شهر توت؛ لأنه يكون متأخرًا، فيفوت سقي الذرة ومعول الزُّرَّاع عليها في قُوتِهِمْ.

«لَا دُرَّهْ وَلَا سِلْفَهْ دِي دَاهْيَه مِخْتِلْفَهْ» الدرَّه (بالضم) يريدون بها الضَّرَّة (بالفتح). يُضرَب فيمن تُلَازِمُ أخرى وتَلْتَصِقُ بها لأذاتها والإضرار بها؛ أي: ليست في قربها مني بضرَّة لي ولا هي بسلفة (وهي امرأة أخي الزوج) تؤذيني كما تؤذيانني، بل هي داهية عظمى يخالف أذاها كل أذى في عِظَمِهِ وكثرته.

«لَا الزِّي زَي، وَلَا اللَّفْتَاتْ لَفْتَاتْ مَي» أي: لا الهيئة والشبه كهيئة مي ولا اللفتات كلفتاتها. يُضرَب للبعيد الشبه عن الآخر أو لمن يقلد إنسانًا في أمر فلا يحسنه مثله.

«لَا سدِّتْ كَر وَلَا طَاقِيَّهْ» الكر ويُسَمَّى عندهم بـ «الشَّدِّ» أيضًا: ما تُلَفُّ به العمامة. والطاقية: قلنسوة خفيفة من البَزِّ؛ أي: هذه القطعة من النسيج لم تسد؛ أي: لم تصلح ولم تكف للقلنسوة ولا العمامة. يُضرَب للشيء لا ينفع لهذا ولا لذاك.

«لَا شُفْتِ الْجَمَلْ وَلَا الْجَمَّالْ» أي: لم أَرَ هذا ولا ذاك. يُضرَب في شدَّة كتمان المرء لأمر. ويرويه بعضهم بلفظ: «شفتش الجمل؟ قال: ولا الجمال.» وقد تقدَّم في الشين المجمعة.

«لَا صَاحِبْ بِقِينَا وَلَا عَلِيلْ دَاوِينَا» أي: لا أبقينا على صاحبنا وصحبته، ولا داوينا العليل. وأصله: أن أحدهم رأى عليلًا ولكنه عدوٌّ لصاحبه فأشفق عليه وأخذ في مداواته، فلم ينجح فيها، وأضاع بذلك صحبة صاحبه.

«لَا صَلَّى الله عَلِيهْ وَلَا سَلِّمْ» يُضرَب لمن لا يُؤْبَهُ له. وانظر قولهم: «لا فوق ولا تحت.» وقولهم: «لا فيش ولا عليش.» وقولهم: «لا هنا وهناك.»

«لَا صَنْعَهْ وَلَا اسْتَادِيَّهْ» أي: لا هو ذو صناعة متقن لها فيعمل، ولا هو أستاذ حاذق يرشد غيره إلى العمل. يُضرَب لمن لا يُحْسِنُ شيئًا.

«لَا طَارْ وَلَا طَبْلَهْ» الطار: الدف. يُضرَب للذي لا يصلح لشيء. وفي معناه قولهم: «لا للبيت ولا للغيط.» وانظر: «لا للسيف ولا للضيف.» وقد تقدم في الألف: «اِللِّي ما ينفع طلبه ينفع طار.» وهو معنى آخر.

«لَا طالْ تُوتِ الشامْ وَلَا عِنَبِ الْيَمَن» يُضرَب للشخص الذي يتعلق بأمرين فيُحْرَم منهما معًا.

«لَا طَيَّارْ وَلَا نَافِخْ نَار» جملة جرت مجرى الأمثال عندهم، يُرَادُ بها التعبير عن المكان القفر الخالي من الأنيس، ويفسرون الطيار بالطير يُصَاد ويُشْوَى؛ أي: لم نجد بالمكان ما يُشْوَى ولا من يشوي، والذي يظهر أنَّ الطيار محرَّف عن الديَّار، فهو من بقايا الفصيح عندهم ولكنهم حرَّفوه لما لم يعرفوا معناه.

«لَا فَرَحْ وَلَا زَفَّهْ وِإيهْ دِي الْخِفَّهْ» يُضرَب للمتزين بلا سبب يدعو له؛ أي: لا أنت في عرس ولا في موكب عروس، فما هذه الهيئة الجميلة الخفيفة على النفوس؟!

«لَا فُوقْ وَلَا تَحْتْ» يُضرَب للساقط الهمة والنفع؛ أي: لا شيء، وانظر قولهم: «لا صلى الله عليه ولا سلم.» وقولهم: «لا فيش ولا عليش.» وقولهم: «لا هناك ولا هنا.»

«لَا فِي السُّنَّهْ وَلَا فِي الْفَرْضْ» يُضرَب للشيء لا يُؤْبَهُ له، ولا يُهْتَمُّ بعمله أو تركه.

«لَا فِيَّ وَلَا فِيكْ مِنِ التَّل وَادِّيكْ» أدِّي بمعنى: أُعْطِي، وبعضهم يروي فيه: «آخذ من التل» أو «من الحيط» أو «من الهوا.» والمراد أن الشتيمة لا تَضُرُّ بالمتشاتمين، وإذا كانت كذلك فَلْيَكِلْ كلاهما ما يشاء للآخر.

«لَا فِيشْ وَلَا عَلِيشْ» أي: لا في شيء ولا على شيء. يُضرَب للسَّاقط الذي لا يُؤْبَهُ له، وفي معناه قولهم: «لا فوق ولا تحت.» وقولهم: «لا صلى الله عليه ولا سلم.» وقولهم: «لا هناك وهنا.» وعادتهم في تركيب فيش أن يكسروا الفاء وإنما أمالوا هنا للمزاوجة.

«لَاقِينِي وَلَا تْغَدِّينِي» أي: لقاء حسن خير من طعام مع العبوسة. وفي معناه قولهم: «وش بشوش ولا جوهر بملو الكف.» وسيأتي في الواو. وانظر: «بلاش توكلني فرخه سمينه وتبيِّتني حزينه.» وقولهم: «الْمِبَشَّة ولا أكل العيش.»

«لَا لِلْبِيتْ وَلَا لِلْغِيطْ» الغيط: المزرعة؛ أي: لا يصلح لهذا ولا ذاك. يُضرَب للشخص الذي لا يُرْجَى نفعه لأمر من الأمور، ويُضرَب أيضًا للشيء العديم النفع. ومثله قولهم: «لا طار ولا طبله.» وانظر: «لا للسيف ولا للضيف.»

«لَا لِلسِّيفْ وَلَا لِلضِّيفْ» يُضرَب للشخص العديم النفع؛ أي: لا هو شجاع يردُّ الغارات عنا ولا كريم يضيف من ينزل بنا، وهو مثل قديم في العامية ذكره ابن تغري بردي في المنهل الصافي٢ في ترجمة برد بك الإسماعيلي الظاهري فقال فيه: «وكان شيخًا قصيرًا مهملًا لا للسيف ولا للضيف — سامحه الله.» وقال قطب الدين الحنفي في كتابه «الإعلام بأعلام بلد الله الحرام» في مدح السلطان عثمان

أول سلاطين الدولة العثمانية: «وكان للسيف وللضيف، كثير الإطعام فاتك الحسام»، وفي معناه قول بعضهم:

إِذَا كُنْتَ لَا نَفْعَ لَدَيْكَ فَيُرْتَجَى وَلَا أَنْتَ ذُو دين فنرجوك للدين

ولا أَنْتَ ممن يُرْتَجَى لِمُلِمَّةٍ عملنا مِثالًا مِثْلَ شَخْصِكَ مِنْ طِين

ويرويه بعضهم: «لا للصيف ولا للضيف.» ويضربه للشيء العديم النفع، وكأنه يريد: لا يصلح أن يكون حصيرًا ونحوها يُجْلَسُ عليها في الصيف، ولا غطاءً للضيف في الشتاء، فهو كقولهم في مثل آخر: «لا للبيت ولا للغيط.» وقولهم: «لا طار ولا طبلة.» وعندي أنَّ الرواية الأولى هي الصحيحة وهذه محرَّفة عنها.

«لَا لُه فِي الطُّورْ وَلَا فِي الطِّحينْ» أي: هو جاهل بهذا الأمر فلا تسألوه عنه، أو لا يعينه هذا الأمر فلا يتداخل فيه.

«لَا مِنُّهْ وَلَا كْفَايِةْ شَرُّهْ» أي: لا معروف منه نناله، ولا هو بكافينا شره، فليته إذ كفى الناس خيره كفاهم شره أيضًا. وانظر: «لا ترحم ولا تخلي رحمة ربنا تنزل.»

«لَا نْحِبُّكُمْ وَلَا نْطِيقْ فُرَاقْكُمْ» معناه ظاهر، وهو حكاية قول من يقول ذلك أو يدل فعله عليه. يُضرَب للمتعنِّت الجامع بين المتناقضين في معاملته للناس.

«لَا هْنَاكْ وَلَا هِنَا» هو في معنى: «لا فوق ولا تحت» و«لا فيش ولا عليش.»

«لَا وِد وَلَا حَدِيتْ يِلِد» أي: لا وداد في قلبه يجذب الناس، ولا حديثه بالحديث اللذيذ، فلأَيِّ شيء يُحْتَمَل؟! وقريب منه: «لا إحسان ولا حلاوة لسان.»

«لَا يِتْسَرَّى وَلَا يْبَاتْ بَرَّا» يُضرَب للشخص المستقيم؛ أي: لا هو متخذ سُرِّيَّة؛ أي: حظية، ولا ممن يبيت في غير داره.

«لَا يِضْرَبِ الدِّيبْ وَلَا يْجَوَّعِ الْغَنَمْ» يُضرَب لمن يُصَانِعُ عَدُوَّيْنِ لمصلحة له في ذلك؛ أي في بقائهما وبقاء العداوة بينهما، فهو كمن لا يضرب الذئب ولا يقتله حتى يكف شَرَّه ويريح الغنم منه، ولا يسعى في الإضرار بالغنم وإجاعتها، بل يجتهد في الإبقاء عليهما ليدوم له هذا الحال. وفي معناه قولهم في كناياتهم: «مسك العصاية من الوسط.» أي: لم يتركها تميل إلى أحد الجانبين.

«لَا يْفُوتُهْ فَايِتْ وَلَا طَبِيخْ بَايِتْ» يُضرَب للجشع الحريص على ألا يفلت منه شيء حتى ينال منه.

«لَبِّسِ الْبُوصَهْ تِبْقَى عَرُوسَهْ» جمعوا فيه بين الصاد والسين في السجع وهو عيب، والبوصة (بضم الأوَّل) يريدون بها: القصبة؛ أي: العود من نبات الذرة؛ أي: إذا ألبستها وزينتها صارت مثل

العروس. يُضرَب في أن اللباس والزينة يُجَمِّلَانِ القبيح. وبعضهم يزيد فيه: «وكل درهم دهب بدرهم زين.» وقالوا في معناه: «لبس الخنفسة تبقى ست النسا.» وقالوا: «لبس الخشبة تبقى عجبة.» وفي عكسه: «لبس الطوبة تبقى كركوبه.» انظر في كتب الأمثال: «ألبس العود فيجود» فقد وجدناه في بعض العبارات

«لَبِّسِ الْخَشَبَهْ تِبْقَى عَجَبَهْ» هو في معنى: «لبس البوصة ...» إلخ. المتقدِّم قبله.

«لَبِّسِ الْخُنْفِسَهْ تِبْقَى سِتِّ النِّسَا» أي: إن ألبست الخُنْفُسَاءَ وزَيَّنْتَهَا صارت سيدة النساء، وهو في معنى: «لبس البوصة ...» إلخ، و«لبس الخشبة ...» إلخ.

«لَبِّسِ الطُّوبَهْ تِبْقَى كَرْكُوبَهْ» الطوبه: اللبنة أو الآجُرَّة. وتبقى: تصير. والكركوبة: العجوز التي أكل الدهر عليها وشرب؛ أي: إذا ألبست الآجرَّة وزينتها فهيهات أن تَحْسُنَ بذلك أو يفيدها. يُضرَب في أن اللباس لا يجلب حسنًا ولا يستر قبحًا، فهو بعكس قولهم: «لبس البوصة تبقى عروسة.»

«اللِّبْسْ مَا يِنْطِلِي إِلَّا عَلَى اصْحَابُهْ» أي: لكل إنسان لباس يوافقه ويحسن عليه، فإذا لبسه غيره قبح وسمج. وقالوا أيضًا: «كل هدمه تنادي لباسها.» وذكر في الكاف. يُضرَب في غير اللباس أيضًا.

«اللَّحْمِ انْ نَتِّنْ لُهْ أَهْلُهْ» انظر: «العضمة النتنة لأهلها» في العين المهملة.

«لِزْقَهْ بِغِرَا» أي: كأنما أُلْصِقَ فيه بالغراء. يُضرَب لمن لا ينفكُّ عن ملازمة شخص. وفي معناه من أمثال العرب: «تَعَلَّقَ الحجن بأرفاغ العَنْس.» والمراد بالحجن هنا: القراد. والعنس: الناقة. وأرفاغها: بواطن فخذيها وأصولهما. يُضرَب لمن يلصق بك حتى ينال بغيته. ونصب «تَعَلُّقَ» على المصدر؛ أي: تَعَلَّقَ تَعَلُّقَ الحجن.

«اللِّسَانْ عَدُوِّ الْقَفَا» لأنه قد يعثر بكلمة تسبب الصفع. ومثله قولهم: «لولاك يا لساني ما انسكيت يا قفايا.» وانظر: «لسانك حصانك ...» إلخ.

«لِسَانَكْ حُصَانَكْ، إِنْ صُنْتُهْ صَانَكْ وِانْ هِنْتُه هَانَكْ» أي: لسانك كفرسك إن صُنْتَهُ عن مواقع الزلل فقد صانك أنت أيضًا، وإن أوردته تلك المواقع فقد أوردت نفسك معه. والمراد: صُنْ لسانك عما يجلب لك المكروه تصن نفسك. وانظر: «لولاك يا لساني ما انسكيت يا قفايا.»

«لِسَانُهْ زَيِّ مْقَصِّ الإِسْكَافِي مَا يِفْتَحْ إِلَّا عَلَى نَجَاسَهْ» لا يستعملون الإسكاف إلا في الأمثال ونحوها، وأما في غيرها فيقولون فيه: العتقي؛ لأنه يصلح النعال العتيقة. والمعنى أن لسان ذلك الشخص كمقص الإسكاف لا يُفْتَح إلا على النعال القديمة المستعملة النجسة. يُضرَب للوقح السَّبَّاب.

«اللِّعْبْ بِالْقُطَطْ وَلَا الْبِطَالَهْ» أي: العمل خير من البطالة، ولو كان لعبًا بالقطط، وكأنه ينظر إلى قولهم: «الإيد البطالة نجسة» المتقدم في الألف.

«لِف سَنَهْ وَلَا تْخَطِّي قنَهْ» لفّ معناه: طَوِّفْ وَدُرْ سنة في البر ولا تعبر الماء ولو كان جدولًا ضيقًا، والأكثر في هذا المثل: «امشي سنه ...» إلخ. وقد تقدَّم في الألف.

«اِللُّقَمْ تِمْنَعِ النِّقَمْ» أي: الإحسان وإطعام الفقراء يردُّ المصائب، وهو في معنى المثل العربيّ: «اصطناع المعروف يقي مصارع السوء.»

«لُقْمِةِ الْبُيُوتْ مَا اتْقُوتْ وِانْ قَاتِتْ مَا بَاتِتْ» أي: طعام الغير لا يقوت وإذا قات لا يمرأ، وذلك لما يتبعه من المنِّ غالبًا فيؤثر في النفس، أو لما يُتَوَهَّم من ذلك في المطعمين وإن لم يصرحوا لي بشيء، فالابتعاد عن موائد الناس والقناعة بما قُسِمَ فإنه أهنأ وأمرأ. وفي معناه قولهم: «لقمة جاري ما تشبعني وعارها متَّبَّعْنِي.»

«لُقْمَهْ تَحْتْ حِيطَهْ وَلَا خَروفْ بِعِيطَهْ» الحيطة (بالإمالة): الحائط. والعيطة (بالإمالة أيضًا): الصياح والجَلَبَة؛ أي: لَأَنْ أصيب كسرة من خبز في ظل حائط خَيْرٌ لي من خروف شَهِيٍّ مُحَاط بقيل وقال. يُضرَب في تفضيل القليل مع راحة البال على الكثير المُحَاط بما يزعج.

«لُقْمِةْ جَارِي مَا تْشَبَّعْنِي وعَارْهَا مِتَّبَّعْنِي» هو في معنى: «لقمة البيوت ...» إلخ. المذكور قبل.

«لُقْمِةِ الرَّاجِلْ مِقَمَّرَهْ مَا تَاكُلْهَا الَّا الْمِشَمَّرَهْ» تقمير الخبز: تليينه على النار. وأصله التجمير. والتشمير: رفع الثوب، والمراد: بالمشمرة هنا المتهيئة للخدمة. والمعنى: ما ينفقه الرجل على داره وزوجه لم يأته عفوًا، بل ناله بجدِّه وكده فلا سبيل للمرأة إليه إلا بقيامها بما يستحق من الخدمة. يُضرَب في أن نوال الأجر إنما يكون بحسن العمل.

«اِللُّقْمَه الْكِبِيرَهْ تُقَفْ فِي الزُّورْ» أي: لكبرها تقف في الحلق فيغص بها آكلها. يُضرَب للشيء العظيم يحوزه غير مقتدر عليه فيسبب له الارتباك.

«اِللُّقْمَه الْهَنِيَّهْ تِقَضِّي مِيَّهْ» أي: الطعام الهنيء وإن قلَّ فإنه يكفي مائة شخص، والمراد: يكفي كثيرين. وبعضهم يرويه: «تكفي» بدل تقضي، والمعنى واحد. وانظر: «أكل واحد يكفي عشرة.»

«لَكْ قَرِيبْ لَكْ عَدُو» يُضرَب في عداوة الأهل. وفي معناه قولهم: «العداوة في الأهل.» وانظر: «الحسد عند الجيران والبغض عند القرايب.»

«لِلْيَهُودْ وِالنَّصَارَى وَلَا وِلَادِ الْحَارَهْ» الحارة: الطريق، والمراد هنا: المحلة. وأصل المثل للمرأة البغي، فإنها تخالل البعداء، ولو كانوا من غير دينها، ولا تخالل أهل محلتها كتمًا لأمرها بينهم.

«لَمَّا أَنَا أَمِيرْ وِانْتَ أَمِيرْ، مِينْ يِسُوقِ الْحِمِيرْ؟» أي: ما دام كلانا متعاظمًا فمن يسوق الحمير إذن؟ أي: ما دمنا كذلك تعطلت مصالحنا. ويرويه بعضهم: «أنا كبير وِانْتَ كبير ومين يسوق الحمير؟» والأصح ما هنا. وانظر: «لما أنا ست وانتي ست، مين يكب الطشت؟»

«لَمَّا أنَا سِت وِانْتِي سِت مِينْ يُكَبِّ الطَشْتْ؟» أي: إذا كنت أنا سيدة وأنت سيدة فمن يريق الماء المجتمع في الطشت إذن؟ وانظر: «لما أنا أمير وانْتَ أمير ...» إلخ.

«لَمَّا انْتَ عَامِلْ جَمَلْ بَعْبَعْتْ لِيهُ امَّالْ؟» أُمَّال (بضم الأول وتشديد الميم) أصلها: إما لا، والمراد بها هنا: إذن؛ أي: ما دمت جاعلًا نفسك جملًا يتحمل الأثقال فلماذا ترغو وتزيد بالشكوى إذن؟ وانظر في الألف «اِللِّي يعمل جمل ما يبعبعش من العمل.» وهي رواية أخرى في المثل.

«لَمَّا اتْفَرَّقِتِ الْعُقُولْ كُل وَاحِدْ عَجَبُهْ عَقْلُهْ، ولَمَّا اتْفَرَّقِتْ الارْزَاقْ مَا حَدِّشْ عَجَبُهْ رِزْقُهْ» يُضرَب في أن عادة الناس الإعجاب بعقولهم وآرائهم وعدم الرضا عن أرزاقهم.

«لَمَّا تِتْخَانِقِ الْحَرَامِيَّه يِبَانِ الْمَسْرُوقْ» الحرامية: اللصوص؛ أي: إذا تشاجروا دَلَّ بعضهم على بعض وظهر المسروق؛ فاختلافهم رحمة.

«لَمَّا تُقَعِ الْبَقَرَهْ تِكْتَرْ سَكَاكِينْهَا» أي: إنما تكثر السكاكين للتقطيع حينما يوقعون البقرة للذبح. يُضرَب للشخص يقع في ورطة فيكثر وقتئذٍ ذَامُّوه أو الواشون به؛ لأنهم لم يعودوا يخشونه بعد؛ أي إن ارتباك المرء يُجَرِّئُ عليه الناس. ويرويه بعضهم: «إن وقعت البقرة تكتر سكاكينها.»

«لَمَّا يِبْقَى الزِّر عَلَى عِينِي مَا قُولْشِ لْغِيرِي يَا اعْوَرْ» الزر (بكسر أوله): يريدون به العين تتلف وينعقد عليها شبه الزر؛ أي: إذا كنت أعور لا أعيب غيري بالعور. والمراد: لا ينبغي لمن به عيب أن يُعَيِّرَ سواه إذا كان فيه.

«لَمَّا يِشْبَعِ الْحُمَارْ يِبَعْزَقْ عَلِيقُهْ» أي: إذا شَبِعَ الحِمَارُ بَعْثَرَ علفه. يُضرَب للشخص تكثر نعمته فيسيء استعمالها بَطَرًا.

«لَمَّا يِطِيبِ الْعَلِيلْ يِنْسَى جَمِيلِ الْمِدَاوِي» أي: حينما يُشْفَى المريض لا يتذكر جميل مداويه وينساه. يُضرَب في عدم وفاء الإنسان.

«لَمَّا يْفَلِّسِ الْيَهُودِي يِدَوَّرْ فِي دَفَاتْرُه الْقَدِيمَهْ» أي: إذا أفلس اليهودي بحث في دفاتره القديمة المهملة رجاءَ أن يَعْثُرَ على دَيْن قديم يطالب به؛ لأنه في حالة الرَّوَاج يكون مشغولًا بما هو أهم، وإنما خصوا اليهود بالذكر؛ لأن أكثر المقرضين منهم. وفي معناه قول الشاعر:

من أمارات مفلس أن تراه ملحفًا في اقتضاء دين قديم

ومن أمثال فصحاء المولَّدين: «إذا افتقر اليهودي نظر في حسابه العتيق.»

«لُهْ عُمْرْ فِي السُّوقْ وِعُمْرْ فِي السَّنْدُوقْ» أي: كأنه له عمران: عمر ظاهر، وعمر آخر مخبوء في الصندوق يخرجه متى انتهى الأوَّل. يُضرَب للبخيل يَكْنِزُ المال ولا يُمتع نفسه به كأن له عمرًا ثانيًا

سيتمتع فيه فيما بعد. وبعضهم يرويه: «لها عمر ...» إلخ.

«لُهْ فَرُّوجْ مَا يْمُوتْ» الفَرُّوج لا يستعملونه إلا في الأمثال ونحوها، وأما في غيرها فيقولون: كتكوت. يُضرَب لمن له ما يستمدُّ منه من غير انقطاع.

«لُهْ فِي كُلِّ خَرَابَهْ عَفرِيتْ» الخرابة (بفتح الأوَّل): الخربة. والمقصود: له في كل مكان ضِدٌّ يعاكسه. ويرويه بعضهم: «كل خرابة لنا فيها عفريت.»

«لَوِ اطَّلَّعِ الْكَلْبْ لِحَالُهْ مَا كَانْ يِهِزّ وْدَانُهْ» جمعوا بين اللام والنون في السجع وهو عيب. والودان: الآذان، والمعنى: لو نظر الكلب لحاله، أي قيمته، وعرفها لما تاه وحرك أذنيه إعجابًا. يُضرَب للشخص الحقير يُعْجَب بنفسه ولا ينظر لحالته، ويرويه بعضهم: «الكلب إن بص لحاله ما يهزّش ودانه.» ومعنى بصَّ: نظر.

«لَوْ شَافِ الْجَمَلْ حَدَبْتُهْ لَوقِعْ وِانْكَسَرِتْ رَقَبْتُهْ» أي: لو اطلع الشخص على ما به من العيوب لمات من استنكاره لها، وهو مبالغة. وانظر: «الجمل إن بص لصنمه كان قطمه.» وقد تقدم في الجيم.

«لَوْ كَانِ الْحُبِّ بِالْخَاطِرْ كُنْتْ حَبِّيتْ بِنْتِ السُّلْطَانْ» معناه ظاهر.

«لَوْ كَانِ الدُّعَا بِيْجُوزْ مَا خَلَّى صَبِي وَلَا عَجُوزْ» انظر: «إن كان الدعا ...» إلخ في الألف، ورواية «لو» أكثر.

«لَوْ كَانْ دِي الطَّهْيْ عَلَى دِي النَّهْيْ لَا رَمَضَانْ خَالِصْ وَلَا الْعِيدْ جَي» أي: لو كان هذا الطبخ على هذا الوجه الذي نراه فليس بِمُنْتَهٍ. يُضرَب في الشيء الذي يبطئ الناس في عمله. ويروون في أصله أن جُحا المضحك المعروف نصحه أحد أصحابه أن يصوم رمضان؛ ولعدم معرفته بعدد أيامه أعطاه ثلاثين فولة؛ ليفطر كل يوم على واحدة، وبانتهائها ينتهي الشهر ففعل. ثم بعد مُضِيِّ بضعة أيام تفقد الفول الذي معه فوجده قد زاد فتكدَّر وقال هذا المثل. والسبب في ذلك أن أمه لما رأت معه الفول ظنته يحب أكله، فزادته له بغير علمه.

«لَوْ كَانْ فِيهْ خِيرْ مَا رَمَاهِ الطِّيرْ» وذلك لأنَّ الطائر كالغراب ونحوه لا يرمي إلا ما ذهبت فائدته. يُضرَب للشيء العديم الفائدة يجود به البخيل، وهو مَثَلٌ عامِّيٌّ قديم أورده الأبشيهي في «المستطرف» برواية: «فيها» و«ما رماها.»

ومن أمثال العرب في هذا المعنى: «من شرٍّ ما ألقاك أهلك.» إلا أنهم يضربون للبخيل يزهد فيه الناس، وهو غير بعيد عن معنى المثل العامي.

«لَوْ كَانْ لِلْبِيضَهْ وِدْنِينْ كَانْ يِشِيلْهَا اتْنِينْ» انظر: «إن كانت البيضة ...» إلخ في الألف.

«لَوْ كَانِتْ نَدّتْ كَانِتْ نَدّتْ مِ الْعَصْرْ» انظر: «إن كانت ندت ...» إلخ. في الألف.

«لَوْ لَمِّينَا الْقُشَاشْ كُنَّا مَلِينَا الْفُرَاشْ» القشاش: حطام العيدان ونحوها؛ أي: لو كنا ممن يجمع من هنا وهناك لملأنا فراشنا وحشوناه، والمراد: لملأنا الدار بالمغانم، ولكن نفوسنا تأبى علينا ذلك.

«لَوْ يِعْطُوا الْمَجْنُونْ مِيةْ عَقْلْ عَلَى عَقْلُهْ مَا يِعْجِبُهْ إلَّا عَقْلُهْ» لأنه لو كان ممن يتخير العقول الراجحة لم يكن مجنونًا. يُضرَب لمن لا يعتد إلا برأيه.

«لُولَا اخْتِلَافِ النَّظَرْ لَبَارِتِ السِّلَعْ» معناه ظاهر. وهو مما بقي من الفصيح عندهم.

«لُولَا امَّكْ وَابُوكْ لَاقُولِ الْغُزْ رَبُّوكْ» يُضرَب لذي الأخلاق العالية؛ أي: لولا أني أعرف أمك وأباك لقلت: لم يربه ويؤدبه إلا الترك، وبعضهم يروي: «ولدوك.» ويُضرَب هذا للأبيض اللون الجميل الطلعة.

«لُولَا جَارْتِي لَانْفَقَعِتْ مَرَارْتِي» أي: لولا مواساة جارتي لي لانفجرت مرارتي؛ أي: لَمِتُّ من غيظي وكمدي، ويرويه بعضهم: «لُولاكي يا جارتي كانت طقت مرارتي.» والمعنى واحد.

«لُولَا الْجَرَبْ كُنْتْ تِضْرَبْ بِالْقُلَّهْ» القُلَّة (بضم الأول وتشديد الثاني): شقشقة البعير التي يخرجها من فمه عند نشاطه وغضبه؛ أي: لولا أنك أجرب أيها البعير لأسمعتنا رغاءك وأريتنا شقشقتك. يُضرَب للشخص لا يمنعه عن الشر إلا عاهة به.

«لُولَا الْحَاجَهْ مَا مِشِتِ الرِّجْلِينْ» أي: لولا الاحتياج ما سعينا. والعرب تقول في أمثالها: «الحمى أضرعتني لك.» ويُروَى: «الحمى أضرعتني للنوم.» يُضرَب للذُّلِّ عند الحاجة تنزل بي.

«لُولَا حَالَكْ يَا مْغَنِّي مَا سَأَلْتْ عَنِّي» أي: لولا أنك احتجت إليَّ أيها المغني ما سألت وبحثت عني. يُضرَب لمن يهتم بشخص لحاجته إليه لا محبةً فيه.

«لُولَا عِلْبِةْ مَكِّي كَانْ حَالْنَا يْبَكِّي» مكي من أعلام العطارين. والعلبة يريدون بها: الحُقَّة؛ أي: لولا حقة مكي العطار وما فيها من الدهان والعطر لظهرت حقيقة وجوهنا وحالتها المبكية. يُضرَب لمن يخفي قبحه بالتجميل والتزين.

«لُولَا الْكَاسُورَهْ مَا كَانِتِ الْفَاخُورَهْ» أي: لولا ما يُكْسَر من الأواني ما وُجِدَ معمل الفخار لاكتفاء الناس بما عندهم.

«لُولَاكْ يَا كُمِّي مَا كَلْتْ يَا فُمِّي» أي: لولا لباسي الفاخر وكمي الطويل ما دُعِيتَ إلى الوليمة وأَكَلَ فمي. يُضرَب في أن الناس إنما ينظرون للباس لا للأشخاص، وهو قديم في العامية أورده الأبشيهي في «المستطرف» برواية: «ما أكلت» بدل ما كلت.

«لوْلَاكْ يَا لْسَانِي مَا انْسَكّيتْ يَا قفَايَا» أي: لولا عثرات لساني ما صُفِعَ قفاي، وهو مثل قديم في العامية رواه الأبشيهي بلفظه في «المستطرف». وقريب منه: «اللِّي يقدم قفاه للسك ينسك.» وإن اختلفت وجهة الكلام. وانظر أيضًا: «لسانك حصانك ...» إلخ. وانظر: «اللسان عدوّ القفا» و«طاعة اللسان ندامة.» والعرب تقول في أمثالها: «رب رأس حصيد لسان.» وتقول: «إياك وأن يَضرِب لسانك عنقك.»

«لُولَا الْمَجْنُونْ مَا كَانُوشِ الْعُقَلَا كَلُوا بَلَحْ» أي: لولا المجنون المتهور المجازف بصعوده على النخل ما أكل العقلاء تمرًا. يُضرَب في أن المُجَازَفَة والتهور ليسا شرًّا محضًا، بل قد يستفيد الناس من المتصف بهما وينفعهم فعله.

«لُولَا النَّقْرْ وِالنِّشَارَهْ كَانِتِ النِّسْوَانِ اتْعَلّمِتِ النِّجَارَهْ» أي: لولا ما في النجارة من الأعمال الدقيقة لتعلمها كل أحد حتى النساء. يُضرَب في عدم الجراءة والإقدام على عمل شيء ما إن يعرف ما فيه.

«لُولَاكِي يَا جَارْتِي كَانِتْ طَقّتْ مَرَارْتِي» انظر: «لولا جارتي ...» إلخ.

«اللِّيلْ بِآخْرُهْ» المراد: أن الأمور لا يظهر طيبها ورداءتها إلا في أواخرها، كما أن الليل لا يُعْلَم ما فيه إن حسنًا أو قبيحًا إلا إذا انقضى. والغالب ضرب هذا المثل في ليالي الأعراس إذا لم تكن سارَّة في أولها، أو لم يُجَد فيها المغنون. وقالوا في عكس معناه: «الليلة النيرة من العصر بينه.»

«اللِّيلْ مَا هُو قَصِيرْ إِلَّا عَلَى اللِّي يْنَامُهْ» قصير بالتكبير لا يستعملونه إلا في الأمثال ونحوها، ولما في غيرها فيقولون: قُصَيَّر (بالتصغير)، ولكن بفتح الياء كعادتهم. ومعناه ظاهر. وبعضهم يزيد فيه: «والشخص ما دام فقير ما حد يسمع كلامه.» وانظر قولهم: «السهران ليله طويل والنايم ليله غمضة.»

«لِيلْتَكْ سَعِيدَهْ يَا ضِيفْ. قَالْ: عَلِيكْ وِعَلَى وْلَادَكْ» أي: إنه حَيًّا ضيفه بذلك فقال: إنما هي سعيدة عليك وعلى أولادك؛ لأنكم ستشاركونني في معظم العشاء. ويُروَى: «عيالك» بدل ولادك. والمعنى واحد.

«اللِّيلَه النَّيِّرَهْ مِنِ الْعَصْرْ بَيْنَهْ» جمعوا فيه بين الراء والنون في السجع، وهو عيب. والمعنى: الليلة المنيرة بالأنس والسرور تظهر طوالعها من وقت العصر؛ أي: الشيء تدل عليه أوائله. وبعضهم يروي فيه: «تبان من العصر.» وقالوا في عكس معناه: «الليل بآخره.» وفي معناه من الأمثال العامية في القرن الحادي عشر قولهم: «اليوم المبارك من أوّله يبين.» (أورده الشهاب الخفاجي في الريحانة ص٣٦٧).

«اللِّيِّنْ مَا يِنْكِسِرْشْ» انظر: «الخشب اللين ...» إلخ. في الخاء المعجمة.

حرف الميم (فصحى)

ما يعرفُ قبيلًا من دَبير: قيل معناه: لا يعرف الأمر مُقْبِلًا ولا مدبرًا.

وقيل غير ذلك، قال في أدب الكاتب: القبيل ما أقبلت به المرأة من غزلها حين تفتله، والدبير ما أدبرت به، قال الأصمعي: أصله من الإقبالة والإدبارة، وهو شق الأذن ثم يفتل ذلك، فإذا أقبل به فهو الإقبالة، وإذا أدبر به فهو الإدبارة، والجلدة المعلقة في الأذن هي الإقبالة والإدبارة.

وقال في أساس البلاغة: ومن المجاز: ما يعرف قبيلًا من دبير، وأصله من فتل الحبل إذا مسح اليمين على اليسار علوًا، فهو قبيل، وإذا مسحها عليها سفلا فهو دبير، فقال في جمهرة الأمثال: قولهم ما يعرف قبيلًا من دبير قال أبو عمرو: أي ما يعرف الإقبال من الإدبار. قال: والقبيل ما أقبل به من الفتل على الصدر، والدبير ما أدبر به. وقال الأصمعي: مأخوذ من المقابلة والمدابرة، والمقابلة التي تشق أذنها إلى قُدَّام، والمدابرة التي تشق أذنها إلى خلف، وقال في مجمع الأمثال نحو ذلك. وفي القبيل والدبير أقوال أُخَر ذُكِرَتْ في لسان العرب.

ما يُصْطلى بناره: يعني أنه عزيز منيع لا يوصل إليه ولا يتعرض لمراسه.

المنَّة تهْدِمُ الصنيعة: هذا كما قال الله تعالى: لَا تُبْطِلُوا صَدَقَاتِكُم بِالْمَنِ وَالْأَذَ؟؟.

ما أساء من أعتب: يُضرب لمن يعتذر إلى صاحبه ويخبر أنه سيعتب.

المَرءُ أعْلَمُ بشأنه: يُضرب في العذر يكون للرجل ولا يمكنه أن يبديه.

المشاورة قبل المناورة: هذا كقولهم: المحاجزة قبل المناجزة. والتقدم قبل التندم.

ما أحلى في هذا الأمر ولا أمَرَّ: أي لم يصنع شيئًا.

ما لي في هذا الأمر يد ولا أصبع: أي أثر.

مثل النعامةِ لا طيرٌ ولاجملٌ: يُضرب لمن لا يحكم له بخير ولا شر.

مَا عسى أنْ يبلغ عضُّ النمل: يُضرب لمن لا يُبالَى بوعيده.

ما يشق غبارُه: يُضرب لمن لا يجارى؛ لأن مجاريك يكون معك في الغبار، فكأنه قال: لا قرن له يجاريه.

المرءُ بأصغريه: يعني بهما: القلب واللسان.

ما عَدَا مما بدا: أي: ما منعك مما ظهر لك.

المزاح لقاح الضَغائن: يقول: ربما مازحت الرجل فأحقدته.

ماء ولا كصدَّاء: صداء: ركية لم يكن عندهم ماء أعذب من مائها.

مرعى ولا كالسَّعدان: يُضرب مثلًا للشيء يفضل على أقرانه وأشكاله، والسعدان: نبت وهو من أفضل مراعي الإبل.

من استرعى الذئب ظلَم: أي: من استرعى الذئب فقد وضع الأمانة في غير موضعها.

ما عنده خل ولا خمر: أي: ما عنده خير ولا شر.

مُكْرَهٌ أخوك لا بطل: معناه: إنما أنا محمول على القتال ولست بشجاع.

من أشبه أباه فما ظلم: معناه: من أشبه أباه فقد وضع الشبه في موضعه.

ما أخاف إلا من سيل تلعتي: أي: ما أخاف إلا من أقاربي، والتلعة: مسيل الماء إلى الوادي.

ملكت فأسجِح: قال في الصحاح: الإسجاح حسن العفو، يقال: ملكت فأسجح، ويقال: إذا سألت فأسجح، أي سهِّل ألفاظك وارفق.

ما كل بيضاء شحمة، ولا كل سوداء تمرة.

مرعى ولا أكولة: يُضرب مثلًا للرجل له مال كثير وليس له من ينفقه عليه.

ما للرحال مع القضاء مَحالة: المحالة: الحيلة، ومنها قولهم: المرء يعجز لا محالة.

المرء توَّاق إلى ما لم ينل: يقال: تاق الرجل يتوق توقانًا إذا اشتاق، يعني: أن الرجل حريص على ما منع منه كما قيل: أحب شيء الإنسان ما منعَا.

ما ظنك بجارك فقال: ظني بنفسي: أي إن الرجل يظن بالناس ما يعلم من نفسه، إن خيرًا فخير وإن شرًّا فشر.

ما ضفَا ولا صفَا عطاؤه: الضافي: الكثير، والصافي: النقي، أي لم يضف وفق الظن ولم يصف من كدر المن.

من الرفش إلى العرش: الرفش بالفتح والضم: المجرفة كالمرفشة، والرفاش: هائل الطعام بالمجرفة إلى يد الكيال، أي ارتقى من العمل بالمجرفة إلى سرير الملك.

ما هذا البِرُّ الطارق: يقال: طرق إذا أتى ليلًا، يُضرب في الإحسان يُستبْعَد من الإنسان، ويروى الطارق أي الحديد.

من لم يأسَ على ما فاته أراح نفسه: قاله أكثم بن صيفي.

ما بها نافخ ضرْمة: بها أي بالدار، والضرمة: ما أضرمت فيه النار كائنًا ما كان، يعني بالمثل ما بالدار أحد.

مهلًا فُواق ناقة: أي أمهلني قدر ما يجتمع اللبن في ضرع الناقة، وهو مقدار ما بين الحلبتين، والفيقة اسم ذلك اللبن.

من ترك المراء سلمت له المروءة.

المعاذير قد يشوبها الكذب.

مع المخفض يبدو الزُّبْد: أي إذا استُقصِيَ الأمر حصل المراد.

من لك بأخيك كله: أي من يكفل ويضمن لك بأخٍ كله لك، أي كل ما فعله مرضي، يعني لا بد أن يكون فيه ما تكره، وهذا يُروَى من قول أبي الدرداء الأنصاري رضي الله عنه، يُضرب في عز الإخاء.

الموت السجيح خير من الحياة الذميمة: السجاحة: السهولة واللين، وجه أسجح وخلق صحيح أي لين.

من تجنب الخَبار أمن العِثار: الخبار: كسحاب ما لان من الأرض واسترخى.

من يردُّ السيل على أدراجه: أدراج السيل طرقه ومجاريه، يُضرب لما لا يُقدر عليه.

مخرنبَق لينباع: الاخرنباق: الإطراق والسكون، والانبياع: الامتداد والوثب، أي إنما أطرق ليثب، ويُروى لينباق أي يأتي بالبائقة وهي الداهية.

مع اليوم غدٌ: يُضرب مثلًا للنظر في العواقب.

ما درى أيًا من أي: يقال ذلك في الأمرين يستويان فلا يفرق بينهما، وفي الأمرين يختلطان ولا يتميزان.

ما لألالت الفور بأذنابها: يقال: ما أفعل ذلك مالألات الفور بأذنابها، أي ما حركت الظباء أذنابها، والفور الظباء لا واحد لها من لفظها، ومثله قولهم: لا أفعله ما اختلف العصران، وهما الغداة والعشي، وما كَرَّ الجديدان والملوان وهما الليل والنهار.

من يَر يومًا يُر به: يقول: من رأى يومًا على عدوه رأى مثله على نفسه، وقيل معناه: من أحل بغيره مكروهًا أُحِلَّ مثله به.

من مأمنه يؤتى الحذِر: هو من أمثال أكثم بن صيفي، يقول: إن الحذر لا يدفع المقدور عن صاحبه.

من يسمع يَخِلْ: يقال: خلت الشيء إذا ظننته، والمعنى: أن من يسمع الشيء ربما ظن صحته.

من سلك الجدَد أمن العثار: يُضرب مثلًا لطالب العافية، والجدد المستوي من الأرض، والمثل لأكثم بن صيفي، قال أبو هلال العسكري في جمهرة الأمثال: أخبرنا أبو أحمد عن أبي بكر عن أبي حاتم عن أبي عبيدة قال: قال أكثم: يا بَنِي تميم لا يفوتنكم وعظي إن فاتكم الدهر، بنفسي أن بين حيزومي لبحرًا من التكلُّم لا أجد لها مواقع غير أسماعكم ولا مقارَّ إلا قلوبكم، فتَلَقَّوْهَا بأسماع مصغية وقلوب واعية تَحمَدوا عواقبها، إن الهوى يقظان، والعقل راقد، والشهوات مطلقة والحزم معقول والنفس مهملة، والروية مقيدة، ومن جهة التواني وترك الروية يتلف الحزم، ولن يعدم المشاور مرشدًا، والمستبد برأيه موقوف على مداحض الزلل، ومن سَمَّع سُمِّع به، ومصارع الألباب تحت ظلال الطمع، ولو اعتبرت مواقع المحن ما وجدت إلا في مقاتل الكرام، وعلى الاعتبار طريق الرشاد، ومن سلك الجدد أمن العثار، ولن يعدم الحسود أن يشغل سره ويزعج قلبه ويثير غيظه لا يجاوز ضره نفسه.

ما وراءك يا عصام: يضرب مثلًا في استعلام الخبر.

المنية ولا الدنية: ويقولون: النار ولا العار.

المكثار كحاطب ليل: هذا من كلام أكثم بن صيفي، وإنما شبهه بحاطب ليل؛ لأنه ربما نهشته الحية ولدغته العقرب في احتطابه ليلًا، فكذلك المكثار ربما يتكلم بما فيه هلاكه.

ما له سارحة ولا رائحة: سرحت الماشية أرسلتها في المرعى فسرحت هي، والمعنى: ما له ما يسرح ويروح أي شيء، ومثله كثير.

ما عنده خير ولا مير: الخير: كل ما رُزِقَهُ الناس من متاع الدنيا، والمير: ما جُلِبَ من الميرة، وهو ما يتقوت فيتزود.

من قَنِع بما هو فيه قرَّت عينه.

معاتبة الإخوان خير من فقدهم: هذا مثل قولهم: وفي العتاب حياة بين أقوام.

من ضاق عنه الأقرب أتاح الله له الأقرب.

من الحبة تنشأ الشجرة.

المرأة من المرء، وكل إدماء من آدم: يقال: هذا أولُ مثل جرى للعرب.

من طلب شيئًا وجده.

من ملك استأثر: يُضرب لمن يلي أمرًا فيفضل على نفسه وأهله، فيعاب عليه فعله.

من أجدب انتجع: يُضرب للمحتاج.

من يزرع الشوك لا يحصد به العنبا.

من نام لا يشعر بشجو الأرِق: يُضرب لمن غفل عمّا يعانيه صاحبه من المشقة.

حرف الميم (عامية)

«مَا اسْخَمْ مِنْ سِتِّي الَّا سِيدِي» أسخم؛ أي: أقبح وأردأ. يُضرَب عند تفضيل شخص على آخر ظنًّا بأنه يفضله وهو أردأ منه. ومن أمثال العرب في هذا المعنى: «الهابي شرٌّ من الكابي.» والهابي: الذي هبا من الجمر فصار رمادًا كالهباء. والكابي: الجمر إذا صار فحمًا، وهو أن تُخْمَد ناره. يُضرَب للفاسدَيْن يزيد فساد أحدهما على الآخر.

«مَا الْتَقَاشِ الْعِيشْ يِنْتِشُهْ جَابْ لُهْ عَبْدْ يُلْطُشُهْ» انظر: «ما لقوش عيش ينتشوه ...» إلخ.

«مَا الْتَقَى لُهْ عِيلَهْ جَابْ لُهْ خِيلَهْ» العيلة (بالإمالة): يريدون بها الأسرة والأهل. وجاب معناه: جاء بكذا. والخيلة (بالإمالة): يريدون بها الخيل، وألحقوا بها تاء التأنيث لتزاوج العيلة؛ أي: لم يجد له أهلًا يأنس بهم فاقتنى خيلًا يشتغل بها. يُضرَب لمن يستعيض عن شيء بشيء لا يقوم مقامه.

«مَا بَعْدْ حَرْقِ الزَّرْعْ جِيرَهْ» أي: لا جوار بيننا بعد ذلك، ولا سبيل إلى الصفاء بعد إحراقكم أقواتنا. يُضرَب للأمر يبلغ في الشدَّة مبلغًا لا سبيل معه إلى إعادة الصفاء.

«مَا بَقَاشْ فِي الْعُمْرْ مَا يِسْتَاهِلِ التُّوبَهْ» أي: لم يبق في عمري ما أعمل فيه الصالحات وأُكَفِّر عما فات، فدعني فيما أنا فيه فإن المدة الباقية لي لا تستحق التوبة. يُضرَب للشيء يفوت أوانه.

«مَا بَقَى فِي الْخُن رِيشْ إِلَّا الْمِقَصَّصْ وِالضَّعِيفْ» جمعوا فيه بين الشين والفاء في السجع، وهو عيب، فأتوا به ركيكًا ممجوجًا، والمراد بالريش: ذوات الريش؛ أي: الدواجن. والخنُّ (بضم الأول وتشديد الثاني): كِنُّ الدجاج ونحوها الذي تبيت فيه. يُضرَب لمن لم يبق عندهم إلا التافه الذي لا فائدة فيه.

«مَا بَلَاشْ إِلَّا الْعَمَى وِالطُّرَاشْ» بلاش: أصله بلا شيء، ويريدون به المأخوذ مجانًا بلا عِوَض. والطُّراش (بضم الأول): الصَّمَم، والمعنى: لا تظنوا أن شيئًا يحاز بلا عِوَض إلا أن يكون عاهة من العاهات كالعمى والصمم ونحوها، فهذه تُعْطَى مجانًا ولكن من يريدها؟

«مَا بِالْمَيِّتْ مُوتُّهْ وِمَا بُهْ زَنْقِةِ الْقَبْرْ» يُضرَب للمصيبة تحيط بها أخرى.

«مَا بِينِ الْخَيِّرِينْ حِسَابْ» يُضرَب عند وثوق الأخيار بأمثالهم وقت المحاسبة.

«مَا تْآمِنْشْ لابُو رَاسْ سُودَهْ» أبو الرأس السوداء يريدون به الإنسان، وهو مبالغة في وصفه بالغدر. وانظر: «آمنو للبداوي ...» إلخ و«ربي قزون المال ...» إلخ.

«مَا تَاكُلِ الَّا الْقَمْلَهْ وَلَا تِوْجَعِ الَّا الْكِلْمَهْ» المقصود من هذا المثل بيان أن الكلام أشد إيلامًا للنفس من أي إيلام، وقد جمعوا فيه بين اللام والميم في السجع، وهو عيب.

«مَا تْبَانِ الْبُضَاعَهْ إلّا بَعْدِ الْحَبَلْ والرِّضَاعَهْ» البضاعة: سلع التاجر المعروضة للبيع. يُضرَب للشيء لا تظهر حقيقته إلا بعد التحقق من آخرته؛ أي: لا تمدحوه ولا تذموه إلا بعد أن تَمُرَّ عليه أوقات تمحيصه فتظهر لكم حقيقته. والأصل في معنى المثل أنَّ الحمل والوضع والإرضاع تهزل المرأة وتقلل من محاسنها، فلا ينبغي التسرع بمدحها والاغترار بحسنها حتى تلد وتُرْضِع.

«مَا تْبِعْش رِخِيصْ. قَالْ: مَا تْوَصِّيشْ حَرِيصْ» أي: قيل لإنسان: لا تَبِعْ رخيصًا، فقال: لا تُوصِ حريصًا يعرف كيف يُدَبِّر أمره. يُضرَب لمن لا يحتاج للإرشاد ليقظته، والمراد بالبيع رخيصًا: بالتفريط.

«مَا تِبْكِيشْ عَلَى اللِّي فِرِغْ مَالُهْ، اِبْكِي عَلَى اللِّي وِقِفْ حَالُهْ» وقف الحال كناية عن كساد التجارة؛ أي: لا تَبْكِ على من ذهب ماله، بل ابك على من كَسَدَتْ تجارته؛ لأن المال يُعَوَّض إذا نفقت السوق.

«مَاتِتِ الْحُمَارَهْ، وِانْقَطَعِتِ الزِّيَارَهْ» يُضرَب في زوال الشيء لزوال أسبابه ووسائله.

«مَا تْتِمِّ الْحِيلَهْ إلَّا عَلَى الشَّاطِرْ» انظر: «ما يقع إلا الشاطر.»

«مَا تِجِي الطُّوبَهْ إلَّا فِي الْمَعْطُوبَهْ» الطوبة (بضم الأول): الآجُرَّة. والمعطوبة: التي أصابها العطب؛ والمراد: العضو المصاب؛ أي: لا تصيب الآجرة إذا رميت إلا الشخص أو العضو المصاب. يُضرَب للرزايا تتبع الرزايا.

«مَا تِجِي الْمَصَايِبْ إلّا مِنِ الْحَبَايِبْ» أي: أكثر ما تجيء المصائب من الأحباء. يُضرَب عند وقوع أذى من حبيب. وانظر في معناه: «البلاوي تتساقط من الجيران.» وقد تقدَّم في الباء الوحدة. وتقول العرب في أمثالها: «شرق بالريق»؛ أي: ضرَّه أقرب الأشياء إلى نفعه.

«مَا تْزَغْرَطُوا إلّا لَمَّا تِتْقَمَّطُوا» الزغرطة: لقلقة بوضع الإصبع في الفم وتحريك اللسان، تفعلها النساء لإعلان السرور. والتَّقْمِيط هنا يريدون به: ارتداء الملابس؛ أي: لا تعلنوا سروركم وتكثروا من الضجيج إلا بعد نوال ما تشتهون. يُضرَب لمن يتسرع في الابتهاج بالشيء يتوقع نواله وهو لم ينله بعد.

«مَا تْزَغْرَطُوشْ يَا وْلَادْ جَنْجَرَهْ دِي الدَّاهْيَه تَحْتِ الْقَنْطَرَهْ» الزغرطة: صياح المرأة في الأعراس بصوت طويل تخرجه بتحريك إصبعها في فمها، وأصلها من زعردة البعير. وجنجرة: بلدة بالشرقية، زوجوا امرأة منها لرجل في بلدة بعيدة، قبيح المنظر، قَذِر الثياب، كَبِير السن، ولم يكن أهل جنجرة رأوه، فلما ذهبوا بالعروس في موكبها أظهروا السرور والفرح وغَنَّوْا وزغردت نساؤهم كالعادة، وخرج الزوج للقائهم، فوقف متسترًا تحت قنطرة قريبة من بلدته، فلما رآه بعضهم وشاهد ما عليه من القبح قال ذلك. يُضرَب لإظهار السرور بشيء قبل التحقق منه.

«مَا تِسْتَكْتَرْشِ الرَّفصْ عَلَى الْبَغْلِ النَّجِسْ» النجس: يريدون به الماكر الجَمُوح؛ أي: لا تستكثر على مثله الرفس فإنه أهون ما يأتي به؛ لأنه قد يكون منه ما هو أكبر جرمًا كأن يجمح فيُلْقِي براكبه ويَقْتُله. يُضرَب بعدم استبعاد شيء على الشخص الماكر الرَّديء.

«مَا تْعْرُجْشْ قُدَّامْ مِكَسَّحِينْ» انظر: «تعرج قدام مكسح؟!» في التاء المثناة الفوقية.

«مَا تِعْرَفْ خِيرِي إِلَّا لَمَّا تْشُوفْ غِيرِي» أي: لا تعرف مقدار معروفي حتى ترى غيري وتجرب ما عنده. يُضرَب لِمُسْتَقِلٍّ معروف شخص وأياديه عنده.

«مَا تْعَيَّطُوشْ عَلَى فُخَّارْكُمْ دَا لُهْ عُمْر زَيَّ اعْمَارْكُمْ» أي: لا تبكوا على فَخَّاركم الذي كُسِرَ؛ لأنه مثلكم في الفناء لا بد له من يومٍ يُكْسَرُ فيه، كما لا بدَّ لكم من يوم تموتون فيه. والمراد: كل من في الوجود إلى الفناء.

«مَا تِفْرَحْشْ لِلِّي رَاحْ لَمَّا تْشُوفِ اللِّي يِجِي» أي: لا تفرح لذهاب من ذهب، حتى ترى من سيجيء بدله، فربما كان مثله أو أقبح منه. يُضرَب في عدم التعجل بالسرور من الخلاص من شخص أو أمر إلا بعد رؤية الذي يحل محله. وهو قديم أورده الأبشيهي في «المستطرف» في أمثال العامة برواية: «لا تفرح لمن يروح حتى تنظر من يجي.»

«مَا تِفْعَلْه الْآبَاءْ مِخَلَّفْ لِلْأَبْنَاءْ» معناه ظاهر.

«مَا تْقُولُوشْ لَابُوهْ، إِيدُه فِي إِيدَ اخُوهْ» يريدون به السُّقْط؛ أي: الولد لغير تمام، والمراد: لا تخبروا والده به فإن يده في يد أخيه؛ أي: ستحمل أمه سريعًا؛ وذلك لأنهم يزعمون أنَّ مَنْ تُسْقِط سريعةَ الحمل بعد إسقاطها. وقد وَلَّدَ لهم هذا المثل اعتقادًا آخر فزعموا أن عدم إخبار الأب بالإسقاط يسبِّب سرعة الحمل. ويروي بعضهم فيه: «ما تدرُّوش أبوه ...» إلخ. والمعنى واحد. يُضرَب لإذهاب الكدر عند حصول ذلك.

«مَا تِكْرَهْنِي عِينْ تِودِّنِي» يُضرَب في صدق الوِدَاد.

«مَا تِلْتِقِيشِ الْبِيضَهْ إِلَّا فِي الْخُمِّ الْعِفِشْ» الخُمُّ (بضم الأوَّل وتشديد الميم): مكان الدجاج الذي تأوي إليه وتبيض فيه. والعفش (بكسرتين): القَذِر؛ أي: لا تجد البيض إلا في المكان القذر؛ لأن قذارته إنما جاءت من كثرة الدجاج فيه، والمراد: لا تنظر إلى قبح الظاهر.

«مَا تِتْهَزِّيشِي مَا فِي الْوِسْطِ إِيشِي» أي: لا تهتزي ولا تميسي فليس في وسطك شيء يستدعي ذلك؛ أي: ليس فيه حزام مزركش ذو عذبات يحمل على الرقص. يُضرَب للمعجب بنفسه، وهو لا يملك ما يتباهى به بين الناس.

«مَا جَمَعْ إِلَا لَمَّا وَفقْ» أي: ما جمعهم الله حتى وفق بينهم. يُضرَب للمجتمعين المتوافقين في الطباع، وفي الغالب يقصدون بهم المتفقين في سوء الطباع.

«مَا جُودْ إِلَّا مِنْ مَوْجُودْ» انظر في الجيم: «الجود من الموجود.»

«مَا حَدّ بْيِجِي مِنِ الْغَرْبْ يُسُرّ الْقَلْبْ» لا يقصدون ذَمَّ أهل الغرب، وإنما أتوا بالكلمة للسجع. يُضرَب للشخص المبغَض وهو من قوم مشهورين بذلك.

«مَا حَدّ بِيْنَادِي عَلَى زِيتُه عِكِرْ» أي: ليس في الناس من يَذْكُرُ عيوب سلعته إذا عرضها للبيع فيعرِّضها للبوار، وفي معناه قولهم: «ما حدِّش يقول عن عسله حامض.» غير أن هذا عامٌّ فيما يُعْرَض للبيع وما لم يعرض.

«مَا حَد مِسْتَرِيحْ وَلَا ابْنِ الْجَرِيحْ» يروون عن ابن الجريح هذا أنه كان وافر النعمة، وله زوجة حسناء هي بنت عمه، وكانت كثيرة الإطاعة له، وأنَّ أحد الرعيان كان يتبرَّم دائمًا من شقائه وشظف عيشه، فمرَّ بابن الجريح يومًا وهو مع زوجته يتنزهان فظنَّ أنه في سعادة، فقال مُتَأَوِّهًا: «ما حد مستريح إلا ابن الجريح.» وسمعه ابن الجريح فاستدعاه واختلى به، وروى له قصة له تدل على أنه في تعاسة وشقاء، وإن أوهم ظاهره خلاف ذلك. فعاد الرجل يحمد الله على ما هو فيه وغَيَّرَ المثل. وقد أضربنا عن ذكر القصة، والمقصود من المثل أن لا راحة في الدنيا، وأن ليست السعادة بالغنى أو حسن المظاهر.

«مَا حَدِّشْ يِقُولْ طَق إِلَّا لَمَّا يْكُونْ مِنْ حَق» المراد هنا بلفظ طق: الشكوى؛ أي: لا يشكو أحد إلا ولشكواه وأنينه سبب؛ أي: لا دخان بلا نار. ويرويه بعضهم: «هوَّ طق إلا من حق.»

«مَا حَدِّشْ يُقُولْ عَنْ عَسَلُهْ: حَامِضْ» هو في معنى قولهم: «ما حد بينادي على زيته عكر.» غير أنَّ ما هنا عام. يُضرَب فيما يملكه الشخص، سواء أعرضه للبيع أم لم يعرضه.

«مَا حَدِّشْ يقُولْ: يَا جِنْدِي غَطِّي دَقْنَكْ» الجندي (بكسر فسكون) وصوابه ضم الأوَّل، يريدون به الأمير من الترك. والمراد: لا يستطيع إنسان أن يشير على الأمير بأن يستر لحيته. يُضرَب للعظيم الجبَّار لا يستطيع أحد أن ينصحه.

«مَا حَش إِلَّا مِنْ رش» الحشُّ: حش خامات من الأرض. والرش: البزر؛ أي: إن لم يكن بزر فلا حش. يُضرَب في أن الشيء لا يكون من لا شيء، وقد حَثُّوا على الإكثار من البزر بقولهم: «املأ إيدك رش تملاها قش.» وتقدَّم ذكره. وانظر: «من رش دش.»

«مَا حَوَالِينِ الصَّعَايْدَه فَايْدَهْ، وَلَا جَزَّازِينِ الْكِلَابْ صُوفْ» هو من تندير أهل المدن والريف، (أي الوجه البحري) بأهل الصعيد، وكثيرًا ما يرمونهم بالجفاء وغلظ الطباع والأذاة، فإذا نبغ منهم نابغة

قالوا فيه: «صعيدي وصح» تعجبًا من نبوغه، والواقع خلاف ذلك. والمعنى: ليس حول أهل الصعيد فائدة تُرْجَى منهم كما أن جزاز الكلاب لا يتحصل على صوف فيُطْلَب منه. وقالوا في المعنى الثاني: «الكلب إن طال صوفه ما ينجزِّش» و«هو اللِّي يجز الكلب صوف.» وذُكِرَا في الكاف والهاء.

«مَا خَلَّاشْ فِي الْقَنَانِي شَرَابْ» أي: لم يترك في القناني شرابًا وأتى على كل ما فيها. يُضرَب لمن تصل يده إلى شيء فلا يُبْقِي فيه ولا يَذَر.

«مَا دَامْ رَايِحْ كَتَّرْ مِ الْفَضَايِحْ» أي: متى كنت عازمًا على الرحيل أكثر من الفضايح، وافعل ما شئت؛ لأنك غير باقٍ بالمكان فتستحي من أهله. وبعضهم يرويه: «كتر من الفضايح آدي انت رايح.»

«مَادْنَهْ وِقْعِتْ عَلَى هِدْهِدْ» المادنة: المَنَارَة التي يُؤَذَّنُ عليها في المساجد، وهي مُحَرَّفة عن المئذنة. والهدهد: طائر معروف، وصوابه (بضم الهاءين) والعامة تكسرهما. يُضرَب للأمر العظيم يُعْمَل لشيء حقير لا يستحقه، فإنَّ قَتْل الهدهد لا يحتاج لأن تقع عليه مئذنة.

«مَا رِيتِ الْمَعْرُوفْ يِنَقَّصْ صَاحْبُهْ إِلَّا يْزِيدُهْ عَلَى الْكَمَالْ كَمَالْ» أي: ما رأيت فعل الخير يُزْرِي بفاعله، بل يزيده كمالًا على كمال.

«مَا زَادْ عَلِيكِي يَا مَرَهْ إِلَّا الْمِجَرْجَرْ مِنْ وَرَا» أي: ما زاد عليك أيتها المرأة إلا تطويل الذيل المجرور على الأرض من ورائك، يُضرَب فيمن ينال منالًا لا يغير من حاله ولا يغنيه من جوع، بل يزيده خبالًا.

«مَا زُولْ زَيِّ زُولْ وَلَا الصَّلَايَهْ زَيِّ دَقِّ الْهُونْ» الزول: الهيئة والسيماء. والصلاية يريدون بها: الهاون من الخشب، وهي عند العرب مدق الطيب، وقد تهمز فيقال: صلاءة. والهون: الهاون؛ أي: الناس ضروب غير متساوين كما أن الأشياء والأعمال تختلف، فليس المدقوق بالهاون الخشب في الجودة كالمدقوق في النحاس أو الرخام. وقد جمعوا فيه بين اللام والنون في السجع، وهو عيب.

«مَا سِيلِ الَّا مِنْ كِيلْ» يريدون بالسيل: سيل الدقيق في الطاحون من المَسْيَل (بفتح فسكون ففتح)، وهو موضع سيله في القاعدة، وصوابه (بفتح فكسر)، والمراد: بقدر ما تكيل القمح للطاحون يسيل الدقيق؛ أي: بمقدار ما تعطي تأخذ، فهو قريب بعض القُرْب من قولهم: «اطبخي يا جارية، كَلِّف يا سيد.» وتقدم في الألف.

«مَا شَاتْمَكْ إِلَّا مْبَلَّغَكْ» أي: لم يشتمك إلا مَنْ بلغك ونَقَلَ إليك ما قيل فيك، ولولاه لم تسمع ما تكره. يُضرَب في ذم النميمة، وفي معناه قول بعضهم:

لَعَمْرُكَ مَا سَبَّ الأَمِيرَ عَدُوُّهُ وَلَكِنَّمَا سَبَّ الأَمِيرَ المُبَلِّغُ

ومن أمثال العرب: «من سَبَّك؟ قال: من بلغني.» أي: الذي بلغك ما تكره هو الذي قاله لك؛ لأنه لو سكت لم تعلم.

«مَا شَافْهُمْش وهُمَّا بِيِسْرَقُوا شَافْهُمْ وهُمَّا بِيِتْحَاسْبُوا» يُضرَب لمن يريد إلصاق تهمة بأشخاص؛ أي: لَمَّا لم يجد سبيلًا إلى ادعاء أنه رآهم يسرقون ادَّعى أنه رآهم وهم يتحاسبون.

«مَا شُفْنَاكْ يَا نُورْ إِلَّا لَمَّا رَابِتِ الْعُيُونْ» شفناك؛ أي: رأيناك، والمراد هنا: حصلنا عليك. يُضرَب في الشيء العزيز يُرْجَى نواله فلا يُنَال إلا بعد يأس وزمن طويل؛ أي: لم تَرَكَ يا نورُ عيونُنا إلا بعد طول رجاء وانتظار ورَيْب من الحصول عليك، وهو مثل قديم في العاميَّة أورده الأبشيهي في «المستطرف» برواية: «ما رأيتك يا نور حتى ابيضت العيون.»

«مَا شِلْتِكْ يَا دِمْعِتِي إِلَّا لشِدِّتِي» الشيل هنا: الحفظ؛ أي: ما حفظتك يا دمعتي إلا لتنجديني في الشدَّة، وتفرِّجي عني إذا عدمت المعين. والمثل قديم أورده الأبشيهي بلفظه في «المستطرف» في الأمثال العامية. وانظر قولهم: «حيلة المقل دموعه» في الحاء المهملة.

«مَاشِي نِدَّكْ وِامْشِي عَلَى قَدَّكْ» يُضرَب في الحث على مصاحبة الأنداد، وعدم مجاوزة الحد، والتزام القصد في السير. وانظر قولهم: «من عاشر غير بنكه ...» إلخ. وقولهم: «يا واخد ندَّك على قدَّك ...» إلخ.

«مَا عَاشْ مَالِي بَعْدْ حَالِي» يريدون بالحال هنا النفس، وهي قليلة الاستعمال في هذا المعنى عندهم؛ أي: لا عاش مالي، ولا بقي بعد ذهاب نفسي؛ أي: موتي، فهو قريب من قول أبي فراس:

إِذَا مِتُّ ظَمْآنًا فَلَا نَزَلَ الْقَطْرُ

«مَا عَنْدَكْ إِحْسَانْ مَا عَنْدَكْش لْسَانْ» أي: إذا لم تكن مُحْسِنًا بمالك، أفلا تكون محسنًا بالقول؟ ومثله قولهم: «لا إحسان ولا حلاوة لسان.» وقد تقدم.

«مَا عَنْدُوشْ تِخِينْ إِلَّا الْفَل، وَلَا كْبِيرْ إِلَّا التَّل» الفَلُّ (بفتح الأوَّل وتشديد الثاني) نسيج غليظ، وهو أغلظ نوع من المسمى عندهم بالخيش. يُضرَب لمن لا يُوَقِّرُ أحدًا لفضل أو معرفة، فلا عظيم عنده إلا عظيم الجرم.

«مَا قْدِرْشْ عَلَى الْحُمَارْ إِشَّطَّرْ عَ الْبَرْدَعَهْ» اشطر ويقولون: اتشطر؛ أي: تشطر، يريدون به: أظهر المهارة. والبردعة: الإكاف؛ أي: لَمَّا لم يقدر على الحمار وعجز عن إيصال الأذى به أظهر مهارته في إيذاء الإكاف. يُضرَب لمن يعجز عن القويِّ فينتقم من الضعيف. ويرويه بعضهم: «عَضَّ البردعة.».

«مَا كَانْ نَاقِصْ عَلَى سِتِّي إِلَّا طَرْطورْ سِيدِي» الست: السيدة. والسِّيد (بالكسر): السَّيِّد. والطرطور: قلنسوة طويلة دقيقة الطرف كالقُمْع؛ أي: لم يكن ينقص سيدتي من بلهنية العيش وعظم المقام إلا هذا الطرطور يذهب ويجيء في الدار بلا طائل، والمراد: أنها تزوَّجت بهذا الرجل ليحسن به حالها فكان ضغثًا على إبالة.

«مَا كُل طِيرْ يِتَّاكِلْ لَحْمُهْ» أي: ما كل طائر يُؤْكَل، والمراد: ليست المخلوقات سواءً ولو اتَّحدت في النوع، بل فيها الطيب والخبيث.

«مَا كُل مَرَّهْ تِسْلَمِ الْجَرَّهْ» أي: إذا سلمت الجرَّة من الكسر مرَّة فليس ببعيد كسرها في مرَّة أخرى. يُضرَب في أنَّ الخلاص من خطر أقدم عليه شخص لا يدعو إلى إقدامه مرَّة أخرى، فربما لا يتهيَّأ له ما تهيأ في المرَّة الأولى.

«مَا كُل مِنْ رِكِبِ الْحُصَانْ خَيَّالْ» الحصان (بضم أوَّله): الفرس الذكر، والصواب فيه كسر الأوَّل؛ أي: ليس كل من ركب فرسًا يكون فارسًا. فهو كقولهم: «ما كل من صف الأواني قال: أنا حلواني»

وقولهم: «هو كل من نفخ طبخ؟» وبعضهم يروي المثل هكذا: «ما كل من لف العمامة يزينها ولا كل من ركب الحصان خيال.» وهم لا يستعملون العمامة إلا في الأمثال ونحوها، وفي غيرها يقولون فيها: «عمة.» وفي المعنى لبعضهم:

مَا كُلُّ مَنْ لَفَّ عَلَى رَأْسِهِ عمامةً يحظى بِسَمْتِ الْوَقَارِ

مَا زِينَةُ المرءِ بِأَثْوَابِهِ السِّرُّ في السُّكَّانِ لا في الديارِ

وقال آخر:

وما كُلُّ مَخْضُوبِ الْبَنَانِ بُثَيْنَةٌ وَلَا كُلُّ مسلوبِ الفؤادِ جميلُ

«مَا كُل مَنْ صَفَّ الْأَوَانِي قَالْ: أَنَا حَلَوَانِي» الأواني مما لا يستعملونها إلا في الأمثال ونحوها. والحلواني (بثلاث فتحات): بائع الحلوى؛ أي: ليس كل من تشبه بغيره في أمر يكون أهلًا له، ويروي بعضهم فيه: «الصواني» بدل الأواني، ومثله قولهم: «ما كل من ركب الحصان خيال» وقولهم: «هو كل من نفخ طبخ؟!»

«مَا كُل مِنْ لَفِّ الْعِمَامَة يْزِينْهَا» انظر: «ما كل من ركب الحصان خيال.»

«مَا كُل مِنْ نَفَخْ طَبَخْ، وَلَا كُل مِنْ طَبَخْ نَفَخْ» يُضرَب في أن الغايات حظوظ قد تُدْرَكُ بلا مشقة، وقد يحرم منها من جهد في وسائلها. ويقتصر بعضهم على صدر المثل ويريد به: ليس كل من حاول أمرًا يُحْسِنُه. ويرويه بعضهم: «هو كل من نفخ طبخ؟!» وسيأتي.

«اِلْمَالِ اللِّي مَا تِتْعَبْ فِيهِ الْيَد مَا يِحْزَنْ عَلِيهِ الْقَلْبْ» أي: المال الذي لا يكد المرء في تحصيله لا يحزنه فقده فيسرف فيه. والعرب تقول في أمثالها: «ليس عليك نسجه فاسحب وجر.» قال الميداني: «أي: إنك لم تنصب فيه فلذلك تفسده.»

«اِلْمَالِ اللِّي مَا هُو لَكْ عَضْمُهْ مِنْ حَدِيدْ» المراد بالمال هنا الدواب، فإنها إذا لم تكن لك بل عارية عندك فعظامها في نظرك من حديد فلا تُشْفِقُ عليها إذا استخدمتَها، فهو في معنى: «أحق الخيل بالركض المُعار.» ومثله قولهم: «حمار ما هو لك عافيته من حديد.» وقد تقدم في الحاء المهملة. وانظر قولهم: «اِللِّي ما هو لك يهون عليك.» وقولهم: «اِللِّي من مالك ما يهون عليك.» وقد تقدما في الألف.

«اِلْمَالِ اللِّي مَا يِشْبِهِ اصْحَابُهْ حَرَامْ» يراد بالمال ما يُملك من عروض وماشية وعقار وغيرها. المعنى: ما كان من هذه الأشياء لا يشبه حال أصحابه، وليس مما يُظَنُّ أن في مقدورهم اقتناءه، فاعلم أنه مسروق لم يُكْتَسَب من وجه حل، وهو مَثَلٌ قديم في العامية أورده الأبشيهي في «المستطرف» برواية: «كل شيء لا يشبه قانيه حرام.» وأورده الراغب الأصفهاني في محاضراته برواية: «شيء لا يشبه صاحبه فهو سرقة.»

«مَالْ تِجِيبُه الرِّيَاحْ تَاخْدُه الزَّوَابِعْ» تجيبه؛ أي: تجيء به، والمقصود: مال يأتي مسوقًا بالريح؛ أي: من غير وجهه لا بد من ذهابه في غير وجهه (اذكرها نهابر إلخ، وانظر من نعظمه، ولعله في نوع العقد في علم البديع). ومن كناياتهم عن هذا المال قولهم: «طايح ابن رايح.» وسيأتي في الكنايات.

«مَالْ تُودِعُهْ بِيعُهْ» أي: مال تُودِعُهُ إنسانًا وتتركه عنده مهملًا له بعه وانتفع بثمنه فإنه قد يتلف عنده. وقد تقدَّم في الألف: «اِللِّي بدك ترهنه بيعه.» وهو معنى آخر، والمقصود بالمال في المثالين ما يُقْتَنَى من عروض وماشية ونحوها.

«مَالْ طَاقِيِّتَكْ مِقَوَّرَهْ؟ قَالْ: مِنْ تَدْبِيقِكْ يَا مَرَهْ» الطاقية: قلنسوة خفيفة تُعْمَل من البَزِّ. ومقورة؛ أي: مقطوعة من أعلاها. والتدبيق يريدون به: التدبير؛ أي: قالت المرأة لزوجها متنادرة عليه: ما لقنسوتك مخرقة؟ فقال لها متهكمًا: ذلك من حسن تدبيرك لشئوني أيتها المرأة. يُضرَب للمستهزئ بالشيء وعيبه من نتيجة تفريطه فيه.

«مَالِ الْكُنْزِي لِلنُّزَهِي» الكنزي (بضم ففتح): يريدون به البخيل الذي يكنز المال، والنزهي بهذا الضبط: من يتنزه وينفق على مسراته. والمراد: أن البخيل الذي حَرَمَ نفسه من ماله سيئول بعده لوارث ينفقه بغير حساب. ومعنى المثل صحيح مطابق للواقع في الغالب، وسببه أن البخلاء يُقَتِّرُون على أولادهم فينشئون في ضيق يَدٍ ونفس، حتى إذا نالوا تراثهم اندفعوا فيما كانوا ممنوعين عنه

فأنفقوه بغير تَبَصُّر. ولفظ الكنزي قليل الاستعمال إلا في الأمثال ونحوها. ويُروَى: «مال المحروم» والأول أشهر. وفي كتاب الآداب لابن شمس الحلافة: «ما جُمْعَ مال بتقتير إلا أُنْفِقَ في تبذير.»

«مَالْ لَحْمِتَكْ مِشَغَّتَهْ؟ قَالْ: مِنْ جَزَّارْ مِعْرِفَهْ» مال؛ أي: ما لكذا؟ والشَّغَتة (بفتحتين): رديء اللحم الذي يُلْقَى. والمعرفة (بكسر فسكون فكسر) والصواب فتح الأول فيها: مصدر وُصِفَ به، والمراد: من جزار نعرفه؛ أي: صاحب لنا، والمعنى: قيل لشخص: ما للحم الذي اشتريته يكثر فيه الشغت؟ فقال: لأنه من جزار صاحب. يُضرَب في أن الغالب على التجار النظر إلى مصلحتهم فقط، فإذا صادفوا صاحبًا لهم غَشُّوه؛ لأنه لوثوقه بهم يطمئن لهم. ولا يدقق فيما يشتريه فيسهل غشه.

«الْمَالْ مَالَ ابُونَا والْغُرْبْ يِطْرُدُونَا» أي: أيكون المال مال أبينا ويذودنا الغرباء عنه؟! يُضرَب فيمن يُمْنَع من التمتع بماله، وفي معناه: «يبقى مالي ولا يهنا لي؟!» وسيأتي في الياء آخر الحروف.

«مَالِ الْوَقْفْ يِهِدّ السَّقْفْ» أي: من اغتال مالَ وقف وخصَّ به نفسه ولم ينفقه فيما حُبِسَ له؛ فعاقبته هدم سقف داره؛ أي: الخراب.

«مَالْقُوشْ عِيشْ يِتْعَشُّوا جَابُوا فِجْلْ يِدَّشُّوا» العيش: الخبز. وجابوا: جاءوا بكذا؛ أي: أحضروا. ويدشوا؛ أي: يتجشون، قلبوا الجيم دالًا فيه، والمعنى: لم يجدوا خبزًا يتعشَّون به فأكلوا الفجل وظلوا يتجشون إظهارًا للشبع؛ وذلك لأن الفجل يسبب الجشاء، وهو ما تسميه العامة بالتكريع. يُضرَب لمن يظهر غناه وحسن حاله للناس وهو فقير ومعدم.

«مَالْقُوشْ عِيشْ يِنْتِشُوهْ جَابُوا عَبْدْ يِلْطُشُوهْ» النتش هنا كناية عن الأكل. واللطش: اللطم على الوجه؛ أي: هم فقراء لا يملكون قُوتَهُم، ومع ذلك يشترون عبدًا يشتغلون بلطمه. يُضرَب للسفيه المتعالي بما لا يفيده. وبعضهم يرويه بالإفراد فيقول: «مالْتَقَاش العيش ينتشه جاب له عبد يلطشه.»

«مَالْقُوشْ فِي الْوَرْدْ عِيبْ قَالُوا: يَا احْمَرِ الْخَدِّينْ» أي: لم يجدوا في الورد عيبًا فعابوه بمحاسنه وجعلوا الحمرة نقصًا فيه. ومن أمثال العرب في ذلك: «لا تعدم الحسناء ذامًا.» والذَّامُ (بتخفيف الميم) ومثله الذيم: العيب.

«مَا لَكْ بِتِجْرِي مَا بْتِدْرِي؟ قَالْ: نِسِيبْ نِسِيبِي فِي السَّاحِلْ» النسيب (بكسرتين): الصهر؛ أي: ما لك مهتم بالجري ذاهلًا لا تلوي على شيء؟ فقال: إن صهر صهري بالساحل. وبعضهم يرويه: «ما لك بتجري وتنطرشي؟ قالت: نسيب نسيبي راكب فرس» بالخطاب للأنثى، ومعنى تنطرشي: تقعين على وجهك عاثرة. يُضرَب لمن يهتم بالافتخار بشخص بعيد عنه لا يشرفه.

«مَا لِكْ بِتِجْرِي وِتْشَلَّحِي؟ قَالِتْ: مُفْتَاحِ الْقَوَالِحْ مَعِي» فيه الجمع بين الحاء والعين في السجع، وهو عيب، وهو من الأمثال الريفية. ومعنى القوالح: كيزان الذرة بعد فرط الحب منها، وهم يستعملونها في

الوقود؛ أي: ما لك تَجْرين وترفعين ثيابك؟ فقالت: لأن معي مفتاح القوالح وقد أصبحتُ قَيِّمَةَ عليها، يُضرَب للمهتم والمتفاخر بشيء لا قيمة له.

«مَا لَكْ بِتْقَاوِي مِنْ غِيرْ تَقَاوِي واللهْ حْسَابَكْ مَا جَايِبْ هَمُّهْ» انظر: «دايرة تقاوي ...» إلخ. في الدال المهملة.

«مَا لَكْ مِرَبِّي؟ قَالْ: مِنْ عَنْدْ رَبِّي» يريدون بالمربي: مربي الماشية؛ أي: صاحبها، والمراد: ما لك غَنِي صاحب ماشية؟ ومن أين لك كل هذا؟ فقال: ذلك من فضل ربي عليَّ. وقد يكون مرادهم: ما لك مؤدب؟ وهو يأتون باسم المفعول بصيغة اسم الفاعل في مثله فيقول: مِبْتِلِي (بكسر اللام) في مُبْتَلَى (بفتحها).

«مَا لِكْ مَرْعُوبَهْ؟ قَالِتْ: مِنْ دِيكِ النُّوبَهْ» ديك: تلك. والنوبة: المرَّة؛ أي: قيل لها: ما لك يا هذه مرعوبة هذا الرعب؟ فقالت: لِمَا كان في تلك المرة السالفة. يُضرَب للمكروه يصيب المرء مرة فيحمله على الخوف منه والاحتراس مرة أخرى. وانظر قولهم: «مين علمك دي العُلِّيمَة ...» إلخ، وهو قريب منه.

«مَا لَكْ والْخِيطِ الْمِعَلَّقْ؟» أي: ما لك وللأمر المُعَلَّق بأمور الذي يُسَبِّبُ لك التعب، فالأَوْلى لك اجتنابه وعليك بالخالص.

«مَا لِكْ يَا خَايْبَهْ بِتِتْعَلَّقِي فِي الْحِبَال الدَّايْبَهْ؟» أي: ما لك أيتها الخرقاء السيئة الحَظّ تتعلقين في الحبال البالية؟ يُضرَب للضعيف الرأي والسيئ الحظ يتوسل في أموره بالوسائل الضعيفة، ويتعلق بالآمال الكاذبة.

«مَا لُهْ الدِّسْتْ بِيِغْلِي؟ قَالْ: مِنْ كُتْرْ نَارُهْ» الدِّست (بكسر فسكون): المِرْجَل؛ أي: قيل: ما له يغلي؟ فقال قائل: من كثرة النار التي تحته. يُضرَب في أنَّ الحزن الشديد تسببه الشدائد، فمن أصيب به معذور غير ملوم.

«مَالُهْ رَايِحْ وِعِرْضُهْ فَايِحْ؟» أي: ذهب ماله وساءت سيرته، فليته إذ أذهبه أنفقه فيما يُمْدَح عليه.

«مَا لْهَا إِلَّا رْجَالْهَا» أي: ما لهذه الأمور إلا رجالها الكفاة القادرون على القيام بها وإصلاحها. يُضرَب للأمر المرتبك يتولاه الكافي العارف به فيصلحه. ويرويه بعضهم: «ما يجيبها إلا رجالها»؛ أي: لا يجيء بها، والمراد: لا يُذَلِّلُهَا ويتغلب عليها.

«مَا لْهَا إِلَّا النَّبِي» كلمة جرت مجرى الأمثال يقولونها في الأمر العظيم؛ أي: ليس لهذه النازلة إلا النبي — عليه الصلاة والسلام — نلتجئ إليه فيها فيكشفها عنا.

«مَا مْحَبَّه إلَّا بَعْدْ عَدَاوَهْ» أي: ما محبة أكيدة إلا بعد معاداة، كأنَّ اشتداد الشيء قد ينقلب إلى ضدِّه. يُضرَب للمتعاديين يتحابان بعد ذلك. وبعضهم يزيد في أوله: «مكتوب على ورق الحلاوة.» ولعلهم يريدون الأوراق التي تُلَفُّ بها الحلوى، وهي جملة لا معنى لها، والمقصود بها التسجيع، كما قالوا في مثل آخر: «مكتوب على ورق الخيار من سهر الليل نام النهار.»

«مَا نَابْنَا مِنْ غُرْبِتْنَا إلَّا عَوجِةْ ضَبِّتْنَا» المراد بالضب هنا: الفكُّ؛ أي: لم نَنَلْ من غربتنا التي كنا عليها الربح وتحسين الحال إلا اعوجاج الفم. يُضرَب في الأمر يُرَادُ به الإصلاح، وتتحمل فيه المتاعب فينتج عكسه.

«مَا وَاحْدَهْ عَ الْكُومْ إلَّا وْشَافِتْ لَهَا يُومْ» أي: ما فقيرة من الجالسات على الكوم إلا رأت لها يومًا اعتزت فيه. يُضرَب في عدم الاستهانة بأحد، فقد يكون من تستهين به مثلك فيما سبق من أيامه. وفي معناه قولهم: «ولا خلقه على الكوم إلا لما شافت يوم.» وسيأتي في الواو. ويرويه بعضهم: «ولا شرموطه ...» إلخ.

«مَا وَرَا الصَّبْرْ إلَّا الْقَبْرْ» يُضرَب عند اليأس بعد طول الصبر، فهو في معنى القائل:

وَقَائِلٍ قَالَ لِي: لا بدَّ من فرجٍ قلتُ للنفسِ: كَمْ لاَ بُدَّ مِنْ فَرَجِ

وقال لي: بعد حين، قلتُ وا أسفي مَنْ يَضْمَنُ النفسَ لي يا باردَ الحججِ

«مَا يِبْكِي عَلَى الْمَيِّتِ الَّا كَفَنُهْ» يُضرَب في سرعة السَّلْوَى، وعدم اهتمام الناس بمن يموت.

«مَا يِتْعِمِلْشْ كِيسْ حَرِيرْ مِنْ وِدْنْ خَنْزِيرْ» الودن (بكسر فسكون): الأذن. يُضرَب للشيء لا يصلح عمله من شيء.

«مَا يْجِيبْهَا إلَّا رْجَالْهَا» انظر: «ما لها إلا رجالها.»

«مَا يِحْمِلْ هَمَّكْ إلَّا اللِّي مِنْ دَمَّكْ» من دمَّك؛ أي: ولدك أو قريبك، فهو الذي يَسْتَاءُ لك ويشاركك في همومك.

«مَا يْدَايِقِ الزِّرِيبَهْ إلَّا النَّعْجَه الْغَرِيبَهْ» أي: لا يضيق مربض الغنم إلا عن الشاة الغريبة التي لغير المالك. يُضرَب لتأفف أصحاب الدار من الطارئ عليهم. وانظر في الواو: «الوسع في بتاع الناس دِيق.»

«مَا يْدُوبْشْ دَايِبْ وِوَرَاهْ مِرَقَّعْ» الدايب بمعنى: البالي، والمراد هنا: الثوب القديم الذي قرب أن يَبْلَى، والمعنى: لا يبلى مثل هذا الثوب ما دام وراءه من يُرَقِّعُهُ ويُصْلِحُه؛ أي: من يحسن تدبير أموره تستقيم. ويُروَى: «اِللِّي يرقع ما يدوبش تياب.» وقد تقدَّم في الألف.

«مَا يْرَادِحِ الْعَلامِ الّا مْطاوِعْ» العلام ومطاوع: فارسان لهما ذكر في قصص الهلالية وحروبهم. ومعنى يرادح: يقاوم بالكلام، ويراد به هنا مطلق المقاومة؛ أي: لا يقاوم الفارس الشجاع إلا من كان مثله شجاعة. يُضرَب في هذا المعنى. والعرب تقول في أمثالها: «إن الحديد بالحديد يفلح.»

«مَا يُشْكُرِ السُّوقْ إلَّا مِنْ كِسِبْ» معناه ظاهر. ويُضرَب في أن المدح إنما يكون لِعِلَّة.

«مَا يِصْعَبْ عَ الْعِرْيَانْ قَد يُومِ الْخِيَاطَهْ» قد بمعنى: قدر؛ أي: لا يشقُّ على الفقير المحتاج للثياب شيء مثل اليوم الذي يرى الناس يخيطون فيه ملابسهم الجديدة؛ لأنه يتذكر بذلك حاله وحاجته، وبعضهم يروي فيه: «إلا» بدل قد. يُضرَب في أن رؤية الشخص ما هو في حاجة إليه في أيدي غيره شاقَّة على نفسه؛ لأن الرؤية تهيج الذكرى، وقد يريدون أن أصعب يوم يمر عليه من أيام عريه يوم يخيطون له ثوبًا؛ لأن المحروم من الشيء إذا تحقق أمله ودنا وقته استطال المدَّة القصيرة الباقية عليه، كما قال إسحاق الموصلي:

وكُلُّ مُسَافِرٍ يَزْدَادُ شَوْقًا إذَا دَنَتِ الدِّيَارُ مِنَ الدِّيَارِ

«مَا يِضْحَكْشْ وَلَا لِلرَّغِيفِ السُّخْنْ» يُضرَب للمتجهم الدائم العبوسة؛ لأن الرغيف الحديث الخَبْز يهش له الناس، فإذا لم يهش له هذا الشخص فأَحْرِ به ألَّا يهش لغيره.

«مَا يِطْلَعْشِ الْعِلْوِ الّا اللِّي مَعَاهْ سِلِّمْ» أي: لا يصعد للمكان العالي إلا من معه سلم يرتقي عليه، والمراد: أن المعالي لا ينالها إلا الكفء الذي توافرت عنده وسائلها.

«مَا يِعْجِبَكِ الْبَابْ وِتَزْوِيقُهْ، صَاحْبُهْ فِطِرْ وَالّا عَلَى رِيقُهْ» أي: لا يغرَّنَّك حسن الظاهر في الدار وزخرفة بابها، وانظر لصاحبها هل أفطر؛ أي أكل طعام الصباح، أم لم يزل على الريق لفقره؟ يُضرَب في أنَّ الظاهر قد لا يدل على الحقيقة. وانظر: «يا شايف الجدع وتزويقه ...» إلخ في المثناة التحتية. وانظر: «إن شفت من جوَّه بكيت لما عميت.»

«مَا يِعْجِبَكْ رُخْصُهْ تِرْمِي نُصُّه» انظر: «ما يغرَّك رخصه ...» إلخ.

«مَا يِعْجِبُه الْبَشْنِينْ وِمِنْ زَرَعُهْ» البشنين: النيلوفر، وهو نبات ينبت في الماء الراكد له نور، وهو معروف بمصر. يُضرَب لمن لا يعجبه شيء، فهو كقولهم: «ما يعجبه العجب ...» إلخ.

«مَا يِعْجِبُه الْعَجَبْ وَلَا الصِّيَامْ فِي رَجَبْ» يريدون بالعجب (مُحَرَّكًا): الشيء المعجب، فهو مصدر وصفوا به. يُضرَب لمن لا يعجبه شيء حتى الصيام تطوُّعًا في رجب.

«مَا يِعْرَفِ الدَّفَّهْ مِنِ الشَّابُورَهْ» الدفة (بفتح الأوَّل وتشديد الفاء): سُكَّان السفينة الذي يعدل به سيرها ويكون في مؤخرها. والشابورة: الخشبة التي يقوم عليها صدر السفينة. يُضرَب للجاهل الذي لا يفرق بين قبيله ودبيره. وانظر: «من الدفه للشابوره.» وهو معنى آخر.

«مَا يِعْرَفْشْ طظ مِنْ سُبْحَانَ الله» طظ (بضم الأول وتشديد الثاني): كلمة تقال للشيء لا طائل تحته، وقد يُرَادُ بها استهزاء، فيقال: طظ في فلان. يُضرَب للشخص الأبله الجاهل الذي لا يفرّق بين الكلام التافه وبين التسبيح.

«مَا يْغُرَّكْ تَحْفِيفِي، اِلْأَصْلْ فِيَّ رِيفِي» التحفيف عندهم: نتف الشعر من الوجه، ولا يفعله إلا النساء، والمراد به هنا: النظافة والتزين؛ أي: لا يغرّك حسن روائي ووضاءة وجهي، فإن أصلي من الريف، لم يفارقني جفاء طباع أهله ولا عجرفتهم. ورأيت هذا المثل في بعض المجاميع المخطوطة مَرْوِيًّا فيه: «تزويقي» بدل تحفيفي، وفيه الجمع بين القاف والفاء في السجع، وهو عيب. وأورده الأبشيهي في «المستطرف» برواية. «لا يغرك تظريفي ...» إلخ. يُضرَب في أن حسن الظاهر ليس بدليل على حسن الخافي.

«مَا يْغُرَّكْ رُخْصُهْ تِرْمِي نُصُّهْ» النُّصُّ (بضم الأول وتشديد الصاد المهملة) يريدون به: النصف؛ أي: لا يغرك رخص الشيء فتُقْدِم على شرائه؛ لأنك ستضطر إلى رمي نصفه لرداءته. بل اشتر الغالي ولا تستكثر ثمنه؛ لأنك تنتفع به. ويُروَى: «ما يعجبك» بدل ما يغرك، وانظر في معناه: «الغالي تمنه فيه.» وقد تقدم في الغين المعجمة. وانظر أيضًا في الألف: «إن لقاك المليح تمنه.»

«مَا يِغْلِبشِ الْمَكَاسْ إِلَّا اللِّي فِي عِبُّه قْمَاشْ» فيه الجمع بين السين والشين في السجع، وهو عيب، ومعنى العب (بكسر الأول وتشديد الباء الموحدة): ما يلي الصدر من القميص؛ لأنه يكون كالعَيبَة تُحْمَل فيه بعض الأشياء. والقماش (بضم الأول): يريدون به النسيج الذي تُصْنَعُ منه الثياب وغيرها.

«مَا يْفَرْقَعْشِ الَّا الصَّفِيحِ الْفَاضِي» الفرقعة: صوت يحدثه الانفجار، والمراد به هنا: الرنين، والصفيح: صفائح رقيقة من الحديد تُعْمَل منها أوعية؛ أي: لا يصوت إلا الإناء الفارغ؛ لأن الملآن إذا نقرت عليه لا يُسْمَع له رنين. والمراد: لا يجعجع بالدعوى إلا الخالي منها. وانظر في معناه قولهم: «البرميل الفارغ يرن.» وقولهم: «الأبريق المليان ما يلقلقش.»

«مَا يِقْطَعْشْ بِالْحَشَّاشِينْ، يِفْرَغْ الْعِنَبْ يِجِي التِّينْ» ما يقطعش: مرادهم به لا يخلون من عناية. والحشاشون: آكلوا الحشيشة المعروفة، ومن عادتهم حب الحلوى والفاكهة؛ أي: لا يخلو الحشاشون من عناية تحف بهم. فإذا انقضى أوان العنب ظهر التين. يُضرَب في تيسير الأمور على ما يُشْتَهى.

«مَا يُقَعِ الَّا الشَّاطِرْ» الشاطر: الماهر النشيط الحذر. يُضرَب عند إخفاق مثله أو وقوعه في محذور؛ أي: من كان مثله قد يعتمد على نفسه ويثق بمهارته، فيقع فيما لا يقع فيه من هو دونه. ويُروَى: «ما تتم الحيله إلا على الشاطر.» والمراد واحد.

«مَا يُقْعُدْ عَلَى الْمَدَاوِدْ إِلَّا شَرِّ الْبَقَرْ» ويُروَى: «ما يبقى» أو «ما يفضل»، والمراد واحد. والمداود جمع مدود (بفتح فسكون فكسر)، وهو مُحَرَّف من المذود؛ أي: معلف الدابة. يُضرَب في موت

الصالح أو ذهابه وبقاء الطالح.

«مَا يْكُبِّ الْمُلُوخِيَّه إِلَّا الزِّبَادِي العُوجْ» يكب هنا يريدون به: يُرِيق. والملوخية (بضمتين): نبات معروف بمصر يُتَّخَذُ طعامًا. والزبادي جمع زبدية (بكسر فسكون): وعاء يُقَال له أيضًا: السلطانية؛ أي: إنما أريقت الملوخية بسبب اعوجاج وعائها. يُضرَب في أن الجاهل الغير المستقيم يسبب الضرر بأعماله؛ أي: لا يأتي القبيح إلا من القبيح.

«مَا يِلْعَبِ السُّوسْ إِلَّا فِي الْخَشَبِ النَّقِي» انظر: «السوس ما يلعبش ...» إلخ في السين المهملة.

«مَا يِمْسَحْ دِمْعِتَكْ إِلَّا إِيدَكْ» أي: لا يشفق عليك مثل نفسك.

«مَا يِمْلا عِينِ ابْنِ آدَمْ إِلَّا التُّرَابْ» يُضرَب لطمع بني الإنسان؛ أي: لا يقنع بشيء ولم يَزَلْ متطلعًا حتى يموت ويملأ التراب عينه وانظر في الجيم: «جفن العين جراب ما يملاه إلا التراب.»

«مَا يِمْنَعْش وْلَايَهْ» يُضرَب للشيء يكون مع آخر لا يضرُّ به وجوده معه وإن تخالفا ظاهرًا.

«مَا يْمُوتْ عَ السَّد إِلَّا قَلِيلِ الْفِلَاحَهْ» وذلك لأنهم كانوا يسدون الماء عن غيرهم حت تُسْقَى مزارعهم في الزمن الماضي قبل تنظيم أمر الخلجان، فيقع النزاع بينهم والتضارب، والمقصود أن الذي يعرِّض نفسه للموت في النزاع على السد صغار الزراع الفقراء الأجراء الذين لا مزرعة لهم، وأما صاحب المزرعة ففي الدسكرة آمن على نفسه. يُضرَب في أن محور الأمور إنما يدور على رءوس الأصاغر.

«مَا يِنْفَعَكْ إِلَّا خَمْسِتَكِ اللِّي فِي إِيدَكْ» الخمسة: نقد من الفلوس النحاس، وهي نصف العشرة، وقد بطل التعامل بهما الآن. والمراد: لا ينبغي للإنسان أن يَتَّكِلَ على ما عند غيره، وإنما ينفعه درهمه الذي بيده.

«مَا يِنْفَعَكْ إِلَّا عِجْلْ بَقَرْتَكْ» أي: لا ينفعك إلا ما تملك.

«مَا يِنْفَعْنِيشْ إِلَّا قِدْرِي، آكُلْ وَاكُبُّ عَلى سِدْرِي» لا يستعملون القدر إلا في الأمثال ونحوها، وأما في غيرها فإنهم يقولون فيها: حلة، والمراد: وعاء الطبخ. وأما القدرة فهي عندهم إناء من الفخار كالبرنية تُحْفَظ فيه الأشياء، ومرادهم بالسدر (بكسر فسكون): الصدر؛ أي: لا ينفعني غير قدري التي طبخت فيها طعامي؛ لأني آكل منها كفايتي ولا يعارضني فيها معارض إذا ألقيت منها على صدري؛ لأنها لي لا لغيري. يُضرَب في أن التمتع إنما هو فيما يملكه الإنسان لا فيما هو لغيره ولو أُبِيحَ له.

«مَا يْنُوبِ الْكَدَّابْ إِلَّا سَوَادْ وِشُّهْ» الوشُّ (بكسر الأوَّل وتشديد الثاني): الوجه؛ أي: لا يجني الكذاب من كذبه إلا سواد الوجه. اذكر الأبيات التي منها:

فَتَعَجَّبُوا لِسَوَادِ وَجْهِ الكَاذِبِ

«مَا يْنُوبِ الْمِخَلَّصْ إِلَّا تَقْطِيعْ هُدُومُهْ» الهدوم (بضمتين): الثياب، وبعضهم يروي مكانها: «تيابه.» والمخلص (بكسر الأوَّل وفتح اللام): الذي يتداخل بين متشاجرين لتفريقهما، والصواب (ضمُّ أوَّله وكسر اللام) لأنه اسم فاعل؛ أي: لا يعود على المُخَلِّص المتعرِّض لإصلاح ذات البين إلا تمزيق ثيابه أثناء تداخله لفض الخصام. يُضرَب لمن يحاول إصلاح غيره فيصيبه هو الضرر.

«مَا يُهْرُشْ لَكْ إِلَّا إِيدَكْ» الهرش: حك الجسد بالظفر. والإيد (بكسر الأول): اليد، وهو كقول القائل:

مَا حَكَّ جِلْدَكَ غَيْرُ ظُفْرِكْفَتَوَلَّ أَنْتَ جَمِيعَ أَمْرِكْ

وانظر قولهم: «احضر أردبك يزيد.» وقد تقدم في الألف. والعرب تقول في أمثالها: «ما حكَّ ظهري مثل يدي.» يُضرَب في ترك الاتكال على الناس.

«مَبْرُوكِ الطَّهَارَهْ يَا مَعَاشِرِ الْأَمَارَهْ» الطهارة: الختان. والأمارة عندهم: جمع أمير. يُضرَب هذا المثل للتهكم غالبًا، ويُقْصَد به التهنئة للوضيع على شيء حقير.

«اِلْمِبَشَّهْ وَلَا أَكْلِ الْعِيشْ» أي: حسن اللقاء خير من الطعام؛ فإنه بدونها غير مقبول في النفوس، وليس من البرِّ في شيء.

وانظر: «وش بشوش ولا جوهر بملو الكف» و«بلاش توكلني فرخة سمينة وتبيتني حزينة.» و«لاقيني ولا تغدِّيني.» فكلها في معناه.

«مَبْلِي بِهَا قُلْقِيلِ الْغِيطْ كِتِيرْ وَلَا يْكِلِّشْ» مَبْلِي اسم مفعول في صورة اسم الفاعل، والمراد: مبتلًى بها. والقلقيل: ما تجمع وجمد من الطين. والغيط: المزرعة. يُضرَب للمرأة السليطة اللسان المشاغبة، وهو دعاء؛ أي: ليُبْتَلَ بها القلقيل تشاغبه وتشاتمه؛ فإنه كثير وليس من شأنه الكلال، فهو الذي يطيق هذه الأخلاق ويصبر لها.

«اِلْمَتْعُوسْ إِنْ جَهْ يِتْسَبِّبْ فِي الطَّوَاقِي يِخْلَقْ رَبِّنَا نَاسْ مِنْ غِيرْ رُوسْ» يتسبب؛ أي: يَتَّجِر. والطواقي: جمع طاقية، وهي الكُمَّة من البَزِّ تُقَوَّر وتُلْبَس في الرأس. والروس: الرءوس. والمعنى: لو اتَّجر سيئ الحظ المحارف في الكُمَم والقلانس لَخَلَقَ الله أناسًا بلا رءوس. وفي معناه قولهم: «جا يتاجر في الحنة كترت الأحزان.» وتقدَّم في الجيم. وانظر: «عملوك مسحر ...» إلخ. ومن أمثال فصحاء المولدين التي أوردها الميداني قولهم: «لو اتجرت في الأكفان ما مات أحد.»

«اِلْمَتْعُوسْ مَتْعُوسْ وِلَوْ عَلَّقُوا عَلَى رَاسُهْ فَانُوسْ» يُضرَب لمن غلب عليه نَحْسُ الطَّالِع.

«الْمِتْغَطِّي بِالْأَيَّامْ عِرْيَانْ» أي: من اتَّكَلَ على الأيام وإقبالها وتَغَطى بها، فهو في حكم العاري؛ لأنها تَمرُّ ولا يُؤْمَنُ انقلابها إلى إدبار.

«الْمِتْغَطِّي بُهْ عِرْيَانْ» أي: من يَتَّكِلُ عليه يضيع. يُضرَب للشخص لا يساعد من يلتجئ إليه ويتوكل عليه.

«مَتَى مَا خُلِي سِدْرُهْ غَنَّى» خُلِي (بضم فكسر) أي: خلا، وبعضهم ينطق به (بكسرتين). والسدر (بكسر فسكون): الصدر. والمراد: حجر الطاحون إذا خلا من الدقيق ظهر له صوت عند الإدارة. يُضرَب في أن السرور والغناء لا يأتيان إلا لمن خلا صدره من الهموم.

«مَجْنُونَهْ وِادُّوهَا طَارْ» أدى: أعطى. والطار: الدُّفُّ، وإذا أُعْطِيَت المجنونة الدف فقد مُنِيَ أهل المحلة بِشَرٍّ مستطير وأقلقت راحتهم.

«مِجَوِّزَهْ عَدَسْ، عَازْبَهْ عَدَسْ» مجوزة؛ أي: متزوجة؛ أي: لا فرق بين الحالتين؛ فإن الطعام في كلتيهما عدس فلا معنى للزواج إذن. يُضرَب في عدم تفضيل حالة على حالة، وهو في الأمثال القديمة للنساء أورده الأبشيهي في «المستطرف» برواية: «أرملة عدس، متزوجة عدس، اقعدي بعدسكي.»

«الْمَحَبَّه تْقَلِّلْ شُرُوطِ الْأَدَبْ» أي: الألفة ترفع الكُلْفة.

«الْمُحْدَثْ لِيْلَة يُطْبُخْ يِبَاتْ يُسْرُخْ» المحدث (بزنة اسم المفعول) يريدون به: حديث النعمة المتفاخر بها، وهم ينطقون بثائه سينًا؛ أي: من كان حديث النعمة يكثر من التحدث والتفاخر بها، فإذا طبخ ليلة طعامًا فإنه يبيت يصرخ به ويلعن ما هو فيه. يُضرَب في أن كثرة التحدث بالنعم والتفاخر بها كبيرها وصغيرها دليل على أن صاحبها غير عريق فيها. ويرويه بعضهم: «المحدث لما تجد عليه نَصَفَة يبقى ينفخ وعياله تصرخ.» والمراد واحد، ويريدون بالنَّصَفَة (محركة): السعة وارتقاء الحال، كأن الدهر أنصفه بعد ظلمه له.

«الْمِخَبِّيَّهْ تِكْسَرِ الْمِحْرَاتْ» ويُروَى: «المستخبيَّة.» ويُروَى: «المدفونة.» والمعنى واحد؛ أي: الحصاة المخبأة في الطين إذا أصابت حديدة المحراث كسرتها، ولا يستطيع أحد رؤيتها فيتقيها. والمراد: سريرة الإنسان الرديئة. وبعضهم يروي فيه: «المغموشية» بدل المخبية، ويريدون بها الكلمة التي لا يُصَرَّح بها وتُكْتَم، فإن كتمانها قد يضر. ومعنى المغمشة عندهم: التفاف المرأة في إزارها ومبالغتها في التستر به. يقولون: «ما لها ممغمشة؟» أي: ما بالها مبالغة في التستر؟

«الْمُخُوزَقْ يِشْتِمِ السُّلْطَانْ» المخزوق: المقتول بالخازوق، وهو عود غليظ يدخل في أسفل الشخص فيمزق أحشاءه ويميته، ومن وضع على مثل هذا العود لا يبالي بأحد؛ لأنه مقتول وليس بعد القتل عقاب. يُضرَب في أن اليأس يَحْمِل على عدم المبالاة، كما قيل: «إذا يئس الإنسان طال لسانه.»

«**الْمُدُوغِي يُقَعْ فِي كِلَابُهْ**» المدوغي: الذي يُدَاغِي في لعب السيجة ونحوها، ويريدون به من يغش ويتلاعب. ويقع هنا بمعنى: يخطئ، والكلاب: حجارة السيجة التي يُلْعَبُ بها. وبعضهم يقول: «زوزغ في اللعب» بدل داغي. يُضرَب في أن الغاشّ مآله للخسارة والافتضاح.

«**مِرَاةِ الْأَب سُخْطَهْ من الرَّب**» السخط هنا يريدون به: الغضب، وفي غيره يستعملونه في معنى المسخ. والمراد من المثل ذم امرأة الأب؛ لأنها لا تحب أولاد زوجها عادة.

«**مِرَايْةِ الْحُب عَمْيَهْ**» انظر: «عين الحب عميه.»

«**مَرَتَكْ مَا تْزَوَّرْهَاشْ فِي الْبَلَدِ اللِّي مَا تِعْرَفْهَاشْ**» هو من أمثال الريف. ومرتك (بفتحتين) معناه: امرأتك، وأهل المدن يقولون في حالة الإضافة: مراتك (بكسر الأول). والبلد مذكر وهم يُؤَنِّثُونَهُ. والمراد بالزيارة هنا: زيارة قبور الصالحين. والمعنى: لا تدخل امرأتك في بلد لا تعرف طباع أهله وما هم فيه من مظاهر الترف؛ لئلا يُغْوِيَهَا بعض من لا أخلاق لهم ويبهرها بزيه الحسن فتفتتن به. وبعضهم يزيد فيه: «لا تشوف أبو طربوش تقول: أكننا ما اجوزناش.» أي: لئلا ترى لابس الطربوش فتتأسف وتقول: كأننا لم نتزوج؛ لأن أهل الريف لا يلبسون الطرابيش. وأكن (بفتح فكسر): يريدون بها كأن. والشوف: الرؤية والنظر. والطربوش: قلنسوة حمراء معروفة. والجواز: الزواج.

«**الْمِرْسَالْ لَا يِنْضِرِبْ وَلَا يِنْهَانْ**» المرسال: أصله المُرْسَل، فكسروا أوله وأشبعوا فتحة السين، فتولدت الألف. والمراد: الرسول في أمر لا يُضرَب ولا يهان كما يقتضيه العدل؛ لأنه مجرد ناقل مأمور ليس عليه تبعة ما في الرسالة.

«**مَرْضَاةِ الْعَيِّلْ قَلِيلَهْ يَا بْخِيلَهْ**» العَيِّل: الطفل، وهو يَرْضَى ويلهو بالشيء القليل؛ أي: أَيَّتُهَا البخيلة تتركين طفلك يغضب ويبكي وأقل شيء يرضيه؟ يُضرَب لشدة البخل وللأمر يُسْتَطَاع حسمه بقليل من العناية فيتفاقم لسوء التدبير. والعرب تقول في أمثالها: «ما أسكت الصبي أهون مما أبكاه.» يُضرَب لمن يسألك وأنت تظنه يطلب كثيرًا، فإذا رضخت له بشيء يسير أرضاه وقنع به.

«**مَرْعِةِ النَّعْجَهْ مَا تَاكُلْهَاشِ الْجَامُوسَهْ**» لأن النعجة؛ أي: الشاة، ترعى القصير من النبت ولا تستطيع ذلك الجاموسة. يُضرَب في تباين الشيئين، وأن ما يصلح لهذا ربما لا يصلح لذاك.

«**الْمَرْكِبِ اللِّي تْوَدِّي أَخْيَرْ مِنِ اللِّي تْجِيبْ**» تودي: أصله تُوَدِّي؛ أي: تذهب بالشيء، وتجيب؛ أي: تجيء بكذا. يُضرَب في رحيل أناس مُبْغَضِين؛ أي: السفينة التي تذهب بأمثالهم خير من التي تأتي بهم.

«**الْمَرْكِبِ اللِّي لَهَا رَيِّسِينْ تِغْرَقْ**» أي: السفينة التي لها رئيسان مآلها للغرق؛ لأنهما يتشاحنان على الرئاسة، ويختلفان في الرأي فيُسَبِّبَانِ الدمار. ومثله قولهم: «الإبرة اللِّي فيها خيطين ما تخيطش.»

وقد تقدم في الألف.

«مَرْكِبِ الضَّرَايِرْ سَارِتْ وِمَرْكِبِ السَّلَايِفْ حَارِتْ» ويُروى «غارت» بدل حارت. والسلائف: نساء الإخوة. يُضرَب في أن ما بينهن أشد مما بين الضرائر.

«مَرْكِبْ مِسَخَّرَهْ وَلَا مَرْكِبْ مِجَفَّرَهْ» أي: لَأَنْ تكون لنا سفينة ماخرة، ولو مُسَخَّرَة لغاصب بغير أجر خير من أن تكون لنا أخرى عاطلة بالشاطئ وقد علاها الغبار.

«اِلْمَرَه الطَّهَّايَهْ تِكْفِي الْفَرَحْ بِوِزَّهْ» لا يستعملون الطهي إلا في الأمثال ونحوها، والمستعمل في غيرها الطبخ. والمراد: المرأة الصناع الحاذقة في الطبخ تكفي مَنْ في العرس بإوزة واحدة، وهو من المبالغة. يُضرَب في أن الحاذق بالشيء في استطاعته حُسْنُ التدبير فيه.

«اِلْمَرَه الْمِفَرَّطَهْ عَلِيهَا قُطَّه مْسَلَّطَهْ» الصواب (ضم الأول وكسر الراء) من المفرطة؛ لأنها للفاعل؛ أي: المرأة المُفَرِّطَة في شئونها كأنما سُلِّطَتْ عليها هِرَّة تأكل ما عندها ولا تُبْقِي لها شيئًا. يُضرَب للسفيهة المهملة في أمورها.

«مِرَيَّحِ الْعَرَايَا مِنْ غَسِيلِ الصَّابُونْ» ويُروَى: «من شِرَا الصابون»؛ لأن العاري الذي ليس له ثياب لا يحتاج لشراء الصابون ولا يتكبد مشقة الغسل به، ويُروَى: «ربنا ريح العريان من غسيل الصابون.» وقد تقدم. يُضرَب للمستغني عن الشيء، وهو في معنى قولهم: «العريان في القفلة مرتاح.» وإن اختلف التعبير.

«اِلْمِرِيسِي يِرْمِي الرَّيِّسْ مَحَل مَا يِكْرَهْ» المريسي (بكسر أوله) والصواب فتحه، يريدون به الريح الجنوبية، وهي مذمومة عندهم؛ أي: الريح الجنوبية لا حيلة لربان السفينة فيها، فقد ترمي به إلى المكان الذي يكرهه. يُضرَب في العمل يأتيه الإنسان مضطرًّا بحكم الحوادث.

«مِزَيِّنْ فَتَحْ، بِرَاسَ اقْرَعِ اسْتَفْتَحْ» أي: حلاق فتح حانوته فافتتح عمله بالحلق لأقرع من سوء حظه. يُضرَب للسيئ الحظ حتى في مبدأ عمله؛ لأن الأقرع لا شعر برأسه يُحْلَق فضلًا عن بشاعة منظره.

«اِلْمِسَافِرْ مِسَافِرْ وِالْمِقِيمْ مِقِيمْ» يُضرَب في اختلاف أحوال الناس وغاياتهم، وأن لكل واحد منهم وجهة، وكثيرًا ما يُضرَب عند الفراق للتسلية.

«اِلْمِسْتَعْجِلْ مَا يِسُوقْشِ جْمَالْ» يُضرَب للأمر لا تفيد فيه العجلة.

«اِلْمِسْتَعْجِلْ وِالْبِطِي عَلَى الْمِعَدِّيَّهْ يِلْتِقِي» المعدية (بكسر ففتح مع كسر الدال المهملة المشددة وفتح المثناة التحتية المشددة): المَعْبَر؛ أي: السفينة التي يُعْبَرُ عليها من شاطئ لآخر. ومعنى المثل: أن أصحاب المعابر لا يعبرون بالأفراد بل ينتظرون من يحضر حتى يتكامل عدد من تسعهم السفينة فيعبرون بهم جميعًا، فَسَوَاء في ذلك من تعجل وأسرع في الحضور ومن أبطأ؛ لأنهما يلتقيان في

السفينة. يُضرَب في التعجل في أمر لا يفيد التعجيل فيه أو نحو ذلك. والمثل قديم في العامية أورده الأبشيهي في «المستطرف» برواية: «عند» بدل «على» (انظر نظمه في أول ص١٨٠ من المجموعة رقم ٦٦٧ شعر: «وفي المعادي يلتقي دا ودا ...» إلخ).

«مَسِّكُوا الْقُط مُفْتَاحِ الْبُرْجْ» الصواب في المفتاح (كسر أوله) وهم يضمونه. ومعنى المثل: جعلوا مفتاح برج الحمام في يد الهِرّ فسوف لا يُبْقِي فيه على شيء. ويروي بعضهم فيه: «سلموا» بدل مسكوا، و«الكرار» بدل البرج، ويريدون به مخزن المئونة. يُضرَب في تسليم مقاليد أمر لمن ليس بأمين عليه مع سبق تطلعه إليه. والعرب تقول في أمثالها: «من استرعى الذئب ظلم.» يُضرَب لمن يُوَلِّي غَيْرَ الأمين.

«مِسَلَّه بْعَشَرَهْ تِفَلِّسْ حُمَارْ» العشرة: نقد من الفلوس النحاس. والمراد بالتفليس هنا: الإعجاز؛ أي: مسلة تُشْتَرَى بعشرة نحاس وتُنْخَس بها مائة حمار، فإنها تدفعها إلى سرعة السير حتى تكل وتعجز. يُضرَب في الشيء الحقير يؤلم الكبير ويعجزه.

«مِسِيرِ الإِبْنْ مَا يِبْقَى جَارْ» أي: مصير الابن أن يكبر ويتزوج، وتكون له دار جوار دار أبيه، والمقصود: يماثله، فهو في معنى قولهم: «إن كبر ابنك خاويه.» أي: اتَّخِذْهُ أخًا وعاملْه معاملته، وقد تقدم في الألف.

«مِسِيرِ الأَخ جَارْ» أي: مصير الإخوة إلى الافتراق، واستقلال كل واحد بدار بعد اجتماعهم في الصغر بدار واحدة، وذلك لتباين الأخلاق في الغالب، وقد يكون ذلك لتباين أخلاق زوجاتهم. يُضرَب في هذا المعنى وعدم استغراب حصوله.

«مِسِير الأَقْرَعْ لِبَيَّاعِ اللَّوَاطِي» أي: مصير الأقرع أن يذهب إلى بائع النعال القديمة؛ ليصنع له من جلودها ما يستر به رأسه، ويترك بائع القلانس لسرعة فسادها مما برأسه، فاللواطي على هذا جمع وَطَهْ، وهي عندهم النعل القديمة، وهو من غريب جموعهم. يُضرَب في أن كل شخص لا بد أن ينتهي إلى ما يلائمه.

«مِسِيرِ الْحَيّ يِلْتِقِي» أي: مصير المفترقين إلى اللقاء ما داما في قيد الحياة؛ فلا معنى لليأس وقطع الأمل.

فَقَدْ يَجْمَعُ اللهُ الشَّتِيتَيْنِ بَعْدَمَا يَظُنَّانِ كُلَّ الظَّنِّ أَنْ لَا تَلَاقِيَا

ويرويه بعضهم: «يِلْتَقَى» بفتح التاء والقاف، وهو من اختلاف اللهجات.

«مِسِيرْهَا تِجِي الْبَر، وَلَوْ أَلْوَاحْ» أي: مصير السفينة أن ترسو على البر ولو كُسِرَت وتفرقت ألواحًا. والمراد: لكل شيء مستقر معلوم يئول إليه إما صحيحًا وَإِمَّا معطوبًا.

«الْمَشْرُوطهْ مَخْطوطهْ» أي: ما اشْتُرِطَ أداؤه لا بد منه، فلا معنى للمحاولة. وبعضهم يزيد فيه: «والشرع تسليم.»

«الْمَشْنَقَةْ مَاتِتْ بِحَسْرِةْ مَدْيُونْ» المشنقة خشبات تُنْصَب للشنق. والمراد به عندهم: الخنق بحبل يُرْبَط بالعنق ويعلق بهذه الخشبات؛ أي: المشنقة شفت غليلها من القاتل بالقصاص. ولكنها ماتت وفي قلبها حسرة من إفلات المديون من هذا العقاب؛ لأن المديون لا يُعَاقَبُ بالقتل. يضربه المديون إذا هدده الدائن وأوعده.

«الْمِضَلِّفْ يُقُولِ: الرِّزْقْ عَلَى الله» المضلف: يريدون به الذي أكل في الصباح وملأ بطنه، فإنه يكسل عن السعي في طلب الرزق، ويُظْهِرُ التوكل؛ لأنه قد كُفِيَ مئونة يومه. وبعضهم يروي فيه: «المستوطن» بدل المضلف؛ أي: من وطَّن نفسه على شيء. وفي معناه: «الغراب الدافن يقول: النصيب على الله.» وقد تقدم في الغين المعجمة.

«الْمَطْرَحْ دَيِّقْ وِالْحُمَارْ رَفَّاصْ» ديق؛ أي: ضيق. والرفَّاص: الرفاس. ومعنى المَطْرَح: المكان. يُضرَب في الشدة تصيب حيث لا يُوجَد عنها مُتَحَوَّل.

«مَطْرَحْ مَا تْآمِنْ خَافْ» المطرح يريدون به: المكان؛ أي: خَفْ في موضع أَمْنِك، فقد يحدث فيه ما ليس في حسبانك.

«مَطْرَحْ مَا تِرْسِي دُقِّ لْهَا» المطرح: يريدون به المكان. والمراد: دُقَّ أوتاد سفينتك موضع ما ترسو؛ أي: لا تعاند القدر وانزل على حكمه. ومثله قولهم: «مطرح ما تمسي بات.»

«مَطْرَحْ مَا تِطْلَعِ الْكِلْمَهْ تِطْلَعِ الرُّوحْ» المطرح: الموضع. وتطلع هنا: تخرج. والمراد صَوْنُ اللسان عما يجلب الضرر، فقد تقتل الكلمةُ صاحبَها.

«مَطْرَحْ مَا تْكَاكِي بِيضِي» تكاكي — أي: الدجاجة — بمعنى: تصيح، ومن عادة الدجاج الصِّيَاحُ وقت البيض؛ أي: بيضي في مكانك الذي تصيحين فيه ولا تزعجي الناس في دورهم فدارك أَوْلَى بك.

«مَطْرَحْ مَا تِمْسِي بَاتْ» المطرح: الموضع والمكان؛ أي: إذا أمسيت في سيرك بِتْ في المكان الذي انتهيت إليه ولا تتحكم، فإنك لا تستطيع غير هذا، وإلَّا عرضت نفسك للأخطار. وانظر: «مطرح ما ترسي دق لها.»

«مَعَاكْ مَالْ اِبْنَكْ بِنْشَالْ، مَا مْعَاكْشِي اِبْنَكْ يِمْشِي» أي: إذا كان معك مال فإنك تجد من تستأجره لحمل ولدك الصغير، وإذا لم يكن لك مال مشى على قدميه كما يمشي أبناء الفقراء. والمراد: إنما العزة بالمال. وانظر قولهم: «اللِّي يدفع القرش يزمر ابنه.»

«اِلْمِعَدّاوِي الْقَدِيمْ مَرْحُومْ» المعداوي: الذي يعبر بالناس في سفينته من شاطئ إلى شاطئ. يُضرَب للشخص تكثر الشكوى منه، فيظهر أن من خلفه أولى بالشكوى والذم.

«اِلْمِعَدِّدَه تْعَدِّدْ وِكُلِّ حَزِينَهْ تِبْكِي بُكَاهَا» التعديد عندهم: النوح في المأتم بذكر شمائل الميت وتعظيم المصيبة به، وهو حرفة خاصة بالنساء يُسْتَأْجَرْنَ لذلك عند موت عزيز. والمعنى: النائحة تنوح وتذكر شمائل من مات، وكل حاضرة في المأتم توجه كلامها إلى ثكلها فتبكي فَقِيدَها. وانظر في معناه: «المغني يغني وكل منهو على معناه يِسَال.»

«اِلْمَعْرُوفْ سَيِّدِ الْأَحْكَامْ» المعروف: يريدون به حسن المعاملة وإسداء الجميل، فإذا أردت أن تحكم فاحكم به الناس، فإنهم يطيعونك؛ لأنه سيد أنواع الحكم. وهم لا يقولون سيِّد (بتشديد الياء) إلا في الامثال ونحوها، وإلا فهو عندهم: السِّيد (بكسر فسكون مع التخفيف).

«اِلْمِعْزَه الْعَيَّاطَهْ مَا يَاكُلْشِ ابْنَهَا الدِّيبْ» ويُروى «ما يسرقوش ولادها.» انظر: «النعجة العياطه ...» إلخ.

«اِلْمِعْزَهْ كُومْ، وِوْلَادْهَا كُومْ» أي: إذا وُزِنَتْ وَوُزِنَ أولادها فعادلتهم. والمراد: لا يغرنَّك أنها واحدة فإنها تقوم مقام كثيرين في أكلها. يُضرَب في كثرة الطالبين للشيء، وأن فيهم من يُعَدُّ بالكثير وإن كان واحدًا.

«اِلْمَعِيشَه تْحِب طُولْةِ الْبَالْ» طولة البال؛ أي: سعة الصدر. والمراد: مراعاة المعيشة تقتضي الصبر وسعة الصدر والتحمل، ولا سيما من المرءوس مع رئيسه.

«مِغَسِّلْ وِضَامِنْ جَنَّهْ؟!» انظر في الغين المعجمة: «غسله واعمل له عمه ...» إلخ.

«اِلْمَغْلُوبْ مَغْلُوبْ وِفِي الْآخْرَهْ يِضْرَبْ طُوبْ» ضرب الطوب هو: عمل اللَّبِن؛ أي: المغلوب سيئ الحظ، يبقى كذلك، حتى في الآخرة يدركه سوء حظه، فيشتغل هناك بعمل اللَّبِن، وهو من الصناعات الدنيئة المتعبة.

«اِلْمَغْمُوشِيَّهْ تِكْسَرِ الْمِحْرَاتْ» انظر: «المخبية تكسر المحرات.»

«اِلْمِغَنِّي يِغَنِّي، وِكُلِّ مَنْهُو عَلَى مَعْنَاهْ يِسَالْ» كل منهو؛ أي: كل شخص. ويسال: يسأل؛ أي: المغني يُغَنِّي وكل شخص من سامعيه يوجه المعنى إلى ما يهمه فيطرب عليه.

وانظر في معناه: «المعددة تعدِّد وكل حزينة تبكي بكاها.»

«اِلْمِقَرَّطْ أَوْلَى بِالْخُسَارَه» ويُروَى: «المبزر»، والأول أكثر، ومعناه ظاهر.

«اِلْمِفَلّسْ فِي أمَانِ الله» أي: المفلس لا شيء عليه فهو في أمان الله، وقالوا فيه: «المفلس يغلب السلطان.»

«اِلْمفَلّسْ يِغْلِبِ السُّلْطَانْ» ويُروَى: «غلب السلطان»؛ لأنه متى كان مفلسًا فقد ضاع كل حق عنده ولو كان للسلطان. وانظر: «المفلس في أمان الله.»

«مِقَايْضِةِ الْجَحْشْ عَ الْجَحْشْ حِرْفَه» أي: لا تظنَّ أنَّ مقايضة إنسان بشيء على شيء سهلة كما يتبادر لك، بل هي دقيقة تحتاج إلى مهارة ومعرفة حتى لا يقع الغبن.

«اِلْمَقْرُوصْ مِنِ التِّعْبَانْ يِخَافْ مِنِ الْحَبْلْ» أي: الذي عضه الثعبان يفزع من الحبل إذا رآه. يُضرَب في أن الوقوع في شيء يعلم الاحتراس الشديد منه. ويرويه بعضهم: «اِللِّي تقرصه الحية من ديلها يخاف.» وقد تقدم في الألف. ويُروَى: «اِللِّي قرصه التعبان يخاف من الحبل.» وهو من قول الشاعر:

وَمَنْ يَذُقْ لَدْغَةَ الأَفْعَى وإن سَلِمَتْ منها حشَاشَتُه يَفْزَعُ مِنَ الرَّسَنِ

وأصله من قول العرب في أمثالها: «من لدغته الحية يفرق من الرسن.» أورده ابن عبد ربه في «العقد الفريد».

«مَكْتُوبْ عَلَى بَابِ الْحَمَّامْ لَا الابْيَضْ يِسْمَر وَلَا الاسْمَرْ يِبْيَض» أي: كلاهما لا يتغيَّر لونه فلا يظنَّنَّ الأسمر أن الحمام يُبيِّضُ لونه ويغيره فيطمع في مستحيل. يُضرَب لمن يطمع في المستحيل، وقد يُضرَب أيضًا في الطباع وعدم تغيرها.

«مَكْتُوبْ عَلَى بَابِ السَّمَا: اِلْكِدْبْ مَا يْجِيشِ الْجِمَى» المقصود ذم الكذاب وبيان عدم نفاق سوقه.

«اِلْمَكْتُوبْ عَلَى الْجِبِينْ تَرَاه الْعُيُونْ» انظر في الألف: «اللي على الجبين ...» إلخ.

«مَكْتُوبْ عَلَى وَرَقِ الْحَلَاوَهْ: مَا مْحَبَّهْ إِلَّا بَعْدْ عَدَاوَهْ» انظر: «ما محبة إلا بعد عداوة.»

«مَكْتُوبْ عَلَى وَرَقِ الْخِيَارْ مِنْ سِهِرِ اللِّيلْ نَام النَّهَارْ» الخيار أتوا به هنا للسجع، والمقصود: من المعلوم بداهة أن من يسهر في الليل ينام في النهار.

«اِلْمَكْتُوبْ مَا مِنُّوشْ مَهْرُوبْ» أي: ما قُدِّرَ كان ولا مفر منه. وفي معناه: «المكتوب على الجبين تراه العيون.» وانظر: «اِللِّي على الجبين ...» إلخ.

«اِلْمِكَحَّلَهْ مَا تْحِبِّشِ الأَعْمَى» لأن من كحلت عينيها تريد من يراهما ويفتتن بها، فكيف تحب الأعمى؟! يُضرَب في أن من فعل شيئًا لمرمى يرمي به إليه لا يود إلا من يهمه ما فعل.

«اِلْمَكْسَبْ فِي الْجِلَّهْ وَلَا الْخُسَارَهْ فِي الْمِسْكْ» الجلة (بكسر الأول وتشديد اللام المفتوحة): الروث يُعْجَنُ بالتبن ويُجْعَل أقراصًا تُجَفَّفُ للوقود ولا سيما في الأفران. والمعنى: الاتِّجار في الشيء

الخسيس مع الربح خير من الاتِّجار في نحو المسك مع الخسارة.

«مِكَسَّحْ طِلِعْ يِتْفَسَّحْ، قَالْ: بِفْلُوسُهْ» المكسح: المُقْعَد، وإذا خرج يَتَنَزَّهُ على نفقةِ نفسه فلا عجب ولا اعتراض عليه، فإنه لم يُحَمِّل أحدًا كراء الدابة، بل أنفق من دراهمه. وانظر في معناه: «أقرع بياكل حلاوة، قال: بفلوسه.» وقد تقدم في الألف، وانظر أيضًا: «بفلوسك حنّي دروسك.»

«مِكَسَّحَهْ وِتْقُولْ لِلسَّايِغْ: تَقَّلِ الْخُلْخَالْ» المكسحة: المُقْعَدَة. والسايغ: الصائغ. وإذا كانت مقعدة لا يتأتى لها المشي للتباهي بخلخالها، فما لها توصي الصائغ بتثقيله وإتقانه؟! يُضرَب لمن يتفاخر ويتشبث بما لا يستطيع القيام به، فيضع الشيء في غير موضعه.

«مَكْسُورْ مَا تَاكْلِي، وِصْحِيحْ مَا تِكْسَرِي، وِكُلِي يَا امْرَاةِ ابْنِي لَمَّا تِشْبَعِي» هو من قول الحماة للكَنَّة؛ أي: لا تأكلي المكسور من الخبز، ولا تكسري الصحيح، وكلي إلى أن تشبعي يا امرأة ابني. يُضرَب لمن يأمر بالمتناقضين.

«الْمَكْنِسَه وِالْقُبْقَابْ عَمَلُوا عَلِينَا اصْحَابْ» المكنسة قليلة الاستعمال في كلامهم والأكثر فيها المقشة. وقد تقدم معنى المثل في حرف الصاد في قولهم: «صرصار الششمة ...» إلخ.

«مُلُوخِيَّه وْعِيشْ لَيِّنْ يَا خَرَابَكْ يَا مْزَيِّنْ» المزين: الحلاق أتوا به هنا للسجع، والمراد: الرجل الضيق الحال الكثير العيال. والملوخية: نبات معروف يُطْبَخ يستدعي التأدم به خبزًا كثيرًا، ولا سيما إذا كان لينًا؛ أي: قد اجتمع عليك هذان، فما أنت فاعل أيها الحلاق في هذا الخراب؟ يُضرَب للأسباب التي إذا اجتمعت استدعت كثرة الإنفاق.

«مِنْ آسَى عَلِيك أَحْسِنْ لُهْ يِكْفِي الْمِجَازِي فِعْلُهْ» آسى يريدون به: أساء. والمجازي (بكسر الزاي) يريدون به: المُجَازَى (بفتحتها)؛ أي اسم المفعول، فالمعنى: من أساء إليك أحسن أنت إليه، ويكفيه في الجزاء ما فعله فإنه سوف يرديه، فدعه له وما ربُّك بغافلٍ عما يعملون.

«مِنِ اتْحَزِّمْ بَعْدِ عَشَاهْ يَا فَقْرُهْ بَعْدِ غْنَاهْ» أي: من تحزم بعد العشاء دل على أنه يريد الخروج من داره ليلًا، ومقصودهم الخروج للسرقة. واللص عاقبته الفقر وسوء الحال.

«مَنِ اعْجَبُه حِسُّهْ عَلَّاهْ» الحِسُّ (بكسر الأول وتشديد السين المهملة) يريدون به: الصوت؛ أي: من أعجبه صوته فليعله. وليُغَنِّ ما شاء. يُضرَب في أن كل امرئ وشأنه فليفعل ما يراه حسنًا فهو أعرف بنفسه، وبعضهم يزيد فيه: «ومن أعجبه جسمه عراه.»

«مِنْ أَعْطَى سِرُّهْ لِامْرَاتُهْ يَا طُولْ عَذَابُهْ وِشْتَاتُهْ» معناه ظاهر.

«مِنِ افْتَكَرْنِي مَا عَقَرْنِي وَلَو جَابْ حَجَرْ وِزَقْلْنِي» أي: من يفكر بي ولا ينساني فكل ما ينالني منه لا يقصد به أذاتي حتى لو رماني بحجر لا يعقرني؛ لأنه ضرب صداقة يُحْتَمَل منه لا ضرب عداوة.

«مِنْ أمِّنَكْ لَمْ تَخُونَهْ وَلَوْ كُنْتْ خَوَّانْ» «لم» يريدون بها هنا: لا الناهية؛ أي: من ائتمنك على شيء لا تَخُنْهُ فيه ولو كانت الخيانة من طبعك. ويُروَى: «من آمنك»، ويُروَى: «ولو كنت خاين.» ويرويه بعضهم: «ولو كان خوان»؛ أي: ولو كان هو خائنًا فلا تُجَازِه من جنس طبعه، بل كن أمينًا على ما ائتمنك عليه ولا تكذب ثقته بك.

«مِنْ بَاعَكْ بِيعُهْ وِارْتَاحْ مِنْ قَهْرُهْ، وِانْ كُنْتْ عَطْشَانْ لَا تِوْرِدْ عَلَى بَحْرُهُ» أي: من باعك واستغنى عن صداقتك بَعْهُ وأَرِحْ نفسك من همه، وإذا اشتد بك الظمأ لا تَرِدْ ماءه، وفي معناه قولهم: «من فاتك فوته.» وسيأتي.

«مِنْ بَاعَكْ بِيعُهْ، وِالْعِشْرَه نِصِيبْ» المراد: من فَرَّطَ في صداقتك واطَّرَحك عامله بمثل ذلك، ولا تأسف على ما يفوتك من معاشرته؛ فكل شيء نصيب. وانظر: «من فاتك فوته.»

«مِنْ بَرَّا طَق طَق، وِمِنْ جُوَّا فَاشْ وِبَق» طق طق: يريدون به حكاية خشخشة الثوب الجديد. والفاش: نوع من القمل يصيب الدجاج. والبق معروف؛ أي: في الظاهر لابس ثوبًا جديدًا نظيفًا، وأما ما يليه فقذر فيه القمل والبق. يُضرَب فيمن يكتفي بتحسين ظاهره، فهو قريب من قول ذي الرمة:

عَلَى وَجْهِ مَيٍّ مسحةٌ من مَلَاحَةٍوتحت الثيابِ العارُ لو كان بادِيَا

«مِنْ بَلَغْ السِّتِّينْ اِشْتَكَى مِنْ غِيرْ عِلَّهْ» هو من أمثال فصحاء المولَّدين، رواه الميداني في «مجمع الأمثال» وجعفر بن شمس الخلافة في كتاب «الآداب» بلفظ: «من بلغ السبعين اشتكى من غير علة.»

«مِنْ تَرَكْ شِيءْ عَاشْ بَلَاهْ» أي: من ترك شيئًا فقده وعاش محرومًا منه. ويرويه بعضهم: «اِللِّي يترك شيء يعيش بلاه.»

«مِنْ تَرَكْ قَدِيمُهْ تَاهْ» انظر: «من فات قديمه تاه.»

«مِنْ تِعِبِ ارْتَاحْ» أي: من أتعب نفسه في إصلاح أموره أراحها بعد ذلك. وفي أمثال «العقد الفريد»: «لا تُدْرَكُ الراحة إلا بالتعب.»

«مِنْ تَقَدَّمْ يِتْقَايَا الدَّم» أي: من تقدم في المناصب وعلا لا يأمن سوء المنقلب.

«مِنْ جَاوِرِ الْحَدَّادْ يِتْحَرَّقْ بِنَارُهْ» وبعضهم يروي فيه: «انكوى» بدل يتحرق، ويروي آخرون: «اللي» بدل «من»، وهما بمعنى: الذي، ومنهم من يزيد في أوله الواو ويزيد فيه: «من جاور السعيد يسعد.» وهو مثل مستقل، وأورده الأبشيهي في «المستطرف» برواية: «من عاشر الحدَّاد احترق بناره.» والمراد: من اقترب من أمر لا يأمن أن يصيبه رشاش منه. ومما تمثل به من معاني لهم

الكلام النبوي: «مثل الجليس الصالح كالعطار إن لم تصب من عطره أصبت من ريحه، ومثل الجليس السوء كالكير إن لم يحرق ثوبك آذاك بدخانه.»

«مِنْ جَاوِرِ السَّعِيدْ يِسْعَدْ» أي: يحل عليه سعده ويعديه فيسعد مثله. وانظر: «من عاشر السعيد ...» إلخ.

«مِنْ جِرَابَكْ مَرْحَبَا بَكْ» هو حكاية ما يقوله لسان حال من يحوز مال شخص، ثم يحبوه منه ممتنًّا عليه. ويُضرَب أيضًا للسفيه يقابل سفهه بمثله.

«مِنْ جُوَّا أَحْسَنْ يَا حَكِيمْ» أصله على ما يروون أن شخصًا كان له عبد يُقَتِّرُ عليه حتى في الطعام، فأصابته يومًا مخمصةٌ مرض منها ودعا سيده طبيبًا لمعالجته فأشار بوضع رغيف سخين على بطنه، فأفهمه العبد أن علاجه في أكله لا في وضعه على ظاهر بطنه، فذهب قوله مثلًا. ويرادفه من أمثال العرب: «بطني عطّري وسائري ذري.» قاله رجل جائع نزل بقوم فأمروا الجارية بتطييبه، فقال هذا القول.

«مِنْ حَالَكْ أُعْذُرَ اخُوكْ» أي: حالي كحالك في الفقر فانظر نفسك واعذرني إذا أمسكت عنك.

«مِنْ حَبَّكْ عَنْدِ شِيءْ كَرِهَكْ عَنْدِ انْقِطَاعُهْ» يُضرَب للحُبِّ والبغض إذا كانا لعلة، وهو من قول القدماء: «من ودك لأمر أبغضك عند انقضائه.» أورده جعفر بن شمس الخلافة في كتاب الآداب.

«مِنْ حَبُّهْ رَبُّهْ وِاخْتَارُهْ جَابْ لُهْ رِزْقُهْ عَلَى بَابْ دَارُهْ» أي: من أَحَبَّه الله — تعالى — يَسَّرَ له رزقه بلا سعي ولا مشقة. يُضرَب عند تيسير الأمور بلا كد. ويُروَى: «بَعَتْ لُه حاجته على باب داره.» والمعنى واحد. وانظر في الألف: «اللِّي حبه ربه جاب له حبيبه عنده.»

«مِنْ حَسَدِتُه النَّاسْ عَزَّاتُهْ» هكذا ينطقون بعزاته بإشباع الفتحة حتى تتولد منها الألف، والمقصود عزته؛ أي: من يُحْسَد اليوم على شيء لا بد أن يسلبه الزمان إياه في يوم آخر، فيُعَزَّى على تغير حاله.

«مِنْ حَفِّ غْمُوسُهْ أَكَلْ عِيشُهْ حَافْ» حف غموسه معناه: جار على إدامه في أكله. والعيش الحاف: الخبز القفار؛ أي: من أسرع في أكل إدامه أكل ما بقي من خبزه قفارًا بلا إدام. والمراد: من لم يحسن تدبير شئونه اضطر إلى حال لا يحمدها.

«مِنْ حَكَمْ فِي شَيُّهْ مَا ظَلَمْ» أي: من فعل فيما يملك ما يريد لم يظلم ولا حرج عليه.

«مِنْ حَلِّ حْزَامُهْ بَاتْ» أي: إذا حل الضَّيف حزامه فهو علامة على نيته على المبيت. يُضرَب فيمن يأتي بشيء تُعْرَفُ منه نيته.

«مِنْ خَافْ سِلِمْ» معناه ظاهر.

«مِنْ خَدَمِ النَاسْ صَارْتِ النَاسْ خَدَّامُهْ» معناه ظاهر.

«مِنْ خَلِّفْ مَا مَاتْ» المراد: من أعقب الخلف الصالح بَقِيَ ذكره الحَسَنُ ما بقوا، وربما ضُرِبَ تهكمًا للطالح يعقب الطالحين.

«مِنْ دَا جَا دَهْ يَا سِي الْخَوَاجَهْ» دا وده بمعنى: هذا. وسي (بكسر الأول) مختصر من سِيدِي. والخواجة هنا يريدون به: التاجر؛ أي: هذا جاء من هذا يا سيدي التاجر. يُضرَب للشيء يشبه بعضه بعضًا. وأصله مما يقال للتاجر إذا عرض سلعة مفضلًا بعضها على بعض ترغيبًا للشاري.

«مِنْ دَارَى عَلَى شَمْعِتُهْ نَارِتْ» انظر: «داري على شمعتك تنور.»

«مِنْ دَاقْ عِرِفْ» أي: مَنْ ذَاق عَرَفَ.

«مِنْ دَخَلْ بِيتَكْ جَابِ الْحَق عَلِيكْ» البيت: يريدون بها الدار. وجاب معناه: جاء بكذا؛ أي: من زارك ودخل دارك، فقد جاملك وحق له أن يتحكم عليك؛ لأن مجيئه بمثابة الاعتذار لك من ذنبه.

«مِنِ الدَّفَّهْ لِلشَّابُورَهْ» الدفة (بفتح الأول وتشديد الفاء): سكَّان السفينة الذي يعدل به سيرها، ويكون في مؤخرها. والشابورة: الخشبة التي يقوم عليها صدر السفينة، والمقصود هنا: المقدم والمؤخر. يُضرَب للشيء يُعْمَل جميعه. انظر: «ما يعرف الدفة من الشابورة.» وهو معنى آخر.

«مِنْ دَقِّ الْبَابْ سِمِعِ الْجَوَابْ» أي: من أراد شيئًا فعليه أن يسعى له؛ إذ لا يكون شيء بلا سعي، فهو في معنى: من جَدَّ وَجَد.

«مِنْ دَقْنُهْ فَتِّلُوا لُهْ حَبْلْ» ويرويه بعضهم: «من دقنه افتل له.» ومعنى الدقن (بفتح فسكون): اللحية؛ أي: افتل حبله من لحيته، ويرويه بعضهم: «من دقنه اغزل له خيط.» يُضرَب لمن لم يَحْتَجْ في أموره إلى شيء من الخارج، فهو في معنى قولهم: «خد من ديل الشب وارخي ع الفرقلة.» وقد تقدم في الخاء المعجمة.

«مِنْ رَادَكْ رِيدُهْ وِمِنْ طَلَبْ بُعْدَكْ زِيدُهْ» أي: كافئ كل إنسان بجنس عمله، فمن أحبك أحببه، ومن عاداك وتباعد عنك زده بعدًا.

«مِنْ رَشَّ دَش» الرش: يريدون به بذر الأرض. والدش: جَشُّ الحبِّ في الرحى؛ أي: من بذر أرضه كان له حبٌّ يجشه، والمراد: من جَدَّ وَجَدَ. وانظر قولهم: «ما حش إلا من رش.» وقولهم: «املا إيدك رَش تملاها قَش.»

«مِنْ رِضِي بْقَلِيلُهْ عَاشْ» أي: عاش بلا كدر لقناعته.

«مِنْ زَادَكْ زِيدُهْ وِاجْعَلْ أوْلَادَكْ عَبِيدُهْ» أي: من زادك من الخير زده من الإخلاص والطاعة، واجعل أولادك عبيدًا له.

«مِنْ زَارِ الْأَعْتَابْ مَا خَابْ» أكثر ما يُضرَب هذا المثل في زيارة قبور الأولياء والصالحين والاستغاثة بهم. وقد يُقَال عند الالتجاء إلى ذوي الأمر لقضاء الحاجات توريطًا لهم.

«مِنْ زَق بَابْنَا أَكَلْ لِبَابْنَا» زَقَّ؛ أي: دفع، والمقصود: من دخل دارنا واعتنى بزيارتنا أكل لبابنا؛ أي: أحسن ما عندنا. يُضرَب في أن الصديق أولى بالمعروف. ويُروَى: «اِلِّلي يفتح بابنا ياكل لبابنا.» وتقدم ذكره في الألف.

«مِنْ سَاوَاكْ بِنَفْسُهْ مَا ظَلَمَكْ» أي: من جعلك كنفسه وساواك بها في المعاملة لم يظلمك، وإذا طمعت فيما فوق ذلك من الناس كنت أنت الظالم المتعنت.

«مِنْ سَلِّمْ سِلَاحُهْ حُرُمْ قَتْلُهْ» أي: من ألقى سلاحه وأبدى الطاعة لا يُقْتَل. يُضرَب في أن من ترك المقاومة وأطاع ينبغي الكَفُّ عن إيذائه.

«مِنْ سِمِعِ الرَّعْدِ بْوِدْنُهْ شَافِ الْمَطَرْ بِعِينُهْ» الودن (بكسر فسكون): الأذن. وشاف بمعنى: رأى. يُضرَب لمن يُنْذَرُ بأمر فلا يهتم به فلا يلبث أن يقع فيه.

«مِنِ السَّنَهْ لِلسَّنَهْ يَا مِيعَه امْبَارْكَهْ» الميعة (بالإمالة): بخور معروف يطوفون به في المُحَرَّم من كل سنة للبيع، ويعتقدون أنه يدفع العين. وامباركه (بألف الوصل في أولها) يريدون بها: مُبَارَكَة. يُضرَب للشخص أو الشيء لا يُرَى إلا قليلًا في أوقات بعيدة. وبعضهم يروي فيه بدل «يا ميعة امباركه»: «يا رعرع أيوب»، وهو البرنوف ينقعونه في الماء، ويغتسلون به في يوم الأربعاء الواقع قبل شم النسيم المُسَمَّى عندهم: «أربع أيوب»، فيطاف به قبل هذا اليوم للبيع لاعتقادهم أنه السبب في شفاء أيوب — عليه السلام.

«مِنْ شَافِ الْبَابْ وِتَزْوِيقُهْ يِجْرِي عَلِيهْ رِيقُهْ» أي: من رأى الباب وزخرفته بهره واشتاق إليه كما يشتاق الجائع للطعام فيتحلب ريقه لرؤيته. يُضرَب للشيء الحسن الظاهر ولا يُعْلَم باطنه.

«مِنْ شَافْ بَلْوِةْ غِيرُهْ هَانِتْ بَلْوِتُهْ عَلِيهْ» أي: من نظر في مصائب الناس هانت مصيبته عليه؛ لأنه يرى ما هو أعظم منها فيرضى بما هو فيه ويحمد الله.

«مِنْ شَافْ حَالُه انْشَغَلْ بَالُهْ» أي: من نظر إلى حقيقة حاله اشتغل باله وكثرت همومه، ولكن أكثر الناس يذهَلُون عما بهم، وذلك من لطف الله.

«مِنْ شَافِ الشَّر وِدَخَلْ عَلِيهْ يِسْتَاهِلْ مَا يِجْرَى عَلِيهْ» ويُرْوَى «العمى» بدل الشر؛ أي: من رأى الشر وأقدم عليه بنفسه ولم يَتَوَقَّ منه ويتباعد يستحق ما يصيبه.

«مِنْ شَخ عَليكْ شَخ عَليهْ وَهِي كُلهَا نَجَاسَهْ» أي: من بال عليك بُلّ عليه ما دام الأمر مبنيًّا على النجاسة، والمراد: من احتقرك أو سفه عليك قابله بالمثل.

«مِنْ صُبُرْ نَالْ وِمِنْ لَج مَالُوشْ» أي: بالصبر ينال المرء مبتغاه، وأما اللجوج فما له شيء.

«مِنْ طَابْ رِيحُهْ يِدَرِّي عَلَى غِيرُهْ» أي: من ساعدته الريح في البيدر ذرى حبه ولو أصاب السَّفَا ما يليه من الأكداس، وكدر على أصحابها بالتذرية. يُضرَب لمن إذا ساعده الحظ راعى مصلحته ولو أضر بغيره.

«مِنْ طَاطَى لْهَا فَاتِتْ» أي: من طأطأ رأسه للحوادث ولم يقاومها تَمُرُّ عليه وتنقضي. وانظر: «طاطي لها تفوت» و«اللِّي يطاطي لها تفوت.»

«مِنْ طَعَمْ صِغِيرِي بَلَحَهْ نِزْلِتْ حَلَاوِتْهَا فِي بَطْنِي» أي: من أطعم ولدي الصغير تمرة فكأنما أطعمنيها وأذاقني حلاوتها، ويروي بعضهم فيه: «عيّلي» بدل صغيري، وهو بمعناه. يُضرَب في أن الإشفاق على الأولاد يحل محلًّا عظيمًا عند آبائهم.

«مِنْ طَقْطَقْ، لِلسَّلَامُ عَليكُمْ» طقطق يراد به: دق الباب، والسلام يريدون به سلام التوديع عند خروج الزائر. والمراد بالمثل: ما يقع في هذه الفترة؛ أي: مدة وجود الزائر بالمكان إلى رحيله. يقال: فلان عرف هذا الأمر من طقطق للسلام عليكم؛ أي: عرف ما كان فيه من أوله إلى آخره، وأخبرته به من طقطق للسلام عليكم؛ أي: لم أُخْفِ عنه شيئًا منه من المبدأ إلى النهاية. (انظر الكنز المدفون أوائل ص١٤٥: «قالت له من طقطق إلى غلق الباب»). وتقدم في الألف: «ألف طقطق ولا سلام عليكم.» وهو مَعْنًى آخر.

«مِنْ طَلَبِ الزِّيَادَهْ وِقِعْ فِي النُّقْصَانْ» هو كقولهم: «الطمع يقل ما جمع.»

«مِنْ طُوبَهْ لِدَحْدُورَهْ، يَا قَلْبْ مَا تِحْزَنْ» الطُّوب (بضم فسكون): الآجُرُّ. والمراد به هنا مطلق حجر تعثر به الرجل. والدحدورة (بفتح فسكون فضم): المكان المنحدر في الطريق؛ أي: من سوء الحظ أن نتخلص من عثرة بحجر إلى الوقوع في منحدر، وقولهم: «يا قلب ما تحزن» تهكم. يُضرَب فيمن تتتابه المصائب والعقبات في طريقه الواحدة بعد الأخرى، وانظر في الطاء المهملة: «طلع من نقره لدحديره.»

«مِنْ عَادَى الرِّجَالْ مَا يْنَامِ اللِّيلْ» أي: من عادى الرجال أتعب نفسه وسهر الليالي خوفًا من اغتيالهم له. يُضرَب في ذم المعاداة وتجنبها، وقد قيل:

وَلَمْ أَرَ فِي الْخُطُوبِ أَشَدَّ هَوْلًا وَأَصْعَبَ مِنْ مُعَادَاةِ الرِّجَالِ

«مِنْ عَاشِرِ الذبَدَانِي فاحِتْ عَليهْ رَوَايْحُهْ» أصل هذا المثل لأهل الشام فنقله عنهم المصريون؛ لأن الزبداني جهة بالشام يُجْلَب منها التفاح الجيد الطيب الرائحة، فالذي يعاشر بائعه يغنم طيب رائحته. والمثل قديم عند العامة، أورده الأبشيهي في «المستطرف» بلفظه، وذكره أيضًا المحبي في خلاصة الأثر في ترجمة إبراهيم بن محمد المعروف بابن الأحدب الزبداني على أنه من أمثال المولدين، وقال: «إنهم يعنون تفاح تلك الناحية أو أهلها، والإضافة لأدنى ملابسة.» وأنشد البدري في نزهة الأنام في محاسن الشام لبرهان الدين القيراطي:

دِمَشْقُ وافَى بِطِيبِنَ سِيمِهَا المُتَدانِي

وصحَّ قولُ البرايا مَنْ عاشر الزَّبدانِي

وأنشد ابن إياس في حوادث:

من عاشر الزبداني فاحت عليه روايحو

ويحترق بشرار ومن عاشر الحداد

يُضرَب في أن معاشرة الطيبين تكسب المحامد، وهو من قوله — عليه الصلاة والسلام: «مثل الجليس الصالح كالعطار إن لم تصب من عطره أصبت من ريحه.»

«مِنْ عَاشِرِ السَّعِيدْ يِسْعَدْ وِمِنْ عَاشِرِ الْمَتْلُومْ يِتْلَمْ» المتلوم أي: المَثْلُوم، والمراد: من ساءت سيرته وقبحت سمعته، والمعنى: من عاشر سعيدًا حل عليه سعده وأعداه فيصير مثله، فهو في معنى قول البوصيري:

وإذا سَخَّر الإلهُ أُناسًا لسعيدٍ فإنهم سعداءُ

ولكن الظاهر من بقية المثل أنهم يريدون: من عاشر سعيدًا في أخلاقه مستقيمًا ذا شهرة حسنة بين الناس اقتبس منه وصار مثله، ومن عاشر مثلوم السيرة صار كذلك مثله وساءت القالة فيه؛ أي: «فكل قرين بالمقارن يقتدي.» وبعضهم يرويه: «من جاور السعيد يسعد» ويقتصر عليه. وانظر أيضًا: «من جاور الحداد يتحرق بناره.» وانظر في الألف: «إن كان بدك تعرف ابنك ...» إلخ، و«اربط الحمار جنب رفيقه ...» إلخ.

«مِنْ عَاشِرْ غِيرْ بُنْكُهْ دَقِّ الْهَم سِدْرُهْ» البنك (بضم الأول وسكون الثاني): يريدون به النِّدَّ؛ أي: من عاشر غير نده ومن لم يكن من بيئته كثرت عليه الهموم في صدره. ويُروَى: «من عاشر غير طنجه ...» إلخ، وهو في معنى البنك، ورواه الأبشيهي في «المستطرف»: «من عاشر غير جنسه دق الهم

صدره.» يُضرَب في الحث على عدم معاشرة من لا يلائم. وانظر في الياء آخر الحروف: «يا واخذ ندك ...» إلخ. وانظر في الكنايات: «موش من توبه» و«موش وقمه.»

«مِنْ عَاشِرِ الْمَتْلُومْ يِتْلَمْ» انظر: «من عاشر السعيد يسعد ...» إلخ.

«مِنْ عَاشِرِ الْمَتْهُومْ يِنْتِهِمْ» لأن معاشرة مثله تحمل على الظنِّ وتدعو للريبة، فالسلامة في تجنبه. ومن أمثال العرب في هذا المعنى: «اتَّقِ الصبيان لا تصبك بأعقائِهَا.» قال الميداني: «الأَعْقَاء: جمع العِقْي، وهو ما يخرج من بطن المولود حين يُولَد.» يُضرَب للرجل تحذره ممن تكره له مصاحبته؛ أي: جانب المريب المتهم.» وفي كتاب «الآداب» لجعفر بن شمس الخلافة: «اتق قرناءَ السوءِ، فإنك متهم بأعمالهم.» ولعله من أمثال المولَّدين.

«مِنْ عَايِرِ ابْتَلَى وَلَوْ بَعْدَ حِينْ» ابتلى يريدون به المَبْنِيَّ للمجهول وإن كان في صورة المعلوم، ومعنى المثل ظاهر، والمقصود به الحث على عدم التشفي في أحد. وبعضهم يروي فيه: «والمعايره خي البلا» بدل: «ولو بعد حين.» وكان الوجه أن يقولوا: «الأخت» لا خي. وانظر قولهم: «اِللِّي تعايرني به النهاردة تقع فيه بكره.»

«مِنْ عِتِرْ فِي حَجَرْ ورِجِعْ إلِيهْ يِسْتَاهِلْ مَا يِجْرَى عَلِيهْ» لا يستعملون إليه إلا في الأمثال ونحوها من الحكم، ويقولون في غيره: لُه؛ أي: لَهُ، ويستاهل؛ أى: يستحق. ومعنى المثل: «لا يُلْدَغ المؤمن من جحر مرتين.»

«مِنْ عِجْبَكْ يَا فَتَى تِلْبِسْ هُدُومِ الصِّيفْ فِي الشِّتَا» الفتى لا يستعملونه إلا في الأمثال ونحوها، والهدوم: الثياب. والمراد بالمثل التهكم بجعلهم لبسه لثياب الصيف في الشتاء من العجب والتظرف، وإنما هو من الخرق ووضع الشيء في غير موضعه.

«مِنْ عَجَبُه الْكِرَا بَدَّرْ عَ الْمَارِسْ» أي: من أَعْجَبَهُ الكراء بادر وبَكَّرَ إلى المزرعة ليعمل. ومعنى المارس: الخط من الزرع.

«مِنْ عِرِفْ مُبْتَدَاهْ هَانْ عَلِيهْ مُنْتَهَاهْ» يُضرَب للتذكير بالموت وتهوينه على النفوس.

«مِنْ عِرِفْ مَقَامُه ارْتَاحْ» أي: من عَرَفَ قَدْرَ نفسه كان في راحة؛ لأنه لا يتطلع لما هو فوقه ويتأسف على فواته.

«مِنْ عِطِسْ مَا فِطِسْ» يُضرَب في مدح العطاس؛ أي: من عطس لا تَخْشَ عليه من الموت؛ لأنه يزيل ما احتقن في دماغه.

«مِنْ عَمَلْهُمْ تِجَارْتُهْ يَا خُسَارْتُهْ» المراد النساء وكثرة التزوج بهن؛ أي: من اشتغل بهن وجعلهن تجارته فما أكثر خسرانه فيها. يُضرَب في ذمِّ ذلك.

«مِنْ عَمُودْ لِعَمُودْ يِئْتِي الله بِالْفَرَجِ الْقَرِيبْ» أي: لا تيأس من فرج الله. فمن عمود الليل لعمود النهار يأتيك الفرج،

«مِنْ عِيلْةَ ابُو رَاضِي الْمِشَنَّهْ مَلْيَانَهْ وِالسِّر هَادِي» العيلة (بالإمالة): يريدون بها الأهل والأسرة، وأبو راضي: كنية عين من أغنياء الريف تُنْسَب له أسرة مشهورة. والمشنة طبق كبير للخبز يُصْنَع من العيدان، والمراد بالسر: البال. يُضرَب للغني المكفيِّ المئونة الهادئ البال. ويرويه بعضهم: «زَيِّ بلد أبو راضي ...» إلخ؛ أي: مثل أهل بلد أبي راضي؛ لأن أكثر أهل هذه القرية مُيَسَّرُو الحال.

«مِنْ غَابْ عَنَّكْ أَصْلُهْ دَلَايِلْ نِسْبِتُهْ فِعْلُهْ» أي: إذا جهلت أصل امرئ ولم تتبينه فانظر إلى فعله، فهو دليل كافٍ على نسبه وأصله، إن خيرًا فخير وإن شرًّا فشر. وهو من الأمثال العامية القديمة أورده الأبشيهي في «المستطرف» برواية: «إذا غاب عنك أصله، كانت دلائل نسبته فعله.» وفي معناه قول ابن الوردي في لاميته:

لَا تَقُلْ أَصْلِي وَفَصْلِي أَبَدًا إِنَّمَا أَصْلُ الفتى ما قَدْ حَصَلْ

ولزيادة بن زيد العذري:

وَيُخْبِرُنِي عَنْ غَائِبِ الْمَرْءِ هَدْيُهُ كَفَى الهَدْيُ عَمَّا غَيَّبَ المَرْءُ مُخْبِرَا

الهدي (بفتح فسكون): السيرة. وقال صفي الدين الحلي:

إِذَا غَابَ أَصْلُ المَرْءِ فاسْتَقْرِ فِعْلَهُ فإنَّ دَلِيلَ الفَرْعِ يُنْبِي عن الأَصْلِ

فَقَدْ يَشْهَدُ الفِعْلُ الْجَمِيلُ لِرَبِّهِ كذلك مضاءُ الحَدِّ من شاهدِ النَّصْلِ

وقال آخر:

وَإذا جَهِلْتَ مِن امْرِئٍ أَعْرَاقَهُ وقَدِيمَهُ فَانْظُرْ إِلَى ما يَصْنَعُ

«مِنْ غَسَلْ وِشُّهْ بَعْدْ غَدَاهْ يَا فَقْرُهْ بَعْدِ غُنَاهْ» الوش (بكسر الأول وتشديد الشين): الوجه، والمراد: من يكسل ويؤخر غسل وجهه عند قيامه من نومه إلى ما بعد الغداء فهو كسول أيضًا في السعي على رزقه وتدبير شئونه فعاقبته الفقر.

«مِنْ غِيطُهْ بَلَاشْ» الغيط (بالإمالة): المزرعة؛ أي: من جلب ما يلزمه من مزرعته جلبه بلا شيء؛ أي: بلا ثمن.

«مِنْ فَاتْ قَدِيمُهْ تَاهْ» أي: من ترك صاحبه القديم الذي يعتمد عليه تاه وتَحَيَّرَ. ويُروَى: «ترك» بدل فات. وبعضهم يزيد على الرواية الأولى: «وشمتت فيه أعداه.»

«مِنْ فاتَكْ فوتَهْ» أي: من تركك وأهملك اتركه أنت أيضًا، ولا تتعلق به، وعامله بمثل ما عاملك. وبعضهم يزيد فيه: «والعشرة نصيب.» وفي معناه قولهم: «من باعك بيعه وارتاح من قهره ...» إلخ. وقد تقدَّم. ومثله: «من باعك بيعه والعشره نصيب.» ومن أمثال العرب في ذلك قولهم:

خَلِّ سَبِيلَ مَنْ وَهَى سَقَاؤُهُ وَمَنْ هُرِيقَ بِالْفَلَاةِ مَاؤُهُ

يُضرَب لمن كره صحبتك وزهد فيك.

«مِنْ قَدِّمِ السَّبْتْ يِلْقَى الْحَد قُدَّامُهْ» هو في معنى قولهم: «من قدم شيء التقاه.» وقالوا أيضًا: «حط إشي تلقى إشي.» وقد تقدم في الحاء المهملة؛ أي: المرء مَجْزِيٌّ بعمله إن خيرًا فخير وإن شرًّا فشر.

«مِنْ قَدِّمْ شِيءْ بِيدَاهْ الْتَقَاهْ» أي: المرء مَجْزِيٌّ بعمله غير أنهم يعبرون بهذا المثل في عمل الخير غالبًا؛ ولذلك يردفه بعضهم بقوله: «هَنِيًّا لَكْ يا فاعل الخير.» أي: هنيئًا لك. وقولهم: «بيداه» ليس من كلامهم وإنهم أتوا به هكذا ليزاوج التقاه؛ لأنهم يُلْزِمُونَ المثنى الياء دائمًا، وانظر: «من قدم السبت يلقى الحد قدامه.» وانظر أيضًا في الحاء المهملة: «حط إشي تلقى إشي.» وانظر: «من يزرع شيء يضمه.»

«مِنْ قَرِّ بْذَنْبُهْ غَفَرَ الله لُهْ» أي: إن الإقرار بالذنب منجاة. ويرادفه من أمثال العرب: «الاعتراف يهدم الاقتراف.»

«مِنْ قَرُّوا عَلِيهْ عَزُّوهْ» قروا عليه؛ أي: أكثروا من ذكره وذكر ما يحوز، والمراد: من لهج الناس به وحسدوه على ما عنده عزوه في نفسه؛ فإنهم لا يبقون عليه بعيونهم.

«مِنْ قَل عَقْلُهْ تِعْبِتْ رِجْلِيهْ» ويُروَى: «من خف» بدل من قل؛ أي: من ضعف عقله حمله على كثرة السير من هنا إلى هنا، فيُتْعِب بذلك رجليه. يُضرَب لكثير السعي وهو جاهل.

«مِنِ الْقَلْبِ لِلْقَلْبِ رَسُولْ» يُضرَب فيمن وَدَّ شخصًا فإذا به مثله في وُدِّهِ له. وبعضهم يروي فيه: «كومسيون» بدل رسول، ويريدون به الشرطي المُعَبَّر عنه الآن بالبوليس؛ لأنهم لمَّا نظموا الشرطة بمصر على النظام الحديث مدة الخديو إسماعيل سموا جندها بالكومسيون، ثم لما سموهم بالبوليس لم تغير العامة في المثل، ومرادهم به رسول وزيادة؛ أي: إن القلوب إذا توادت انجذب بعضها لبعض قسرًا، كما يقبض الشرطي على الشخص ويقوده بالرغم عنه إلى المخفر، ومرادهم المبالغة والتطرف في التعبير.

«مِنْ قِلِّةِ الْبَخْتْ عَمَلُوا الاَعْوَرْ قَيِّدَهْ» القيدة: الرئيس، والمراد به هنا: البعير الذي يكون في أول القطار؛ أي: من سوء الحظ أنهم جعلوا البعير الأعور في أول الجمال يقودهم. يُضرَب في إسناد الأمور لغير الأَكْفَاء. وانظر: «سنة شوطة الجمال جابوا الأعور قيده.» وهو معنى آخر.

«مِنْ قِلِّةِ الْحِنيِّهْ بِتْنَا عَلَى جَفَا وِخَدْنَا مِنْ بيتِ الْعَدُو حَبِيبْ» الحِنِّيَّة: الحنان، والمراد بخد: أَخَذ؛ أي: بسبب ما رأيناه منكم أيها الأحباب من قلة العطف والحنان صِرْنَا معكم على جفاء، واضطررنا أن نتخذ لنا حبيبًا من دار عدونا. يريدون أننا صافَيْنَا أعداءنا اضطرارًا لَمَّا ألجأتمونا إلى ذلك. يُضرَب في التأسف على قلة وفاء الأصحاب. ويرويه بعضهم «من قلة المال ...» إلخ؛ أي: لفقرنا جفانا أحبابنا فالتمسنا لنا حبيبًا من بين الأعداء. والأول أظهر.

«مِنْ قِلِّةِ الْخِيلْ شَدُّوا عَلَى الْكِلَابْ» أي: أسرجوا الكلاب ليركبوها. يُضرَب في ضعف الأمر وانحطاطه.

«مِنْ قِلِّةْ عَقْلِكْ يَا زُهْرَهْ خَلِّيتِي لِكْ فِي الْبَلَدْ شُهْرَهْ» أي: من هوسك وخفة عقلك أيتها المرأة جعلت لك شهرة قبيحة في البلد، ولو تَدَرَّعْتِ بالحزم في أمورك لخَفِيَ كثير من نقائصك، يُضرَب لمن لا يُدَارِي مخازيه وإن قلت فيشتهر بأكثر منها.

«مِنْ كَانِتْ هِمِّتُهْ بَطْنُهْ قِيمْتُهْ مَا خَرَجْ مِنْهَا» أي: من كانت همته محصورة في الطعام وكثرة الأكل فهي همة ساقطة لا قيمة لصاحبها. ومن الحكم العربية القديمة: «من كان همه بطنه كان قدره ما يحويه.»

«مِنْ كَانْ عَشَاهْ مِنْ دَارْ أَخَاهْ يَا عَشَا الشُّومْ عَلِيهْ» أي: من كان لا يملك ثَمَنَ قُوتِهِ ويكون طعامه من عند غيره لا يهنأ به ولو كان من دار أخيه. وقد استعملوا أخاه بالألف للسجع، وإلا فإنهم يلتزمون فيه الواو.

«مِنْ كُتْرِتِ اوْلَادُهْ قَل زَادُهْ» يُضرَب في كثرة الأولاد وما يحتاجون إليه.

«مِنْ كِرْهُهْ رَبُّهْ سَلَّطْ عَلِيهْ بَطْنُهْ» أي: النَّهَم من سخط الله — تعالى.

«مِنْ كَلْ بَلَاشْ رَاحْ بَلَاشْ» بلاش (بفتحتين) أي: بلا شيء، والمقصود: من كان طعامه من غيره وعاش عالة على الناس، فإنه إذا ذهب ذهب غير مسئول عنه ولا مأسوف عليه.

«مِنْ لَقَى بَنَّا مِنْ غِيرْ كُلْفَهْ يِبْنِي لُهْ مِيةْ غُرْفَهْ» أي: من وَجَدَ بَنَّاءً يبني له بلا أجر ولا يحمّله ثمن مواد البناء، فإنه يبني له مائة غرفة لا واحدة، فهو قريب من قولهم: «البلاش كَتَّرْ منه.»

«مِنْ لَقَى بِيتْ مَبْنِي لَقَى كِيسْ مَرْمِي» أي: من وجد دارًا مبنية فاشتراها كأنه عثر على كيس نقود مرمي فالتقطه؛ وذلك لأن البائع قلما يبيعها بمثل ما أنفقه عليها؛ ولأنه أراح المشتري من إضاعة الوقت وتحمل العناء في البناء، فكأنه هيأ له لقطة التقطها، وهو في معنى قولهم: «شراية العبد ولا تربيته.»

«مِنْ لَقَى الْوِش يِدَوَّرْ عَلَى الْبُطَانَهْ» انظر في الألف: «اِللِّي تعطيه الوش ...» إلخ.

«مِنْ نَصَحْ جَاهِلْ عَادَاهْ» معناه ظاهر.

«مِنْ هَمُّهْ خَدْ وَاحْدَهْ قَدّْ امُّهْ» أي: من سوء حظه أنه تزوج بامرأة في سِنِّ أمه.

«مِنْ هيسْ رَاكِبْ تيسْ، وِمِنْ عُجْبُهْ لَابِسْ غَرَارَهْ، مِتْلَفَّعْ بِعرْقْ خُبَّيْزْ وَلَا يْخَلِّي الْجَعَارَهْ» أصل هذا من أثر حالهم، ولكنهم أجروه مجرى الأمثال، والمقصود تصغير شأن المُدَّعِي المتفاخر؛ أي: إنه لابس غرارة وحزامه من سوق الخبيز ومركوبه تيس، وهو مع ذلك لا يترك الصخب والدعوى الباطلة.

«مِنْ وَفَّرْ شِيءْ قَالْ لُهْ الزَّمَانْ: هَاتُهْ» أي: من اقتصد شيئًا سيأتي عليه وقت يستعيده منه الزمان.

«مِنْ وَفَّرْ غَدَاهْ لِعَشَاهْ مَا شِمْتِتْ فِيهْ عِدَاهْ» أي: من أحسن تدبير شئونه واقتصد من يومه لغده لم يحتج لأحد. ولم يعرض نفسه لشماتة أعدائه فيه.

«مِنْ وَلَدْ وَلَدْ وِالتَّانِي بَقَى عَجُوزْ فَانِي» يروون هذا المثل بلفظ المذكر، والمراد به النساء؛ أي: من ولدت بطنين شاخت وهرمت لما ينالها من مشقة الحمل والوضع. وفيه مبالغة.

«مِنْ يِزْرَعْ شِيءْ يُضُمُّهْ» وبعضهم يروي فيه: «يحصده» بدل يضمه، والمعنى واحد؛ أي: من قدم عملًا من خير أو شر لا يجني إلا نتيجته. وانظر: «من قدم شيء بيداه التقاه.»

«مِنْ يُوم انْ وِلْدُونِي فِي الْهَم حَطُّونِي» حَطَّ بمعنى: وَضَعَ. يُضرَب للسيئ الحظ طول عمره، كأن والديه وضعاه وسط الهم والشقاء من يوم ميلاده. وفي معناه قولهم: «قسموا القسايم خَدْتَ انا كومي، قالوا: مسكينة. قلت: من يومي.» وقد تقدَّم في القاف.

«مِنْ يُومِكْ يَا خَالَهْ وِانْتِ عَلَى دِي الْحَالَهْ» يُضرَب لمن يَبْقَى على حالة لا تتغير، وفي معناه قولهم: «من يومك يا زبيبة وفيكي دي العود» وسيأتي. وقولهم: «طول عمرك يا ردا وانت كدا.» وقد تقدم في الطاء المهملة.

«مِنْ يُومِكْ يَا زْبِيبَهْ وِفِيكِي دِي الْعُودْ» وذلك لأن كل زبيبة بها الهنة التي كانت تتعلق بها في العنقود. يُضرَب لمن يبقى في حالة لا تتغير. وفي معناه قولهم: «من يومك يا خاله وانت على دي الحالة.» وقد تقدم. وقولهم: «طول عمرك يا ردا وانت كدا.» وقد تقدم في الطاء المهملة.

«الْمِنَاسِبْ يُعْمَلْ» أي: كل حال يُعْمَل له ما يناسبه.

«الْمَنْصَبْ رُوحْ وَلَوْ كَانْ فِي الْمِسْكَهْ» المِسْكَة (بكسر فسكون): الروث يُخْلَط بالتبن ويُجَفَّف لِيُجْعَلَ وقودًا في القرى، واسمها الجلة، إلا أن مَنْ يستبشع ذكر الجلة يقول فيها: مِسْكَة، وهو من أسماء الأضداد. والمعنى: المنصب يعادل الروح ولو كان في الزعامة على عمل المسكة؛ أي: ولو كان في

أحقر الأعمال. يُضرَب لولوع النفوس بالرئاسة والسلطة، والصَّواب في لفظ المنصب (كسر الصاد) وفي الروح (الضم الخالص في الراء).

«الْمُوتْ الاحْمَرْ عِشْرِةْ مِنْ لَا يْوَافْقَكْ وَلَا يْفَارْقَكْ» معناه ظاهر، وهو شبيه بقول المتنبي:

وَمِنْ نَكَدِ الدُّنْيَا عَلَى الْحُرِّ أَنْ يَرَى عَدُوًّا لَهُ مَا مِنْ صَدَاقَتِهِ بُدُّ

«مُوتِ الْبَنَاتْ سُتْرَهْ» هو كقول العرب: «دفن البنات من المكرمات.»

«الْمُوتْ مِكَبَّهْ مِنْ ذَهَبْ لِمَنْ ذَهَبْ» هكذا ينطقون به ولم يقلبوا الذال دالًا كعادتهم وإنما ينطقون بها زايًا، وقد أرادوا التجنيس فيه. ومعنى المكبة: الغطاء يُتَّخَذُ من عيدان وخوص كالقبة يُوضَع على الطعام في الموائد. والمراد بالمثل: أن الموت نعم الساتر لمن أوشك أن يفتضح بين الناس، إما لفقر بعد غنى وإما لشيء يوجب الفضيحة.

«مُوتْ وِخَرَابْ دِيَارْ» وفي بعض البلاد الريفية يقولون: «موتة» بدل موت. يُضرَب إذا أعقب الموت مصائب أخرى تترتب عليه.

«مُوتْ يَا حْمَارْ لَمَّا يْجِيكِ الْعَلِيقْ» العَلِيق (بفتح فكسر): العلف. ولما هنا بمعنى: حتى؛ أي: مُتْ يا حمار حتى يأتي علفك، ويرويه بعضهم: «على ما يجيك العليق.» والمراد: إلى أن يحضر العلف الموعود به يكون الحمار قد مات. يُضرَب في تسويف الوعد، ومثله قولهم: «على ما يجي الترياق من العراق يكون العليل مات.» وقد تقدم في العين المهملة. والمثل قديم في العامية أورده الأبشيهي في «المستطرف»، ولكن برواية: «اقعد يا حمار حتى ينبت لك الشعير.»

«مُوشْ حَايْشَكْ عَنِ الرَّقْصْ إِلَّا قُصْرِ الاكْمَامْ» أي: لم يمنعك من الرقص إلا قصر أكمامك؛ لأن حُلَّةَ الرقص طويلتها. يُضرَب للامتناع عن الشيء عجزًا عنه. وبعضهم يرويه: «إيش حايشك عن الرقص؟ قال: قصر الأكمام.» والأكثر ما هنا. وفي معناه قولهم: «قصر ديل يا ازعر.» وقد تقدم في القاف. وانظر قولهم: «بدلة الرقص لها أكمام.» ويُقْصَد به معنى آخر.

«مُوشْ كُل مَرَّهْ تِسْلَمِ الْجَرَّهْ» أي: إذا سلمت الجرة مرة من العطب مما أصابها، فليست السلامة مضمونة لها كل مرة. يُضرَب في عدم الاغترار بالخلاص من الأخطار بعض الأحيان والحث على عدم التعرض لها مرة أخرى. وقريب منه قولهم: «موش كل الوقعات زلابية.» وسيأتي.

«مُوشْ كُلِّ الْوَقْعَاتْ زَلَابْيَهْ» الزلابية: نوع من الحلوى يُصْنَع من العجين مشبكًا. والمراد: ليس كل أمر تقع فيه مما يُسْتَحْلَى فلا تَغْتَر إذا صادفك ذلك في بعض الأمور. وقد نظم هذا المثل ببعض تغيير الشيخ حسن الآلاتي المشهور بالمجون والمضحكات في العصر الذي أدركناه، فقال في مطلع زجل:

كنت آمن باحسب الوقعات زلابيةْ والسنة خايف اشتغل ويَّا ابن رابيةْ

ولبعضهم في المعنى: «وَمَا كُلّ عَامٍ رَوْضَةٌ وَغَدِير.»

وانظر: «موش كل مرة تسلم الجرة.» ففيه شيء من معناه.

«**مُوشْ مَرْبَطِ الْفَرَسْ**» أي: ليس هو مربط الفرس. والمراد: لم تقل الحقيقة وليس ما قررته هو المطلوب الذي يحسن السكوت عليه.

«**مُوشْ يَا بَخْتْ مِنْ وِلْدِتْ، يَا بَخْتِ مِنْ سِعْدِتْ**» أي: ليس حظ الوالدة في أن تلد بل في سعادتها بأولادها، وقد يريدون: في سعادتها بزواجها وإن لم تلد. ومن المعنى الأول قولهم: «الولادة بتولد، بس السعادة» وسيأتي.

«**الْمُوَلِّيَّهْ تِقَطَّعِ السَّلَاسِلْ**» أي: الدنيا إذا أدبرت وولت ذهبت بكل شيء ولو كان محوطًا بسلاسل من الحديد قطعتها ولم يمنعها عنه مانع. وانظر: «إن جت تسحب على شعرة، وإنْ ولت تقطع السلاسل.»

«**الْمَيِّدِي الأَبْيَضْ يِنْفَعْ فِي النَّهَارْ الاِسْوِدْ**» الميدي (بفتح الأول وكسر الياء المشددة) محرف عن المؤيدي، وكان يُطْلَق على صنف من العملة. وانظر الكلام على المثل في قولهم: «الجديد الابيض ...» إلخ.

«**مِينْ عَلِّمَكْ دِي الْعُلِّيمَهْ؟ قَالْ: بِيْدَوِّمْ فِي الدُّوِّيمَهْ**» العليمة مما نطقوا به مُصَغَّرًا، ومعناها: الشيء أو الحيلة التي تُتَعَلَّم. والدويمة: دوامة الماء، وإنما أتوا بها هنا هكذا للازدواج. يُضرَب للشيء ينذر به المرء فيحمله على الاحتراس، وهو مما وضعوه على لسان الحيوان، فَرَوَوْا أن الأسد والذئب والثعلب اصطادوا إوزة وديكًا وشاة، فطلب الأسد من الذئب أن يقسمها بينهم، فقال: الشاة للملك، والإوزة لي، والديك للثعلب. فأمسك بذنبه ورمى به في الغدير، ثم طلب من الثعلب ذلك، فقال: الديك لإفطار الملك، والشاه لغدائه، والإوزة لعشائه، ولما سئل عن هذه القسمة قال هذا المثل. وانظر قولهم: «ما لك مرعوبه؟ قالت: من ديك النوبه.»

«**مِينْ يَاكُلِ الْعَلِيقْ بَعْدَكْ يَا جَمَلْ؟**» العليق (بفتح فكسر): العَلَف. يُضرَب في معنى: إذا عجز المستطيع للشيء عنه فمن الذي يقوم به بعده؟! ويُروى «الفول» بدل العليق.

«**مِينْ يِشْهَدْ لِلْعَرُوسَهْ غِيرُ امَّهَا؟**» وبعضهم يزيد فيه: «والعيال.» يُضرَب في أن الشهادة الطيبة لا تُسْتَغْرَبُ من المحب، وإنما نشك في صحتها. والعرب تقول في أمثالها: «من يمدح العروس إلا أهلها؟» قال الميداني: قيل لأعرابي: «ما أكثر ما تمدح نفسك!» قال: فما لي لا أكلُّ من مدحها، وهل يمدح العروس إلا أهلها؟

«**مِينْ يِشْهَدْ لَكْ يَا ابُو الْحُسِينْ؟ قَالْ: نَوَّارِةْ دِيلِي**» أبو الحسين: الثعلب، وصوابه: أبو الحصين (بالصاد). والنوارة هنا: البياض الذي بآخر ذنبه؛ أي: من يشهد بأنك أبو الحصين؟ وما الذي يدل على

ذلك؟ فقال: هذه النوارة التي بذنبي تميزني من بين الحيوان وتدلكم على نوعي. يُضرَب لمن يمتاز بمميز تُعْرَف به حقيقته.

«مِينْ يِعْرَفْ عِيشَهْ فِي سُوقِ الْغَزْلْ» وبعضهم يروي: «عارف» بدل يعرف. وعيشة (بالإمالة): عائشة؛ أي: من يعرفها بين النساء الكثيرات في سوق الغزل إذا ذهبت إليه لبيع غزلها؟ يُضرَب في أن الكثرة والزحام يَخْفَى فيها النبيه، فكيف بالخامل؟

«مِينْ يِقْدَرْ يُقُولِ: الْبَغْلِ فِي الأَبْرِيقْ؟» انظر: «حد يقول: البغل في الأبريق؟» في الحاء المهملة.

«مِينْ يِقْدَرْ يُقُولْ: يَا غُولَهْ عِينِكْ حَمْرَهْ؟» انظر في الحاء المهملة: «حد يقول للغول: عينك حمره؟»

«مِينْ يِقْرَا؟ وِمِينْ يِسْمَعْ؟» أي: من يقرأ ومن يسمع؟ والمراد: لا حياة لمن تنادي. وبعضهم يزيد في أوله: «يا أبو الحسين اقرا الجواب، قال ...» إلخ، وله قصة، وسيأتي في الياء آخر الحروف.

«الْمَيَّهْ تِجْرِي فِي الْوَاطِي» أي: الماء يجري فيما انخفض من الأرض. يُضرَب في الضعيف يعلو عليه الناس ويتحكمون فيه. ويرويه بعضهم: «الميه تركب الواطي.»

«الْمَيَّهْ تِكَدِّبِ الْغَطَّاسْ» أي: الماء يكذب الغائص فيما يدعه من الحذق والمهارة؛ لأنه إذا غاص فيه ولم يكن كما يدعي غرق وظهر كذبه؛ أي: عند الامتحان يُكْرَم المرء أو يُهَان، وإن كان في معناه زيادة عما في المثل. وبعضهم يروي: «تِبَيِّنْ» بدل تكدب؛ أي: تُظْهِر كذبه من صدقه. وفي معناه من أمثال العرب: «عند الرهان تعرف السوابق.»

«الْمَيَّهْ تِنْشِرِبْ مِنْ إِيدْ سَاقِيهَا» أي: إنما يُشْرَب الماء من يَدِ مَنْ يليق لمناولته. يُضرَب في أن لكل شيء من يحسن القيام به، فمن يليق لعمل ربما لا يليق لغيره.

«الْمَيَّهْ فِي الْبِيرْ تِحِبِّ التَّدْبِيرْ» انظر: «إن كنت ع البير ...» إلخ في الألف.

«الْمَيَّهْ فِي كَعْبِ الْبِهِيمْ» المية: الماء. والكعب: العقب. والمراد: في حافر الدابة التي في الدولاب؛ أي: كلما حثثت دابتك وكثرت خطاها في دورانها في الدولاب زاد الماء؛ أي: «لكل مجتهد نصيب» و«مَنْ جَدَّ وَجَدَ.»

«الْمَيَّهْ لَمَّا تُقْعُدْ فِي الزِّيرْ تِعَطَّنْ» أي: الماء إذا طال مكثه في وعائه أسنَ وفسد وتغيرت رائحته. يُضرَب في أن طول إقامة الشخص في مكان يثقله عند أصحابه ولا سيما إذا كان ضيفًا عليهم.

«مَيَّهْ مَالْحَهْ وِوْشُوشْ كَالْحَهْ» المية (بفتحتين مع تشديد الياء): الماء، والوشوش (بكسر الأول أو ضمه): جمع وش (بكسر الأول)، ويريدون به: الوجه. والكالحة: التي ذهب رواؤها؛ أي: المتجهمة الثقيلة. يُضرَب لمن لا خير عندهم.

«الْمَيَّهْ وِالنَّارْ وَلَا حَمَاتِي فِي الدَّارْ» أي: الماء والحريق في داري أهون عندي من وجود حماتي.
والمراد بالماء: الغرق.

حرف النون (فصحى)

النفس مولعة بحب العاجل: هذا المثل لجرير بن الخطفي حيث يقول:

إني لأرجو منك شيئًا عاجلًا والنفس مولعة بحب العاجل

نفس عصام سودت عصامًا: قيل: إنه عصام بن شهير حاجب النعمان بن المنذر، الذي قال له النابغة الذبياني حين حجبه عن عيادة النعمان من قصيدة له:

فأني لا ألومك في دخول ولكن ما وراءك يا عصام

يُضرب في نباهة الرجل من غير قديم، وهو الذي تسميه العرب الخارجي، يعني أنه خرج بنفسه من غير أولية كانت له، قال كثير:

أبا مروان لست بخارجي وليس قديم مجدك بانتحال

وفي المثل: كن عصاميًا ولا تكن عظاميًا، وقيل:

نفس عصام سودت عصامًا وعلمته الكر والإقدامَا

وصيرته ملكا همامَا

نفسك بما تحججح أعلم: أي أنت بما في قلبك أعلم من غيرك، يقال: حجحج الرجل إذا أراد أن يقول ما في نفسه ثم أمسك، وهو مثل المجمجة.

الناس مجزيون بأعمالهم، إن خيرًا فخير وإن شرًّا فشر: أي إن عملوا خيرًا يُجزَوْن خيرًا، وإن عملوا شرًّا يجزون شرًّا.

نفخت لو تنفخ في فَحَمْ: يُضرب مثلًا للحاجة تطلب في غير موضعها أو ممن لا يرى لك قضاءها، قال الراجز:

قد نفخوا لا ينفخون من فحم

والفحَم بالتحريك لا يجوز إسكانه.

الناس بخيرٍ ما تباينوا: أي ما دام فيهم الرئيس والمرءوس، فإذا تساوَوْا هلكوا.

نام عصامٌ ساعة الرحيلِ.

النَّاسُ كأسنانِ المشط: أي متساوون في النسب، أي: كلهم بنو آدم.

حرف النون (عامية)

«النَّارْ تِخَلِّفْ رُمَادْ» أي: إذا خمدت النار لا يتخلف منها إلا الرماد. يُضرَب للنجيب الكريم يأتي بالولد الأحمق اللئيم. ومعنى خَلَّفَ عندهم: أتى بأولاد، وإن كان لا يزال حيًّا، فهو من المجاز بالأول، وفي المعنى لبعضهم:

إِذَا مَا رَأَيْتَ فَتًى مَاجِدًا فَكُنْ بِابْنِهِ سَيِّئَ الاِعْتِقَادِ

فلستَ تَرَى من نَجِيبٍ نَجِيبًا ولا تَلِدُ النَّارُ غَيْرَ الرَّمَادِ

وقال آخر في عكسه:

إِذَا مَا رَأَيْتَ فَتًى مَاجِدًا فَظُنَّ بِعَقْلِ أَبِيهِ السَّخَفْ

فَلَا يُخْرِجُ اللبَّ غَيْرُ القُشُورِ ولا يلد الدُّرَّ غَيْرُ الصَّدَفْ

وانظر في الياء قولهم: «يخلق من ضهر العالم جاهل.»

«نَارْ جُوزِي وَلَا جَنِّةْ ابُويَا» المقصود: بقائي في دار زوجي على عِلَّاته خير لي من البقاء في دار أبي وإن كانت كالجنة. وانظر: «ناره ولا جنة غيره.»

«نَارِ الْقَرِيبْ وَلَا جَنِّةِ الْغَرِيبْ» ويُروَى: «نار الأهل ولا جنة الغريب.» يُضرَب في تفضيل القريب على الغريب، فهو كقولهم: «آخد ابن عمي واتغطى بكمي.» وعكس قولهم: «خد من الزرايب ولا تاخد من القرايب.» وقولهم: «الدخان القريب يعمي.» وقولهم: «إن كان لك قريب لا تشاركه ولا تناسبه.»

«النَّارْ مَا تَاكُلْشْ حَطَبْهَا كُلُّهْ» يُضرَب لمن ذهب له مال، أو مات له أولاد وبقيت له بقية.

«النَّارْ مَا تِحْرِقْشِ الَّا اللِّي كَابِشْهَا» كابشها؛ أي: مطبق عليها كفه، والمراد: النار لا تحرق إلا من أمسكها ولمسها؛ أي: لا يُصَاب بالأذى إلا من تعرض له، أو يكون المعنى:

لَا يَعْرِفُ الشَّوْقَ إِلَّا مَنْ يُكَابِدُهُ وَلَا الصبابَةَ إِلَّا مَنْ يُعَانِيهَا

«النَّارْ وِالْحَرِيقْ وَلَا انْتَ فِي الطَّرِيقْ» أي: هما أقل إيذاءً للنفس من ملاقاتك في الطريق. يُضرَب للمبغَض الكثير الإساءة. ويُروَى: «والعدو في الطريق.» ويراد به تكاثر المصائب وإحاطتها بشخص؛ أي: إذا كانت النار في الدار والعدو في الطريق فأين المَفَرُّ والخلاص؟

«نَارُهْ وَلَا جَنِّةْ غِيرُهْ» يُضرَب في تفضيل إنسان على آخر. وانظر: «نار جوزي ولا جنة أبويا.»

«نَاسْ بِأوِّلْهُمْ وِنَاسْ بِآخِرْهُمْ» انظر: «العبد يا بأولته يا بآخرته.»

«اِلنَّاسْ بِالنَّاسْ وِالْكُل عَلَى الله» يُضرَب في حاجة الناس بعضهم لبعض في التعاون على الحياة.

«اِلنَّاسْ مَقَامَاتْ» أي: الناس مختلفون في القدر؛ فمنهم العظيم، ومنهم الحقير، فلا ينبغي أن يُعَامَل هذا كما يُعَامَل ذاك. يُضرَب غالبًا عند تحقير عظيم.

«نَاسْ يَاكْلُوا الْبَلَحْ وِنَاسْ يِتْرِمُوا بِنَوَاهْ» ويُروَى: «ينضربوا بالنوى.» أي: لكل أناس حظوظ وأقسام، فمنهم شقي ومنهم سعيد.

«اِلنَّاقَه الْعَوِيلَهْ سَلَبْتْهَا طَوِيلَهْ» أي: الناقة الضعيفة الهزيلة حبلها الذي تُرْبَط به طويل. والمراد: من قصر به حاله أو همته كَمَّلَ نفسه بما لا يفيد.

«نَامْ لَمَّا ادْبَحَكْ. قَالْ: دَا شِيءْ يِطَيَّرِ النُّومْ» انظر: «قال له نام ...» إلخ في حرف القاف.

«نَامْ وِقَامْ لَقَى رُوحُهْ قَايِمَّقَامْ» قائم المقام: لقب لرتبة في الجندية؛ أي: بين ليلة وصباحها وجد نفسه قد ارتقى لتلك الرتبة. وبعضهم يزيد فيه: «حمد ربنا اللي ما اتربط في المرستان.» أي: حمد الله — تعالى — على تثبيته وخلاصه من مستشفى المجانين. يُضرَب لمن ينال منالًا عظيمًا بسرعة. وفي معناه: «امتى طلعت القصر؟ قال: إمبارح العصر.» وقد تقدَّم في الألف.

«نَايْبَكْ فِي الدِّسْتْ، وِالْمَغْرَفَهْ تَايْهَهْ» النايب: الحصة والنصيب؛ أي: ما يُخَصُّ به شخص عند تقسيم شيء. والدست (بكسر فسكون): المرجل. يُضْرَبُ لمن يخلق الأعذار لحرمان شخص من حقه. والمعنى: يقول له: نصيبك من الطعام في المرجل، ولكن المغرفة تائهة؛ أي: غائبة عن نظرنا، ولولا ذلك لغرفنا لك.

«نَايِمْ فِي الْمَيِّهْ وِخَايِفْ مِنِ الْمَطَرْ» المية: الماء. يُضْرَب للأحمق يَهْتَمُّ باتقاء صغير الأمور وهو واقع في الكبير منها.

«اِلنَّبِي صَلَّى عَلَى الْحَاضِرْ» يريدون صلى صلاة الجنازة على من حضر وفاتَه. يُضرَب في معنى أن هذا هو الموجود فينبغي قبوله إذ لا حاضر سواه.

«اِلنُّجُومْ فِي السَّمَا أَقْرَبْ لَكْ» يُضرَب في الشيء البعيد المنال.

«اِلنَّحْسْ مَالُوشْ إِلَّا انْحَسْ مِنُّهْ» أي: المشئوم لا يكافحه ويتغلب عليه إلا من هو أشأم منه، والمراد: من يحل شؤمه بالناس. وكثيرًا ما يريدون بالنحس الصفيق الوجه المشاغب الذي لا يؤثر فيه الكلام، وقد اشتقوا منه فعلًا فقالوا: «فلان وشه نحَّسْ» أي: صفق، كأنهم يريدون: صار كالنحاس في صلابته، ومن كان كذلك لا يصلح لمكافحته إلا من هو أصفق وجهًا وأشد شغبًا.

«اِلنّخَالَهْ قامِتْ واِلْعَلَامَهْ نَامِتْ» النخاله: ما يطرح من القشور بعد نخل الدقيق. والعلامة: يريدون بها الدقيق الحُوَّارَى. يُضرَب في ارتفاع السافل وانحطاط العالي. وانظر في العين المهملة: «العلامة انكبت والنخاله قبت.»

«اِلنَّدْبْ بِالطَّارْ وَلَا قُعَادِ الرَّاجِلْ فِي الدَّارْ» أي: الندب بالدفّ أهون وقعًا، وأقل فظاعةً من بقاء الرجل في داره بلا عمل، وكأنهم يريدون الندب عند موته؛ أي: موته خير من هذا.

«اِلنِّسَا مَقْصَلَ اعْوَج. قَالْ: لُولَاهَ اعْوَج مَكَانْشِ يْضُم» أي: اعوجاج النساء ربما أفادهن، فهن كالمقصل لا يُحْصَد به إلا إذا كان معوجًا، ولولا اعوجاجهن لظُلِمْنَ ولم يَنَلْنَ حقوقهن.

«اِلنَّسَبْ أَهْلِيَّهْ» النسب: المصاهرة، وهي تُعَدُّ أهلية لما يكون فيها من الارتباط إلا في بعض الأحوال؛ ولهذا قالوا في مثل آخر: «إن ما كانش لك أهل ناسب.» وقالوا أيضًا: «النسب حسب، وِانْ صح يكون أهلية.»

«اِلنَّسَبْ حَسَبْ وِانْ صَحّ يْكُونْ أَهْلِيَّهْ» النسب: المصاهرة؛ أي: المصاهرةُ حَسَبٌ للإنسان، وإن وُفِّقَ المرء لمصاهرة صالحة قامت له مقام الأهل. وفي معناه قولهم: «إن ما كانش لك أهل ناسب.» ويقول بعضهم: «النسب أهلية.» وما هنا أوضح لما فيه من التفضيل.

«اِلنَّسَبْ زَيِّ اللَّبَنْ أَقَل شِيءْ يغَيَّرُهْ» المراد بالنسب المصاهرة، وأنها لا تتحمل أقل مغاضبة.

«نِشْفِتِ الْبِرْكَهْ وِبَانِتْ زَقَازِيقْهَا» الزقازيق: صغار السمك؛ أي: جفت مياه البركة وظهر ما فيها، يُضرَب للشيء يزول ما كان يستره ويظهر ما فيه من طيب أو خبيث.

«نُصِّ الْبَلَدْ مَا يِعْجِبْنِي، وَانَا اعْجِبْ مِينْ؟» النص: النصف. ويُروَى: «نص البلد موش عاجباني يا ترى أنا أعجب مين؟» والمعنى واحد؛ أي: نصف مَنْ في البلد لا يعجبونني ولا أدري أأعجب أنا أحدًا؟ يُضرَب للمفرط في الإعجاب بنفسه مع قبحه.

«نُصِّ الْعَمَى وَلَا الْعَمَى كُلُّهْ» النص: النصف. وهو مثل قديم عند العامة أورده الأبشيهي في «المستطرف» برواية: «نصف البلا ولا البلا كله.» وفي معناه قولهم: «الطشاش ولا العمى.» وقد تقدم في الطاء المهملة. وانظر أيضًا في الهاء قولهم: «هم بهم ...» إلخ. ويرادفه من الفصيح: «بعض الشر أهون من بعض.» قال الميداني: «يُضرَب عند ظهور الشَّرَّيْنِ بينهما تفاوت.» وهذا كقولهم: «إن في الشر خيارًا.»

«نُصِّ الْفُطْرَهْ خَرُّوبْ» الفطرة (بضم فسكون): يريدون بها ما يفطر عليه الصائم من النقل. يُضرَب في الشيء أكثره رديء.

«نَصّ الْكَلَامْ مَالُوشْ جَوَابْ» أي: نصف الكلام لا جواب له. والمراد: كثير من القول لَغْوٌ وهُرَاء. فلا تهتم بالإجابة عن كل ما تسمع. يُضرَب عند سماع ما لا طائل تحته.

«نُصّ الْمُونَهْ عَ الطَّابُونَهْ» النص: النصف. والمونه: المئونة. والطابونة: المكان المحتوي على أفران للخبز. والمراد: من أجاد خَبْزَ خُبْزِه فقد ضمن جودته؛ لأن العجين الجيد النوع يتلف إذا أُسِيء خبزه. يُضرَب في أن إتقان العمل له دخل كبير في جودة الشيء. وانظر في الفاء: «الفرن الحامي إدام تاني.»

«نَطَرِتْ عَلَى بْتَاعِ الْمَلْحْ غَنَّى بْتَاعِ الْقُلْقَاسْ، قَالْ لُهْ: أَهِي جَتْ عَلَى نَاسْ نَاسْ» نطرت بمعنى: أمطرت، وبتاع هنا بمعنى: صاحب أو بائع؛ أي: مَطِرَت السماء على صاحب الملح فأفسدت ملحه، ولكنها أصلحت القلقاس في مزرعته؛ لأنه يجود بالمطر فغَنَّى صاحبه سرورًا، فقال له صاحب الملح: إنها جاءت لأناس بما يشتهون دون آخرين. ويرادفه: «مصائب قوم عند قوم فوائد.»

«النَّعْجَه الْعَيَّاطَهْ مَا يَاكُلْشِ ابْنَهَا الدِّيبْ» ويُروَى: «ما يسرقوش ولادها.» وبعضهم يروي فيه: «المعزة» بدل النعجة، والمقصود بالعياطة: التي تصيح؛ أي: تحوط أولادها وتدفع عنهم، ولعله قريب من: «من لم يكن أسدًا تأكله الذئاب.»

«النَّعْجَه الْمَدْبُوحَهْ مَا يوْجَعْهَاشِ السَّلْخْ» أي: متى ذُبِحَتْ الشاة استوى عندها الرفق بها وعكسه، فافعل بها ما تشاء فإنها لا تحس. يُضرَب لمن يُسَاءُ منتهى الإساءة ثم يُشْفَقُ عليه فيما دونها.

«النِّعْمَه تْقِيلَهْ» يُضرَب لمن يصيب نعمة بعد عوز فيبطر ولا يطيق تحملها.

«نِعْنَاعَهْ جَيَّه تْكَمِّلِ الْجَمَاعَهْ» أي: يكون في الضعف وصغر الشأن كالعود من النعناع يظن أن انضمامه إلى القوم يكملهم ويقويهم. يُضرَب للضعيف يعد نفسه من ذوي الشأن.

«نِغْسِلْ غَسِيلْ هَلْسْ ونِتْكِلْ عَلَى الشَّمْسْ» يريدون بالهلس هنا: الذي لم يجد غسله ولم يُنَق؛ أي: لا نبالغ في إنقاء ثيابنا عند غسلها مُتَّكِلِينَ على نشرها في الشمس، وهذا لا يفيد؛ لأن الشمس تجففها ولا تنقيها. يُضرَب للمُتَّكِلِ في أموره على ما لا يفيد.

«نَفْخِةْ إِصْطَبْلْ» أي: لا تظنوا نشاط الدابة الذي رأيتموه من قوة بها وحِرَان، وإنما هي نفخة شبع وراحة بالإصطبل لا تلبث أن تزول بركوبها وتذليلها. يُضرَب لمن تظهره الراحة والنعيم بغير حقيقته من القوة والكفاية بالأعمال، فلا يلبث أن يكلَّ ويفتضح.

«نَفْخَه وْشَمْخَه وْبَصَلَهْ فِي الْجِيبْ» الجيب (بالإمالة): شبه كيس يُخَاط في الثوب تُوضَع فيه النقود وغيرها؛ أي: أوداج منتفخة، وأنف شامخ، وليس في الجيب إلا بصلة. يُضرَب للفقير المعدم المتكبر.

«النَّفْسْ عَزِيزَهْ إِذَا شَح زَادْهَا» يُضرَب للعزيز النفس مع الفقر والحاجة.

«اِلنَقْبْ نَوَّرْ» النقب؛ أي: ما ينقبه اللصوص في الحائط، وإذا اتّسَع وأنار المكان فقد افتضحوا. يُضرَب للأمر المشين المستور يُتَمَادَى فيه فيظهر.

«نُقْعُدْ عَ الْحِيطَهْ وِنِسْمَعِ الْعِيطَهْ» انظر: «بكره نقعد ...» إلخ في الباء الموحدة.

«نُمُوتْ وِنِحْيَى فِي فَرَحْ يِحْيَى» ويُروَى: «في حب» بدل في فرح، والمقصود بالفرح (بفتحتين): العُرْس؛ أي: ننام ونستيقظ ونموت ونحيا ونحن مشتغلون بعرس يحيى ليس لنا حديث إلا فيه، ولا عمل إلا الاشتغال به. يُضرَب للمشغول بالشيء اللاهج به في جميع أوقاته. وانظر: «اللي نبات فيه نصبح فيه.»

«اِلنَّهَارْ دَهْ دُنْيَا، وِبُكْرَهْ آخْرَهْ» كلمة جرت مجرى الأمثال عندهم؛ أي: تذكر أن بعد اليوم يومًا آخر تُحَاسَب فيه.

«نَهَارِ الْعَدُو مَا يِصْفَى يِخْفَى» المقصود من هذا المثل بيان أن العدو لا يصفو، فبالغوا في التعبير عن ذلك بقولهم بأن اليوم الذي يصفو فيه العدو يختفي فيه ولا يكون له وجود. وبعضهم يخرجه مخرج الدعاء عليه فيريد: لِيَخْفَ، أو ليذهب لا رده الله، فلا كان ولا كان صفاؤه.

«اِلنَّهَارْ لُهْ عِنِينْ» أي: له عينان. والمراد: يتضح فيه الشيء وتظهر خفاياه؛ ولهذا قالوا: «عشرة الليل تسعين.» وقد تقدم.

«نَهَّقِ الْحُمارْ طِلِعِ النَّهَارْ» معنى طلع: ظهر. والمراد: قد وضح الأمر.

«نَوَايَهْ تِسْنِدِ الْجَرَّهْ. قَالْ: وِتِسْنِدِ الزِّيرِ الْكِبِيرْ» أي: النواة تستند إليها الجرة فتمنعها على صغرها من الميل، فقيل: بل ويستند إليها الزير الكبير؛ أي: الخابية العظيمة. وبعضهم يقتصر فيه على قوله: «النواية تسند الزير.» يُضرَب للشيء الحقير يُسْتَصْغَر وهو ذو نفع عظيم؛ أي: لا تحتقروا شيئًا فإن العظيم قائم بالحقير، وهو مَثَلٌ قديم في العامية رواه الأبشيهي بلفظه في «المستطرف».

«نُومِ الظَّالِمْ عِبَادَهْ» لأنه يكفه عن ظلم الناس وتَحَمُّل المأثم، فيكون له كالعبادة لغيره.

حرف الهاء (فصحى)

الهوى هوانٌ: أول من قال ذلك رجل من بني ضبة يقال له أسعد بن قيس، وصف الحب فقال: هو أظهر من أن يخفى، وأخفى من أن يُرى، فهو كامن كمون النار في الحجر، إن قدحته أورى، وإن تركته توارى، وإن الهوى الهوان، ولكن غلط باسمه، وإنما عرف ما أقول من أبكته المنازل والطلول. فذهب قوله مثلًا.

هوَ على حبلِ ذِراعِك: أي الأمر فيه إليك، يُضرب في قرب المتناوَل، قال الأصمعي: يُضرب للأخ لا يخالف أخاه في شيء بإخائه إشفاقًا عليه؛ أي هو كما تريد طاعة وانقيادًا، وحبل الذراع عرق في اليد.

هذا أحقُّ منزلٍ بترَك: يُضرب لكل شيء استحق أن يُترك من رجل أو جوار أو غيره، قال أبو عوسجة:

هذا أحق منزل بترك الذئب يعوي والغراب يبكي

هذا أوان الشدِّ فاشتدِّي زِيَمْ: زعم الأصمعي أن زيم في هذا الموضع اسم فرس، وشد واشتد إذا عَدَا، يُضرب للرجل يؤمر بالجِدِّ في أمره.

هو عندي باليمين: أي: بالمنزلة الشريفة.

هو على طرف الثمام: يُضرب مثلًا للأمر يسهل مطلبه والحاجة تُنال بلا مشقة، والثمام كغراب نبت لا يطول فيشق على المتناول.

هو ينسى ما يقول: قال ثعلب: إنما تقول هذا إذا أردت أن تنسب أخاك إلى الكذب.

هذا جناىَ وخيارُه فيه: يُضرب مثلًا لترك الاستئثار، والمثل لعمرو بن عدي ابن أخت جذيمة، وكان جذيمة قد نزل منزلًا فأمر أصحابه باجتناء الكمأة، وكان بعضهم إذا وجد شيئًا يعجبه استأثر به، وكان عمرو يأتيه بجناه على وجهه ويقول:

هذا جناي وخياره فيه إذ كل جانٍ يده إلى فيه

الهيبةُ مِنَ الخيبة: ويروى الهيبة خيبة، يعني: إذا هِبْتَ شيئًا رجعت منه بالخيبة.

هل من مُغربةٍ خَبر: ويروى هل من جائبة خبر، أي: هل من خبر غريب أو خبر يجوب البلاد؟

هل يخفى على الناس القمر: يُضرب للأمر المشهور، قال ذو الرمة:

وقد بهرتَ فما تخفى على أحدإلا على أحد لا يعرف القمرا

هون عليك ولا تولع بإشفاق: أي لا تكثر الحزن على ما فاتك؛ فإنك تاركه ومخلفه على الورثة، وتمام البيت:

فإنما مالنا للوارث الباقي

حرف الهاء (عامية)

«هَاتْ عِمِّتَكْ وِيُوم الْقِيَامَهْ خُدْهَا» أي: أَعْطِني عمامتك اليوم وقاضِنِي يوم القيامة فأردها عليك. يُضرَب في المماطل في الدَّيْن أو رد العارية لا يُنْتَظَر منه الوفاء؛ أي: يقول هذا بلسان حاله.

«هَاتُوا مِ الْمَزَابِلْ حُطُّوا عَ الْمَنَابِرْ» يُضرَب في استعمال غير الأكفاء في الأعمال وعدم الإحسان في الاختيار.

«هَاتِي يَا مِدْرَهْ وَدِّي يَا سِدْرَهْ» المِدْرَة (بكسر فسكون): المُرْدِيُّ؛ أي: الخشبة التي تُحَرَّك بها السفينة. والسدرة بوزنها: إناء من نحاس يشبه القدر يكون عند طابخي القهوة ونحوهم يغسلون فيه آنيتهم، وهي محرفة عن الصدر. والمراد هنا بها مطلق وعاء يُطْبَخ فيه. والمعنى ما نربحه من العمل يذهب على وعاء الطبخ؛ أي: على الطعام. يُضرَب للربح لا يلبث أن يأتي حتى يذهب.

«هِدِيِّةِ الْقَرْفَانْ لَمُونَهْ» القرفان المتقزز الذي لا يطيق طعامًا ولا يسيغ شرابًا، فيداوي نفسه بالليمون حتى يزول ما به، ومثله إذا هادى أحدًا هاداه بالليمون لظنه أن بالناس ما به. يُضرَب في أن الهدية بحسب ما يقدره المهدي.

«الْهُرُوبْ نُصّ الشَّطَارَهْ» أي: الهرب نصف المهارة والحذق؛ لأن البقاء قد يكون فيه العطب أو ما لا يحب. وبعض الريفيين يروي فيه «الجري»، والمراد: الهرب والفرار.

«هِزّ فْلُوسَكْ وَلَا تْهِزّ دَقْنَكْ» الفلوس: يريدون بها مطلق النقود. والدقن (بفتح فسكون): اللحية؛ أي: دَبِّرْ أمورك يَكُنْ لك نقود تهزها عند الحاجة إلى الإنفاق، وتَسْتَغْنِ بها عن هَزِّ لحيتك عند التحدث مع من تطلب منه أو تستقرض.

«هَمّ بْهَم، اِلْكُبَّهْ خِيرْ مِنِ الدَّم» الكبة (بضم الأول وفتح الباء الموحدة المشددة) يريدون بها دمل الطاعون. والدم مرض مميت يُقَال له عندهم: ضربة الدم؛ أي: إذا كان لا بد من هَمِّ المرض فالطاعون خير من الدم. وقريب منه قولهم: «نص العمى ولا العمى كله.» وقولهم: «الطشاش ولا العمى.» وإن كانت وجهة الكلام تختلف، ويرادفه من أمثال العرب: «بعض الشر أهون من بعض.» وقولهم: «إن في الشر خيارًا.»

«الْهَم فِي الدُّنْيَا كْتِيرْ بَسّ مْفَرَّقْ» معناه ظاهر. وبس يريدون بها هنا: ولكن؛ أي: ولكنه مُفَرَّق.

«هَمّ يْضَحَّكْ، وِهَمّ يْبَكِّي» يرادفه أو قريب منه قول المتنبي:

وَشَرُّ الْمُصِيبَةِ مَا يُضْحِكُ

«هُوَّ الْإِنْسَانْ عَقْلَهْ دَفتَرْ؟» «هو» استفهام؛ أي: هل كان عقل الإنسان دفترًا يُكْتَب فيه كل شيء فلا ينساه. يُضرَب في الاعتذار عن نسيان بعض الأمور.

«هَوِّبْ بِعَصَايْةِ الْعِز، وَلَا تِضْرَبْ بِهَا» أي: أَخِفْ بعصا السطوة وهدد بها ولكن لا تضرب بها أحدًا؛ لأنك إذا ضربته فقد بلغت أقصى العقوبة بها، وقد لا يرتدع فتذهب هيبتك؛ لأنك لا تستطيع عقابًا آخر، بخلاف ما إذا هددت فقط يجوز أن ينفع التهديد ويحصل مقصودك. وبعضهم يروي فيه: «هيب» بدل هوب، والأكثر الأول.

«هُوَّ حِيلْةِ اللِّي يِجُزّ الْكَلْبْ صُوفْ؟» أي: هل في وسع الذي يجز الكلب أن يكون له صوف؟ وذلك لأن الكلب لا صوف له. يُضرَب في أن الشيء لا يكون إلا مما يكون منه، فلا الصوف يكون من الكلاب ولا الشعر يكون من الغنم. وانظر: «الكلب إن طول صوفه ما ينجزش.» وقولهم: «ما حوالين الصعايدة فايدة ولا جزازين الكلاب صوف.» ومن الأمثال العربية التي رواها الجاحظ في كتاب الحيوان: «احتاج إلى الصوف من جز كلبه.»

«هُوَّ طَق إِلَّا مِنْ حَق» طق يريدون به: الصوت؛ أي: لا شكوى بلا سبب. وانظر: «ما حدش يقول طق إلا لما يكون من حق.»

«هُوَّ الْكَلْبْ يُعُض وِدْنَ اخُوهْ؟» أي: لا يؤذي الجنس جنسه. ومعنى الوِدْن (بكسر فسكون): الأذن.

«هُوَّ كُل مِنْ نَفَخْ طَبَخْ؟» أي: ليس كل من حاول أمرًا يُعَدُّ من أصحابه العارفين به، فما كل من أوقد نارًا ونفخ فيها يكون مُجِيدًا للطبخ. ومثله قولهم: «ما كل من صف الأواني قال: أنا حلواني.» وقولهم: «ما كل من ركب الحصان خيال.» وانظر: «ما كل من نفخ طبخ.»

«هِيَّ تِحْلِبِ الَّا لَمَّا يْكُونْ لَهَا بَو؟» أي: هل تدر البقرة إذا لم يكن لها بوٌّ تحن له، وهو جلد ولدها يُحْشَى تبنًا. يُضرَب لمن لا يجود أو يتحرك لعمل إلا بباعث يحركه. ومن أمثال العرب في هذا المعنى: «حرك لها حُوَارَها تحن.» والحُوَار: ولد الناقة.

«هِيَّ الْحِدَّايَهْ بِتِرْمِي كَتَاكِيتْ؟» الحداية (بكسر الأول وتشديد الدال المهملة): الحدأة، والكتاكيت: الفراريج الصغيرة. وعادة الحدأة اقتناصها لأكلها. والمقصود من المثل الاستفهام؛ أي: هل عُهِدَ من الحدأة أن ترمي ما اقتنصته من الفراريج؟ يُضرَب للحريص الذي لا أمل في نواله. وقد تقدمت في الحاء المهملة رواية أخرى للمثل، وهي: «الحداية ما ترميش كتاكيت.»

«هِيَّ دَامِتْ لِمِينْ يَا هَبِيلْ؟» أي: الدنيا، ومعنى الهبيل والأهبل عندهم: الأبله الأحمق؛ أي: دامت الدنيا لمن حتى تدوم لك أيها الأحمق المغرور؟! يُضرَب للمغتر بغناه أو جاهه، وبعضهم يزيد في أوله جملة لتوضيح معناه فيرويه: «كداب اللي يقول: الدهر دام لي؛ هي دامت لمين يا هبيل؟» وكان

الوجه أن تُذَكَر الدنيا بدل الدهر أو يُغَيَّر لفظ «هي» بـ «هو»، ولكن هكذا يرويه من يزيد فيه هذه الزيادة.

«هِيَّ الْقُطَّهْ تَاكُلَ اوْلَادْهَا» أي: هل تظن أن الهرة تأكل أولادها؟ يُضرَب في أن الآباء مهما يشتدوا على أولادهم لا يبلغون معهم مبلغ الضرر العظيم.

«هِينْ قِرْشَكْ وَلَا تْهِينْ نَفْسَكْ» القرش (بكسر فسكون): نوع من النقد، وإن كانوا أرادوا السجع، فقد جمعوا بين الشين والسين وهو عيب. والمراد: ادفع عنك الإهانة بالبذل.

حرف الواو (فصحى)

وقع القوم في ورطة: قال أبو عبيد: أصل الورطة الأرض التي تطمئن لا طريق فيها، وورطه وأورطه إذا أوقعه في الورطة، يُضرب في وقوع القوم في الهلكة.

وشيعة فيها ذئاب ونقد: الوشيعة مثل الحظيرة تبنى من فروع الشجر للشاء، والنقد: صغار الغنم، يُضرب لمكان فيه الظلمة والضعفة ولا مجير ولا مغيث.

ويل لعالم أمر من جاهله: قاله أكثم بن صيفي في كلام له.

وقع في روضةٍ وغدِير: يُضرب لمن وقع في خصب ودعة.

الوَحدةُ خيرٌ من جليسِ السُّوء: قال أبو عبيد: هذا من أمثالهم السائرة في القديم والحديث.

ويلٌ للشَّجِيِّ من الخليِّ: قال في الصحاح: رجل شجٍ أي حزين، وامرأة شجية على فعلة ويقال: ويل للشجي من الخلي، قال المبرد: ياء الخلي مشددة وياء الشجي مخففة، قال: وقد شددت في الشعر وأنشد:

نام الخليون عن ليل الشجيينا شأن السلاة سوى شأن المحبينا

فإن فعلت الشجي فعيلا من شجاه الحزن، فهو مشجو وشجي فهو بالتشديد لا غير.

وَجَدَ تمرَةَ الغُراب: يُضرب لمن وجد أفضل ما يريد، وذلك أن الغراب يطلب من التمر أجوده.

وَافَق شَنٌّ طَبَقَه: قال الشرقي بن القطامي: كان رجل من دهاة العرب وعقلائهم يقال له شن، فقال: والله لأطوفن حتى أجد امرأة مثلي أتزوجها. فبينما هو في بعض مسيره إذ وافقه رجل في الطريق فسأله شن أين تريد؟ فقال: موضع كذا. يريد القرية التي يتصدها شن، فرافقه حتى إذا أخذا في مسيرهما قال له شن: أتحملني أم أحملك؟ فقال له الرجل: يا جاهل أنا راكب وأنت راكب، فكيف أحملك وتحملني؟! فسكت عنه شن وسارا حتى إذا قربا من القرية إذا بزرع قد استحصد، فقال شن: أترى هذا الزرع أُكِلَ أم لا؟ فقال الرجل: يا جاهل ترى نبتًا مستحصدًا فتقول: أكل أم لا؟! فسكت عنه شن حتى إذا دخلا القرية لقيتهما جنازة، فقال شن: أترى صاحب هذا النعش حيًّا أو ميتًا؟ فقال له الرجل: ما رأيت أجهل منك، ترى جنازة تسأل عنها أميت صاحبها أم حي؟! فسكت عنه شن، فأراد مفارقته، فأبى الرجل أن يتركه حتى يصير به إلى منزله، فمضى معه وكان للرجل بنت يقال لها طبقة، فلما دخل عليها أبوها سألته عن ضيفه، فأخبرها بمرافقته إياه وشكا إليها جهله، وحدثها بحديثه.

فقالت: يا آبت ما هذا بجاهل، أمَّا قوله: أتحملني أم أحملك، فأراد أتحدثني أم أحدثك حتى نقطع طريقنا.

وأما قوله: أترى هذا الزرع أكل أم لا، فأراد هل باعه أهله فأكلوا ثمنه أم لا؟

وأما قوله: في الجنازة، فأراد هل ترك عقبًا يحيى بهم ذكرُه أم لا؟

فخرج الرجل فقعد مع شن فحادثه ساعة ثم قال: أتحب أن أفسر لك ما سألتني عنه؟ قال: نعم، ففسره فقال شن: ما هذا من كلامك، فأخبرني من صاحبه، قال: ابنة لي، فخطبها إليه، فزوجه إياها وحملها إلى أهله. فلما رأوها قالوا: وافق شن طبقة فذهبت مثلًا يضرب للمتوافقَيْن. وقال الأصمعي: هم قوم كان لهم وعاء من أدم فتشنن، فجعلوا له طبقًا، فقيل: وافق شن طبقه، وهكذا رواه أبو عبيد في كتابه وفسره.

ويلٌ أهونُ من ويْلَيْن: هذا مثل قولهم: بعض الشر أهون من بعض.

الوفاءُ من اللهِ بمكان: أي للوفاء عند الله محل ومنزلة، يُضرب في مدح الوفاء بالوعد.

حرف الواو (عامية)

«وَاحِدْ شَالْ مِعْزَهْ قَامْ ظَرَّطْ، قَالْ: هَاتْ بِنْتَهَا» قام هنا تُسْتَعْمَل بدل الفاء؛ أي: حمل شخص عنزًا فضرط من ثقلها، فقال: حمّلني بنتها أيضًا. يُضرَب لمن يظهر عجزه عن الشيء وهو يحاول المزيد.

«وَاحِدْ شَايِلْ دَقْنُهْ، والتَّانِي تَعْبَانْ لِيهْ؟» أي: شخص حامل للحيته فما للآخر يهتم له ويشفق عليه من حملها؟ يُضرَب لمن يتعرض لما لا يعنيه.

«وَاحِدْ مِنْ دَهْ وَلَا مِيَّهْ مِنْ دَهْ» ده: هذا. والمية (بكسر الأول وتشديد المثناة التحتية): المائة، ومعنى المثل: رب واحد يُعَدُّ بمائة.

«وَاحِدْ وَاخِدْ وِعَشْرَهْ مَتْهُومِينْ» الواخد: الآخذ؛ أي: الذي سرق واحد، والمتهمون عشرة. وفي رواية: «واحد ياخد وعشرة ينتهمم.» يُضرَب في أن عمل الواحد قد يسبب البلاء لكثيرين أبرياء. وفي «واحد» و«واخد» التجنيس.

«اِلْوَجَعْ سَاعَهْ وِالْعَجَبْ طَوِيلْ» أي: اصبر على الألم ساعة من الزمن، فإنه يزول ثم يكون البرء فيطول عجبك وتمتعك بصحتك. وانظر: «وجع ساعة ولا كل ساعة.» وبعضهم يروي فيه: «العِجْب» بكسر فسكون بدل «العَجَب» بفتحتين، ويريد به الإعجاب، ويُضرَب المثل بهذه الرواية للألم يسببه التزين ونحوه كثقب أذن المرأة لتعليق القرط؛ لأن التألم منه لا يدوم ولكن الإعجاب بالقرط دائم.

«وَجَعْ سَاعَهْ وَلَا كُل سَاعَهْ» أي: لَأَنْ يتحمَّل الإنسان الألم في المعالجة أولى من تحمل ألم المرض الطويل. وانظر: «الوجع ساعة والعجب طويل.» (انظر في ما يعول عليه ج٣ ص٧٥: صبر ساعة).

«اِلْوِحْدَه عْبَادَهْ» معناه ظاهر.

«اِلْوِحْدَهْ وَلَا الرَّفِيقِ الْمِتَاعِبْ» أي: وحدة الإنسان خير من مرافقة من يتعبه، فهو في معنى البيت الأول من قول الشاعر:

وَحْدَةُ الْإِنْسَانِ خَيْرٌ مِنْ جَلِيسِ السُّوءِ عِنْدَهْ

وجَلِيسُ الخَيْرِ خَيْرٌ مِنْ جُلُوسِ الْمَرْءِ وَحْدَهْ

وبعضهم يروي فيه: «المخالف» بدل المتاعب.

«وِدْنْ مِنْ طِينْ وِوِدْنْ مِنْ عَجِينْ» الودن (بكسر فسكون): الأذن. يُضرَب في الإعراض وإظهار التصامم عن الحديث كأن إحدى الأذنين من طين والأخرى من عجين، فهما لا تحسان بصوت.

«وَرَاهْ لَيِبْرِكْ» ويرويه بعضهم: «وراه ليرقد»؛ أي: كن وراءه ولا ترجع عنه لئلا يبرك. يُضرَب في الكسول لا يسير إلا بالحث. وانظر سببه في قولهم: «شيلها يا مريض» في الشين المعجمة.

«وَرْدَه وْجَنْبَهَا عَقْرَبَهْ» يُضرَب للشيء الحسن تحيط به الآفات، فهو قريب من «حُفَّت الجنة بالمكاره.» وانظر في معناه قولهم: «صحن كنافه وجنبه آفه.»

«الْوِسْخَهْ تِفْرَحْ لِيُومِ الْحُزْنْ» أي: القذرة تُسَرُّ بيوم الحزن؛ لأنه ليس بيوم نظافة وزينة فلا يمتاز عليها أحد. وانظر في الحاء المهملة قولهم: «حزن الهلافيت الوسخ والشراميط.»

«الْوِسِعْ فِي بْتَاعِ النَّاسْ دَيَّقْ» بتاع (بكسر الأول) مُحَرَّف عن المتاع؛ أي: الواسع مما يملكه الناس ضيق عليك. والمراد: ما ليس لك لا تجد فيه مكانًا وإن يكن واسعًا، فهو بالنسبة لك في حكم الضيق، ولا يسعك إلا ما هو لك، فهو قريب من معنى قولهم: «ما يدايق الزريبة إلا النعجة الغريبة.» وقد تقدم في الميم. وبعضهم يرويه: «الوَسَعْ في بتاع الناس دِيقْ» يجعل الصفتين مصدرين ويجعله تتمه لقولهم: «صبري على نفسي ولا صبر الناس علي» المتقدم ذكره في الصاد، فليُرَاجَع هناك.

«وِشْ بَشُوشْ وَلَا جُوهَرْ بِمَلْوِ الْكَفْ» الوش (بكسر الأول وتشديد الشين المعجمة): الوجه؛ أي: لَاقِنِي بِوَجْهٍ بَشُوش فهو خير لي من جوهر تملأ به كَفِّي، فهو في معنى قولهم: «لاقيني ولا تغديني.» وقد تَقَدَّمَ في اللام.

«وِشّ تْصَابْحُهْ مَا تْقَابْحُهْ» الوش (بكسر الأول وتشديد الثاني): الوجه؛ أي: وجه أنت مضطر إلى رؤيته كل صباح لا تقابله بالقبيح، وعامل صاحبه بالحسنى لوقوع العين على العين كل يوم وإلا طال عناؤك به وبمغاضبته.

«الْوِش قَلْعِةِ السُّلْطَانْ» أي: الوجه مثل قلعة السلطان ظاهر لكل أحد فعليه المُعَوَّل في الحسن ولا ضرر من قبح الجسم؛ لأنه مستور.

«الْوِشّ مْزَيِّنْ وِالْقَلْبِ حْزَيِّنْ» الوِشُّ (بكسر الأول وتشديد الشين المعجمة): الوجه. وحزَيِّن (بكسر أوله): تصغير حَزِين، ولا معنى هنا للتصغير وإنما صغروه ليزاوج لفظ مزين، والمعنى: الوجه مُزَيَّن يدل على السرور، ولكن القلب فيه ما فيه فلا تُغَر بالظاهر. وانظر في معناه قولهم: «البق اهبل» وقولهم: «إن ضحك سني ...» إلخ، وقولهم: «الضحك ع الشفاتير ...» إلخ.

«الْوِش حَاجِجْ وِالطَّبْعْ مَا تْغَيَّرْشْ» الوِشُّ (بكسر الأول وتشديد الشين المعجمة): الوجه؛ أي: وجهه عليه سيماء الحج والنسك، ولكن طبعه لم يتغير، وهو مما وضعوه على لسان الحيوان، فرووا أن الهِرَّ حَجَّ مرة ولما عاد اطمأنت له الفيران، وتواردت عليه للسلام، ولما تقدم كبيرهم إليه رأى في عينه الغدر فَفَرَّ، وأخبرهم بذلك. يُضرَب للمطبوع على الأذى لا تغيره التوبة ولا التنسك. وانظر في

الألف: «اللي فينا فينا ولو حجينا وجينا.» وفي معناه قول العرب في أمثالها: «تحت جلد الضأن قلب الأذؤب.»

«الْوِش وِشّ الدِّيكْ وِالْحَالْ مَا يِرْضِيكْ» أي: الوجه كوجه الديك في النحافة والقبح والحال جميعه سيئ لا يرضيك. يُضرَب فيمن شمله النحول والقبح من الرأس للقدم.

«وَعْدِ الْحُر دِينْ» أي: هو كالدَّيْنِ عند الحُرِّ الكبير النفس. وفي الحديث الشريف: «وعد المؤمن كأخذ باليد.» ومن أمثال العرب: «العِدَة عطية.» أي: يقبح إخلافها كما يقبح استرجاع العطية. ومن أمثال المُوَلَّدين: «وعد الكريم ألزم من دين الغريم.»

«وَفَّرِي نَفْسِكْ يَا حَمَاتِي مَا لِي إِلَّا مْرَاتِي» التوفير: الاقتصاد، ولا يكون ذلك إلا بالحفظ. والمراد هنا: صوني نفسك ولا تتعبي في النضال عن ابنتك يا حماتي، فزوجتي لي وأنا لها وعاقبة تخاصمنا الصلح. وفي رواية: «وفري كلامك ...» إلخ.

«وَقْتِ الْبُطُونْ تْتُوهِ الْعُقُولْ» ويُروَى: «تضيع» بدل تتوه، والأول أكثر، ويزيد الريفيون فيه: «تتهز الكتوف وينقل المعروف.» ويرويه بعضهم «عند البطون ...» إلخ. وما هنا الصواب. يُضرَب في اشتغال الجائع بالطعام عما سواه.

«وَقْتِ الزَّحْمَهْ يِطَاهْرُوا الْقَلِيطْ الاَعْمَى» الطهارة: الختان، والقليط (بفتح فكسر): ذو القليطة، وهي الأُدْرَة؛ أي: وقت الزحام اشتغلوا بختان الآدر الأعمى، وفي ذلك ما فيه من المشقة. يُضرَب في عمل الشيء في غير وقته، ووضعه في غير موضعه.

«وِقْعِتِ الْفَاسْ فِي الرَّاسْ» يُضرَب عند اشتباك الخصام؛ أي: لا مَفَرَّ من المخاصمة بعد الدخول فيها ووقوع الأذى.

«وِكِّلِ الْفَلَّاحْ سَنَتِينْ تِفَّاحْ تِضْرَبُهْ عَلْقَهْ يِنَزِّلُهْ جَلَوِينْ» العلقة (بفتح فسكون): الوجبة من الضرب. والجَلَوِين (بفتحتين وإمالة الواو): نبات يأكله الزُّرَّاع مع الجبن، ويُسَمَّى أيضًا: الجعضيض، والمقصود من المثل أن المرء لا يخرج عن سجيته وما تعود عليه.

«وَلَا خَلْقَهْ علَى الْكُومْ إِلَّا لَمَّا شَافِتْ يُومْ» ويُروَى: «شرموطة» بدل خلقة، وهي في معناها؛ لأن المراد بهما القطعة البالية من الثوب؛ أي: لا تستهن بخرقة تراها ملقاة على كوم، فربما كانت من ثوب ثمين مصون فيما مضى، فهو في معنى: «ما واحده ع الكوم إلا وشافت لها يوم.» وقد تَقَدَّمَ في الميم.

«وَلَا سَجَرَهْ إِلَّا وْهَزْهَا الرِّيحْ» ويُروَى: «هفها» بدل هزها، ويُروَى: «كل سجرة ...» إلخ بدل ولا سجرة، وقد تَقَدَّم في الكاف إلا أن الأكثر ما هنا. يُضرَب في أن كل من في الوجود قد أصابته

الحوادث، فلا تظن أحدًا عاش سالمًا من رشاشها. وبعضهم يزيد فيه: «يا بالباطل يا بالصحيح.» ويا هنا بمعنى: إما، ويُضربونه لمن يُتَّهَم بأمر أو يُنْسَب لشيء غير محمود؛ أي: كل شخص لا يخلو من القال والقيل إما باطلًا أو حقًّا.

«وَلَا شَرْمُوطَهْ عَلَى الْكُومْ إِلَّا لَمَّا شَافِتْ يُومْ» انظر: «ولا خلقة ...» إلخ.

«وَلَا يُومْ طُهُورُهْ» الطُّهور: الختان، يقولون: فلان شَافْ له يوم ولا يوم طهوره؛ أي: رأى إعزازًا وإكرامًا؛ لأن الغلام إذا احتفلوا بختانه أعزوه لصغره وفرحهم به.

«وِلَادِ الْكُبَّهْ طِلْعُوا الْقُبَّهْ وِوْلَادِ اسْمَ الله خَدْهُم الله» انظر: «ابن الكبة ...» إلخ.

«وِلَادِ النَّفقَهْ بِالدَّفقَهْ» أي: الأولاد الذين يكثر الإنفاق عليهم يولعون بكثرة الأكل ويتدفقون عليه؛ أي: يتعودون على النهم.

«الْوَلَّادَه بِتْوْلِدْ، بَسِّ السَّعَادَهْ» بس هنا في معنى: ولكن؛ أي: ليس المعول على كثرة الأولاد، ولكن على من يسعدون ويسعد بهم آباؤهم. وفي معناه قولهم: «موش يا بخت من ولدت، يا بخت من سعدت.» وقد تقدم.

«وِلَادِهْ كُل يُومْ وَلَا سَقْطْ سَنَهْ» يُضرَب في أن الولادة لتمامٍ أَخَفُّ من الإسقاط وأقل خطرًا.

«وِلَادِي فَدَايَا وَانَا مَسَامِيرْ عِدَايَا» ولادي؛ أي: أولادي. يُضرَب عند موت الأولاد وشماتة الأعداء بموتهم، وإنما يقولون ذلك لمن يُصَاب بهذه المصيبة تعزية وتسلية له. والمعنى: لتكن أولادي فدائي وليَدُمْ بقائي نكاية لأعدائي يخزهم وخز المسامير. وانظر في الألف: «ألف كوز ولا الغرازه.»

«الْوَلَدِ الزِّفْتْ يِجِيبْ لأَهْلُهْ النَّعْلَهْ» الزفت (بكسر فسكون): القار، والمراد هنا: الرديء. ويجيب: يجيء بكذا. والنعلة: مُحَرَّفة بالقلب عن اللعنة، وبعضهم يرويها: «النعيلة»؛ أي: الغلام الرديء الطباع السفيه يجلب لأهله اللعن؛ لأن الناس يسبونهم معه.

«وَلَدْ لِخَالُهْ» يُضرَب في مشابهة ابن الأخت للخال في طباعه. وبعضهم يزيد فيه: «وبنت لعمتها.» ولا أدري لِمَ جعلوا الولد للخال والبنت للعمة؟

«الْوَلَدْ وَلَدْ وَلَوْ حَكَمْ بَلَدْ» أي: الغلام غلام ولو أصبح حاكمًا. يُضرَب في أن المنصب لا يغير حقيقة المرء. ويُروَى: «ولو كان شيخ البلد.» وهي رواية سكان الريف؛ أي: ولو كان شيخ القرية وحاكمها.

«وَالله وِانْخُلِي» انظر الكلام عليه في قولهم: «انخلي يا أم عامر.» وقد تقدَّم في الألف.

حرف الياء (فصحى)

يا عاقدُ اذكر حلًّا: ويروى: يا حامل فإذا قلت: يا عاقد فقولك: حلًّا، يكون نقيض العقد، وإذا رويت يا حامل فالحل بمعنى الحلول يقال: حل بالمكان يحل حلًّا وحلولًا ومحلًّا، وأصله في الرجل يشد حمله فيسرف في الاستيثاق حتى يضر ذلك به عند الحلول. يُضرب مثلًا للنظر في العواقب.

يوم لنا ويوم علينا: يُضرب في انقلاب الدول والتسلي عنها.

يُظن بالمرءِ مثلُ ما يُظنُّ بقرينه: هذا مثل قولهم: عن المرء لا تسأل وأبصر قرينه.

يكفيك ممَّا لا ترى ما قد ترى: يُضرب في الاعتبار والاكتفاء بما يرى دون الاختبار لما لا يرى.

يَداك أوْكَتا وَفُوك نفخ: يقال ذلك لمن يُوقِع نفسه في مكروه، وأصله أن رجلًا أراد أن يعبر نهرًا على سقاء، فلم ينفخه ولم يوكه على ما ينبغي، فلما توسط النهر انحل وكاؤه، فصاح: الغرق! فقيل له: يداك أوكتا وفوك نفخ. أي إنك من قِبَلِ نفسك أُتِيتَ، والوكأ: الخيط يشد به رأس السقاء.

يا ماءُ لو بغيرك غصِصت: يُضرب لمن دعي من حيث ينتظر الخلاص والمعونة.

يجْرِي بُلَيْقٌ ويُذَمُّ: بليق: اسم فرس كان يسبق وهو مع ذلك يُدب، يُضرب في ذم المحسن.

يقلب كفيه: يُضرب للنادم على ما فاته، قال الله تعالى: فَأَصْبَحَ يُقَلِّبُ كَفَّيْهِ عَلَ؟؟ مَا أَنفَقَ فِيهَا.

يَضربُني ويَصْأى: يقال: صأى يصأى ويقلب، فيقال: صاءٍ يصيء، وهذا كقولهم: تلدغ العقرب وتصيء.

يُسرُّ حَسوًا في ارتغاء: الارتغاء: شرب الرغوة، قال أبو زيد والأصمعي: أصله الرجل يؤتى باللبن فيظهر أنه يريد الرغوة خاصة ولا يريد غيرها، فيشربها وهو مع ذلك ينال من اللبن، يُضرب لمن يريك أنه يعينك، وإنما يجر النفع إلى نفسه.

يَحسبُ الممطورُ أنَّ كلًّا مُطِرَ: يُضرب للغني الذي يظن كل الناس في مثل حاله.

يوهي الأديم ولا يرقع: يُضرب لمن يفسد ولا يصلح.

يأتيك كلُّ غدٍ بما فيه: أي بما قضي فيه من خير أو شر.

يرعدُ ويبرقُ: يقال: وعد الرجل وبرق إذا تهدد، ويروى: يرعد ويبرق وينشد:

أرعدْ وأبرق يا يزيـدُ فما وعيدك لي بضائر

وأنكر الأصمعي هذه اللغة.

يَحث وَهُو الآخِر: يُضرب لمن يستعجلك وهو أبطأ منك.

يا ربما خان النصيح المؤتمن: يُضرب في ترك الاعتماد على أبناء الزمان.

يرقمُ على الماء: يقال ذلك للرجل الحاذق، أي من حذقه يرقم حيث لا يثبت الرقم، ويُضرب ذلك أيضًا مثلًا للشيء لا يثبت ولا يؤثر.

يأتيك بالأخبار من لم تُزَوِّدِ.

يكوى البعير من يسير الداء: يُضرب في حسم الأمر الضائر قبل أن يعظم ويتفاقم.

يعيشُ المرءُ بأصغريه: ويروى: يستمتع.

هذا ولنقتصر من الأمثال المشهورة على هذا القدر، وقد بقي نوع من الأمثال لم نذكر منه شيئًا فيما سبق، وهو ما كان على وزن أفعل، وقد رأينا أن نورد هنا منه شيئًا مما ذكر في جمهرة الأمثال أو مجمع الأمثال، فإنهما أشهر ما أُلِّفَ في هذا الفن.

وها هو ذلك:

آمنُ من حمام مكةَ: من الأمن؛ لأنها لا تُثار ولا تُهاج، قال شاعر الحجاز وهو النابغة:

والمؤمن العائذات الطير يمسحها ركبان مكَّةَ بين الغيل والسند

أبخلُ من مادر: هو رجل بلغ من بخله أنه سقى إبله، فبقى في أسفل الحوض ماء قليل، فسلح فيه ومدر الحوض به، فسمي مادرًا لذلك، واسمه مخارق.

أبلَغُ من قس: هو قس بن ساعدة الأيادي، وكان من حكماء العرب.

أبصر من الزرقاء: ويقال: أبصرُ من زرقاء اليمامة.

قال في الصحاح: اليمامة اسم جارية زرقاء كانت تبصر الراكب من مسيرة ثلاثة أيام، يقال: أبصر من زرقاء اليمامة، واليمامة بلاد كان اسمها الجو، فسميت باسم هذه الجارية لكثرة ما أضيف إليها، وقيل: جو اليمامة.

أبعدُ من الكواكب: ويقال: أبعد من النجم وأبعد من العيوق.

قال في الصحاح: النجم الكوكب والنجم الثريا، وهو اسم لها علم، مثل زيد وعمرو، فإذا قالوا: طلع النجم يريدون الثريا، وإن أخرجت منه الألف واللام تنكر.

والعيوق: كوكب يطلع مع الثريا.

أبين من فلق الصبح.

أبلد من ثور.

أبقى من وحي في حجر.

الوحي: الكتابة والمكتوب أيضًا.

أتيم من المرقِش: يعنون المرقش الأصغر، وكان متيَّمًا بفاطمة بنت الملك المنذر، وبلغ من أمره أخيرًا أن قطع المرقش إبهامه بأسنانه وجدًا عليها، وفي ذلك يقول:

ومن يلق خيرًا يحمَد الناس أمره ومن يغوِ لا يعدم على البغي لائمَا

ألم تر أن المرء يجذم كفه ويجشم من لوم الصديق المجاشمَا

أي يكلف نفسه الشدائد مخافة لوم الصديق إياه.

وأتيم: أفعل من المفعول، يقال: تامه الحب وتيَّمه: أي عبَّدَه وذلَّله، وتَيْم الله مثل قولك: عبد الله.

أتوى من دَين: التوى: الهلاك، يقال: توى إذا هلك، وإنما قيل ذلك لأن أكثر الديون هالك.

أتيه من قوم موسى عليه السلام: هذا من التيه بمعنى التحير، وأرادوا به مُكثهم في التيه أربعين سنة.

أثقل من الرصاص.

أجبن من صافر: قال أبو عبيد: الصافر كل ما يصفر من الطير، والصفير لا يكون في سباع الطير، وإنما يكون في خشاشها وما يُصاد منها، وذكر محمد بن حبيب أنه طائر يتعلق من الشجر برجليه وينكس رأسه خوفًا من أن ينام فيؤخذ، فيصفر منكوسًا طول ليلته.

وقال في الصحاح: صفر الطائر يصفر صفيرًا، أي مَكَا، ومنه قولهم: أجبن من صافر وأصفر من بلبل، والنسر يصفر، وقولهم: ما بها صافر، أي أحد.

أجرأ من أسامة: وهو اسم من أسماء الأسد غير معروف.

أجرأ من قسورة: وهو الأسد، أخذ من القسر وهو القهر.

أجرأ من السيل وأجرأ من الليل: مهموز من الجراءة، وغير مهموز من الجري.

أجول من قطرب: قالوا: هو دويبة تجول الليل كله لا تنام. ويقال فيها: أسهر من قطرب.

أجمع من نملة: ويقال: أجمع من ذرة.

أجود من هرم: هو هرم بن سنان، وكان من أجود الناس، قال أبو عبيدة: ولم يضرب به المثل، وقد مدحه زهير.

أحلم من الأحنف: هو الأحنف بن قيس، وكنيته أبو بحر واسمه صخر من بني تميم، وكان في رجله حَنَف وهو الميل إلى أنسيها، وكان حليمًا موصوفًا بذلك، حكيمًا معترفًا له به.

أحزم من حرباء: لأنه لا يخلي ساق شجرة حتى يمسك ساق شجرة أخرى، قال الشاعر:

إني أتيح له حرباء تنضبه لا يرسل الساق إلا ممسكًا ساقًا

أحمق من نعامة: وذلك أنها تنتشر للطعم، فربما رأت بيض نعامة أخرى قد انتشرت لمثل ما انتشرت هي له، فتحضن بيضها وتنسى بيض نفسها، وإياها عنى ابن هرمة بقوله:

كتاركة بيضها بالعراء وملبسة بيض أخرى جناحَا

أحذر من غراب.

أخطب من سحبان وائل: وهو رجل من باهلة، وكان من خطبائها وشعرائها.

أخلف من عرقوب: قال أبو عبيد: عرقوب رجل من العماليق أتاه أخ له يسأله، فقال له عرقوب: إذا أطلعت هذه النخلةُ فلك طلعها، فلما أطلعت أتاه للعدة فقال: دعها حتى تصير بلحًا، فلما أبلحت قال: دعها حتى تصير زهوًا، فلما زهت قال: دعها حتى تصير رُطَبًا، فلما أرطبت قال: دعها حتى تصير تمرًا، فلما تمرت عمد إليها عرقوب من الليل فجذها ولم يُعْطِ أخاه شيئًا، فصار مثلًا في الخلف.

أخف حلمًا من عصفور: قال حسان:

لا بأس بالقوم من طول ومن عظم جسم البغال وأحلام العصافير

أخرق من ناكثة غزلها: ويقال: من ناقضة غزلها، وهي امرأة كانت تغزل ثم تنقض غزلها، وهي التي قيل فيها: خرقاء وجدت صوفًا.

وقد ذكر كثير من المفسرين أن هذه المرأة هي التي قال الله تعالى فيها: وَلَا تَكُونُوا كَالَّتِي نَقَضَتْ غَزْلَهَا مِن بَعْدِ قُوَّةٍ أَنكَاثًا.

أخيل من غراب: لأنه يختال في مشيته.

أخون من ذئب: ويقولون في مثل آخر: «من استرعى الذئب ظلم.»

أخف من فراشة.

أخف من الجُمَّاح: الجماح بالضم والتشديد: سهم يلعب به الصبيان لا نصل له، يجعلون في رأسه مثل البندقة لئلا يعقر، وقوس الجماح مثل قوس النداف، إلا أنها أصغر، فإذا شب الغلام ترك الجماح وأخذ النبل.

أدهى من قيس بن زهير: هو سيد عبس، وذكر من دهائه أشياء، منها أنه مر ببلاد غطفان فرأى ثروة وعديدًا فكره ذلك، فقال له الربيع بن زياد العبسي: إنه يسوءك ما يسر الناس، فقال: يا ابن أخي إنك لا تدري أن مع الثروة والنعمة التحاسُد والتباغُض والتخاذُل، وأن مع القلة التعاضُد والتآزُر والتناصُر، ومنها قوله لقومه: إياكم وصرعات البغي وفضحات الغدر وفلتات المزح.

ومنها قوله: ثمرة اللجاجة الحيرة، وثمرة العجلة الندامة، وثمرة العُجب البغضة، وثمرة التواني الذلة.

أذل من النقد: قال أهل اللغة: النقد جنس من الغنم قصار الأرجل قباح الوجوه، يكون بالبحرين.

أذل من البساط: يعنون هذا الذي يُبسَط ويُفرَش فيطؤه كل أحد.

أرق من النسيم.

أرزن من النُّضَار: يعني: الذهب.

أروغ من ثعالة: يعني: الثعلب.

أزهى من غراب: لأنه إذا مشى لا يزال يختال وينظر إلى نفسه.

أزكن من إياس: هو إياس بن معاية بن قرة المري، وكان تولى قضاء البصرة لعمر بن عبد العزيز.

والزكن: التفرس، وقد ذكر بعض الشعراء إياسًا في شعره، فلم يستقم له أن يذكره بالزكن، فوضع مكانه الذكاء فقال:

أقدام عمرو في سماحة حاتم في حلم أحنف في ذكاء إياس

ومن نوادر زكنه، أن رجلين احتكما إليه في مال فجحد المطلوب إليه المال، فقال للطالب: أين دفعت إليه المال؟ فقال: عند شجرة في مكان كذا، قال: فانطلق إلى ذلك الموضع لعلك تتذكر كيف كان أمر هذا المال، ولعل الله يوضح لك سببًا. فمضى الرجل وحبس خصمه، وقال إياس بعد ساعة: أترى خصمك قد بلغ موضع الشجرة؟ قال: لا بعد، قال: قم يا عدو الله أنت خائن. قال: فأقلني أقالك الله. فاحتفظ به حتى أقر ورَدَّ المال، وقد كتب المدائني كتابًا سماه كتاب زكن إياس.

أسرى من أنقدَ: هذا من السرى، وأنقد اسم للقنفذ معرفة لا يصرف، ولا تدخله الألف واللام، كقولهم للأسد: أسامة وللذئب: دؤالة، والقنفذ لا ينام بل يجول ليله أجمع، ويقال في مثل آخر: بات بليل أنقد،

وفي مثل آخر: اجعلوا ليلكم ليل أنقد.

أسهر من النجم.

أشأم من البسوس: قال في الصحاح: البسوس اسم امرأة، وهي خالة جساس ابن مرة الشيباني، كانت لها ناقة يقال لها سراب، فرآها كليب وائل في حماه وقد كسرت بيض طير كان قد أجاره، فرمى ضرعها بسهم، فوثب جساس على كليب فقتله، فهاجت حرب بكر وتغلب ابني وائل بسببها أربعين سنة، حتى ضربت بها العرب المثل في الشؤم، وبها سميت حرب البسوس.

أصنع من النحل: وإنما قيل هذا لما فيه من النيقة في عمل العسل.

أصفى من جني النحل: وهو العسل، ويقال له المزج والأري والضحك والضرب.

أصدق من قطاة: لأن صوتها حكاية اسمها تقول: قطاة قطاة.

أصنع من سُرفة: قال في الصحاح: السرفة دويبة تتخذ لنفسها بيتًا مربعًا من دقاق العيدان تضم بعضها إلى بعض بلعابها، على مثال الناووس ثم تدخل فيه وتموت، يقال في المثل: هو أصنع من سرفة.

أضبط من نحلة.

أضوأ من الصبح.

أطيش من فراشة: لأنها تلقي نفسها في النار.

أطيب نشرًا من الروضة: النشر: الرائحة.

أطمع من أشعب: بلغ من طمعه أنه مرَّ برجل يعمل طبقًا، فقال: أحب أن تزيد فيه طوقًا، قال: ولِمَ؟ قال: عسى أن يُهدَى إليَّ فيه شيء.

أطيب من الماء على الظمأ.

أطير من حبارى: لأنها تصاد بأرض البصرة، فتوجد في حواصلها الحبة الخضراء الغضة الطرية، وبينها وبين ذلك بلاد وبلاد.

أطب من حِذْيَم: حذيم كمنبر: رجل من تيم الرباب كان أطب العرب، وكان أطب من الحارث، قال أوس بن حجر يذكره:

فهل لكم فيها إليَّ فإنني بصير بما أعيا النطاسي حِذْيَمَا

أظلم من حية: لأنها تجيء إلى جحر غيرها فتدخله وتغلبه عليه.

أظمأ من رمل: وإنما هذا لأنه أشرب شيء للماء.

أعز من كليب وائل: هو كليب بن ربيعة بن الحارث بن زهير، وكان سيد ربيعة في زمانه، وقد بلغ من عزه أنه كان يحمي الكلأ فلا يُقرب حماه ويرمي الصيد فلا يُهاج، وكان إذا مر بروضة أعجبته أو غدير ارتضاه، كنع كليبًا ثم رمى به هناك، فحيث بلغ عواؤه كان حمى لا يُرعى، وكان اسم كليب بن ربيعة وائلًا، فلما حمى كليبه المرمى الكلأ قيل: أعز من كليب وائل، ثم غلب هذا الاسم عليه حتى ظنوه اسمه، وكان من عزه أنه لا يتكلم أحد في مجلسه ولا يحتبي أحد عنده؛ لذلك قال أخوه مهلهل بعد موته:

نبئت أن النار بعدك أُوقِدَت واستب بعدك يا كليب المجلس

وتكلموا في أمر كل عظيمة لو كنت شاهدهم بها لم ينبسوا

وكليب هذا هو الذي قتله جساس، فهاجت الحرب بين بكر وتغلب أربعين سنة، وقد ذكرنا ذلك عند قولهم: أشأم من البسوس.

أعيا من باقل: هو رجل بلغ من عيه أنه اشترى ظبيًا بأحد عشر درهمًا، فمر بقوم فقالوا: بكم اشتريت الظبي؟ فمد يديه وأدلع لسانه يريد أحد عشر، فشرد الظبي وكان تحت إبطه.

أعدى من الحية: هذا من العداء وهو الظلم، وهذا كقولهم: أظلم من حية.

أعدى من الجرب: من العدوى.

أعدى من العقرب: هذا من العداء والعداوة.

أعدى من الذئب: هذا من العداء والعداوة والعدو.

أعدى من السليك: هذا من العدو، وسليك تميمي من بني سعد، وسلكة أمه، وكانت سوداء وإليها ينسب، والسلكة: ولد الحجل، وذكر أبو عبيدة السليك في العدائين مع المنتشر بن وهب الباهلي وأوفى بن مطر المازني، والمثل سار بسليك من بينهم.

أعدى من الشنفرى: هذا من العَدْو أيضًا.

أعز من أنف الأسد.

أعجز ممن قتل الدخان: قال ابن الأعرابي: هو رجل كان يطبخ قدرًا فغشيه الدخان، فلم يتنحَّ حتى مات، فبكته باكية وقالت: أي فتًى قتله الدخان؟ فقال لها قائل: لو كان ذا حيلة تحول. أي طلب الحيلة لنفسه، ويجوز أن يكون تحوَّل بمعنى تنقل.

أعقد من ذنب الضب: لأن فيه عُقَدًا كثيرًا.

أغر من سراب: لأن الظمآن يحسبه ماء، ويقال في مثل آخر: كالسراب يغر من رآه ويخلف من رجاه.

أغدر من ذئب.

أغشم من السيل.

أفسد من الجراد: لأنه يجرد الشجر والنبات، وليس في الحيوان أكثر إفسادًا لما يتقوته الإنسان منه.

أفسد من السوس: ويقال أيضًا: أفسد من السوس في الصوف في الصيف.

أفسد من الضبع: لأنها إذا وقعت في الغنم عاثت ولم تكتفِ بما يكتفي به الذئب.

أفرس من مُلاعِبِ الأَسِنَّة: هو أبو براء عامر بن مالك فارس قيس.

أفتك من عمرو بن كلثوم: خبر فتكه يطول، وجملته: أنه فتك بعمر بن هند الملك في دار ملكه بين الحيرة والفرات وهتك سرادقه وانتهب رحله، وانصرف بالتغالبة إلى باديته بالشام موفورًا لم يكلم أحد من أصحابه، فسار بفتكه المثل.

أفرغ من يد تفت اليرمع: وذلك لأن الفارغ والمتفكِّر يولعان بالأرض والخط فيها، وفت ما لان من حجارتها قال في القاموس: اليرمع حجارة رخوة إذا فتتت انفتت، ويقال للمغموم المنكس: تركته يفتت اليرمع.

أقسى من الحجر.

أكسب من ذئب: لأنه الدهر يطلب صيدًا لا يهدأ ولا ينام.

أكذب أحدوثة من أسير: هذا من قول الشاعر:

وأكذب أحدوثة من أسير وأروغ يومًا من الثعلب

أكذب من أسير السِّند: وذلك أنه يؤخذ الرجل الخسيس منهم فيزعم أنه ابن الملك.

أكثر من النمل.

ألزم للمرء من ظلِّه: لأنه لا يزال ملازمَ صاحبِه.

ألين من الزُّبدْ.

ألذُّ من الغنيمة الباردة: تقول العرب: هذه غنيمة باردة، إذا لم يكن فيها حرب.

ألذ من إغفاءة الفجر.

ألذ من شفاء غليل الصدر.

ألأَم من راضِع: قال الفراء: الراضع هو الذي يكون راعيًا ولا يمسك معه محلبًا، فإذا جاء معترٍ فسأله القِرى، اعتل بأن ليس معه محلب، وإذا رام هو الشرب رضع من الناقة والشاة.

أمنع من عقاب: هذا من المنعة.

أمْوَقُ من الرخَمَة: قالوا: وإنما خصت من بين الطير لأنها ألأم الطير وأظهرها موقًا وأقذرها طعمًا.

وتسمى الأنوق، قال الكميت:

وذات اسمين والألوان شتى تحمق وهي كيسة الحويل

أمر من الخُطبان: الخطبان: الحنظل حين يأخذ فيه الاصفرار.

أمرُّ من الْمقِر: المَقِر: الصَّبِر بعينه، وكلاهما ككتف.

أمر من الآلاء: الآلاء: كالعلاء شجر حسن المنظر مر الطعم.

أمْرَق من السهم: مروقُه مضيه وذهابه، وفي الحديث: كما يمرق السهم من الرمية.

أنسب من دَغْفلٍ: هو رجل من بني ذهل بن ثعلبة، كان أعلم أهل زمانه بالأنساب.

أنْقَى مِن مِرآة الغريبة: يعنون التي تتزوج في غير قومها، فهي تجلو مرآتها أبدًا لئلَّا يخفَى عليها من وجهها شيء.

أندمُ من الكُسَعيِّ: وهو رجل من كُسَع وهو حي من اليمن ربى نبعة حتى اتخذ منها قوسًا ونبلًا، فرمى الوحش ليلًا فأصاب وظن أنه أخطأ، فكسر القوس، فلما أصبح رأى ما أصمى من الصيد فندم.

قال الشاعر:

ندمت ندامة الكسعي لمارأت عيناه ما صنعت يداه

أنم من الصبح: لأنه يهتك كل شيء.

أنم من زجاجة على ما فيها: لأن الزجاج جوهر لا ينكتم فيه شيء.

أنوم من الفهد: قد اشتهر الفهد بكثرة النوم حتى قيل: إنه أنوم الحيوان.

أنشط من ظبي مقمر: لأنه يأخذه النشاط في القمر فيلعب.

أنجب من أم البنين: هي ابنة عمرو بن عامر فارس الضحياء، ولدت لمالك بن جعفر ابن كلاب مُلاعِب الأَسِنَّة عامرًا، وفارس قرزل طفيل الخيل والد ابن الطفيل، وربيع المقترين ربيعة، ونزال

المضيف سلمى، ومعوذ الحكماء معاوية، قال لبيد يفتخر بها:

نحن بني أم البنين الأربعة

وإنما قال أربعة مع أن هؤلاء خمسة؛ لأن أباه ربيعة كان قد مات وبقي أعمامه وهم أربعة. وأما قول بعضهم إنه إنما قال أربعة وهم خمسة، لأجل إقامته الوزن، ففيه نظر من وجهين؛ أحدهما: أن ذكر الخمسة هنا لا ينكسر به الشعر. الثاني: أن الشاعر لا يسوغ له أن يأتي بخلاف الواقع لإقامة الوزن، ولو ساغ ذلك لارتفع الوثوق بما يُرَدَّ في الشعر، وهو ديوان العرب.

أهدى من قطاة: ويقال: أهدى من حمامة.

أهول من السيل: ويقال: أهول من الحريق.

أوفى من السموأل: هو السموأل بن عاديا اليهودي، أودعه امرؤ القيس دروعًا وسيوفًا وخرج إلى الروم، فقصده ملك من ملوك الشام فتحرز منه السموأل، فأخذ الملك ابنًا له وكان خارجًا من الحصن، وقال: إن سلمت إليَّ الدروع والسيوف وإلا ذبحت ابنك. فقال: شأنك فإني غير مخفر ذمتي. فذبحه وانصرف بالخيبة، فقال الأعشى:

كن كالسموأل إذ طاف الهمام به في جحفل كسواد الليل جرار

فقال ثكل وغدر أنت بينهما فاختر وما فيهما حظ لمختار

فشك غير طويل ثم قال لها قتل أسيرك إني مانع جاري

والذين يُضرب بهم المثل في الوفاء كثير، منهم عوف بن محلم والحارث بن ظالم والحارث بن عباد وأم جميل.

أولع من قرد.

أيبس من صخر.

أيقظ من ذئب.

هذا ما تيسر إيراده من الأمثال، ومن أراد الزيادة على ما ذكر هنا فليرجع إلى الكتب المبسوطة في ذلك، وإنما لم نتعرض لأمثال المولَّدين وأمثال العامة لعدم تعلق الغرض بذلك.

حرف الياء (عامية)

«يَا ابْنِي يَا مْهَنِّينِي، جِيتْ بِاللِّيلْ ورُحْتْ بِاللِّيلْ» يُضرَب لمن يكذب بالشيء وهو لم يره ولم يعرف حقيقته. وأصله على ما يذكرون أن امرأة تحدثت بأمر فكذَّبَها فيه ابنها، وكان جاءها ليلًا وذهب ولم يَرَ شيئًا.

«يَا ابُو الْحِسِينْ اِقْرَا الْجَوَابْ. قَالْ: مِينْ يِقْرَا ومِينْ يِسْمَعْ» ويُروَى: «قال: أهي باينه طوالعه.» والأول الموافق لسياق القصة، وهو مما وضعوه على لسان الحيوان، ومرادهم بأبي الحسين: أبو الحصين؛ أي: الثعلب، فرووا أنه كاد للذئب وأوهمه أن معه كتابًا يبيح له الدخول في حظيرة الغنم، فلما دخلاها تركه الثعلب يعبث فيها ووقف على الحائط بعيدًا، ثم جاء صاحب الغنم فأنحى على الذئب ضربًا قَصْدَ قتله، فصاح الذئب بالثعلب أن يقرأ الكتاب فأجابه بذلك. والمقصود بالمثل: لا حياة لمن تنادي، وقد يقتصر بعضهم في روايته على: «مين يقرا ومين يسمع.» وقد تقدم في الميم، وما هنا أوضح مَعْنًى.

«يَا أَرْضِ اشْتَدِّي مَا عَلِيكِي قَدِّي» القد: القدر؛ أي: كوني يا أرض شديدة قوية تحتي؛ لئلا تميدي من قوة عزمي وثقل وطأتي عليك، فليس فيك مثلي. يُضرَب للمعجب بنفسه وقوته المختال بين الناس، وفي معناه قولهم: «يا أرض ما عليكي إلا أنا.»

«يَا أَرْضِ انْشَقِّي وِابْلَعِينِي» يُضرَب في حالة الخجل التي تحمل الإنسان على إخفاء نفسه.

«يَا أَرْضْ مَا عَلِيكِي إِلَّا انَا» يُضرَب لشديد الإعجاب بنفسه الذي لا يرى لغيره مزية عليه، وهو في معنى: «يا أرض اشتدي ما عليكي قدي.»

«يَا اشُخ فِي زِيرْكُمْ يَا ارُوحْ مَا اجِي لْكُمْ» يا هنا بمعنى: إما؛ أي: إما أن أبول في زيركم وأكدر ماءكم، وإما لا أجيء إليكم. يُضرَب للمتعنت في الشيء يَضُرُّ سواه ولا ينفعه.

«يَا اللِّي بِتِغْمِزْ فِي الظَّلَامْ مِينْ حَاسِسْ بِكْ؟» الظلام مما يستعملونه في الأمثال ونحوها، ويقولون في غيرها: الضَّلمة (بفتح فسكون)؛ أي: يا من يغمز بعيونه في الظلام من ترى يراك أو يستشعر بغمزك؟ يُضرَب في العمل يُعْمَل خفية فيذهب سُدًى لا يراه أحد.

«يَا اللِّي زَيِّنَا تَعَالُوا حَيِّنَا» أي: يا من هم مثلنا، تعالوا إلى حينا، يعاشر بعضنا بعضًا، واتركوا من لا يماثلكم تُرِيحُوا أنفسكم.

«يَا اللِّي قَاعْدِينْ يِكْفِيكُوا شَرِّ الْجَايِّينْ» أي: أَيُّهَا القاعدون كُفِيتُم شر الآتين. يُضرَب في القوم القادمين يُنْتَظَر منهم الشر.

«يَا امُّ الاَعْمَى رَقدِي الاَعْمَى. قالِتْ: أمّ الاَعْمَى أخْبَرْ بِرْقادُهْ» يُضرَب فيمن يرشد إنسانًا في أمر وهو أخبر منه به مستغنٍ عن إرشاده فيه.

«يَابَا عَلِّمْنِي التّبَاتْ. قَالْ: تَعَ فِي الْهَايْفَه وِاصَّدّرْ» يابا؛ أي: يا أبا، والمقصود: يا أبي. والتبات: تبات الوجه، وهو مُحَرَّف عن الثبات، ويريدون به: صفاقة الوجه، ويُروَى: «علمني السداغة.» وهي في معناه، وأصلها الصداغة؛ أي: صفاقة الصدغ. ويُروَى: «الفارغة» بدل الهايفة، ومعناهما واحد؛ أي: الأمر التافه. وقولهم: «تَعَ» مختصر من تَعَالَى. والمراد: أن تَصَدُّر المرء واهتمامه في الأمر التافه دلالة على صفاقة وجهه.

«يَابَا عَلِّمْنِى الرِّزَالَهْ. قَالْ: اللّي تْقُولُهْ عِيدُهْ» الرزالة صوابها «بالذال المعجمة»، ومعناها في اللغة: الرداءة والخساسة، والعامة تريد بها الثقل والفدامة وتجعل ذالها زايًا؛ أي: قال لأبيه: يا أبي علمني كيف أكون فدمًا ثقيلًا على النفوس. فقال: الذي تقوله أَعِدْه يمجك الطامعون. يُضرَب في أن الحديث المُعَاد أثقل الأشياء على النفوس.

«يَابَا قُومْ شَرَّفْنَا. قَالْ: لَمَّا يْمُوتِ اللّي يِعْرَفْنَا» يابا؛ أي: يا أبي. وانظر معناه في: «قال: يا أبويا شرفني...» إلخ في حرف القاف.

«يَا بَانِي فِي غِيرْ مِلْكَكْ يَا مْرَبّي فِي غِيرْ وِلْدَكْ» انظر: «يا مربي في غير ولدك...» إلخ.

«يَا بَانِي يَا طَالِعْ، يَا فَاحِتْ يَا نَازِلْ» الطالع: الصاعد. والفاحت: الحافر، والمعنى: فاعل الخير والساعي فيه للناس مثله كمثل الباني عمله في صعود. وأما فاعل الشر فهو كالحافر في الأرض يعمل على نزوله وانحطاطه بين الناس، وبعضهم يرويه: «الباني طالع والفاحت نازل» أو «الفاحر نازل والباني طالع.» وقد تَقَدَّمَ في الفَاء.

«يَا بَخْتْ مِنْ بَكَّانِي وبَكّى النَّاسْ عَلَيَّ، وِيَا ويلْ مِنْ ضَحَّكْنِي وَضَحَّكِ النَّاسْ عَلَيَّ» المراد: إني أشكر من أدبني ونصحني ولو أبكاني وأبكى الناس عليَّ، وأبغض من أضحكني وجاراني على ما أنا فيه حتى أصل إلى حالة يضحك الناس عليَّ فيها. يُضرَب في الحث على قبول النصيحة، ولو كانت مُرَّة وشكر الناصح. وقولهم: يا بخت، يريدون: ما أكثر حظ من بكاني؛ لما يناله من حسن الذكر في الدنيا والأجر في الآخرة على ما أولانيه من النصح. والعرب تقول في أمثالها: «رهبوت خير من رحموت.» ويُروَى: «رهبوتي خير من رحموتي.» أي: لَأَنْ ترهب خير من أن ترحم. وتقول أيضًا في المعنى: «فرقًا أنفع من حب.» وأول من قال هذا الحجاج. وفي المخلاة لبهاء الدين العاملي: «من بذل لك نصيحة فاحتمل غضبه.»

«يَا بَخْتْ مِنْ قِدِرْ وِعِفِي» البخت: الحَظُّ؛ أي: ما أعظم حظ من قدر وعفا. يُضرَب للحث على العفو عند المقدرة، وفي معناه من الأمثال القديمة الواردة في العقد الفريد لابن عبد ربه: «أحق الناس بالعفو

أقدرهم على العقوبة.» وفي مجمع الأمثال للميداني: «خير العفو ما كان عن القدرة.» وقال الشاعر:

أُعْفُ عَنِّي فقد قَدَرتَ وخيرُ الـعفوِ عفوٌ يكونُ بعدَ اقتدارِ

«يَا بَخْتْ مِنْ كَانِ النِّقِيبْ خَالُهْ» البخت: حسن الحظ. يُضرَب لمن كان له قريب عظيم ينفعه في أموره فيعلو شأنه بسببه.

«يَا بَخْتْ مِنْ يَاكُلْ مِنْ قُرصُهْ وِيْآنِسِ النَّاسْ بِحِسُّهْ» البخت: الحظ. والحس: الصوت؛ أي: ما أعظم حظ من لا يشارك الناس في طعامهم، ويقتصر على إيناسهم بحديثه، فإنه يكون محبوبًا عندهم غير ثقيل عليهم، وقد جمعوا فيه بين الصاد والسين في السجع وهو عيب.

«يَا بَدرْ شَمْسَكْ نُصِّ اللِّيلْ» أي: يا بدر، ضياؤك واضح نصف الليل كأنه ضياء الشمس. يُضرَب للأمر الواضح الظاهر لجميع الناس، وهو مثل قديم عند العامة أورده الأبشيهي في «المستطرف» برواية: «ظهرك عند نصف الليل.» وفي معناه: «على عينك يا تاجر.» والعرب تقول في أمثالها: «ليس على الشرق طخاء يحجب.» أي: ليس على الشمس سحاب. يُضرَب في الأمر المشهور الذي لا يخفى على أحد.

«يَا بَصَلْ أَحْلَى مِ الْعَسَلْ. قَالْ: أَهُو بِعْيُونِ النَّاسْ» أي: قال أحدهم: هذا البصل أحلى مذاقًا من العسل، فقيل له: ها هو ذا في الأيدي ومرئي للعيون فلندع الحكم فيه للناس ونترك مجادلتك في زعمك الكاذب. يُضرَب في وصف شيء بخلاف حقيقته مع ظهورها للناس وعدم احتياجها إلى الجدال.

«يَا تَابِعِ الزُّولْ يَا خَايِبِ الرَّجَا» أي: من يجعل حكمه قاصرًا على حسن المنظر والهيئة قد يخطئ اغترارًا بالظاهر.

«يَا جَارِ الدَّهْرْ اِحْزَنْ لِي شَهْرْ» أي: أيها المجاور لي دهرًا طويلًا، أما كان من المروءة وحق الجوار أن تحزن لحزني شهرًا واحدًا. يُضرَب فيمن لا يرعى حق المودة والصحبة القديمة في ذلك.

«يَا جَالْ يَا جَالْمَدِي» أصله من «كلمك» بالتركية بالكاف المعقودة كالجيم المصرية، وهو مصدر معناه المجيء، والماضي المثلث منه «كلدي»؛ أي: جاء، والمنفي «كلمدي»؛ أي: لم يجئ. ويا هنا يريدون بها: إما؛ أي: ذلك الشيء إما يحصل وإما لا يحصل. يُضرَب للشيء لا يُجْزَم بوقوعه، يقولون: فعلت كذا يا جال يا جلمدي؛ أي: فعلته مجازفًا ولا أدري أيصيب سهمي ويحصل المراد أم يخطئ فلا يحصل.

«يَا جَايْ بِاللِّيلْ وِتِتْعَتَّرْ تَعَالَى بِالنَّهَارْ وِشُوفْ» أي: أيها المتجشم الأهوال والآتي ليلًا اهتمامًا بذلك الشيء، الأولى لك أن تأتي نهارًا لتراه، فتعرف أنه لا يستحق كل ذلك. يُضرَب للشيء يُهْتَم به وتُرْكَب له الصعاب وهو لا يستحق.

«يَا حَامِلْ هَمِّ النَاسْ، خَلَيتْ هَمَّكْ لِمِينْ؟» خليت؛ أي: تركت. يُضرَب لمن يهتم بأمور الناس وينسى أمر نفسه.

«يَا حِدَّايَه، اِلصَّقْرْ وَرَاكِي» الحدايه (بكسر الأول وتشديد الثاني): الحدأة. يُضرَب لمن يكون وراءه من يفسد عمله ويضره ويضيع عليه مغنمه.

«يَا حْمَارْ، اِلْعِرْسْ بِيدْعِيكْ. قَالْ: يَا لْسُخْرَهْ يَا لْكَبِّ تْرَابْ» أي: قيل للحمار: إنهم يدعونك للعرس، فقال: ما لمثلي وللعرس، وإنما أُدْعَى لتسخيري لركوبهم، أو لحمل التراب والقمامات وإلقائها بعيدًا عنهم. يُضرَب للشخص المُستَهَان به الذي لا يُؤْبَهُ له، ولا يُلْتَفَت إليه إلا عند الاحتياج له والانتفاع بعمله.

«يَا خَالْتِي خَلْخَلِينِي وِدُخَّانْ بِيتِكْ عَامِينِي» خلخليني اشتقوه من لفظ الخالة وصاغوه كذلك، والمعنى: تَمُنِّينَ عليَّ بقرابتك، وتكثرين من قولك: أنا خالتك، مع أنك لا تحسنين معاملتي، ولا ينالني منك إلا كل مكروه وامتهان حتى أعماني دخان دارك وأنا أعدُّ لك طعامك، فما الفائدة من مَتِّلِك إليَّ بالقرابة وتبجحك بها عليَّ كل حين؟ يُضرَب لمن يعامل أقاربه هذه المعاملة.

«يَا خَبَرْ بِجْدِيدْ. قَالْ: بُكْرَهْ يِبْقَى بَلَاشْ» الجديد (بكسر أوله والأصح فتحه): نوع من النقود كانوا يتعاملون به. وبُكره (بضم فسكون): غدًا. وبلاش (بفتح الأول): بلا شيء، والمعنى: من يشتري خبرًا بجديد؟ فقيل: لا أحد لأنه غدًا ينتشر ونسمعه مجانًا؛ أي: سننتظر قليلًا حتى يأتينا به من لم تزود. وفي معناه قولهم: «يا شاري الخبر بشريفي بكره يبقى بلاش.» يُضرَب في أن الأخبار لا تخفى، فما خفي اليوم سيظهر غدًا. وانظر قولهم: «يا عم يا مزين ...» إلخ.

«يَا خِيبَهْ خَيِّبِيهْ. قَالِتْ: أَدِينِي بِالجِهْدْ فِيهْ» ويُروَى: «خيبيها» و«فيها» بالتأنيث، وعاداتهم في مثل الخيبة — أي: فيما هو مفتوح الأول وثانيه مثناة تحتية ساكنة — أن يميلوه، ولكنهم أبقوا الفتحة هنا فيه ولم يميلوا، ومعنى الخيبة عندهم: البلادة والحمق؛ أي: عكس ما يريدونه من الشطارة، والمعنى: قيل للبلادة: عليك به، فقالت: أنا فيه بالجهد لا أحتاج لتوصية. يُضرَب لمن بلغ في ذلك مبلغًا عظيمًا.

«يَا دَاخِلْ بِينِ الْبَصَلَه وْقِشْرِتْهَا مَا يِنُوبَكْ إِلَّا صَنِّتْهَا» يرادفه: «من تعرض لما لا يعنيه سمع ما لا يرضيه.»

«يَا دَاخِلْ بِينِ الْمِسْكْ وِالرِّيحَهْ مَا يِنُوبَكِ الَّا الْفَضِيحَهْ» الريحة (بكسر الأول): الرائحة، والمراد: من دخل فيما لا يعنيه سمع ما لا يرضيه، ولعلهم يريدون بالفضيحة أنك تُفْتَضَح برائحتك أيها الزاج بنفسه بين الروائح الزكية.

«يَا دَاخِلْ بَلَا مَشْوَرَهْ، إِنْ مَا مَسْخَرَكِ الرَّاجِلْ تِمَسْخَرَكِ الْمَرَهْ» أي: يا داخل دار قوم بلا إذنهم قد عرضت نفسك للإهانة، فإن لم تسخر منك الرجال سخرت منك النساء.

«يَا دَخْلِتِي عَلَى اللِّي مَا يْرِيدُونِي لَا سَلَامَاتْ وَلَا وَحَشْتُونِي» السلامات: التحيات؛ أي: ما أسوأ دخولي على من لا يريدني وأشد إيلامه لنفسي؛ لما ألاقيه من إعراضه وإهماله التحية.

«يَا دُومْ، مِلَّا لَكْ يُومْ» الدوم: شجر معمر يشبه النخل له ثمر معروف يُؤكَل. تسمية العرب: المُقْل (بالضم). وملا أصلها: ما هو إلا، ويستعملونها بمعنى: ناهيك، كقولهم: ملا راجل؛ أي: ناهيك به من رجل، والمراد: يا دوم لا يغرك طولك وصلابتك، فسوف يكون لك يوم ناهيك به من يوم يحطمك الزمان فيه. يُضرَب في أن كل شيء فانٍ.

«يَادِي الشِّيلَهْ يَادِي الْحَطَّهْ، رُحْتْ عَلَى جَمَلْ وِجِيتْ عَلَى قُطَّهْ» هو من قبيل التَّهَكُّم؛ أي: ما أعظم هذا السير وهذا النزول في المراحل، فإنك ذهبت على بعير وعدت راكبًا هرة؛ أي: عدت أصغر شأنًا مما كنت، فما كان أغناك عن كل هذا. يُضرَب لمن يحاول أمرًا يعلو به ويجهد نفسه لنواله فيصيبه عكس ما أراد. وهو قديم أورده الأبشيهي في «المستطرف» برواية: «راحت على جمل وجات على قطة. قال: ما لذي الشيلة إلا ذي الحطة.»

«يَا رِيتِ الطَّلْقْ كَانْ مِلَانْ» يا ريت (بالإمالة) أي: يا ليت. والمراد: ليت الطلق الذي تكبدته كان ذا فائدة وأتيت بغلام، أو أتيت بجارية سوية الخلق، ولم يولد المولود ميتًا أو مشوهًا. وقولهم: «ملان» محرف عن ملآن. يُضرَب في الأمر الشاق تكون نتيجته الخيبة. وانظر في الألف قولهم: «إياك على الطلق ده يكون غلام.»

«يَا رِيتِ الْفِجْلْ يِهْضِمْ رُوحُهْ» يا ريت (بالإمالة) محرفة عن: يا ليت. والفجل معروف يسبب الجشاء لمن أكله فيزعمون أنه يهضم الطعام. والمعنى: ليت الفجل هضم نفسه ولم يتعبنا فذلك يكفينا منه، ولسنا طامعين في هضمه لغيره من الأطعمة. يُضرَب لخيبة الأمل فيما يُظَنُّ به النفع، فيتمنى النجاة من ضرره. والصواب في هذا المثل: «ليت الفجل يهضم نفسه.» وهو من أمثال فصحاء المولدين التي أوردها الميداني في مجمع الأمثال.

«يَا زَايْرِينْ بِيهْ وِانْتُوا تِشْتِهُوهْ. اقْعُدُوا جَنْبِ الْحِيطَانْ وِكْلُوهْ» بيه يريدون «به» فأشبعوا الكسرة؛ أي: أيها الزائرون بالهدية وأنتم تشتهونها، الأَوْلَى بكم أن تأكلوها، فلسنا في حاجة إليها. يُضرَب لمن يهب شيئًا ونفسه تشتهيه.

«يَا سِيدْنَا دَمَوِيَّة تْقَدِّدْ لُوحَكْ، بِدَالْ مَا تْعَدِّلْ عَ النَّاسْ عَدِّلْ عَلَى رُوحَكْ» الدموية ويسمونها بضربة الدم: مرض مميت. وتقدد معناه: تصيب. واللوح يراد به: الجسم. وبدال (بكسر الأول) محرَّف عن بدل. وتعدل: تنتقد. والروح: النفس؛ أي: أرجو أن تصاب بمرض يُمِيتُك. والمراد الدعاء عليه لسوء

فعله؛ لأنه ينتقد الناس وفيه أعظم مما فيهم. يُضرَب للفضولي المنتقد، وهو غير سالم مما يعيب الناس به.

«يَا شَارِي الْخَبَرْ بِشْرِيفِي بُكْرَهْ يِبْقَى بَلَاشْ» الشِّريفي: (بكسرتين وصوابه بفتح الأول): مُحَرَّف عن الأشرفي، وهو نقد كانوا يتعاملون به منسوب للملك الأشرف، والمعنى:

سَتُبْدِي لَكَ الْأَيَّامُ مَا كُنْتَ جَاهِلًا وَيَأْتِيكَ بِالْأَخْبَارِ مَنْ لَمْ تُزَوِّدِ

وفي معناه قولهم: «يا خبر بجديد، قال: بكره يبقى بلاش.» وانظر قولهم: «يا عم يا مزين ...» إلخ.

«يَا شَايْفِ الْجَدَعْ وِتَزْوِيقُهْ يَا تَرَى هُوَّ فِطِرْ وَالَّا عَلَى رِيقُهْ» الجدع: الشابُّ. والشوف: الرؤية؛ أي: لا يغرَّك ما تراه من زينته ومظهره وابحث عنه، فلعله لم يجد طعامًا يسد به جوعه. يُضرَب للحسن الظاهر وهو على فاقة. ويُروَى: «ما يعجبك الباب وتزويقه، صاحبه فطر وَالَّا على ريقه؟» وقد تقدم في الميم.

«يَا طَابْ يَا اتْنِينْ عُورْ» انظر: «طاب ولا اتنين عور؟»

«يَا طَالِبِ الْعَلَا يَا خَايْبِ الرَّجَا» المقصود: ما دام رجاؤك خائبًا فلا تتشبث بطلب المعالي.

«يَا عُقْرْ جِمِّيزْ يَا طَرْحِ الشِّتَا» يريدون بعقر الجميز: ثمره الذي يأتي عليه الشتاء فيضمر، ويعبرون عن ضموره بقولهم: جرمز. يُضرَب للضئيل الضامر الذي أنهكه المرض.

«يَا عَم يَا مْزَيِّنْ، شَعْرِ رَاسِي اسْوَدّ وَالَّا ابْيَض؟ قَالْ: دِي الْوَقْتْ يِنْزِلْ عَلِيكْ وِتْشُوفُهْ» المقصود: ما تعجلك في سؤال الحلاق عن لون شعرك، وبعد قليل سيقع عليك بعد قصه وتراه؟ يُضرَب في أن ما لا بد من ظهوره سيظهر. وانظر قولهم: «يا خبر بجديد ...» إلخ.

وقولهم: «يا شاري الخبر بشريفي ...» إلخ.

«يَا عِينْ إِنْ شُفْتِي مَا رِيتِي، وِإنْ شَهّدُوكِي قُولِي كُنْتْ فِي بِيتِي» الشوف: الرؤية والنظر؛ أي: يا عيني، إن كنتِ رأيت شيئًا فكوني كمن لم يَرَهُ، وإذا استشهدوك عليه فقولي: كنت في داري ولم أحضر. يُضرَب في عدم التعرض لشئون الناس وتجنب القيل والقال.

«يَا عِينُهْ يَا حَوَاجْبُهْ. قَالْ: أَهُو عَلَى دِكَّةِ الْمِغَسِّلْ» أي: لا تُطْرُوه وتَذْكُروا محاسنه فإنه لم يزل على سرير الغسل بعد، فانظروا قبل أن يُقْبَر، وذلك أن من عادة الناس مدح من مات، وهو أمر مشهور. قالت العامة فيه: «بعد ما راح المقبره بقي في حنكه سكره.» وقد تقدم في الموحدة. وقالت أيضًا: «يموت الجبان يبقى فارس خيل.» وسيأتي. وبعضهم يرويه: «يا عيونه يا حواجبه. قال: على دكة المغسل يبان»، والرواية الأولى أدل على المعنى.

«يَا غْرَابْ هَاتْ بَلَحَهْ. قالْ: دَا قِسَمْ. قالْ: قِسْمِتِي بِينْ إِيدِيكْ» أي: يا غراب أعطني تمرة مما تأكله، فقال: هذه قِسَم لا يأخذها إلا من قُسِمَتْ له، فقال: وهذه قسمتي بين يديك فأعطنيها. يُضرَب لمن يعتذر بعذر غير مقبول. وبعضهم يروي: لقح، بدل هات، ويريدون بها: ارْمِ.

«يَا فَاحِتِ الْبِيرْ وِمْغَطِّيهْ لَا بُد مِنْ وُقُوعَكْ فِيهْ» ويُروَى: «وموطيه» بدل مغطيه، وكلاهما صحيح؛ أي: من حفر بئرًا لأخيه وقع فيها، والمقصود: من سعى في إيذائه ونصب له المكايد، ويرادفه من الأمثال العربية: «من حفر مُغَوَّاة وقع فيها.» والمغواة (بضم ففتح مع تشديد الواو): بئر تُحْفَر وتُغَطَّى للضبع والذئب ويُجْعَل فيها جدي، وتُجْمَع على مُغَوَّيات. ولبعضهم في المعنى:

قُلْ لِلَّذِي يَحْفِرُ بِئْرَ الرَّدَى هَيِّئْ لِرِجْلَيْكَ مَرَاقِيهَا

أي: لا بد من وقوعك فيها؛ فلا تَنْسَ تهيئة مَرَاقٍ بها تصعد عليها.

وقال آخر:

ومَنْ يَحْتَفِرْ فِي الشَّرِّ بِئْرًا لغيرِهِ يَبِتْ وَهْوَ فِيها لا مَحَالَةَ وَاقِعُ

«يَا فَرْحَانَهْ بِالْهِدِيَّهْ، يَا كُل مَلْهِيَّهْ» أي: أيتها المسرورة بالهدية، لقد ألهاك الفرح بها عما تقتضيه من إهداء مثلها يومًا لمن أهداها. يُضرَب لمن يلهيه الظَّفَرُ بالشيء عما وراءه.

«يَا فَرْحِةِ الْعِوَلَا بِلَمِّ الزَّرْعِ لَاصْحَابُهْ» الْعِوَلَا (بكسر ففتح): جمع عَوِيل (بفتح فكسر)، وهو عندهم: الوضيع العالة على الناس؛ أي: ما أشد فرح مثله بما ليس له من فضوله.

«يَا فَرْحَةَ مَا تَمِّتْ خَدْهَا الْغُرَابْ وِطَارْ» يُضرَب في نوال شيء والسرور به ثم سرعة ذهابه وفقده. وللشيخ أحمد الزرقاني شيخ أدباء العصر من نوع المواليا:

ليه كل ما نصطلح ونصرف الأكدارْ تعمل معايا عمايل تدهش الأفكارْ

كنا فرحنا وقلنا نبلغ الأوطارْ أهو الحبيب اصطلح والوقت باعدنا

والدهر أصبح بطيبِ الصفو واعدنا لحظة وشفنا حبيب القلب باعدنا

يا فرحة ما بدت خدها الغراب وطارْ

إلا أنه غيَّر «تمت» ببدت للوزن.

«يَا فَرْعُونْ مِينْ فَرْعَنَكْ؟ قَالَ: مَا لَقِيتْشْ حَدّ يْرُدِّنِي» الفرعنة عندهم: التَّجَبُّرُ والعُتُوُّ؛ أي: قيل لفرعون موسى: من ساعدك على جبروتك وعتوك حتى ادعيت أنك الرب الأعلى؟ فقال: لم أجد أحدًا

يردني في أول الأمر فتماديت. يُضرَب على أن عدم وجود الناصح في أول الأمر مما يحمل على التمادي فيه.

«يَا فِي الْخَشَبْ يَا فِي السَّلَبْ» الخشب يريدون به هنا: الجِمَال، والسلب: جمع سَلَبَة (بفتحتين)، وهي الحبل تُرْبَط به الأحمال؛ أي: إما أن تقع المصيبة في الجمال فتميتها، وإمَّا في الحبال فتقطعها، فإذا أصابت الحبال فاحمد الله على أخفِّ الضررين.

«يَا قَارِي العِلْمْ عَند الجَاهلين حَرَامْ» ليس المقصود النهي عن تعليم الجاهل وإرشاده، وإنما المقصود أن مذاكرته بما لا يعلم مضيعة للعلم وللوقت.

«يَا قَاعْدِينْ يِكْفِيكُوا شَرّ الْجَايِّينْ» انظر: «يا اللي قاعدين...» إلخ.

«يَا فَانِي الْأَرْوَاحْ كُونْ عَلِيهْ نَوَّاحْ» هكذا يقولون «عليه» مع أن الأرواح جمع؛ أي: يا من يتخذ الحيوان ويقتنيه، كن شفوقًا عليه وتعهده بالمأكل والمشرب.

«يَا قَلْبْ يَا قَفَصْ يَامَا فِيكْ مِنْ غُصَصْ» أي: لئن سكت على ما أرى فقلبي كالقفص مُنْطَوٍ على غصص منه. وفي معناه: «يا قلب يا كتاكت ياما فيك وِانْتَ ساكت.» وسيأتي. يُضرَب في السكوت على ما يغص.

«يَا قَلْبْ يَا كَتَاكِتْ يَامَا فِيكْ وِانْتَ سَاكِتْ» كتاكت: لفظ أتوا به للسجع؛ أي: يا قلب ما أكثر ما فيك من الغصص وأنت ساكت لا تشكو ولا تتكلم. ويُروَى: «يا قلب يا كتكت اسمع الكلام واسكت.» أي: اسمع واصبر على غيظك. ويروي بعضهم فيه: «يامَا انْتَ شايف وبتسكت.» أي: ما أكثر ما تراه ثم تسكت. يُضرَب في السكوت والصبر على ما يغص. وفي معناه قولهم: «يا قلب يا قفص، ياما فيك من غصص.» وقد تقدَّم.

«يَا قَلْبْ يَا كُتْكُتْ اسْمَعِ الْكَلَامْ وِاسْكُتْ» انظر: «يا قلب يا كتاكت ...» إلخ.

«يَا قَنْدِيلِينْ وِشَمْعَةْ يَا فِي الضَّلْمَةْ جُمْعَةْ» يا هنا بمعنى: إمَّا؛ أي: إمَّا أن يوقد قنديلين وشمعة، وإما أن يبقى في الظلمة ولو يمضي عليه أسبوع فيها. يُضرَب للأخرق المتعنت الذي يحرم نفسه من الشيء إذا لم يظفر بالكثير منه. ويُضرَب أيضًا للأخرق الذي لا يلائم بين أحوال، فيسرف أحيانًا ويمسك أحيانًا بلا سبب.

«يَا قَوْمْ لُكُمْ يُومْ» أي: لا تغتروا بما أنتم فيه فالأحوال تتبدل.

«يَاكُلْ خِيْرُهْ وِيِعْبِدْ غِيرُهْ» يُضرَب لمن ينسى فضل المفضل ويطيع غيره.

«يَاكُلْ وِيشْرَبْ ووَقتِ الْحَاجَة يِهْرَبْ» معناه ظاهر، ومثله: «في الأكل سوسة وفي الحاجة متعوسة.» وقد تقدم في الفاء.

«يَاكْلُوا الْهِديَّةْ وِيكْسَرُوا الزِّبْدِيَّةْ» انظر: «أكلوا الهدية ...» إلخ. في الألف.

«يَا كْنِيسْةِ الرَّبْ، اِللِّي فِي القَلبْ فِي الْقَلْبْ» انظر في الألف: «اللي في القلب في القلب يا كنيسة.»

«يَامَا ارْخَصَكْ يَا كُورْ عَنْدِ اللِّي اشْتَرَاكْ» يُضرَب فيمن يملك شيئًا لا يعرف قيمته لجهله به. وسبب المثل على ما يروون: أن حدادًا كان له كير قديم مُهْمَل في ناحية من حانوته، فكان يضع فيه ما يقتصده من ربحه، ثم غاب عن الحانوت يومًا فباعه أجيره بثمن بخس وظن أنه أحسن عملًا ببيعه لعدم الحاجة إليه، فَوَجِدَ الحداد وجدًا عظيمًا على ضياع نقوده، وصار من دأبه أن يتغنى في عمله بقوله مسليًا لنفسه: «اترك الهم ينساك، وإن افتكرته ضناك، ياما ارخصك يا كور عند اللي اشتراك.» ثم يقول للغلام: انفخ يا ولد.

«يَا مْآمْنَهْ لِلرِّجَالْ يَا مْآمْنَهْ لِلْمَيَّهْ فِي الْغُرْبَالْ» أي: المآمنة للرجال في وفائهم لنسائهم كالتي تأمن على الماء في الغربال، وهو من أمثال النساء يَضْرِبْنَهُ في عدم الركون إلى ما يظهره أزواجهن من الوفاء لهن. وانظر في الشين المعجمة: «شال المية بالغربال.»

«يَامَا تَحْتِ السَّواهِي دَوَاهِي» انظر: «الساهي تحت راسه دواهي.»

«يَامَا جَابِ الْغُرَابْ لأمُّهْ» هذا مثل يقصدون به التهكم بالولد المدعي البرَّ بوالديه؛ لأن الغراب لا يأتي لأمه بشيء.

«يَامَا الْحِج مَرْبُوطْ لُهْ جِمَالْ» الحِجُّ (بكسر الأول صوابه فتحه). يُضرَب للشيء يُتَوَقَّع حصوله وقد استعدوا له.

«يَا مَاشِي عَلَى السِّكَّه وْمِتْعَنِّي، مَا انْتَ عَارِفْ إِيهْ يِنْبِي عَنِّي» أي: أيها السائر على الطريق قصدًا واستطلاعًا لأحوال الناس، إنك لا تعلم شيئًا ينبئك عن حقيقة ما أنا عليه. ومتعني معناه: قاصد. ويقولون: فلان عمل الشيء بالعنية (بكسر فسكون) أي: فعله قصدًا. يُضرَب في أن الكثير من حقيقة الناس تخفى؛ أي: رب ظاهر لا يدل على باطن.

«يَامَا فِي الْجِرَابْ يَا حَاوِي» الحاوي: الحواء المُشَعْبِذ، وهو عادة يخفي في جرابه أدوات شعبذته وما معه من الحيات، فيخرج منها ما يشاء وقت لعبه؛ أي: ما أكثر ما في جرابك أيها الحواء وإن كان خافيًا عنا. يُضرَب لمن يحوز الكثير ويخفيه فلا يظهر منه إلا ما يريده في وقته، وقد يراد به العلم والاطلاع وحسن الرأي، أو المكر والخديعة تكون خافية في الشخص، ثم يبدو منها ما يناسب مقتضى الحال.

«يَامَا فِي الْحَبْسْ مَظَالِيمْ» أي: ما أكثر من يُسْجَنُون ظلمًا وهم أبرياء. يُضرَب في ذلك وعند اتهام شخص بشيء لم يفعله أو قول لم يَقُلْهُ.

«يَامَا قُدَّامْكُم يَا حِجَّاجْ» أي: ما أكثر ما هو أمامكم من المتاعب والعقبات في طريقكم يا حجاج، فلا تغتروا بما ترونه من سهولة السفر في أوله. يُضرَب للشيء تُسْتَسْهَل أوائله وفيه متاعب مقبلة.

«يَامَا يْجِد يَا وْلَادْ جِد» الجِدُّ (بكسر الأول والصواب فتحه): أبو الأب والأم؛ أي: ما أكثر ما يأتينا منكم مع الأيام أيها الأقرباء أو الأصحاب، والمراد: من المكروه والإساءة.

«يَا مَحْلَى طُولَكْ فِي اللِّي مَا هُو لَكْ، كَمَانْ شُوَيَّةْ يِقَلَّعُولَكْ» هو تهكم؛ أي: ما أحلى قوامك في ثوب العارية، ولكن بعد قليل يخلعه عنك صاحبه. ولفظ كمان (بفتح الأول) معناها عندهم: أيضًا، ويريدون بها هنا: بعد. يُضرَب للمختال المتفاخر بعارية لا يملكها. ويرويه بعضهم: «اللي ما هو لك كمان شوية يقلعولك.» وتقدم ذكره في الألف. والعرب تقول في أمثالها: «شرُّ المال القلعة» بسكون اللام وفتحها، ومعناها: المال الذي لا يثبت مع صاحبه، مثل العارية والمُسْتَأْجَر.

«يَا مْدَارِي عْمَاصِ النَّاسْ دَارِي عْمَاصَكْ» العُمَاص (بضم أوله) يريدون به: الرمص، وهو الوسخ الأبيض المجتمع في موق العين، وداري معناه: واري؛ أي: أيها المواري عيوب الناس، ابدأ بنفسك ووارِ عيوبها، ثم انظر في إخفاء عيوب غيرك.

«يَا مْدَاوِي خِيلِ النَّاسْ حُصَانَكْ مِنْ عَنْدِ زِرُّهْ عَايِبْ» أي: أيها المشتغل بمداواة خيل الناس كان الأَوْلَى بك مداواة فرسك وعيبه ظاهر من مشيه؛ لأنه في زره. ومعنى الزر عندهم عَجْبُ الذَّنَب. يُضرَب لمن يهتم بأمور الناس ويظهر المهارة فيها ويهمل أمور نفسه. وانظر قولهم: «عليل وعامل مداوي.» والعرب تقول في أمثالها: «يا طبيب طب لنفسك.»

«يَا مْرَبِّي فِي غِيرْ وِلْدَكْ يَا بَانِي فِي غِيرْ مِلْكَكْ» أي: الذي يُرَبِّي غير أولاده كالباني في غير ما يملك؛ لأن مصيره لغيره، وبعضهم يعكس فيقول: «يا باني في غير ملكك يا مربي غير ولدك.» والصواب ما هنا.

«يَا مْزَكِّي، حَالَكْ يِبكِّي» الزكاة معروفة، وهي ما يخرجه الإنسان من ماله ليطهره به. والمعنى: أيها المتصدق المظهر الغنى، إن ما تخفيه من فقرك وعوزك يبكي. يُضرَب في حسن الظاهر الغرار.

«يَا مِسْتِخَبِّيَّهْ صُوتِكْ خَرَقْ وِدْنَيَّهْ» أي: يَا أيتها المتحجبة إظهارًا للصون والحياء، قد أفسدت تحجبك هذا بصياحك وجلبتك حتى كاد صوتك يخرق أذني، فأين ما تدعين من الحياء؟ والودن (بكسر فسكون): الأذن، وقد ثَنَّوْهَا هنا رعاية للسجع، والأغلب عندهم جمعها على «ودان» ولو كان المراد التثنية. يُضرَب فيمن يتظاهر بأمر ويأتي بنقيضه.

«يَا مِسْتَكْتَرْ، اِلزَّمَانْ اكْتَرْ» أي: يا مستكثر ما هو ماله عليه على الأيام، لا تغتر بذلك، فالأيام أكثر، وستفنيه كما أفنت غيره.

«يَا مْعَزِّي بَعْدْ سَنَهْ يَا مْجَدِّدِ الْأَحْزَانْ» يُضرَب للشيء يُعْمَل بعد فوات أوانه، وقريب منه قولهم: «بعد سنة وسِتُّ اشْهر جت المعددة تشخر.» وقد تقدم في الباء. وانظر أيضًا: «بعد العيد ما ينفتلش كحك.»

«يَا مِيلْتِي جَاتْنِي دْرِيرْتِي» الميلة (بالإمالة)، ويريدون بها ميل الحال واعوجاجه، والدريرة (بالإمالة أيضًا): تصغير درة، والمراد بها: الضَّرَّة (بفتح الأول)، ويريدون بها في المثل البنت؛ وذلك لأنها تحب التشبه بأمها في كل ما تفعل، وتريد مثل ما عندها من ملبوس وحلي وغيرهما حتى كأنها ضرة لها لا تدعها تنفرد بشيء. وهو من أمثال النساء؛ أي: ما أميل حالي وأسوأ حظي، كنت أظنها بنتًا جاءتني، فإذا بها ضرة تحاكيني وترهقني بما تطلب. يُضرَب للتأفُّف من هذه الحالة.

«يَا هَارِبْ مِنْ قَضَايَا، مَا لَكْ رَب سِوَايَا» أي: يا محاول الهرب من القضاء. يُضرَب في الرضا بما قُدِّرَ وقُضِي. وبعضهم يرويه: «يا خارج ...» إلخ، والأول أكثر.

«يَا هَرَّهْ يَا مَرَّهْ.»

«يَا وَاخِدِ الصُّغَيَّرْ يَا حَرَامِي السُّوقْ» الحرامي: اللص، ويُرْوَى بدله: «يا سارق السوق»؛ وذلك لأن الدابة الصغيرة رخيصة الثمن، وهي مع ذلك مقبلة بخلاف الكبيرة فإنها مولية، فالذي يشتري الصغير من الدواب وغيرها فكأنما سرق السوق.

«يَا وَاخِدِ الْقِرْدْ عَلَى كُتْرْ مَالُهْ، اِلْمَالْ يِفْنَى وِالْقِرْدْ يِفْضَلْ عَلَى حَالُهْ» ويُروَى: «قاعد» بدل يفضل. يُضرَب في أن العبرة بقيمة الشخص في نفسه لا بثرائه الفاني.

«يَا وَاخِدْ مَغْزِلْ جَارَكْ، رَاحْ تِغْزِلْ بُهْ فِينْ؟» أي: أيها السارق مغزل جارك، أين تريد أن تغزل به وهو يراك لقربه منك؟ وقد قالوا في معناه: «الحرامي الشاطر ما يسرقش من حارته.» وقد تقدم في الحاء المهملة.

«يَا وَاخِدْ نِدَّكْ عَلَى قَدَّكْ يَا طَالِعْ بَطَّالْ» يا هنا بمعنى: إما؛ أي: إما أن تتخذ رفيقك وتختاره من أندادك فتحمد صحبته، وإما ألَّا تفعل فَتُسَاء في الصحبة. وبعضهم يروي فيه: «يا طالع بلاش.» أي: بلا شيء، وفي معناه: «من عاشر غير بنكه دق الهم سدره.» وبعضهم يقتصر في المثل على قوله: «خد ندك على قدك.» وانظر قولهم: «ماشي ندك وامشي على قدك.»

«يَا وَاخْدَهْ جُوزِ الْمَرَهْ يَا مَسْخَرَهْ» أي: أيتها المغرية الرجل على التزوج بها وهو متزوج بأخرى، لقد جعلت نفسك سخرية بين النساء، وكان لك مندوحة عنه في الأعزاب الخالين، وهو من أمثال

النساء.

«**يَا وَاخْدُهْ كُلُّهْ يَا فَايْتُهْ كُلُّهْ**» أي: يا آخذ الشيء جميعه ومستحوذًا عليه، إنك ستتركه كله بعد حين كذلك، ولا يتبعك شيء منه إلى القبر.

«**يَا وِحْشَهْ كُونِي نِغْشَهْ**» الوحشة (بكسر فسكون): القبيحة، والنِّغْشَة بهذا الوزن: المداعبة الكثيرة المغازلة؛ أي: إذا كنت قبيحة الوجه لا يقبل عليك أحد فكوني حسنة الدعابة كثيرة المغازلة تجتذبي إليك القلوب. يُضرَب للدَّمِيم يستعيض عن الحُسْن بالدعابة وخفة الروح للقبول عند الناس.

«**يَا وِدْنْ طِنِّي كُل سَاعَهْ خَبَرْ**» الودن (بكسر فسكون): الأذن؛ أي: طني يا أذن بالصوت، والمراد: ليطن بك الصوت، فإن الأخبار كثيرة هذه الأيام. يُضرَب للأخبار الغريبة تكثر. وقد نظمه الشيخ محمد النجار قَيِّم الزجل بمصر في مطلع زجل نظمه إبان الثورة العرابية بمصر، فقال:

العفوُ من شِيَمِ الكرام يا زمانْ هو كدا يبقى جِزَا من صَبَرْ

أفضل أقضي العمر في كان ومانيا ودن طني كل ساعة خبرْ

«**يَا وِيلْ مِنْ دَخَلِ الْأَذَى جَسَدُهْ**» الأذى (بفتحتين) يريدون به الداء الذي لا يُنْتَظَرُ شفاؤه؛ أي: ويل لمن ابتلي به.

«**يَا يِحْرِقُهْ يَا يِمْرِقُهْ**» يُضرَب لمن أمره بين الإفراط والتفريط؛ أي: إما أن يحرق الطعام بزيادة النار، وإما أن يُتْلِفَه بزيادة الماء حتى يجعله كالمرق، وهم يقولون: مِرِق (بكسرتين) للشيء إذا كثر ماؤه فَلَان كالعجين ونحوه. وانظر في معناه قولهم: «يِلْبسم لما يقرفم ...» إلخ.

«**يَا يْمُوتِ الْعَبْدْ يَا يِعْتَقُهْ سِيدُهْ**» يا هنا بمعنى: إما، والسيد (بكسر فسكون مع التخفيف): السيد المالك، والمراد: لا بد للعبد من الخلاص إما بالعتق وإمَّا بالموت، وهو إحدى الراحتين، فليصبر على ما هو فيه. وقد قالوا في الخلاص بموت الغير: «اصبر على الجار السوء، يا يرحل يا تجي له داهية.» وقد تقدَّم في الألف.

«**يِبْقَى مَالِي وَلَا يِهْنَالِي**» أي: يكون الشيء ملكي والمال مالي ولا أتمتع به. يُضرَب فيمن يُمْنَع عن التمتع بماله. وفي معناه: «المال مال أبونا والغُرب يطردونا.» وقد تقدم في الميم.

«**يِبِيعِ الْمَيَّهْ فِي حَارْةِ السَّقَّايِينْ**» المية: الماء. والحارة الطريق، والمراد بها هنا: المحلة. وفي معناه قولهم: «يبيع الورد على جنَّايينه.» ويرادفها: «كمستبضع التمر إلى هجر.» يُضرَب في وضع الشيء في غير موضعه.

«**يبِيعِ الْوَرْدْ عَلَى جَنَايِينَهْ**» أي: يضع الشيء في غير موضعه؛ لأن من يجنون الورد ليسوا في حاجة إلى من يبيعهم إياه، وفي معناه: «يبيع الميه في حارة السقايين.» وقد تقدم. يُضرَب فيمن يضع الشيء في غير موضعه، أو يحاول الإغراب بشيء عند من قتله علمًا.

«**يتِّمْهُمْ وِضَرَبْ عَلَى إِيدْهُمْ مَا حَدِّشْ يِرِيدْهُمْ**» أي: ضُرب على أيديهم، ويريدون به: كتب على جبينهم؛ أي: قُدِّرَ عليهم. يُضرَب للأولاد اليتماء؛ فإنهم غالبًا ينشئون سيئي الأخلاق لسوء تربيتهم بسبب إهمالهم، فيكونون مُبْغَضِين عند الناس.

«**يِجْرَحْ وِيْدَاوِي**» يُضرَب لمن يسيء في قول أو فعل ثم يحسن مكرًا وخديعة، وهو كقول الشاعر:

إنى لأكثر مما سمعتني عجبًا يَدٌ تَشُجُّ وأخرى منك تأسُونِي

وأصله قول العرب في أمثالها: «يشج ويأسو»، وفي معناه قولهم: «يكلم بيد ويأسو بأخرى.» رأيته في شرح ما أورده الهمداني في كتابه من الأمثال.

«**يِجِيبِ الْكُوَيِّسْ لِأَحْبَابُهْ. قَالْ: كُل شِيءْ بِحْسَابُهْ**» يجيب؛ أي: يأتي بكذا، والكُوَيِّس مما استعملوه مصغرًا، والمقصود: الشيء الحسن؛ أي: ما له يأتي بالشيء الحسن لأحبابه ويخصهم به؟ فقال: لست أخصهم به إلا لأنهم ينقدونني ثمنه الذي يستحقه، ولو فعل غيرهم فعلهم لعاملتهم هذه المعاملة. يُضرَب فيمن يُعَاتَب على تخصيص أناس دون آخرين بشيء مع أن سببه ما تقدم.

«**يِحِبِّ الطَّرْطَرَهْ وَلَوْ عَلَى خَزُوقْ**» الطرطرة: العلو. والخازوق: خشبة كانوا يستعملونها في القصاص فيدخلونها في أسفل الرجل فتمزق أحشاءه وتميته. يُضرَب فيمن يحب الشهرة والعلو على الناس ولو كان فيه عطبه. وقد تقدم في الزاي: «زَيِّ مرزوق يحب العلو ولو على خزوق.» وهي رواية أخرى.

«**يِحْرَمْ عَلَيَّ بِيتِ الْأَهْلِيَّهْ أَحْسَنْ يِقُولُوا الْعَاوْزَهْ جَايَّهْ**» هو من قول المتزوجة التي لها دار؛ أي: حرام عليَّ الذهاب إلى دار أهلي لئلا يقولوا: «العاوزة» جاءت؛ أي: المحتاجة للشيء الطالبة له، والمراد: لئلا يظنوا أني جئت طالبة منهم شيئًا أحمله لداري فيتأففوا مني.

«**يِحْسِدُوا الْعِرْيَانْ عَلَى شَرَايْةِ الصَّابُونْ**» أي: يحسدون الفقير على الشيء الذي لا يفيده.

«**يِحْلِفْ لِي أَسَدَّقُهْ، أَشُوفْ أُمُورُهْ أَسْتَعْجِبْ**» أي: يُقْسِم لي على الشيء فأصدقه فيه، ثم أرى أموره وما هو عليه على غير ما أقسم. يُضرَب لمن لا يُصَدَّقُ في قسم أو وعد.

«**يِخَافْ مِنِ الْخُنْفِسَهْ، وِيِلْعَبْ بِالتِّعْبَانْ**» الخنفسة: الخنفساء. والتعبان: الثعبان. يُضرَب للتعجب ممن يَفْزَعُ مما لا ضرر فيه ويلهو بما فيه الخطر.

«يِخَش مِنِ الْعَتَبَهْ يِنَشِّفِ الرَّقَبَهْ» يخش؛ أي: يدخل، وينشف الرقبة، يريدون: يجفف الريق من الرقبة؛ أي: يضايق الناس ويُخرِجُهم، والمعنى: إنه يشرع في مضايقتنا وإحراجنا من ساعة دخوله من الباب علينا، فلا كان ولا كان حضوره. يُضرَب للسيئ الخلق المشاغب في جميع الأوقات.

«يِخْلَقْ مِنِ الشَّبَهْ أَرْبِعِينْ» أي: يخلق الله — تعالى — من الأشباه كثيرين. يُضرَب عند التعجب من مشابهة شخص لآخر.

«يِخْلَقْ مِنْ ضَهْرِ الْعَالِمْ جَاهِلْ» أي: قد يُخْرِجُ الله من ظهر العالم جاهلًا لا يشبه أباه في فضله. يُضرَب للنجيب يأتي له ولد بعكسه. وقالوا في معناه: «النار تخلف رماد.» إلا أن هذا عامٌّ لا يختص بالعلم والجهل، بل يُضْرَب لكل من يخالف أصله الطَّيِّب العالي وينحطُّ عنه.

«يِدِّي الْحَلَقْ لِلِّي بَلَا وْدَانْ» يدي: يعطي. والودان (بكسر الأول): الآذان. يُضرَب لمن ينال شيئًا لا حاجة به إليه، ويُحْرَم مستحقه منه. وفي معناه ما ذكره البلوي في رحلته «تاج المفرق في تحلية علماء المشرق.» قال: مدح أبو الحسن بن الفضل أحد الوزراء بمراكش، وكان أقرع فلم يُثِبْهُ، فقال:

أَهْديتُ مَدْحِي للوزيرِ الذي دَعَا به المجدُ فلم يَسْمَعِ

فَحَامِلُ الشِّعْرِ إليه كَمَنْ يُهْدِي به مُشطًا إِلَى أَقْرَعِ

«يِدِّيكِي فَرْخَهْ وِتْلْتُمِيتْ خُم» الفرخة (بفتح فسكون): الدجاجة. والخم (بضم الأول وتشديد الميم): مكان مبيت الدجاج؛ أي: يعطيك دجاجة واحدة وثلاثمائة خم، وأي فائدة من كثرة الأمكنة إذا لم يكن عندك ما يملؤها؟

«يُرْزَقِ الْهَاجِعْ وِالنَّاجِعْ وِاللِّي نَايِمْ عَلَى وِدْنُهْ» الهاجع: النائم. والناجع: الذي خرج ينتجع ويسعى، وهما مما لا يستعملونه إلا في الأمثال ونحوها. والودن (بكسر فسكون): الأذن؛ أي: إن الله — تعالى — متكفِّل بأرزاق الناس على اختلاف أحوالهم.

«يْرُوحِ النَّوَّارْ وِيِفْضَلِ الْقَوَّارْ» انظر «راح النوار ...» إلخ.

«يِسَاعْدَكْ عَ الطَّلَاقْ مِنْ لَا يُحُطِّ الْحَق» يحط؛ أي: يضع، والمراد هنا: يدفع مؤخر الصداق وما يلزم من النفقات؛ أي: إنما يساعدك على تطليق امرأتك من لا شأن له في إنفاق شيء من عنده، ولو كان ملزمًا بدفع شيء لعرقل السير ولم يساعدك. يُضرَب فيمن يساعد على عمل شيء لا يلحقه منه ضرر ولا نفقة، فلا يكترث بما يصيب سواه.

«يِسْأَلْ عَنِ الْبِيضَهْ مِينْ بَاضْهَا» يُضرَب للشديد الفحص والتنقيب عن أمور الناس الذي لا يدع صغيرة ولا كبيرة بدون سؤال، حتى البيضة يسأل عن الدجاجة التي باضتها، نعوذ بالله من شر هذا الخُلُق.

«يسِيبِ اللّي دَبَحْ وِيمْسِكِ اللّي سَلَخْ» يسيب؛ أي: يترك، والمراد: يترك من قتل ويمسك بمن هو أقل منه جرمًا.

«يشْكُو بِالطَّشَا والْبِيَاتْ بَلَا عَشَا» الطشا: مختصر عن الطشاش، وهو ضعف البصر، وإنما فعلوا فيه ذلك ليزاوج العشا. يُضرَب لمن عادتُهم كثرة الشكوى من حالهم بغير حق.

«يْشُوفِ الْغَنَمْ سَارْحَهْ، يْقُولْ: سَأَلْنَاكُمِ الْفَاتْحَهْ» أي: يرى الغنم خارجة للمرعى فيظنها قومًا خارجين لزيارة وَلِيٍّ، فيسألهم أن يقرءوا له الفاتحة ويدعوا له. يُضرَب للضعيف البصر لا يتبين ما يراه، أو للضعيف البصيرة الأبله.

«يصَلِّي الْفَرْضْ وِينْقُبِ الْأَرْضْ» أي: يجمع بين العمل الصالح والطالح فيحافظ على الصلوات الخمس، وهو مع ذلك يغتال ما لغيره ويدأب في البحث عنه كمن يحفر في الأرض ليستخرج دفائنها.

«يْصُومْ يْصُومْ وِيفْطَرْ عَلَى بَصَلَهْ» انظر: «صام وفطر على بصلة» في الصاد المهملة.

«يضْرَبْ فِي زَفَّهْ ويْصَالِحْ فِي عَطْفَهْ» العطفة (بفتح فسكون): الطريق الضيق، والغالب إطلاقها على غير النافذة، ومعنى المثل: يسيء في العلانية إلى الناس ويشاجرهم ثم يصالحهم في الخفاء. وقد تقدم في المثناة الفوقية: «تخانقني في زفة وتصطلح معايا في حارة؟!» وهي رواية أخرى فيه.

«يطَلَّعْ مِنِ الزِّبِيبَهْ خَمَّارَهْ» ويُروَى: «يعمل» بدل «يطلع» و«الخَمَّارة» (بفتح الأول وتشديد الميم): الحانة؛ أي: يصنع من الزبيبة خمرًا كثيرًا يملأ حانة. يُضرَب لمن يعظم الشيء الصغير، ويستند على السبب التافه لمغاضبة سواه. ومثله: «يعمل الحبة قبة.»

«يطْلَعُوا مِ الْخُص يخُضُّوا اللّي يْبُص» الطلوع هنا: الخروج، والخص (بضم أوله): الكوخ، والمراد هنا: مطلق مكان. والخَضُّ: الإفْزَاع، والبَصُّ: النَّظَر. يُضرَب للبَشِعِي المنظر القباح الوجوه الذين إذا خرجوا من مكانهم أفزعوا من ينظر إليهم بقبح صورهم.

«يعَاوِدِ الطِّيرْ يُقَعْ فِي الْعَسَلْ» الطير هنا: الذباب، وهو كثير الوقوع في العسل وشبهه، كما قالوا في مثل آخر: «الدبان وقعته في العسل كثير.» يُضرَب في أن المتهافت على شيء إذا سلم مرة من غوائله فلا بد له من الوقوع فيها مرة أخرى.

«يعِدُّوا بِالْمِيَّهْ وِيْنَامُوا عَلَى الِابْرَاشْ» انظر: «زَيِّ ضرابين الطوب ...» إلخ.

«يُعْرُجْ فِي حَارْةِ الْعُرْجْ» أي: يتعارج طلبًا للمساعدة في محلة العرج الذين لا يستطيعون مساعدته. يُضرَب لمن يتظاهر بالعجز طلبًا للمساعدة أمام العاجزين عنها. وفي معناه: «تعرج قدام مكسح؟»

«يِعْطِي الضَعِيفْ لَمَّا يِسْتَعْجِبِ الْقَوِي» أي: يعطي الله — تعالى — الضعيف من القوة بعد اليأس منه حتى يعجب القوي ويحسده، فلا يأس من لطف الله.

«يِعْمِلِ الْحَبَّهْ قُبَّهْ» أي: يعظِّم الشيءَ الصغير فيعده كبيرًا؛ ليستند عليه في مغاضبة سواه أو نحو ذلك. وانظر: «يطلع من الزبيبه خماره.»

«يِعْمِلْ مِنِ الزِّبِيبَهْ خَمَّارَهْ» انظر: «يطلع من الزبيبه خماره.»

«يِعْمِلُوهَا الصُّغَارْ يِقَعُوا فِيهَا الْكُبَارْ» هو قريب من: «ومعظم النار من مستصغر الشرر.» ومن قول المتنبي:

وجُرْمٍ جَرَّهُ سُفَهَاءُ قَوْمٍ وَحَلَّ بِغَيْرِ جَانِيهِ الْعَذَابُ

وفي معناه قولهم: «يفتحوها الفيران يقعوا فيها التيران.» وسيأتي.

«يُعُومْ وِيُحْرُسْ ثِيَابُهْ» يُضرَب للمتيقظ لا يشغله شيء عن شيء، والمعنى: يسبح في الماء ولا يغفل عن ثيابه في الشط.

«يُغُورِ الْحَبْسْ وَلَوْ فِي بُسْتَانْ» ويُروَى: «ولو في جنينه» وهي (بكسر الأول وإمالة النون): تصغير جنة عندهم، ويريدون بها البستان؛ أي: ليبعدِ السجنُ ولو كان في بستان. وفي معناه: «الحبس حبس ولو في بستان.» وتقدم في الحاء المهملة.

«يُغُورِ الشَّهْدْ مِنْ وِشِّ الْقِرْدْ» الوش (بكسر الأول وتشديد الشين المعجمة): الوجه؛ أي: ليبعد الشهد إذا كان من قرد؛ لقبح وجهه. يُضرَب في الشيء الحسن يُكْرَه؛ لأنه من قبيح الخَلْق والخُلُق.

«يُغُورِ الْفَلَّاحْ بِزْيَارْتُهْ وِحْمَارْتُهْ» أي: ليبعد الزارع وما في زيارته من هدية وبرٍّ في جانب ما تأكله حمارته، فضلًا عن تقذيرها المكان. يُضرَب فيمن لا يفي حباؤه بما يحدثه من الضرر.

«يِفْتَحْ عِينُهْ للدِّبَّانْ وِيْقُولْ: دَا قَضَا الرَّحْمَنْ» الدبان (بكسر الأول وتشديد الموحدة): الذباب؛ أي: يعرض عينيه للذباب يقع عليها حتى إذا رمدتا قال: هذا قضاء ربي. يُضرَب لمن يُعَرِّضُ نفسه للمصائب ثم يُحِيلُ على القدر.

«يِفْتِي عَلَى الْإِبْرَهْ وِيِبْلَعِ الْمِدْرَهْ» المِدْرَه (بكسر فسكون): خشبة تُدْفَع بها السفينة، وهي محرفة عن المُرْدِيِّ (بضم فسكون فكسر مع شَدِّ المثناة التحتية). وبعضهم يروي فيه: «ويبلع الجمل.» والأول أكثر. والمعنى: يدقق في فتواه حتى يتناول الشيء الدقيق كالإبرة، فيمنع عنه، ويتساهل في أخذ الرشا فتراه يبلع المردي مع غلظه. يُضرَب في هذا المعنى. وقريب منه قولهم: «قالوا للقاضي: يا سيدنا ...»

إلخ، وقد تقدم في القاف (نظم «يفتي على الإبرة ...» إلخ الشيخ محمد النجار في مجموعة أزجاله آخر ص٥).

«يِفْتَحُوهَا الْفِيرَانْ يِقَعُوا فِيهَا التِّيرَانْ» التيران (بالمثناة التحتية): جمع طور بالطاء، وهو الثور، وذلك من غريب أمرهم في الجموع. والمعنى: يحفر الفيران الحفر فتعثر فيها الثيران. وفي معناه قولهم: «يعملوها الصغار يقعوا فيها الكبار.» وقد تقدم وتكلمنا عليه في موضعه.

«يِفُوتَكْ مِنِ الْكَدَّابْ سِدْقْ كْتِيرْ» السدق: الصدق؛ أي: كثير الكذب لا بد من أن يكون صادقًا في بعض ما يَرْوِي؛ إذ لا يُتَصَوَّر أن يكذب في كل شيء، فإذا طرحت كلامه وضربت عنه صفحًا فقد يفوتك منه صدق كثير قد تكون في حاجة لمعرفته. ومن أمثال العرب: «إن الكذوبَ قد يَصْدُق.» وفي «العقد الفريد» لابن عبد ربه: «من عُرِفَ بالكذب جاز صدقه.»والذي في أمثال الميداني: «من عُرِفَ بالصدق جاز كَذِبُه، ومن عُرِفَ بالكذب لم يَجُزْ صِدْقُه.» أي: بعكس ما في العقد.

«يِقْتِلِ الْقَتِيلْ وِيِمْشِي فِي جَنَازْتُهْ» الجنازة قليلة الاستعمال عندهم إلا في نحو الأمثال، وأكثر ما يستعملون في معناها المَشْهَد. يُضرَب لمن بلغ في الدهاء مبلغًا عظيمًا.

«يِقِيمْ السَّطِيحَهْ وِيْهِدِّ الشَّمْخْ الْعَالِي» السطيحة: الشيء المسطوح. والشَّمْخ (بفتح فسكون): الشامخ؛ أي: الصرح العالي. والمعنى: قدرة الله — تعالى — غير عاجزة عن أن تقيم المسطوح وتدك الشامخ، ومرادهم بالسطيحة: المريض المتناهي في الضعف، وبالشمخ: الصحيح القوي المرفوع الرأس.

«يِكُبُّوا الْقَهْوَهْ مِنْ عَمَاهُمْ وِيْقُولُوا خِيرْ مِنَ اللهْ جَاهُمْ» الكَبُّ: الصَّبُّ والإِرَاقَة، والعامة تستبشر إذا أريق شيء من قهوة البُنِّ على الثياب بغير قصد، ويستدلون به على خير يصيبهم. والمعنى: يريقون القهوة على ثيابهم بسبب ضعف النظر، ثم يزعمون أنها أريقت بلا قصد لخير سينالهم. يُضرَب لمن يحاول سَتْرَ عَثْرَتِه بأعذار باطلة.

«يِكْرَى عَلَى خَرْطُهْ زَيِّ الْمُلُوخِيَّهْ» الخرط: تقطيع الخضر ونحوها بالسكين قطعًا صغيرة. والملوخية (بضمتين): نبات معروف يُطْبَخ ويستطيب المصريون أَكْلَه، ولا يصلح إلا بتقطيع أوراقه كذلك، فمعنى المثل أن فلانًا يسعى على نفسه ويسبب لها الأذى لحماقته وقلة تبصره.

«يِكْفَاهْ نِعِيرْهَا» يُضرَب لمن ينال شهرة كاذبة ليس تحتها طائل، وسببه على ما يروونه: أن جحا المضحك المعروف صنع دولابًا لرفع الماء ويسمونه بالساقية، غير أنه جعله يرفع الماء من النهر ثم يصبه فيه، ودعا الناس لرؤيته مفتخرًا به، فلما رأوه قال بعضهم هذه الكلمة فذهبت مثلًا؛ أي: حسبه من الفخر نعير ساقيته. وانظر في الزاي: «زَيِّ بوابة جحا.»

«يِلْبِسُمْ لَمَّا يِقَرَّفُمْ وِيِغْسِلَمْ لَمَّا يِضْعَفَمْ» أي: يلبسون ثيابهم ولا يغيرونها حتى تتقزز النفوس من قذارتهم، وإذا غسلوها أفرطوا حتى تضعف قواهم من الغسل. يُضرَب لمن يُفَرِّطُ ويُفْرِطُ في أموره. وفي معناه قولهم: «يا يحرقه يا يمرقه.»

«يِلْهِي الْوِز بِالْغَرَقْ» المقصود: يهدد ويفزع الإوز بما لا يخشى منه.

«يِمْشِي عَلَى الْحِيطَهْ وِيْقُولْ: يَا رَب سَلِّمْ» أي: يُعَرِّضُ نفسه للخطر ثم يسأل الله السلامة، ولو عقل لم يُلْقِ بِيَدِهِ إلى التَّهْلُكَةِ. والحيطة (بالإمالة): الحائط.

«يُمُوتِ الْجَبَانْ يِبْقَى فَارِسْ خِيلْ» أي: من عادة الناس إطراؤهم من يموت ونسبتهم له فضائل لم تكن له. وفي معناه قولهم: «بعد ما راح المقبره بِقِي في حنكه سكره.» وقد تقدم في الباء الموحدة، وانظر أيضًا: «يا عينه يا حواجبه ...» إلخ.

«يُمُوتِ الزَّمَّارْ وِصْبَاعُهْ يِلْعَبْ» الصُّباع (بضم أوله): الأُصبع. ومعنى المثل: من شب على شيء شابَ عليه. وفي معناه: «تموت الغازية وصباعها يرقص.» وقد تقدم في المثناة الفوقية.

«يُمُوتِ الطُّورْ وِنِفْسُهْ فِي حَكَّهْ فِي الصُّدُودْ» الطور: الثور، والصدود: قائم كالعمود على دولاب الماء، وهما صدودان يكتنفان آلته، والثيران الدائرة في الدواليب لا تجد ما تَحْتَكُّ به غيره، فمعنى المثل: من شب على شيء شاب عليه. وانظر في معناه: «زَيِّ الحمار يحب شيل التلاليس.»

«يُمُوتِ الْفَرُّوجْ وِعِينُهْ فِي الدِّشِيشَهْ» الفروج لا يستعملونه إلا في الأمثال ونحوها، ويقولون في غيرها: الكتكوت. والدشيشة: جشيش الحَبِّ الذي يُلْقَى للفراريج. ومعنى المثل: من شب على شيء شاب عليه. وفي معناه: «تموت الحدادي وعينها في الصيد.» وقد تقدم في المثناة الفوقية.

«يُمُوتِ الْمِعَلِّمْ وِهُوَّ يِتْعَلِّمْ» المعلم يريدون به الأستاذ في الصناعة، والصواب ضم أوله لا كسره. والمراد: مهما بلغ الأستاذ في صناعته أو العالم في علمه فإنه لا يزال محتاجًا لما يتعلمه. وقد جاء في الحديث الشريف: «اطلب العلم من المهد إلى اللحد.»

«يُمُوتُوا فِي قَمَايِطْهُمْ وَلَا تِكْبَرْ مُصِيبِتْهُمْ» القماط لا يستعملونه إلا في الأمثال ونحوها، وفي غيرها يقولون: «اللفة»؛ لأن الطفل يُلَفُّ بها. والمراد: ليت الأطفال يموتون في صغرهم فلا تعظم فيهم المصيبة بموتهم بعد أن يَشِبُّوا.

«يِهِل رَجَبْ وِنْشُوفِ الْعَجَبْ» انظر: «بكره يهل رجب ...» إلخ.

«يُومْ عَسَلْ وِيُومْ بَصَلْ» أي: يوم لك ويوم عليك. وبعضهم يزيد في أوله: «الدنيا بدل» والأكثر ما هنا.

«يُومْ فِي الْعَافيَه كْتِيرَهْ» أي: ينبغي أن يغتبط به المرء ويشكر لله — تعالى — إحسانه عليه به.

«يُومْ لَكْ وِيُومْ عَلِيكْ» معناه ظاهر، وهو من قول النمر بن تولب:

فَيَوْمًا عَلَيْنَا وَيَوْمًا لَنَاويَوْمًا نُسَاءُ وَيَوْمًا نُسَر

«يُومِ النَّصْرْ مَا فِيهْشْ تَعَبْ» أي: مهما يكن فيه من التعب فإنه مُحْتَمَلٌ لا يُحَسُّ به للذة الظَّفر.

«يُومِ الْهَدَدْ مَا فِيهْش بْنَايَهْ» أي: يومُ الهدمِ لا بِنَاءَ فيه. والمقصود: لا تُؤَمِّلْ شيئًا في وقتِ عمل ضدِّه.

خاتمة في فوائد شتى تتعلق بالأمثال

(١) الفائدة الأولى

قال بعض علماء البيان: لا ينبغي للأديب أن يُخِلَّ بمعرفة الأمثال؛ لأن الحاجة إليها شديدة، وذلك لأن العرب لم تضع الأمثال إلا لأسباب أوجبتها وحوادث اقتضتها، فصار المثل المضروب لأمر من الأمور عندهم كالعلامة التي يُعرَف بها الشيء، وليس في كلامهم أوجز منها ولا أشد اختصارًا.

ومن أمثلة ذلك هذا المثل، وهو «إن يبغ عليك قومك لا يبغ عليك القمر»، وأصله أن اثنين تراهنا على الشمس والقمر ليلة أربع عشرة من الشهر، فقال أحدهما: تطلع الشمس والقمر يُرى، وقال الآخر: يغيب القمر قبل أن تطلع الشمس، فتراضيا برجل جعلاه حكمًا بينهما، وكان بحضرتهما قوم مالوا إلى أحدهما، فقال الآخر: إن قومي يبغون عليَّ، فقال الحكم: «إن يبغِ عليك قومك لا يبغ عليك القمر»، فذهبت مثلًا.

ولا يخفى أن قول القائل: «إن يبغ عليك قومك لا يبغ عليك القمر.» إذا أخذ على ظاهره من غير نظر إلى القرائن المنوطة به والأسباب التي قيل من أجلها، لا يعطي من المعنى ما قد أعطاه المثل، وذلك أن المثل له مقدمات وأسباب قد عُرِفَتْ وصارت مشهورة بين الناس، وحيث كان الأمر كذلك جاز أن يراد هذه الألفاظ في التعبير عن المعنى المراد.

ولولا تلك المقدمات المعلومة والأسباب المعروفة لما فُهِمَ من قول هذا القائل المعنى الذي قصده.

(٢) الفائدة الثانية

قال بعض علماء البيان: من ضروب الاستعارة التمثيل، وهو أن تمثل شيئًا بشيء فيه إشارة نحو قول امرئ القيس:

وما ذرفت عيناك إلا لتقدحي بسهميك في أعشار قلب مقتل

فمثل عينيها بسهمي الميسِر يعني المعلى وله سبعة أنصباء، والرقيب له ثلاثة أنصباء، فصار جميع أعشار قلبه للسهمين اللذين مثَّل بهما عينيها، ومثل قلبه بأعشار الجزور، فتمت له جهات الاستعارة والتمثيل، ومعنى التمثيل: اختصار قولك مثل كذا وكذا كذا وكذا.

والتمثيل والاستعارة من التشبيه إلا أنهما بغير آلته وعلى غير أسلوبه.

والمثل المضروب في الشعر نحو قول طرفة:

ستبدي لك الأيام ما كنت جاهلًا ويأتيك بالأخبار من لم تُزَوِّدِ

راجع إلى ما ذكر لأن معناه ستبدي لك الأيام كما أبدت لغيرك، ويأتيك بالأخبار من لم تزود كما جرت عادة الزمان، وتسمية المثل دالة على ذلك؛ لأن المَثَل والمِثْل الشبيه والنظير، وقيل إنما سمي مثلًا لأنه ماثل لخاطر الإنسان أبدًا، يتأسى به ويَعِظ ويأمر ويزجر، والماثل الشاخص المنتصب من قولهم: طلل ماثل أي: شاخص، فإذا قيل رسم ماثل فهو الدارس، والماثل من الأضداد، وقال قوم: إنما معنى المثل المثال الذي يُحذى عليه كأنه جعله مقياسًا لغيره، وهو راجع إلى ما ذكر. قال بعض العلماء: في المثل ثلاث خلال، إيجاز اللفظ وإصابة المعنى وحسن التشبيه، وقد يكون المثل بمعنى الصفة ومن ذلك قوله تعالى: مَثَلُ الْجَنَّةِ الَّتِي وُعِدَ الْمُتَّقُونَ أي صفة الجنة.

والمثل السائر كثير نظمًا ونثرًا، وأفضله أوجزه، وأحكمه أصدقه، وقد تأتي الأمثال الطوال محكمة إذا تولاها النصحاء من الناس.

ومن الأمثال القصار في القرآن: كَمَثَلِ الْعَنكَبُوتِ اتَّخَذَتْ بَيْتًا وَإِنَّ أَوْهَنَ الْبُيُوتِ لَبَيْتُ الْعَنكَبُوتِ.

ومن الأمثال الطوال فيه: وَالَّذِينَ كَفَرُوا بربهم أَعْمَالُهُمْ كَسَرَابٍ بِقِيعَةٍ يَحْسَبُهُ الظَّمْآنُ مَاءً حَتَّ?? إِذَا جَاءَهُ لَمْ يَجِدْهُ شَيْئًا الآية، ثم قال: أَوْ كَظُلُمَاتٍ فِي بَحْرٍ لُّجِّيٍ الآية.

والأناشيد في هذا الباب كثيرة، فمنها ما فيه مثل واحد، ومنها ما فيه مثلان، ومنها ما فيه ثلاثة أمثال، ومنها ما فيه أربعة أمثال وهو قليل جدًا.

فما فيه مثل واحد قول عنترة العبسي:

نُبِّئْتُ عَمْرًا غير شاكرِ نعمتي والكفر مخبثة لنفس المنعم

فجاء بالمثل غير محتاج إلى ما قبله، وكذلك قول النابغة:

حلفت فلم أترك لنفسك ريبة وليس وراء الله للمرء مذهب

ومما فيه مثلان قول امرئ القيس:

الله أنجح ما طلبت بهو البر خير حقيبة الرحل

فجاء بمثلين كل واحد منهما قائم بنفسه غير محتاج إلى صاحبه، وكذلك قول الحطيئة:

من يفعل الخير لا يعدم جوازيه لا يذهب العرف بين الله والناس

وقول عبيد بن الأبرص الأسدي:

الخير يبقى وإن طال الزمان به والشر أخبث ما أوعيت من زاد

ومما فيه ثلاثة أمثال قول زهير:

وفي الحلم إذعان وفي العفو دربة وفي الصدق منجاة من الشر فاصدق

فأتى بكل مثل في ربع بيت ثم جعل الربع الآخر زيادة في شرح ما قبله، وكذلك قول النابغة الذبياني:

الرفق يمن والأناة سلامة فاستأن في رفق تُلاقِ نجاحَا

فجاء بثلاثة أمثال إلا أنها مداخلة لم تسلم سلامة ما قبلها من كلام زهير، وقال ابن عبد القدوس:

كل آتٍ لا بد آتٍ وذو الجهـل معنى والغم والحزن فضل

فجاء بثلاثة أمثال مداخلة الوزن أيضًا.

ومما فيه أربعة أمثال قول الشاعر:

فالهم فضل وطول العيش منقطعو الرزق آتٍ وروح الله منتظر

ومن الأمثال أيضًا كلمات سارت على وجه الدهر كقولهم: تسمع بالمعيدي خير من أن تراه، يُضرب مثلًا للذي رؤيته دون السماع به وفي كل ما جرى هذا المجرى. وكذلك قولهم: على أهلها جنت براقش، يُضرب مثلًا للرجل يهلك قومه بسببه.

وقد يطلقون المثل ويريدون به التمثيل.

وهذه الأشياء في الشعر إنما هي نبذ تستحسن ونكت تستطرف مع القلة وفي الندرة، فأما إذا كثرت فهي دالة على الكلفة، فلا يجب لشعر أن يكون مثلًا كله وحكمة كشعر صالح ابن عبد القدوس، فقد قعد به عن أصحابه وهو يتقدمهم في الصناعة لإكثاره من ذلك، وكذلك لا يجب أن يكون استعارة وبديعًا كشعر أبي تمام، فقد رأيت ما قال فيه المتعقبون له كالجرجاني وأبي القاسم بن بشر الآمدي وغيرهما.

ولا ينبغي للشعر أيضًا أن يكون خاليًا من هذه الحلى فارغًا منها ككثير من شعر أشجع وأشباهه من هؤلاء المطبوعين جملة، مع أنه لا بد لكل شاعر من طريقة تغلب عليه فينقاد إليها طبعه ويسهل عليه تناولها.

(٣) الفائدة الثالثة

قال في الإتقان: في النوع السادس والستين في أمثال القرآن فائدة، عقد جعفر بن شمس الخلافة في كتاب الآداب بابًا في ألفاظ من القرآن جارية مجرى المثل، وهذا هو النوع البديعي المسمى بإرسال المثل، وأورد من ذلك قوله تعالى:

لَيْسَ لَهَا مِن دُونِ اللهِ كَاشِفَةٌ.

لَن تَنَالُوا الْبِرَّ حَتَّىٰ تُنفِقُوا مِمَّا تُحِبُّونَ.

الْآنَ حَصْحَصَ الْحَقُّ.

وَضَرَبَ لَنَا مثلًا وَنَسِيَ خَلْقَهُ.

ذَٰلِكَ بِمَا قَدَّمَتْ يَدَاكَ.

قُضِيَ الْأَمْرُ الَّذِي فِيهِ تَسْتَفْتِيَانِ.

أَلَيْسَ الصُّبْحُ بِقَرِيبٍ.

وَحِيلَ بَيْنَهُمْ وَبَيْنَ مَا يَشْتَهُونَ.

لِكُلِ نَبَإٍ مُّسْتَقَرٌّ.

وَلَا يَحِيقُ الْمَكْرُ السَّيِّئُ إِلَّا بِأَهْلِهِ.

قُلْ كُلٌّ يَعْمَلُ عَلَىٰ شَاكِلَتِهِ.

وَعَسَىٰ أَن تَكْرَهُوا شيئًا وَهُوَ خَيْرٌ لَّكُمْ.

كُلُّ نَفْسٍ بِمَا كَسَبَتْ رَهِينَةٌ.

مَّا عَلَى الرَّسُولِ إِلَّا الْبَلَاغُ.

مَا عَلَى الْمُحْسِنِينَ مِن سَبِيلٍ.

هَلْ جَزَاءُ الْإِحْسَانِ إِلَّا الْإِحْسَانُ.

كَم مِن فِئَةٍ قَلِيلَةٍ غَلَبَتْ فِئَةً كَثِيرَةً.

آلْآنَ وَقَدْ عَصَيْتَ قَبْلُ.

تَحْسَبُهُمْ جَمِيعًا وَقُلُوبُهُمْ شَتَّىٰ.

وَلَا يُنَبِّئُكَ مِثْلُ خَبِيرٍ.

كُلُّ حِزْبٍ بِمَا لَدَيْهِمْ فَرِحُونَ.

وَلَوْ عَلِمَ اللهُ فِيهِمْ خَيْرًا لَّأَسْمَعَهُمْ.

وَقَلِيلٌ مِنْ عِبَادِيَ الشَّكُورُ.

لَا يُكَلِّفُ اللهُ نَفْسًا إِلَّا وُسْعَهَا.

لَّا يَسْتَوِي الْخَبِيثُ وَالطَّيِّبُ.

ظَهَرَ الْفَسَادُ فِي الْبَرِّ وَالْبَحْرِ.

ضَعُفَ الطَّالِبُ وَالْمَطْلُوبُ.

لِمِثْلِ ???ذَا فَلْيَعْمَلِ الْعَامِلُونَ.

وَقَلِيلٌ مَّا هُمْ.

فَاعْتَبِرُوا يَا أُولِي الْأَبْصَارِ.

في ألفاظ أخر ... ا.هـ.

(٤) الفائدة الرابعة

وقد وقع ضرب المثل في القرآن كثيرًا، قال تعالى: وَلَقَدْ ضَرَبْنَا لِلنَّاسِ فِي هَٰذَا الْقُرْآنِ مِن كُلِّ مَثَلٍ لَّعَلَّهُمْ يَتَذَكَّرُونَ، وقال تعالى: وَتِلْكَ الْأَمْثَالُ نَضْرِبُهَا لِلنَّاسِ ۖ وَمَا يَعْقِلُهَا إِلَّا الْعَالِمُونَ.

وأمثال القرآن قسمان: ظاهر مصرح به، وكامن لا ذكر للمثل فيه.

فمن أمثلة الأول قوله تعالى: وَمَثَلُ الَّذِينَ يُنفِقُونَ أَمْوَالَهُمُ ابْتِغَاءَ مَرْضَاتِ اللهِ وَتَثْبِيتًا مِنْ أَنفُسِهِمْ كَمَثَلِ جَنَّةٍ بِرَبْوَةٍ أَصَابَهَا وَابِلٌ فَآتَتْ أُكُلَهَا ضِعْفَيْنِ فَإِن لَّمْ يُصِبْهَا وَابِلٌ فَطَلٌّ ۗ وَاللهُ بِمَا تَعْمَلُونَ بَصِيرٌ.

ومن أمثلة الثاني قوله تعالى: أَيَوَدُّ أَحَدُكُمْ أَن تَكُونَ لَهُ جَنَّةٌ مِن نَّخِيلٍ وَأَعْنَابٍ تَجْرِي مِن تَحْتِهَا الْأَنْهَارُ لَهُ فِيهَا مِن كُلِّ الثَّمَرَاتِ وَأَصَابَهُ الْكِبَرُ وَلَهُ ذُرِّيَّةٌ ضُعَفَاءُ فَأَصَابَهَا إِعْصَارٌ فِيهِ نَارٌ فَاحْتَرَقَتْ ? كَ???لِكَ يُبَيِّنُ اللهُ لَكُمُ الْآيَاتِ لَعَلَّكُمْ تَتَفَكَّرُونَ.

أخرج البخاري عن ابن عباس أنه قال: قال عمر بن الخطاب يومًا لأصحاب النبي ﷺ: فيمن ترون هذه الآية نزلت: أَيَوَدُّ أَحَدُكُمْ أَنْ تَكُونَ لَهُ جَنَّةٌ مِنْ نَخِيلٍ وَأَعْنَابٍ؟ قالوا: الله أعلم. فغضب عمر فقال:

قولوا نعلم أو لا نعلم. فقال ابن عباس: في نفسي منها شيء. فقال: يا ابن أخي قل ولا تحقر نفسك. قال ابن عباس: ضُربت مثلًا لعمل، قال عمر: أي عمل؟ قال ابن عباس: لرجل غني عمل بطاعة الله ثم بعث الله له الشيطان فعمل بالمعاصي حتى عرف أعماله.

والأمثال المضروبة في القرآن قد تدل على تحقيق أمر أو إبطاله، أو تفخيم أمر أو تحقيره إلى غير ذلك، وكثير منها قد تستنبط منه أحكام.

وقد ألف في أمثال القرآن الإمام أبو الحسن الماوردي.

(٤-١) طرفة

قال الإمام المذكور: سمعت أبا إسحاق إبراهيم بن مضارب بن إبراهيم يقول: سمعت أبي يقول: سألت الحسن بن الفضل فقلت: إنك تخرج أمثال العرب والعجم من القرآن، فهل تجد في كتاب الله «خير الأمور أوساطها»؟ قال: نعم، في أربعة مواضع، قوله تعالى: لَّا فَارِضٌ وَلَا بِكْرٌ عَوَانٌ بَيْنَ ذَٰلِكَ، وقوله تعالى: وَالَّذِينَ إِذَا أَنفَقُوا لَمْ يُسْرِفُوا وَلَمْ يَقْتُرُوا وَكَانَ بَيْنَ ذَٰلِكَ قَوَامًا، وقوله تعالى: وَلَا تَجْعَلْ يَدَكَ مَغْلُولَةً إِلَىٰ عُنُقِكَ وَلَا تَبْسُطْهَا كُلَّ الْبَسْطِ، وقوله تعالى: وَلَا تَجْهَرْ بِصَلَاتِكَ وَلَا تُخَافِتْ بِهَا وَابْتَغِ بَيْنَ ذَٰلِكَ سَبِيلًا.

قلت: تجد في كتاب الله «من جهل شيئًا عاداه»، قال: نعم في موضعين: بَلْ كَذَّبُوا بِمَا لَمْ يُحِيطُوا بِعِلْمِهِ، وَإِذْ لَمْ يَهْتَدُوا بِهِ فَسَيَقُولُونَ هَٰذَا إِفْكٌ قَدِيمٌ.

قلت: فهل تجد في كتاب الله «احذر شر من أحسنت إليه»؟ قال: نعم، وَمَا نَقَمُوا إِلَّا أَنْ أَغْنَاهُمُ اللَّهُ وَرَسُولُهُ مِنْ فَضْلِهِ.

قلت: فهل تجد في كتاب الله «ليس الخبر كالعيان»، قال: في قوله تعالى: أَوَلَمْ تُؤْمِن ۖ قَالَ بَلَىٰ وَلَٰكِن لِّيَطْمَئِنَّ قَلْبِي.

قلت: فهل تجد «في الحركات البركات»؟ قال: في قوله تعالى: وَمَن يُهَاجِرْ فِي سَبِيلِ اللَّهِ يَجِدْ فِي الْأَرْضِ مُرَاغَمًا كَثِيرًا وَسَعَةً.

قلت: فهل تجد «كما تدين تدان»؟ قال: في قوله تعالى: مَن يَعْمَلْ سُوءًا يُجْزَ بِهِ.

قلت: فهل تجد فيه قولهم «حين تقلى تدري»؟ قال: وَسَوْفَ يَعْلَمُونَ حِينَ يَرَوْنَ الْعَذَابَ مَنْ أَضَلُّ سَبِيلًا.

قلت: فهل تجد فيه «لا يُلدغ المؤمن من جحر مرتين»؟ قال: هَلْ آمَنُكُمْ عَلَيْهِ إِلَّا كَمَا أَمِنتُكُمْ عَلَ؟؟ أَخِيهِ مِن قَبْلُ.

قلت: فهل تجد فيه «من أعان ظالمًا سلط عليه»؟ قال: كُتِبَ عَلَيْهِ أَنَّهُ مَن تَوَلَّاهُ فَأَنَّهُ يُضِلُّهُ وَيَهْدِيهِ إِلَ؟؟ عَذَابِ السَّعِيرِ.

قلت: فهل تجد فيه قولهم: «لا تلد الحية إلا حيية؟» قال: قال تعالى: وَلَا يَلِدُوا إِلَّا فَاجِرًا كَفَّارًا.

قلت: فهل تجد فيه «للحيطان آذان»؟ قال: وَفِيكُمْ سَمَّاعُونَ لَهُمْ.

قلت: فهل تجد «الجاهل مرزوق والعالم محروم»؟ قال: مَن كَانَ فِي الضَّلَالَةِ فَلْيَمْدُدْ لَهُ الرَّحْ؟؟؟نُ مَدًّا.

قلت: فهل تجد فيه «الحلال لا يأتيك إلا قوتًا والحرام لا يأتيك إلا جزافًا»؟ قال: إِذْ تَأْتِيهِمْ حِيتَانُهُمْ يَوْمَ سَبْتِهِمْ شُرَّعًا وَيَوْمَ لَا يَسْبِتُونَ لَا تَأْتِيهِمْ.

(٥) الفائدة الخامسة

من الأمثال الموضوعة على ألسنة الحيوانات مثل قولهم: «إنما أُكِلْتُ يوم أكل الثور الأبيض.» والأصل فيه ما ذكروا وهو أن اصطحب أسد وثور أحمر وثور أبيض وثور أسود في أجمة، فقال الأسد للأحمر والأسود: هذا الأبيض يفضحنا بلونه ويُطمِع فينا من يقصدنا، فلو تركتماني آكله أمِنَّا فضيحة لونه. فأذِنَا له في ذلك فأكله.

ثم قال للأحمر: هذا الأسود يخالف لوني ولونك، ولو بقيت أنا وأنت ظنك من يراك أسدًا مثلي، فدعني آكله. فسكت عنه فأكله، ثم قال للثور الأحمر: لم يبقَ إلا أنا وأنت وأريد أن آكلك. فقال: إن كنت فاعلًا ولا بد، فدعني أصعد تلك الهضبة وأصيح ثلاثة أصوات. فقال: افعل ما تريد. فصعد وصاح ثلاثة أصوات: ألا إنما أُكِلْتُ يوم أُكِلَ الثور الأبيض. فجرت مثلًا.

(٦) الفائدة السادسة

قال بعض الكتاب: اعلم أن الكاتب يحتاج إلى النظر في الأمثال الواردة عن العرب نثرًا ونظمًا، والنظر في الكتب المصنفة في ذلك كأمثال الميداني والمفضل بن سلمة الضبي وحمزة الأصفهاني وغيرهم، وكذلك أمثال المولَّدين الواردة في أشعارهم كالأمثال الواردة في شعر جرير والفرزدق ونحوهما، وكذلك أمثال المحدَّثين الواردة في أشعارهم كالأمثال الواردة في شعر أبي العتاهية وأبي تمام والمتنبي، فإن حكم ما ورد من الأمثال في شعر المولَّدين والمحدثين حكم أمثال العرب الشعرية،

أما في شعر المولدين فلجريهم على أسلوب العرب وركوب جادتهم، وأما في شعر المحدثين فللطافة مأخذهم واستطراف ما يأتون به من الأمثال.

وذلك أن المثل له مقدمات وأسباب قد عُرِفَتْ وصارت مشهورة بين الناس معلومة عندهم، وهذه الألفاظ الواردة في المثل دالَّة عليها معبرة عن المراد بها بأقصر لفظ وأوجزه.

ولذا نطق بها في كل زمان على كل لسان.

ولم يسر شيء كسيرها ولا عم عمومها حتى قالوا: «أَسْيَرُ من مَثَلٍ.» وقد ضرب الله تعالى الأمثال في كتابه فقال: ضَرَبَ اللهُ مثلًا كَلِمَةً طَيِبَةً كَشَجَرَةٍ طَيِبَةٍ أَصْلُهَا ثَابِتٌ وَفَرْعُهَا فِي السَّمَاءِ، وقال تعالى: وَضَرَبَ اللهُ مثلًا رَّجُلَيْنِ أَحَدُهُمَا أَبْكَمُ لَا يَقْدِرُ عَلَىٰ شَيْءٍ وَهُوَ كَلٌّ عَلَىٰ مَوْلَاهُ أَيْنَمَا يُوَجِههُّ لَا يَأْتِ بِخَيْرٍ ۖ هَلْ يَسْتَوِي هُوَ وَمَن يَأْمُرُ بِالْعَدْلِ الآية.

وقال تعالى: وَتِلْكَ الْأَمْثَالُ نَضْرِبُهَا لِلنَّاسِ ۖ وَمَا يَعْقِلُهَا إِلَّا الْعَالِمُونَ، إلى غير ذلك من آي القرآن.

وهو على ضربين: قريب من الفهم لظهور معناه وكثرة دورانه بين الناس، وبعيد من الفهم لخفائه وقلة دورانه بين الناس.

فالأول مثل قولهم: عند الصباح يحمد القوم السرى.

والثاني مثل قولهم: إن يبغ عليك قومك لا يبغ عليك القمر.

وأما الأمثال الواردة نظمًا، فهي كلمات استُحسِنَت في الشعر وطابقت وقائع عامة جارية بين الناس، فتداولها الناس وأجروها مجرى الأمثال النثرية، وقد روي أن النبي ﷺ كان يتمثل بقول طرفة:

ويأتيك بالأخبار من لم تزود

وثبت في الصحيح أنه ﷺ قال: أصدق كلمة قالها شاعر كلمة لبيد:

ألا كل شيء ما خلا الله باطل

وقد أجاد بعض الشعراء حيث قال مضمنًا لها:

تأمل سطور الكائنات فإنها من الملأ الأعلى إليك رسائل

وقد خط فيها لو تأملت خطها ألا كل شيء ما خلا الله باطل

(٦-١) تنبيهان

التنبيه الأول

لا يشترط في المثل أن يكون الممثّل به متحقق الوجود في الخارج؛ لأن التمثيل يصح مع ذلك ويكون جاريًا على سبيل الفرض والتقدير، وقد أشار إلى ذلك بعض المفسرين في تفسير قوله تعالى: مَثَلُ الَّذِينَ يُنفِقُونَ أَمْوَالَهُمْ فِي سَبِيلِ اللهِ كَمَثَلِ حَبَّةٍ أَنبَتَتْ سَبْعَ سَنَابِلَ فِي كُلِ سُنبُلَةٍ مِائَةُ حَبَّةٍ ۗ وَاللهُ يُضَاعِفُ لِمَن يَشَاءُ ۗ وَاللهُ وَاسِعٌ عَلِيمٌ.

ومعنى إنبات الحبة سبع سنابل أن تخرج ساقا يتشعب منه سبع شعب لكل واحدة منها سنبلة فيها مائة حبة.

وفي الآية حذف مضاف إذ التقدير، مثل نفقات الذين ينفقون أموالهم في سبيل الله، وحذف لوجود الدليل عليه.

التنبيه الثاني

لا يجوز مخالفة الأمثال الواردة في القرآن؛ ولذلك أُنكِرَ على الحريري قوله: فأدخلني بيتًا أَحْرَجَ من التابوت، وأوهى من بيت العنكبوت، قال: فيه مخالفة لقوله تعالى: وَإِنَّ أَوْهَنَ الْبُيُوتِ لَبَيْتُ الْعَنكَبُوتِ.

وليس من هذا القبيل ضرب المثل بجناح البعوضة؛ فإنه ليس فيه مخالفة لقوله تعالى: إِنَّ اللهَ لَا يَسْتَحْيِي أَن يَضْرِبَ مثلًا مَّا بَعُوضَةً فَمَا فَوْقَهَا.

(٧) الفائدة السابعة

اختلف في سبب نزول قوله تعالى: إِنَّ اللهَ لَا يَسْتَحْيِي أَن يَضْرِبَ مثلًا مَّا بَعُوضَةً فَمَا فَوْقَهَا ? فَأَمَّا الَّذِينَ آمَنُوا فَيَعْلَمُونَ أَنَّهُ الْحَقُّ مِن رَّبِهِمْ ? وَأَمَّا الَّذِينَ كَفَرُوا فَيَقُولُونَ مَاذَا أَرَادَ اللهُ بِ???ذَا مثلًا ? يُضِلُّ بِهِ كَثِيرًا وَيَهْدِي بِهِ كَثِيرًا ? وَمَا يُضِلُّ بِهِ إِلَّا الْفَاسِقِينَ * الَّذِينَ يَنقُضُونَ عَهْدَ اللهِ مِن بَعْدِ مِيثَاقِهِ وَيَقْطَعُونَ مَا أَمَرَ اللهُ بِهِ أَن يُوصَلَ وَيُفْسِدُونَ فِي الْأَرْضِ ? أو???ئِكَ هُمُ الْخَاسِرُونَ.

فقال بعض المفسرين: إن الله تعالى ضرب في هذه السورة هذين المثلين للمنافقين، يعني قوله: مَثَلُهُمْ كَمَثَلِ الَّذِي اسْتَوْقَدَ نَارًا، وقوله: أَوْ كَصَيِبٍ مِنَ السَّمَاءِ الآيات الثلاث، قال المنافقون: الله أعلى وأجل من أن يضرب هذه الأمثال، فنزل ذلك.

وقال بعضهم: إن الله تعالى لما ضرب المثل بالذباب في قوله: وَإِن يَسْلُبْهُمُ الذُّبَابُ شَيْئًا، وبالعنكبوت في قوله: كَمَثَلِ الْعَنكَبُوتِ قال أهل الضلال: ما أراد الله من ذكر هذه الأشياء الخسيسة؟ فنزل ذلك.

قال القفال: وقد يجوز أن ينزل ذلك ابتداء؛ لأن معناه في نفسه مفيد.

ومعنى الآية أن الله لا يترك ضرب المثل بالبعوضة فما فوقها، ترك من يستحيي أن يتمثل بها لحقارتها.

وأصل الاستحياء تغيُّر وانكسار يعتري الإنسان من تخوف ما يذم به، ولا يجوز ذلك على الله تعالى، لكن الترك لما كان من لوازمه عبَّر به عنه، ويجوز أن يكون وقع في كلام الكفار هذه العبارة، وهي أما يستحيي رب محمد أن يضرب مثلًا بالذباب والعنكبوت، فجاءت على سبيل المقابلة وإطباق الجواب على السؤال، وهو فن من كلامهم بديع.

وضرب المثل صنعه، وهو من ضرب اللبن وضرب الخاتم، تقول: ضرب مثلًا إذا صنعه وبينه، وتقول: ضرب كذا مثلًا إذا جعله مثلًا، وهو هنا يتعدى إلى مفعولين.

وقد اختلف في المراد بقوله: فَمَا فَوْقَهَا، فقيل المراد به ما فوق البعوضة في القدر، كالذباب والعنكبوت.

وقيل المراد به ما فوق البعوضة في المعنى الذي ضُرِبَتْ فيه مثلًا، وهو الحقارة، فيكون المعنى فما دونها، وذلك مثل الذَّرَّة وجناح البعوضة، وهذا كما يقال في الرجل يذكره الذاكر فيصفه باللؤم والشح، فيقول السامع: نعم، وفوق ذلك أي فوق الذي وُصِفَ به.

وما في قوله مثلًا ما هي ما الإبهامية، وهي التي إذا اقترنت باسم نكرة أبهمته إبهاما وزادته عمومًا، كقولك: أعطني كتابًا ما، تريد أي كتاب كان.

وقيل ما هنا زائدة للتأكيد كالتي في قوله تعالى: فَبِمَا نَقْضِهِمْ مِيثَاقَهُمْ.

قال في المغني في مبحث ما: وتزاد بعد أداة الشرط، جازمة كانت نحو: أَيْنَمَا تَكُونُوا يُدْرِكُكُمُ الْمَوْتُ، وَإِمَّا تَخَافَنَّ، أو غير جازمة نحو: حَتَّى إِذَا مَا جَاءُوهَا شَهِدَ عَلَيْهِمْ سَمْعُهُمْ، وبين المتبوع وتابعه في نحو: مَثَلًا مَا بَعُوضَةً.

قال الزجاج: ما حرفٌ زائد للتوكيد عند جميع البصريين، ويؤيده سقوطها في قراءة ابن مسعود، وبعوضة بدل وقيل ما اسم نكرة صفة لمثلًا أو بدل منه، وبعوضة عطف بيان على ما.

(٨) الفائدة الثامنة

قد ذكر في العقد الفريد كثيرًا من الأمثال، وقد أوردها على أسلوب آخر، وقد رأينا أن نلخص ذلك لما فيه من الفوائد المهمة، وقد وقع فيما لَخَّصْنَاه شيء ممَّا سبق ذكره، وها هو ذلك ملخصًا.

(٨-١) كتاب الجوهرة في الأمثال

قد مضى قولنا في العلم والأدب، وما يتولد منهما وينسب إليهما من الحكم النادرة والفطن البارعة، ونحن قائلون بعون الله وتوفيقه في الأمثال التي هي وشي الكلام وجوهر اللفظ وحلى المعاني التي تخيرتها العرب وقدمتها العجم، ونطق بها في كل زمان وعلى كل لسان، فهي أبقى من الشعر وأشرف من الخطابة، لم يسر شيء مسيرها، ولا عم عمومها، حتى قيل: أَسْيَرُ مِنْ مَثَلٍ.

ما أنت إلا مثل سائر يعرفه الجاهل والخابر

وقد ضرب الله عز وجل الأمثال في كتابه وضربها رسول الله ﷺ في كلامه.

قال الله عز وجل: يَا أَيُّهَا النَّاسُ ضُرِبَ مَثَلٌ فَاسْتَمِعُوا لَهُ.

وقال: ضَرَبَ اللهُ مثلًا رَّجُلَيْنِ، ومثل هذا كثير في آي القرآن.

فأول ما نبدأ به أمثال رسول الله ﷺ، ثم أمثال العلماء، ثم أمثال أكثم بن صيفي وبزرجمهر الفارسي، وهي التي كان يستعملها جعفر بن يحيى في كلامه، ثم أمثال العرب التي رواها أبو عبيد وما أشبهها من أمثال العامة، ثم الأمثال التي استعملها الشعراء في أشعارهم في الجاهلية والإسلام.

(٢-٨) أمثال رسول الله ﷺ

قال النبي ﷺ حين ذكر الدنيا وزينتها: إن مما ينبت الربيع ما يقتل حبطًا أو يلم.

وقال حين ذكر الغلو في العبادة: إن المنبتَّ لا أرضًا قطع ولا ظهرًا أبقى.

وقال: إياكم وخضراء الدمن. قالوا: وما خضراء الدمن؟ قال: المرأة الحسناء في المنبت السوء.

وقال: الإيمان قيد الفتك.

وقال: إن من البيان لسحرًا.

وقال: لا يلدغ المؤمن من جحر مرتين.

وقال: الحرب خدعة.

وله أمثال كثيرة غير هذه، ولكنا لم نذهب في كل باب إلى استقصائه، وإنما ذهبنا إلى أن نكتفي بالبعض ونستدل بالقليل على الكثير، ليكون أسهل مأخذًا للحفظ وأبرأ من الملالة.

تفسيرها

قوله: إن مما ينبت الربيع ما يقتل حبطًا أو يلم. فالحبط كما ذكر أبو عبيد عن الأصمعي أن: تأكل الدابة حتى ينتفخ بطنها وتمرض منه، يقال: حبطت الدابة تحبط حبطًا، وقوله أو يلم معناه: أو يقرب ذلك منه.

وقوله: الإيمان قيد الفتك، أي منع منه كأنه قيد له، وفي حديث آخر لا يفتك مؤمن.

وقوله: لا يلدغ المؤمن من جحر مرتين، معناه: إن لُدِغَ مرة تَحَفَّظَ أخرى.

وقوله: الحرب خدعة يريد أنها بالمكر والخدعة.

(٨-٣) أمثال روتها العلماء

داود بن أبي هند عن الشعبي أن رجلًا من بني إسرائيل صاد قُبَّرَةً، فقالت: ما تريد أن تصنع بي، قال: أذبحك فآكلك، قالت: والله ما أشفي من برم ولا أغني من جوع، ولكني أعلمك ثلاث خصال هن خير لك من أكلي.

أما الواحدة فأعلمكها وأنا في يدك، والثانية إذا صرت على هذه الشجرة، والثالثة إذا صرت على الجبل، فقال: هات، فقالت: لا تلهفن على ما فاتك. فخلى عنها، فلما صارت على الشجرة قال: هات الثانية. قالت: لا تصدقن بما لا يكون أن يكون. ثم طارت فصارت على الجبل، فقالت: يا شقي لو ذبحتني لأخرجت من حوصلتي درة فيها زنة عشرين مثقالًا. قال: فعض على شفتيه وتلهف، قال: هات الثالثة. فقالت له: أنت نسيت الاثنين فكيف أعلمك الثالثة، ألم أقل لك لا تلهفن على ما فاتك، فقد تلهفت علي إذ فُتُّك وقلت لك: لا تصدقن بما لا يكون أنه يكون، فصدقت، أنا وعظمي وريشي لا أزن عشرين مثقالا فكيف يكون في حوصلتي ما يزنها؟!

من ضرب به المثل من الناس

قالت العرب: أسخى من حاتم، وأعز من كليب وائل، وأسود من قيس بن عاصم، وأبلغ من سحبان وائل، وأحلم من الأحنف بن قيس، وأصدق من أبي ذر الغفاري.

من يضرب به المثل من النساء

يقال: أشأم من البسوس، وأبصر من زرقاء اليمامة.

ما تمثلوا به من البهائم

قالوا: أشجع من أسد، وأجبن من الصافر، وأحذر من غراب، وأسمع من فرس، وأنوم من فهد، وأضرع من سنور.

ما ضرب به المثل من غير الحيوان

قالوا: أهدى من النجم، وأمضى من السيل، وأوسع من الدهناء، وأثقل من الجبل.

إكثار الكلام وما يُتَّقَى منه

قالوا: من ضاق صدره اتسع لسانه.

من أكثر أهجر، أي خرج إلى الهُجر وهو القبيح من القول، وقالوا: المكثار كحاطب ليل وجالب خيل، ربما نهشته الحية أو لسعته العقرب في احتطابه ليلًا.

في الصمت

قالوا: الصمت حكم، وقليل فاعله.

وقالوا: الندم على السكوت خير من الندم على الكلام.

وقالوا: السكوت سلامة.

القصد في المدح

منه قولهم: من حَفَّنَا أو رَفَّنَا فليقتصد. يقول: إن من مدحنا فلا يَغْلُوَنَّ في ذلك.

وقولهم: لا تهرف بما لا تعرف، الهرف: الإطناب في المدح والثناء.

ومنه قولهم: شاكِهْ أبا يسار، من دون ذا ينفق الحمار. أخبر أبو محمد الأعرابي عن رجل من بني عامر بن صعصعة قال: لقي أبو يسار رجلًا بالمربد يبيع حمارًا ورجل يسومه، فجعل أبو يسار يطري الحمار، فقال المشتري: أعرفت الحمار؟ قال: نعم، قال: كيف سيره؟ قال: يصطاد به النعام معقولًا، فقال له البائع: شاكِهْ أبا يسار من دون أن ينفق الحمار، والمشاكهة: المقاربة والقصد.

صدق الحديث

من قولهم: لا يكذب الرائد أهله. معناه: أن الذي يرتاد لأهله منزلًا لا يكذبهم فيه، ومنه قولهم: القول ما قالت حذام.

من صمت ثم نطق بالفهاهة

قالوا: سكت ألفًا ونطق خلفًا، الخلف من كل شيء الرديء.

انكشاف الأمر بعد اكتتامه

من قولهم: حصحص الحق، وقولهم: صرح المخض عن الزبدة.

العذر للرجل ولا يمكن أن يبديه

منه قولهم: لعل له عذرًا وأنت تلوم. المرء أعلم بشأنه.

خلف الوعد

منه قولهم: ما وعده إلا برق خلب. وهو الذي لا مطر معه، وقولهم: ما وعده إلا وعد عرقوب.

(٨-٤) أمثال الرجال واختلاف نعوتهم

في الرجل المبرز في الفضل

منه قولهم: ما يشق غباره، وأصله: السابق من الخيل.

وقولهم: ليست له همة دون الغاية القصوى.

الصلة والقطعية

من قولهم: لا خير لك فيمن لا يرى لك ما يرى لنفسه، قولهم: إنما يضن بالضنين، وقولهم: حل سبيل من وهى سقاؤه. وقولهم: ألقِ حبله على غاربه.

حَمِيَّة القريب وإن كان مبغضًا

من ذلك قولهم: آكل لحمي ولا أدعه يؤكل. ومنه: لا تعدم من ابن عمك نصرًا. وقولهم: الحفائظ تحلل الأحقاد.

(٨-٥) الأمثال في مكارم الأخلاق

الحِلم

من أمثالهم في الحلم: إذا نزل الشر فاقعد. أي فاحلم ولا تسرع إليه، وقولهم: أخِّر الشر فإن شئت تعجلته. وقولهم في الحلماء: كأنما على رءوسهم الطير. ومنه قولهم: ربما أسمع فأذر.

المساعدة وترك الخلاف

من ذلك قولهم: إذا عز أخوك فهُن. وقولهم: لولا الوئام هلك الأنام. الوئام: المباهاة، يقول: لولا المباهاة لم يفعل الناس خير.

مداراة الناس

قالوا: إذا لم تغلب فاخلب. يقول: إذا لم تغلب فاخدع ودارِ. وألطف منه قول شبيب بن شيبة في خالد بن صفوان: ليس له صديق في السر ولا عدو في العلانية، يريد أن الناس يدارونه لشره وقلوب الناس تبغضه.

اكتساب الحمد واجتناب الذم

قالوا: الحمد مغنم، والذم مغرم. ومنه قولهم: قليل الذم غير قليل.

الصبر على المصائب

من ذلك قولهم: هون عليك ولا تولع بإشفاق. وقولهم: من أراد طول البقاء فليوطن نفسه على المصائب، وقولهم: لا تلهف على ما فات.

الحض على الكرم

منه قولهم: اصطناع المعروف يقي مصارع السوء. وقول الحطيئة:

من يفعل الخير لا يُعدَم جوازيَه لا يذهب العرف بين الله والناس

الخبير بالأمر البصير به

منه قولهم: على الخبير سقطت. وقولهم: كفى قومًا بصاحبهم خبيرًا. وقولهم: على يدي دار الحديث. وقوله: تعلمني بضب أنا حرشته. يقول: تخبرني بأمر أنا وليته، وقولهم: الخيل أعلم بفرسانها. وقولهم: كل قوم أعلم بصناعتهم.

الاستخبار عن علم الشيء وتيقنه

من ذلك قولهم: ما وراءك يا عصام؟ وأول من تكلم به النابغة الذبياني لعصام صاحب النعمان، وكان مريضًا، فكان إذا لقيه النابغة قال له: ما وراءك يا عصام؟

وقولهم: ويأتيك بالأخبار من لم تزود.

الأخذ في الأمور بالاحتياط

منه قولهم: إن ترد الماء بماء أكيس

وقولهم: عَشِّ ولا تغتر. يقول: عَشِّ إبلك ولا تغتر بما تُقدم عليه، وقولهم: اشتر لنفسك وللسوق. ومنه الحديث المرفوع عن الرجل الذي قال: أرسل ناقتي وأتوكل؟ قال: اعقلها وتوكل.

الاستعداد للأمر قبل نزوله

منه قولهم: قبل الرمي يراش السهم. وقولهم: قبل الرماية تملأ الكنائن. وقولهم: خذ الأمر بقوابله. أي باستقباله قبل أن يدبر، وقولهم: المحاجزة قبل المناجزة. وقولهم: يا عاقد اذكر حلًّا. وقولهم: خير الأمور أحمدها مغبة.

توسط الأمور

من ذلك قولهم: لا تكن حلوًا فتسترط ولا مرًّا فتُعفى. أي تُلفَظ، يقال: أعفى الشيء إذا اشتدت مرارته، وتقول العامة: لا تكن حلوًا فتؤكل ولا مرًّا فتلفظ. وتوسُّط الأمور أدنى إلى السلامة، ومنه: خير

الأمور أوسطها. ومنه قول علي بن أبي طالب: خير الناس هذا النمط الأوسط يلحق بهم التالي ويرجع إليهم الغالي.

حسن التدبير والنهي عن الخرق

الرفيق يمن. الخرق شؤم. رب أكلة تحرم أكلات. وَلِّ حارها من تولى قارها.

التأني في الأمر

من ذلك قولهم: رُبَّ عجلة تعقب ريثًا، وقولهم: المنبت لا أرضًا قطع ولا ظهرًا أبقى، وقال القطامي:

قد يدرك المتأني بعض حاجته وقد يكون مع المستعجل الزلل

سوء الجوار

منه قولهم: لا ينفعك من جار سوء تَوَقٍّ. والجار السوء قطعة من نار. ومنه هذا أحق منزل بترك.

سوء المرافقة

أنت تَئِق وأنا مَئِق فمتى نتفق. التئق: السريع الشر، والمئق: السريع البكاء، والتئق والمئق مهموزان.

المقادير

منه قولهم: المقادير تريك ما لا يخطر ببالك. وإذا أنزل الحين غطى العين. ولا يغني حذر من قدر. من مأمنه يؤتى الحذر.

التنوق في الحاجة

منه قولهم: فعلت فيها فعل من طب لمن حب.

استتمام الحاجة

أتبع الفرس لجامها. يريد أنك قد جُدْتَ بالفرس واللجام أيسر خطبًا، فأتم الحاجة.

الحاجة يحول دونها حائل

منه قولهم: الأمر يحدث بعده الأمر. وقولهم: أخلف رويعيًّا ظنه. وأصله: أن راعيًا اعتاد مكانًا فجاء يرعاه فوجده قد تغير وحال عن عنده.

اليأس والخيبة

منه قولهم: من لي بالسانح بعد البارح؟ أي من لي باليُمن بعد الشؤم؟ ومنه أطال الغيبة وجاء بالخيبة، وقولهم: جاء بخُفَّيْ حنين.

قال الشاعر:

وما زلت أقطع عرض البلاد من المشرقين إلى المغربين

وأدَّرِعُ الخوف تحت الدجى واستصحب النسر والفرقدين

وأطوي وأنشر ثوب الهموم إلى أن رجعت بخفي حنين

الرضا من الحاجة بتركها

منه قولهم: من نجا برأسه فقد ربح. وقولهم: رضيت من الغنيمة بالإياب. وقول العامة: الهزيمة مع السلامة غنيمة. وقال امرؤ القيس:

وقد سافرت في الآفاق حتى رضيت من الغنيمة بالإياب

وقال آخر:

الليل داجٍ والكباش تنتطح فمن نجا برأسه فقد ربح

قضاء الحاجة قبل السؤال

منه قولهم: ائت الصارخ وانظر ما له. يريد: لم يأتِك مستصرخًا إلا من ذعر أصابه، فأغثه قبل أن يسألك.

ومنه: كفى برغائها مناديًا.

الانتصار من الظلم

هذه بتلك. والبادي أظلم.

ومنه: من لم يذد عن حوضه يهدم.

(٨-٦) أمثال مستعملة في الشعر

منها قول الحطيئة:

من يفعل الخير لا يعدم جوازيه لا يذهب العرف بين الله والناس

ومنها قول طرفة:

ستبدي لك الأيام ما كنت جاهلًا ويأتيك بالأخبار من لم تزود

ومن ذلك قول الآخر:

ما كلف الله نفسًا فوق طاقتها ولا تجود يد إلا بما تجد

انتهى ما أُخِذَ من العقد الفريد.

(٩) الفائدة التاسعة

فائدة الكاتب من معرفة الأمثال وحفظها، الاستعداد لإدراجها في كلامه في المواضع التي تناسبها.

فإنه لا يقوم مقامها في ذلك شيء.

ومن ثَمَّ أدرج الحريري كثيرًا من الأمثال في كلامه في المقامات، وقد رأينا أن نورد من ذلك هنا ما تيسر.

قال في الخطبة:

واستقلت من هذا المقام الذي فيه يحار الفهم، ويفرط الوهم، ويسبر غور العقل، وتتبين قيمة المرء في الفضل، ويُضْطَرُّ صاحبه إلى أن يكون كحاطب ليل، أو جالب رَجْلٍ وخيل، وقَلَّمَا سلم مكثار أو قيل له عثار.

وقال فيها:

وأرجو أن لا أكون في هذا الهذر الذي أوردته والمورد الذي توردته، كالباحث عن حتفه بظلفه، والجادع مارن أنفه بكفه.

وقال في المقامة الخامسة الكوفية:

رب آكلة هاضت الآكل، وحرمته مآكل.

وشر الأضياف من سام التكليف، وآذى المضيف. خصوصًا أذى يعتلق بالأجسام، ويفضي إلى الأسقام. وما قيل في المثل الذي سار سائره: خير العشاء سوافره، إلا ليعجل التعشي، ويجتنب أكل الليل الذي يُعشي ...

قال الشارح: معنى هاضت ضعفت وأدخلت عليه هيضة، وهي القيء والإسهال. وأصل المثل: رب أكلة تمنع أكلات.

وقال في المقامة التاسعة الإسكندرية:

غشيتني ندامة الفرزدق حين أبان النوار، والكسعي لما استبان النهار.

وقال في المقامة العاشرة الرحبية:

وسلم إلى ساعة الفراق، رقعة محكمة الإلصاق، وقال: ادفعها إلى الوالي إذا سلب القرار، وتحقق منّا الفرار، فعل المتلمس، من مثل صحيفة الملتمس.

وقال في المقامة الرابعة عشرة المكية:

قلت للشيخ: هل ضاهت عدتنا عدة عرقوب؟ أو هل بقيت حاجة في نفس يعقوب؟ فقال: حاشَ لله وكلا، بل جل معروفكم وجلى.

وقال في المقامة الحادية والعشرين الرازية:

فلما حللت بالري، وقد حللت حبي الغي، وعرفت الحي من اللي، رأيت بها ذات بكرة، زمرة في أثر زمرة.

العرب تقول: ما يُعرف الحي من اللي والحو من اللو، تقوله لمن تستجهله وتنفي عنه الفطنة.

وهذا من جملة الأمثال التي تعرف فيها الحريري وقد انتقد عليه ذلك.

وقال في المقامة الثانية والعشرين الفراتية:

فجالست منهم أضراب قعقعاع بن شور، ووصلت بهم إلى الكور بعد الحور.

قال الشريشي: كلام العرب: نعوذ بالله من الحور بعد الكور، أي من النقصان بعد الزيادة، فقلب اللفظ على مراده.

وقال في المقامة الرابعة والعشرين القطيعية:

فبرزنا ونحن كالشهور عدة، وكندماني جذيمة مودة، إلى حديقة أخذت زخرفها وازَّينت وتنوعت أزاهيرها وتلونت.

وجذيمة: هو الأبرش ملك الحيرة.

وندماناه أي: نديماه مالك وعقيل ابنا فالج، نادَمَاه أربعين سنة ما أعادا عليه حديثًا.

وقد ضُرب بهما المثل في الوفاق.

ولنختم الكلام هنا؛ فإن فيما ذكر كفاية.

وكان الفراغ من تأليف هذا الكتاب في أواخر ذي الحجة سنة ألف وثلاثمائة وسبع وثلاثين من الهجرة، وذلك بمدينة مصر في الدار التي نسكنها في جهة عابدين.